4판

질적 연구방법론

다섯 가지 접근

John W. Creswell · Cheryl N. Poth 공저
조흥식 · 정선욱 · 김진숙 · 권지성 공역

Qualitative Inquiry and Research Design
Choosing Among Five Approaches 4th ed.

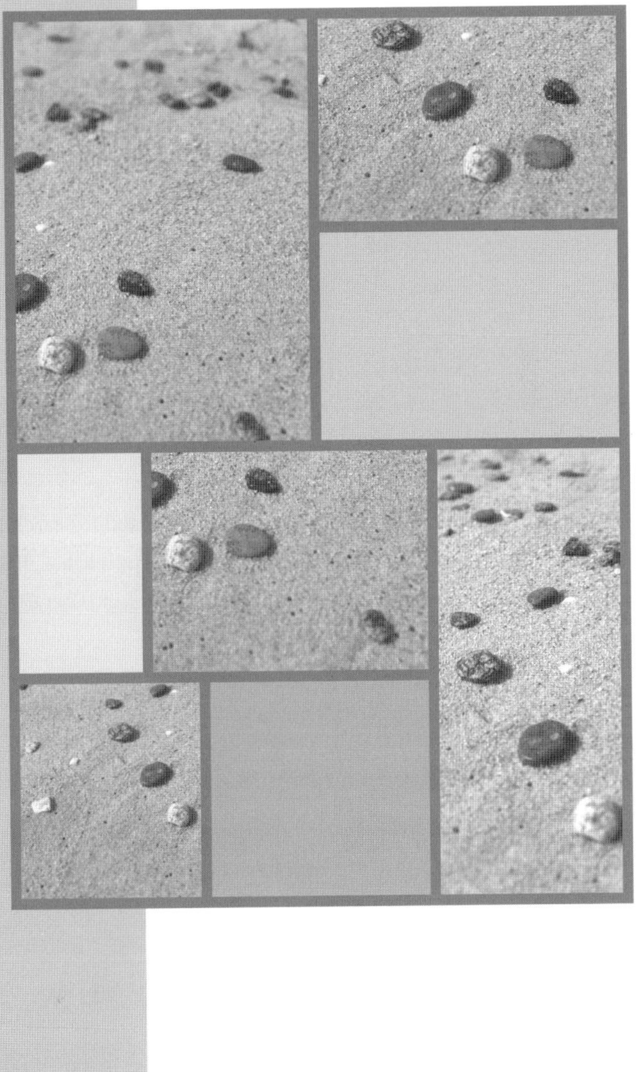

학지사

Qualitative Inquiry and Research Design:
Choosing Among Five Approaches, Fourth Edition
by John W. Creswell and Cheryl N. Poth

4판 역자 서문

이번 번역서는 종전의 3판까지 John W. Creswell이 단독으로 저술한 것이 아닌 Cheryl N. Poth와 공동으로 저술한 『Qualitative Inquiry and Research Design: Choosing Among Five Approaches』 4판(2018, Thousand Oaks, CA: Sage Publications, Inc.)을 번역한 것이다.

이번 개정에서의 특징은 책의 공저자인 Creswell과 Poth가 제1장 서론에서 언급했듯이, 3판을 발간한 이후 질적 연구의 다섯 가지 접근인 내러티브, 현상학, 근거이론, 문화기술지, 사례연구의 여러 접근법을 함께 소개하고 있다는 점과, 연구 과정 속에서 각 접근법의 특수성이 어떻게 전개되고 있는지를 다양하게 보여 주고 있다는 점이다. 즉, 이 다섯 가지 접근 간의 차이점은 연구수행 과정에서 어떻게 사용되었는지를 통해 가장 명확하게 나타나도록 서술하고 있으며, 이때 연구수행은 연구 목적 및 연구문제 설정을 통한 연구도입, 자료수집, 자료분석, 보고서 작성, 타당도 및 평가의 기준을 모두 포함하여 보여 주고 있다.

사실 지금도 대부분의 질적 연구자는 문화기술지 또는 근거이론과 같은 한 가지 접근만을 다루고, 그 접근의 가치를 독자들에게 설득하려고 시도하는 경향이 강하다. 그렇기 때문에 질적 연구에 관한 많은 책과 다양한 접근은 질적 연구를 수행하는 학생들을 비롯한 독자들로 하여금 현재 어떤 선택권, 즉 어떤 접근법들이 있고, 연구에 맞는 접근을 어떻게 선택할 수 있을지에 대해 혼란스럽게 한 것이 사실이다. 그러나 이번 4판은 질적 연구자들이 각자 자신들의 연구문제와 연구수행에 적합한 선택권들을 인정함으로써 질적 연구를 수행하는 데 사용할 수 있는 다양한 접근법을 제공하고, 연구문제를 깊이 연구하는 데 가장 적합한 접근법을 독자 자신들이 선택하고 결정할 수 있도록 훌륭한 길잡이 역할을 하고 있다.

우리 네 사람이 함께 뜻을 모아 4판을 번역하게 된 이유는 이미 초판에서도 밝혔듯이 '당연히' 이 책의 가치를 높게 평가했기 때문이며, 우리 자신이 이 책의 도움을 받았듯이 수많은 독자가 이 책으로부터 많은 도움을 받을 수 있으리라 감히 판단했기 때문이다. 다시 말해, 이 책은 질적 연구라는 숲과 세부적인 방법론들이라는 나무에 대해서 잘 알려 줄 뿐만 아니라, 그 숲에서 특정 나무를 찾아가는 길도 지난 3판까지보다도 질적 연구에 관심을 갖고 있는 많은 사람에게 더욱 다양하고 친절하게 전달해 주고 있기 때문이다.

특히 4판은 질적 연구자들에 의해 사용된 철학적 가정들과 해석적 틀을 보완하였으며, 해석적 틀 간의 차이를 설명하기 위해 여러 연구의 활용을 확장하였을 뿐만 아니라 연구수행의 각 단계에서 발생할 수 있는 질적인 윤리적 딜레마의 유형을 제시함으로써 이 책에서 윤리적 이슈에 대한 부분을 보다 풍부하게 다루었다. 그리고 각 장의 마지막 부분에는 연습문제를 제시하여 각 장에서 소개한 구체적인 기술을 연습할 수 있도록 하여 질적 연구자들이 알아야 하는 구체적인 기술들에 대해 충분히 이해할 수 있도록 하였다. 이뿐만 아니라 질적 연구방법을 설명하는 학술지 논문을 선정하고 질적 연구방법에 관한 최신 서적들을 추가하기 위해서 참고문헌을 상당히 많이 보완하였다.

이런 점에서 앞서 3판까지의 책보다 4판은 더욱 우리 질적 연구에 관심을 갖고 있는 사회과학 분야 교수, 대학원생 등 연구자들과 사회서비스 분야의 현장 실무자들에게 많은 도움을 주고 있으며, 질적 연구서로서의 길잡이 역할을 충실히 하고 있다고 장담할 수 있다. 그러므로 양적 연구방법론보다 질적 연구방법론에 관심이 있는 독자들은 자신이 연구하고자 하는 주제를 연구하기 위해 어떤 질적 연구방법을 활용해야 하는가에 대한 답을 이 책을 통해서 충분히 얻을 수 있을 것이라 확신한다. 우리 역자들은 모든 독자가 이 책을 몇 번이고 읽고 나서 자신의 주제에 맞는 연구방법을 잘 채택하여 적용할 수 있기를 진심으로 바란다. 아울러 이 책을 읽는 것에서 그치지 말고 직접 질적 연구를 실행해 보아야 한다는 점을 강조하고 싶다. 질적 연구방법은 그렇게 해야만 더 잘 '이해'할 수 있으며, 질적 연구의 장점을 터득하여 '창조적'인 자신의 것으로 만들 수 있다. 이 책에 장별로 제시된 연습문제를 따라가면서 직접 수행해 볼 것을 권한다. 그리고 이 책에서 역자들은 국내에 출판된 국내 질적 연구자들의 저술과 번역서들을 역자 부록의 형태로 덧붙였으니 참고하기 바란다.

초판에서 이미 고백한 바 있지만, 책을 번역하는 작업은 결코 쉬운 일이 아니다. 번역은 또 다른 창작이라는 말이 있듯이 원래 어렵기도 하지만 질적 연구방법론에 관한 생소한 용어들이 많이 나타나고 있고, 문화가 다른 데서 오는 본질적인 의미의 차이가 있어 더욱 어렵다. 그런 점에서 우리 역자들의 바람은 이번 4판 번역을 통해서도 "원서를 읽는 게 더 낫다."라는 말만은 듣지 않았으면 하는 것이다. 독자 여러분의 지속적인 애정 및 조언과 비판을 기대한다.

마지막으로, 이 책이 나오기까지 늘 동행해 주신 하나님께 진정으로 감사를 드리며, 아울러 가족과 함께 시간을 보내지 못한 미안함을 사랑하는 가족들에게 전하고자 한다. 그리고 수정작업을 도와준 학생들을 비롯한 여러 학문의 후속세대와 이번에도 책이 출판되기까지 큰 도움을 주신 김진환 사장님을 비롯한 학지사 전 직원께 심심한 감사의 말씀을 드린다. 그리고 특별히 질적 연구방법에 관심을 갖고서 열심히 공부하고 연구하여 질적 연구를 발전시키고자 하는 모든 분께 이 책을 바친다.

2021년 9월, 세종에서

역자 대표 조홍식 배상

1판 역자 서문

우리가 이 책을 번역하게 된 이유는 '당연히' 이 책의 가치를 높게 평가하기 때문이며, 우리 자신이 도움을 받았듯이 수많은 독자가 이 책에서 많은 도움을 받을 수 있으리라 판단하였기 때문이다. 그리고 이 책의 가장 큰 가치는 이전에 출판된 같은 분야의 책들이 말해 주지 못했던 내용을 담고 있다는 점이다. 물론 질적 연구방법론에 관한 책들이 아직 그리 많이 출판되지 않은 것은 사실이지만, 지금까지 나와 있는 책들만 가지고도 질적 연구방법론에 대해 상당히 많은 지식을 얻을 수 있다. 지금 서점에 가 보면 질적 연구방법론을 개관하고 있는 책들과 더 세부적인 연구방법론을 다루고 있는 책들을 발견할 수 있을 것이다. 그러나 개론과 각론을 연결해 주는 책은 찾아보기 어렵다. 즉, 질적 연구방법론이라는 숲과 세부적인 방법론들이라는 나무에 대해서는 알려 주고 있지만 그 숲에서 그 나무를 찾아가는 길은 말해 주지 않고 있는 것이다. 이 책은 바로 그 숲에서 그 나무를 찾아가는 길로 매우 친절하게 안내해 주고 있다.

이 책의 특징은 질적 연구방법론을 다섯 가지 전통(전기, 근거이론, 현상학, 문화기술지, 사례연구)으로 구분하고, 연구 과정의 6단계에 따라 이 전통들을 비교하고 있다는 점이다. 이런 방식을 채택함으로써 독자들은 각 전통의 특성과 전통들 간의 차이를 뚜렷하게 이해할 수 있다. 이에 더하여 다섯 가지 전통에 기반하여 쓰인 각각의 글들을 부록으로 제시하고 본문과 연결함으로써 실제적인 이해를 돕고 있다. 또한 각 전통에 대해 학습하고자 할 때 도움이 될 만한 풍부한 참고문헌을 제시함으로써 길잡이로서의 역할을 충실히 하고 있다. 그러니 이 책만 가지고 있으면 질적 연구방법이라는 세계로 여행을 가기 위해 필요한 크고 작은 지도들을 모두 갖추고 있는 셈이 된다.

역자들은 모두 질적 연구방법론에 큰 관심을 가지고 있다는 점에서 공통점을 가지고 있으며, 대학에서 질적 연구방법론에 대한 강의를 하거나 학위논문 및 학술지 논문을 쓴 경험들이 있다. 이 과정에서 역자들은 이 책을 읽는 독자들이 경험했을 직한, 또는 경험할 가능성이 높은 어려움을 겪었다. 그것은 바로 자신이 연구하고자 하는 주제를 연구하기 위해 어떤 연구방법을 활용해야 하는가 하는 것이었다. '이 주제에는 양적 연구방법론보다 질적 연구방법론이 적절하다.'는 판단을 내렸지만 그다음에 어디로 가야 할지는 판단하기 어려웠다. 바로 그때 이 책을 만나게 되었고, 우리는 어렵지 않게 자신의 주제에 맞는 연구방법을 채택하여 적용할 수 있었다.

앞서 말한 바와 같이, 우리는 이 책을 읽는 이들이 같은 경험을 하게 되리라고 믿는다. 어쩌면 바로 지금 독자는 우리와 같은 고민을 하고 있을지도 모르겠다. 이 책을 몇 번 읽고 나면 그 고민이 사라질 수 있을 것이다. 그렇게 되기를 진심으로 바란다! 물론 이 책 역시 만병통치약은 아니다. 연구 전통에 따라 다섯 가지 질적 연구방법론을 설명하고 있는데, 우리가 알기로 현재 질적 연구방법론은 수십 가지로 분류되어 있다. 따라서 이 책에 제시된 내용들을 가지고 질적 연구방법론 전체를 이해할 수는 없으며, 추가로 개인적인 학습이 필요하다. 그러나 만약 이 책의 내용만 충실히 이해할 수 있다면, 그러한 추가적인 부담도 상당히 줄일 수 있을 것으로 본다. 한 가지, 가장 중요한 조언을 덧붙이자면, 이 책을 읽는 것에서 그치지 말고 직접 해 봐야 한다는 것이다. 질적 연구방법론은 그렇게 해야 '이해'할 수 있다. 이 책에 장별로 제시된 연습문제를 따라 하면서 수행해 보는 것도 좋을 것이다.

이 책을 번역하는 것은 물론 어려운 일이었다. 번역이라는 것이 원래 어렵기도 하지만 생소한 분야인 질적 연구방법론에 관한 용어들이 많이 등장하고 있어서 더욱 어려웠던 것이다. 역자들은 여러 차례 온라인과 오프라인을 통해 연락을 주고받으며 이 문제를 하나하나 해결해 나갔고, 그 과정은 즐거움을 줄 때도 많았다. 그런 과정을 거치면서 나름대로 '최선'을 다하기는 했지만 '잘' 번역하였는지는 자신하기 어렵다. 그저 우리가 다른 일부 번역서들을 읽으면서 즐겨 하는 말처럼 "원서를 읽는 게 더 낫다."는 말만은 듣지 않았으면 하는 것이 우리의 소박한 바람이다. 독자들이 번역의 오류나 다른 잘못된 점들을 지적해 준다면 고맙게 받을 것이며, 그것이 우리 모두를 성장시켜 줄 것이라 믿는다.

이 책의 출판을 맡아 주신 학지사 관계자 분들께 특별히 감사드리며, 이 책 때문에 우리와 함께할 시간을 도둑맞은 사랑하는 가족들에게 미안함과 고마운 마음을 함께 전한다. 그리고 여러모로 도움을 주신 선후배, 동료 교수들과 대학원생들에게도 감사드린다. 마지막으로, 이 책을 번역하는 동안 처음부터 끝까지 함께해 주신 하나님께 감사드린다.

2005년

역자 일동

차례

제1장

서론

이 책의 초판 작업은 1994년 콜로라도 베일에서 개최된 하계 질적 세미나로부터 시작되었으며, 이 세미나는 덴버 대학교 교육대학 Edith King의 적극적인 지도 아래 덴버 대학교 후원으로 이루어진 것이다. 어느 날 아침에 John은 질적 자료분석에 관한 토론을 하게 되었다. 그는 그 당시 연구 중이었던, 총기 사건 학생에 대한 대학의 대응에 관한 사례연구(Asmussen & Creswell, 1995)를 소개함으로써 토론을 시작하였다. 그는 이 사례가 토론을 활성화하고, 복잡한 분석 이슈들을 잘 제시해 줄 것으로 생각했다. 그 내용은 보험통계 학부교실에 진입하여 반자동식 소총으로 학생들에게 총을 쏘려 했던 무장총격자에 대한 미국 중서부대학의 반응이 포함되어 있었다. 총은 발사되지 않았고, 그 무장총격자는 달아났지만, 몇 마일 못 가서 체포되었다. 여러 사람 앞에서 John은 사건 개요, 주제, 그리고 비극적 사건이 될 뻔했던 이 사건에 대한 대학교의 반응으로부터 얻었던 교훈 등을 시계열로 제시하였다. 그러자 의도치 않게 이번 세미나의 다른 토론자 중 한 사람인 오리건 대학교의 Harry Wolcott가 손을 들어 강단에 서길 요청했다. 그는 문화인류학자로서 자신이 이 연구에 어떻게 접근할 것인가를 설명하였다. John의 사례연구를 전혀 새로운 방식의 연구인 문화기술지로 바꾸는 것을 보고 깜짝 놀랐다. Harry의 설명이 끝난 후에는 덴버 대학교 Les Goodchild가 그의 사례연구를 역사적 관점에서 어떻게 접근할 것인지에 대해 토론하였다. 이제 우리는 모두 한 사건에 대한 두 가지 다른 해석을 가지게 되었고, John의 사례연구가 다른 질적 접근들을 통해 바뀌는 것에 놀랐다. 이 예기치 못한 사건은 John이 오랫동안 가졌던 생각, 즉 질적 연구의 설계는 **질적 연구**(고딕체의 단어는 부록 A의 용어사전 참조)에서 채택하는 특정 접근방법과 관련이 있다는 생각에 불을 붙였다. John은 다음과 같은 단순하면서도 강력한 질문하에서 처음 이 책의 초판을 쓰기 시작하였다. 질적 탐구의 유형과 접근은 연구의 설계나 절차를 어떻게 변형시키는가?

출간 목적과 당위성

이 책의 4판은 여전히 이러한 질문에 대한 답을 구하고 있다. 이번 4판에서 John은 공저자 간 대화를 통해 다른 조망을 포함시키고자 한 것이다. 우리 공저자의 처음 의도는 질적 연구의 다섯 가지 접근인 내러티브, 현상학, 근거이론, 문화기술지, 사례연구를 검토하고, 각 접근법의 차이점을 파악할 수 있도록 비교해 보는 것이다. 이 다섯 가지 접근 간의 차이점은 연구수행 과정에서 어떻게 사용되었는지를 통해 가장 명확하게 나타나며, 이때 연구수행은 목적 및 연구문제 설정을 통한 연구도입, 자료수집, 자료분석, 보고서 작성, 타당성 및 평가의 기준을 포함한다. 예를 들어, 학술지에 실린 질적 논문을 보면, 근거이론에 의해 설정된 연구질문이 현상학적 연구에서의 연구질문과 차이가 있음을 알 수 있다.

이 책이 다른 질적 연구 관련 책들과 차별화되는 점은 여러 가지 접근법을 함께 소개하고 있다는 것과 연구 과정에서 각 접근법의 특수성이 어떻게 전개되고 있는지 보여 준다는 것이다. 대부분의 질적 연구자는 문화기술지 또는 근거이론과 같은 한 가지 접근만을 다루고, 그 접근의 가치를 독자에게 설득하려고 시도한다. 물론 이는 현재의 고도로 전문화된 학계에서 볼 때는 이치에 맞다. 그러나 학생들과 질적 연구 초보자들은 그들의 연구문제와 연구수행에 적합한 선택권들이 필요하다. 바라건대, 이 책이 질적 연구 확장의 가능성을 열고 독자들이 연구수행에 참여하는 다양한 방법을 검토하도록 하는 데 일조하기 바란다. 이 책은 질적 연구자들이 질적 연구를 수행하는 데 사용할 수 있는 다양한 접근법을 제공하고, 연구문제를 연구하는 데 가장 적합한 접근법을 결정할 수 있도록 돕는다. 질적 연구에 관한 많은 책과 다양한 접근은 질적 연구를 수행하는 학생들로 하여금 현재 어떤 선택권(즉, 접근법들)이 있고, 연구에 맞는 접근을 어떻게 선택할 수 있을지에 대해 혼란스럽게 만든다.

부디 이 책을 통해 독자들은 연구 진행 단계에 대해 더 잘 알고, 다섯 가지 **질적 접근**에 대해 배우며, 이 접근법들 간의 차이점과 유사점을 더 잘 이해할 수 있기를 바란다.

4판의 새로운 내용

이미 1판과 2판, 3판에서 John이 언급한 바 있듯이, 이 책에도 이전과 동일한 내용과 추가된 내용이 모두 포함되어 있다. 4판에서는 다음과 같이 몇 가지 새로운 생각을 소개하고자 한다.

- 제1장에서 반드시 읽어야 할 도서목록으로 내러티브 연구(Clandinin, 2013), 현상학(van Manen, 2014), 근거이론(Charmaz, 2014; Corbin & Strauss, 2015), 그리고 사례연구(Yin, 2014)에서 발전시킨 내용들을 반영하여 보완하였다.
- 검토자의 조언에 근거하여, 제2장의 질적 연구자들에 의해 사용된 철학적 가정들과 해석적 틀을 보완하였으며, 해석적 틀 간의 차이를 설명하기 위해 여러 연구의 활용을 확장하였다.
- 모든 장에서 우리는 실례와 참조에서 포괄성과 다양성의 필요성에 대한 검토자의 의견에 답했다. 우리는 독자들이 자신의 필요에 가장 적합한 문헌을 정하는 데 도움을 주기 위해 각 장의 끝에 있는 각 문헌의 내용에 대해 간략한 설명을 추가했다.
- 제3장에서는 연구수행의 각 단계에서 발생할 수 있는 질적 윤리적 딜레마의 유형을 제시함으로써 이 책에서 윤리적 이슈에 대한 부분을 보다 풍부하게 다루었다. 이러한 방법으로 계속하여 검토자의 피드백에 답함으로써 이 책에서 윤리적 범위를 넓히고자 하였다.

- 좋은 질적 연구의 특징과 독자를 참여시키기 위한 설계 고려사항을 설명함으로써 질적 연구자들이 자신의 연구에 대해 생각하는 방향을 안내하기 위해 제3장에 2개의 절을 추가했다. 질적 연구의 사용 시기 및 연구 단계를 설명하는 두 가지 시각 자료를 추가하고 제안서 작성 구조 절을 개정했다.
- 이 책의 다섯 가지 접근 방식을 각각 논의하면서, 우리는 제4장에서 접근 방식의 '특성 정의(defining characteristics)'와 관련된 시각 자료와 향상된 설명을 추가했다. 독자들은 제4장 끝에 요약·제시한 표를 통해, 각 접근의 주요 특징들을 잘 이해할 수 있을 것이다. 또한 제4장에서는 새로운 시각 자료를 통합하고, 읽어야 할 문헌 목록을 업데이트했으며, 각 접근법에 대한 최신 문헌을 추가했다.
- 제5장에서는 실례를 잘 보여 주는 연구논문을 최근 것으로 보완하고, 너무 오래된 연구는 삭제하였다. 결론적으로 총 두 편을 추가하였다. 하나는 문화기술지(Mac an Ghaill & Haywood, 2015)이고, 다른 하나는 사례연구(Frelin, 2015)이다.
- 제6장에서 우리는 '스크립트 같은(scriptlike)' 목적에 대한 대안을 포함하기 위한 추가목적 서술 실례를 제공했다. 하위연구질문(subresearch question)에 대한 논의에서는 어떻게 중심 질문(central question)을 여러 부분으로 나누는지 설명하는 각 유형의 접근법에 대한 실례를 제공했다.
- 제7장의 자료수집 영역에서, 우리는 질적 자료수집의 새로운 방법에 보조를 맞추기 위해 자료수집의 발전을 반영하는 문서뿐만 아니라 자료 관리(예: 자료 저장 및 보안)의 문제를 더 잘 통합하고자 했다.
- 또한 이 책의 초기 판에서 서술했던 윤리적 고려사항의 범위를 확대하고 인터뷰와 관찰을 준비하고 수행하는 절차를 요약한 2개의 새로운 시각 자료를 추가했다.
- 제8장의 자료분석에서는 각각의 다섯 가지 접근에서의 새로운 자료분석 기법들을 추가하였고, 최근 시청각 자료를 포함한 참고문헌을 인용하였으며, 자료분석 나선형의 시각적 표현을 수정했다. 또한 메모, 해석 개발 및 자료 표시의 활용에 대한 논의를 업데이트했다. 또한 질적 연구에서의 컴퓨터 소프트웨어 분석 패키지에 대한 서술과 관련하여 자료들을 업데이트했으며, '컴퓨터 사용 여부를 결정하는 방법(how to decide whether to use a computer program)'과 관

련된 절을 추가하였다.

- 제9장에서 논하고 있는 질적 연구의 글쓰기 부분에서는 윤리적 고려와 관련된 정보뿐만 아니라 반영성(reflexibility)이라는 개념과 그 중요성, 이것이 질적 연구 속에 어떻게 녹아들어 가는지에 대해 보완하였다.
- 우리는 제10장에서 다섯 가지 접근 방식에 따른 질적 연구의 표준을 비교할 때 새로운 시각적 요약과 보다 상세한 정보를 포함하여, 타당성 및 신뢰도 관점 및 전략에 대한 설명을 업데이트했다.
- 각 장의 마지막 부분에는 연습문제를 제시하여 각 장에서 소개한 구체적인 기술을 연습할 수 있도록 하였다. 질적 연구자들이 알아야 하는 구체적인 기술들에 대해 우리의 향상된 이해가 반영될 수 있도록 연습문제를 재기술하였다.
- 마지막 장에서는 무장총격자 사례연구를 내러티브 연구, 현상학적 연구, 근거이론 연구, 문화기술지 연구에 이르기까지 유형을 바꾸어 제시하였을 뿐만 아니라 이와 같은 재작업 과정에서 실제로 어떤 변화가 있었는지를 보다 명확하게 기술하였다.
- 4판에서는 질적 연구방법을 설명하는 학술지 논문을 선정하고 질적 연구방법에 관한 최신 서적들을 추가하기 위해서 참고문헌을 보완하였다.

많은 부분이 3판과 동일한 내용으로 구성되어 있으며, 그 내용은 다음과 같다.

- 질적 연구의 핵심적 특성은 본질적으로 동일하다는 것이다.
- 질적 연구의 주요 특징 중 하나로 사회정의를 강조하는 내용은 4판에서도 계속된다. 사회정의 지향은 모든 사람을 위한 것은 아니지만, 『질적 연구의 SAGE 핸드북(SAGE Handbook of Qualitative Research)』(Denzin & Lincoln, 2011)의 최근 판에서 다시 한번 우위를 점하고 있다.
- 윤리적인 문제를 사전에 고려하고 이슈가 발생함에 따라 대응해야 할 필요성은 연구 과정 전반에 걸쳐 발생한다.
- 다섯 가지 접근법이 각자 갖고 있는 차이에 대해서는 당연한 것으로 받아들여야 한다. 우리는 문화기술지, 근거이론 연구 등에 접근할 수 있는 유일한 방법은 없다는 것을 이해하게 되었다. 우리는 각 접근 방식에서 가장 인기 있는 접

근 방식이라고 생각되는 것을 선별적으로 선택하고 이를 강조하는 문헌들에 무게를 두었다.

- 마찬가지로, 우리는 초판 이후 지금까지 시간 테스트를 거친 다섯 가지 접근 방식을 계속 사용해 왔다. 그렇다고 해서 우리가 추가적인 접근법을 고려하지 않았다는 뜻은 아니다. 예를 들어, 참여적 실행연구(participatory action research)는 확실히 여섯 번째 접근법이 될 수 있지만, 우리는 제2장의 해석적 틀에 그것에 대한 몇 가지 논의를 포함시켰다(Kemmis & Wilkinson, 1998). 또한 추가적인 접근법으로서 담화 분석과 대화 분석은 확실히 포함될 수 있었으나(Cheek, 2004), 우리는 내러티브 접근법에서만 대화적 접근법에 대한 몇 가지 생각을 추가했다. 혼합방법(mixed methods) 역시 때로는 질적 연구와 밀접하게 관련되어 있어 장르 중 하나로 간주된다(Saldaña, 2011 참조). 그러나 우리는 혼합방법을 질적 조사뿐만 아니라 질적 연구와 양적 연구를 연결하는 방법론으로서 별개의 것으로 본다. 나아가서 이 책은 분명히 독자적인 문헌을 가지고 있으므로(Creswell & Plano Clark, 2011 참조) 우리는 이 책의 범위를 질적인 접근법으로 제한하기를 원했다. 따라서 우리는 초기 다섯 가지 접근 방식을 유지하고, 이 다섯 가지 접근 방식 내에서 확장하기로 결정했다.
- 우리는 질적 연구자를 위해 책 전반에 걸쳐 자원을 계속 제공해 왔다. 상세 용어집(지난 3판의 용어집 추가), 다섯 가지 접근법에 따라 이 책의 내용을 정리하는 분석표, 그리고 모델 설계 및 다섯 가지 접근 방식 각각에 대한 연구 글쓰기 등을 통한 학술지 논문을 작성하도록 하였다. 그리고 경험이 부족하거나 경험이 풍부한 연구자 모두를 위해, 우리는 이 책의 내용을 더 확장시킬 수 있는 추가 독서를 위해 각 장의 끝에 풍부한 자료들을 수록했다.
- 첫 번째 판에서 사용된 용어인 전통은 이제 접근법으로 대체되었고, 우리는 후속 판에서 이러한 용어를 계속 사용해 왔다. 이 접근 방식은 우리가 과거의 접근 방식을 존중하기를 원할 뿐만 아니라 또한 질적 연구에서 현재의 관행을 장려한다는 것을 나타낸다. 다른 학자들은 이러한 접근 방식을 '조사 전략(strategies of inquiry)'(Denzin & Lincoln, 2005), '변주(varieties)'(Tesch, 1990) 또는 '방법(methods)'(Morse & Richards, 2002)이라고 언급해 왔다. **연구설계**에 따라 우리는 문제의 개념화로부터 연구질문 작성, 자료수집, 분석, 해석 및 보고

서 작성에 이르는 전체 연구 과정을 언급하고자 한다(Bogdan & Taylor, 1975). Yin(2009)은 "이 설계는 경험적 자료를 연구의 초기 연구질문에서부터 궁극적으로는 결론에 이르기까지 연결 짓는 논리적 순서"라고 평했다(p. 29). 따라서 우리는 특정 설계마다 광범위한 철학적 · 이론적 관점으로부터 연구의 질과 타당성 검증에 이르기까지 모두를 포함시켰다.

저자의 위상

이 책에서 채택된 접근 방식을 이해하기 위해서는 우리의 배경에 대한 몇 가지 정보를 알아야 한다. John은 약 40년 전에 양적 통계 연구원으로서 훈련을 받았다. 1980년대 중반, John은 우리 대학에서 첫 번째 질적 연구 과정을 가르쳐 달라는 요청을 받았고, 그는 자진해서 그렇게 했다. 이것은 몇 년 후 이 책의 초판 집필로 이어졌다. John은 자신의 레퍼토리를 질적 연구뿐만 아니라 혼합방법으로 확장해 왔지만, 그는 계속해서 질적 연구에 더 강한 관심으로 돌아갔다. 수년 동안 John은 연구설계, 질적 연구, 혼합방법연구에 전문화된 응용연구방법론자로 성장해 왔다. 흥미롭게도, Cheryl 또한 생물 자연과학 내의 양적 연구자로 훈련받았다. 고등학교 과학 교사로 일할 때, 그녀는 학생의 학습을 평가하고 보고하는 양적 증거 시험점수의 한계에 의문을 제기하기 시작했다. 대신, 그녀는 학생들과 학부모들과의 의사소통을 알리기 위해 더 많은 질적인 증거를 끌어내기 시작했다. 이어 대학원으로 복귀해 질적 연구방법에 대한 전문지식을 쌓고, 결국 혼합연구라는 신흥 분야에서 일했다. 응용연구원이자 프로그램 평가자로서, 그녀는 다양한 조직 환경에서 엄격한 방법으로 학생들과 협력자들을 멘토링하여 연구 역량을 쌓는 데 전념하게 되었다.

이러한 배경은 질적 연구의 과정에 대한 이해를 전달하는 관점에서 글을 쓰는 이유를 설명하고 있는데(과학적인 방법이나 또는 다른 방법이라고 부르고 싶든 간에), 특히 광범위한 질적 자료수집, 여러 단계를 통한 엄격한 자료분석, 그리고 컴퓨터 프로그램의 사용과 같은 강력한 방법 특징에 초점을 맞추고 있다. 더구나 John은 글쓰기의 구조와 함께 글쓰기가 질적인 연구이든, 시든, 창조적인 논픽션이든 매혹적인 것으로 발전시켰다. John의 지속적인 관심은 질적 연구의 구성이었다. 이 구성에 대한 관심은 질적 조사의 최상의 구조화 방법과 구조가 어떻게 변화하고, 연구접근법이 어떻게 변화하는지 시각화하는 것으로 흘러가고 있다. Cheryl에게 있어 연구 결과의 활용과 연구 과정을 촉진하는 데 대한 지속적인 연구 관심은 어떤 결과가 생성되는지에 대한 향상된 접근성을 제공하고 연구 및 평가가 전달되는 방법을 위한 다양한 형식을 찾는 데 초점을 맞추도록 했다.

John은 구조화된 양상에 대한 관심 때문에 종종 질적 조사에 참여한 작가들 가운데 후기실증주의 진영에 놓였으나(Denzin & Lincoln, 2005 참조), 대부분의 연구원과 마찬가지로 이러한 손쉬운 분류를 거부하고 있다. 노숙자 쉼터에 대한 질적 조사의 한 논문에 따르면(Miller, Creswell, & Olander, 1998), John의 문화기술지는 현실주의자, 고백주의자, 그리고 옹호자의 입장을 취했다. 또한 그는 '양적(quantitative)' 세계에서의 질적 연구의 수용을 옹호하지 않는다(Ely, Anzul, Friedman, Garner, & Steinmetz, 1991). 질적 조사는 해명이나 양적 연구와의 비교 없이 사회와 인간 과학 탐구의 합법적인 방식을 대표한다. 마찬가지로 Cheryl은 자신의 경험을 질적 연구에서 양적이고 혼합된 방법으로 활용하기는 하지만 제3장에서 논의하는 질적 연구의 본질적 특성을 유지하기 위해 조심스럽게 활용한다.

John은 또한 논문을 문서화하기 위해 수많은 아이디어를 인용하는 경향이 있고, 끊임없이 성장하는 방대한 질적 조사 문헌의 최신 저술을 통합하고, 응용되고 실용적인 연구 형태를 발전시키고자 한다. 예를 들어, John은 제2장에서 질적 조사의 철학적 가정을 전달하는 것만으로는 충분하게 여기지 않았다. 그는 이러한 철학적 사상이 질적 연구의 설계와 저술에 어떻게 적용되는지에 대한 논의를 구성하고자 했다. John은 독자와 작가가 이해할 수 있다고 말하는 Agger(1991)와 의견을 같이하는데, 특히 방법론은 덜 기술적인 방법으로 접근함으로써 학자들과 더 많은 접근을 가능하게 하고 과학을 민주화한다. 우리는 연구 과정, 워크숍 및 콘퍼런스에서 방법론적 전문성을 확장하고 있는 초보뿐만 아니라 경험이 풍부한 연구원들과의 상호작용을 계속 모색하고 영향을 받는다. 우리가 글을 쓸 때 항상 앞에 있는 것은 질적 연구를 처음으로 배우는 초보 석사, 초보 박사 또는 박사 과정 학생의 사진이다. 이 사진은 여전히 우리의 사고에서 중심적이기 때문에, 어떤 사람들은 우리가 연구 기술을 지나치게 단순화시킨다고 말할지도 모른다. 이 사진은 좀 더 노련한 질적 연구자, 특히 더 발전된 논의를 찾고 연구 과정의 문제를 찾는 연구자에게 이미지를 흐리게 할 수도 있다. 이 책에서 우리는 질적 탐구 여행의 시작을 자극하는 방법으로 다섯 가지 질적 연구접근법에 대한 학습에 잘 다가가도록 하는 것이 우리 둘 모두에게 매우 중요하다고 생각한다.

질적 연구의 정의

우리는 질적 연구에 대한 정의를 내림으로써 전형적으로 질적 연구에 대한 책의 서술을 시작하고자 한다. 복잡해 보이지 않는 이 접근 방식은 최근 몇 년간 더욱 어려워졌다. 오늘날 질적 연구에 대한 매우 유용한 입문서에는 쉽게 찾을 수 있는 정의가 포함되어 있지 않다는 점에 주목하고자 한다(Morse & Richards, 2002; Weis & Fine, 2000). 아마도 이것은 질적 조사의 성격을 전달하려는 저자들의 결정과 덜 관련이 있고, '고정된(fixed)' 정의를 진전시키는 것에 대한 우려와 더 관련이 있을 것이다. 이와 달리 다른 작가들은 정의를 발전시킨다. Denzin과 Lincoln(1994, 2000, 2005, 2011)이 『질적 연구의 SAGE 핸드북』에서 밝힌 진화된 정의는 질적 조사의 변화된 성격을 사회 구성론으로부터 해석주의, 그리고 세계의 사회정의론으로까지 전달한다. 우리는 그들의 최신 정의를 여기에 포함하고자 한다.

> 질적 연구는 세상에서 관찰자가 위치해 있는 상황에서의 활동이다. 질적 연구는 세상을 가시화하는 일련의 해석적이고 구체적인 실천으로 구성된다. 이러한 실천은 세상을 변화시킨다. 그들은 세상을 현장 노트, 인터뷰, 대화, 사진, 녹음 및 자신에 대한 메모를 포함한 일련의 표현으로 바꾼다. 이 수준에서 질적 연구는 세상에 대한 해석적이고 자연주의적인 접근 방식을 포함시킨다. 이는 질적 연구자들이 자연스러운 환경에서 사물을 연구함을 의미하는데, 사람들이 연구자에게 주는 의미와 관련하여 현상을 이해하거나 해석하려고 하는 것이다(Denzin & Lincoln, 2011, p. 3).

'해석적 · 자연주의적 접근' 및 '의미'와 같은 질적 연구에 대한 전통적인 접근 방식 중 일부는 이 정의에서 맞아떨어지지만, 이러한 정의는 또한 질적 연구의 영향과 세계를 변화시키는 능력에 대한 강한 지향성을 가지고 있다.

응용연구방법론자로서 갖는 질적 연구의 가설적 정의는 Denzin과 Lincoln 요소의 많은 부분을 통합하지만 연구설계와 탐구에 대한 고유한 접근 방식(예: 문화기술지, 내러티브)을 매우 강조한다. 우리는 다음 정의를 채택하고자 한다.

> 질적 연구는 가정(assumptions) 및 개인이나 집단이 사회적 또는 인간적 문제에 속한다는 의미를 강조함으로써 조사문제 해결의 연구에 정보를 제공하는 해석적/이론적인 틀의 사용으로 시작한다. 이 문제를 연구하기 위해, 질적 연구자들은 새로운 질적 조사, 연구대상자와 장소에 민감한 자연 환경에서 자료의 수집 및 귀납적이고 연역적인 자료분석을 사용하고, 패턴 또는 주제를 설정한다. 최종 서면 보고서 또는 프레젠테이션은 참여자의 목소리, 연구자의 반영성, 문제에 대한 복잡한 설명과 해석, 문헌에 대한 기여 또는 변화를 요구하는 목소리 등을 포함한다(Creswell, 2013, p. 44).

다섯 가지 접근의 선택

질적 연구를 수행하는 사람들은 선택할 접근이 많은 것에 당황한다. 이때 여러 개의 분류 혹은 유형론을 검토함으로써 선택의 다양성을 알 수 있다. Tesch(1990)는 28개의 접근을 연구자의 주요 관심에 기초하여 하나의 흐름도에서 4개 부문으로 구성하였는데, 이는 가장 대중적인 분류 중 하나이다. Wolcott(1992)는 자료수집을 위한 전략인 '나무(tree)' 다이어그램으로 접근들을 분류하였다. Miller와 Crabtree(1992)는 개인, 사회 세계(social world) 또는 문화에 대한 초점처럼 인간생활에 대한 연구자의 주요 관심 영역에 따라 18개의 유형으로 구성하였다. 교육학 분야에서 Jacob(1987)은 모든 질적 연구를 생태학적 심리학, 상징적 상호작용주의, 총체적 문화기술지와 같은 전통들로 분류하였다. Jacob(1987)의 분류는 내가 이 책의 1판의 윤곽을 잡기 시작할 때 기본적인 틀을 제공하였다. Lancy(1993)는 인류학, 사회학, 생물학, 인지심리학, 역사학과 같은 학문의 관점에 따라 질적 연구를 구성하였다. Denzin과 Lincoln(2011)은 수년간 질적 전략들의 유형을 체계화하고 재구성하였다.

〈표 1-1〉은 그동안의 질적 접근의 체계와 다른 다양한 분류를 보여 준다. 이 목록

이 모든 가능한 분류라는 의미는 아니며, 다른 저자들에 의해 제시된 접근들의 다양성을 도표로 설명하고 학문에 따라 강조하는 접근이 어떻게 다른지 보여 준다.

표 1-1 저자별 질적 접근 및 학문/분야

저자	질적 접근	학문/분야
Jacob (1987)	• 생태학적 심리학 • 총체적 문화기술지 • 인지인류학 • 의사소통 문화기술지 • 상징적 상호작용주의	교육학
Munhall & Oiler (1986)	• 현상학 • 근거이론 • 문화기술지 • 역사적 연구	간호학
Lancy (1993)	• 인류학 관점 • 사회학 관점 • 전기 관점 • 사례연구 • 개인적 이야기 • 인지연구 • 역사연구	교육학
Strauss & Corbin (1990)	• 근거이론 • 문화기술지 • 현상학 • 생애사 • 대화분석	사회학, 간호학
Morse (1994)	• 현상학 • 문화기술지 • 민족과학 • 근거이론	간호학

Moustakas (1994)	• 문화기술지 • 근거이론 • 해석학 • 경험적 현상학 연구 • 발견적 연구 • 초월론적 현상학	심리학
Denzin & Lincoln (1994)	• 사례연구 • 문화기술지 • 현상학 • 민속방법론 • 해석학적 실천 • 근거이론 • 전기연구 • 역사연구 • 임상연구	사회과학
Miles & Huberman (1994)	질적 자료분석에 대한 접근 • 해석주의 • 사회인류학 • 협동적 사회연구	사회과학
Slife & Williams (1995)	질적 방법들의 범주 • 문화기술지 • 현상학 • 인공물 연구	심리학
Denzin & Lincoln (2005)	• 실행, 비판, 공공 문화기술지 • 해석적 실천 • 사례연구 • 근거이론 • 생애사 • 내러티브 • 참여적 실행연구 • 임상연구	사회과학
Marshall & Rossman (2010)	• 문화기술지 접근 • 현상학 접근 • 사회언어학 접근(예: 비판장르)	교육학

Saldaña (2011)	• 문화기술지 • 근거이론 • 현상학 • 사례연구 • 내용분석 • 혼합방법연구 • 내러티브 탐구 • 예술기반연구(arts-based research) • 자서전적 문화기술지 • 평가연구 • 실행연구 • 탐사 저널리즘(investigative journalism) • 비판적 탐구(critical inquiry)	예술(극문학)
Denzin & Lincoln (2011)	연구 전략 • 설계 • 사례연구 • 문화기술지, 참여관찰, 수행 • 문화기술지 • 현상학, 민속방법론 • 근거이론 • 생애사, 증언(testimonio) • 역사적 방법 • 실행 및 응용연구 • 임상연구	
Mertens (2015)	질적 연구의 유형 • 문화기술지 연구 • 사례연구 • 현상학 연구 • 근거이론 • 참여적 실행연구	교육학, 심리학

이 분류들을 자세히 살펴보면, 문화기술지, 근거이론, 현상학, 사례연구와 같은 접근들은 수년 동안 지속적으로 나타나고 있는 것을 발견할 수 있다. 또한 생애사, 자서전적 문화기술지(autoethnography), 전기연구와 같은 다수의 내러티브 관련 접

근이 논의되어 왔다. 여러 가지 가능성과 함께, 우리는 이 책에서 제시한 다섯 가지 접근을 어떻게 결정했는가?

다섯 가지 접근에 대한 선택은 개인적 관심, 사회과학과 보건학(health science)에서 많이 사용되고 있는 여러 접근의 선택, 대표적인 학문적 지향의 선택 등에서 비롯되었다. 우리 각각은 학생 상담가로서 그리고 질적 연구를 수행하는 연구자로서 다섯 가지 접근에 대한 개인적 경험을 가지고 있다. 이러한 개인적 경험과는 별도로, 우리는 많은 질적 문헌을 읽어 왔으며, 학습도 계속하고 있다. 이 책에서 논의된 다섯 가지 접근은 사회학, 행동학, 보건학에서 가장 빈번하게 접한 질적 연구의 유형들을 반영한다. 저자들이 특정한 접근이 자기 분야에서 가장 중요하다고 주장하는 것도 이상한 것은 아니다(예: Morse & Field, 1995). 또한 우리는 체계적인 연구 절차를 가진 접근을 선호한다. 각각의 접근을 설명하기 위해 우리가 찾은 책들은 엄격한 자료수집과 분석방법을 지지하는 책들로 질적 연구 초보연구자들에게 도움이 될 것이다. 이 책들은 사회학, 행동학, 보건학에서 서로 다른 학문적 관점을 나타낸다는 점에서 유용하다. 이는 이 책을 위한 독자층을 넓히고, 질적 연구를 사용해 온 다양한 학문을 인지하도록 하는 데 매력적인 특징들이다. 예를 들어, 내러티브는 인문학과 사회과학에서 기원하고, 현상학은 심리학과 철학, 근거이론은 사회학, 문화기술지는 인류학과 사회학 그리고 사례연구는 인문 · 사회과학과 평가연구와 같은 응용 분야에서 기원한다.

읽어야 할 핵심 도서

다섯 가지 접근을 논의하기 위해 사용한 주요 개념은 몇몇 책으로부터 나왔다. 좀 더 구체적으로 설명하면, 각 접근마다 두 종류의 책을 주로 참고하였다. 질적 탐구의 구체적인 접근들에 대한 공부를 막 시작한 사람들에게 이 책들을 강하게 추천하는 바이다. 이 책들은 새로운 저서들뿐 아니라 저자들에 의해 인용된 고전(classics)을 모두 반영하고 있으며, 다양한 학문과 관점을 포함한다. 각 장의 요약 뒤에 나타나는 추가 읽을거리 제목 아래에 나열된 각 장에 대한 필독 내용을 부디 참고하기 바란다.

내러티브 연구

Clandinin, D. J. (2013). *Engaging in narrative inquiry.* Walnut Creek, CA: Left Coast Press.

이 책에서 Jean Clandinin은 "내러티브 탐구자들이 하는 일이 무엇인가에 대한 질문으로 돌아가겠다."는 그녀의 의도를 분명히 밝히고 있다(p. 18). 제2장은 내러티브하게 생각하고 행동하는 것이 무엇을 의미하는지 교육연구의 상세한 설명과 실례를 사용하는 그녀의 실질적인 지침으로 주목할 만하다.

Riessman, C. K. (2008). *Narrative methods for the human sciences.* Thousand Oaks, CA: Sage.

Catherine Riessman은 네 가지 구체적인 내러티브 분석방법(주제, 구조, 대화/행위, 시각)에 대한 자세한 설명과 함께 교차 학문의 실례를 사용한다. 그녀의 독특한 기여는 시각적 분석과 이미지가 질적 연구 내에서 어떻게 사용될 수 있는지에 대한 논의이다.

현상학

Moustakas, C. (1994). *Phenomenological research methods.* Thousand Oaks, CA: Sage.

Clark Moustakas는 현상학적 분석에서 발견적 프로세스에 대한 설명을 제공한다. 인터뷰 대본을 체계적으로 해석하는 그의 실제 지침은 인터뷰 전반에 걸쳐 공통적으로, 또는 인터뷰에 고유한 주제를 추출한 다음 개념적 링크를 만드는 데 도움이 된다.

van Manen, M. (2014). *Phenomenology of practice: Meaning-giving methods in phenomenological research and writing.* Walnut Creek, CA: Left Coast Press.

Max van Manen은 주요 현상학적 아이디어의 진화를 설명하고, 다양한 방법을 제시하며, 현재 문제를 논의한다. 주요 기여 중 하나는 현상학적 보고 평가 기준 일곱 가지를 요약한 것이다(p. 355 참조).

근거이론

Charmaz, K. (2014). *Constructing grounded theory* (2nd ed.). Thousand Oaks, CA: Sage.

이 새 판에서 Kathy Charmaz는 다양한 분야의 연구자와 전문가로부터의 추가적인 실례뿐만 아니라 근거이론을 사용하는 학자들의 성찰을 제공한다. 제2판의 특징은 지침과 예를 포함한 코딩 및 쓰기 과정과 관련된 추가 세부사항을 포함하고 있다.

Corbin, J., & Strauss, A. (2015). *Basics of qualitative research: Techniques and procedures for developing grounded theory* (4rd ed.). Thousand Oaks, CA: Sage.

Julie Corbin과 Anselm Strauss가 저술한 내부자의 통찰(Insider Insights)이라고 불리는 제4판의 새로운 교육학적 특징은 이전의 학생들과 동료들의 관점을 제공함으로써 독서 경험을 풍부하게 한다. 특히 분석 프로세스의 요약은 독특하다(pp. 216-219 참조).

문화기술지

Fetterman, D. M. (2010). *Ethnography: Step-by-step* (3rd ed.). Thousand Oaks, CA: Sage.

David Fettterman은 문화기술지의 기본적 특징과 이론의 사용에 대한 토론을 제공한다. 인류학적 개념에 대한 장은 문화기술지적 지식을 습득하는 순환 과정과 인간의 삶 사이의 유용한 관련성을 제공한다. 이것은 제5장에서 설명한 분석 전략과 함께 필독을 권한다.

Wolcott, H. F. (2008). *Ethnography: A way of seeing* (2nd ed.). Lanham, MD: AltaMira.

문화기술지의 본질에 대한 충분한 이해, 집단의 연구, 그리고 문화에 대한 이해의 발달은 Harry Wolcott에 의해 제공된다. 특히 현장실습과 관련하여 예술적 · 상식적 요소를 두루 강조한 그는 독특한 시각을 제공한다.

사례연구

Stake, R. (1995). *The art of case study research.* Thousand Oaks, CA: Sage.

Robert Stake는 그의 개성 있는 스타일을 통해 예시와 함께 경험에서 얻은 통찰력을 제공한다. 이 책은 사례연구를 수행하는 데 수반되는 '예술(art)'과 연구자의 직관의 역할을 강조함으로써 일반적인 텍스트와는 다르게 읽힌다.

Yin, R. K. (2014). *Case study research: Design and methods* (5th ed.). Thousand Oaks, CA: Sage.

Robert Yin은 이 새 판에 각 장 끝 자습서를 통해 폭과 깊이를 더했다. 신뢰할 수 있는 조사 결과와 타당한 해석을 도출하기 위한 시스템과 절차를 강조하였는데, 특히 설계(제2장 참조), 자료수집(제4장 참조) 및 분석(제5장 참조)에 잘 명시되어 있다.

독자

어떤 책에든 다수의 독자가 존재하지만(Fetterman, 2010), 이 책은 사회과학, 인문학, 보건학과 관련된 학자들을 독자로 한다. 이 책에 등장하는 예들은 사회학, 심리학, 교육학, 간호학, 가정의학, 보건분야, 도시연구, 마케팅, 커뮤니케이션 및 저널리즘, 교육심리학, 가족 과학 및 가족치료, 그리고 기타 인문사회과학 분야를 포함한 학문과 연구 분야의 다양성을 보여 준다.

우리의 목적은 학술지의 논문, 학위논문의 형태로 학문적으로 질적 연구를 수행하고자 하는 사람들에게 유용한 교재를 제공하는 것이다. 논의 수준은 상급생과 대학원생에 적합하게 되어 있다. 석사학위논문 또는 박사학위논문을 쓰는 대학원생들을 위해 다섯 가지의 접근을 비교·대조하였고, 이러한 분석이 이들이 사용할 접근을 선택할 때 합리적 근거를 마련하는 데 도움이 되기를 바란다. 질적 연구 초보자들을 위해 우리는 질적 연구를 설계하는 데 필요한 기본 요소에 의해 질적 연구를 형성해 가는 철학적·해석적 틀을 소개하고자 한다. 우리는 기본적인 질적 연구 요소들을 잘 이해하는 것이야말로 다섯 가지 접근을 구체적으로 이해하기 위해 필수적이라는 것을 느낀다. 이 책의 매 장은 각 장의 주제에 대한 개요를 제시하고 다섯 가지 접근에 의해 이 주제가 어떻게 다루어지고 있는지 소개하는 방향으로 전개된다. 이 책에서는 초보 연구자를 위해 질적 연구의 기초를 보다 폭넓게 제공할 수 있는 질적 연구 개론서들을 추천하였고, 이러한 기초들은 다섯 가지 접근을 이해하기 위한 중요한 부분이다. 또한 이 책의 전반에 걸쳐 초점을 맞추고 있는 다섯 가지 접근에 대한 비교는 경험 있는 연구자에게 자기 전공 분야의 경험과 훈련 위에 쌓을 수 있는 접근들을 소개하는 데 있다.

구성

서론과 핵심 문헌 자료 목록에 이어, 제2장에서 질적 연구에 영향을 미치는 철학적 가정들과 해석적 틀을 소개하고자 한다. 우리는 이것들이 질적 연구에 어떻게 적용되어 나타나는지에 대해 강조하고자 한다. 제3장에서는 질적 연구설계의 기본 요소들을 제시한다. 이러한 요소들은 질적 연구의 정의, 접근법 활용의 이유, 연구 과정에서의 각 단계 등과 관련된다. 제4장에서는 질적 연구에 대한 다섯 가지 접근, 즉 내러티브 연구, 현상학, 근거이론, 문화기술지, 사례연구를 소개한다. 이 장에서는 각 다섯 가지 접근의 요소들에 대한 개요를 보여 준다. 제5장에서는 학술지에 출간된 5개의 논문(부록 B~F에 전문이 게재되어 있음)에 대한 논의로 이루어지는데, 이 논문들은 각 접근에 대한 좋은 실례가 된다. 제4장의 개요를 잘 읽은 후 이들 논문을 읽는다면 독자들은 다섯 가지 접근에 대해 더욱 잘 이해할 수 있을 것이다. 또한 독자들이 자신의 연구를 위해 우리가 이 장에서 각 접근별로 소개한 책 중 한 권을 선택하고 정독한다면 질적 연구접근에 대한 지식을 쌓을 수 있을 것이다.

이 5개의 장은 다섯 가지 접근에 대한 소개와 연구설계 과정에 대한 개요에 해당한다. 이 장들은 연구설계와 각 연구접근법을 관련시키는 나머지 장, 즉 연구의 서론 작성(제6장), 자료수집(제7장), 자료분석 및 제시(제8장), 질적 연구 글쓰기(제9장), 결과의 타당성과 평가 기준의 사용(제10장) 등을 위한 발판이 된다. 설계를 다루는 이 장들에서도 질적 연구의 기본을 먼저 다루고, 다섯 가지 연구접근에 대한 비교로 논의를 확장하였다.

다섯 가지 접근 간의 차이를 극명하게 드러내기 위한 마지막 경험으로 제11장을 제안한다. 제11장에서는 제5장에서 처음 소개했던 무장총격자의 사례연구(Asmussen & Creswell, 1995, 부록 F 참조)로 되돌아가서, 이 이야기를 사례연구에서 내러티브 전기연구(narrative biography), 현상학, 근거이론, 문화기술지로 '전환'해 보았다. 독자들은 최종적으로 이 장을 통해 John이 앞서 경험한 베일 세미나의 연장선상에서 여러 가지 방식으로 무장총격자의 사례를 검토할 수 있는 완전한 기회를 갖게 될 것이다.

제2장

철학적 가정과 해석의 틀

인식하건 그렇지 않건 간에 항상 우리의 연구는 특정 신념이나 **철학적 가정**을 바탕으로 한다. 이는 때때로 우리가 연구하고자 하는 문제 유형, 연구질문, 자료수집방법에 대한 뿌리 깊은 관점이기도 하다. 이러한 신념들은 우리가 교육을 받는 동안 학술지 논문과 책을 읽고, 교수에 의해 전해진 조언이나 학회나 학문적 회의에서 만난 학문적 공동체를 통해 주입된다. 이 가정들과 신념들을 아는 것이 첫 번째 어려운 점이고, 이것들을 우리의 질적 연구에 적극적으로 반영시킬지 결정하는 것이 두 번째 어려운 점이다. 철학적 가정들은 종종 보다 덜 추상적인 수준에서 우리가 연구의 방향을 이끄는 이론을 선택하는 데 영향을 준다. 이론은 철학적 가정보다 질적 연구에서 분명하게 나타나고, 또한 우리는 연구자가 되기 위한 전문적인 훈련과 보고서식 연구에서 이론을 보다 분명하게 나타내려고 한다.

질적 연구자들은 연구에 영향을 주는 신념과 이론에 대한 이해뿐 아니라 보고서나 연구에서 이것들에 대해 적극적으로 적용하는 것의 중요성을 강조하고 있다. 이 장은 그동안 질적 연구자들의 마음에 자리 잡고 있었던 다양한 철학적 가정과 신념들을 구현하는 다양한 이론적 틀과 **해석적 틀**을 강조한다. 연구 활동으로 이끄는 철학과 연구자의 연구를 다루기 위한 틀을 사용하는 방법 사이에는 밀접한 관계가 분명히 존재한다.

이 장은 질적 연구에서 흔히 사용되는 다양한 철학적 가정을 탐색하는 데 도움을 주고, 독자들이 질적 연구에서 이론들의 영향에 대한 의사결정을 할 때 필요한 정보를 줄 것이다. 그리고 철학과 이론이 연구수행의 큰 흐름 중에서 어떻게 적합한지에 대해 이해하는 틀을 제시함으로써 이를 다루게 될 것이다. 그런 다음 질적 연구자에게 공통적인 철학적 가정에 대한 세부사항을 제시하고, 철학적 가정의 유형을 고려하며, 질적 연구에서 그것들이 자주 사용되거나 명시적으로 만들어지는 방법을 탐구할 것이다. 마지막으로, 이러한 해석적 틀이 실제 연구 관행에서 어떻게 실행되는지를 삽입된 해설을 통해서 철학적 가정으로 연결 짓는 다양한 틀을 제안하고자 한다.

토론할 문제

- 질적 연구를 수행하는 전반적인 과정에서 철학과 이론적 틀이 적합한 단계는 어디인가?
- 철학적 가정을 이해하는 것은 왜 중요한가?
- 질적 연구를 선택할 때 사용할 수 있는 네 가지 철학적 가정은 무엇인가?
- 질적 연구에서 이러한 철학적 가정들은 어떻게 사용되고 반영(written into)되는가?
- 질적 연구에서는 어떤 종류의 해석적 틀이 사용되는가?
- 질적 연구에서 해석적 틀은 어떻게 작성되는가?
- 질적 연구에서 철학적 가정과 해석적 틀은 어떻게 연결되는가?

연구 과정 내에서의 철학과 해석적 틀의 위치

질적 연구 이면의 철학적 가정에 대한 이해는 연구의 전체 과정 내에서 어디에 적합한지 평가하고, 연구의 요소로서 그것의 중요성을 언급하며, 그것을 연구에 적극적으로 쓰는 방법을 고려하면서 시작된다. 이 과정에서 도움을 주기 위해 우리는 철학적 이해에 대한 틀(framework)을 사용한다. 가정 및 해석 틀(패러다임 관점 및 이론적 지향)은 연구 과정 내에 위치하며 연구 과정에 영향을 미친다. 철학은 우리의 연구에 정보를 주는 추상적인 사상과 신념을 사용하는 것을 의미한다. 우리는 철학적 가정들이 일반적으로 연구를 전개하는 첫 번째 생각이라고 알고 있다. 하지만 연구의 전반적인 과정에서 철학적 가정들이 어떻게 관련이 되는지에 대해서는 여전히 의문으로 남아 있다. Denzin과 Lincoln(2011, p. 12)이 정리한 [그림 2-1]은 연구 과정에서 우리의 관점에 철학과 이론을 어떻게 위치시켜야 하는지 제시한다.

이러한 개념의 연구 과정은 단계 1에서 시작된다. 이 단계에서 연구자는 그들의 연구에 개인적인 역사, 그들 자신과 타인에 대한 견해, 윤리적 · 정치적 이슈들과 같이 무엇을 가지고 왔는지에 대해 고려한다. 연구자들은 보통 이 단계를 간과하는 경향이 있기 때문에 연구수행 단계에서 강조를 하고 가장 첫 번째로 위치시키는 것이 도움이 된다. 2단계에서 연구자는 특정한 철학적 가정(assumptions)을 조사한다. 이들 가정에 의해 연구자의 현실관(존재론), 연구자가 현실을 어떻게 아느냐(인식론), 조사자가 취하는 가치관(가치론), 연구에 사용된 절차(**방법론**) 등 연구의 방향을 제시하는 연구자의 입장이 정해지게 된다. 이러한 가정은 **패러다임**과 이론(또는 우리가 해석적 프레임워크라고 부르는 것)의 사용을 통해 연구에 종종 적용된다. 패러다임(Paradigms)은 "행동을 이끄는 기본적인 믿음의 집합"이다(Guba, 1990, p. 17). 이러한 믿음은 조사자에 의해 연구 과정에 도입되며 세계관이라고 불릴 수 있다(Creswell & Plano Clark, 2011). 반면에 **이론이나 이론적 방향**은 문헌에서 발견되며, 그것들은 어떤 것에 대한 일반적인 설명을 제공한다. 연구자들은 연구에서 참여자와 공동체의 요구를 볼 수 있는 연구나 렌즈를 찾기를 희망한다. 물론 철학적 가정, 패러다임 및 이론적 방향 사이의 차이가 항상 명확한 것은 아니지만, 넓은 철학적 수준에서 존재하는 것(가정)과 더 실용적인 수준에서 작동하는 것(해석적 프레임워크)을 구분하는 것은 스스로 발견(heuristic)하는 데 도움을 준다.

단계 2에서 연구자는 '행동을 이끄는 기본적인 신념의 묶음'인 특정 이론들(theories), 패러다임(paradigms), 관점들(perspectives)을 통해 연구를 구체화시킨다. 이 단계에서는 이 장에서 다루고 있는 철학적 · 이론적 틀을 살펴볼 수 있다. 이 책의 나머지 장은 단계 3에서 소개하고 있는 연구 전략들, 즉 이 책에서 언급하고 있는 '접근들(approaches)'에 초점을 맞추고 있으며, 이는 연구수행과 관련 있기 때문에 상세하게 다룰 것이다. 마지막으로, 단계 4에서는 자료수집 및 자료분석 방법을 다루고 단계 5에서는 해석과 평가에 대해서 다룰 것이다. [그림 2-1]을 전체적으로 보면, 연구자가 자신의 철학에서 연구에 가져온 개인적 특성, 특정 접근의 토대가 되는 이론, 그리고 자료수집, 분석, 해석 방법 등에 대한 광범위한 사정에 따라 연구의 추상 수준이 다름을 알 수 있다. 또한 [그림 2-1]은 질적 연구에 영향을 미치는 철학과 이론적 지향을 이해하는 것이 중요하다는 함의를 제시한다.

단계 1: 다문화적 주체로서의 연구자

- 역사와 연구 전통
- 자아와 타인에 대한 개념
- 연구의 윤리와 정치

당신은 연구에 어떤 관점과 경험을 가지고 있습니까?

단계 2: 철학적 가정과 해석적 틀

- 존재론적(ontological)
- 인식론적(epistemological)
- 가치론적(axiological)
- 방법론적(methodological)
- 후기실증주의(postpositivism)
- 사회구성주의(social constructivism)
- 변형적 틀(transformative frameworks)
- 포스트모던 관점(postmodern perspective)
- 실용주의(pragmatism)
- 페미니스트 이론(feminist theories)
- 비판이론과 비판인종이론(critical theory and critical race theory)
- 동성애이론(queer theory)
- 장애이론(disabilities theories)

당신의 신념은 연구자로서의 당신 행동을 어떻게 끌고 갑니까?

단계 3: 연구 전략

- 설계
- 사례연구
- 문화기술지, 참여관찰, 연행적 문화기술지(performance ethnography)
- 현상학, 민속방법론
- 근거이론
- 생애사, 증언(testimonio)
- 역사적 방법
- 실행 및 응용연구
- 임상연구

당신의 철학적 · 이론적 틀은 당신이 선택한 연구접근법에 어떻게 영향을 미칩니까?

단계 4: 자료수집 및 분석 방법

- 관찰
- 면접
- 인공물, 문서, 기록
- 시청각 방법(visual methods)
- 자서전적 문화기술지(autoethnography)
- 구술사(oral history)
- 자료처리방법
- 컴퓨터기반 분석
- 원문분석(textual analysis)
- 초점집단(focus groups)
- 응용 문화기술지

당신의 연구접근 방식은 자료수집 및 분석에 사용되는 방법에 어떤 영향을 미칩니까?

단계 5: 해석과 평가의 예술, 실천, 정치

- 타당성 판단기준
- 해석의 실천 및 정치(practices and politics of interpretation)
- 해석으로서의 글쓰기
- 평가전통
- 정책분석
- 응용연구

엄격함과 추론 및 결과 사용과 관련하여 당신의 결정에 기여하는 요소는 무엇입니까?

[그림 2-1] 연구 과정 내에서의 철학과 해석적 틀의 위치

출처: Denzin & Lincoln (2011), p. 12. 사용 승인 허가, SAGE.

철학적 가정

왜 철학은 중요한가

질적 연구의 기저에 깔려 있는 철학적 가정들을 이해하고, 연구를 하거나 연구를 발표할 때 이것들을 분명하게 설명하는 것이 왜 중요한지에 대해 생각하는 것부터 시작해 볼 수 있다. Huff(2009)는 연구에서 철학의 중요성을 설명하는 데 도움을 준다.

- 연구 목적과 결과의 방향: 철학은 연구문제와 연구질문을 어떻게 설정하고 질문에 대한 답을 구하기 위해 정보를 어떻게 찾아야 하는지에 대한 방법을 형성한다. 예를 들어, 어떤 변수가 결과를 해석하기 위해 예측된다는 원인-결과적 질문은 질적 연구에서와 같이 한 가지 현상을 탐색하는 것과는 다르다.
- 훈련과 연구 경험의 범위: 이러한 가정들은 우리의 학문적 훈련 속에 뿌리 깊게 박혀 있고 학문적 공동체에 의해 강화된다. 어떤 공동체는 매우 절충적인 성향을 띠어 다른 학문 분야(예: 교육학)로부터 차용하기도 하고, 다른 공동체는 구체적인 연구문제, 이 문제들을 어떻게 연구해야 하는지, 연구를 통해 어떻게 지식을 축적할 수 있는지와 같은 연구의 구성요소들에 제한적으로 초점을 맞추기도 한다.
- 연구 관련 결정을 위한 평가범위의 기반: 의심할 여지 없이, 검토자는 연구에 대한 평가를 할 때 철학적 가정을 전제한다. 검토자가 인식론적 문제에 대해 어떤 입장을 취하고 있는지 아는 것은 저자로서의 연구자에게 도움이 된다. 저자와 검토자 사이에 전제하는 가정들이 다를 경우, 저자의 연구는 공정한 평가를 받지 못할 수 있고, 검토자의 조언은 그 연구에 도움이 되지 않을 것이다. 이러한 부당한 평가는 대학원생이 심사위원회 앞에서 발표를 하거나, 저자가 학술지에 투고를 하거나, 또는 연구자가 기금지원기관에 제안서를 발표할 때에도 일어날 수 있다. 반대로, 검토자가 사용한 가정의 차이를 이해하면 저자로서의 연구자는 비평의 중심이 되기 전에 차이점을 해결할 수 있을 것이다.

하나의 핵심 가정들이 변할 수 있는지, 그리고/또는 다수의 철학적 가정이 어떤 하나의 연구에서 사용될 수 있는지에 대한 의문은 강조될 필요가 있다. 우리의 입장은 가정들은 시간에 따라 또는 경력(career)에 따라 변할 수 있고, 실제로도 그렇다는 것이다. 특히 연구자가 그가 속했던 학문집단을 떠나거나 초월적이고 다학제적인 방식으로 연구를 시작하는 경우에 그러하다. 하나의 연구에서 다수의 가정이 사용될 수 있는지에 대해서는 논란의 여지가 있으며, 조사자의 연구 경험, 조사자의 상이한 가정들의 사용에 대한 개방성, 그가 속해 있는 과학 공동체에서 사용되고 있는 생각에 대한 수용 가능성과 관련이 있을 수 있다. 다음에 설명하는 네 가지 철학적 가정을 살펴보면 시간 경과에 따른 개인적 변화를 모니터링하는 데 도움이 될 수 있다.

네 가지 철학적 가정

질적 연구를 수행할 때, 연구자가 전제한 철학적 가정들은 무엇일까? 이 가정들은 지난 20년간 수많은 『질적 연구의 SAGE 핸드북』(Denzin & Lincoln, 1994, 2000, 2005, 2011)을 통해 다루어지고 Guba와 Lincoln(1988)에 의해 질적 연구의 지침철학(guiding philosophy)이라는 '자명한(axiomatic)' 이슈로 제기되면서 더 분명하게 설명되었다. 이러한 신념들은 철학적 가정들과 인식론, 존재론(Crotty, 1998) 등으로 불려 왔고, 연구방법론(Neuman, 2000)과 대안적 지식 주장(Creswell, 2009)으로 폭넓게 이해되었다. 이것들은 존재론[실재(reality)의 본질], 인식론(무엇이 지식으로 간주되고 지식주장이 어떻게 정당화되는지), 가치론(연구에서 가치의 역할), 방법론(연구 과정)에 대한 신념들이다. 논의 부분에서는 먼저 각 철학적 가정들에 대해 논하고, 질적 연구에서 어떻게 사용되고 글 속에 포함되는지에 대해 상세하게 설명하며, 마지막으로 연구 과정의 보다 세분화된 수준에서 작동하는 여러 가지 다른 해석적 틀과 연결지어 살펴보고자 한다(〈표 2-1〉 참조).

존재론적 이슈는 실재의 본질 및 그 특성과 관련되어 있다. 연구자가 질적 연구를 수행할 때, 그들은 다양한 실재에 대한 의견을 채택한다. 질적 연구의 연구대상자와 독자가 그러하듯 연구자들도 서로 다른 실재를 받아들인다. 개인을 연구할 때, 질적 연구자들은 이러한 다양한 실재를 보고할 목적으로 연구를 수행한다. 개인이 실제 사용한 언어에 토대를 두어 광범위하게 인용을 하고 개인의 상이한 관점을 제시하는 등 하나의 주제에 대한 다양한 종류의 증거들을 사용하여 다양한 실재를 입증할 수 있다. 예를 들어, 연구자가 현상학과 관련한 책을 편찬할 때, 그들은 연구참여자가 그들 자신의 경험을 어떻게 다르게 보는지 보고한다(Moustakas, 1994).

인식론적 가정에 기반을 두어 질적 연구를 수행한다는 것은 연구자가 연구참여자와 최대한으로 가까워지기 위해 노력한다는 것을 의미한다. 따라서 주관적 증거는 개인적 관점을 기반으로 수집되고, 이와 같이 지식은 사람들의 주관적 경험을 바탕으로 획득된다. 그러기에 실제로 질적 연구자들은 참여자가 살거나 일하는 '현장'에서 연구를 수행하는 것이 중요하며, 이는 연구참여자가 말하고자 하는 것이 무엇인지 이해하기 위한 중요한 맥락이 된다. 연구자가 참여자를 알기 위해 더 오래 '현장'에 머물거나 참여자를 알게 될수록, 체험에 의해 얻은 정보를 통해 '그들이 알고 있는 것'을 더 많이 알 수 있다. 예를 들어, 좋은 문화기술지 연구는 연구자가 연구 장소에서 오랫동안 체류할 것을 요구한다(Wolcott, 2008a). 간단히 말해서, 연구자들은 그 자신과 참여자들 간의 "객관적인 분리" 혹은 "거리"를 최소화하기 위하여 노력한다(Guba & Lincoln, 1988, p. 94).

모든 연구자는 연구에 가치를 부여한다. 그러나 질적 연구자들은 이러한 가치를 명백하게 제시하기를 원한다. 이것이 질적 연구를 특징짓는 **가치론적** 가정이다. 그렇다면 연구자들은 실제로 이러한 가정들을 어떻게 실현할까? 질적 연구에서 연구자는 연구의 가치개입적인(value-laden) 특성을 인정하며 현장으로부터 수집된 정보의 가치개입적인 특성뿐만 아니라 자신의 가치와 편향(biases)을 적극적으로 나타낸다. 우리는 연구자들이 연구의 맥락과 배경과 관련하여 그들의 '위치성(positionality)'을 식별함으로써 '자신의 자리매김(position themselves)'을 한다고 말한다. 이러한 양상들 중에는 연구원의 사회적 지위(예: 성별, 연령, 인종, 이민 지위), 개인적인 경험, 정치적 · 직업적 신념 등을 들 수 있다(Berger, 2015). 예를 들어, 해석적 전기에서는 연구자의 존재가 텍스트에 드러난다. 그리고 저자는 말로 표현된 이야기가 연구참여자만큼이나 자신의 해석과 표현도 나타낸다는 것을 보여 준다(Denzin, 1989).

질적 연구의 절차 혹은 **연구방법론**은 귀납적이고 생성되며(emerging) 자료수집과 분석에서 연구자의 경험에 의해 형성된다. 질적 연구자가 따르는 논리는 귀납적이며, 연구자의 관점이나 이론으로부터 전적으로 하향 전달되기보다는 하부에서 상부로 향하는 상향식으로 형성된다. 때때로 연구질문들은 연구문제를 이해하는 데 필요한 더 나은 질문 유형들을 반영하기 위해 연구 도중에 바뀌기도 한다. 이에 따라 연구 이전에 계획되었던 자료수집 전략은 새로운 질문에 따라 수정될 필요가 있다. 자료분석을 하는 동안, 연구자들은 연구주제에 대한 더욱 상세한 지식을 개발하기 위해 자료분석의 경로를 따른다.

표 2-1 철학적 가정과 실천에 대한 함의

가정	질문	특성	실천에 대한 함의(예)
존재론적	• 실재(reality)의 본질은 무엇인가?	• 실재는 많은 관점(views)을 통해 보이는 것이므로 복합적이다.	• 연구자는 결과물(findings)을 통해 주제가 발전함에 따라 다른 관점들을 보고한다.
인식론적	• 무엇이 지식으로 간주되는가? • 지식 주장(knowledge claims)은 어떻게 정당화되는가? • 연구자와 연구는 어떤 관계인가?	• 주관적 증거는 연구참여자로부터 얻어진다. 연구자는 자신과 연구와의 거리를 좁히려는 시도를 한다.	• 연구자는 연구참여자의 말에 대한 인용을 증거로 사용하고, 협력하며, 현장에서 시간을 보내고, '내부인(insider)'이 된다.
가치론적	• 가치의 역할은 무엇인가?	• 연구자는 연구가 가치를 지니고 있으며, 연구 맥락과 관련해 편향(bias)이 존재함을 인정한다.	• 연구자는 내러티브를 형성하는 가치에 대해 개방적으로 논의하고 참여자의 해석과 함께 자신의 해석을 포함한다.
방법론적	• 연구 과정은 무엇인가? • 연구의 언어는 무엇인가?	• 연구자는 귀납적인 논리를 사용하며, 맥락 내에서 주제를 연구하고, 하나의 드러나는(emerging) 설계를 사용한다.	• 연구자는 일반화 이전에 특정한(세부적인) 것들을 가지고 작업하며, 연구의 맥락을 상세하게 기술하고, 현장 경험에 의해 끊임없이 질문을 수정해 나간다.

철학적 가정을 질적 연구로 작성하기

철학적 가정에 대해 좀 더 생각해 보는 것이 중요하다. 어떤 질적 연구는 철학적 가정이 숨어서 보이지 않는다. 그러나 그것은 주제에 드러나 있는 다원적인 관점들을 파악할 수 있는 통찰력 있는 독자, 연구참여자의 주관적 인용에 대한 상세한 번역, 연구자의 신중하게 드러낸 편향(biases), 또는 주제 묘사로부터 포괄적 일반화로 추상적 개념의 확대 단계에서 발전하는 생성된 설계(emerging design)를 통해 추론될 수 있다. 다른 연구들에서 철학은 연구의 어떤 특정 부분, 일반적으로는 질적 연구의 방법 부분에 대한 기술에서 분명해진다. 이 부분에서 연구자는 존재론, 인식론 그리고 다른 가정들에 대해서 명쾌하게 언급하고, 연구에서 그것들이 어떻게 예시를 통해 설명되고 있는지 상세히 다룬다. 이러한 토론의 형식을 통해 가정을 소개하고, 정의를 내리고, 연구에서 그것을 어떻게 분명하게 제시하였는지 논의하며, 질적 연구의 철학에 관한 문헌은 이 토론을 더욱 풍부하게 만든다. 이러한 특징은 박사학위논문, 주요 질적 학술지의 논문, 연구의 근본적인 철학에 대해 질문할 수 있는 학회발표용 논문에서 주로 찾아볼 수 있다. 어떤 저자도 자신의 철학적 가정과 연구 실천에 대한 함의를 설명할 수 있는 방법은 무한히 갖고 있지만, 우리는 제공된 예시를 보완하기 위해 학술논문에서 세 가지 실례를 들고자 한다.

예시 2-1 근본적인 철학적 가정 서술에 대한 학술논문의 예

철학적 가정이 다음 학술논문의 각 항목에서 어떻게 명시되어 있는지 확인하라.

a. 연구 조사를 위한 현상학적 접근 설명과 함께 간 이식을 기다리는 간 부전증 환자들의 경험에 기인하는 의미의 탐구(Brown, Sorrell, McClaren, & Creswell, 2006, p. 122)

b. 방법론 섹션 내에서 연구를 안내하는 지역사회 건강연구 모델을 Piliriqatigiinniq(역자 주: 이누이트족의 공익을 위한 협력 활동) 파트너십 설명에 통합(Healey, 2014, pp. 134–135)

c. 모바일 문화기술학자 포지셔닝이라는 제목하에 연구자의 위치성 설명 포함(Jungnickel, 2014, p. 642)

해석의 틀

[그림 2-1]을 보면, 철학적 가정들은 질적 연구자가 연구를 수행할 때 사용하는 해석적 틀에 포함된다. 따라서 Denzin과 Lincoln(2011)은 철학적 가정들(존재론, 인식론, 가치론, 방법론)을 질적 연구에서 사용하는 해석적 틀 내에 포함되어 있는 핵심 전제들로 간주한다. 해석적 틀이란 무엇인가? 그것은 연구자가 연구 과정에 가져 오는 패러다임 또는 신념일 수 있거나, 혹은 연구 실천을 안내하는 이론 또는 이론적 지향일 수 있다. 패러다임 해석적 틀은 **후기실증주의**, **사회구성주의**, 변혁, 포스트모던이 될 수 있다. 어떤 이론들은 연구에 이론적 렌즈를 만들기 위해 사용되는 **사회과학이론**일 수 있는데, 문화기술지 연구에서 이 이론들을 사용한 것이 예시로 제시되어 있다(제4장 참조). 사회과학이론은 리더십이론, 귀인, 정치적 영향과 통제, 그 외에 사회과학 분야에서 가르치는 수백 개의 다른 이론들일 수 있다. 다른 한편으로, 우리 사회의 변화를 추구하거나 사회정의 이슈를 다루는 **사회정의이론** 또는 옹호/참여이론일 수 있다. Denzin과 Lincoln(2011)이 언급했듯이, "우리는 사회과학이 우선 사회정의, 공정, 비폭력, 평화, 보편적 인권을 위해 헌신해 주기를 바란다(p. 11)."

[그림 2-1]에서는 실증주의(positivism), 후기실증주의(postpositivism), 해석주의(interpretivism), 구성주의(constructivism), 해석학(hermeneutics), 페미니즘, 인종화된 담론(racialized discourses), 비판이론(critical theory)과 마르크스주의적 모델, 문화연구모델, 동성애이론, 후기식민주의(postcoloniamlism)로 구성된 한 범주의 해석적 틀을 볼 수 있다. 이 틀은 계속 확장되고 있으며, [그림 2-1]에서는 질적 연구에서 일반적으로 사용되는 변혁적(transformative) 관점, 포스트모더니즘, 장애접근과 같은 몇몇 패러다임이나 관점은 설명하고 있지 않다. 그 외에 광범위하게 논의되고 있는 접근법으로는 현실주의적 관점(realist perspective)이 있다. 이 관점은 실재 세계가 우리의 신념과 해석(construction)과 독립되어 존재한다는 현실주의적 존재론(realist ontology)과 세계에 대한 지식은 필연적으로 우리 자신의 해석(construction)이라는 구성주의적 인식론을 결합시킨다(Maxwell, 2012 참조). 결과적으로, 어떤 논의든지 간에(이 논의를 포함하여) 가능성의 부분적 묘사밖에는 될 수 없다. 하지만 몇 가지

주요 해석적 틀에 대한 검토를 통해 선택의 폭을 넓힐 수 있다. 이러한 해석적이고 이론 지향적인 프로젝트 참여자들은 이러한 차이들이 젠더나 인종, 계급, 종교, 성적 지향, 지역(Ladson-Billings & Donnor, 2005)의 형식을 취하든, 아니면 그 차이들의 교집합이든, 주변화되고 잘 드러나지 않았던 집단을 대표한다.

후기실증주의

후기실증주의(postpositivism)에 기반한 신념 구조를 사용하는 질적 연구자는 연구에 대해 과학적 접근을 취할 것이다. 그들은 사회과학 이론적 렌즈를 사용할 것이다. 우리는 실증주의(positivism)보다는 후기실증주의라는 용어를 사용하여 이 접근법을 보여 주고자 한다. 왜냐하면 후기실증주의자는 엄격한 인과관계를 믿기보다는 모든 원인과 결과는 일어날 수도, 일어나지 않을 수도 있는 확률이라고 믿기 때문이다. 후기실증주의는 환원적 · 논리적 · 실증적 · 원인-결과 지향적 · 연역적 이론에 기반한 결정론적 요소들을 갖는다. 우리는 이러한 접근법들을 기존의 양적 연구 훈련을 받은 개인들의 작품과 질적 연구가 종종 양적 연구의 지지적인 역할을 하고, 양적 연구자와 자금 지원 주체들이 수용할 수 있는 용어로 질적 연구를 표현해야 하는 보건학과 같은 분야에서 찾아볼 수 있다(예: 이론의 연역적 사용; Barbour, 2000 참조). 후기실증주의 접근은 Phillips와 Burbules(2000), Churchill, Plano Clark, Prochaska-Cue, Creswell과 Onta-Grzebik(2007)에 개략적으로 잘 설명되어 있다.

실천에 있어서 후기실증주의 연구자들은 연구를 논리적으로 연관된 일련의 단계로 간주하고 연구참여자들의 단일한 실재보다 다양한 관점을 믿으며, 질적 자료수집과 분석에서 엄격한 방법을 지지한다. 그들은 엄격성을 위해 다양한 수준의 자료분석을 실시하고, 분석을 보조하기 위해 컴퓨터 프로그램을 사용하며, 타당도 접근 방식의 사용을 권장하고, 질적 연구를 양적 접근과 유사한 구조의 과학적 보고형태(예: 문제, 질문, 자료수집, 결과, 결론)로 서술한다. 질적 연구에 대한 우리의 접근 방식은 다른 사람의 접근법과 마찬가지로(예: Taylor & Bogdan, 1998) 후기실증주의에 속한 것으로 간주되어 왔다(Denzin & Lincoln, 2005). 비록 나의 모든 연구를 후기실증주의 질적 지향의 형태로 규정지을 수 없음에도 불구하고[예: McVea, Harter,

McEntarffer와 Creswell(1999)의 구성주의적 접근과 Miller, Creswell과 Olander(1998)의 사회정의적 관점, Henderson(2011)의 실용주의 접근 방식 참조], 나는 이러한 신념 체계를 사용하는 경향이 있다. 후기실증주의적 해석적 틀은 Strauss와 Corbin(1990, 1998), Corbin과 Strauss(2007, 2015)에 의해 만들어진 근거이론의 체계적 절차, 현상학에서의 분석적 단계(Moustakas, 1994), Yin(2014)의 사례비교에서의 자료분석 전략들이 전형적으로 보여 준다.

사회구성주의

사회구성주의[social contructivism, 종종 해석주의(interpretivism)로 묘사됨; Denzin & Lincoln, 2011; Mertens, 2015 참조]는 또 다른 패러다임이나 세계관이다. 사회구성주의에서 사람들은 그들이 살고 활동하는 세계를 이해하고자 한다. 그들은 특정 사물이나 대상을 향한 의미, 경험의 주관적 의미를 발전시킨다. 이러한 의미들은 다양하고 복합적이어서 연구자들은 의미들을 적은 수의 범주 혹은 생각으로 줄이기보다는 시각(views)의 복잡성을 찾고자 한다. 그래서 연구의 목적은 상황에 대한 연구참여자의 시각을 가능한 한 많이 신뢰하는 것이다. 종종 이러한 주관적인 의미들은 사회적으로 또는 역사적으로 결정된다. 다시 말해, 그것들은 개인에게 단순히 각인된 것이 아니라 타인과의 상호작용(따라서 사회구성주의)과 개인의 삶에서 작용하는 역사적 · 문화적 규범에 의해서 형성된다. 후기실증주의처럼 이론에서 시작하는 대신에, 연구자들은 이론이나 의미의 패턴을 생성하고 귀납적으로 발전시킨다. 이러한 입장을 요약한 최근의 저자들로는 Burr(2015), Crotty(1998), Lincoln과 Guba(2000), Schwandt(2007) 등이 있다.

실천에 있어서 연구자는 참여자가 어떤 상황의 의미, 일반적으로 타인과의 상호작용 혹은 논의를 통해 만들어진 의미를 구성할 수 있도록 폭넓고 일반적인 질문을 한다. 연구자가 사람들이 말하거나 자신의 생활 장면에서 행동하는 것을 주의 깊게 듣기 위해서는 개방형 질문이 많을수록 더 좋다. 그러므로 구성주의 연구자들은 종종 개인들 간의 상호작용 '과정'을 다룬다. 그들은 또한 참여자들의 역사적 · 문화적 환경을 이해하기 위하여 사람들이 살고 활동하는 특정한 맥락에 집중한다. 연구자들은 그들 자신의 배경이 자신들의 해석을 형성하고 있음을 인지하고, 그들의 해석이 자신의 개인적·문화적·역사적 경험에서 어떻게 흘러나온 것인가를 인식하기 위해 연구에 '자신을 자리매김(position themselves)'한다. 그래서 연구자들은 그들이 발견한 것을 해석하는데, 이러한 해석은 연구자의 경험과 배경에서 형성된 것이다. 이에 대한 자세한 내용은 Brown 등(2006)의 연구를 참조하기 바란다. 따라서 연구자의 의도는 타인이 세상에 대해 갖는 의미를 이해(혹은 해석)하는 것이다. 이런 이유에서 질적 연구는 종종 '해석적' 연구로 불린다.

구성주의 세계관은 개인이 자신의 경험을 기술하는 현상학 연구에서 분명히 드러난다(Moustakas, 1994). 그리고 근거이론 관점에 있는 Charmaz(2014)의 이론적 지향은 개인의 관점 혹은 견해에 근거하고 있다.

변혁적 틀

연구자들은 대안적인 세계관으로 **변혁적 틀**(transformative frameworks)을 사용할 수 있다. 왜냐하면 후기실증주의는 주변화된 개인이나 집단에 맞지 않는 구조적 법칙과 이론을 내포하고 있고, 구성주의자들은 개인을 돕기 위한 행동을 옹호하는 것과는 거리가 멀기 때문이다. 이 변혁적 틀의 기본적인 입장은 지식은 중립적이지 않으며 사회 속에서의 사회적 관계와 권력을 반영하고 있기 때문에 사람들이 사회를 향상시킬 수 있도록 돕는 것이 지식구축의 목적이라는 것이다(Mertens, 2003). 이러한 사람들은 레즈비언, 게이, 양성애자, 트렌스젠더, 동성애자, 그리고 더욱 희망적이고 긍정적인 심리작용과 회복력(resilience)이 필요한 사회 등 주변화된 집단을 포함한다(Mertens, 2009, 2015).

따라서 질적 연구는 참여자의 삶 혹은 참여자들이 생활하고 활동하는 제도적 환경, 심지어 연구자의 삶을 변화시킬 수도 있는 개혁을 위한 행동 의제(action agenda for reform)를 포함해야 한다는 것이다. 이처럼 주변화된 집단이 직면하는 이슈들로는 압박, 지배, 억압, 소외, 헤게모니 등이 있는데, 이는 연구에서 가장 중요한 주제들이다. 이러한 이슈들이 연구되고 드러남에 따라, 연구자들은 참여자의 의식을 고양하고 그들의 삶을 향상시키면서 참여자들을 위한 목소리를 제공한다(교육적 예시는 Job et al., 2013 참조). Kemmis와 Wilkinson(1998)은 이러한 질적 연구를 참여적 실행연구(participatory action research)라고 묘사하면서 변혁적 틀의 핵심 특성들을 다음과 같이 요약했다.

- 참여적 행동은 순환적이거나 변증법적이고, 실천의 변화를 가져오는 데 초점을 둔다. 그러므로 참여적 실행연구의 결과로 연구자들은 변화를 위한 행동 의제를 발전시킨다.
- 이것은 개인들을 대중매체, 언어, 직장생활, 교육환경의 권력관계에서 나타나는 제약들로부터 자유롭게 만드는 것에 초점을 두고 있다. 참여연구들은 종종 임파워먼트 욕구와 같은 사회문제에 대한 입장 혹은 중요한 이슈로 시작된다.
- 자기개발과 자기결정을 제한하는 비이성적이고 불공정한 구조의 제약으로부터 사람들을 자유롭게 하는 해방적 특성을 가지고 있다. 이 접근의 목적은 변화가 발생할 수 있도록 정치적 논쟁과 토론을 제기하는 것이다.
- 연구는 다른 사람들'에 관해' 또는 다른 사람들'에게' 수행되는 것이 아니라 다른 사람들과 '함께' 실행되기 때문에 실천적이고 협력적이다. 이러한 맥락에서 참여주의 저자들은 참여자들을 연구의 능동적인 협력자로 참여시킨다.

이러한 세계관을 반영하는 연구자들로 Fay(1987), Heron과 Reason(1997)이 있다. 실천에 있어서 이 분석틀은 연구에서 몇몇 접근법을 형성해 왔다. 특정 사회적 이슈들(예: 지배, 억압, 불평등)은 연구질문의 틀을 잡는 것을 돕는다. 연구에 참여하는 개인들을 더 이상 주변화하지 않기 위하여, 변혁적 틀을 지향하는 연구자들은 참여자들과 협력적 관계를 유지한다. 그들은 연구질문 설계, 자료수집, 자료분석, 연구 최종보고서를 작성할 때 참여자들에게 도움을 요청할 수 있다. 이런 식으로, 참여자의 '목소리'는 연구 과정 내내 반영된다(예: Lovern & Locust, 2013; Mertens, Cram, & Chilisa, 2013). 연구는 또한 주변화된 집단의 불공평함을 제기하는 구체적인 계획, 개혁을 위한 행동 의제를 포함한다. 이러한 실천들은 Denzin과 Lincoln(2011)의 문화기술지 접근과 변화지향 유형의 내러티브 연구(Daiute & Lightfoot, 2004)에서 찾아볼 수 있다.

포스트모던 관점

Thomas(1993)는 사고방식의 변화에 기초하여 행동을 요구하기보다 사고방식의 변화에만 비판의 초점을 맞추는 포스트모더니스트들을 “관념적으로만 급진적”(p. 23)이라고 불렀다. **포스트모더니즘**(postmodernism)은 공통적인 무엇인가를 포함하는 이론과 관점들의 집합으로 간주할 수 있다(Slife & Williams, 1995). 이것의 기본적인 개념은 지식주장(knowledge claims)이 오늘날 세계의 조건들 속에서, 그리고 계급, 인종, 성별(gender), 다른 집단적 관계들의 다중적 관점들 속에서 결정되어야 한다는 것이다. 이러한 조건들은 Foucault, Derrida, Lyotard, Giroux, Freire와 같은 사람들에 의해 구체화되었다(Bloland, 1995). 이것들은 부정적인 조건들이며, 이 조건들은 개인들에 의한 위계, 권력, 통제 그리고 언어의 다중적 의미의 형태로 자신을 드러낸다. 이 조건들에는 상이한 담론의 중요성, 주변화된 사람과 집단(‘타자’)의 중요성, 사회적 조건에 관계없이 사실인 ‘메타내러티브’ 또는 보편성의 존재 등이 포함된다. 또한 지배, 대립, 불일치, 모순뿐만 아니라 감춰진 위계를 확인하여 표면화시키며 읽기, 쓰기와 같은 언어에 의해 텍스트를 ‘해체’하고자 하는 욕구도 포함된다(Bloland, 1995; Clarke, 2005; Stringer, 1993). ‘해석적’ 전기에 대한 Denzin(1989)의 접근, 내러티브 연구에 대한 Clandinin과 Connelly(2000)의 접근, 근거이론에 대한 Clarke(2005)의 관점은 전환점에 대한 연구에서 포스트모더니즘을 사용하고 있다든지, 혹은 과도기 중에 인간이 자신을 발견하게 되는 문제적 상황에서 포스트모더니즘을 사용하기도 한다(Borgatta & Borgatta, 1992). ‘포스트모던의 영향을 받은 문화기술지’와 관련하여, Thomas(1993)는 이러한 연구는 “대중매체가 만들어 낸 실재의 중심과 정보 기술의 영향에 직면”할 수도 있다고 하였다(p. 25). 또한 Thomas는 포스트모더니스트에 따르면, 내러티브 텍스트가 지배적 의미의 숨겨진 ‘하위 텍스트(subtext)’에 도전받아야(그리고 기록되어야) 할 필요가 있다고 주장한다.

실용주의

많은 형태의 **실용주의**(pragmatism)가 존재한다. ‘실용주의’에 기반한 해석적 틀을 가진 개인들은 연구의 선행 조건들보다 연구 결과(연구의 행동, 상황, 결과)에 초점을 두며(후기실증주의와 마찬가지로), 실제 적용의 문제—무엇이 효과적인가—와 문제에 대한 해결책에 대해 관심을 가진다(Patton, 1990). 그러므로 연구의 중요한 측면은 연구방법에 대한 관심보다는 연구되는 문제와 이 문제에 대한 질문들이다(Rossman & Wilson, 1985 참조). Cherryholmes(1992)와 Murphy(1990)는 실용주의의 기본개념을 제시하고 있다.

- 실용주의는 하나의 특정 철학적 체계와 실재(reality)에 제한되어 있지 않다.
- 개개인의 연구자들은 선택의 자유를 가지고 있다. 그들은 연구의 필요와 목적에 가장 부합하는 연구방법, 기술, 절차를 '자유롭게' 선택할 수 있다.
- 실용주의자들은 세계를 완전한 단일체로 보지 않는다. 이와 비슷하게, 연구자들은 자료수집과 분석에서 하나의 방법론에 의존하기보다는 다양한 접근법을 고려한다(예: 다원적 질적 접근법).
- 진실은 그 당시에 어떻게 작용했느냐는 것이다. 이것은 마음속의 실재 혹은 마음과 독립적인 실재 간의 이원론에 기반을 두지 않는다.
- 실용주의 연구자들은 그들이 의도한 결과(그들이 가고자 하는 곳)에 기반한 연구에서 '무엇을'과 '어떻게'에 주의를 기울인다.
- 실용주의자들은 연구는 항상 사회적·역사적·정치적 맥락 그리고 기타 맥락에서 이루어진다는 사실에 동의한다.
- 실용주의자들은 개인의 마음에 자리를 잡고 있는 것뿐만 아니라 마음과 독립적인 외부 세계를 믿어 왔다. 그들은 실재와 자연의 법칙에 대한 질문을 그만두어야 한다고 믿는다(Cherryholmes, 1992). "그들은 단순히 연구주제(subject)를 변화시키길 원한다(Rorty, 1983, p. xiv)."
- 이러한 세계관을 채택한 최근의 저자들은 Rorty(1990), Murphy(1990), Patton(1990), Cherryholmes(1992), Tashakkori와 Teddlie(2003) 등이다.

실천에 있어서 이 세계관을 사용하는 개인들은 연구질문에 가장 잘 답하기 위해 다원적 자료수집 방법을 사용할 것이고 다원적 자료수집원을 활용할 것이고, 연구의 실천적 함의에 초점을 맞출 것이며, 연구문제를 가장 잘 다룰 수 있는 연구수행의 중요성을 강조할 것이다. 여기에서 논의되는 연구에 대한 다섯 가지 접근에서, 당신은 문화기술지 연구자들이 양적인 자료수집(예: 서베이)과 질적인 자료수집을 동시에 채택하고(LeCompte & Schensul, 1999), 사례연구자들이 양적 자료와 질적 자료를 동시에 사용하는 것(Luck, Jackson, & Usher, 2006; Yin, 2014)에서 이 틀(framework)의 작용을 확인할 수 있을 것이다.

페미니스트 이론

페미니즘(feminism)은 각기 다른 이론적·실용주의적 지향, 다양한 국제적 맥락들과 역동적 발달(dynamic development)에 근원을 두고 있다(Olesen, 2011). **페미니스트 연구접근법**은 여성의 다양한 문제적 상황과 이러한 상황을 발생시키는 제도들에 그 중심을 두고 있다. 연구주제는 국가주의, 세계화, 다양한 국제적 맥락[예: 성매매업 종사자, 가사노동자(domestic servant)] 그리고 특정 맥락에 있는 여성들(예: 레즈비언, 장애여성, 유색인종 여성에 대한 입장이론)에 의한 또는 그들에 대한 작품에 따른 페미니즘의 유형들과 관련된 포스트식민주의가 포함될 수 있다(Olesen, 2011). 페미니스트 연구에서 지배라는 주제는 보편화된 것이다. 그러나 연구주제는 종종 가부장적 사회에서의 성적 지배이다. 또한 페미니스트 연구는 현존 사회에 대한 도전으로서 포스트모던과 후기구조주의적 비판들의 여러 주장을 포함한다. 페미니스트 연구접근들에서 그 목적은 협력적이고 비착취적인 관계를 확립하는 것, 대상화(objectification)를 피하기 위해 연구자가 연구 속에 존재하는 것 그리고 변화를 유도하는 연구를 수행하는 것이다. Reinharz(1992)는 지난 20년 동안 다양한 연구방법을 사용함으로써 페미니스트 장학금 지원이 가능했음을 밝혔다. 그리고 토착적 지식(indigenous knowledge)과 페미니스트 연구의 교차점[예: 인종, 계급, 성별, 섹슈얼리티, 비장애성(able-bodiedness), 연령 간 교차점, Olesen, 2011]에 대한 보호를 다루는 것이 최근의 비판적 추세이다. 이들 중에서 주목할 만한 페미니스트 이론의 교차성에 대한 새로운 대화는 사회정의를 통한 변혁적 패러다임의 변화(Thornton Dill & Kohlman, 2012)와 **비판적 인종이론**(Chepp, 2015)의 적용이다.

이 접근을 선도하는 학자 가운데 1명인 Lather(1991)는 페미니스트 틀의 핵심적인 관점에 대해 언급하였다. 페미니스트 연구자들은 성(gender)을 인간 삶의 조건을 형성하는 기본적인 구성 원칙으로 간주한다. 이것은 "특별한 문제에 초점을 맞추는 렌즈"이다(Fox-Keller, 1985, p. 6). 페미니스트가 제기하는 문제들은 우리 의식 형성에서의 성 중심성(centrality of gender)과 관련된다. 이러한 이데올로기적 연구의 목적은 "여성의 불평등한 사회적 지위를 종식시키는 것과 관련된 방식으로 여성 경험의 왜곡과 비가시성(invisibility)을 바로잡는 것"이다(Lather, 1991, p. 71). 또 다른 저자인 Stewart(1994)는 페미니스트 비판과 방법론을 절차적 지침으로 표현하였다. 그녀는 연구자가 사회과학 저술에서 간과해 왔던 것을 찾고, 여성의 삶과 정체성, 성 역할, 가정 폭력, 낙태 운동(abortion activism), 남녀 동일임금 원칙, 차별철폐 조치와 같은 이슈 그리고 여성들이 사회적 가치저하와 가정 내에서의 무력감에 대항하는 방식 등을 연구할 필요가 있다고 제안한다. 또한 연구자들은 의식적 · 체계적으로 자신의 역할이나 지위를 포함시킴으로써 이것들이 여성의 삶을 이해하는 데 어떠한 영향을 미치는가를 평가할 필요가 있다. 덧붙여서, Stewart(1994)는 여성이 힘은 물론 선택하고 억압에 저항할 수 있는 능력을 가지고 있다고 생각한다. 그리고 그녀는 성(gender)이 개인에 따라 달라지는 사회적 구성체임을 연구자들이 인식하면서, 여성이 자신의 성(gender)을 이해하는 방식에 대해 연구할 필요가 있다고 제안한다. Therberge(1997)가 수행한 그러한 연구의 예는 여자 하키 시합에서 물리적 위치에 초점을 맞추었다. Stewart(1994)는 권력관계, 개인의 사회적 지위 그리고 이것들이 여성에게 미치는 영향에 대한 연구의 중요성을 강조한다. 마지막으로, 그녀는 각각의 여성들을 서로 달리 보며, 학자들은 하나로 통합되거나 일관된 자아 혹은 목소리를 찾으려 해서는 안 된다고 충고한다.

최근의 논의를 보면, 페미니스트 연구에 적합한 방법을 찾는 것에서 어떤 방법도 페미니스트적일 수 있다는 생각으로 바뀌었음을 알 수 있다(Deem, 2002; Moss, 2007). Olesen(2011)은 다수의 혁신적인 발전(세계화, 초국가적인 페미니즘), 비판적 추세(혼란스럽고 비식민지화된 연구와 교차성)와 이슈들(편견, 성가신 전통적 개념들)과 우려들(연구참여자의 목소리, 윤리), 페미니스트 작품에 대한 영향(학계와 출판), 미래의 도전들(여성의 삶에 대한 복수 요인들의 상호작용, 드러나지 않은 억압)하에서 페미니스트 연구의 현 상태를 요약하고 있다. 응급 실천에 대한 최근 토론에서는 국제적 관점(예: Brisolara, Seigart, & SenGupta, 2014) 및 새로운 연구 기술(예: Hesse-Biber, 2012)의 통합을 기하고 있다.

비판이론과 비판적 인종이론

비판이론(critical theory) 관점은 인간에게 주어진 인종, 계급, 성(gender)과 같은 제약들을 초월하도록 인간의 역량을 강화하는 데 관심을 둔다(Fay, 1987). 연구자들은 그들 자신의 권력을 인지하고 대화에 참여하며 사회행동(social action)을 해석하거나 설명하기 위해 이론을 사용할 필요가 있다(Madison, 2011). 비판 연구자들이 탐구하는 중심 주제에는 사회제도에 대한 과학적 연구 및 사회적 삶(social life)의 의미 해석을 통한 사회제도의 변형, 지배, 소외, 사회적 투쟁과 같은 역사적 문제, 그리고 사회에 대한 비판과 새로운 가능성에 대한 구상 등이 포함된다(Fay, 1987; Morrow & Brown, 1994).

연구에서 비판이론은 그것이 담고 있는 방법론적 태도의 특별한 배합으로 정의될 수 있다. 예를 들어, 비판 연구자들은 사람들이 생각하는 방식에서의 변화를 포괄하고, 사람들이 상호작용하도록 격려하며, 네트워크를 형성하고, 활동가가 되며, 행동 지향적인 집단을 만들고, 개인들이 자신의 존재 상태를 고찰해 보도록 돕는 문화기술적 연구를 설계할 수도 있다(Madison, 2011; Thomas, 1993). 이러한 연구의 최종 목적은 사회적 이론화(social theorizing)가 될 수 있는데, Morrow와 Brown(1994)은 이것을 "이해하고자 하는 욕망과 어떤 경우에는 사회적 삶(social life)에 내재된 질서—사회를 구성하는 사회적 · 체계적 관계들—를 (프랙시스를 통해) 변화시키고자 하는 욕망"(p. 211)으로 정의하였다. 예를 들어, 연구자는 철저한 사례연구를 통해 혹은 특정한 행위자(전기), 중재, 체계에 대한 역사적으로 비교 가능한 소수 사례들을 통해 그리고 "문화기술적 이야기(ethnographic accounts, 해석적 사회심리학), 성분 분류학(componential taxonomies, 인지인류학), 공식적 모델(수리사회학)"을 통해 이러한 목적을 달성할 수 있다(p .212). 예를 들면, 교사 교육에 대한 비판적 실행연구(critical action research)에서 Kincheloe(1991)는 '비판적 교사'는 기존 연구 지향의 가정들을 드러내고 지식 기반을 비판하며 이 비판들을 통해 이데올로기가 교사, 학교, 교육에 대한 문화적 견해에 미치는 영향을 폭로한다고 제시하였다. 사회학자 Agger(1991)에 의하면, 비판이론 접근에서의 연구설계는 크게 두 가지 범주로, 즉 사람들이 읽고 쓰는 방식에 영향을 준다는 의미에서 방법론적인(methodological) 것과, 연구자의 이론과 주제라는 의미에서 실체적인(substantive) 것(예: 선진 자본주의에서 국가와 문화의 역할에 대한 이론화)으로 분류된다. 종종 인용되는 비판이론의 고전은 권위에 대한 반대로, “조롱하기”(p. 29)라는 비공식 집단으로 학교에 대한 저항의 형태로 행위에 참여했던 ‘소년’들에 대한 Willis(1977)의 문화기술지이다. 이것은 저항과 국가 규제를 표현한 연구로서, 행위자가 자신들을 지배했던 문화 형태와 타협하고 대항하는 방식을 강조한다(Morrow & Brown, 1994). 저항은 청년 하위문화 집단에 관한 문화기술지에서도 다루어진 주제이다(Haenfler, 2004).

비판적 인종이론(critical race theory)은 “인종, 인종차별, 힘의 관계를 연구하고 변화시키는 것”에 이론적 관심을 집중시킨다(Delgado & Stefancic, 2012, p. 3). 인종과 인종주의는 미국 사회 틀 내에 깊이 고착되어 있으며(Parker & Lynn, 2002), 인종주의는 미국의 법체계와 사람들이 법과 인종적 구분, 특권에 대해 생각하는 방식을 직접적으로 형성해 왔다(Harris, 1993). Parker와 Lynn(2002)에 따르면, 비판적 인종이론에는 세 가지 중요한 목적이 있다. 첫 번째 목적은 차별에 관한 이야기를 유색인종의 관점에서 드러내는 것이다. 이것은 기술과 면접으로 이루어진 질적 사례연구가 될 수 있다. 이러한 사례들이 한데 모여 인종적으로 편향된 정부 당국자나 차별적 행위에 대항하는 사례가 될 수 있다. 많은 이야기가 ‘다수결주의적’ 거시적 내러티브(master narratives)를 통해 백인의 특권을 진전시켜 왔기 때문에, 반면에 이에 대항하는 유색인종의 이야기는 위와 같은 특권에 수반되는 자기만족감을 파괴하고 사회 주변부에 있는 사람들을 억압하는 데 기여하는 지배 담론에 도전하는 것을 도울 수 있다(Solorzano & Yosso, 2002). 두 번째 목적으로, 비판적 인종이론은 인종이 사회적 구조라는 것을 인식함과 동시에 인종적 종속의 근절을 주장한다(Parker & Lynn, 2002). 이러한 경우에 인종은 고정된 용어가 아니라 유동적이고 정치적 압박에 의해서 지속적으로 형성되며 사람들의 생생한 경험 속에서 알게 되는 용어이다. 마지막으로, 비판적 인종이론의 세 번째 목적은 성, 계급, 개인이 경험하는 불평등과 같은 그 외의 차이의 영역을 다룬다. Parker와 Lynn(2002)은 다음과 같이 말했다. “흑인 여성의 경우, 인종은 성별을 떠나서 존재하지 않으며, 성별은 인종을 떠나서 존재할 수 없다(p. 12).” 연구에서 비판적 인종이론의 방법론을 사용하는 것은 연구자가 연구 과정의 모든 영역에서 인종과 인종주의를 전면에 내세우는 것이고, 유색인종의 경험을 설명하기 위해 사용되었던 전통적 연구 패러다임, 텍스트, 이론들에 도전하는 것이며, 우리의 사회적·제도적 구조 내의 인종, 성, 계급 종속에 대해 변환적인 해결책을 제시하는 것이다. 연구자들은 때로 비판적 인종이론을 다른 틀, 예를 들어 장애연구(Watts & Erevelles, 2004) 혹은 페미니스트 이론(Chepp, 2015)과 함께 사용한다.

동성애이론

동성애이론(queer theory)은 개인의 정체성과 관련된 다양한 방법, 전략들로 특징지을 수 있다(Plummer, 2011a; Watson, 2005). 지속적으로 발전해 오고 있는 문헌들은 정체성이라는 구성체의 무수한 복잡성 그리고 정체성들이 사회적 여론(social forums)에서 어떻게 재생산되고 '수행되는지'를 탐구한다. 또한 저자들은 포스트모던 또는 후기구조주의적 지향을 사용하여 정체성과 관련된 지배이론을 비판하고 해체한다(Plummer, 2011a, 2011b; Watson, 2005). 그들은 그것이 문화적 · 역사적으로 어떻게 구성되고, 담론과 어떻게 연결되고, 성과 성정체성(sexuality)과 어떻게 일치하는지에 초점을 맞춘다. '동성애이론(queer theory)'이라는 용어 자체는—게이나 레즈비언, 동성애론(homosexual theory)이라기보다—인종, 계급, 연령 등의 요소를 탐구하는 데 개방적인 입장이다(Turner, 2000). 그리고 이 용어는 수년간 의미가 변했고 문화와 언어에 따라 달라지는 용어이다(Plummer, 2011b). 대다수의 동성애 이론가는 획일적이고 고정되거나 정상적인 정체성에 도전하고 이것을 약화시키는 역할을 한다(Watson, 2005). 그들은 또한 특정 집단에 집중하기보다 범주화 과정에 도전하고 해체를 추구한다. 역사적으로 이분법적인 구분은 성적 정체성을 묘사하는 데 부적절하다. Plummer(2011a)는 동성애이론의 입장을 간략히 정리하였다.

- 이성애/동성애 그리고 성별(sex)/성(gender)이라는 이분법적 구분에 도전한다.
- 정체성의 탈중심화(decentering)가 일어나고 있다.
- 모든 성적 범주(레즈비언, 게이, 양성애자, 트렌스젠더, 이성애자)는 개방적이고, 유동적이며, 고정되어 있지 않다.
- 주류 동성애자들을 비판한다.
- 권력은 광범위하게 구현된다.
- 모든 정상화 전략을 회피한다.
- 학술적 활동은 아이러니하고, 종종 우스꽝스러우며 역설적이다.

- 동성애 주체의 입장에 대한 해석이 여기저기서 드러난다.
- 일탈이라는 개념은 버리고, 내부적 · 외부적 관점과 관습에 대한 도전에 관심을 갖는다.
- 연구의 일반적인 대상은 영화, 비디오, 소설, 시, 시각이미지들이다.
- 주요 관심사는 소위 급진적인 성적 극단론자(예: 남장 여성, 여장 남성, 성적 유희)의 사회 세계(social world)를 포함한다(p. 201).

동성애이론이 연구에 더 많이 집중하고 방법론에 덜 관심을 둠에도 불구하고, 동성애 방법론은 문화적 텍스트(예: 영화나 문학) 다시 읽기, 억측에 도전하는 성적 세계에 대한 문화기술지와 사례연구, 다양한 텍스트를 포함한 자료원, 행위(performance)를 포함하는 기록물, 개인에 초점을 둔 프로젝트 등에서 나타난다(Plummer, 2011a). 동성애 이론가들은 기존에 당연하게 받아들이던 관습을 붕괴시키거나 이것을 부자연스럽고 이상하게 만드는 것을 목표로 하는 예술과 극장의 예술적 · 문화적 연출뿐 아니라 HIV/AIDS 인식을 둘러싼 ACT UP(AIDS Coalition to Unleash Power)과 Queer Nation과 같은 정치적 활동 및/또는 연구에도 참여한다. 이러한 표현들은 억압되어 왔던 개인의 목소리와 경험들을 전달하며(Gamson, 2000), 또한 정책 및 실천에 대한 중요한 통찰력을 제공한다(예: Adams, Braun, & McCreanor, 2014). 동성애이론에 대한 유용한 문헌들은 Watson(2005)이 작성한 학술지 논문 개요와 Plummer(2011a, 2011b)의 책 일부, Tierney(1997)의 책과 같은 핵심적인 책들에서 찾을 수 있다.

장애이론

장애연구는 학교에서의 통합적 의미를 다루며 행정가, 교사, 장애아동을 가진 부모를 포함한다(Mertens, 2009, 2015). Mertens(2003)는 장애에 대한 의학적 모델(질병과 질병을 다루는 의학계의 역할)로부터 장애를 가진 사람에 대한 환경의 반응에 이르기까지 장애연구가 어떠한 발전단계를 거쳐서 변화해 왔는지 자세히 언급하고 있다. 오늘날 **장애 해석적 렌즈**(disability interpretive lens)를 사용하는 연구자들은 장애를 결점이 아닌 사람들 간의 차이라는 차원에 초점을 맞춘다. 사람들 간의 차이로서, 이것의 의미는 사회적 구성(즉, 개인에 대한 사회의 반응)에서 비롯되며 인간의 수많은 차이 중에서 단 하나일 뿐이다(Mertens, 2003). 장애를 가진 개인을 차이의 관점에서 바라보는 것은 연구 과정, 즉 질문 유형, 개인에게 부여될 명칭, 이 집단에 이득이 되는 자료수집 방법에 대한 고려, 의사소통 방식의 적절성, 권력 관계를 존중하는 방식으로 자료를 보고하는 방법 등에 반영된다. Mertens, Sullivan과 Stace(2011)는 또한 비판적 장애이론이 많은 차별의 근원이 되는 교차점에서 사용되기 때문에 변혁적 틀과 연결시켰다. 장애이론 연구수행을 돕는 자료는 구하기 쉽다(예: Barnes, Oliver, & Barton, 2002; Kroll, Barbour, & Harris, 2007).

질적 연구에서 해석적 틀을 사용하기

질적 연구에서 해석적 틀(interpretive frameworks)의 사용은 다양하고, 그것은 사용된 분석틀과 특정 연구자의 접근법에 근거한다. 독특한 연구자를 빛나게 하는 해석적 틀의 각 설명은 목표 및 실천에 영향을 끼친다. 질적 연구자들은 해석적 틀을 구분하기 위해 전체적인 요약(〈표 2-2〉 참조)을 보는 것이 도움이 된다. 일단 연구자들이 해석체계를 구별할 수 있게 되면 그것들이 실천에서 어떻게 적용되는지 더 쉽게 알 수 있다. 가장 근본적인 수준에서 볼 때, 목표를 달성하기 위해 노력하는 데는 차이점과 공통점이 있다. 세상에 대한 이해를 구하는 것은 실제 문제에 대한 해결책을 만들어 내는 것과는 차이가 있다. 특히 목표 간의 잠재적 유사성에 주목해야 한다. 페미니스트 이론, 비판이론과 비판적 인종이론, 동성애이론 그리고 장애이론은 연구자들이 행동 요구를 문서화된 투쟁으로 나타나게 하는 일반적인 의도를 공유한다. 해석적 틀을 실천에 옮길 방법과 관련된 몇 가지 공통적인 요소는 다음과 같이 확인할 수 있다.

- 연구는 구체적인 이슈나 주제를 잘 이해하는 데 초점을 둔다. 탐구된 문제들과 연구질문들은 연구자가 구체적인 이슈들이나 주제, 즉 위계, 헤게모니, 인종차별주의, 성차별주의, 불공평한 권력관계, 정체성, 또는 우리 사회의 불평등과 같은 개인 혹은 문화에 불리하게 작용하고 배제시키는 조건들을 이해할 수 있

도록 한다.

• 연구 절차는 연구참여자와 맥락에 대해 민감하다. 연구 절차, 즉 자료수집, 자료분석, 자료를 독자와 청중에게 보여 주기, 평가의 기준과 윤리 등은 해석적 입장을 강조한다. 자료수집 단계에서 연구자는 참여자를 더 이상 주변화시키지 않고 참여자와 연구의 장(sites)을 존중한다. 더욱이 연구자는 연구에 참여한 사람들에게 주거나 돌려줌으로써 호혜성(reciprocity)을 보여 주고, 개인들의 다원적 관점의 이야기들과 누가 그 이야기를 하는지에 집중한다. 연구자는 또한

표 2-2 주요 해석적 틀의 비교

해석적 틀	가능한 연구 목적	잠재적 연구자의 영향	연구 실제 예시
후기실증주의	인과관계 상황에서의 확률 발견	양적 연구 훈련 우선	체계적 자료수집 보고와 엄격한 분석 절차
사회구성주의	살아가고 일하는 세계에 대한 이해	깔끔한 해석에 의한 배경 인식	연구참여자 편에서의 의미 구성과 해석
변혁적 틀	범사회 발전을 위한 행동	권력 및 사회 내 사회관계에 대한 지식	주변화 집단의 부정의를 강조하는 행동 지침의 채택
포스트모던 관점	사고방식의 변화	현재 세계의 조건에 대한 이해	복합된 관점을 가진 연구에 적합
실용주의	실재하는 세상 문제의 해결 발견	수집하고 분석하는 다양한 접근 방식 및 연구에서 생기는 맥락에 대한 인식	연구질문을 중시하는 가장 적절한 방법의 활용
페미니스트 이론	여성을 위한 변혁 연구의 도출	권력관계 및 개인의 사회적 위치와 이들이 여성에 가하는 영향력에 대한 관점	우리의 의식 형성에 있어서 성 중심성과 관련된 질문 제기
비판이론과 비판적 인종이론	불평등 영역 해결 및 인간 권한 부여	자신의 권력 인정, 대화를 통한 관여, 사회행동을 해석하기 위한 이론의 사용	사회생활의 기본질서를 변화시키는 방법으로 연구설계
동성애이론	억압을 받은 사람들의 목소리 및 경험을 전파	성적 범주, 즉 개방, 유동(fluid) 및 비고정(nonfixed)에 대한 생각의 욕구 이해	개인 정체성의 무수한 복잡성을 탐구하는 데 초점을 맞춘 조사에 참여
장애이론	포용(inclusion)의 의미 강조	장애를 결함(defect)이 아닌 인간 차이의 차원으로 인식	연구 과정에 알리기 위해 장애해석 렌즈를 활용

연구 과정의 전 단계에서 힘의 불균형(power imbalances)에 민감하다. 그들은 남성과 여성 또는 히스패닉계 또는 아프리카계 미국인과 같이 전통적인 범주의 집합을 사용하기보다는 개인 간 차이를 존중한다.

- 연구자는 지식의 상호구성자(co-constructor)를 존중한다. 연구자의 윤리적 실천이란 그들이 자신들 렌즈의 주관성의 중요성을 인식하고, 그들의 연구에서의 영향력 있는 위치를 인지하며, 참여자 또는 연구자와 참여자가 함께 구성한 해석이 수집한 정보에 대한 진정한 주인이라는 것을 인정하는 것이다.
- 연구는 다양한 형식으로뿐만 아니라 범사회변동(societal change)의 요구를 기록한다. 연구는 학술지 논문(journal article)과 같은 전통적인 방법 또는 연극 또는 시와 같은 실험적인 접근법으로 제시될 수 있다. 해석적 렌즈의 사용은 사회정의 목적인 행동요청(call for action) 또는 변혁(transformation)으로 이어지고, 이를 통해 질적 프로젝트는 개혁과 행동조장이라는 분명한 단계로 끝맺음 짓게 된다.

철학과 해석적 틀 연결하기

철학적 가정들이 항상 제시되는 것은 아니지만, 해석적 틀은 이 상이한 철학적 가정들을 전달하고 있으며, 질적 연구자는 철학적 가정들과 해석적 틀 간의 관련성을 알고 있어야 한다. Lincoln, Lynham과 Guba(2011)는 이 관계에 대해 분명하게 서술하고 있고, 우리는 그 관련성에 대한 그들의 개관을 받아들여 이 장에서 논의하고 있는 해석적 틀에 적합하도록 조정하였다. 〈표 2-3〉에 잘 나와 있듯이, 존재론, 인식론, 가치론, 방법론이라는 철학적 가정들은 연구자에 의해 사용된 해석적 틀에 의해 각기 다른 형식을 취하게 된다.

질적 연구에서 〈표 2-3〉으로부터 얻을 수 있는 정보를 사용하는 것은 틀의 핵심 원리, 틀이 어떻게 연구문제를 나타내는지, 연구질문, 자료수집과 분석, 해석을 논의함으로써 사용된 틀을 함께 구성함으로써 연구(project)에서 사용된 해석적 틀을 논의하는 것이 될 것이다. 또한 이 논의 부분은 해석적 틀과 연관되어 있는 철학적 가정들(존재론, 인식론, 가치론, 방법론)에 대해 언급한다. 따라서 해석적 틀은 그 본질과 연구에서의 사용 그리고 그것의 철학적 가정들이라는 두 가지 방법으로 논의하고자 한다. 앞으로 이 책에서 다섯 가지 질적 접근에 대해서 살펴보면서, 각각의 접근들이 해석적 틀을 사용하는 것을 보게 될 것이다. 예를 들어, 근거이론 연구가 객관성을 강조하고, 연구자의 편향이 제외된 결과를 제시할 수 있는 이론적 모델에 초점을 맞추고, 자료분석에 대한 체계적인 기술을 제시하고 있는 과학적 연구인 경우, 후기실증주의적 해석적 틀이 사용될 것이다. 반면에, 질적 내러티브 연구의 목적이 장애가 있는 학습자들로 구성된 주변화된 집단이 그들을 착용한 인공 보형물에 대한 정체성 투쟁에 초점이 있고, 그들의 견해와 가치가 가장 중요하며, 장애인 집단에 대한 인식 변화를 요구하는 것이라면, 강력한 장애 해석적 틀이 사용될 것이다. 이 책을 통해 다양한 해석적 틀이 다섯 가지 접근법과 함께 결합하여 사용되는 것을 볼 수 있을 것이다.

표 2-3 **해석적 틀과 철학적 신념**

해석적 틀	존재론적 신념 (실재의 본질)	인식론적 신념 (실재는 어떻게 알게 되는지)	가치론적 신념 (가치의 역할)	방법론적 신념 (연구에 대한 접근법)
후기 실증주의	• 단일한 실재는 우리 자신 너머 '저 밖에' 존재한다. 연구자는 절대적인 것(absolutes)이 없기 때문에 실재를 이해하거나 실재에 도달할 수 없다.	• 실재는 오직 대략적으로만 알 수 있다. 그러나 실재는 연구와 통계를 통해 구성될 수 있다. 연구참여자와의 상호작용은 최소로 한다. 타당성은 연구참여자가 아닌 동료로부터 얻는다.	• 연구자의 편향(biases)은 통제되어야 하고, 연구에 표현되지 않아야 한다.	• 과학적 방법과 글쓰기를 사용한다. 연구의 목적은 새로운 지식을 창출하기 위한 것이다. 이론 검증하기, 핵심변수 구체하기, 집단 간 비교하기 등의 연역적 방법들은 중요하다.
사회 구성주의	• 복수의 실재는 우리의 인생 경험과 타인과의 상호작용을 통해 구성된다.	• 실재는 연구자와 피연구자 간에 함께 구성되고 개인의 경험들에 의해 구성된다.	• 개인적 가치는 존중되고(honored), 개인들 간에 협상이 가능하다.	• 보다 문어체적인 글쓰기가 사용된다. 새로운 생각(협의 과정을 통해)의 귀납적 방법의 활용은 면접, 관찰, 텍스트 분석 등과 같은 방법을 통해서 얻어진다.

변혁적/ 포스트모던	• 연구자와 지역사회 또는 피연구자 간 참여가 연구된다. 주관적-객관적 실재가 종종 드러난다.	• 앎(knowing)의 다원적 방법들과 함께 만들어 낸 결과물이 있다.	• 토착적 가치(indigenous values)에 대한 존경이 있다. • 가치는 문제화되고 추궁되어야 한다.	• 연구의 공동적 과정들 사용, 정치적 참여 격려, 방법론에 대한 질문, 이슈와 관심사 강조 방법을 포함한다.
실용주의	• 실재는 유용하고, 실천적이고, '효과적(work)'인 것이다.	• 실재는 연역적(객관적) 증거와 귀납적(주관적) 증거를 반영하는 연구의 다양한 도구를 통해 알게 된다.	• 지식이 연구자의 관점과 참여자의 관점을 모두 반영하는 방식 때문에 가치가 논의된다.	• 연구 과정은 자료수집과 분석에 대한 양적 접근과 질적 접근을 모두 포함한다.
비판, 인종, 페미니스트, 동성애, 장애	• 실재는 권력과 정체성 투쟁(인종 또는 민족성에 기반한 특권 또는 억압, 계급, 성, 정신장애, 성적 취향)에 기반을 두고 있다.	• 실재는 사회구조, 자유와 억압, 권력, 통제에 대한 연구를 통해 알게 된다. 실재는 연구를 통해 바뀔 수 있다.	• 가치의 다양성은 다양한 공동체(communities)의 견지 내에서 강조된다.	• 권력과 정체성 투쟁의 가정들로부터 시작해서 행동과 변화를 요구한다.

점검사항

1. 질적 연구에 사용되는 다음 네 가지 주요 철학적 가정 간의 차이를 이해하는가? 존재론(현실이란 무엇인가?), 인식론(현실은 어떻게 알려져 있는가?), 가치론(연구의 가치는 어떻게 표현되나?), 방법론(연구는 어떻게 수행되나?) 등.

   Brown 등(2006), Healey(2014), Jungnickel(2014)의 질적 연구와 같은 질적 학술논문을 검토하라. 먼저, 네 가지 철학적인 가정이 연구에서 명백하게 드러나는 구체적인 방법을 확인하는 것으로 시작한다. 이 장의 〈표 2-1〉을 사용하여 예를 열거해 보라.

Brown, J., Sorrell, J. H., McClaren, J., & Creswell, J. W. (2006). Waiting for a liver transplant. *Qualitative Health Research, 16*(1), 119-136. doi:10.1177/1049732305284011

Healey, G. K. (2014). Inuit family understandings of sexual health and relationships in Nunavut. *Canadian Journal of Public Health, 105*(2), e133-e137. doi:10.17269/cjph.105.4189

Jungnickel, K. (2014). Getting there …… and back: How ethnographic commuting (by bicycle) shaped a study of Australian backyard technologists. *Qualitative Research, 14*(6), 640-655. doi:10.1177/1468794113481792

2. 관련된 철학적 신념과 해석적 틀(후기실증주의, 사회구성주의, 변혁적 틀, 포스트모던 관점, 실용주의, 페미니스트 이론, 비판이론과 비판적 인종이론, 동성애이론, 장애이론) 사이의 차이점을 이해하는가? 동성애이론 틀을 가진 Adams 등(2014)의 논문, 사회구성주의 틀을 가진 Brown 등(2006)의 논문, 후기실증주의 틀을 가진 Churchill 등(2007)의 논문, 변혁적 틀을 가진 Job 등(2013)의 논문에서와 같이 다른 해석 렌즈를 채택한 질적 학술논문을 읽어 보라. 그리고 이러한 논문들이 해석적 틀에서 어떻게 다른지 규명해 보고, 이 장의 〈표 2-3〉을 사용하여 예를 열거해 보라.

Adams, J., Braun, V., & McCreanor, T. (2014). "Aren't labels for pickle jars, not people?" Negotiating identity and community in talk about "being gay." *American Journal of Men's Health, 8*(6), 457-469. doi:0.1177/1557988313518800

Brown, J., Sorrell, J. H., McClaren, J., & Creswell, J. W. (2006). Waiting for a liver transplant. *Qualitative Health Research, 16*(1), 119-136. doi:10.1177/1049732305284011

Churchill, S. L., Plano Clark, V. L., Prochaska-Cue, M. K., Creswell, J. W., & Onta-Grzebik, L. (2007). How rural low-income families have fun: A grounded theory study. *Journal of Leisure Research, 39*(2), 271-294.

Job, J., Poth, C., Pei, J., Carter-Pasula, B., Brandell, D., & MacNab, J. (2013). Toward better collaboration in the education of students with fetal alcohol spectrum disorders: Voices of teachers, administrators, caregivers, and allied professionals. *Qualitative Research in Education, 2,* 38-64. doi:10.4471/qre.2013.15

3. 특정한 해석적 틀 내에서 고유한 요소는 무엇인가? 페미니스트 해석적 틀에서 Therberge(1997)와 같은 다른 해석 렌즈를 채택하는 질적 학술논문을 검토하고, 페미니스트 이슈, 방향 질문, 연구 의도의 옹호 방향, 자료수집 방법 및 행동 요구와 같은 요소를 식별해 보라.

Therberge, N. (1997). "It's part of the game": Physicality and the production of gender in women's hockey. *Gender & Society, 11*(1), 69-87. doi:10.1177/089124397011001005

4. 해석적 틀을 조합하여 사용할 때 해석적 틀 간의 차이점을 이해하는가? 페미니스트 이론 및 비판적 인종이론 틀을 사용한 Chepp(2015)와 장애이론 및 비판적 인종이론 틀을 사용한 Watts과 Erevelles(2004)와 같은 다양한 해석 렌즈의 조합을 채택하는 질적 학술논문을 검토해 보라. 이 장의 〈표 2-2〉를 지침으로 사용한 여러 해석적 틀로부터 각각 영향을 받은 예를 규명해 보라.

Chepp, V. (2015). Black feminist theory and the politics of irreverence: The case of women's rap. *Feminist Theory, 16*(2), 207-226. doi:10.1177/1464700115585705

Watts, I. E., & Erevelles, N. (2004). These deadly times: Reconceptualizing school violence by using critical race theory and disability studies. *American Journal of Educational Research, 41,* 271-299. doi:10.3102/00028312041002271

요약

이 장은 연구 과정에 대한 개관으로 시작하여 철학적 가정들과 해석적 분석틀이 연구 과정의 처음에 위치하고 이 책에서 다섯 가지 접근 중에서 한 가지를 선택하고 사용하는 것을 포함한 다음 절차가 무엇인지 알려 줄 수 있도록 하였다. 그리고 존재론, 인식론, 가치론, 방법론이라는 철학적 가정들에 대해 논하였고, 각 가정에 대해 핵심 질문, 주요한 특징들, 질적 연구 글쓰기 실천의 함의가 논의되었다. 더욱이 질적 연구에서 사용된 해석적 틀—후기실증주의, 사회구성주의, 변혁적 · 포스트모던 관점, 실용주의, 페미니스트 이론들, 비판이론, 동성애이론, 장애이론—에 대해 소개하였고, 질적 연구에서 이 해석적 틀들이 어떻게 사용되는지에 대해 제시하였다. 마지막으로, 철학적 가정들과 해석적 틀 간에 연결고리가 만들어졌고, 질적 연구에서 이것들을 어떻게 결합해야 하는지에 대한 논의가 이어졌다.

더 읽을거리

다음 자료는 이 장의 기본 참고자료로 제공된다. 독자들은 이 목록을 전부인 것으로 간주해서는 안 되며, 이 책의 끝에 있는 참고문헌 목록에서 추가 읽을거리를 찾을 것을 권장한다.

Brisolara, S., Seigart, D., & SenGupta, S. (2014). *Feminist evaluation and research: Theory and practice.* New York, NY: Guilford Press.

Sharon Brisolara, Denise Seigart와 Saumitra SenGupta는 페미니스트 연구에 관련된 과정을 탐색하여 사례들을 모았다. 공저자들은 페미니스트 연구를 학문 분야와 국제적 맥락에서 독특하게 묘사한다.

Denzin, N. K., & Lincoln, Y. S. (Eds.) (2011). *The SAGE handbook of qualitative research.* Thousand Oaks, CA: Sage.

이 핸드북은 종종 연구자들에게 논리적인 출발점이 되며, Norm Denzin과 Yvonna Lincoln은 질적 연구 이면에서 철학을 이끄는 역할에 대한 현대적 논의의 기초 아이디어를 제공한다. 구체적으로, 우리는 Virginia Olesen의 페미니스트 연구, Ken Flummer의 동성애이론, Donna, Mertens, Martin Sullivan과 Hilary Stace의 변혁적 연구 등은 주목할 만한 연구임을 발견하였다.

Guba, E., & Lincoln, Y. S. (1988). Do inquiry paradigms imply inquiry methodologies? In D. M. Fetterman (Ed.), *Qualitative approaches to evaluation in education* (pp. 89-115). New York, NY: Praeger.

Egon Guba와 Yvonna Lincoln은 패러다임과 방법론 사이의 관계에 대한 관점을 제공하면서 이러한 논의에 중요한 역할을 한다.

Hesse-Biber, S. N. (2012). *Handbook of feminist research: Theory and praxis* (2nd ed.). Thousand Oaks, CA: Sage.

Sharlene Nagy Hesse-Biber는 현장 내 방법론적 접근에 영향을 미치는 새로운 기술뿐 아니라 사회 변화와 변화에 미치는 영향에 대한 현재의 관점을 논의함으로써 페미니스트 연구의 토대를 제공하고 있다.

Lovern, L. L. & Locust, C. (2013). *Native American communities on health and disability: Borderland dialogues.* New York, NY: Palgrave Macmillan.

Lavonna Lovern과 Carol Locust는 원주민 사회와 진정한 대화를 시작하는 방법에 관심 있는 연구자들에게 기초적인 자료를 제공한다. 특히 저자의 경험은 장애와 소화불량을 존중하는 '행복(wellness)' 개념에 초점을 맞춘 부분에서 언급된다.

Mertens, D. M. (2009). *Transformative research and evaluation.* New York, NY: Guilford.

이 책에서는 Donna Mertens가 이론과 실제를 명확하게 연결하는 방식으로 변혁적 렌즈를 사용하여 연구를 수행하는 단계별 가이드를 제공한다.

Mertens, D. M. (2015). *Research and evaluation in education and psychology: Integrating diversity with quantitative, qualitative, and mixed methods* (4th ed.). Thousand Oaks, CA: Sage.

Donna Mertens는 간략한 역사를 제시하고 나서 후기실증주의, 구성주의자, 변혁적, 실용주의의 네 가지 연구 패러다임의 철학적 토대에 초점을 맞춘다. 특히 주목할 점은 변혁적 패러다임의 출현에 대한 근거와 그것의 철학적 · 이론적 기초에 대한 설명을 제시한 그녀의 유용한 서술이다.

Mertens, D. M., Cram, F., & Chilisa, B. (Eds.). (2013). *Indigenous pathways into social research.* Walnut Creek, CA: Left Coast Press.

편집자 Donna Mertens, Fiona Cram과 Bagele Chilisa는 다양한 분야를 대표하는 6개 대륙의 30명 이상의 원주민 연구자들의 인생 이야기를 통해 연구자들이 의미 있는 작품을 만들기 위해 경험하고 효과적인 전략에 대해 배울 수 있는 강력한 연구 통로를 제공한다.

Phillips, D. C., & Burbules, N. C. (2000). *Postpositivism and educational research.* Lanham, MD: Rowman & Littlefield.

Dennis Phillips와 Nicholas Burbules는 실제로 연구자를 위한 기초적인 후기실증주의에 대한 읽을거리를 놓고서 훌륭한 설명을 제공한다.

Slife, B. D., & Williams, R. N. (1995). *What's behind the research? Discovering hidden assumptions in the behavioral sciences.* Thousand Oaks, CA: Sage.

Brent Slife와 Richard Williams는 행동과학의 주요 이론적 접근 방식을 뒷받침하는 가정을 탐구한다. 이 중요한 연구는 이론의 비판적 사고를 장려하는 데 유용한 분야(예: 심리학, 교육) 전반에 걸쳐 널리 인용되고 있다.

Schwandt, T. A. (2003). Three epistemological stances for qualitative inquiry:

Interpretativism, hermeneutics and social constructionism. In N. Denzin & Y. Lincoln (Eds.), *The landscape of qualitative research: Theories and issues* (pp. 292-331). Thousand Oaks, CA: Sage.

Thomas Schwandt는 그의 유용한 비교를 통해 공통점과 차이점을 모두 지적한다. 예를 들어, 그는 의미가 개발되고, 협상되고, 지속되고, 적응되는 과정에 대해 사회구성주의자와 해석주의자들의 공유된 초점을 살펴본다. 그러나 그 이론이 실제로 어떻게 적용되는지에 대해서는 차이점을 강조한다.

Tierney, W. G. (1997). *Academic outlaws: Queer theory and cultural studies in the academy*. Thousand Oaks, CA: Sage.

William Tierney는 이 책에서 문화적 연구와 동성애이론의 이론적 교차점을 보여준다. 그는 이 둘의 중요한 역사적 배경과 흥미로운 미래 전망을 제시한다.

Qualitative Inquiry and Research Design

제3장

질적 연구설계

우리는 질적 연구를 미세한 실과 많은 색깔, 다양한 질감, 다양한 재료가 혼합되어 구성된 복잡한 천에 비유할 수 있다고 생각한다. 이 천은 쉽게 또는 단순하게 설명되지 않는다. 천을 짜는 베틀처럼, 일반적인 가정들과 해석적 틀이 질적 연구를 함께 떠받치고 있다. 이러한 틀을 기술하기 위해서, 질적 연구자들은 용어들—구성주의자, 해석주의자, 페미니스트, 포스트모더니스트 등—을 사용한다. 이러한 가정들과 틀 안에 내러티브 연구, 현상학, 근거이론, 문화기술지, 사례연구와 같은 접근(혹은 설계)이 있다. 이 분야에는 서로 다른 관점을 가진 수많은 다양한 개인이 있으며, 이들은 각자 자신의 베틀로 질적 연구라는 천을 짜고 있다. 이러한 차이점들을 제쳐 두고, 창조적인 예술가들은 천을 짠다는 공통된 과업을 갖는다. 달리 말하자면, 모든 형태의 질적 연구에는 공통적인 특성들이 있으며, 상이한 특성들은 질적 프로젝트에 따라 서로 다른 강조점을 갖게 될 것이다. 모든 특성이 모든 질적 프로젝트에 전부 나타나는 것은 아니지만 대부분은 드러난다.

이 장의 목적은 질적 연구의 상이한 줄기(내러티브, 현상학 등과 같은 특정한 접근)를 분석하기 전에, 질적 연구의 공통적인 특징을 알 수 있도록 질적 연구에 대한 개론과 전반적인 개요를 제공하는 것이다. 우리는 먼저 질적 연구의 일반적인 정의에서 시작하여 질적 탐구 수행의 기본적인 특성들을 강조할 것이다. 이어서 질적 연구에 가장 적합한 문제와 이슈의 유형에 대해 논의한다. 우리는 질적 연구의 질을 사정하는 기준뿐만 아니라 이 엄격하고 시간 소모적인 연구를 수행하는 데 필요한 요건들을 강조할 것이다. 이러한 탐구를 시작하기 위한 기본적인 요건들(문제, 시간, 기준)을 갖추었다고 가정하고, 우리는 연구를 설계하고 계획하는 데 관련된 전반적인 과정을 그려 볼 것이다. 이러한 과정에는 예비적 고려사항, 과정 내 단계들 그리고 과정 내내 고려할 전반적 요소가 포함된다. 이 부분에서 질적 연구자들은 잠재된 윤리적 이슈를 예견하고 계획을 세워야 한다. 왜냐하면 윤리적 이슈는 연구 과정의 여러 단계에서 제기되기 때문이다. 마지막으로, 우리는 고려사항과 개요를 포함한 설계 구조를 제시할 것이다. 이를 통해 질적 연구의 기획 혹은 제안을 위한 전반적 구조를 알 수 있다. 다음 장에서는 상이한 유형의 탐구 접근에 대해 다룰 것이다. 여기에 제시된 일반적인 설계 형태들은 이 책의 나머지 부분에서 논의되는 다섯 가지 접근에서 다듬어질 것이다.

토론할 문제

- 질적 연구의 주요 특징은 무엇인가?
- 질적 탐구에 가장 적합한 문제 유형은 무엇인가?
- 이러한 유형의 연구를 수행하기 위해 필요한 연구 기량은 무엇인가?
- '좋은' 질적 연구의 특징은 무엇인가?
- 연구자들은 질적 연구를 어떻게 설계하는가?
- 연구 과정에서 어떤 유형의 윤리적 이슈를 예상해야 하는가?
- 질적 연구를 위한 계획서나 제안서에 유용한 설계 구조는 무엇인가?

질적 연구의 특징

우리가 내리는 질적 연구 정의의 근거는 탐구에 대한 뚜렷이 구분되는 접근(예: 문화기술지, 내러티브)의 활용 그리고 연구설계를 강조하는 데 있다. 질적 연구의 특징을 논하기 위해 도입부에서 제시했던 질적 연구의 정의부터 다시 이야기하려고 한다.

> 질적 연구는 가정과 해석적/이론적 틀의 활용에서 시작하며, 이것은 개인이나 집단이 사회 혹은 인간 문제에 부여하는 의미를 다루는 연구문제 탐구에 영향을 미친다. 이들 문제를 연구하기 위해, 질적 연구자는 탐구에서 떠오르는 질적 접근을 활용하고 연구 대상과 장소에 민감한 자연적 세팅에서 자료를 수집하며, 귀납적 · 연역적으로 자료를 분석하고 패턴 혹은 주제를 찾는다. 최종 서면 보고서 혹은 발표에는 참여자의 목소리, 연구자의 반영성(reflexivity), 문제에 대한 복잡한 기술과 해석, 기존 연구에 대한 기여 혹은 변화를 위한 요구사항 등을 담는다(Creswell, 2013, p. 44).

이러한 정의는 철학적 가정에서부터 해석적 렌즈, 그리고 사회 혹은 인간 문제를 연구하는 절차에까지 이르는 연구 과정에 주목한다. 그리고 절차—근거이론 혹은 사례연구 등과 같은 탐구 접근—를 위한 틀이 있다.

보다 일반적 정의로부터 질적 연구에서 발견되는 명확한 특징으로 이동하는 것이 유용하다. 우리는 이러한 특징들이 시간에 따라 진화하며, 일련의 확정적 요소를 띠는 것은 확실히 아니라고 믿는다. 그러나 이 분야의 주요 저서에서 언급한 특징을 자세히 살펴보면 어떤 공통점이 있다. 네 권의 질적 연구 개론서와 그 책들이 질적 연구수행을 위해 제시한 특징을 〈표 3-1〉에서 살펴보자. 거의 15년 전, 이 책 초판의 비슷한 표와 비교해 보면, 오늘날의 질적 연구는 연구의 해석주의적 특성과 연구자의 정치적 · 사회적 · 문화적 맥락 내에 연구를 위치시키는 것, 그리고 연구자가 제시하는 이야기 속에서 연구자의 '존재' 혹은 연구자의 반영성(reflexivity) 등에 관심을 더 기울인다. 〈표 3-1〉을 검토해 보면, 질적 연구의 몇 가지 공통적인 특징을 발견할 수 있다. 중요성의 우선순위를 고려하지 않고 제시하면 다음과 같다.

- 자연스러운 상황: 질적 연구자들은 종종 참여자들이 연구 중인 이슈나 문제들을 경험하고 있는 현장에서 자료를 수집한다. 그들은 사람들을 실험실(인위적 상황)로 데려오지 않으며, 서베이처럼 완성해야 할 측정 도구를 사람들에게 보내지도 않는다. 대신, 질적 연구자들은 실제로 사람들과 직접 이야기하고 그들이 처한 맥락에서 행하는 것을 보면서 밀착 정보를 수집한다. 이러한 면대면 상호작용은 오랜 시간에 걸쳐 이루어지기도 한다.
- 주요 도구로서의 연구자: 질적 연구자들은 문서들을 검토하고, 행동을 관찰하

표 3-1 질적 연구의 특징

특징	LeCompte & Schensul (1999)	Hatch (2002)	Marshall & Rossman (2010)	Ravitch & Mittenfelner Carl (2016)
자연스러운 상황(현장)에서 수행됨	○	○	○	○
자료수집의 주요 도구로서의 연구자		○		○
복합적 방법을 사용함	○		○	
귀납과 연역을 오가는 복합적인 추론 과정을 포함	○	○	○	○
참여자의 다양한 관점과 의미에 초점을 맞춤	○	○		○
맥락, 참여자 세팅 혹은 현장에 위치함	○		○	○
유연하고 서서히 전개되는 설계를 포함		○	○	○
연구자의 배경이 미치는 영향을 반영하고 해석함			○	○
총체적이고 복합적인 묘사		○	○	○

고, 참여자들과 면접을 함으로써 스스로 자료를 수집한다. 도구를 사용하기도 하지만, 그것은 개방형 질문을 사용하여 연구자 자신이 개발한 것이다. 다른 연구자들이 개발한 질문지나 도구를 사용하거나 의지하는 않는 경향이 있다.

- 복합적 방법: 질적 연구자들은 대체로 단일한 자료 원천에 의존하기보다 면접, 관찰, 문서 등 다양한 형태의 자료들을 수집한다. 또한 연구자들은 모든 자료를 검토하고, 이해하며, 그것들을 모든 자료 원천을 관통하는 범주나 주제들로 조직화한다.
- 귀납적 · 연역적 논리를 통한 복합적 추론: 질적 연구자들은 자료를 점차 추상적인 정보 단위로 귀납적으로 조직화함으로써 '상향식(bottom-up)'으로 패턴과 범주, 주제들을 형성한다. 이러한 귀납적인 과정들에 연구자들이 주제들의 포괄적인 묶음을 구축할 때까지 주제들과 기초자료들 사이를 오가며 수행하

는 작업이 포함된다. 또한 거기에는 참여자들과 상호작용하면서 협력하는 것도 포함되는데, 그럼으로써 그 과정에서 드러나는 주제나 추상 개념들을 형성할 기회를 갖는다. 연구자들은 자료와 비교하며 지속적으로 검토하면서 주제를 형성한다는 점에서 또한 연역적으로 사고한다. 귀납적-연역적 논리 과정은 질적 연구자들이 연구 과정 내내 복합적인 추론 기술을 활용함을 뜻한다.

- 참여자의 다양한 관점과 의미: 질적 연구 과정 전체에서 연구자들은 자신이 연구에 가져오거나 선행문헌의 저자들이 사용한 의미가 아니라 참여자들이 문제나 이슈에 대해 갖는 의미를 이해하는 데 초점을 둔다. 참여자의 의미는 주제에 대한 다양한 관점과 여러 견해를 더 많이 제안한다. 이것이 질적 보고서에 전개되는 주제가 연구참여자의 다양한 관점을 반영해야 하는 이유이다.
- 맥락의존적: 질적 연구는 맥락이나 참여자 세팅, 혹은 현장(site) 안에 위치한다. 연구되는 문제가 위치한 세팅을 보고하기 위해, 연구자는 맥락적 특징과 그것이 참여자의 경험에 미치는 영향(예: 사회적 · 정치적 · 역사적 영향)을 이해해야 한다. 이것은 특정 맥락을 통해 "사건, 행위, 의미가 이들이 발생하는 독특한 상황에 의해 어떻게 조성되는가를 이해할 수 있기 때문에" 중요하다(Maxwell, 2013, p. 30).
- 유연한 설계: 질적 연구자들의 연구 과정은 유연하다. 이는 연구자의 초기 계획이 엄격하게 규정될 수 없으며, 연구자가 현장에 들어가 자료를 수집하기 시작하면서 그 과정의 모든 단계가 변하거나 움직일 수 있음을 의미하는 것이다. 예를 들어, 연구질문이 변할 수도 있고, 자료수집의 형태가 바뀔 수도 있으며, 연구를 수행하는 과정에서 연구대상자나 방문할 현장이 변경될 수도 있다. 질적 연구의 배경이 되는 주된 생각은 참여자들로부터 문제나 이슈들에 대해 배워야 하며, 그러한 정보를 확보하기 위해 최선의 노력을 기울여야 한다는 것이다.
- 반영성(reflexivity): 질적 연구자는 질적 연구에 '자신을 위치시킨다'. 이것은 연구자들이 자신의 배경(예: 직업 경험, 문화적 경험, 역사)을 전달한다는 것(즉, 연구방법 부분, 서론 등에서)을 의미한다. 또한 이러한 배경은 연구 내 정보를 해석하는 데, 그리고 연구로부터 무엇을 얻어야 하는가에도 영향을 미친다.

Wolcott(2010)은 다음과 같이 말했다.

> 우리의 독자들은 우리에 대해 알 권리가 있다. 그런데 그들은 우리가 고등학교 밴드부였는지에 대해 알고 싶은 것은 아니다. 그들은 탐구하려는 주제에 대한 우리의 관심을 촉발시킨 것이 무엇인지, 우리가 보고하려는 대상은 누구인지, 그리고 우리가 개인적으로 연구에서 얻고자 하는 것이 무엇인지를 알고 싶어 한다(p. 36).

- 총체적 이해: 질적 연구자들은 연구 중인 문제나 이슈에 대한 복합적인 묘사를 발전시키려 애쓴다. 여기에는 다양한 관점을 보고하는 것, 상황에 관계된 많은 요인을 확인하는 것, 그리고 드러나는 더 큰 그림을 전반적으로 그려 주는 것 등이 포함된다. 연구자들은 요인들 간의 엄격한 인과관계가 아니라 어떤 상황에 있는 복합적인 요인들의 상호작용을 규명한다.

질적 연구가 필요할 때

질적 연구를 하기에 적절한 때는 언제일까? 우리는 문제나 이슈를 탐색할 필요가 있을 때 질적 연구를 하게 된다. 달리 말하자면, 이러한 탐색은 특정 집단이나 인구집단을 연구하려 하거나 쉽게 측정될 수 없는 변수들을 확인하거나 침묵 속에 있는 목소리들을 들으려 할 때 필요하다. 이러한 경우들은 문헌에서 미리 결정된 정보를 사용하거나 다른 연구들에서 나타난 결과물에 의존하지 않고 하나의 문제를 탐색하려는 좋은 이유이다. 또한 우리는 이슈에 대한 복합적이고 상세한 이해가 필요해서 질적 연구를 수행한다. 이처럼 상세함은 사람들과 직접 이야기하고, 그들의 가정이나 직장에 찾아가고, 우리가 발견하기를 기대하는 것이나 우리가 문헌에서 읽은 것에 방해받지 않고 이야기하도록 함으로써 만들어질 수 있다.

우리는 사람들이 자신의 이야기를 공유할 수 있도록 임파워시키기를 원할 때, 그들의 목소리를 듣기를 원할 때, 그리고 연구자와 연구참여자 사이에 종종 존재하는 권력 관계를 최소화하기를 원할 때, 질적 연구를 수행한다. 권력 관계를 덜 강조하기 위해서 우리는 연구참여자들이 우리의 연구질문을 검토하게 함으로써, 또는 연구의 자료분석과 해석 단계 동안 우리와 함께 협력하도록 함으로써 참여자들과 직접 협력할 수도 있다. 공식적인 학술적 글쓰기 구조의 제한을 받지 않고 이야기와 연극, 시를 전달하는 문학적이고 유연한 방식으로 글을 쓰고 싶을 때도 질적 연구를 한다. 우리는 연구참여자가 문제나 이슈를 토로하는 맥락이나 상황을 이해하고 싶을 때 질적 연구를 수행한다. 우리는 사람들이 말하는 것과 그들이 말하고 있는 곳—이 맥락이 그들의 가정이든, 가족이든, 혹은 직장이든—을 항상 분리할 수는 없다. 우리는 양적 연구에 이어 질적 연구를 사용하여 인과 이론 혹은 모델에서의 메커니즘이나 연계에 대한 설명을 돕는다. 이러한 이론들은 추세나 상관성, 관계에 대한 일반적인 그림을 제공해 주지만, 사람들이 경험하는 과정, 사람들이 그렇게 반응하는 이유, 그들이 반응하는 맥락, 그리고 그들의 반응을 통제하는 보다 더 깊은 사고와 행동에 대해서는 알려 주지 않는다.

우리는 특정 인구집단이나 표본에 대한 부분적이거나 불충분한 이론이 존재할 때, 또는 현존 이론들이 우리가 검토하고 있는 문제의 복합성을 충분히 포착하지 못할 때, 이론을 발전시키기 위해 질적 연구를 사용한다. 또한 우리는 단순히 양적 측

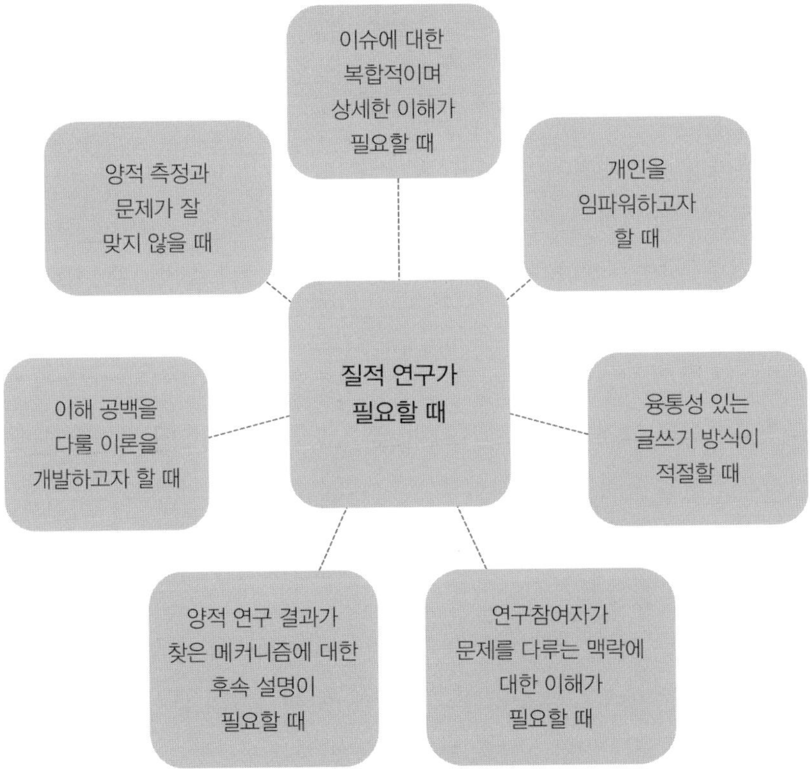

[그림 3-1] 질적 연구가 필요할 때

정과 통계적 분석이 연구문제에 적합하지 않을 때에도 질적 연구를 사용한다. 예를 들어, 사람들 간의 상호작용을 현존하는 측정도구로 포착하기 어렵고 이러한 측정도구들이 젠더 차이와 인종, 경제 상태, 개인적 차이들과 같은 이슈에 민감하지 않을 수 있다. 모든 개인을 통계적인 평균으로 구분하게 되면 우리가 연구하는 개인들의 독특함을 간과하게 된다. [그림 3-1]은 질적 접근이 우리의 연구문제에 더 잘 맞는 경우를 요약해서 보여 준다.

질적 연구에서 우리가 할 일

질적 연구를 하기 위해 무엇을 해야 하는가? 질적 연구수행은 한 가지 문제를 연구하는 데 강한 헌신을 요구하며 많은 시간과 자원을 필요로 한다. 질적 연구는 가장 엄격한 양적 연구와 좋은 동반관계를 유지하며, 질적 연구를 '통계적인' 또는 양적 연구에 대한 손쉬운 대체물로 간주하면 안 된다. 질적 연구는 다음 사항들을 기꺼이 수행하려는 연구자를 위한 것이다.

- 현장에서 오랜 시간을 헌신한다: 연구자는 현장에서 많은 시간을 보내고, 광범위한 자료를 수집하며, 접근과 라포 형성에 관련된 현장 이슈들을 해결하기 위해 노력한다. 연구참여자와 협력하는 데 많은 시간이 걸리지만, 이는 '내부자' 관점을 얻기 위해 중요하다.
- 복잡하고 많은 시간이 걸리는 자료분석 과정에 참여한다: 연구자는 엄청난 자료를 분류하고 그것을 소수의 주제나 범주로 줄이는 야심찬 과업을 수행한다. 질적 연구자로 구성된 다학제팀의 경우, 이러한 과업을 공동으로 함께 할 수 있다. 왜냐하면 대부분의 연구자에게 자료를 숙고하고 자료와 씨름하는 시간은 외롭고 고립적이기 때문이다.
- 글을 길게, 묘사적 문장으로 쓴다: 연구자는 자신의 주장을 입증하고 다양한 관점을 반영하는 방식으로 증거를 제시한다. 참여자들의 관점을 제공하기 위해 인용문을 덧붙이는 것도 연구의 분량을 늘린다.
- 역동적 · 융통적 절차를 수용한다: 연구자는 특정 절차를 따르지 않고 지속적

으로 변하는 형식으로 인문사회과학 연구에 참여한다. 그래서 이것 때문에 다른 사람에게 연구계획을 말하는 것, 다른 사람들이 연구가 끝났다는 것을 어떻게 판단할지가 복잡하다.

- 예견된 그리고 계속 전개되는 윤리적 이슈에 주의를 기울인다: 연구자는 연구가 이루어지는 동안 어떤 윤리적 이슈가 드러나는지, 그리고 이슈를 어떻게 다룰지에 대한 계획을 고려한다. 연구가 진행되는 동안 주의를 기울여야 할 새로운 이슈가 추가될 수 있다.

'좋은' 질적 연구의 특징

결국 독자, 참여자, 학위논문 심사위원, 학술지 편집위원, 재정지원을 위한 제안서 심사자와 같은 사람들은 몇몇 기준을 적용하여 연구의 질을 평가한다. 질적 연구의 질을 평가하는 기준을 이용할 수 있다(Howe & Eisenhardt, 1990: Lindoln, 1995; Marshall & Rossman, 2015). 다음에서 '좋은' 질적 연구의 특징을 기술하는 간략한 목록을 제시하였다. 이 목록에서 엄격한 방법이 강조됨을 알 수 있을 것이다.

- 연구자는 질적 접근의 특징과 가정 내에서 연구의 틀을 잡는다. 여기에는 서서히 전개되는 설계, 다양한 실재의 제시, 자료수집의 도구로서의 연구자, 그리고 참여자 관점에 초점 맞춤, 간략히 말해서 〈표 3-1〉에서 언급했던 특징들과 같은 기본적 특징이 포함된다.
- 연구자는 윤리적 연구를 수행한다. 이것은 기관윤리위원회(Institutional Review committees or Boards: IRB)의 승인을 받는 것 이상을 의미한다. 이것은 예견되고 나타나는 모든 윤리적 이슈를 고려하고 다룬다는 것을 뜻한다.
- 연구자는 이 책에서 다루는 다섯 가지 접근 중 하나(혹은 그 이상)와 같이, 질적 연구접근을 사용한다. 잘 알려진 연구접근을 사용하면, 연구설계의 엄격성과 정교함이 증진된다. 또한 연구접근은 질적 연구를 평가할 수 있는 몇몇 수단을 제공한다. 연구접근을 활용한다는 것은 연구자가 접근을 확인 및 정의하는 것, 연구접근을 채택한 연구를 인용하는 것, 그 접근에서 제시된 절차를 따르는 것

을 뜻한다. 확실한 것은 연구에 적용된 접근이 그 접근의 모든 요소를 완전히 포함하지 않아도 된다는 점이다. 그러나 질적 연구 초심자의 경우, 한 가지 접근을 계속 유지할 것, 그 접근에 편안해질 것, 접근에 대해 배울 것, 연구를 간결하고 솔직하게 유지할 것 등을 권장한다. 이후 특히 복잡하고 긴 연구에서는 여러 접근의 특징이 유용할 수 있다.

- 연구자는 탐구할 개념 혹은 초점을 하나로 해서 연구를 시작한다. 질적 연구 사례들은 사례연구 프로젝트 혹은 문화기술지처럼 집단이나 요인 혹은 주제 간 비교를 하지만, 우리는 한 가지 개념 혹은 아이디어를 이해하는 데 초점을 두는 것에서 질적 연구를 시작하기를 좋아한다. 예를 들면, 전문가, 교사, 화가, 싱글맘, 노숙인이 된다는 것은 무엇인가? 연구가 진행되면서, 비교(예: 전문 교사의 사례는 전문 행정가 사례와 어떻게 다른가?) 혹은 관련 요인(예: 미술작품이 느낌을 일깨우는 이유를 어떻게 설명할 것인가?)의 통합을 시작할 수 있다. 핵심 개념 혹은 아이디어를 먼저 이해하지 않고 비교 혹은 관계 분석으로 나아가는 질적 연구자가 너무 많다.
- 연구자는 엄격한 자료수집 절차를 채택한다. 이것은 연구자가 다양한 형태의 자료를 수집하고 자료 형태와 세부사항을 표 형식으로 요약하고 현장에서 충분한 시간을 보내는 것을 의미한다. 현장에서 보낸 특정 시간(예: 25시간 관찰)에 대한 정보를 포함하는 것은 질적 연구에서 흔한 일이다. 우리는 반응을 끌어내기 위해 사진, 소리, 시각 자료 혹은 디지털 텍스트 메시지와 같은 특이한 형태의 질적 자료수집을 좋아한다.
- 연구자는 자료수집, 자료분석, 글쓰기에 대한 엄격한 접근을 기술한 상세한 방법을 담아야 한다. 예를 들어, 엄격함은 현장에서 광범위한 자료수집이 일어났을 때 혹은 연구자가 협소한 코드 혹은 주제에서 더 추상적인 차원의 광대한 상호 관련된 주제까지 다층 수준의 자료분석을 수행했을 때 드러난다. 또한 엄격함은 연구자가 하나 이상의 타당성(validation) 절차를 사용하여 이야기의 정확성을 입증함을 의미한다. 타당성 절차에는 참여자 확인(member check), 자료원 다원화, 외부 혹은 내부 감사자의 활용 등이 있다.
- 연구자는 다양한 수준의 추상적 개념을 사용하여 자료를 분석한다. 우리는 특별한 것에서 일반적 수준의 추상적 개념으로 이동해 가는 연구자의 적극적 작

업을 기대한다. 종종 저자들은 단계적으로 자신의 연구를 제시하거나(예: 광범위한 주제 혹은 관점으로 묶일 수 있는 다양한 주제) 특별한 것에서 일반적인 것으로 분석을 켜켜이 쌓는다. 자료로부터 도출된 코드와 주제는 평범하고 예상했던 것이거나 놀라운 것일 수 있다. 최고의 질적 연구는 그림자와 같이 가려졌던 측면 혹은 비일상적 시각에서 탐색하여 분석한 주제를 제시한다. 우리의 교실 프로젝트에서 원격수업을 듣는 학생들이 수업을 찍는 카메라에 어떻게 반응하는지를 살폈다. 연구자는 카메라가 켜졌을 때 학생들의 반응을 살피기보다 카메라가 꺼졌을 때 어떤 일이 벌어지는지를 이해하고자 했다. 이러한 접근을 통해 저자는 독자가 예상하지 못한 비일상적 시각을 잡을 수 있다.

- 연구자는 독자가 '거기에 있는 듯한'을 경험하도록 설득력 있게 글을 쓴다. 문학적 용어인 '진실성(verisimilitude)' 개념이 우리의 생각을 정확히 나타낸다(Richardson, 1994, p. 521). 작품은 명확하고 매력적이며, 예상치 못한 생각으로 가득하다. 이야기와 결론은 믿을 수 있고 사실적이며, 현실 세계에 존재하는 모든 복잡한 것을 정확히 반영하고 독자를 사로잡아야 한다.
- 연구자는 자신의 역사, 문화, 개인적 경험을 반영하기 위해 연구 안에 자신을 위치시킨다. 이것은 자기 배경에 대해 말하는 **자서전** 이상을 뜻한다. 이것은 개인의 문화, 젠더, 역사, 그리고 경험이 연구질문의 선택에서부터 자료수집 방법, 상황을 해석하는 방법, 연구에서 기대하는 것에 이르기까지의 질적 프로젝트의 모든 측면에 어떻게 영향을 미치는가에 주목한다. 연구자의 역할에 대해 논의하는 것, 텍스트에 자신을 관련시키는 것, 혹은 연구에 대해 연구자가 갖는 질문을 되돌아보는 것과 같은 방식으로, 연구자는 자신을 질적 연구 안에 위치시킨다.

질적 연구설계 과정

질적 연구설계 방법에 대해 합의된 구조는 없다. 질적 연구에 관한 책들에서도 연구설계에 대한 제안이 각양각색이지만, 그 과정의 많은 부분은 연구자가 채택하는 특정 접근에 의해 만들어진다. 서론에서 이야기했던, 연구설계는 연구수행을 위한 계획을 뜻한다는 점이 기억날 것이다. 어떤 저자들은 연구를 읽고, 절차를 논하고, 드러나는 이슈들을 지적함으로써, 열정적인 질적 연구자는 질적 연구수행방법에 대한 감을 잡게 될 것이라고 믿는다(Weis & Fine, 2000 참조). 그것은 일부 사람에게는 맞는 이야기일 수 있다. 다른 이들은 더 폭넓은 이슈에 대한 이해를 통해 연구설계의 도움을 받을 수 있으며(Richards & Morse, 2012 참조), 지침서 같은 책의 안내를 받는 것이 더 나을 수도 있다(Hatch, 2002 참조). 지침서 관점을 제공하기보다 우리의 접근은 질적 연구자들을 위한 대안들(다섯 가지 접근)을 창출하는 것, 우리의 경험에 따라 대안들에 가중치를 두는 것, 그러고 나서 독자들이 스스로 알아서 선택하도록 하는 것 등과 더 많이 관련된다.

그러나 우리는 우리가 생각하는, 연구 요소별로 논리적으로 일관된 질적 연구설계 방법을 공유할 것이다. 그것은 세 가지, 즉 연구를 시작하기에 앞서 충분히 생각해야 할 예비적 고려사항, 연구를 수행하는 동안 관여할 단계, 그리고 연구 과정의 모든 단계를 관통하는 요소들로 표현된다.

예비적 고려사항

우리가 질적 연구를 설계할 때에는 확실한 설계 원칙이 있다. 일반적으로 질적 연구는 글을 질적으로 쓰든 양적으로 쓰든 공통적인 단계를 가진, 과학적 방법의 과정을 밟는다. 과학적 방법은 문제, 가설(혹은 질문), 자료수집, 결론 그리고 논의를 포함한다. 모든 연구자는 특정한 이슈나 문제를 갖고 시작하며, 이런저런 방식으로 연구문제와 관련된 문헌을 검토하고, 연구질문을 제기하며, 자료를 수집하여 분석하고, 보고서를 쓴다. 질적 연구도 이러한 구조와 맞아떨어지고, 우리는 이러한 과정을 반영하여 이 책의 장들을 구성하였다. 우리는 Morse와 Richards(2002), Richards와 Morse(2012)가 제안한 **방법론적 일치**(methodological congruence) 개념을 좋아한다. 이것은 목적, 연구질문 그리고 연구방법이 모두 상호 연결되고 상호 관련되어 연구가 분절되고 고립된 부분이 아니라 하나로 화합된 완전체로 보이는 것을 뜻한다. 연구설계의 주요 요소 간에 일관되고 유효한 관계를 만들기 위한 목적으로, Maxwell(2013)은 조사설계에서의 상호작용적 접근을 제안하였다. 질적 연구를 설계할 때, 연구자들은 설계 과정의 상호작용과 부분들 간의 상호관련성을 유념해야 한다.

질적 프로젝트의 몇몇 측면은 연구마다 초기 논의에서부터 다르지만, 우리는 강조해야 할 것을 미리 정해 보았다. 예를 들어, 연역적 이론 활용에 대한 강조가 다양한 것처럼 문헌 활용에 관한 입장도 매우 다양하다. 문헌은 충분히 검토되고 실제로 제시된 질문들을 알기 위해 사용하게 될 수도 있고, 연구 과정에서 나중에 검토될 수도 있으며, 연구문제의 중요성을 기록하는 데만 사용될 수도 있다. 물론 다른 대안도 존재하지만, 이러한 가능성은 질적 연구에서 문헌 활용의 다양성을 보여 준다. 이와 유사하게, 질적 연구에서 이론의 활용도 매우 다양하다. 예를 들어, 문화 이론들은 좋은 질적 문화기술지의 기본적인 구조물을 형성하는 반면에(LeCompte & Schensul, 1999), 근거이론에서 이론들은 연구 과정 동안 개발되거나 생성된다(Strauss & Corbin, 1990). 보건학 연구에서 연역적 이론의 활용은 공통적이며, 엄격한 질적 조사에서 반드시 포함되어야 하는 주요 요소이다(Barbour, 2000). 질적 연구에서 고려해야 할 다른 사항은 질적 연구계획을 위한 글쓰기 양식이다. 그것은 과학 지향적 접근에서부터, 서사 방식, 극장, 연극이나 시와 같은 수행방법에 따라 매우 다양하다. 질적 연구에서 전형적으로 발견되는 하나의 기준이나 널리 받아들여지는 구조는 없다.

마지막으로, 우리는 또한 우리 자신의 배경과 관심사, 그리고 우리를 연구로 이끈 것을 고려한다. 연구자들은 그들을 탐구자로 위치 짓게 한 개인력을 갖고 있다. 그들은 또한 연구에 영향을 미치는 연구에 대한 지향, 개인적 윤리 의식, 정치적 입장이 있다. Denzin과 Lincoln(2011)은 연구자를 "다문화적 주체"로 언급했고(p. 12) 역사, 전통, 자아 개념, 윤리, 정치를 탐구의 시작점으로 간주하였다.

연구 과정의 단계

예비적 고려사항이 준비되면, [그림 3-2]에 요약한 여덟 단계의 조사 과정에 참여한다. 우리를 질적 연구로 이끌었던 폭넓은 가정들, 그리고 우리가 사용할 해석적 렌즈를 인정하면서 시작한다. 덧붙여 우리는 탐구의 주제 혹은 실질적인 영역들을 연구에 도입하며, 연구가 필요한 문제 혹은 이슈라고 자신 있게 말할 수 있는 주제와 영역에 관한 문헌을 검토한다. 이 문제는 실제 세계에 있는 것일 수도 있고, 특정 주제

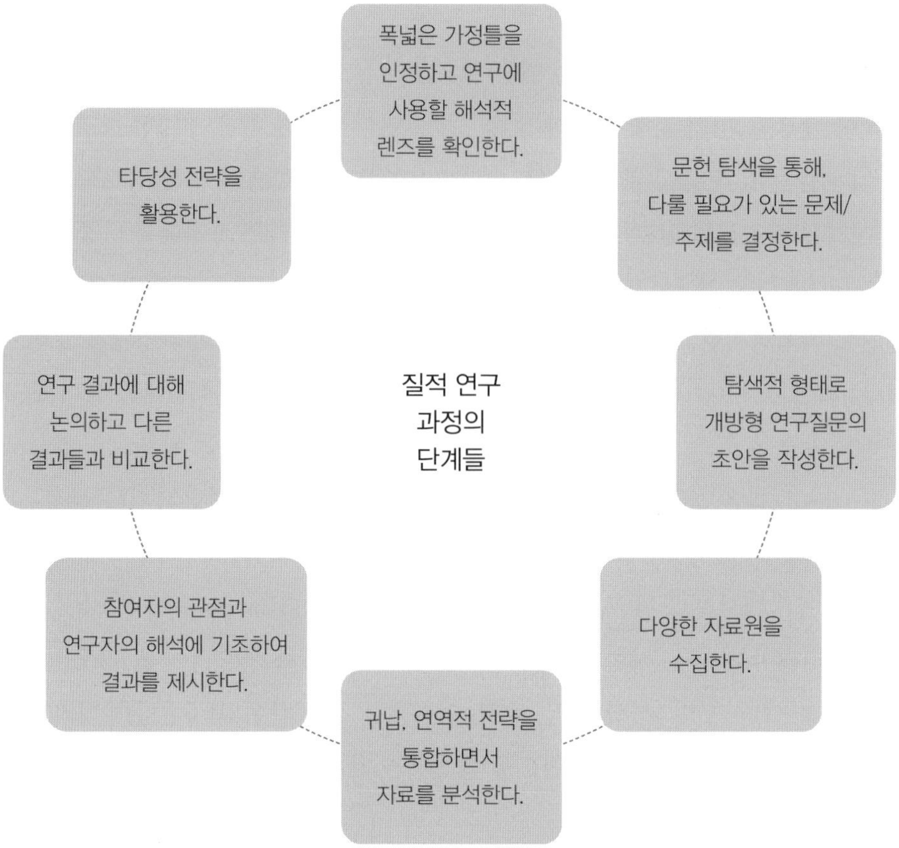

[그림 3-2] 질적 연구 과정의 단계

에 대한 문헌이나 과거 조사들이 빠뜨린 것일 수도 있고 둘 다일 수도 있다. 질적 연구의 문제는 사회과학과 인문과학의 주제들을 포괄하며, 오늘날 질적 연구의 특징은 젠더, 문화, 주변화된 집단들의 이슈에 깊이 관여한다는 것이다. 우리가 다루는 주제에는 감정이 개입되어 있으며, 사람들에게 밀착되어 있고, 실천적인 것들이다.

이러한 주제를 연구하기 위하여, 우리는 개방형 연구질문을 던진다. 그런데 이 질문은 연구참여자로부터 듣고 싶은 것으로, 몇몇 사람과의 이야기를 통해 '탐색'한 후에 만들어진다. 우리는 '최고의' 질문을 가진 전문 연구자의 역할을 맡는 것을 삼간다. 연구문제에 대한 이해가 증진되면서 우리의 질문은 바뀌고 더 다듬어진다. 또한 우리는 '말'이나 '이미지' 형태의 정보를 포함하여 다양한 자료원을 수집할 것이다. 우리는 네 가지 기본적인 질적 정보원—면접(즉, 직접적인 상호작용을 통해 생성된 자료), 관찰(즉, 간접적인 상호작용을 통해 생성된 자료), 문서(즉, 기존에 있는 재료에서 생성된 자료), 시청각 자료(즉, 시청각 방법으로 생성된 자료)—을 생각하는 경향이 있다. 확실히 이러한 전통적 범주화에 도전하는 새로운 형식(예: 소셜 네트워킹 상호작용)들이 나타나고 있다. 의심할 바 없이, 질적 연구의 주축이 되는 것은 일반적으로 다양한 정보원으로부터 폭넓은 자료들을 수집하는 것이다. 더 나아가 우리는 구조화되지 않은 개방형 질문에 기초한 자료원을 사용하고 무엇을 발견하겠다는 의도 없이 관찰하고 문서(그리고 인공물)를 수집하여 자료를 모은다. 자료를 조직화하고 저장한 뒤에, 우리는 조심스레 응답자의 이름을 가리고 자료를 분석하며, 자료를 이해하려고 애쓰는 복잡한(그리고 단독 연구자라면 '외로운') 일을 진행한다.

자료의 의미 만들기를 진행하면서, 우리는 특정한 것에서 더 일반적인 관점으로—이러한 관점을 코드, 범주, 주제 혹은 차원 중 무엇이라고 부르든 간에—귀납적으로 작업을 하며 질적 자료를 분석한다. 그 후 우리는 주제와 해석을 뒷받침할 증거를 수집하기 위해 연역적으로 작업한다. 이 과정을 이해하는 유용한 방법은 원자료에서 시작하여 더 큰 범주를 만들어 가는, 여러 추상화 단계를 거치는 작업으로 인식하는 것이다. 자료수집과 분석, 보고서 작성이 고도로 상호 관련된 활동체계임을 인식하기에, 우리는 이들 단계를 뒤섞어서 자료를 수집하면서 다른 자료들을 분석하고 그리고 보고서 쓰기를 시작한 우리 자신을 발견한다. 예를 들어, 우리는 사례연구 동안 면접, 분석, 글쓰기를 하면서 상호 관련된 과정, 별개 단계가 아닌 과정에 참여했다. 또한 우리는 글을 쓰면서 자료를 해체하고 그것들을 새로운 형식으로 전환하는 작업을 동시에 수행하기 위해 은유, 비유, 매트릭스와 표를 만들고 시각물을 활용하는 등의 다양한 형태의 내러티브를 실험 삼아 사용해 보았다. 우리는 추상화 수준을 코드에서 주제로, 주제 간의 관계로, 그리고 더 큰 개념적 모델로 높여 가면서 분석을 층층이 쌓기도 한다. 우리는 부분적으로 참여자의 관점에 기반하여, 그리고 나 자신의 해석에 기반하여 자료를 표현(혹은 재현)하지만, 연구에 대한 개인적인 특징에서 확실히 벗어나지 못한다. 결국 우리가 내린 결론을 개인적인 견해, 기존 문헌, 그리고 결론의 본질을 적절히 전달하는 것 같은 신흥 모델과 비교하면서 결론에 대해 논의한다.

어느 순간 '맞는(right)' 이야기는 없으며, 그저 다양한 이야기만 있다는 것을 알면서도 "우리(나)는 '맞는' 이야기를 얻었는가?"라고 자문한다(Stake, 1995). 아마도 질적 연구들은 결론은 없고 질문만 있는 것 같다(Wolcott, 1994). 그러나 우리는 연구참여자들과 이야기 공명체(account resonate)를 갖고 그들이 말하는 것에 대한 정확한 반영자가 되기를 추구한다. 그래서 우리는 종종 다양한 전략을 사용하며 검증 전략을 채택하는데, 여기에는 여러 가지 원천에서 나온 자료들을 확증하고 다원화(triangulation)하는 것, 연구참여자들에게 연구 결과를 검토하여 교정해 달라고 요청하는 것, 다른 연구자들에게 연구 절차를 검토해 달라고 요청하는 것 등이 포함된다.

연구의 모든 단계에 포함된 요소

자료수집과 분석의 더딘 과정을 거치면서 내러티브—프로젝트마다 다양한 형태를 띠는 내러티브—가 만들어진다. 우리는 시간의 흐름에 따라 이야기를 전개하는데, 어떤 경우에는 과학적 연구의 전통적 절차(즉, 문제, 질문, 방법, 결과)에 따라 연구를 제시한다. 다양한 형태를 통틀어, 배경과 경험을 이야기하는 것과 그것이 결과에 대한 나의 해석에 어떻게 영향을 주었는가를 이야기하는 것이 중요하다. 내러티브는 참여자의 목소리로 말해지는 것이 최상이며, 영어 설명을 붙인 스페인어 대화로 이야기를 전달할 수도 있다.

연구 과정의 모든 단계를 통틀어, 우리는 윤리적 고려사항들에 민감해지고자 노력한다. 이는 우리가 연구 현장에 들어가려고 할 때, 연구참여자를 참여시키려고 할 때, 생활의 세세한 것들을 드러내는 개인적·정서적 자료들을 수집할 때, 연구참여자에게 연구 프로젝트를 위해 상당히 많은 시간을 내도록 요청할 때 특히 중요하다. Hatch(2002)는 연구자들이 예견하고 연구에서 자주 다뤄야 하는 주요한 윤리적 이슈들을 잘 요약해 놓았다. 우리의 연구 프로젝트에 들인 연구참여자의 시간과 노력에 대해 보상하는 것—**호혜성**—이 중요하며, 연구참여자들이 우리 연구로부터 어떻게 이득을 볼 것인가, 해로움으로 어떻게 연구참여자를 보호할 것인가를 검토할 필요가 있다.

우리 연구의 대부분은 연구설계가 윤리적 연구수행을 위한 가이드라인을 준수했다는 증거를 기관윤리위원회에 제출해야 하는 대학 세팅에서 이루어진다. 그래서 연구와 관련된 잠재적 윤리적 이슈를 알고 이에 대해 생각하고 글쓰기를 진행하는 것이 설계 과정에서 중요하다(Israel & Hay, 2006; Sieber & Tolich, 2013). 더구나 연구자는 연구 과정에서 발생하는 윤리적 이슈를 다룰 준비를 해야 한다. 우리는 연구 윤리에서 꼭 필요한 강조점들을 반영하기 위해, 다음 절을 질적 연구의 연구 윤리를 소개하는 데 온전히 할당하였다.

질적 연구의 윤리

질적 연구를 계획하고 설계하는 과정에서 연구자는 연구하는 동안에 드러날 수 있는 윤리적 이슈가 무엇인지, 그리고 이러한 이슈들을 어떻게 다룰 것인지를 고려해야 한다. 흔한 오해는 이러한 이슈들이 자료를 수집하는 동안에만 드러난다고 여기는 것이다. 그러나 연구 과정의 여러 단계에서 윤리적 이슈가 발생한다. 그리고 이러한 이슈들은 연구자가 참여자, 현장, 이해당사자와 연구 출판업자들의 욕구에 민감해짐에 따라 범위가 넓어진다. 이러한 이슈들을 검토하는 하나의 방법은 Weis와 Fine(2000)이 제안한 것과 같은 가능성 목록을 고려하는 것이다. 그들은 우리에게 연구참여자에 대한 내부자/외부자로서의 연구자의 역할을 고려하기, 공개가 두려운 이슈를 사정하기, 고정관념 없이, 그리고 참여자를 배제하는 명칭을 사용하지 않고 지지적이고 존중하는 관계 맺기, 최종 연구에서 누구의 목소리를 제시할지 정하기, 우리 자신이 누구인지와 연구대상을 성찰하여 연구에 담기 등을 고려하라고 제안한다. 덧붙여 Hatch(2002)가 요약했듯이, 우리는 취약한 인구집단, 불균형적 권력 관계, 연구참여자를 위험에 두는 것 등에 민감해질 필요가 있다.

질적 연구의 윤리적 이슈에 관해 생각할 때, 우리가 선호하는 접근은 윤리적 이슈를 연구 과정의 상이한 단계에 적용하면서 검토하는 것이다. Lincoln(2009), Creswell(2014), Mertens와 Ginsberg(2009), Ravitch와 Mittenfelner Carl(2016), 그리고 APA(2010)에서 나온 책들은 단계별로 이러한 이슈들이 배열되는 방식에 관한 유용한 통찰을 제공한다. 〈표 3-2〉에서 볼 수 있듯이, 질적 연구의 윤리적 이슈는 연구를 수행하기 전, 연구를 시작할 때, 자료를 수집하는 동안, 자료를 분석할 때, 자료를 보고할 때, 그리고 연구를 출판할 때 발생한다. 윤리적 이슈가 연구설계 혹은 연구계획에 적극적으로 다루어질 수 있도록, 이 표에 윤리적 이슈에 대한 약간의 가

표 3-2 질적 연구에서의 윤리적 이슈

윤리적 이슈가 발생하는 연구 과정	윤리적 이슈의 유형	윤리적 이슈를 다루는 방법
연구를 수행하기 전	• 대학의 승인 구하기 • 전문가 협회 기준을 검토하기 • 현장과 참여자로부터 현지 승인 받기 • 연구 결과에 대한 기득권이 없는 현장을 선택하기 • 출판물에 대한 저작권을 협상하기 • 다른 연구자의 것일 수 있는 미출판 도구 혹은 절차 사용의 승인 구하기	• 기관윤리위원회 승인서류를 제출하기 • 전문적 영역에서 요구되는 윤리적 기준 유형에 대한 자문 구하기 • 현장과 참여자의 현지 승인을 확인하고 성사시키기, 도와줄 문지기 역할을 할 사람을 찾기 • 연구자에 대해 권한 이슈를 제기하지 않을 현장 선택하기 • 프로젝트에서 수행한 일을 인정하고 저자 순서를 결정하기 • 소유권이 있을 수 있는 자료의 활용에 대한 승인을 구하고 인정하기
연구를 시작할 때	• 연구 목적을 공개하기 • 참여자에게 동의서에 서명할 것을 강요하지 않기 • 원주민 사회의 규칙과 특성을 존중하기 • 취약 집단(예: 아동)의 욕구에 민감하기	• 참여자들을 만나 연구의 전반적인 목적을 알려 주기 • 참여자에게 동의서에 서명하지 않을 수 있음을 말해 주기 • 존중될 필요가 있는 문화적, 종교적, 젠더 등의 차이에 대해 알아채기 • 적절한 동의(예: 아동뿐만 아니라 부모)를 구하기
자료를 수집할 때	• 현장을 존중하고 혼란을 최소화하기 • 참여자를 기만하지 않기 • 잠재적인 힘의 불균형, 참여자 착취(예: 면접, 관찰)에 주목하기 • 정보를 수집하고 보상 없이 현장을 떠나는 식으로 참여자를 '이용'하지 않기 • 적절한 안전 조치를 사용하여 자료, 재료(예: 원자료와 프로토콜)를 저장하기	• 신뢰감을 형성하고 접근에서 예상되는 혼란의 정도를 전달하기 • 연구의 목적과 자료가 어떻게 활용될 것인가에 대해 토의하기 • 유도 질문을 하지 않기, 개인적 인상을 공유하지 않기, 민감한 정보를 공개하지 않기 • 참여에 대해 보상하기, 그리고 상호성을 위한 기회를 처리하기 • 5년 동안 안전한 장소에 자료, 재료를 저장하기(APA, 2010)

자료를 분석할 때	• 참여자 편들기, 긍정적인 결과만을 공개하는 것 등을 피하기 • 참여자의 사생활을 존중하기	• 다양한 관점을 보고하기, 상반된 결과를 보고하기 • 가상의 이름 혹은 가명 쓰기, 합성 프로필을 개발하기
자료를 보고할 때	• 저작권, 증거, 자료, 결과, 결론을 위조하지 않기 • 참여자에게 해로운 정보를 공개하지 않기 • 명확하고 쉽고 적절한 언어로 전달하기 • 표절하지 않기	• 정직하게 보고하기 • 개인이 식별되지 않도록 합성된 이야기를 사용하기 • 독자에게 적절한 언어 사용하기 • 타인의 저작물을 재판하거나 각색할 때 요구되는 허가에 관한 APA 지침을 참고하기
연구를 출판할 때	• 타인과 보고서를 공유하기 • 다양한 독자에 맞춰 맞춤형으로 보고하기 • 중복 혹은 분리 출판을 피하기 • 윤리적 이슈 준수 및 이해가 상충되지 않음을 확인하는 증명서를 작성하기	• 참여자와 이해당사자에게 보고서 복사물을 제공하기 • 실천적 결과를 공유하기, 웹사이트 배포를 고려하기, 다른 언어로 출판할 것도 고려하기 • 동일한 자료를 사용하여 하나 이상의 출판물을 제작하는 것을 삼가기 • 연구 후원자를 공개하기, 연구로부터 이익을 받을 사람을 공개하기

출처: APA(2010), Creswell (2013, 2016), Lincoln (2009), Mertens & Ginsberg (2009)에서 각색.

능한 해결책을 제시하였다. 이 표가 모든 것을 담고 있는 것은 아니며, 질적 연구에서 다룰 필요가 있는 다양한 윤리적 이슈에 대한 논의를 시작하는 방식으로 고려될 수 있다. 다양한 윤리적 이슈는 앞으로 여러 장에서 더 다루어질 것이다.

연구를 수행하기에 앞서, 대학의 기관윤리위원회로부터 승인을 얻는 것이 필요하다. 여러 기관윤리위원회의 승인 과정은 세 가지 원칙, 즉 인간 존중, 복지에 관한 관심, 정의 등과 관련된 윤리적 이슈를 어떻게 다룰 것인가에 대한 계획, 연구 관련 윤리적 이슈를 인식했다는 증거 등을 요구하는 정책에 따라 이루어진다. 인간 존중은 연구 과정에 참여한 사람과 그들의 자료를 다루는 것을 망라하며, 참여자의 사생활 존중을 위한 조치, 그리고 연구를 철회할 권리를 포함하여 동의 과정을 분명히 전달했음을 보장하는 조치 등에 관한 증거를 제공해야 함을 뜻한다. 복지에 관한 관심은 연구자가 참여자를 충분히 보호한다는 것을 포함하며, 참여자를 위험하게 하지 않는다는 증거를 제공함을 의미한다. 정의는 인간을 공정하게 다루는 것을 뜻한다. 그리고 이것은 현장 선택과 현장 선택 기준뿐 아니라 참여자 모집, 표집 전략에 대한 타당한 이유를 신중히 고려함을 뜻한다. 현장과 참여자를 찾기 전에, 어떤 경우에는 재정적 지원을 구하기 전에, 기관윤리위원회의 심의를 마쳐야 한다. 미국역사학협회(American Historical Association), 미국사회학협회(American Sociological Association), 국제의사소통협회(International Communication Association), 미국평가협회(American Evaluation Association), 캐나다평가학회(Canadian Evaluation Society), 오스트리아평가학회(Australasian Evaluation Society) 그리고 미국평가연구협회(American Educational Research Association)와 같은 전문가 단체로부터 구할 수 있는 윤리적 연구수행에 대한 기준을 검토하는 것도 마찬가지로 중요하다(Lincoln, 2009). 개인들과 현장들에 대한 정보를 수집하는 것에 대한 현지 허가 또한 연구 초기 단계에서 구할 필요가 있고 이해관계자와 문지기 역할을 하는 사람들이 연구자를 도울 수 있다. 연구 결과에 대해 기득권을 가진 현장이 선택되면 안 된다. 또한 한 사람 이상이 연구를 수행하는 경우, 초기 단계에서 질적 연구에 참여하는 연구자들 사이에 저작권이 협상되어야 한다. APA(2010)는 저작권을 협상하고 이를 달성하는 방법에 대한 유용한 지침을 갖고 있다.

연구 시작은 개인과 현장에 대한 초기 접촉을 포함한다. 참여자들에게 연구 목적을 알리는 것은 중요하다. 이것은 종종 대학의 기관윤리위원회가 작성한 고지된 동의 서류에 명시된다. 이러한 서류에 연구 참여가 자발적이고 참여자를 부당한 위험에 두지 않음을 표시한다. 민감한 집단을 위해서는 특별한 준비(예: 아동과 부모 동의서)가 필요하다. 더 나아가 이 단계에서 연구자는 참여자, 현장에서 존중해야 할 문화적·종교적, 젠더 혹은 다른 차이들을 예상해야 한다. 질적 연구는 이러한 존중, 특히 토착 집단에 대한 존중을 한다(LaFrance & Crazy Bull, 2009). 예를 들어, 미국 인디언 부족은 부족원에 대한 서비스 전달권을 인수했기 때문에 어떤 연구가 이루어질 것이며, 부족 문화와 부족 선언문에 민감한 방식으로 그것을 어떻게 보고할 것인가를 결정할 권리를 되찾았다.

우리는 또한 자료를 수집하는 동안, 특히 면접과 관찰을 통해서 자료를 수집하는 동안 발생할 수 있는 잠재적 이슈들에 더 많이 민감하다. 연구자는 현장연구의 수행에서 허락을 구해야 하며, 연구가 현장 활동에 초래하는 혼란을 최소화할 방법을 문지기 역할을 하는 사람 혹은 권한을 가진 사람에게 전달해야 한다. 연구의 특성과 관련하여 참여자를 속이면 안 되고, 참여자는 자료를 제공하는 과정(예: 면접, 문서 등)에서 연구의 전체적인 특성을 평가할 수 있어야 한다. 오늘날 우리는 면접 과정의 특성, 그리고 연구자와 참여자 간에 종종 발생하는 위계적 관계를 통해 면접이 힘의 불균형을 낳는 방식에 대해 좀 더 민감하다. 이러한 잠재적인 힘의 불균형에 주목할 필요가 있으며, 신뢰를 형성하고 유도 질문을 삼가는 것이 이러한 불균형을 제거하는 데 도움이 된다. 또한 자료수집이라는 단순한 행위가 연구자의 개인적 이득을 위해 현장과 참여자를 '이용'하는 것으로 비춰질 수 있으며, 보상과 같은 전략이 참여자 및 현장과의 상호성을 낳는 데 사용될 수 있다.

자료를 분석할 때, 특정한 윤리적 이슈가 또한 표면화된다. 질적 연구자는 연구 현장에서 자주 상당한 시간을 보내기 때문에, 중심 현상에 대한 다양한 관점과 복합적 그림을 제시해야 함을 잊을 수 있다. 그들은 이슈에서 실제 참여자의 편을 들며, 이슈에 대해 지나치게 낙관적으로 묘사하여 긍정적인 결과만을 밝힐 수 있다. 이처럼 '현지인 되기(going native)'가 자료수집 과정에서 나타날 수 있으며, 최종 보고서에는 다양한 관점을 보고한다는 점을 명심해야 한다. 또한 연구 결과는 부지불식간에 참여자 혹은 현장에 불리한 묘사를 제시할 수도 있다. 질적 연구자는 이름을 지우고 합성된 사례 혹은 프로필 개발을 통해 참여자의 사생활 보호에 유의해야 한다.

윤리에 관한 최근의 APA 기준(2010)에서 저작권, 그리고 적절한 정보 공개에 대해 논의하고 있다. 예를 들어, 정직—그리고 저자들이 저작권, 보고서에 제시된 증거, 실제 자료, 결과, 그리고 연구의 결론을 위조하지 않는 방법—이 강조된다. 더 나아가 연구에서 타인의 저작물을 인용하는 데 필요한 허가 유형을 이해하여 표절을 방지해야 한다. 참여자에게 현재 혹은 미래에 잠재적으로 해로울 수 있는 정보를 공개하지 말아야 한다. 보고서 형태는 보고서에서 예상하는 독자에게 명확하고 적절한 언어로 전달되어야 한다. 마지막으로, 표절을 막기 위해 다른 사람의 작업을 연구에 인용할 때 필요한 허락에 대해 알아야 한다.

윤리에 관한 APA(2010) 기준에서 최근에 떠오른 관심 영역은 연구 출판 부분이다. 연구에서 나온 정보를 참여자, 이해당사자와 공유하는 것이 중요하다. 여기에는 실천적 정보를 공유하는 것, 웹사이트에 정보를 올리는 것, 그리고 다양한 독자가 이해할 수 있는 언어로 출판하는 것 등을 포함한다. 또한 오늘날에는 동일한 연구로부터 여러 개의 출판물을 내는 것에 대한 우려, 그리고 연구를 부분이나 별개의 출판물로 쪼개는 것에 대한 우려도 있다. 마지막으로, 발행인들은 종종 윤리적 실천 준수, 연구 후원처 공개가 담긴 서류에 사인하도록 요청하며, 연구 출판과 결론에서 이해 상충이 없음을 명시하도록 요구한다.

연구계획서나 제안서의 설계 구조

연구자는 연구계획서나 제안서에 자신의 연구 개요를 명확히 할 책임이 있다. 연구계획서나 제안서의 독자는 감독위원회에서부터 자금심사 패널에 이르기까지 다양하다. 질적 연구에 대한 최종 서면 저작물에 대한 검토는 아주 다양하게 이루어진다. 정해진 포맷은 없지만, 독자의 흥미를 끌기 위한 몇몇 설계 요소가 있다. 그리고 몇몇 저자는 질적 연구를 위한 연구계획서 혹은 제안서에 포함되어야 할 일반적 토픽을 제안하였다. 다음에서 우리는 독자들의 관심을 끌 연구계획서 혹은 제안서를 만들기 위한 여섯 가지 설계 요소를 제시하였다.

독자의 흥미를 끄는 데 유용한 설계 고려사항

많은 사례에서 연구가 독특하게 보이는 것이 유리하다. 우리의 경험에 비춰 볼 때, 이런 유형의 연구가 받는 혜택은 자금을 확보하는 것에서부터 출판 기회까지 있다. 다음은 연구설계를 생각할 때 고려할 수 있는 연구 요소에 관한 몇 가지 아이디어이다. 더 자세한 것은 Creswell(2016)에서 찾을 수 있다.

- 독특한 표본을 연구하기: 이제까지 연구가 안 된 표본 혹은 모집단이 있는가? 독특한 한 무리의 사람을 연구함으로써, 연구자는 이미 자리를 잡은 연구 영역에 대한 새로운 통찰을 얻을 수 있다.
- 인습에 얽매이지 않는 관점을 취하기: 당신의 연구 영역에서 기대하지 않는 관점 혹은 시각이 있는가? 그것은 기대하는 것의 반대쪽(그림자와 같이 가려졌던

측면)일 수 있다.

- 흔하지 않은 현장을 관찰하기: 특이한 사람 혹은 특별한 현장에 접근할 수 있는가? 예전에는 가능하지 않았던 것이 이제는 가능할 수 있다.
- 전형적이지 않은 형태의 자료를 수집하기: 적절하지만 사회과학 연구에서 일반적으로 기대하지 않는 자료원(예: 소리 채집, 참여자가 그린 그림)인가? 새로운 미디어가 출현함에 따라(Halfpenny & Procter, 2015 참조), 연구자는 새로운 방법에 기여할 기회가 있다.
- 독특한 방식으로 결과를 발표하기: 결과를 발표하는 방식이 내가 수집한 자료의 영향을 받는가? 비유하기(Wolcott, 2010) 혹은 지도, 여러 표/그림과 같은 다양한 방식이 있다.
- 시기적절한 주제에 초점 두기: 주목을 많이 끄는 주제인가? 여러 사람이 이야기하는 주제인 경우, 뉴스 미디어 또한 이들 주제를 다룬다. 어떤 경우, 자금 우선순위가 이들 주제 쪽으로 이동할 수 있다.

일반적 글쓰기 구조

여러 형태의 질적 연구 글쓰기 비교(예: Creswell, 2014; Marshall & Rossman, 2015; Ravitch & Mittenfelner Carl, 2016)를 통해 우리는 제안서 글쓰기 과정을 안내하는 공통적 구조를 살펴보았다. 다음에서 6개 부분을 기술하고 질적 연구가 채택한 다양한 관점의 본질적 특성에 따라 달라질 수 있는 토픽을 강조한다. 각 부분에 대해 질적 제안서에서 제기될 수 있는 논의를 목록화한 예를 제시한다(Creswell, 2014; Maxwell, 2013에서 각색). 『질적 박사학위의 요점(Essentials of a Qualitative Doctorate)』(Holloway & Brown, 2012)에 덧붙여, 이러한 구조와 자원은 학위논문 혹은 논문 프로젝트를 써 본 적이 없는 학생들에게 특히 유용할 것이다. 제안서의 여섯 가지 부분에 대한 더 자세한 사항은 이 책의 나머지 장에서 다룰 것이다.

1. 연구할 문제를 소개하기: 서론은 일반적으로 세 가지 부분, 즉 문제 진술, 연구 목적, 연구질문을 포함한다. 연구의 서론은 상이한 관점을 택한 연구에 따라 다르다. 예를 들어, 구성주의/해석주의 관점을 채택한 연구에서 별도의 문헌

검토 부분을 두는 것은 선택적이지만, 특정한 변혁적 이슈를 채택한 연구의 경우에는 특정한 변혁적 이슈가 어떻게 탐구되었는지를 확인해야 한다. 연구자가 서론의 논의를 풀어 가는 데 유용한 질문은 다음과 같다. 당신의 주제에 대해 독자가 잘 이해해야 하는 것은 무엇인가? 독자가 당신의 주제에서 알아야 할 것은 무엇인가? 연구 목적은 무엇인가?

2. 연구설계를 기술하기: 연구 절차 기술은 일반적으로 다음 여덟 가지 부분을 포함한다. 철학적 가정 혹은 세계관, 채택한 질적 연구접근, 연구자의 역할, 자료수집 절차, 자료분석 절차, 타당화 전략, 연구의 내러티브 구조, 예상되는 윤리적 이슈 등이다. 절차를 얼마나 기술할 것인지는 연구가 채택한 관점에 따라 다르다. 예를 들어, 집합적 형태의 자료수집은 변혁적 접근을 채택한 연구에서 강조되며, 진실성은 타당성(validation)이라고 불러 왔던 것 대신에 강조된다. 연구자가 연구 절차에 관한 논의를 풀어 가는 데 유용한 질문은 다음과 같다. 당신이 연구할 사람은 누구인가? 무엇을 선택할 것인가? 자료수집을 위해 어떤 방법을 사용할 것인가? 자료를 어떻게 분석할 것인가? 연구 결과를 어떻게 타당화할 것인가? 당신의 연구에서는 어떤 윤리적 이슈가 드러나는가?
3. (가능하다면) 예비연구 결과를 보고하기: 예비 연구가 이루어졌거나 완벽히 이루어지지 않은 경우에도 예비연구 결과 보고를 할 수 있다. 연구자가 예비연구를 보고할 때 유용한 질문은 다음과 같다. 제안한 연구의 실행 가능성과 가치에 대해 예비연구 결과가 시사하는 바는 무엇인가?
4. 예상되는 연구 함의의 개요를 설명하기: 이 부분에서는 일반적으로 연구의 중요성을 구체적으로 명시한다. 예상되는 성과를 기술하는 방식은 연구가 어떤 관점을 채택하느냐에 따라 다르다. 예를 들어, 구성주의 혹은 해석주의 관점을 채택한 연구는 예상되는 영향을 기술하고 변혁적 관점을 채택한 연구는 연구가 초래할 예상되는 변화를 언급하거나 옹호한다. 연구의 함의에 대한 논의를 풀어 가는 데 유용한 질문은 다음과 같다. 연구가 갖는 중요성은 무엇인가?
5. 연구에서 인용한 참고문헌 제시하기: 연구에 인용한 참고문헌 명단을 작성한다. 본문에 인용된 참고문헌만 명단에 포함하고 글쓰기 과정에서 단순히 살펴본 문헌은 포함하지 않는 것이 중요하다.
6. 부록에 필수 문서를 담기: 부록의 초점과 양은 제안서의 독자와 연구에 따라

다르다. 참가 신청서, 연구방법 프로토콜(예: 인터뷰 질문, 관찰 양식), 그리고 연구 일정을 보통 담는다. 예산 계획, 최종 보고서의 각 장에 작성될 내용의 요약과 같은 정보를 담는 경우는 드물다.

여기 제시한 여섯 가지 논의는 질적 연구제안서에 포함되어야 할 가장 중요한 요점들이다. 그리고 우리의 경험에서 볼 때 이것이 구조를 만드는 데 적절히 사용된다면 좋은 제안서가 나올 수 있다. 그런데 여기서 제시한 구조는 질적 연구계획서 혹은 제안서 설계에만 해당됨을 유의하는 것이 중요하다. 이러한 제안서 형식의 항목에 덧붙여, 완성된 연구에는 추가 자료 보고, 해석, 전반적인 연구 결과에 대한 논의, 연구의 한계, 후속연구에 대한 제언 등이 포함될 것이다.

점검사항

1. 저자들은 질적 연구의 특징을 발간된 연구에 어떻게 담았다고 보는가? 부록 B부터 F까지 제시된 질적 논문 중 하나를 선택하고 이 장에 제시한 각각의 특징(〈표 3-1〉에 요약)들이 학술지 논문에 어떻게 적용되었는지를 살펴보자. 어떤 특징이 발견하기 쉽고 어려운지를 기록해 둔다.

2. 발간된 연구에서 연구 활동의 흐름은 어떤 구조를 띠는가? 부록 B부터 F까지 제시된 질적 논문 중 하나를 선택한다. 우선, 논문에 제시된 활동들을 목록화한다. 그리고 상자 혹은 원을 사용하여 '더 큰 아이디어'를 표시하고 화살표를 사용하여 아이디어의 순서를 나타낸다. 예를 들어, 어떤 연구는 문제에 대한 논의에서 시작하고 다음에 이론적 모델, 목적 등의 순으로 이동한다.

3. 어떤 윤리적 이슈를 확인하였는가? 그리고 윤리적 이슈를 다루기 위한 대안은 무엇인가? 〈표 3-2〉에서 질적 연구 과정에서 떠오른 윤리적 이슈 중 하나를 선택한다. 당신이 수행하고 싶은 연구에서 이러한 윤리적 이슈가 제기되었다고 가정하고 이러한 이슈를 다룰 가능한 모든 대안을 적어 본다.

4. 당신의 질적 연구계획서 혹은 제안서 작성에서 고려할 점은 무엇인가? 당신이 쓰려고 하는 프로젝트에 대한 독자의 관심을 끌기 위해 설계에서 고려할 점을 한 가지 이상 생각한다. 그리고 독자가 당신 연구에 관심을 갖도록 할 방안에 대해 논의한다. 당신 연구에서 주제들을 어떻게 제시하고 조직화할 것인지에 대한 전반적 개요를 개발한다.

요약

이 장에서 우리는 질적 연구에 대한 개요를 제시하였다. 가정, 해석적/이론적 렌즈, 그리고 개인이나 집단이 사회 혹은 인간 문제에 부여하는 의미를 탐구하는 연구문제에서 시작하는 접근으로 질적 연구를 정의하였다. 질적 연구의 아홉 가지 공통된 특징을 기술하였다. 연구할 사람에 대한 민감성을 갖고 자연스러운 상황에서 자료를 수집하는 것, 패턴 혹은 주제를 만들기 위해 귀납적 · 연역적 분석 전략을 사용하는 것, 참여자의 목소리와 연구자의 반영성을 담기 위해 문제에 대한 복잡한 기술과 해석을 개발하는 것 등이 해당된다. 최근의 질적 연구 개론서들도 이러한 정의에 내포된 특징을 강조한다. 이러한 정의에 따라 질적 연구는 문제를 탐색할 필요가 있을 때, 복합적이고 상세한 이해가 필요할 때, 연구자가 문학적이고 유연한 방식으로 글을 쓰기를 원할 때, 연구자가 연구참여자의 맥락이나 현장을 이해하려 할 때 사용하기에 적합하다. 질적 연구는 야심찬 자료수집과 분석을 수반하고, 광범위한 보고서를 생성하기 때문에 시간과 전문성을 요한다. 질적 연구에 고정된 지침이 있는 것은 아니지만 좋은 연구의 기준에 대한 합의가 있다. 여기에는 엄격한 자료수집과 분석, 질적 접근의 사용(예: 내러티브, 현상학, 근거이론, 문화기술지, 사례연구), 단일 초점, 설득력 있는 이야기, 연구자 자신의 역사, 문화, 개인적 경험, 정치적 견해에 대한 성찰, 윤리적 실천 등이 포함된다.

질적 연구의 설계 과정은 연구가 진행되는 동안 나타나지만, 그것은 일반적인 과학적 연구의 패턴을 따르게 된다. 질적 연구설계 과정은 질적 연구에 중심적인 광범위한 가정과 세계관, 해석적/이론적 렌즈, 연구주제를 갖고 시작한다. 주제에 대한 문제나 이슈들을 진술한 뒤, 연구자는 몇 가지 개방형 연구질문을 던지고 이러한 질문들에 대한 답변들을 복합적인 자료 형식으로 수집하며, 정보들을 코드, 주제나 범주, 그리고 더 큰 차원들로 묶고 분류함으로써 자료를 이해한다. 연구자가 구성하는 최종의 내러티브는 과학적 유형에서부터 서사적 이야기에 이르기까지 다양한 형식을 취한다.

윤리적 이슈는 질적 연구설계에서 예견되고 계획되어야 한다. 이러한 이슈는 연구 과정의 많은 단계에서 제기된다. 윤리적 이슈는 연구자가 연구에 대한 승인을 구하는 연구수행 이전 단계에서 발생한다. 윤리적 이슈는 연구자가 참여자를 처음 접촉하고 연구 참여에 대한 동의를 구하고 연구 현장의 관습, 문화, 특성을 이해하는 연구 시작 단계에서도 제기된다. 특히 윤리적 이슈는 현장과 참여자를 존중하면서 자료를 수집하는 동안, 그리고 힘의 불균형을 야기하지 않고 참여자를 '이용'하지 않는 방식으로 자료를 수집하는 동안에 발생한다. 또한 윤리적 이슈는 연구자가 참여자 편을 들지 않고 특정한 방향으로 결과를 만들지 않는 것, 그리고 정보를 보고할 때 개인의 사생활을 존중하는 자료분석 단계에서도 등장한다. 연구를 보고하는 단계에서도 연구자는 정직해야 하며, 타인의 저작물을 표절해서는 안 되고 참여자에게 잠재적으로 해가 되는 정보를 제시하지 말아야 하고, 이해당사자와 유용하고 명확한 방식으로 의사소통해야 한다. 연구 결과를 출판할 때, 연구자는 자료를 타인과 공개적으로 공유해야 하며, 자신의 연구를 복제하는 것을 피해야 하고 발행인이 요구하는 절차를 따를 필요가 있다.

마지막으로, 질적 연구를 위한 계획서나 제안서의 구조는 다양하다. 독자의 관심을 끌 방법을 고려하는 것이 유용하다. 우리는 질적 연구가 채택한 관점의 본질적 특성에 따라 다를 수 있는 주제들을 강조하면서 여섯 가지 공통점을 설명하였다. 그리고 연구자가 제안서에서 언급할 필요가 있는 필수적인 논점도 주목하였다.

더 읽을거리

다음 자료는 질적 연구의 설계에서 기본적으로 참고할 것들이다. 독자들은 이 목록을 전부인 것으로 간주해서는 안 되며, 이 책의 끝에 있는 참고문헌 목록에서 추가 읽을거리를 찾을 것을 권장한다.

American Psychological Association. (2010). *Publication manual of the American Psychological Association* (6th ed.). Washington, DC: Author.

이 책은 언어와 데이터를 사용한 효과적인 의사소통을 이끄는 데 필수적인 자료로, 최신판은 가장 최근의 지침을 반영한다. 예를 들어, 6판에서는 전자, 온라인 자료원을 언급한다.

Creswell, J. W. (2014). *Research design: Qualitative, quantitative, and mixed methods approaches* (4th ed.). Thousand Oaks, CA: Sage.

Creswell은 연구에 대한 세 가지 접근별로 훌륭한 자료를 제시한다. 구조를 조직화하는 연구 과정을 통해, 독자들은 각 접근이 연구에서 어떻게 운용되는지를 알 수 있다.

Hatch, J. A. (2002). *Doing qualitative research in education settings.* Albany: State University of New York Press.

Hatch는 질적 연구수행의 기술 습득을 강조하면서, 연구 개발에서의 단계별 접근을 채택하였다. 그는 어떤 분석 과정이 연구자에게 유용한 것인가를 자세히 설명하기 위해 실제 연구의 자료를 사용하였다.

Holloway, I., & Brown, L. (2012). *Essentials of a qualitative doctorate.* Walnut Creek, CA: Left Coast Press.

Holloway와 Brown은 연구계획서(제안서)의 진행, 글쓰기, 박사논문 심사 등에 유용한 지침을 제공한다. 특히, 계획서(제안서) 쓰기와 윤리적 이슈의 중요성에 관한 장이 유용하다.

Maxwell, J. (2013). *Qualitative research design: An interactive approach* (3rd ed.). Thousand Oaks, CA: Sage.

Maxwell은 연구설계의 요소들이 어떻게 상호작용하는지를 강조면서, 질적 연구 설계에 대한 단계별 접근에 관해 기술하였다. 이 책의 중요한 점은 2개의 학위논문 계획서를 예를 들어 이들 요소에 관해 설명한 것이다.

Mertens, D. M., & Ginsberg, P. E. (2009). *The handbook of social research ethics.* Thousand Oaks, CA: Sage.

이 편람은 기초를 제공하며, 편집자 Mertens과 Ginsberg는 연구 윤리를 위한 유용한 출발점을 제공한다. 질적 연구의 윤리적 실천과 관련하여, Lincoln이 작성한 10장이 특히 주의를 끈다.

Sieber, J. E., & Tolich, M. B. (2013). *Planning ethically responsible research* (2nd ed.). Thousand Oaks, CA: Sage.

Sieber와 Tolich는 연구 윤리에 대한 이용자 친화적인 개요를 제공한다. 이 책의 독특한 특징은 과거에 윤리적으로 논란이 많았던 연구에 대해 재논의한다는 점이다. 이것은 현재의 기관윤리위원회에 요구되는 것이 무엇인가에 관한 논의에 새로운 관점을 제공한다.

제4장

다섯 가지 질적 연구접근

시나리오 한 쌍을 제시하겠다. 먼저, 질적 연구자가 자신이 사용하는 질적 연구의 특정 접근에 대해 밝히지 않는다. 아마도 방법에 대한 논의는 대면 면접 자료수집과 같이 간단하고 단순하게 제한될 것이다. 연구 결과는 면접 동안에 수집된 정보를 주요한 범주로 묶는 주제별 시안의 형태로 제시될 것이다. 이러한 시나리오를 두 번째 시나리오와 비교해 보자. 연구자는 **내러티브 연구**접근과 같이 질적 연구에 대한 특정한 접근을 채택한다. 이제 방법 부분에서 그러한 접근의 의미, 그것을 사용한 이유, 연구 절차 등을 상세히 기술한다. 연구 결과는 개인에 대한 특정한 이야기를 전달하는데, 그 이야기에서 갈등 부분을 강조하면서 연대순으로 정리한다. 개인의 이야기가 발생하는 특정한 구조에 대한 상세한 설명이 중요한 맥락적 정보를 제공한다. 이 두 가지 시나리오 가운데 당신은 어떤 접근이 가장 학술적이라고 생각하는가? 가장 솔깃한 것은 무엇인가? 가장 정교한 것은 무엇인가? 우리는 당신이 두 번째 접근을 선택하리라고 생각한다.

질적 연구에 대한 접근을 밝힐 필요가 있다. 그 이유는 학문적 형태로 질적 연구를 표현하기 위해서 그리고 구체적인 형태로 질적 연구를 제시하기 위해서이다. 이렇게 함으로써 평가자들은 질적 연구를 적절히 평가할 수 있으며, 초보 연구자들은 질적 연구의 학술적 문헌에 기초한 아이디어들을 조직화하는 방법을 제공하고 본

보기가 되는 글쓰기 **구조**로부터 배울 수 있다. 물론 초보 연구자들도 내러티브와 현상학 같은 몇 개의 질적 접근을 선택할 수 있다. 그러나 우리는 이러한 보다 발전된 방법론적 접근은 경험 많은 연구자의 몫으로 남기고 싶다. 초보 연구자는 상이한 질적 연구수행방법들을 혼합하기에 앞서, 먼저 한 가지 접근을 완전히 이해해야 하며, 그런 후에 다른 접근을 시도해야 한다.

이 장은 다섯 가지 접근을 구분할 뿐 아니라 질적 연구접근 가운데 한 가지를 숙달하는 데 도움을 제공할 것이다. 우리는 질적 접근을 하나씩 소개할 것이며 정의를 제시하고 기원에 대해 논의하며 중요한 특징을 확인할 것이다. 또한 질적 접근을 사용하는 다양한 유형을 탐구하고 그 접근으로 연구를 수행할 때 포함될 절차를 제공할 것이다. 그리고 우리는 연구를 수행하면서 처하게 될 도전들을 다룰 것이며 접근과 관련된 새로운 동향에 대한 개요를 제시할 것이다. 마지막으로 기본적 고려사항, 자료처리 절차, 연구보고서 작성에 따라 다섯 가지 접근을 비교할 것이다.

토론할 문제

- 각 접근(내러티브 연구, 현상학 연구, 근거이론 연구, 문화기술지 연구, 사례연구)의 초점과 정의는 무엇인가?
- 각 접근의 기원, 접근에 영향을 준 배경은 무엇인가?
- 각 접근의 중요한 특징은 무엇인가?
- 각 접근에서 어떤 다양한 형태의 연구가 수행될 수 있는가?
- 각 접근의 연구 절차는 어떠한가?
- 각 접근과 관련한 도전과 새로운 동향은 무엇인가?
- 다섯 가지 접근 간의 유사점과 차이점들은 무엇인가?

다섯 가지 접근 중에서 정하기

연구접근을 정할 필요가 있다고 결정되면, 다음에 긴급하게 할 일은 **연구 초점**([그림 4-1] 참조)을 다루는 데 최적인 접근을 다섯 가지 중에서 결정하는 것이다. 다섯 접근 각각을 위한 **연구문제**를 살피는 것도 어떤 접근을 더 탐색할지를 선택하는 데 필수적이다. 연구 초점은 연구 목표나 목적과 같이 연구 관심사에 대한 보다 일반적인 영역을 나타내며, 특정 연구문제와는 구분되는 것으로 연구수행의 필요를 낳는 이슈 혹은 관심사를 뜻한다. 당연히, 각 접근에 대한 기초 지식을 습득할 것을 추천하며, 순서에 관계없이 각 접근에 대한 부분을 읽어도 된다. **단일한 개인**을 연구하고자 하는 연구자는 분석단위를 개인에 두는 접근에 대해 아는 것이 유리하다고 판단할 수 있고, 그래서 내러티브 연구, **문화기술지, 사례연구**에 대한 설명에서부터 학습을 시작할 수 있다. 그리고 이들을 구분하기 위해 마지막 장을 활용할 수 있다. 유사하게, 참여자 집단을 연구하고자 하는 연구자는 다른 장을 탐구할 수 있다. 요컨대, 당신의 질적 연구를 위한 학습 욕구에 가장 잘 맞는 순서로 이후의 장을 읽으면 된다.

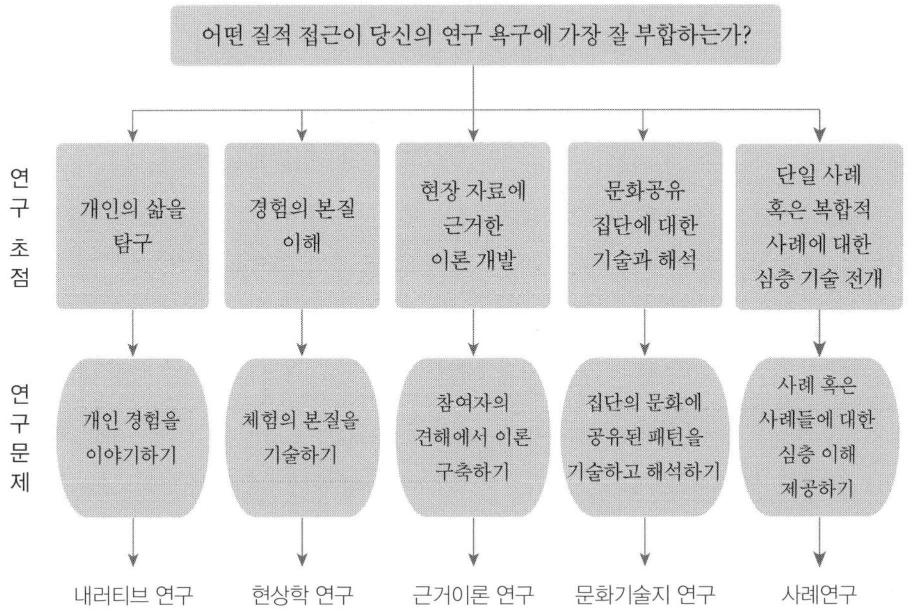

[그림 4-1] 다양한 연구 욕구에 맞춰 다섯 가지 질적 접근을 사정하는 흐름도

내러티브 연구

내러티브 연구의 정의

내러티브 연구(narrative research)는 여러 형식을 가지고 있으며, 다양한 분석적 실천을 사용하며, 서로 다른 사회과학과 인문과학 분야에 뿌리를 두고 있다(Daiute & Lightfoot, 2004). '내러티브'는 질병의 내러티브와 같이 연구되는 **현상**일 수도 있고 혹은 말한 이야기(told stories)를 분석하는 절차로서 연구에 사용되는 방법일 수도 있다(Chase, 2005; Clandinin & Connolly, 2000; Pinnegar & Daynes, 2007). 방법으로서의 내러티브는 개인이 살아온 이야기, 개인이 말한 이야기로 표현된 경험에서 시작한다. Clandinin(2013)은 "내러티브의 초점은 개인의 경험에 가치를 둘 뿐 아니라, 개인 경험이 과거와 현재에 구성되고 형성되고 실행된 사회적 · 문화적 · 가족적 · 언어적 그리고 제도적 내러티브를 탐색한다."라고 조언하면서, 내러티브가 내포된 맥락에 주목할 필요가 있는 경우에 해당된다고 하였다. 저자들은 말한 이야기를 분석하고 이해하기 위한 방법을 제공해 왔다. Czarniawska(2004)는 "내러티브는 연대기적으로 연결된 하나의 사건/행동 또는 일련의 사건/행동들에 관한 이야기들을 제공하는 음성 혹은 문자 텍스트로 이해된다."(p. 17)라는 식으로, 내러티브를 질적 연구의 구체적인 유형으로 정의하였다. 이러한 연구를 수행하기 위한 절차는 한두 사람을 연구하는 데 초점을 두고, 그들의 이야기를 수집함으로써 자료를 모으며, 개별적인 경험들을 보고하고, 이러한 경험들의 의미를 연대기적으로 나열하는 것(혹은 **생애주기 단계**를 사용하는 것)으로 이루어진다. 내러티브 연구에 대한 논의 부분에서, 우리는 "내러티브 연구자들이 할 일"(p. 18)을 재논의한 『내러티브 탐구하기(Engaging in Narrative Inquiry)』(Clandinin, 2013)라는 이해하기 쉬운 책을 신뢰한다. 우리는 또한 Riessman(2008)의 자료수집 절차와 다양한 분석 전략, 그리고 사회과학자를 위해 쓰인 중요한 저작인 『내러티브 탐구(Narrative Inquiry)』(Clandinin & Connelly, 2000)도 소개할 것이다.

내러티브 연구의 기원

내러티브 연구가 문학, 역사학, 인류학, 사회학, 사회언어학, 교육학 등에 기원을 두고 있기는 하지만 다양한 연구 분야마다 나름의 접근들을 채택해 왔다(Chase, 2005). 우리는 Czarniawska(2004)에서 포스트모던 조직지향을, Daiute와 Lightfoot(2004)에서 인간 발달 관점을, Lieblich, Tuval-Mashiach와 Zilber(1998)에서 심리학적 접근을, Cortazzi(1993)와 Riessman(1993, 2008)에서 사회학적 접근을, Elliott(2005)에서 양적 접근(즉, 사건사 모델의 통계적 이야기들)과 질적 접근을 발견했다. 내러티브 연구에 대한 학제 간 노력도 1993년에 시작된『삶에 대한 내러티브 연구(Narrative Study of Lives)』연차 시리즈(예: Josselson & Lieblich, 1993 참조),『내러티브 탐구 편람(Handbook of Narrative Inquiry)』(Clandinin, 2007), 그리고『내러티브 탐구』학술지에 의해 고무되었다. 내러티브 연구는 방법론과 현상 모두에서 내러티브만의 정의와 잘 확립된 견해를 가졌고 그런 점에서 특징적이다(Clandinin, 2007). 내러티브 연구에 관한 책들이 최근에 많이 나오면서 내러티브는 그야말로 인기 있는 "신생 분야"가 되어 가고 있다(Chase, 2005, p. 651).

내러티브 연구의 특징

내러티브 연구에 관한 중요한 책들을 검토하고 학술지에 출판된 수많은 내러티브 논문을 통독한 결과, 내러티브 연구의 경계를 정의하는 몇 가지 명확한 특징이 드러났다. 모든 내러티브 연구가 이러한 요소들을 갖는 것은 아니지만, 많은 내러티브 연구에 해당되며, 한편 이러한 요소들의 목록이 모든 가능성을 포괄하지는 않는다.

- 내러티브 연구자는 개인(그리고 문서, 집단 대화)으로부터 개인이 살아온 경험, 말한 경험에 관한 **이야기**를 수집한다. 이러한 이야기들은 연구자에게 말한 이야기로부터 나올 수도 있고, 연구자와 참여자가 함께 구성한 이야기에서 나올 수도 있으며, 어떤 메시지나 요점을 전달하기 위한 행위로서 의도된 이야기에서 나올 수도 있다(Riessman, 2008). 이야기가 연구자와 참여자(들)의 대화 혹은 상

호작용을 통해 나온다는 것이 내러티브 연구가 갖는 강력한 협력적 특징이다.

- 내러티브 이야기는 개인적 경험에 대해 말하며, 이것은 개인의 정체성, 자신을 바라보는 방식을 드러낸다.
- 내러티브 이야기는 특정 장소 혹은 상황 안에서 발생한다. 특정 장소 안에서 이야기를 말하는 연구자에게 시간성이 중요하다. 이러한 맥락적 상세함에는 물리적 · 정서적 · 사회적 상황에 관한 기술이 포함될 수 있다.
- 내러티브 이야기는 자료수집의 가장 기본적인 형태인 면접을 통해서만 아니라, 관찰, 문서, 사진, 기타 질적 자료원 등과 같은 여러 다양한 형태의 자료를 통해서 수집된다.
- 내러티브 이야기는 다양한 **전략**을 사용하여 분석한다. 이야기된 것에 관해 분석이 이루어질 수도 있고(주제 분석), 스토리텔링 특성에 대해 분석할 수도 있고(구조 분석), 혹은 이야기의 대상에 관해 분석할 수도 있으며(대화/행위 분석), 말과 동시에 이미지를 해석하거나 이미지를 시각적으로 분석할 수도 있다(Riessman, 2008). 분석의 다른 대안은 가치, 구성, 중요성 혹은 캐릭터 지도(character mapping), 시간에 대한 초점들을 포함한다(Daiute, 2014).
- 내러티브 이야기는 참여자들이 연대순으로 말하지 않았더라도 종종 연대순으로 정리된다. 개인이 자신의 경험과 삶에 관해 이야기할 때 시간적 변화가 있을 수 있다. 그들은 과거, 현재 혹은 미래에 대해 말할 수 있다(Clandinin & Connelly, 2000).
- 내러티브 이야기에는 이야기될 때 전환점이 있거나(Denzin, 1989), 연구자들에 의해 강조되는 특정한 긴장이나 변이 혹은 중단이 있다. 이러한 사건은 서두와 **결과**를 포함하는 이야기를 하기 위한 구조를 만드는 기능을 한다. Daitue(2014)는 유사성, 차이, 변화 혹은 일관성과 관련하여 의미 만들기를 위한 네 가지 패턴(한 사람 혹은 두 사람 이상의 내러티브에 걸쳐)을 제시하였다.

내러티브의 유형

내러티브 연구는 두 가지 상이한 계통에 따라 구분된다. 하나는 내러티브 연구자들이 사용하는 자료분석 전략을 고려하는 것이고, 다른 하나는 내러티브 유형을 고려하는 것이다. 우리는 경험의 특성, 이야기를 만드는 과정, 내러티브 독자 등의 영향을 받는 개별 연구자에 따라 두 가지 유형 중에서 선택이 이루어짐을 안다. 예를 들어, 경험이 인생 전반에 걸쳐 있다면, 연구자는 **생애사**의 일부로 자료수집 진행을 고려할 것이다. 반면에 같은 이야기가 주제 접근을 사용하여 분석될 수도 있다. 특정 이야기에 가장 잘 맞는 것을 찾는 것이 최선이다. Riessman(2008)은 개인 혹은 집단의 정체성 형성을 위한 이야기로부터 정치적 행동을 취하고 주변화된 집단을 동원하는 것을 목적으로 하는 주장에 이르기까지, 내러티브가 다양한 기능을 할 수 있다고 보았다.

자료분석 전략에 초점을 맞춰, Polkinghorne(1995)은 연구자들이 이야기 유형 분류 혹은 이야기를 관통하는 주제를 뽑아내는 식의 내러티브 그리고 내러티브 연구자가 줄거리에 기초하여 이야기를 만드는 스토리텔링 양식, 혹은 문학적으로 분석에 접근하는 방식 등에 대해 논했다. Polkinghorne(1995)은 그의 책에서 두 번째 형식을 강조한다. 보다 최근에 Chase(2005)는 연구자와 참여자가 상호작용하여 구성한 내러티브, 그리고 다양한 내레이터가 개발한 해석에서의 제약을 구문 분석에 기초하여 분석하는 전략을 제안하였다. 이 두 가지 접근을 혼합한 Riessman(2008)에서 내러티브 분석을 위한 전략들에 대한 통찰력 있는 분석을 발견할 수 있다. 그녀는 내러티브 이야기를 분석하는 데 사용되는 세 가지 유형의 접근을 발표하였다. 첫 번째는 주제 분석으로, 여기서는 참여자가 '말한(told)' 주제를 연구자가 찾는다. 두 번째는 구조 분석으로, 여기서는 의미가 '말하기(telling)'로 바뀌며, 이야기는 대화 중에 희극적인 용어, 비극적 · 풍자적 · 낭만적 혹은 다른 형태로 묘사될 수 있다. 마지막은 대화/행위(performance) 분석으로, 이 분석의 초점은 이야기가 (연구자와 참여자 간의 상호작용으로) 어떻게 만들어지고 실행되는가(즉, 어떤 메시지 혹은 요점을 전달하고자 하는가)에 있다.

내러티브 연구자들은 일련의 이야기들을 이끌어 가기 위해 다양한 유형의 내러티브들로부터 선택할 수 있다(예: Casey, 1995/1996 참조). 몇 가지 인기 있는 접근들에 대한 개요와 더 읽어 볼 만한 문헌들을 다음에 제시하였다.

- **전기 연구**(biographical study)는 연구자가 타인의 삶의 경험에 대해 기록하고 글을 쓰는 내러티브 연구의 한 유형이다. 자서전 연구의 예는 핀란드에서 공인

어학 교사 2명의 전문가적 정체성을 탐구한 Ruohotie-Lyhty(2013)의 연구이다. 경험 대비(고통스러운 시작과 쉬운 시작)를 통해 이야기는 정체성 발달을 지원하는 유용한 수단으로서 삶의 경험에 대한 성찰이 갖는 역할을 들여다본다.

- **자문화기술지**(autoethnography)는 연구대상인 개인들에 의해 기록되고 쓰인다(Ellis, 2004; Muncey, 2010). Muncey(2010)는 의식, 상처받기 쉬운 자아, 일관된 자아, 사회적 맥락에서의 자아 비평, 우세한 담론의 대체 버전 그리고 암시적 가능성 등의 다층적 아이디어로 자문화기술지를 정의한다. 여기서는 개인의 이야기에 더 큰 문화적 의미를 담을 뿐 아니라 저자 자신의 개인 이야기도 담는다. 자문화기술지의 예는 비행기 추락으로 저자의 남동생이 죽은 이후 펼쳐진 가족 드라마를 탐구한 Ellis(1993)의 연구가 있다. 어린 시절 남동생과의 상호작용, 추락, 저자를 방문하기 위해 동생이 멀리서 찾아왔던 맥락, 어른 시기의 관계, 장례식 이후 자기 집뿐 아니라 가족의 집으로 가는 여정의 경험을 다룬다. 또한 저자 자신의 개인적 삶과 직업적 삶을 조망하는 다른 이슈도 제기한다.
- **생애사**(life history)는 개인의 일생을 묘사한다. 반면, 개인적 경험 이야기는 단일한 또는 복합적인 에피소드, 사적 상황 혹은 공용 문화에서 발견되는 개인적 경험에 관한 내러티브 연구이다(Denzin, 1989). 덴마크 교수 자리와 관점에 관한 생애사 탐구는 국제화의 복잡성을 보여 준다(Fabricius, 2014).
- **구술사**(oral history)는 한 개인 또는 여러 개인으로부터 사건과 그것의 원인 및 영향에 대한 개인적인 성찰을 모으는 것으로 구성된다(Plummer, 1983). 내러티브 연구는 교실에서 교사와 아동이 나눈 이야기(Ollerenshaw & Creswell, 2002) 또는 조직에 대해 말한 이야기(Czarniawska, 2004)와 같은 구체적인 맥락적 초점을 가질 수도 있다. 구술사는 사회 정의와 같은 해석적 틀로 보여 줄 수도 있고 다양한 연구방법을 이용할 수도 있다. 그 틀은 자전적 진술을 사용하여 중남미인들을 옹호하기도 하며(Beverly, 2005) 혹은 페미니스트 해석을 사용하여 여성의 이야기를 보고하기도 하며(예: Personal Narratives Group, 1989 참조), 여성의 목소리가 어떻게 억압되고, 얼마나 복합적이며 모순적인지를 보여 주기도 한다(Chase, 2005). 10대 임신을 둘러싼 지배적인 담론을 와해시키기 위해(Muncey, 2010), 혹은 농촌에서의 모성보호의 접근 제한과 고립을 강조하기 위해(Orkin & Newberry, 2014) 이야기되기도 한다.

내러티브 연구 절차

일반적인 절차 지침으로서 Clandinin과 Connelly(2000)가 채택한 접근을 활용하지만, 내러티브 연구수행 방법은 고정된 접근을 따르는 것이 아니라 격식에 얽매이지 않는 주제 수집에 해당된다. Clandinin(2013)은 최근에도 "나는 내러티브 탐구에서 유동성, 따라야 할 절차 혹은 일련의 단계가 아닌 유동성을 강조한다."라고 말하면서 자신의 입장을 반복했다. Riessman(2008)은 자료수집 과정과 자료분석 전략에 대한 유용한 정보를 덧붙였다. 내러티브 연구수행을 위한 실천적 기법은 Daiute(2014)을 참고한다. 다음에 제시한 [그림 4-2]를 보자.

- 연구문제나 질문이 내러티브 연구에 가장 적합한지 판단한다: 내러티브 연구는 단일한 개인의 인생 경험 혹은 상세한 이야기 혹은 소수 개인의 삶을 포착하는 데 가장 적합하다.
- 말할 인생 경험이나 이야기가 있는, 다양한 정보 유형을 통한 이야기 수집에 많은 시간을 할애할 수 있는 1명 이상의 개인을 선택한다: Clandinin과 Connelly(2000)는 이야기들을 '현장 텍스트'라 부른다. 연구참여자들이 일지나 일기에 자신의 이야기를 기록할 수도 있고, 연구자가 개인들을 관찰하거나 현장 노트를 기록할 수도 있다. 또한 연구자는 사람들이 보낸 편지를 수집하거나 가족 구성원들로부터 그 개인에 관한 이야기를 조합하거나 개인에 대한 메모나 공식 서신과 같은 문서들을 수집하거나 사진, 보관함(기억을 불러일으키는 품목들 수집) 그리고 개인-가족-사회의 **인공물**들을 얻을 수도 있다.
- 자료수집과 기록 방식이 다양함을 고려한다: Riessman(2008)은 다양한 방식의 이야기 전개를 위해 연구자가 면접을 기록하는 여러 방법을 예시하였다. 이러한 기록은 경청자 혹은 질문자로서의 연구자를 강조하며, 연구자와 참여자 간의 상호작용에 역점을 두며 또한 시간에 따라 달라지는 대화를 전달한다. 혹은 해석된 것을 통해 드러날 수 있는 의미 변경을 포함한다.
- 자료수집, 분석 그리고 글쓰기에 이야기 맥락에 대한 정보를 담는다: 내러티브 연구자는 개인의 이야기를 참여자들의 개인적 경험(그들의 일, 그들의 가정)과 그들의 **문화**(인종 또는 민족) 그리고 그들의 **역사적 맥락**(시간과 장소)에 놓는다.

맥락에 민감해지는 것이 내러티브 연구에서 중요하다(Czarnwska, 2004).

- **재구성**(restorying)으로 불리는 일반적 틀로 이야기를 재구조화하는 과정을 사용하여 참여자의 이야기를 분석한다: 연구자는 이해하기 쉬운 틀로 이야기를 '재구성'하는 데 적극적 역할을 맡는다. 이 틀은 이야기들을 수집하는 것과 이야기를 주요 요소들(예: 시간, 장소, 구조, 장면)로 분석하는 것 그리고 연대기적 순서로 그것들을 배치하기 위해 이야기들을 다시 쓰는 것 등으로 구성될 수 있다(Ollerenshaw & Creswell, 2002). Cortazzi(1993)는 연속성을 강조하는 내러티브 연구의 연대기는 내러티브를 다른 장르의 연구방법과 구분 짓는다고 하였다. 연대기의 한 측면은 이야기들이 도입, 중반, 결말을 갖는다는 점이다. 좋은 소설들에서 발견되는 기본적인 요소들과 마찬가지로, 이러한 측면들에는 곤경, 갈등, 싸움, 주인공이나 주요 인물, 곤경이 몇 가지 방식으로 해결되는 함축적 인과성(즉, 구조)의 연쇄 등이 포함된다(Carter, 1993). 더 나아가 이야기는 시간, 장소, 장면처럼 소설에서 전형적으로 발견되는 다른 요소들을 포함할 수도 있다(Connelly & Clandinin, 1990). 이야기 구조나 줄거리도 Clandinin과 Connelly(2000)가 제시한 세 가지 차원, 즉 개인적 · 사회적 차원(상호작용), 과거 · 현재 · 미래의 차원(연속성), 장소 차원(상황) 등의 내러티브 탐구 공간을 포함할 수 있다. 이 이야기에는 연구참여자 경험의 상황이나 맥락에 대한 정보들이 포함될 수도 있다. 연대기를 넘어서, 연구자는 이야기의 의미를 더욱 상세하게 논의하기 위해 이야기로부터 나온 주제들을 자세하게 제시할 수도 있다(Huber & Whelan, 1999). 따라서 질적 자료분석은 이야기와 그로부터 나오는 주제 모두에 관한 기술일 수 있다. Czarniawska(2004)와 같은 포스트모던 내러티브 저자들은 분석에 다음과 같은 다른 요소들을 추가한다. 즉, 이야기의 해체, 그리고 이분법을 노출하는 것, 침묵을 검토하는 것, 분열과 모순에 주의를 기울이는 것 등과 같은 분석 전략을 사용한 이야기 변형을 추가한다. 마지막으로, 분석 과정은 주제 혹은 범주를 찾는 연구자, 미시언어적 접근을 사용하는 연구자, 종종 대화 분석에서 사용되는 것과 같은 더 큰 단위의 담론, 구절, 단어들의 의미를 캐내는 연구자를 포함한다(Gee, 1991 참조). 또는 연구자와 참여자 간의 상호작용에 의해 이야기가 만들어지는 방식 혹은 특정한 의제나 메시지를 전달하기 위해 연구참여자가 행한 방식에 관한 이야기를 탐구하는 연구자

도 포함된다(Riessman, 2008).

- 이야기 수집과 말하기에 협력적 접근을 포함한다: Clandinin과 Connelly(2000)은 연구참여자의 적극적인 참여를 연구 활동의 중심에 두었다. 이들은 "내러티브 연구는 경험을 이해하는 과정이며, 이것은 오랜 시간에 걸쳐 한 장소 혹은 여러 장소에서의 환경과의 사회적 상호작용에서 연구자와 참여자 간에 이루어지는 협력이다."라고 말했다. 이야기를 수집함에 따라, 연구자들은 관계를 협상하고, 변화를 부드럽게 하며, 연구참여자들에게 유용한 방식을 제공한다. 내러티브 연구에서 핵심 주제는 양자가 만남을 통해 배우고 변화하는 연구자와 피연구자 간의 관계에 있다(Pinnegar & Daynes, 2007). 이 과정에서 당사자들은 분석에 대한 타당성 검증을 추가하면서 이야기들의 의미를 협의한다(Creswell & Miller, 2000). 연구참여자의 이야기 안에 자신의 인생에 대한 통찰을 얻은 연구자의 이야기가 뒤섞여 있을 수 있다(Huber & Whelan, 1999 참조). 또한 이야기 안에는 이야기 줄거리를 극적으로 바꾸게 한 **사건**(발현, epiphanies), 전환점 혹은 혼란이 있을 수 있다. 마지막으로, 내러티브 연구는 개인적 · 사회적 · 역사적 맥락에 놓인 경험의 연대기를 털어놓는 그리고 그들의 **체험**(lived experience)에서 중요한 주제를 포함하는 개인의 이야기를 전한다. Clandinin과 Connelly(2000)는 말했다. "내러티브 연구는 살아 있는 그리고 말해진 이야기이다(p. 20)."
- 내러티브를 글로 제시한다: 일반적으로 다음과 같은 보고 구조를 적절히 각색한다. 이러한 보고 구조는 독자가 참여자를 익숙해하도록 도입부 작성, 이야기에서 의도한 목적, 자료수집과 분석에 대한 자세한 사항과 내러티브 사용의 근거를 제시하는 연구 절차, 참여자의 삶을 이론화하기 위해 내러티브 조각들로 이야기 말하기, 사건, 과정, 발현 혹은 주제로 명확히 표현한 의미 패턴, 그리고 이야기의 의미에 대한 최종 해석 등이다. 이러한 과정에서 연구자가 어려움에 부닥치는 것은 일반적인 일이다. "왜냐하면 참여자의 경험과 참여자가 말한 경험으로부터 너무나 멀리 떨어져 있는 무명의 청중, 일반 대중에게 텍스트를 드러내야 하기 때문이다(Clandinin, 2013, p. 50)."

내러티브 연구에서의 도전

내러티브 연구의 이러한 절차와 특성들에 근거해 볼 때, 내러티브 연구는 사용하기에 힘든 접근이다. 연구자는 참여자에 대해 광범위한 정보들을 수집하고, 개인의 인생 맥락에 대해 분명하게 이해할 필요가 있다. 개인의 경험을 포착하기 위해 특정한 이야기들을 모아 주는 원재료들을 확인하는 데 있어 예리한 눈이 필요하다. Edel(1984)의 언급처럼, 인생의 다층적 맥락을 설명하는 '카펫 아래의 형상'을 드러내는 것이 중요하다. 연구참여자와의 적극적인 협력이 필요하며, 연구자들은 그들이 이야기를 '재구성하는' 자신의 개인적 · 정치적 배경에 대해 반성할 뿐만 아니라 연구참여자의 이야기에 대해 논의할 필요가 있다. 권력 관계 이슈는 내러티브 연구에서 중요 관심사이다(Clandinin & Connelly, 2000). 개인의 이야기를 수집, 분석 및 말할 때 다양한 이슈가 발행하며 이러한 책임을 자각하는 것이 중요하다(Czarniawska, 2004). Pinnegar와 Daynes(2007)는 다음과 같은 중요한 질문을 던진다. 누가 이야기를 소유하는가? 누가 그것을 말할 수 있는가? 누가 그것을 바꿀 수 있는가? 누구의 이야기가 설득적인가? 내러티브들이 경쟁할 때 어떤 일이 벌어지는가? 하나의 공동체로서 이야기들은 우리 사이에서 무엇을 하는가?

더 큰 사회적 · 문화적 · 가족적 · 언어적 그리고 제도적 차원 안에 내포된 이야기의 특징을 고찰함으로써 보다 복합한 이해를 처리할 수 있다(Clandinin, 2013). 그러나 이것을 실현하기는 어렵다. 보다 복합적인 이해의 가능성을 보이는 신생 영역은 시각 자료(visual) 내러티브 연구이다. 여기서는 이미지가 텍스트 자료와 함께 분석된다(Riessman, 2008). 시각 자료를 통합하는 데 몇 가지 방식이 있다. 핵심은 이미지로 이야기하는 것, 이미지에 대한 이야기를 하는 것, 스토리텔링에 영향을 주기 위해 이미지를 사용하는 것이다(이러한 과정에서 이야기가 발견되거나 만들어진다). 덧붙여 교량 역할로 이미 확립된 시각 자료 기반 방법론을 고려할 필요도 있다. 예를 들어, 남아프리카 여학생에 대한 젠더 기반 연구에서와 같이 민감한 주제를 담은 연구의 경우, 내러티브 연구에 포토보이스를 사용할 수 있다(Simmonds, Roux & ter Avest, 2015 참조).

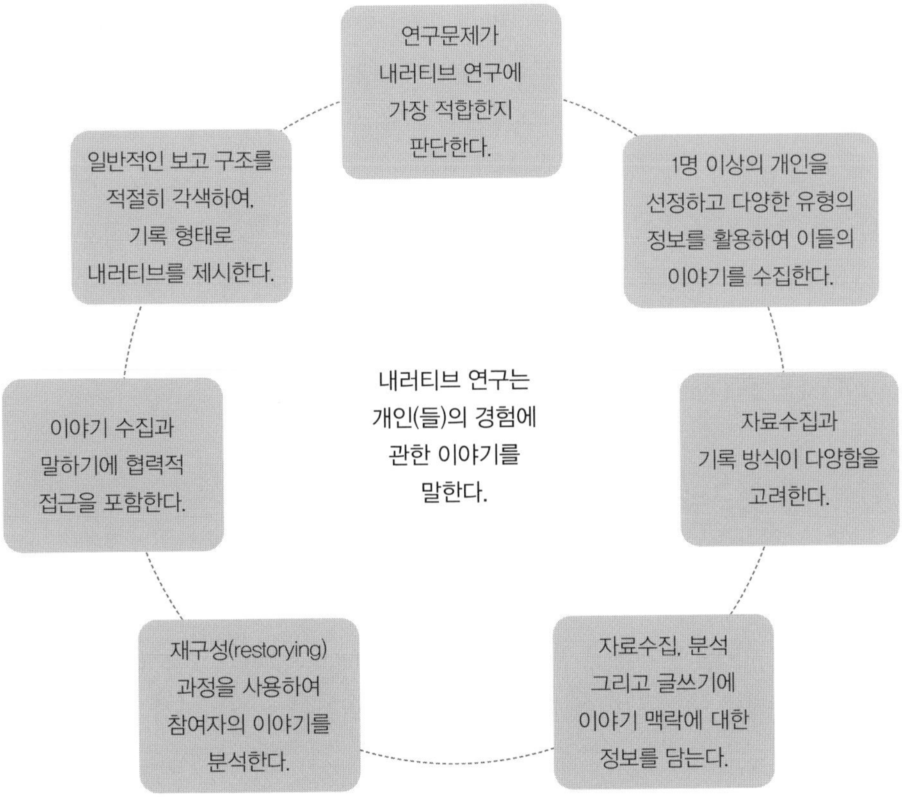

[그림 4-2] 내러티브 연구수행 절차

현상학적 연구

현상학적 연구의 정의

내러티브 연구가 한 개인 혹은 여러 개인에 관한 이야기를 보고하는 반면, **현상학적 연구**(phenomenological research)는 하나의 개념이나 현상에 대한 여러 사람의 체험(lived experience)에서의 공통적 의미를 기술한다. 현상학자들은 모든 연구참여자가 현상을 경험하면서 공통적으로 갖는 것을 기술하는 데 초점을 둔다(예: 애도는 보편적으로 경험되는 것이다). 현상학의 기본적인 목적은 현상에 대한 개인의 경험들을 보편적 본질에 대한 기술("사물의 바로 그 본성을 포착하는 것"; van Manen, 1990, p. 177)로 축소하는 것이다. 이러한 목적을 달성하기 위하여, 질적 연구자들은 현상

(인간 경험의 '대상')을 확인한다(van Manen, 1990, p. 163). 최근에 van Manen(2014)은 현상학적 연구를 "무엇이 그 자체인가, 무엇이 어떻게 그 자체가 되는가를 궁금해하는 것에서 시작한다. 현상학적 연구는 궁금한 상태로 둘러싸인 채 진행될 수 있다." (p. 27)라고 말했다. 이러한 인간 경험은 불면증, 버려지는 것, 분노, 애도, 관상동맥 우회술과 같은 현상이 될 수 있다(Moustakas, 1994). 이어서 연구자는 현상을 경험한 사람들로부터 자료를 수집하고 모든 개인에게 나타나는 경험의 본질에 대한 복합적인 기술을 전개하게 된다. 이러한 기술은 그들이 '무엇'을 경험했는지와 그것을 '어떻게' 경험했는지로 구성된다(Moustakas, 1994).

현상학적 연구의 기원

현상학은 강력한 철학적 요소를 갖고 있다. 그것은 독일의 수학자인 Edmund Husserl(1859~1938)과 그의 관점을 확장시킨 Heidegger, Sartre, Merleau-Ponty 등의 저작에 뿌리를 두고 있다(Spiegelberg, 1982). 현상학은 사회과학과 보건학, 특히 사회학(Borgatta & Borgatta, 1992; Swingewood, 1991), 심리학(Giorgi, 1985, 2009; Polkinghorne, 1989; Wertz, 2005), 간호학과 보건학(Nieswiadomy, 1993; Oiler, 1986), 교육학(Tesch, 1988; van Manen, 1990, 2014) 등에서 인기가 있다. Husserl의 생각이 추상적이라, Merleau-Ponty(1962)는 여전히 '현상학이란 무엇인가?'라는 질문을 제기했다. 사실 Husserl은 지금 진행 중인 어떤 프로젝트도 '현상학'이라고 부른 것으로 알려져 있다(Natanson, 1973). van Manen(2014)은 이들 학자의 주요 작품에 기초한 현상학의 의미 부여(meaning-giving) 방식을 기술하기 위해 **실천의 현상학**(phenomenology of practice)이라는 구절을 채택하였다.

Husserl의 발자취를 따르는 저자들도 오늘날 현상학을 활용하는 데 있어서 상이한 철학적 논점들을 제시하는 것으로 보인다(예: Moustakas, 1994; Stewart & Mickunas, 1990; van Manen, 1990에 진술된 철학적 기초를 비교해 보라). 그러나 이러한 모든 관점을 통합해 볼 때, 우리는 철학적 가정들이 몇 가지 공통적인 기반이 있음을 보게 된다. 여기에는 인간의 체험에 대한 연구, 이러한 경험들이 의식적인 것들이라는 관점(van Manen, 1990), 설명이나 분석이 아닌 이러한 경험들의 본질에 대한 기술 전개(Moustakas, 1994) 등이 포함된다. 더 광범위한 수준에서 Stewart와 Mickunas(1990)

는 다음과 같은 현상학의 네 가지 **철학적 관점**을 강조한다.

- 철학의 전통적 과업으로의 복귀: 19세기 말까지 철학은 '과학(만능)주의'로 불리는 경험적 수단들을 가지고 세계를 탐색하는 것에 한정되었다. 철학의 전통적 과업으로의 복귀는 철학이 경험과학에 빠지기 이전의 지혜에 대한 추구라는 철학의 그리스적 개념으로 돌아가는 것이다.
- 전제(presupposition)가 없는 철학: 현상학의 접근은 모든 판단이 더욱 틀림없는 근거 위에 정립될 때까지 무엇이 진실인가—'자연스러운 태도'—에 대한 모든 판단을 중지한다. 이러한 중단이 Husserl이 말한 '판단중지(epoche)'이다.
- **의식의 지향성**(intentionality of consciousness): 이것은 의식이 항상 객체를 지향한다는 생각이다. 그리고 객체의 실재는 그것에 대한 누군가의 의식과 복잡하게 관련되어 있다. 따라서 Husserl에 의하면 실재는 주체와 객체로 나누어져 있지 않으며, 의식에 나타나는 객체와 주체 양자의 데카르트적 이원성을 갖는다.
- 주체-객체 이분법의 거부: 이러한 생각은 의식의 지향성으로부터 자연스럽게 흘러온 것이다. 한 객체의 실재는 한 개인의 경험의 의미 안에서만 인식된다.

현상학으로 글을 쓰는 사람은 이러한 탐구 형식에 따른 방법들과 함께 현상학의 철학적 전제들에 대한 몇 가지 논의를 포함한다. Moustakas(1994)는 방법들로 들어가기 전에 철학적 가정들에 100쪽 이상의 분량을 할애하고 있다. 우리는 현상학에 대한 주요한 정보를 다음 두 권의 책에서 따왔다. 하나는 인문과학 지향에 기초한 van Manen(2014)의 것이고, 다른 하나는 심리적 관점을 취한 Moustakas(1994)의 것이다. 현상학적인 방법과 전통에 관한 기술은 van Manen(1990)의 중대한 저작에 의존할 것이다.

현상학의 특징

모든 현상학적 연구에 일반적으로 포함되는 몇 가지 특징이 있다.

- 단일한 개념 혹은 아이디어의 형태(예: '전문적 성장'과 같은 교육적 아이디어, '슬

픔'과 같은 심리학적 개념, '돌봄관계'와 같은 건강 개념 등)로 표현되고 탐구되는 현상을 강조한다.

- 그 현상을 온전히 경험한 여러 개인과 현상을 탐구한다. 그래서 이질적인 집단은 3~4명 혹은 10~15명으로 규모가 다양할 수 있다.
- 기본적 아이디어에 대한 철학적 논의가 현상학을 하는 데 수반된다. 이러한 논의는 개인들의 생생한 체험 그리고 체험들이 현상에 대한 주관적인 경험과 다른 사람과 공통되는 객관적인 경험 양자를 갖는 방식을 중심으로 한다. 그래서 현상학적 논의에서 주관적-객관적 관점을 거부하며, 이런 이유로 현상학은 질적 연구와 양적 연구의 연속선상의 어딘가에 위치한다.
- 일부 현상학에서 연구자는 현상과 관련된 개인적 경험을 논의하면서 연구로부터 자신을 괄호치기한다. 이것은 연구자가 연구 밖으로 벗어나는 것을 의미하는 것이 아니라, 현상과 관련된 개인적 경험을 확인하고 연구자가 연구참여자의 경험에 초점을 맞출 수 있도록 개인적 경험을 부분적으로 한쪽으로 치워 놓는 것이다. 이것은 하나의 이상이다. 그러나 독자들은 연구자의 경험에 대해 알고 연구자가 경험 기술에서 자신을 등장시키지 않고 오로지 참여자의 경험에만 초점을 맞추었는가를 스스로 판단할 수 있다. Giorgi(2009)는 괄호치기는 경험했던 것을 잊는 문제가 아니라 경험을 밝히는 과정에서 과거 지식이 관여하지 않도록 하는 것이라고 보았다. 그러면서 그는 이와 비슷한, 인생의 다른 측면을 예로 들었다. 형사재판의 배심원은 증거 하나가 인정되지 않는다고 판사가 말하는 것을 들을 수 있다. 과학적 연구자는 애지중지하는 가설이 지지되기를 기대하지만, 결과가 가설을 지지하지 않았음에 주목한다. van Manen은 판단중지와 환원의 과정을 **현상학적 반성**(phenomenological reflection)이라고 표현했다.
- 자료수집 절차는 일반적으로 그 현상을 경험한 개인들에 대한 면접을 포함한다. 그러나 이것은 보편적인 특징은 아니며, 어떤 현상학적 연구는 시, 관찰, 문서와 같은 다양한 자료원을 포함한다.
- 자료분석은 협소한 분석 단위[예: 의미 있는 진술(significant statement)]에서 더 넓은 분석 단위[예: 의미 단위(meaning unit)]로, 그리고 개인들이 '무엇'을 경험했는지와 '어떻게' 경험했는지의 두 가지를 요약한 상세한 기술로 넘어가는 체계적

인 절차를 따른다(Moustakas, 1994).

- 현상학은 개인들이 '무엇'을 경험했는지와 '어떻게' 경험했는지를 통합하여 개인 경험의 본질을 논의하는 기술적인 구절로 끝이 난다. '본질'은 현상학적 연구의 궁극적 측면이다.

현상학의 유형

유형에 대한 논의에서 현상학에 대한 두 가지 접근이 두드러진다. 해석학적 현상학(van Manen, 1990, 2014)과 경험적 · 초월론적 또는 심리학적 현상학(Moustakas, 1994)이 그것이다. van Manen(1990, 2014)은 건강 관련 문헌에서 폭넓게 인용된다(Morse & Field, 1995). 교육자인 van Manen(1990)은 **해석학적 현상학**에 대한 책을 저술해 왔는데, 여기에서 연구는 체험(현상학)을 지향하며 생활의 '텍스트'를 해석하는 것(해석학)으로 기술하고 있다(p. 4). van Manen이 규칙이나 방법 체계를 갖고 현상학에 접근하지는 않지만, 그는 현상학적 연구를 여섯 가지 연구 활동 간의 역동적인 상호작용으로 이야기한다. 먼저 연구자는 하나의 현상을 향하여 "지속적인 관심"을 갖고(van Manen, 1990, p. 31), 그것들에 대해 진지한 관심을 갖는다(예: 독서, 달리기, 운전, 양육). 그 과정에서 그들은 이러한 체험의 특성을 구성하는 본질적인 주제들을 반성한다. 그들은 연구주제와 강력한 관계를 유지하고 전체에 대한 글의 부분들 간에 균형을 맞추면서 현상에 대해 기술한다. 현상학은 기술일 뿐만 아니라 연구자가 체험의 의미에 대해 해석하는 해석 과정이다.

영성 경험, 그것이 완화치료를 받는 사람의 삶과 이들의 안녕에 미친 영향에 관한 아이슬란드 연구자의 탐구가 해석학적 현상학의 예이다(Asgerisdottir ct al., 2013). 종교적 측면과 비종교적 측면을 모두 강조하였고 완화치료에 대한 신학적 접근이 갖는 기능이 논의되었다.

Moustakas(1994)의 초월론적 또는 심리학적 현상학은 연구자의 해석에 대해서는 초점을 덜 두는 반면에, 연구참여자의 경험에 대한 기술에 더 초점을 둔다. 또한 Moustakas는 Husserl의 개념인 **판단중지**(epoche) 또는 **괄호치기**에 초점을 두는데, 여기에서 연구자는 연구 중인 현상에 대한 신선한 관점을 갖기 위해 가능한 한 많이 자신의 경험을 가둔다. 따라서 '초월론적'이라는 말은 "모든 것이 마치 처음인 것처럼 신선하게 인지되는" 것을 의미한다(Moustakas, 1994, p. 34). Moustakas는 이러한 상태가 좀처럼 완벽하게 성취되지 않으리라는 것을 인정한다. 그러나 우리는 다른 사람들의 경험에 관한 연구를 진행하기에 앞서 현상에 대한 자신의 경험을 기술하고 관점들을 괄호치기함으로써 이러한 생각을 택한 연구자들을 보게 된다.

괄호치기와 함께 경험적, **초월론적 현상학**은 현상학적 심리학의 Duquesne 연구 시리즈(Duquesne Studies in Phenomenological Psychology)의 연구들(예: Giorgi, 1985, 2009)에서 찾을 수 있고, van Kaam(1966)과 Colaizzi(1978)의 자료분석 절차를 이용한다. Moustakas(1994)가 제시한 절차는 연구할 현상 확인하기, 자신의 경험 괄호치기하기, 현상을 경험해 온 여러 사람으로부터 자료수집하기 등으로 구성된다. 그러고 나서 연구자는 정보들을 의미 있는 진술이나 인용문으로 줄여 자료를 분석하고 진술을 주제로 결합한다. 이러한 절차를 따르면서 연구자는 사람들의 경험에 대한 **조직적 기술**(textural description, 연구참여자들이 경험한 것)과 그들의 경험에 대한 **구조적 기술**(structural description, 그들이 조건, 상황 또는 맥락에 따라 그것을 경험한 방법) 그리고 경험의 전반적인 본질을 전달하기 위한 조직적 · 구조적 기술을 조합한다. 초월론적 현상학은 수학을 못하는 13명 학생의 경험과 인식을 탐구한 학위논문에서 사용되었다(Cordes, 2014). 참여자 경험의 본질은 고립, 자기회의, 먹구름 낀 성공과 같은 것으로 기술되었다.

현상학적 연구 절차

우리는 심리학자인 Moustakas(1994)의 접근을 사용하는데, 그 이유는 이 접근이 자료분석 절차의 체계적인 단계와 조직적 · 구조적 기술을 조합하는 지침을 갖고 있기 때문이다. 심리학적 현상학의 수행방법은 Dukes(1984), Tesch(1990), Giorgi(1985, 1994, 2009), Polkinghorne(1989) 그리고 가장 최근에는 Moustakas(1994)를 포함한 많은 학자의 저작에 언급되어 왔다. Pereira(2012)는 초보 연구자의 관점에서 현상학적 연구의 엄격성에 대해 성찰하였다. 그 과정에 포함된 주요한 절차적 단계들은 다음과 같다(다음에 제시한 [그림 4-3] 참조).

- 연구자는 연구문제에 현상학적 접근을 사용하는 것이 가장 적합한 것인지 결

정한다: 현상학에 가장 적합한 문제의 유형은 한 가지 현상에 대한 여러 개인들의 공통된 또는 공유된 경험을 이해하는 것이 중요할 경우이다. 실천이나 정책을 개발하기 위하여 또는 현상의 특성에 대해 더 깊이 이해하기 위하여 이러한 공통된 경험들을 이해하는 것이 중요할 수 있다.

- 연구하고 기술할 관심 현상을 확인한다: 이러한 현상의 예에는 분노와 같은 정서적 상태와 전문가 주의와 같은 사회적 구성체가 있다. 현상에는 저체중이 되는 것과 같은 임상적 상태에 대한 이해를 구하는 것, 레슬링 선수가 된다는 것과 같은 직업적 상태 등에 대한 이해를 구하는 것도 포함된다. Moustakas(1994)는 그동안 연구되어 온 수많은 현상의 사례를 제시하였다. van Manen(1990)은 학습 경험, 자전거 타기 경험, 초기 부성 경험과 같은 현상을 제시하였다.
- 연구자는 현상학의 광범위한 철학적 가정들을 인식하고 상술한다: 예를 들어, 객관적인 실재와 개인적인 경험의 조합에 관해 쓸 수도 있다. 이러한 체험들은 더욱이 '의식적인' 것이며, 객체를 향하고 있다. 연구참여자들이 현상을 어떻게 바라보고 있는가를 완전히 기술하기 위해, 연구자는 자신의 경험을 가능한 한 많이 괄호치기해야 한다.
- 심층면접 및 다양한 면접을 사용하여 현상을 경험해 온 개인들로부터 자료를 수집한다: 종종 현상학적 연구의 자료수집은 연구참여자들과의 심층면접과 여러 차례의 면접으로 구성된다. Polkinghorne(1989)은 연구자가 현상을 모두 경험한 5~25명의 개인과 면접할 것을 권하였다. 연구참여자들에게는 다음과 같은 2개의 광범위하고 일반적인 질문이 주어진다(Moustakas, 1994). 현상에 관하여 무엇을 경험하였는가? 현상에 대한 경험에 일반적으로 영향을 준 맥락이나 상황은 무엇인가? 다른 개방형 질문들이 제기될 수도 있으나, 이들 2개의 질문은 특히 경험의 조직적 기술과 구조적 기술을 이끌게 될 자료들을 수집하는 데 초점을 두며, 궁극적으로는 연구참여자들의 공통된 경험에 대한 이해를 제공한다. 또한 관찰, 일지, 시, 음악, 기타 예술 형태와 같은 다른 형식의 자료들이 수집될 수도 있다. van Manen(1990)은 녹음된 대화 내용, 공식적인 서면 응답들, 드라마, 영화, 시, 소설과 같은 간접적인 경험의 이야기들을 언급하였다.
- 의미 있는 진술의 분석에서 주제를 만들어 낸다: **현상학적 자료분석** 방법에 대한 논의는 모든 심리학적 현상학자들이 일반적으로 유사하다(Moustakas, 1994;

Polkinghorne, 1989). 첫 번째와 두 번째 연구질문으로부터 나온 자료들을 근거로, 자료분석은 자료들(예: 면접 축어록)을 검토하며, 연구참여자들이 현상을 어떻게 경험하는가에 대한 이해를 제공하는 '의미 있는 진술들'이나 문장, 인용문을 강조한다. Moustakas(1994)는 이러한 단계를 **수평화**(horizonalization)라고 부른다. 다음으로, 연구자는 이러한 의미 있는 진술들로부터 나온 **의미군**(群)을 주제로 발전시킨다.

- 조직적(textural) · 구조적(structural) 기술을 한다: 의미 있는 진술과 주제는 참여자들이 경험한 것을 기술(조직적 기술)하는 데 사용된다. 의미 있는 진술과 주제는 또한 참여자들이 현상을 어떻게 경험하는가에 영향을 주는 맥락 혹은 상황에 관한 기술, 즉 구조적 기술 혹은 상상적 변형(imaginative variation)으로 불리는 것을 위해 사용된다. Moustakas(1994)는 연구자가 자신의 경험과 그들의 경험에 영향을 미쳐 온 맥락과 상황에 대해 쓰는 단계를 추가했다. 우리는 Moustakas의 절차를 간소화하여, 연구자 개인에 대한 진술을 현상학적 연구의 도입부에 반영하거나 연구자의 역할에 대한 방법을 논의하는 부분에 포함시켰으면 한다(Marshall & Rossman, 2015).
- 복합적 기술(composite description)을 사용하여 현상의 '본질'을 작성한다: 구조적 · 조직적 기술로부터, 연구자는 **본질적인 불변 구조**(또는 **본질**)라고 부르는 현상의 '본질'을 제시하는 복합적 기술을 작성한다. 일차적으로 이러한 구절은 연구참여자들의 공통적인 경험에 초점을 둔다. 예를 들어, 모든 경험이 근원적인 구조를 가짐을 의미한다(애도는 사랑을 받은 대상이 강아지이든, 잉꼬든, 아동이든 상관없이 동일하다).
- 경험의 본질에 대한 이해를 글로 제시한다: Max van Manen(2014)은 현상학적 연구의 실천과 글쓰기 실천이 분리될 수 없다고 보았다. 계속해서 그는 글쓰기와 관련된 도전 중의 하나는 "평이한 단어로 표현할 수 없는 현상의 존재를 밝혀야 한다는 것이다."(p. 370)라고 말했다. 현상의 의미는 실존적 맥락(예: 일시성 혹은 공간성)에 있음을 의미하는 체계적 탐색, 혹은 경험된 현상에 대한 깊이 있는 이해를 반영하는 이야기 구성 등을 포함하여 현상학적 연구를 전달하는 수많은 '방식'이 있다. 일반적인 보고 구조는 독자에게 현상을 알리기 위한 도입부, 어떤 경우에는 연구자 자신의 개인적 경험 진술(Moustakas, 1994), 현상학

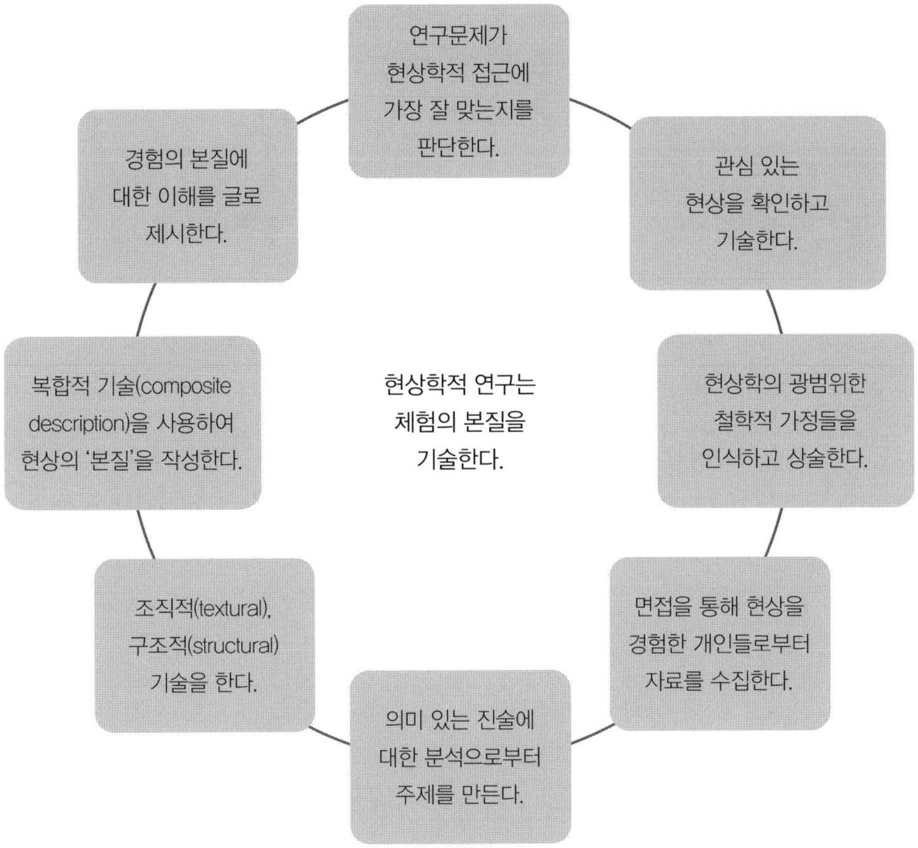

[그림 4-3] 현상학 연구수행 절차

을 사용한 이유를 제시하는 연구 절차, 그리고 자료수집과 분석에 대한 철학적 가정과 세부사항, 현상이 의미 있는 진술로 어떻게 경험되는지를 보고 현상의 본질에 대한 복합적 기술로 맺는 결론 등을 포함한다.

현상학에서의 도전

현상학은 여러 개인이 경험한 현상에 대해 깊이 이해할 수 있도록 해 준다. 몇 가지 공통적인 경험을 아는 것은 치료자, 교사, 의료진, 정책결정자와 같은 집단에게 가치 있는 일일 수 있다. 현상학은 연구참여자들과의 단 한 번 또는 여러 차례의 면접을 포함한 유연한 자료수집 형식을 수반한다. Moustakas(1994)의 자료분석 접근을 활용하면 초보 연구자들을 위한 구조화된 접근 제공이 가능하다. 또한 이것은 어떤 질적 연구자에게는 너무 구조화된 것일 수 있다. 이와 반대로, 현상학은 광범위한 철학적 가정들에 대한 최소한 일정 수준 이상의 이해를 요구하며, 연구자는 자신의 연구에 이러한 가정들을 밝혀야 한다. 이러한 철학적 아이디어는 추상적 개념이며, 글로 표현된 현상학적 연구에서 쉽게 발견되지 않는다. 덧붙여 연구참여자들은 모두 현상을 경험한 개인들로 주의 깊게 선택될 필요가 있으며, 그 결과 연구자는 결국 공통적인 이해를 구성할 수 있다. 현상을 모두 경험한 개인들을 찾는 것이 특정 연구주제에서는 어려울 수 있다.

개인적 경험을 괄호치기하는 것은 연구자에게 어려울 수 있다. 왜냐하면 자료에 대한 해석은 항상 그 주제로 이끈 연구자의 가정을 포함하기 때문이다(van Manen, 1990, 2014). 아마도 호기심을 자극하는 반성적 자세로 우리의 이해를 중단하는 방식과 같이, 판단중지 또는 괄호치기를 새롭게 정의할 필요가 있다(LeVasseur, 2003). 따라서 연구자는 개인적 이해가 연구 안에 도입되는 방법과 방식을 결정할 필요가 있다. 진정으로, 현상학적 연구를 한다는 것은 현상 그 자체로서 추가로 더 연구할 가치가 있다는 점에서 연구자에게 지속적인 영향을 미칠 가능성이 있다. van Manen(1990)은 "현상학 프로젝트와 방법은 연구자 자신에게 종종 변혁적 효과가 있다. 정말로, 현상학적 연구는 종종 그 자체로 깊이 있는 학습이며 의식의 변형, 고조된 지각력, 강화된 사려 깊음을 낳는다."(p. 163)라고 말하면서 연구자에게 미치는 잠재적 영향력에 관해 설명했다.

현상학적 연구자에게 최종적 도전은 더 새로운 접근인 해석적 현상학을 현상학 내에 어떻게 들어 맞추는가이다. Smith, Flowers와 Larkin(2009)은 개체서술(ideography)뿐 아니라 해석학, 현상학의 영향을 받고 심리학에 뿌리를 둔 질적 연구의 틀로서 해석적 현상학적 분석의 발전을 이끌었다. 분석에 대한 특별하고 철저하며 체계적인 접근에 초점을 맞추어, "어떻게 특정한 현상이 특정한 사람의 관점에서, 특정한 맥락에서 이해되었는가"를 탐구한다(Smith et al., 2009, p. 51). 해석적 현상학적 분석은 체험에 대한 참여자의 인식뿐 아니라 참여자가 개인적 · 사회적 세계를 이해하는 방식을 연구자가 이해하려는 시도를 통합하기 때문에 이중의 해석학(double hermeneutic)을 수반한다(Smith et al., 2009).

근거이론 연구

근거이론 연구의 정의

내러티브 연구는 참여자가 이야기한 개인적 이야기에 초점을 두고 현상학적 연구는 많은 개인의 공통된 경험을 강조하는 반면에, **근거이론 연구**(grounded theory research)의 목적은 기술 수준을 넘어서는 것으로 과정 혹은 행동을 위한 "통일된 이론적 설명", 즉 **이론의 생성 또는 발견**이다(Corbin & Strauss, 2007, p. 107). 연구참여자들은 모두 이러한 과정을 경험해 왔으며 이론 개발은 실천을 설명하는 것을 돕거나 후속 연구를 위한 틀을 제공해 줄 수 있다. 핵심 아이디어는 이 이론 개발이 '규격품에서' 나온 것이 아니라 그 과정을 경험해 온 연구참여자로부터 나온 자료에서 창출되었거나 그 자료에 '근거하고' 있다는 것이다(Strauss & Corbin, 1998). 그래서 근거이론은 연구자가 많은 수의 참여자들의 관점에 의해 형성된 과정, 행동, 상호작용에 대한 일반적인 설명(이론)을 창출하는 질적 연구설계이다.

근거이론 연구의 기원

이 질적 연구설계는 1967년 2명의 연구자 Barney Glaser와 Anselm Strauss가 개발하였는데, 이들은 연구에 사용되는 이론들이 종종 연구 중인 참여자들에게 적절하지 않거나 적합하지 않다고 생각하였다. 그들은 여러 권의 저작을 통해 자신들의 아이디어를 정교하게 만들었다(Corbin & Strauss, 2007, 2015; Glaser, 1978; Glaser & Strauss, 1967; Strauss, 1987; Strauss & Corbin, 1990, 1998). 사회학의 선험적인 이론적 지향과는 대조적으로, 근거이론 연구자들은 이론이란 현장(field), 특히 사람들의 행동, 상호작용, 사회적 과정 등으로부터 수집된 자료에 '근거해야' 한다고 주장하였다. 따라서 근거이론은 개인들로부터 수집한 자료에 근거한 상호 관련된 정보 범주들을 통해 행동, 상호작용, 과정에 대한 (다이어그램과 가설로 완성하는) 이론을 창출한다.

『죽음의 인식(Awareness of Dying)』(Glaser & Strauss, 1965)과 『죽음을 향한 시간

(Time for Dying)』(Glaser & Strauss, 1968) 같은 저작들을 양산한 Glaser와 Strauss는 초기에는 협력하였지만, 결국 근거이론의 의미와 절차를 두고 서로 간 의견이 일치하지 않았다. Glaser는 근거이론에 대한 Strauss의 접근이 지나치게 처방적이고 구조화되어 있다고 비판해 왔다(Glaser, 1992). 더 최근에, Charmaz(2006)는 **구성주의 근거이론**을 옹호했으며, 절차에 대한 논의에 다른 관점을 도입하였다. 이처럼 상이한 해석과『근거이론에 대한 SAGE 핸드북(SAGE Handbook of Grounded Theory)』(Bryant & Charmaz, 2007)과 같은 책의 출판을 통해, 근거이론은 다른 사회과학 분야뿐만 아니라 사회학, 간호학, 교육학, 심리학과 같은 분야들에서 인기를 끌어 왔다. 간략한 역사적 설명은 Kenny와 Fourie(2014), Bryant와 Charmaz(2007)를 참고하자.

또 다른 최근의 근거이론 관점으로 Clarke(Clarke, 2005; Clarke, Friese, & Washburn, 2015)의 것이 있는데, 그는 Charmaz와 함께 "실증주의 토대"로부터 근거이론을 교정하려 하고 있다(p. xxiii). 그러나 Clarke는 Charmaz보다 더 나아가 근거이론에서 사회적 '상황'이 분석 단위를 형성해야 하며, 세 가지 사회학적 양식—상황적, 사회적 세계/각축장, 지위 분석도(圖)—을 이러한 상황을 분석하는 데 유용하게 사용할 수 있다고 제안하였다. 또한 그녀는 "포스트모던 전환 이후"로 근거이론을 확장하고(Clarke, 2005, p. xxiv), 포스트모던 관점(즉, 연구와 해석의 정치적 특성, 연구자 입장에서의 반영성, 정보를 재현하는 문제에 대한 인지, 합법성과 권위에 대한 질문, "모든 것을 아는 분석가"에서 "정평 있는 참여자"로 가는 연구자의 지위 변경)을 신뢰한다(Clarke, 2005, pp. xxvii, xxviii). Clarke는 근거이론 담론으로 돌아가는 것을 돕기 위해 포스트모던 저자이며 후기 구성주의 저자인 Michel Foucault(1972)를 자주 참조한다. 근거이론에 대한 논의에서, 우리는 근거이론에 대한 구조화된 접근을 제공한 Corbin과 Strauss(2015)의 책 그리고 근거이론에 대한 구성주의적 · 해석적 관점을 제공한 Charmaz(2014)의 책을 따를 것이다.

근거이론의 특징

특정 조사연구에 통합될 수 있는 근거이론의 몇 가지 주요한 특징은 다음과 같다.

- 근거이론 연구는 시간에 따라 발생하는 명백한 단계 혹은 국면을 갖는 과정 혹

은 행동에 초점을 둔다. 그래서 근거이론 연구에는 연구자가 설명을 시도하는 '활동(movement)' 혹은 어떤 행동이 있다. 과정은 '일반 교육 프로그램 개발'일 수도 있고 '좋은 연구자가 되도록 교원을 지원하는' 과정일 수도 있다.

- 근거이론 연구에서 연구자는 결국 이러한 과정 혹은 행동에 관한 이론을 개발하고자 한다. 이론에 대한 정의는 많지만, 일반적으로 이론은 연구자가 발전시킨 이해 혹은 무언가에 대한 설명이다. 근거이론에서는 이러한 설명 혹은 이해가 이론이 어떻게 작동하는가를 보이기 위해서 배열된 이론적 범주와 함께 도출된다. 예를 들어, 교원 지원에 대한 이론은 교원들의 연구수행을 증진한 개별적 결과와 더불어 시간에 따라 개인들이 취한 특정 행동, 특정 자원에 의해 교원들이 어떻게 지원을 받는가를 보여 준다(Creswell & Brown, 1992).
- 자료가 수집되고 분석됨에 따라 연구자는 아이디어를 써 내려가게 되며, 이러한 **메모하기** 과정이 이론 개발의 일부가 된다. 메모에서 아이디어는 연구자가 보았던 과정을 표현하며, 이러한 과정의 흐름을 스케치한다.
- 자료수집과 분석은 동시에 반복적으로 진행된다. 자료수집의 주된 방식은 면접이며, 면접에서 연구자는 연구참여자로부터 주워 모은 자료를 떠오르는 이론에 관한 아이디어들과 지속적으로 비교한다. 이러한 과정은 연구참여자들 사이를 왔다 갔다 하는 것, 면접을 새로 하는 것 그리고 간극을 채우고 이론이 어떻게 작동하는가를 정교하게 만들기 위해 이론 전개로 되돌아가는 것 등을 포함한다.
- 자료분석에 포함된 귀납적 절차는 근거이론 접근의 유형과 관련하여 설명할 수 있다. 자료분석은 구조화될 수 있는데, 개방 범주를 만드는 것, 이론의 초점이 되는 하나의 **범주**를 선택하는 것 그리고 이론적 모델을 만들기 위해 부가적 범주(**축코딩**)를 상세히 열거하는 것 등의 형식을 따른다. 범주들이 교차하면서 이론이 만들어진다(**선택코딩**). 이러한 이론은 다이어그램, **명제**(혹은 가설), 혹은 논의의 형태로 표현될 수 있다(Strauss & Corbin, 1998). 또한 자료분석은 덜 구조화될 수 있으며, 범주에 내포된 의미를 꿰뚫음으로써 이론 개발의 기초가 될 수도 있다(Charmaz, 2006).

근거이론 연구의 유형

가장 유명한 두 가지 근거이론 접근을 든다면, Anselm Strauss와 Juliet Corbin (Strauss & Corbin, 1990, 1998; Corbin & Strauss, 2007, 2015)의 체계적 절차와 Charmaz (2005, 2006, 2014)의 구성주의 접근을 꼽을 수 있다. Strauss와 Corbin과 관련된 접근의 주요 개념은 범주, 코드 그리고 현장 자료를 드러나는(emerging) 범주와 지속적으로 비교하는 체계적 절차 등을 포함한다. 대조적으로 구성주의 접근에서 Charmaz는 연구자와 참여자, 현장 간의 상호작용에 의존하는 공동구성(co-construction) 과정을 통해 나오는 이론 개발을 강조한다.

Strauss와 Corbin(Strauss & Corbin, 1990, 1998; Corbin & Strauss, 2007, 2015)의 보다 체계적이고 분석적인 절차에서, 연구자는 특정 주제(예: 교과과정 개발 과정, 클라이언트와 심리검사 결과를 공유할 때 나타나는 치료적 효과)에 대한 과정, 행동, 상호작용을 설명하는 이론을 체계적으로 개발하고자 한다. 연구자는 보통 범주를 포화하기 위한(또는 더이상 새로운 범주를 발견할 수 없을 때까지 지속적으로 범주를 추가해 주는 정보를 발견하기 위한) 면접 자료를 수집하기 위하여 '현장에' 여러 번 방문하며 20회에서 30회 정도의 면접을 수행한다. 범주는 사건, 해프닝, 일례 등으로 구성된 정보 단위를 대표한다(Strauss & Corbin, 1990). 또한 연구자는 관찰과 문서 자료를 수집하고 분석하지만, 이러한 자료 형식을 자주 사용하지 않는다. 연구자는 자료를 수집과 동시에 분석을 시작한다. 근거이론 연구의 자료수집에 대해 우리가 갖는 이미지는 '지그재그' 과정, 즉 현장으로 나가서 정보를 수집하고, 사무실에 들어와서 자료를 분석하고, 다시 현장으로 나가서 더 많은 정보를 수집하고, 또 사무실에 들어와서 자료를 분석하고 하는 과정을 반복하는 것이다. 면접의 대상이 되는 참여자는 연구자가 이론을 가장 잘 형성하도록 돕기 위해 이론적으로 선택(이른바 **이론적 표본추출**)된다. 현장을 몇 차례나 방문해야 하는가는 정보의 범주들이 포화되었는가(보통은 더 이상 새로운 아이디어가 나오지 않을 때 포화 상태에 도달하였다고 간주), 그리고 이론이 복합적으로 충분히 정교화되었는가의 여부에 달려 있다. 이렇게 자료수집에서 얻은 정보를 드러나는 범주와 지속적으로 비교하는 과정을 **지속적 비교**(constant comparative) 방법이라 부른다.

연구자는 **개방코딩**(open coding)으로 시작하는데, 이것은 자료를 주요한 정보들의 범주로 코딩하는 것이다. 코딩은 "분석하고 자료를 상징하는 개념을 표시하는 것"으로 기술했듯이(Corbin & Strauss, 2015, p. 216), 자료를 종합적으로 모으고 의미를 만드는 과정이다. 개방코딩으로부터 축코딩이 나타나게 되는데, 여기에서 연구자는 초점을 두는 하나의 개방코딩 범주('중심' 현상이라고 부르는)를 확인하고 나서 자료로 돌아가 이 중심 현상 주위의 범주들을 만든다. Strauss와 Corbin(1990)은 중심 현상을 둘러싼 범주들의 유형을 규정하고 있다. 그것은 **인과 조건**(중심 현상의 원인이 되는 요인들), 전략(중심 현상에 대한 반응으로 취하는 행동들), 맥락 조건과 **중재 조건**(전략에 영향을 미치는 광범위하고 구체적인 상황적 요인들) 그리고 결과(전략들을 활용한 결과)로 구성된다. 이러한 범주들은 축코딩 패러다임이라 부르는 시각적 모형 속에서 중심 현상을 둘러싸고 중심 현상과 관련된다. 그리고 마지막 단계는 선택코딩인데, 여기에서 연구자는 이 모형을 갖고서 모형 내의 범주들을 상호 관련된 명제(혹은 가설)로 발전시키거나 모형 내의 범주들 간의 상호관계를 기술하는 이야기로 결합한다. 연구자가 발전시킨 이 이론은 연구의 후반부로 가면서 분명해지며, 내러티브 진술(Strauss & Corbin, 1990), 시각적 그림(Morrow & Smith, 1995), 또는 일련의 가설이나 명제(Creswell & Brown, 1992)와 같은 몇 가지 형식을 취한다.

근거이론에 대한 논의에서, Corbin와 Strauss(2015)은 이 모델에서 한 단계 더 나아가 **상황 혹은 결과 모형**(conditional or consequential matrix)을 발전시켰다. 그들은 현상에 영향을 미치는 거시 조건과 미시 조건들 사이의 연결고리를 만들도록 돕기 위한 분석 전략으로 상황 모형을 발전시켰고, 결국 상호작용에서 초래되는 결과 영역을 발견하였다. 이 모형은 개인, 집단, 조직으로부터 지역사회 조직, 지역, 국가, 세계로 밖을 향하여 점차 확장되는 동심원 체계이다. 내 경험에서 볼 때, 이 모형은 근거이론 연구에서 거의 사용되지 않으며, 연구자들은 대체로 선택코딩에서 개발된 이론으로 자신의 연구를 종결짓게 되는데, 이 이론은 추상적인 거대 이론이라기보다는 실질적인(실체) 낮은 수준의 이론으로 볼 수 있다(예: Creswell & Brown, 1992 참조). 실체이론과 상황 모형에 있는 지역사회, 국가, 세계를 위한 더 큰 함의를 연결하는 것이 중요하기는 하지만[예: 병원의 업무 흐름, 장갑 부족 현상, AIDS에 대한 국가 지침이 모두 연결될 수 있음. Strauss와 Corbin(1998)이 제시한 예 참조], 근거이론 연구자들은 상황 모형 채택을 위한 자료나 시간, 자원들이 거의 없다. 실전이 벌어지고 미군 병사가 생존한 베트남 전쟁의 역사적 · 사회적 · 정치적 · 문화적 · 환경적 상황을 탐구한 예에서는 결과 모형을 사용하였다(Corbin & Strauss, 2015).

근거이론의 두 번째 갈래는 Charmaz(2005, 2006, 2014)의 구성주의 저작에서 발견된다. Charmaz는 Strauss와 Corbin(1998)의 접근에 있는 단일 과정이나 핵심 범주에 대한 연구를 담는 대신, 다양한 세계와 여러 개의 실재, 특정 세계와 관점, 행동의 복잡성을 강조하는 사회구성주의 관점을 옹호한다. Charmaz(2006, 2014)에 따르면, 구성주의 근거이론은 연구자 관점, 권력・의사소통・기회에 대한 가시적 위계 구조 형성뿐 아니라 각인되고 숨겨진 네트워크・상황・관계 안에서의 경험 학습에 따라 개발된 이론에 초점을 두며, 그리고 유연한 지침을 가져, 질적 연구에 대해 정확히 해석적 접근을 취한다. Charmaz는 풍부한 자료수집, 자료 코딩, 메모하기, 이론적 표본추출의 활용 등의 실천을 기술하고 있기는 하지만, 연구방법보다는 개인의 관점, 가치, 신념, 감정, 가정, 이데올로기 등을 더 강조한다(Charmaz, 2006, 2014). 그녀는 복잡한 용어, 전문용어, 다이어그램, 개념도(conceptual map), 체계적 접근(Strauss & Corbin, 1990과 같이)들이 근거이론을 손상시키고 그것을 사용할 때 권력을 획득하려는 시도가 나타난다고 보았다. 그녀는 인생 개조하기(recasting life)와 같은 동명사에 기반을 둔 구문 등의 생생한 코드를 사용할 것을 권한다. 나아가 Charmaz에게 근거이론 절차는 그 과정에서 연구자의 역할을 최소화하지 않는다. 연구자는 과정 전반에 걸쳐 범주에 대해 결정을 내리며 자료에 질문을 던지고, 개인적인 가치, 경험, 우선순위들을 전개한다. Charmaz(2005)에 따르면, 근거이론 연구자가 발전시킨 어떠한 결론도 암시적이며, 불완전하며, 결정적이지 않다.

근거이론 연구 절차

이 논의에 우리는 Charmaz의 해석학적 접근(예: 제2장에서 논의한 반영성, 구조의 유연성 등)을 포함할 것이다. 그리고 근거이론 절차를 설명하기 위해 Strauss와 Corbin(1990, 1998), Corbin과 Strauss(2008, 2015)를 따를 것이다. 왜냐하면 그들의 체계적 접근이 근거이론 연구를 배우고 적용하고자 하는 사람들에게 도움을 줄 수 있기 때문이다. 그러면서 우리는 Charmaz(2014)가 했던 조언, 즉 "근거이론의 지침은 연구 과정 단계를 기술하고 나아가야 할 길을 제시한다. 당신은 다양한 문제를 해결하고 다양한 연구를 수행하기 위해 이들을 채택・각색할 수 있다."(p. 16)도 택할 것이다. 다음에 제시한 [그림 4-4]를 참고하자.

- 근거이론이 연구문제에 가장 잘 맞는지를 결정한다: 근거이론은 하나의 과정을 설명하거나 이해하기 위해 활용할 수 있는 이론이 없을 때 적절한 설계 형태이다. 기존 문헌들이 활용 가능한 모델을 갖고 있을 수도 있지만, 그 연구들은 질적 연구자가 관심을 갖는 것과 다른 표본과 인구집단을 대상으로 개발되고 검증된 것들이다. 또한 이론이 존재할 수도 있지만, 그 이론들은 연구자가 흥미를 가질 만한 잠재적으로 가치 있는 변수 혹은 범주들을 언급하지 않기 때문에 불충분하다. 실천적인 측면에서 이론은 사람들이 어떻게 현상을 경험하는지 설명해 줄 필요가 있으며, 연구자가 개발한 근거이론은 일반적 틀을 제공할 것이다.
- 개인이 과정을 어떻게 경험하는가를 이해하는 데 면접 질문의 초점을 맞추고 그 과정에서의 단계를 확인한다(그 과정은 무엇인가? 그것은 어떻게 전개되었는가?): 처음에 이러한 이슈들을 탐색한 뒤, 연구자는 다시 참여자에게 돌아가 축코딩 단계를 형성하기 위해 다음과 같은 구체적인 질문을 한다. 그 과정에 중심적인 것은 무엇인가?(중심 현상), 이 현상이 발생하도록 영향을 미치거나 원인이 된 것은 무엇인가?(인과 조건), 그 과정 동안 채택된 전략들은 무엇인가?(전략), 어떤 결과가 발생하였는가?(결과) 관찰이나 문서, 시청각 자료와 같은 다른 형식의 자료를 수집할 수도 있지만, 이러한 질문들은 대개 면접에서 제기된다. 요점은 모델을 완전히 발전(또는 **포화**)시킬 만큼 충분한 정보를 수집해야 한다는 것이다. 이를 위해서는 20회에서 60회의 면접이 필요할 수 있다.
- 자료수집, 분석 및 메모하기 과정을 동시에 그리고 반복적으로 진행하면서 이론 구축을 진행한다: 메모하기에서 연구자는 패턴을 발견하기 위해 노력하면서 자료 절차 내내 이론 전개에 대한 아이디어를 써 내려간다(Lempert, 2007). 메모하기의 역할은 Corbin과 Strauss(2015)가 강조했던 이론 개발을 위해 중요한 습관이다. 이들은 "메모를 작성하는 것은 첫 번째 분석 세션에서부터 시작해야 한다. 그리고 연구 과정 내내 계속돼야 한다."(p. 117), "메모는 생각의 흔적으로 시작하며 연구가 진행되면서 복잡해지고 깊어지고 명확해지며 정확해진다."(p. 117)라고 말했다.

- 개방, 축, 선택코딩으로 분석 절차를 구조화하고 관행을 따른다: 개방코딩에서 연구자는 정보를 분할하여 연구하는 현상에 대한 정보의 범주를 만든다. 각 범주 내에서 연구자는 여러 가지 **속성**이나 하위 범주들을 발견하고, 차원화를 위한 자료들을 찾거나 속성의 연속선 위에 있는 극단적인 가능성을 제시한다.
- 축코딩에서 연구자는 개방코딩 이후 새로운 방식으로 자료를 결합한다: 이러한 구조화된 접근에서 연구자는 **코딩 패러다임** 또는 **논리적 다이어그램**(즉, 시각적 모델)을 제시하는데, 여기에서 연구자는 **중심 현상**(즉, 현상에 대한 중심 범주)을 확인하고, 인과 조건(즉, 현상에 영향을 미치는 조건들의 범주들)을 탐색하며, 전략(즉, 중심 현상의 결과로 나타나는 행동이나 상호작용)을 구체화하고, **맥락**과 중재 조건(즉, 전략에 영향을 미치는 협소한 그리고 광범위한 조건들)을 확인하며, 이 현상의 결과(즉, 전략의 결과들)를 묘사한다. 연구자가 이론의 특정 부분(즉, 조건)에 초점을 둘 때, "설명은 개념적 수준에 머물러야 하며 증거를 뒷받침하기 위해 선택된 자료 일부를 사용해야 한다."라는 조언이 있다(Birks & Mills, 2015, p. 130).
- 선택코딩에서 연구자는 범주를 연결하는 '스토리 라인'을 작성할 수 있다: 대안적으로, 예상되는 관계를 진술하는 명제 혹은 가설을 구체화할 수도 있다. 모델은 범주 간의 관계를 시각적으로 보여 주는 데 유용하다.
- 목적을 전달하기 위해 **실체이론**을 명확히 표현한다: 실체적 수준의 이론은 특정 문제 혹은 특정한 인구집단에 밀착된 연구자가 작성하는 것이다. 실체적 수준의 이론은 그것이 표본과 모집단에 일반화될 수 있는지 결정하기 위하여 이후에 양적 자료로 경험적 검증을 받을 수 있다(Creswell & Plano Clark, 2011의 혼합방법 설계 절차 참조). 다른 대안으로, 연구의 목적인 이론이 생성되었다는 것으로 연구를 끝낼 수 있다.
- 논의 혹은 모델로 이론을 제시한다. 글쓰기는 근거이론 연구수행의 모든 단계와 관련된다: 근거이론을 어떻게 제시하는가는 독자, 설명하는 과정에 따라 달라진다(예: Birks & Mills, 2015; Charmaz, 2015; Corbin & Strauss, 2015 참조). 일반적인 보고 구조는 독자에게 과정(혹은 행동)으로 설명하고자 하는 이론을 알리는 도입부, 근거이론을 사용한 이유를 제시하는 연구 절차, 그리고 자료수집과 분석에 대한 세부사항, 개방코딩에서 나온 주요 범주를 포함하는 이론 기술, 축

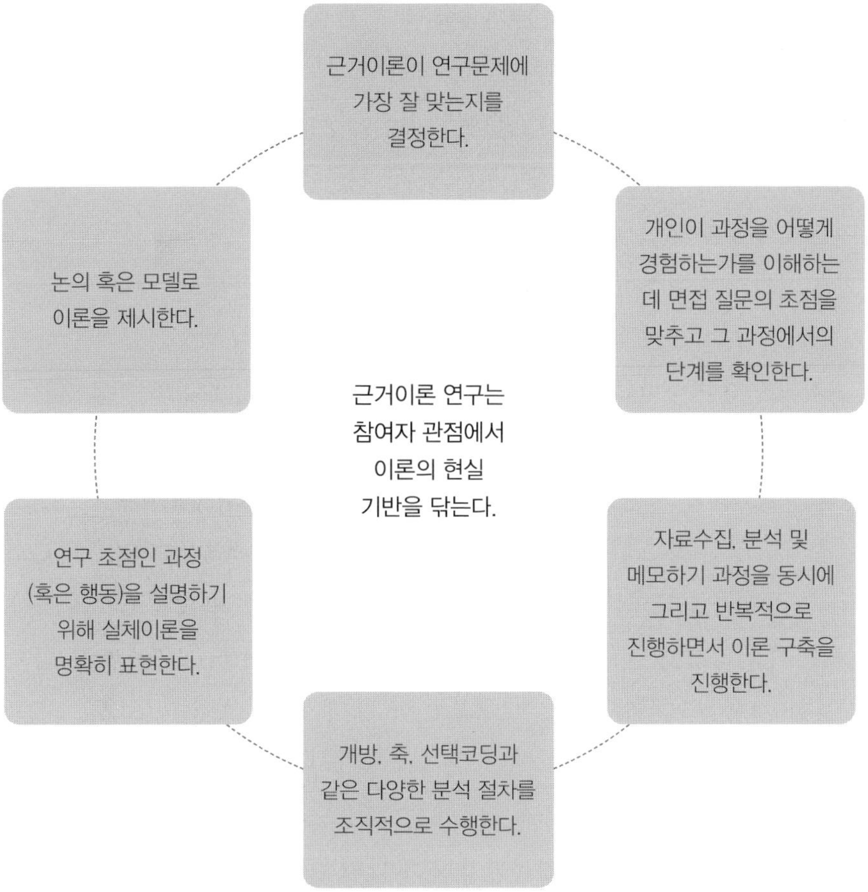

[그림 4-4] 근거이론 연구수행 절차

코딩에서 나온 중심 현상 주변의 조건들, 그리고 선택코딩에서 나온 모델 내의 범주 간 상호 관련성을 기술하는 명제 등을 포함한다. 모델은 이론을 요약적으로 간결하게 시각적으로 제시하는 데 유용할 수 있으며, 이론에 대한 논의, (적절한 경우) 기존 문헌과의 연관성과 모순점, 연구 결과의 중요성, 함의와 한계로 마무리한다.

근거이론 연구에서의 도전

근거이론 연구는 다음과 같은 이유로 연구자에게 도전이 된다. 연구자는 가능한

한 이론적 아이디어나 관념들을 배제해야 한다. 그래야만 분석적, 실체이론이 나타날 수 있다. 질적 연구가 발달적이고 귀납적인 특성을 가짐에도 불구하고, Corbin과 Strauss(2008, 2015) 관점을 취한다면, 연구자는 이것이 자료분석에서 구체적인 단계를 갖는 체계적 접근임을 인정해야 한다. 연구자는 범주들이 언제 포화되었는지 혹은 이론이 언제 충분히 구체화되었는지를 결정해야 하는 어려움에 직면한다. 포화를 향해 나아가기 위해 사용할 수 있는 한 가지 전략은 **판별적 표본추출**(discriminant sampling)인데, 이것은 추가한 연구참여자들에게도 이론이 참인가를 판단하기 위해, 초기에 면접한 사람들과 다른 개인들로부터 추가 정보를 수집하는 것이다. 연구자는 이 연구의 주된 성과는 중심 현상, 인과 조건, 전략, 조건, 맥락, 결과 등의 구체적인 구성요소들을 가진 이론이라는 것을 인식할 필요가 있다. 이러한 구성요소는 이론 속에 규정된 정보 범주이며, 그래서 Strauss와 Corbin(1990, 1998) 혹은 Corbin과 Strauss(2008, 2015)의 접근은 일부 질적 연구자가 바라는 유연성을 갖지 못할 수도 있다. 이런 경우에 덜 구조화되고 융통성이 더 있는 Charmaz(2006, 2014)의 접근을 사용할 수 있을 것이다.

근거이론은 다양한 학문에서 계속 적용되고 있고 보건, 공학, 교육 그리고 경영과 같은 다양한 전문직에서 여전히 영향력이 있다(Charmaz, 2003). 근거이론 연구를 수행할 때의 이점은 연구 맥락과 관련된 이론 개발 및 현실 세계 이슈를 다루는 데 있어 유연함 제공 등이지만(Corbin & Strauss, 2015), 여전히 더 명확해질 필요가 있다. 근거이론 채택이 광범위하게 이루어지면서, 더 많은 관심을 받게 되었다. 그리고 연구자를 위해 추상적 개념(예: 메모하기)에 대한 지침이 많이 나와 있다(Lempert, 2007).

문화기술지 연구

문화기술지 연구의 정의

근거이론 연구자는 동일한 과정, 행동, 상호작용을 공유한 많은 사람을 탐구하여 이론을 개발하지만, 연구참여자들이 같은 장소에 있을 가능성은 낮으며 행동, 신념 그리고 **언어**의 공유된 패턴을 개발할 정도로 빈번하게 상호작용할 것 같지는 않다.

문화기술지 연구자는 이러한 공유된 패턴을 파악하는 데 관심을 가지며, 분석 단위는 보통 20명보다 많거나 근거이론 연구에 참여하는 사람들 정도의 수준이다. 문화기술지(ethnography)는 전체 **문화공유집단**(culture-sharing group)에 초점을 둔다. 때때로 이 문화집단의 규모가 작을 수는 있지만(소수의 교사나 소수의 사회복지사처럼), 대체로 규모가 크기 마련이며 시간이 지남에 따라 상호작용하는 많은 사람이 참여하게 된다(전체 학교의 교사들, 지역사회의 사회복지 관련 집단들처럼). 그래서 문화기술지는 연구자가 문화공유집단이 갖는 가치, **행동**, 신념, 언어라는 공유되고 학습된 패턴을 기술하고 해석하는 질적 연구설계의 한 형태이다(Harris, 1968). 연구의 과정과 결과로서(Agar, 1980) 문화기술지는 해당 연구의 최종적으로 작성된 산물일 뿐만 아니라 문화공유집단을 연구하는 하나의 방식이다. 과정으로서 문화기술지는 집단에 대한 장기간의 관찰을 수반하게 되는데, 대개 연구자가 그 사람들의 일상생활에 **몰입된**(immersed) **참여관찰**(participant observation)을 통해 집단을 장기간 관찰하며, 집단 참여자들을 관찰하거나 면접을 하게 된다. 문화기술지 연구자는 문화공유집단의 행동, 언어, 상호작용의 의미를 연구한다.

문화기술지 연구의 기원

문화기술지는 Boas, Malinowski, Radcliffe-Brown, Mead와 같은 20세기 초 인류학자들이 수행한 비교문화적 인류학에 기원을 둔다. 이 연구자들이 비록 자연과학을 연구의 모델로 삼기는 했지만, 현존하는 '원시적' 문화에 대한 최초의 자료수집으로, 전통적인 과학적 접근과 다르다(Atkinson & Hammersley, 1994). 1920년대와 1930년대에는 시카고 대학의 Park, Dewey, Mead와 같은 사회학자들이 미국에 있는 문화집단을 연구하는 데 인류학적 현장조사 방법들을 적용하였다(Bogdan & Biklen, 1992). 최근 문화기술지에 대한 과학적 접근들은 구조적 기능주의, 상징적 상호작용주의, 문화인류학과 인지인류학, 페미니즘, 마르크스주의, 민속방법론, 비판이론, 문화연구, 포스트모더니즘과 같은 다른 이론적 지향과 목적을 가진 '학파'나 하위 유형을 포함하는 방향으로 확대되어 왔다(Atkinson & Hammersley, 1994). 이는 문화기술지에서 정통성의 결핍을 가져왔으며, 다원주의적 접근을 초래하였다.

문화기술지에서 활용할 수 있는 많은 탁월한 책이 있다. 여기에는 다양한 문화기술지 형식을 다룬 Van Maanen(1988, 2011)과 단행본 세트로 문화기술지 절차를 제시한 LeCompte와 Schensul(1999), 문화기술지 실행에 대한 Atkinson, Coffey와 Delamont(2003), 문화기술적 **현장조사**에 대한 Atkinson(2015), **비판적 문화기술지**에 대한 Madison(2011) 등이 포함된다. 문화기술지 수업의 '입문서'인 Wolcott(2010)에 덧붙여, 이러한 책들에서 발전된 문화기술지에 대한 주요한 생각은 Fetterman (2010)과 Wolcott(2008a)의 접근을 따른다.

문화기술지의 특징

문화기술지에 대한 출판물을 검토한 결과, 문화기술지의 특징은 다음과 같이 간단히 정리할 수 있다.

- 문화기술지는 집단—전체 문화공유집단 혹은 집단의 일부—의 문화에 대한 복합적이고 완벽한 기술을 개발하는 데 관심이 있다. 문화공유집단은 연구될 수 있는 확인 가능한 집단이 사회적 행동을 만들 만큼 충분히 오랜 시간 상호작용해 왔고 온전히 보전되었어야 한다. 문화기술지 연구는 문화를 연구하는 것이 아니며, 인식 가능한 작업 패턴(working pattern)에 초점을 맞춘다(Wolcott, 2008a).
- 문화기술지에서 연구자는 집단의 정신적 활동의 패턴(또는 의식, 관습적인 사회적 행동 혹은 규칙적인 패턴으로 묘사되는 것)을 찾고자 한다. 정신적 활동은 언어 혹은 물질적 활동을 통해 드러나는 생각과 신념 그리고 연구자가 관찰한 행동을 통해 드러나는 집단 내에서의 행동 방식 등이다(Fetterman, 2010). 달리 말하면, 연구자는 사회 조직(예: 사회적 네트워크), 관념적 체계(예: 세계관, 아이디어; Wolcott, 2008a)의 패턴을 찾는다.
- 덧붙여 이론은 문화기술지 수행에서 연구자가 주의를 집중하는 데 중요한 역할을 한다. 예를 들어, 문화기술지 연구자는 생각과 신념을 이해하기 위해 인지과학으로부터 도출된 이론(발견하고자 하는 것에 대한 포괄적 설명)을 갖고 시작하거나 문화공유집단에서 개인들이 행동하고 말하는 방식을 관찰하기 위해 기술환경결정론, 마르크시즘, 문화 변용 혹은 혁신과 같은 유물론으로부터 시

작한다(Fetterman, 2010).

- 이론을 사용하고 문화공유집단의 패턴을 찾는 것은 광범위한 현장조사에 참여하는 것을 수반한다. 현장조사에서는 주로 면접, 관찰, 상징, 인공물 그리고 다양한 자료원으로부터 자료를 수집한다(Fetterman, 2010).
- 자료분석에서 연구자는 내부자(emic) 관점에서 참여자의 견해에 의존하고 그것을 녹취록 인용으로 보고하며, 그런 다음 전반적인 문화적 해석을 전개하기 위해 연구자의 외부자 과학적(etic) 관점으로 참여자의 견해들을 걸러 내면서 자료를 통합한다. 이러한 문화적 해석은 연구에서 탐구된 이론적 개념들과 관련된 주제들 그리고 집단에 관한 기술이다. 일반적으로 좋은 문화기술지는 집단이 어떻게 기능하는가(예: 갱 집단이 어떻게 작동하는가)에 대해 별로 많이 알리지 않으며, 독자들이 집단에 대해 새롭고 참신한 이해를 발전시킨다.
- 분석은 문화공유집단이 활동하는 방식, 그것이 기능하는 방식의 본질, 집단의 생활양식 등에 대한 이해를 낳는다. 마지막으로, Wolcott(2010)은 문화기술지에서 답해야 하는 두 가지 유용한 질문, 즉 "이 상황에 있는 사람들은 이 체계를 작동시키기 위해 무엇을 알아야 하고 무엇을 해야 하는가?" 그리고 "때때로 공유된 지식으로 간단히 정의되는 문화가 배워지는 것보다 이해되는 것이라면, 어떻게 집단으로 쑥 들어와 충분한 공유 수준에 이르게 되었는가?"를 제시하였다(p. 74).

문화기술지의 유형

문화기술지에는 고해적 문화기술지(confessional ethnography), 생애사, 자문화기술지, 페미니스트 문화기술지, 문화기술적 소설, 사진과 비디오, 전자미디어에서 발견되는 시각적 문화기술지 등 여러 유형이 있다(Denzin, 1989; Fetterman, 2010; LeCompte, Millroy, & Preissle, 1992; Pink, 2001; Van Maanen, 1988). 여기에서는 잘 알려진 두 가지 문화기술지 유형, 즉 **실재론적 문화기술지**(realist ethnography)와 비판적 문화기술지를 강조하고자 한다.

실재론적 문화기술지는 문화인류학에서 사용해 온 전통적 접근이다. Van Maanen (1988, 2011)에 의하면, 실재론적 문화기술지는 연구되는 사람들을 향해 연구자가 취하는 특정 자세를 반영한다. 실재론적 문화기술지는 상황에 대한 객관적인 이야기이며, 대체로 제3자의 관점에서 작성되고, 현장에 있는 참여자들로부터 배운 정보들을 객관적으로 보고한다. 이러한 문화기술지 접근에서 실재론적 문화기술지 연구자는 제3자의 냉정한 목소리로 연구에 대해 이야기하며 참여자로부터 보거나 들은 것을 보고한다. 문화기술지 연구자는 '사실'에 대해 모두 알고 있는 보고자로서, 전면에 나서지 않는다. 또한 실재론자들은 개인적 편견, 정치적 목적과 판단으로 오염되지 않은 측정 방식으로 객관적 자료들을 보고한다. 연구자는 연구대상이 되는 사람의 일상생활의 평범한 것들을 상세히 제시할 수도 있다. 또한 문화기술지 연구자는 문화를 기술하기 위한 표준 범주들을 사용한다(예: 가족생활, 의사소통 네트워크, 직장생활, 사회적 관계망, 지위 체계 등). 문화기술지 연구자는 세밀히 편집된 인용문을 통해 연구참여자의 관점을 만들며, 그 문화를 해석하고 제시하는 방법을 최종 결정한다.

대안적으로, 오늘날 많은 문화기술지 연구자는 연구 안에 옹호 관점을 포함함으로써 '비판적' 접근을 채택하고 있다(Carspecken & Apple, 1992; Madison, 2011; Thomas, 1993). 이 접근은 권력, 명예, 특권, 권위 체계가 다른 계급, 인종, 젠더에 포함된 사람들을 주변화하는 데 기여하는 현 사회에 대한 대응이다. 비판적 문화기술지는 문화기술지 연구의 한 유형으로, 저자들은 사회에서 주변화된 집단들의 해방을 위해 옹호한다(Thomas, 1993). 대체로 비판적 연구자는 불평등과 지배 구조에 대항하여, 자신의 연구를 통해 말하려는 정치적인 동기를 가진 사람들이다(Carspecken & Apple, 1992). 예를 들어, 비판적 문화기술지 연구자는 특정 학생들에게 특혜를 제공하는 학교나 소외집단의 욕구를 간과하는 상담 실천을 연구할 수 있다. 비판적 문화기술지의 주요 구성요소에는 가치개입 지향, 더 많은 권위를 제공함으로써 사람들의 역량을 강화하기, 현상 유지에 도전하기, 권력과 통제에 대한 우려를 언급하기 등이 포함된다. 비판적 문화기술지 연구자는 권력, 역량강화, 불평등, 불공평, 지배 구조, 억압, 헤게모니, 피해(victimization) 등의 이슈를 연구한다.

문화기술지 연구 절차

모든 질적 연구접근과 마찬가지로, 문화기술지 연구수행에서 한 가지 방식은 없다. 선행문헌들이 이전보다 이 접근에 대해 더 많은 지침을 제시해 주고 있지만(예: Wolcott, 2008a의 탁월한 개관 참조; 간략한 설명은 Jachyra, Atkinson, & Washiya, 2015 참조), 여기에 제시한 접근에는 실재론적 문화기술지와 비판적 문화기술지의 요소들이 모두 포함되어 있다(다음에 제시한 [그림 4-5] 참조). 문화기술지를 수행할 때 사용할 수 있는 단계들은 다음과 같다.

- 문화기술지가 연구문제에 가장 적합한 설계 형태인지 결정한다: 문화기술지는 문화집단이 작동하는 방식을 기술하고, 신념, 언어, 행동 그리고 집단이 직면한 권력, 저항, 지배와 같은 이슈를 탐색하는 데 적합하다. 해당 집단이 주류에 포함되어 있지 않기 때문에 그 집단이 생활하는 방식을 실제로 알고 있는 문헌이 부족할 수도 있고, 사람들이 그 집단에 친숙하지 않을 수도 있으며, 그 집단의 생활 방식이 너무 달라서 독자들이 동질감을 갖지 못할 수도 있다.
- 연구할 문화공유집단을 확인하고 소재를 알아낸다: 일반적으로 집단은 집단 성원들이 오랜 기간 함께 살아왔고 그럼으로써 그들이 공유하고 있는 언어, 행동 패턴, 태도는 구별 가능한 패턴으로 나타난다. 또한 사회에서 주변으로 밀려 나온 집단일 수도 있다. 문화기술지 연구자들은 집단과 이야기하고 관찰하는 데 시간을 보내기 때문에, 연구자를 집단으로 이끌어 줄 1명 이상의 사람들—**문지기** 또는 **주요 정보제공자**(또는 **참여자**)—을 발견하기 위해 다가가는 것이 필요하다.
- 집단 연구를 위한 문화적 주제나 이슈 혹은 이론을 선택한다: 이러한 주제, 이슈, 이론은 문화공유집단 연구를 위한 지향 틀을 제시한다. 그것은 또한 **문화공유집단 분석**에도 영향을 미친다. 주제에는 문화적응, 사회화, 학습, 인지, 지배 구조, 불평등 또는 아동과 성인의 발달과 같은 것들이 포함될 수 있다(LeCompte et al., 1992). Hammersley와 Atkinson(1995), Wolcott(1987, 1994, 2008a), Fetterman(2010) 등이 논의한 바와 같이, 문화기술지 연구자는 일상적인 상황에서 상호작용하는 사람들을 살피고 생애주기, 사건, 문화적 주제와 같이 스며들어 있는 패턴들을 구별하려 시도하는 것으로 연구를 시작한다.
- 문화적 개념을 연구하기 위해 어떤 유형의 문화기술지를 사용할지 결정한다: 아마도 집단이 작동하는 방법을 기술할 필요가 있을 것이다. 혹은 비판적 문화

기술지는 권력, 헤게모니와 같은 이슈들을 폭로하고 특정 집단을 옹호한다. 예를 들어, 비판적 문화기술지 연구자들은 사회 내의 불평등이나 그 일부분을 언급하고, 옹호와 변화를 요구하기 위해 연구를 사용하며, 불평등, 지배 구조, 억압, 역량강화와 같은 탐색 이슈를 구체화할 수 있다.

- 집단이 작동하고 생활하는 맥락 혹은 세팅에서 정보를 수집한다: 이것을 현장조사(Wolcott, 2008a)라고 부른다. 문화기술지에서 보통 필요로 하는 유형의 정보를 수집하는 것에는 연구 현장으로 나아가기, 현장에 있는 사람들의 일상생활을 존중하기, 광범위한 다양한 재료를 수집하기 등이 포함된다. 존중, 호혜성, 자료의 소유자 결정 등의 현장 이슈들이 문화기술지에서는 가장 중요하다. 문화기술지 연구자는 접근권을 얻는 방법, 연구참여자들에 대한 보상이나 호혜성 등과 같은 현장조사 이슈에 민감하며(Hammersley & Akinson, 1995), 연구자 자신을 정직하게 소개하고 연구 목적을 기술하는 것과 같은 윤리적 연구에 참여한다. LeCompte와 Schensul(1999)은 문화기술지에서 사용하는 자료의 유형에 관찰, 검사와 측정, 서베이, 면접, 내용 분석, 유도(elicitation)방법, 시청각 방법, 공간 매핑, 네트워크 연구 등을 포함하였다.
- 수집한 많은 자료원에 대한 패턴 분석을 통해 집단에 대한 문화적 이해를 전반적으로 수행한다: 연구자는 오랜 기간에 걸쳐 단일 사건이나 여러 가지 행동 또는 집단에 초점을 두면서, **문화공유집단에 대한 상세한 기술**들을 모으는 것으로 시작한다. 문화기술지 연구자는 문화집단이 작동하고 생활하는 방식을 알려 주는 패턴이나 화제들에 대한 주제 분석으로 이행하면서, "체계가 작동하는 방식에 대한 전반적인 그림"으로 끝을 맺는다(Fetterman, 2010, p. 10). Fetterman(2010)은 "이상적으로 문화기술지 연구자는 상황에 대한 참여자의 이해를 독자와 공유한다. 상세한 기술(thick description)은 문화적 해석에 대한 서면 기록이다."(p. 125)라고 하면서 독자를 위한 상세한 기술의 기능을 설명하였다. 이러한 기술에는 연구자 관점(**외부자 관점, etic**)뿐 아니라 참여자 관점(**내부자 관점, emic**)을 통합하면서, 집단 성원 간 기능 혹은 사회적 관계, 사회 구조, 친척, 정치 구조와 같은 문화적 개념을 반영하는 녹취록 인용이 포함된다.
- 글로 혹은 공연의 형태로 문화공유집단의 패턴을 발표한다: 이것은 문화공유집단이 기능하는 방식에 관한 일반화 혹은 일련의 활동 규칙 서술을 통해 이루

어진다. 이것은 총체적인(holistic) **문화적 묘사**(cultural portrait)로 불리기도 한다. 문화기술지 연구자는 종종 상호작용적 분석과 글쓰기 과정을 현장조사를 할 때부터 시작한다. 일반적인 보고 구조는 독자에게 문화공유집단을 알리는 도입부, 문화기술지를 사용한 이유를 제시하는 연구 절차, 자료수집과 분석에 대한 세부사항, 문화 분석을 통해 드러나는 패턴을 서술하는 다양한 방식을 사용하여 문화적 이해를 제공하는 것 등을 포함한다. 문화기술지 연구의 최종 산물은 집단의 욕구를 옹호하거나 사회의 변화를 제시하는 연구자의 해석, 그리고 참여자 모두에게서 나온 집단에 대한 총체적인 문화적 묘사이다. 연극 연출, 연극 혹은 시와 같은 공연 형태로 발표될 수 있다.

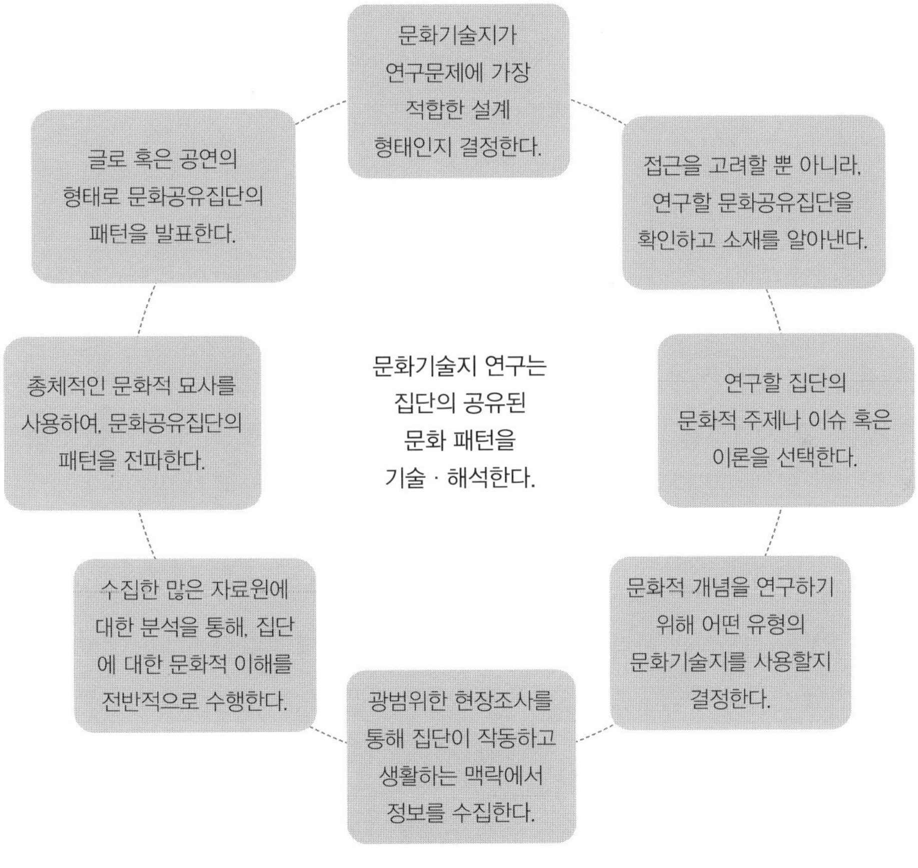

[그림 4-5] 문화기술지 연구수행 절차

문화기술지 연구에서의 도전

문화기술지는 다음과 같은 이유로 도전을 받는다. 연구자는 문화를 연구하는 사람들이 일반적으로 탐구하는 개념, 사회적-문화적 체계의 의미, 문화인류학 등을 이해해야 한다. 문화는 무정형의 용어로서, "그대로 놓여 있는(lying about)" 어떤 것(Wolcott, 1987, p. 41)이 아니라, 오히려 연구자가 사회 세계의 패턴을 찾아 집단의 것으로 귀착한 무엇인가이다. 그것은 집단 구성원들의 말과 행위로부터 추론되며, 연구자에 의해 이 집단에 부여된다. 문화는 사람들이 하는 것(행동), 그들이 말하는 것(언어), 그들이 실제로 하는 것과 해야 하는 것 사이의 잠재적 긴장, 인공물과 같이 그들이 만들고 사용하는 것을 포함한다(Spradley, 1980). Winthrop(1991)의 『문화인류학 개념 사전(Dictionary of Concepts in Cultural Anthropology)』에 제시된 바와 같이 그러한 주제들은 매우 다양하다. Fetterman(2010)은 문화기술지 연구자들이 집단의 역사, 종교, 정치, 경제, 환경에 대한 **총체적인** 관점을 기술하는 방법에 대해 논했다. 사회 구조, 친족, 정치 구조, 사회적 관계나 집단 구성원들 간의 기능과 같은 문화적 개념들이 기술될 수 있다.

현장에서 보내는 장기간의 시간을 포함하여 자료수집에 시간이 많이 걸린다. 많은 문화기술지에서 내러티브들은 문어체, 거의 스토리텔링 접근으로 쓰이며, 이러한 접근은 연구의 독자를 제한할 수 있고, 과학적 글쓰기에 대한 전통적 접근에 익숙해진 저자들에게는 도전일 수 있다. 연구자가 '현지인처럼' 되어, 연구를 완성할 수 없거나 연구에서 타협을 못할 가능성도 있다. 이것은 낯선 문화집단이나 체계로 뛰어든 문화기술지 연구자들이 직면하는 복잡한 현장 이슈들 가운데 단지 하나에 불과하다. 연구에 참여하는 개인들의 욕구에 민감하게 대처하는 것이 특히 중요하며, 연구자는 연구하는 사람들과 장소에 대한 자신의 영향을 들여다보고 보고해야 한다. 자금이 문화기술지 현장조사에 필요한 시간을 제한하는 것, 자료가 문화기술지 연구의 세대를 형성하는 방식 등과 관련한 논의들도 많다.

사례연구

사례연구의 정의

문화기술지에서 문화공유집단 전체가 하나의 **사례**로 간주될 수 있지만, 문화기술지의 목적은 구체적인 예로 사례를 사용하여 이슈, 문제를 탐구하거나 단일한 사례를 심층적으로 이해하려는 것보다는 해당 문화가 어떻게 작동하는지 파악하는 데 있다. 그래서 사례연구(case study)는 실제, 동시대적 맥락 혹은 세팅에 관한 연구를 포함한다(Yin, 2014). 사례는 개인, 소집단, 조직 혹은 파트너십과 같이 구체적인 독립체일 수 있다. 덜 구체적 수준에서는 지역사회, 관계, 의사결정 과정 혹은 특정 프로젝트일 수 있다(Yin, 2014 참조). Stake(2005)가 사례연구는 방법론이 아니라 연구할 것[즉, 시간, 공간으로 제한된 **경계를 가진 체계**(bounded system) 내의 사례]을 선택하는 것이라 말하기는 했지만, 다른 저자들은 사례연구를 탐구 전략, 방법론, 포괄적인 연구 전략 등으로 표현한다(Denzin & Lincoln, 2005; Merriam & Tisdell, 2015; Yin, 2014). Stake(2005)와 유사하게, Thomas(2015)는 "사례연구는 연구를 위해 사용하는 방법보다는 사례 주변에 놓인 테두리로 정의된다."(p. 21)라고 말했다.

우리는 사례연구를 연구의 산물일 뿐만 아니라 연구의 대상일 수 있는 질적 연구설계의 한 가지 유형, 하나의 방법론으로 바라본다. 사례연구는 질적 연구접근의 하나로서, 연구자는 시간 경과에 따라 **다양한 정보원**(예: 관찰, 면접, 시청각 자료, 문서와 보고서 등)을 포함한 상세하고 심층적인 자료를 통해 실제 동시대의 경계를 가진 체계(한 사례) 혹은 다양한 경계를 가진 체계(다수 사례)를 탐구한다. 그리고 **사례 기술**(case description)과 **사례 주제**(case theme)를 보고한다. 사례연구에서 분석 단위는 복합적 사례(multiple case)[**다중 현장**(multisite) 연구] 혹은 단일한 사례[**현장 내**(within-site) 연구]일 수 있다.

사례연구의 기원

사례연구접근은 심리학(Freud), 의학(질병에 대한 사례분석), 법학(판례), 정치학

(사례보고서) 등에서 얻고 있는 대중성 때문에 사회과학자들에게 친숙하다. 사례연구는 여러 학문 분야에 걸쳐서 유구하고 빛나는 역사를 갖고 있다. Hamel, Dufour와 Fortin(1993)은 인류학과 사회학을 거쳐 현대 사회과학 사례연구들의 기원을 추적한다. 그들은 인류학자인 Malinowski의 트로브리안드 군도에 대한 연구, 프랑스 사회학자인 LePlay의 가족들에 대한 연구, 1920년대, 1930년대와 1950년대에 걸친 시카고 대학교 사회학과의 사례연구들(예: Thomas와 Znaniecki가 1958년에 유럽과 미국에서 폴란드 농민들을 연구한 사례연구)을 질적 사례연구의 선조로 인용한다. 오늘날 사례연구 저자들은 선택할 수 있는 광범위한 텍스트들과 접근이 있다. 예를 들면, Yin(2014)은 사례연구 개발을 위한 양적 접근과 질적 접근 모두를 지지하며 설명적·탐색적 그리고 기술적인 질적 사례연구들에 대해 논의한다. Merriam과 Tisdell(2015)은 교육 분야에서 질적 사례연구를 위한 일반적 접근을 옹호한다. Stake(1995)는 사례연구를 위한 절차들을 체계적으로 확립하였고 '하퍼 학교(Harper School)'에 대한 예에서 그 절차들을 폭넓게 인용하였다. Stake(2006)는 복합적 사례연구 분석에 대한 가장 최근의 저서에서 단계별 접근을 제시하고 우크라이나, 슬로바키아, 루마니아에서 이루어진 복합적 사례연구들의 예를 풍부하게 제공한다. 사례연구접근을 논의할 때, 이 접근의 독특한 특징을 만들어 낸 Stake(1995)와 Yin(2014)을 따를 것이다.

사례연구의 특징

문헌에 보고된 여러 질적 사례연구를 검토한 결과, 문헌 대부분에서 몇 가지 특징이 보인다.

- 사례연구는 기술하고 분석할 특정 사례를 확인하는 것에서 시작한다. 연구되는 사례의 예에는 개인, 지역사회, 의사결정 과정 혹은 사건이 있다. 하나의 사례가 선택될 수도 있고 비교를 위해 다양한 사례를 찾을 수도 있다. 일반적으로 사례연구자는 시간이 지나도 잃어버리지 않은 정확한 정보를 얻기 위해 진행 중인 현재의 실제 사례를 연구한다.
- 사례 확인의 핵심은 사례가 경계를 갖는다는 점이다. 이것은 사례가 특정한 한

계(parameter)로 정의되거나 기술될 수 있음을 뜻한다. 사례의 경계를 정하는 한계의 예는 사례가 일어난 특정 장소, 연구되는 사례의 시간이다. 때때로 사례에 참여한 특정한 사람이 한계로 정의될 수 있다.

- 사례연구를 수행하는 목적은 특정 유형을 위한 절차에 초점을 맞추기에 중요하다. 질적 사례연구는 독특한 사례, 기술되거나 상세히 알려질 필요가 있는 사례, 그것 자체로 특별한 관심을 받은 사례를 설명하기 위해 구성될 수 있다. 이것을 본질적 사례(Stake, 1995)라고 부른다. 대안적으로, 사례연구의 목적이 특별한 이슈, 문제 혹은 관심사(예: 10대 임신), 그리고 그러한 문제를 가장 잘 이해하기 위해 선택된 사례 혹은 사례들을 알기 위한 것일 수 있다. 이것은 도구적 사례라고 부른다(Stake, 1995).
- 좋은 질적 사례연구의 특징은 사례에 대한 철저하고 상세한 이해를 제시하는 것이다. 이를 위해 연구자는 면접에서 관찰, 문서, 시청각 자료에 이르기까지 여러 형태의 질적 자료를 수집 · 통합한다. 일반적으로 하나의 자료에만 의존하는 것은 철저하고 상세한 이해를 하는 데 충분하지 않다.
- 사례연구에서 자료분석 방법의 선택은 상이하다. 어떤 사례연구들은 사례 안에 복합적 단위들(예: 학교, 학군)에 대한 분석을 포함한다. 반면, 다른 연구에서는 전체 사례(예: 학군)를 보고한다. 또한 어떤 사례연구에서 연구자는 분석과 비교를 위해 복합적 사례를 선택하지만, 다른 사례연구에서는 단일한 사례만을 분석한다.
- 사례 기술의 핵심은 사례 주제를 발견하는 것이다. 이들 주제는 또한 각 사례에서 연구하는 특정 상황 혹은 이슈를 나타낸다. 사례에 대한 기술 그리고 사례연구에서 드러난 주제 혹은 이슈에 대한 기술로 사례연구 결과를 완성한다. 연구자가 사례 주제를 정리하는 방식에는 연대순으로 하는 것, 사례 간 유사점과 차이점에 따라 사례를 넘나들며 분석하는 것, 이론적 모델로 제시하는 것 등이 있다.
- 사례연구는 보통 사례(들)로부터 도출된 전반적인 의미에 대한 연구자의 결론으로 마무리된다. 이것을 Stake(1995)는 '**주장**(assertion)'이라고 불렀고 Yin (2009)은 '패턴' 혹은 '설명' 구축이라고 불렀다. 나는 이것들이 연구한 사례들로부터 얻은 전반적인 교훈이라고 생각한다.

사례연구의 유형

질적 사례연구의 유형은 경계를 가진 체계(해당 사례가 한 사람이나 여러 사람, 집단, 전체 프로그램, 활동 등을 포함하는지와 같은 것)에 대한 분석 초점에 따라 구분된다. 또한 질적 사례연구는 사례분석의 목적에 따라 구분될 수도 있다. 목적에는 세 가지 유형이 있다. 단일 **도구적 사례연구**, 집합적 또는 복합적 사례연구, **본질적 사례연구**가 그것이다.

단일 도구적 사례연구에서 연구자는 하나의 이슈나 관심에 초점을 맞추고 이 이슈를 예증하기 위해 경계를 가진 하나의 체계를 선택한다. Stake(1995)는 "연구문제, 어리둥절함, 전반적 이해의 필요성이 있을 때 단일 도구적 사례연구를 사용하고, 특정 사례를 연구함으로써 질문에 대한 통찰을 얻었다고 느낀다."(p. 3)라고 하였다. Asmussen과 Creswell(1995)은 캠퍼스 폭력 이슈를 탐구하기 위해 도구적 사례연구를 사용하였는데, 잠재적으로 폭력적인 사건에 대한 캠퍼스의 반응을 예증하기 위해 한 기관을 단일 사례로 사용하였다. 다양한 정보원에서 나온 결과는 5개 주제(부인, 공포, 안전, 재격발, 그리고 캠퍼스 계획)로, 그리고 무장총격자 사건(제1장에서 간략이 언급되었고 이후 제11장에서도 살펴볼 사건)에 대한 캠퍼스 공동체의 무엇보다 중요한 두 가지 반응(조직적, 사회-심리적 반응)이라는 주장으로 전개되었다. 이 사례연구는 캠퍼스 총기 폭력이 불행히도 몇몇 고등 교육기관에서 일어났기 때문에 본질적 사례연구라고 볼 수 없다.

집합적 사례연구(collective case study, 혹은 복합적 사례연구)에서도 하나의 이슈나 관심사를 선택하지만, 연구자는 그 이슈를 예증하기 위해 복합적 사례연구들을 선택한다. 연구자는 여러 연구 현장에서 여러 프로그램을 선택하거나 단일 현장 내에서 여러 개의 프로그램을 선택할 수 있다. 종종 연구자는 이슈에 대한 서로 다른 관점들을 보여 주기 위해 여러 사례를 의도적으로 선택하기도 한다. Lieberson(2000)과 같은 연구자는 모호한 결론 도출의 가능성 때문에, 비교 사례집단의 사용을 주장했다. Yin(2009)은 복합적 사례연구가 재현 논리(logic of replication)를 이용한다고 말했는데, 이는 연구자가 각 사례에 대해 같은 절차들을 반복하는 것을 의미한다. 일반적인 규칙으로서, 질적 연구자는 사례의 맥락이 서로 다르기 때문에 한 사례에서 나온 결과를 다른 사례들로 일반화하는 것을 꺼린다. 그러나 일반화를 가장 잘하기 위해서, 연구자는 대표적인 사례들을 선택해 질적 연구에 포함할 필요가 있다. 복합적 사례연구는 6개월 넘게, 406명의 매니저와 스태프를 포함하여 영국 4개의 양로원의 관계 패턴과 경영 관행에 초점을 두었다(Anderson, Toles, Corazzini, McDaniel, & Colón-Emeric, 2014). 연구 결과에서는 더 나은 시설보호 서비스 전달 가능성이 긍정적 상호작용 전략에서 나옴을 제안하였다. 그리고 돌봄의 질을 위한 필수조건으로, 스태프들 서로 간의 긍정적 관계가 필요함을 지적하였다.

사례연구설계의 마지막 유형은 본질적 사례연구인데, 이 설계에서는 초점이 사례 그 자체에 맞춰진다(프로그램을 평가하거나 어려움을 겪고 있는 학생을 연구하는 등; Stake, 1995 참조). 왜냐하면 그 사례가 비일상적이거나 독특한 상황을 보여 주기 때문이다. 이는 내러티브 연구의 초점을 닮았지만, 맥락 혹은 주변 환경에 놓인 사례를 상세히 기술하는 사례연구의 분석 절차는 여전히 유효하다. 온라인 마약 시장으로서의 실크 로드에 관한 본질적 사례연구는 온라인으로 마약을 구매하는 "개인 사용자의 동기, 웹사이트에 접근하고 이용하기, 마약 정보원 찾기, 의사결정, 구매, 결과 등에서의 경험, 마약 사용 환경 세팅, 보안에 대한 관점"을 탐구하였다(Van Hout & Bingham, 2013, p. 383). 이 연구 결과는 마약 공급원으로서의 보다 전통적인 온라인, 거리와 비교하면서 관계, 참여, 안전감에서의 차이를 지적했다. 그리고 소비자 의사결정과 손상 줄이기를 극대화하기 위한 실크 로드의 효용을 밝혔다.

사례연구 절차

사례연구의 수행에서 여러 절차를 활용할 수 있다(Merriam & Tisdell, 2015; Stake, 1995; Yin, 2009, 2014 참조). 여기서는 사례연구의 수행에 대한 Stake(1995)와 Yin(2014)의 접근을 주로 따를 것이다(다음에 제시한 [그림 4-6] 참조). 초심자 관점에서의 간략한 서술은 Baxter와 Jack(2008)을 참고하자.

- 사례연구접근이 연구문제에 적합한지를 결정한다: 사례연구는 연구자가 분명하게 확인할 수 있는 경계를 가진 사례가 있고, 사례에 대한 깊은 이해나 여러 사례를 비교하고자 할 때 좋은 접근이다.
- 연구 목적을 확인하고 사례(혹은 사례들)를 선택한다: 사례연구의 수행에서 우

리는 연구자가 사례연구의 목적, 그리고 어떤 사례연구 유형—단일 혹은 집합적, 다중 현장 혹은 현장 내, 사례 혹은 이슈에 초점을 두는 사례연구—이 가장 유망하고 유용한지를 고려할 것을 추천한다. 사례에는 **의도적 표본추출**의 가능성이 있는 개인, 여러 개인, 프로그램, 사건 혹은 활동이 포함된다(Stake, 1995; Yin, 2009). 우리는 우리가 선호하는 문제나 과정, 사건 등에 대해 다른 관점을 보여 주는 사례를 종종 선택하지만('의도적 극단적 표본추출'이라고 부르는; Creswell, 2012), 또한 평범한 사례들, 접근 가능한 사례들, 또는 독특한 사례들을 선택할 수도 있다.

- 다양한 정보원을 이용하여 광범위한 자료수집 절차를 개발한다: 일반적인 정보원은 관찰, 면접, 문서, 시청각 자료이다. 예를 들어, Yin(2014)은 문서, 기록물, 면접, 직접 관찰, 참여관찰, 물리적 인공물의 여섯 가지 정보 유형을 추천했다.
- 분석접근을 구체화하고, 그 접근에 기초한 사례 기술은 주제와 맥락적 정보 분석을 통합한다: 자료분석의 유형은 사례 전체에 대한 **총체적 분석**(holistic analysis) 또는 사례의 구체적인 측면에 대한 **삽입된 분석**(embedded analysis)일 수 있다(Yin, 2009). 자료수집과 분석을 통해 사례에 대한 상세한 기술(Stake, 1995)이 나타나며, 연구자는 사례의 역사, 사건의 연대기, 사례의 활동에 대한 매일의 묘사와 같은 측면들을 상세히 기술한다. 예를 들어, 11장의 무장총격자 사례연구는 캠퍼스의 비극을 즉각적으로 따라가면서 무장총격자에 대한 캠퍼스의 2주간의 반응을 추적한다. 그런 후에 연구자는 사례를 넘어 일반화하지 않고 사례의 복잡성을 이해하면서, 몇 개의 주요 이슈(혹은 **주제 분석**, 혹은 사례 주제)에 초점을 맞춘다. 각 사례 내에서 이슈들을 확인하고 사례들을 초월하는 공통적인 주제들을 찾기 위한 분석 전략도 있다(Yin, 2009). 이러한 분석은 **사례의 맥락** 또는 사례가 스스로를 나타내는 상황 속에서 풍부해진다(Merriam, 1988). 여러 사례가 선택되었을 때, 전형적인 형식은 사례의 의미 해석 혹은 주장뿐 아니라 먼저 각 사례에 대한 상세한 기술과 그 사례 내의 주제들을 제시하고[이른바 **사례 내 분석**(within-case analysis)], 다음에 사례에 걸쳐 주제 분석[이른바 **사례 간 분석**(cross-case analysis)]을 한다. 의미는 사례의 이슈를 알게 되거나(도구적 사례), 특정 상황을 아는 것(본질적 사례)에서 나온다. Lincoln과 Guba(1985)가 언급한 것처럼, 이 단계는 사례를 통해 배운 교훈으로 이루어진

다. 그리고 Stake(1995)는 이것을 주장이라고 불렀다. Stake(1995)는 "상대적으로 해석되지 않았던 관찰 결과를 제시하면서, 나는 내가 사례에 대해 이해했다고 느끼는 것, 그리고 사례에 대한 일반화가 개념적으로 혹은 신뢰 수준에서 어떻게 변해 왔는지를 요약할 것이다."라고 말하고(Stake, 1995, p. 123), 사례로부터 배운 교훈에 관한 주장에 초점을 두었다.

• 사례 주장을 사용하여 배운 교훈과 사례연구를 글로 보고한다: 사례를 기술하는 것은 반성적 과정을 포함한다. 사례 기술을 일찍 시작할수록 경험을 통해 알 수 있고 끝내기가 더 쉽다. 연구에 딱 맞는 구조가 확실히 드러나고 연구 주장에 의해 차별화된다. Stake(1995)는 "보고서는 마음속의 독자와 함께 작성될 필요가 있다."(p. 122)라고 조언했다. 전반적인 보고 구조는 독자가 사례가 발생한 맥락을 느낄 수 있도록 초대하는 도입 삽화(vignette), 연구 절차와 근거를

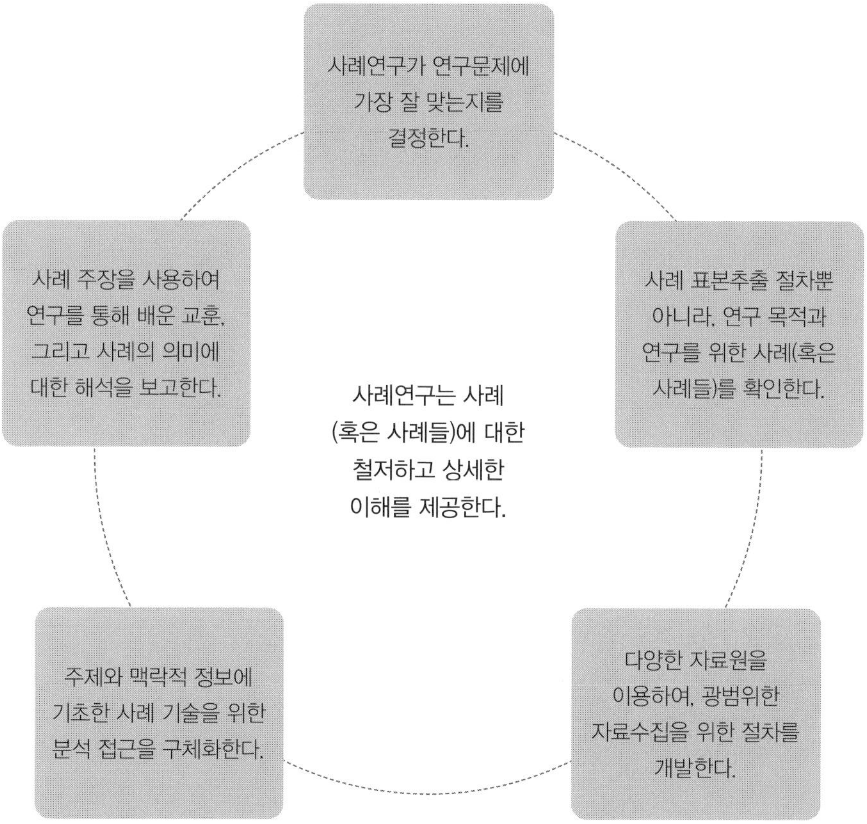

[그림 4-6] 사례연구의 수행 절차

포함하여 중요한 특징을 독자에게 알리는 도입부, 사례(혹은 사례들)와 사례의 맥락(사례를 이해하는 데 중요한 역사적 · 조직적 증거를 포함)에 대한 광범위한 내러티브 기술 등을 포함한다. 다음으로, 부가적인 자료원에서 이슈를 기술하고 이슈에 대한 연구자 자신의 해석과 통합한다. 그리고 증거가 맞았음 및 틀렸음을 모두 보여 주고 전반적인 사례 주장을 제시한다. 마지막으로, 종결 삽화를 사용하여 독자에게 최종 경험을 제공한다. Stake(1995)는 "나는 보고서가 복합적 사례와 한 사람의 만남임을 독자에게 상기시키면서 경험에 대한 기록을 마무리하고 싶다."(p. 123)라고 하면서, 종결 삽화의 목적을 독자가 특정한 사례 맥락에 주의를 기울이도록 하는 것이라고 묘사했다.

사례연구에서의 도전

질적 사례연구 전개에 내재된 도전 중의 하나는 연구자가 사례를 규정해야 한다는 것이다. 선택된 사례는 범위가 넓을 수도 있고(예: 보이스카우트 조직) 좁을 수도 있다(예: 특정 대학의 의사결정 과정). 사례연구자는 어떤 경계를 가진 체계를 연구할 것인가를 결정해야 하고, 이러한 선택을 위해 여러 가지 가능한 대안이 있을 수 있다는 것을 인식하고, 사례 자체 또는 이슈(하나의 사례나 여러 사례는 이슈를 예증하기 위해 선택됨)가 연구할 가치가 있음을 보여 주어야 한다. 연구자는 단일한 사례를 연구할 것인지 또는 복합적 사례를 연구할 것인지를 고려해야 한다. 복합적 사례연구를 사용하는 경우가 증가함에 따라 세 가지 이슈, 즉 자원 제한, 사례 선택, 사례 간 분석을 고려하는 것이 중요하다. 첫째, 자원 제한(즉, 시간과 돈)이 이루어지는 것은 당연하다. 그래서 하나 이상의 사례를 연구하면 전체적인 분석이 약화될 수 있다. 연구자가 사례를 많이 포함하면 할수록 개별 사례의 깊이는 더욱 얕아진다. 둘째, 연구자들이 여러 사례를 선택할 때의 이슈는 '사례를 얼마나 많이 해야 하는가?'이다. 정해진 사례 수는 없다. 그러나 대체로 연구자는 4~5개 이상의 사례를 선택하지 않는다. 연구자에게 더 많은 사례 수를 고려하도록 하는 것은 일반화에 대한 생각 때문인데, 이 단어는 대부분의 질적 연구자들에게 별 의미가 없다(Glesne & Peshkin, 1992; Lincoln & Guba, 2000). 마지막 이슈는 '사례 간 분석을 어떻게 하는가?'이다. 단일 사례연구를 분석할 때 우리는 도구적 혹은 본질적 목적이 있다. 복합적 사례연구에서는 명확한 목적을 사전에 확인하는 것이 항상 가능한 것은 아니다. Stake(2006)는 '과녁'라는 단어를 사용하여 이에 관한 안내를 제공한다. Stake(2006)는 사례 전체에 걸쳐 "연구되는 대상 혹은 현상"(p. 4)을 과녁으로 기술하고 사례 선택을 위해 사전에 과녁을 명확히 하는 것이 중요하다고 했다.

사례 선택에서 연구자는 사례를 선택하고 사례에 대한 정보를 수집하기 위한 의도적 표본추출 전략의 근거를 수립해야 한다. 사례에 대한 철저하고 상세한 그림을 그리기 위해 충분한 정보를 가져야 한다는 것은 몇몇 사례연구의 가치를 제한한다. 사례연구를 계획함에 있어서, 우리는 사례에서 수집할 가능성이 있는 정보의 양을 상술하는 자료수집 매트릭스를 개발할 것을 제안한다. 사례의 '경계들'을 결정하는 것—그것이 시간, 사건, 과정으로 제한되는 방식—도 도전이 될 수 있다. 일부 사례연구는 시작과 끝이 명확하지 않을 수 있는데, 연구자는 사례를 충분히 에워싸고 있는 경계를 설정할 필요가 있다.

역사적으로 사례연구를 괴롭혀 왔던 것 중에 엄격성(rigor)이 있다. 수준이 낮은 질적 연구가 존재한다는 확실한 증거가 있다. 이러한 실천을 줄이기 위해 할 일은 실례를 제공하는 것이다. 사례연구는 지난 30년 동안 차츰 인정받아 왔다. 출판된 연구에 더 많이 사용되고, 색인어로 활용되는 경우가 증가한 것(예: Thomas, 2015; Yin, 2014)이 그 증거이다. 최근의 『사례연구 백과사전(Encyclopedia of Case Study Research)』(Mills, Durepos, & Wiebe, 2010)의 편집자가 표방한 목적은 사례연구 활용을 장려하는 것이다. 사례연구에 경험이 없는 연구자를 지도하는 데 목적을 둔 수많은 출판물의 초점은 연구자의 관심을 끄는 것이다(예: Baxter & Jack, 2008; Flyvbjerg, 2006).

다섯 가지 접근의 비교

다섯 가지 접근은 모두 연구문제를 갖고 시작해서 질문, 자료, 자료분석, 해석, 연구보고서로 이어지는 일반적인 연구 과정을 공통적으로 갖는다. 이쯤에서 질적 연구자는 다섯 가지 접근 각각에 대한 종합적인 윤곽을 살펴보는 것이 유용하다. 다섯 가지 접근에 대한 윤곽으로부터 우리는 이들 질적 연구의 기본적 차이를 확인할 수 있다. 마지막으로 우리는 기본적인 고려사항(〈표 4-1〉 참조), 자료 절차(〈표 4-2〉 참조), 연구 보고서 작성(〈표 4-3〉 참조)의 차원에서 다섯 가지 접근을 비교한다.

〈표 4-1〉에서 우리는 다섯 가지 접근의 기본적 고려사항 중 다른 것과 구별되는 네 가지 차원을 제시하였다. 가장 기본적으로, 다섯 가지 접근은 달성하고자 하는 것, 연구의 초점 혹은 주요 목적에서 다르다. 인생을 탐구하는 것은 이론을 창출하거나 문화집단의 행동을 기술하는 것과 다르다. 연구설계에는 2~4개의 잠재적 유사성이 있다. 내러티브 연구, 문화기술지, 사례연구는 분석 단위가 1명의 개인일 때 유사해 보일 수 있다. 사실 연구자는 이들 세 가지 접근 중 하나로 한 사람을 연구할 수 있다. 그러나 수집하고 분석하게 될 자료의 유형은 상당히 다를 것이다. 내러티브 연구에서 연구자는 개인이 말한 이야기에 초점을 맞추며 이러한 이야기들을 연대순으로 나열한다. 문화기술지에서는 개인의 이야기를 문화와 문화공유집단의 맥락 내에 놓는 것이 초점이라면, 사례연구는 대체로 하나의 이슈를 예증하기 위해 단일 사례를 선택하고 연구자는 그 사례 세팅에 대해 상세히 기술한다. 연구자가 한 사람을 연구하고자 한다면 내러티브 접근이나 단일 사례연구를 추천한다. 문화기술지는 문화에 대한 더 넓은 그림이기 때문이다. 그리고 한 사람을 연구하는 내러티브 연구와 단일 사례연구를 비교한다면, 내러티브 연구가 더 적절한 것으로 보인다. 왜냐하면 내러티브 연구는 한 개인에 초점을 두는 경향이 있지만, 사례연구는 종종 한 가지 이상의 사례를 포함하기 때문이다. 연구질문을 개발하는 과정도 연구문제가 특정 접근에 적합한가를 판단할 때 도움이 된다. 더구나 학문 분야의 기원에 중복되는 점들이 있기는 하지만 일부 접근은 단일한 학문전통(예: 근거이론은 사회학, 문화기술지는 인류학이나 사회학)을, 다른 접근들은 광범위한 다학제적 배경을 갖는다(예: 내러티브와 사례연구).

정도 차이는 있지만, 이들 접근은 유사한 자료수집 과정, 즉 면접, 관찰, 문서, 시청각 자료(〈표 4-2〉 참조)를 채택한다. 자료수집의 경우 강조점(예: 문화기술지에서는 관찰, 근거이론에서는 면접)과 자료수집의 범위(예: 현상학에서는 면접만 활용하며, 사례연구에서는 사례에 대한 철저하고 상세한 그림을 제공하기 위해 다양한 형식을 활용할)에서 분명한 차이가 있다. 자료분석 단계에서는 그 차이점들이 가장 분명하게 나타난다. 그 차이는 분석 단계의 특이성 중 하나일 뿐만 아니라(예: 근거이론이 가장 구체적이고, 내러티브 연구는 덜 규정적임), 수행해야 하는 단계의 개수도 다양하다(예: 현상학은 단계가 많지만, 문화기술지는 단계가 거의 없음).

각 접근의 결과인 보고서 작성, 서면 보고는 이전에 이루어진 모든 과정으로 이루어진다(〈표 4-3〉 참조). 개인의 인생에 관한 이야기는 내러티브 연구를 형성한다. 현상에 대한 경험의 본질에 관한 기술은 현상학이 된다. 종종 시각적 모형으로 그려지는 하나의 이론은 근거이론에서 나타나며, 문화공유집단이 생활하는 방식에 대한 총체적인 관점은 문화기술지로 드러나게 된다. 경계를 가진 체계 또는 단일 사례(또는 여러 사례)에 대한 심층 연구는 사례연구가 된다. 서면 보고의 일반적 구조는 학술지 논문 길이의 연구를 설계할 때 사용될 수 있다. 그러나 각 접근에 많은 단계가 있기 때문에 학위논문이나 단행본 분량을 가진 저작의 장(章)으로 활용될 수도 있다.

각 접근에 대한 개론적 지식을 갖게 된 독자들이 연구의 일반적인 '구조'를 그릴 수 있기 때문에, 이제 차이를 소개할 것이다. 이러한 구조는 연구의 결론에 따라 상이하게 나타나고 형성되겠지만, 그것은 따라야 할 설계 이슈의 틀을 제공한다. 각 접근의 서론에서 연구의 특정한 초점과 연구 간 공통점을 설명할 것이며, 서론은 독자들을 연구문제와 연구질문에 익숙하게 만들 것이다. 이후 접근을 사용하는 근거, 연구를 위한 자료 절차와 관련된 상세한 내용을 포함하여 연구 절차의 개요를 제시할 것이다.

각 접근의 독특한 구성 틀과 특히 연구 결과를 제시하는 방식의 차이에 주목할 것이다. 상세한 기술은 모든 접근에서 공통적이지만, 기술을 구성하는 방식은 다르다. 내러티브 연구는 이야기를 말할 때 연대순을 사용하고 현상학은 현상이 어떻게 경험되는가를 보고하기 위한 구조를 만들 때 의미 있는 진술을 사용한다. 유사하게, 연구 보고서가 결론을 맺는 방식도 접근마다 다르다. 사례연구는 종결 삽화를 두는 것이 보통이고 문화기술지는 전반적인 해석, 배운 교훈, 본질을 드러내는 질문 등을 언급하는 문화적 묘사를 보통 사용한다. 이쯤이면 이러한 구조는 일반적인 견본으로 볼 수 있다. 제5장에서 우리는 다섯 가지 접근의 예가 되는 5개의 출판된 학술지 논문을 살펴보고 각각의 글쓰기 구조를 더 탐구할 것이다.

표 4-1 다섯 가지 질적 연구접근의 기본적 고려사항 비교

기본적 고려사항	내러티브 연구	현상학	근거이론	문화기술지	사례연구
연구 초점	개인의 삶을 탐색	경험의 본질을 이해	현장에서 나온 자료를 근거로 한 이론을 개발	문화공유집단을 기술하고 해석	단일 사례나 여러 사례에 대한 철저하고 상세한 기술과 분석을 전개
분석 단위	1명 이상의 개인들을 연구	경험을 공유해 온 여러 개인을 연구	많은 개인이 포함된 과정, 행동, 상호작용을 연구	같은 문화를 공유하는 집단을 연구	사건, 프로그램, 활동, 1명 이상의 개인을 연구
설계에 가장 적합한 문제 유형	개인적인 경험에 대한 이야기를 말하고자 할 때	체험한 현상의 본질을 기술하고자 할 때	연구참여자의 관점에서 근거이론을 개발하고자 할 때	문화의 공유된 패턴을 기술하고 해석하고자 할 때	단일 사례나 사례들에 대한 철저하고 상세한 이해를 제공하고자 할 때
학문적 기원	인류학, 문헌정보학, 역사학, 심리학, 사회학을 포함한 인문학	철학, 심리학, 교육학	사회학	인류학과 사회학	심리학, 법학, 정치학, 의학

표 4-2 다섯 가지 질적 연구접근의 자료 절차 비교

자료절차	내러티브 연구	현상학	근거이론	문화기술지	사례연구
자료수집 형식	주로 면접과 문서 활용	주로 개별면접을 사용하지만, 문서와 관찰, 예술작품도 활용할 수 있음	주로 20~60명 정도의 개인과 면접	주로 관찰과 면접을 활용하지만 현장에서 오랜 시간을 보내면서 다른 자료원들을 수집	면접, 관찰, 문서, 인공물과 같은 다양한 자료원을 활용
자료분석 전략	이야기 '재구성하기', 주제 전개하기, 그리고 종종 연대순을 사용	의미 있는 진술, 의미 단위, 조직적, 구조적 기술, '본질'에 대한 기술	개방코딩, 축코딩, 선택코딩	문화공유집단에 대한 기술, 집단에 대한 주제	사례에 걸친 주제뿐 아니라 사례와 그 사례의 주제 기술

표 4-3 다섯 가지 질적 연구접근의 연구보고서 작성 비교

연구보고서 작성	내러티브 연구	현상학	근거이론	문화기술지	사례연구
서면 보고의 서론	참여자와 이야기의 특징에 초점 맞추기	현상을 설명하는 데 초점 맞추기	이론으로 설명하고자 하는 과정(혹은 행동)에 초점 맞추기	연구할 문화공유집단에 초점 맞추기	도입 삽화를 사용하고 사례의 주심 특징에 초점 맞추기
연구 절차 기술	근거, 경험하는 개인의 중요성, 자료 절차를 서술	근거, 철학적 가정, 자료 절차 서술	근거와 자료 절차 서술	근거, 유형, 자료 절차 서술	근거, 유형, 자료 절차 서술
연구 결과 작성	재구성하기, 이론화하기, 내러티브 조각 등의 다양한 방식을 사용하여 이야기를 말하기	의미 있는 진술을 사용하여 현상이 어떻게 경험되는지를 보고하고 주제의 의미에 대해 논의하기	개방코딩 범주, 축코딩, 선택코딩, 이론적 명제와 모델 등으로 이론 개발하기	문화를 기술하고 축어록 인용을 사용하여 문화 주제 패턴을 분석하기	먼저 사례에 대해 광범위하게 기술하고 사례의 주요 이슈(주제 혹은 이슈)를 서술하기
결론 맺는 형식	의미 패턴을 해석하기	경험의 '본질'을 기술하기	이론을 전개하기	문화적 묘사를 사용하여 문화공유집단이 어떻게 작동하는지 기술하기	주장하고 종결 삽화 제시하기

점검사항

1. 각 접근별로 적절한 연구문제는 무엇인가?
   - 당신이 관심 갖는 연구문제 3개를 적어 보자. 그리고 연구 초점을 확인하는 것부터 시작해서 어떤 접근이 적절한지를 찾는다. 연구문제와 관련하여 가능한 접근에 적절할 것 같은 연구질문 초안을 작성한다. 연구질문 간의 미묘한 차이를 확인할 수 있겠는가?

2. 학술지의 질적 논문에서 다섯 가지 접근을 어떤 특징들로 확인할 수 있는가?
   - 다섯 가지 접근 중 하나를 사용했음을 확인할 수 있는 학술지의 질적 논문을 검토한다. 예를 들어, 내러티브 연구는 Huber와 Whelan(1999), 현상학은 Doyle, Pooley와 Breen(2012), 근거이론은 Leipert와 Reutter(2005), 문화기술지는 Creswell과 Olander(1998), 복합적 사례연구는 Chirgwin(2015) 등이다. 제4장에서 제시한 '특징' 요소를 사용하여, 논문을 검토하고 특정 접근의 특징이 논문의 어디에서 나타나는지를 찾는다. 어떤 접근에서 새로운 특징이 보이고 어떤 특징이 보이지 않는지를 확인할 수 있겠는가?

Chirgwin, S .K. (2015). Burden too difficult to carry? A case study of three acadenically able indigenous Australian Masters students who had to withdraw. *International Journal of Qualitative Studies in Education, 28,* 594-609. doi:10.1080/09518398.2014.916014

Doyle, J., Pooley, J. A., & Breen, L. (2012). A phenomenological exploration of the childfree choice in a sample of Australian women. *Journal of Health Psychology, 18,* 397-407. doi:10.1177/1359105312444647

Huber, J., & Whelan, K. (1999). A marginal story as a place of possibility: Negotiating self on the professional knowledge landscape. *Teaching and Teacher Education, 15,* 381−396. doi:10.1016/S0742−051X(98)00048−1

Leipert, B. D., & Reutter, L. (2005). Developing resilience: How women maintain their health in northern geographically isolated settings. *Qualitative Health Research, 15,* 49−65. doi:10.1177/1049732304269671

Miller, D. L., Creswell, J. W., & Olander, L. S. (1998). Writing and retelling multiple ethnographic tales of a soup kitchen for the homeless. *Qualitative Inquiry, 4*(4), 469-491. doi:10.1177/107780049800400404

3. 당신의 연구계획서를 작성하기 시작할 때 사용할 수 있는 접근은 다섯 가지 중 무엇인가?
   - 다섯 가지 접근 중 하나를 선택하고 정의, 접근과 관련된 절차를 포함하여

접근에 대해 간략히 서술한다. 계획서의 근거가 되는 문헌에 최소 5개의 참고문헌을 포함한다. 최소 2개의 새로운 참고문헌을 포함할 수 있겠는가?

4. 연구 초점, 절차, 글쓰기 구조가 다섯 가지 접근에서 어떻게 변형되는지를 이해하였는가?
   - 당신이 수행하고 싶어 계획한 질적 연구를 가져온다. 그것을 내러티브 연구, 현상학, 근거이론, 문화기술지, 마지막으로 사례연구로 표현한다. 연구 초점, 자료수집과 분석 절차에서 각 접근별 차이를 비교한다. 각 접근별로 작성된 보고서가 어떻게 달리 구조화되는지를 이야기할 수 있겠는가?

요약

이 장에서 우리는 질적 연구의 다섯 가지 접근—내러티브 연구, 현상학, 근거이론, 문화기술지, 사례연구—각각을 기술했다. 각각에서 우리는 초점과 정의와 그 접근의 발전에 대한 역사, 특징, 각 접근을 수행하기 위한 주요 절차뿐 아니라 접근별 주요 형태를 제시하였다. 마지막으로, 우리는 각 접근을 수행하는 데 있어서 주요한 도전, 새로운 방향, 주요 자원을 이야기했다. 접근들 사이의 차이점들을 강조하기 위해 기본적 고려사항(연구 초점, 분석 단위, 연구문제 유형, 학문적 기원), 자료 절차(자료수집 형태, 자료분석 전략), 연구보고서 작성(연구 결과, 서면 보고의 구조) 등과 같은 기본적 차원을 비교하는 개요표를 제시하였다. 다음 장에서 우리는 각 접근을 예증하는 다섯 편의 연구를 살펴볼 것이고, 이를 통해 각 접근의 구성적 구조를 더 자세히 보게 될 것이다.

더 읽을거리

여러 권의 책을 읽음으로써 다섯 가지 연구접근 각각에 대한 간략한 개요를 확장할 수 있다. 제1장에서 우리는 각 접근에 대한 논의를 구체화하기 위해 활용될 수 있는 주요 도서들을 제시하였다. 여기서는 질적 접근별로 목록을 덧붙였다. 독자들은 이 목록을 전부인 것으로 간주해서는 안 되며, 이 책의 끝에 있는 참고문헌 목록에서 추가 읽을거리를 찾을 것을 권장한다.

내러티브 연구

Clandinin, D. J., & Connelly, F. M. (2000). Narrative inquiry: Experience and story in qualitative research. San Francisco, CA: Jossey-Bass.

Clandinin과 Connelly는 그들 자신이 내러티브 연구자가 되어 가는 여정을 묘사하면서, 책 내내 유용한 참고문헌을 제시한다. 내러티브 초심 연구자에게 특히 유용한 것은 내러티브 탐구 윤리에 대한 광범위한 논의와 지속적인 관심을 담은 마지막 장이다.

Czarniawska, B. (2004). *Narratives in social science research.* Thousand Oaks, CA: Sage.

Czarniawska는 내러티브의 다양한 활용과 분석을 탐구한다. 개념화에서부터 이야기하기까지를 설명하기 위해, 자신의 연구 사례를 사용한 점이 특히 유용하다.

Daiute, C. (2014). *Narrative inquiry: A dynamic approach.* Thousand Oaks, CA: Sage.

Daiute는 예시, 활동, 팁을 활용하여, 자신이 역동적 내러티브 탐구라고 부르는 것을 수행하는 데 필요한 뼈대를 제공한다. 일상의 실천을 내러티브 연구와 연결하는 방법이 특히 주목을 끈다.

현상학 연구

Giorgi, A. (2009). *A descriptive phenomenological method in psychology: A modified Husserlian approach.* Pittsburgh, PA: Duquesne University Press.

Giorgi는 연구 사례를 사용하여, 기술적 현상학 방법에 적용되는 실천적 단계를 설명한다. 이 책은 심리학 분야에 종사하는 사람들이 반드시 읽어야 하는 책이다.

Stewart, D., & Mickunas, A. (1990). *Exploring phenomenology: A guide to the field and its literature* (2nd ed.). Athens: Ohio University Press.

Stewart와 Mickunas의 책은 Husserl, Heidegger, 그리고 20세기 초반부 현상학의 여러 다양한 흐름에 대한 필수 개론서이다. 현상학에 내재된 전통적 도전에 관한 논의가 특히 유용하다.

Van Manen, M. (1990). *Researching lived experience: Human science for an action sensitive pedagogy.* Albany: State University of New York Press.

Van Manen은 현상학 연구의 과정과 방법을 제시할 뿐 아니라 현상학적 전통에 대해서도 설명한다. 이 책의 중요한 기여 중 하나는 현상학 쓰기에 초점을 맞춘 5장에 있다.

근거이론 연구

Birks, M., & Mills, J. (2015). *Grounded theory: A practical guide* (2nd ed.). Thousand Oaks, CA: Sage.

Birks와 Mills는 독자들의 텍스트 이해를 돕기 위해 그림과 교육적 특징을 사용한다. 특히 비판적 사고를 활용한 질문을 통해 독자들이 자신의 글에 대해 자기평가할 수 있도록 하였고, '근거이론으로 들어가는 창'에서는 중요한 통찰을 제공하였다.

Bryant, A., & Charmaz, K. (Eds.). (2007). *The SAGE handbook of grounded theory.* Thousand Oaks, CA: Sage.

이 책은 이 접근에 처음인 연구자를 위한 논리적 출발점을 제공한다. 그리고 Bryant와 Charmaz는 근거이론 수행을 위한 유용한 실천 지침을 제공한다. 특히 편집자들이 작성한 역사적 발전, Lempert가 쓴 메모 작성하기 부분이 특히 주목할 만하다.

Clarke, A. E. (2005). *Situational analysis: Grounded theory after the postmodern turn.*

Thousand Oaks, CA: Sage.

Clarke는 복잡함의 가시성(visibility)을 높이기 위해 예시적 지도를 사용함으로써 그녀의 생각을 드러냈다. 독특한 측면은 일반적으로는 맥락으로 고려되었던 것에 더하여 결측치(예: 환경적 요인)를 포함하여 상황을 개념화했다는 점이다.

문화기술지 연구

Atkinson, P. (2015). *For ethnography.* Thousand Oaks, CA: Sage.

Atkinson 책의 핵심은 문화기술적 연구에서 현장조사를 활용한 점이다. 문화기술지 현장조사를 위한 따라 하기 쉬운 지침 원칙을 제공한다.

Madison, D. S. (2011). *Critical ethnography: Method, ethics, and performance* (2nd ed). Thousand Oaks, CA: Sage.

Madison은 3개의 사례연구를 통해 비판적 문화기술지의 기획 과정에서 이론의 역할에 관한 중요한 통찰을 제공한다.

Wolcott, H. F. (2010). *Ethnography lessons: A primer.* Walnut Creek, CA: Left Coast Press.

Wolcott는 유명 인류학자와의 개인적 상호교류를 간간이 섞으면서, 지난 50년 동안의 문화기술지 경력에서의 도전과 성공을 제시한다.

사례연구

Gomm, R., Hammersley, M., & Foster, P. (2000). *Case study method.* Thousand Oaks, CA: Sage.

Gomm, Hammersley, 그리고 Foster는 사례연구의 실천과 도전에 대해 논한다. 특히 Lincoln과 Guba가 작성한 일반화에 관한 장과 Lieberson이 작성한 사례비교가 특히 주목할 만하다.

Stake, R. E. (2006). *Multiple case study analysis.* New York, NY: Guilford Press.

이 책은 드물게도 복합적 사례연구에 초점은 두었다. 이 책에 단일 사례에 관한 장은 없다. 이 책은 독자들이 복합적 사례연구의 예—다국적 단계별 사례연구 프로젝트—를 수행하도록 이끈다(워크시트 제공).

Thomas, G. (2015). *How to do your case study* (2nd ed.). Thousand Oaks, CA: Sage.

Thomas는 사례연구를 읽고, 설계하고 수행하는 것과 관련하여 따라 하기 쉬운 지침을 제공한다. 특히 사례연구 목적에 집중하는 방법을 설명하기 위해 예시를 사용한 점이 눈에 띈다.

제5장

다섯 가지 상이한 질적 연구

질적 연구 글쓰기 방법을 배우는 가장 좋은 방법은 수없이 많이 출판된 질적 학술지 논문을 보는 것 그리고 그것들이 어떻게 구성되었는가를 자세히 들여다보는 것이다. 예를 들어, 근거이론 연구를 수행할 계획에 있다면, 대략 20편 정도의 근거이론 학술지 논문을 모으고 각각을 주의 깊게 연구하고 근거이론의 특징을 모두 보이는 가장 완벽한 논문을 선택하여, 그것을 자기 프로젝트의 모델로 삼는 것이다. 내러티브 연구, 현상학, 문화기술지, 사례연구 같은 다른 질적 연구접근을 수행하는 경우에도 이 같은 동일한 과정이 유효하다. 완벽하지는 않지만, 우리는 이 장에서 각 접근의 예를 제안하는데, 연구자들은 여기서부터 자료수집을 시작하길 바란다.

여기 5편의 연구 각각은 이 책에서 논의한 질적 연구 전통 가운데 하나를 대표한다. 이 연구들은 부록 B, C, D, E, F에서 볼 수 있다. 우리 생각에, 가장 좋은 방법은 우선 부록에 있는 전문을 읽고 그 논문들에 대해 우리가 다시 요약한 부분으로 돌아와서 우리가 이해한 것과 당신이 이해한 것을 비교하는 것이다. 다음에는 그 논문들이 어떻게 연구접근의 좋은 모델이 되는지, 그리고 제4장에서 제시한 특징을 어떻게 통합하는지에 대한 우리의 분석을 읽는다. 이 장의 결론 부분에서 질적 연구를 수행할 때 연구자가 왜 다른 접근이 아닌 해당 접근을 선택했는지를 살펴볼 것이다. 그리고 이 장의 마지막 점검사항에서 추가 사례를 제시한다.

Chan(2010)의 첫 번째 연구(부록 B)는 홀로 중국에서 이주해 온 Ai Mei Zhang에 대한 좋은 내러티브 연구의 예이다. 그녀는 캐나다 중학교에 다니고 자신의 가족들과 연락하고 있다. 두 번째 논문은 Anderson과 Spencer(2002)가 수행한 현상학적 연구(부록 C)인데, AIDS를 경험한 사람들과 그들이 자신의 질병에 대해 생각하는 이미지와 방식에 관한 연구이다. 세 번째 논문은 Harley 등(2009)이 수행한 근거이론 연구(부록 D)이다. 이 연구는 자신의 생활양식에 신체 활동을 통합하는 미국 흑인 여성들 사이의 행동 과정에 관한 연구이다. 이 연구는 주요 요소들의 연결 경로를 설명하는 이론적 틀을 행동 과정과 함께 적절히 담고 있다. 네 번째 논문은 부록 E에 있는 Mac an Ghaill과 Haywood(2015)의 문화기술지 연구이다. 이 연구는 2000년대 말, 영국 태생이고 노동자 계층인 파키스탄, 방글라데시의 무슬림 청년의 문화적 조건 변화에 관한 연구이다. 빠르게 변하는 영국에서, 광범위한 사교적 커뮤니티의 일원으로서 무슬림 청년의 정체감 형성은 이들이 성장한 인근 지역의 경험에 의해 영향을 받았다. 마지막 논문은 부록 F에 제시한 것으로 Frelin(2015)의 질적 사례연구이다. 학교 실패(school failure)를 경험한 학생과 교육적 관계를 만들어 가는 선생님의 관계적 실천과 관련된 세 가지 주제, 즉 신뢰 관계, 인간적 관계, 학생의 자아상(self-image)을 기술하고 제시하였다. 이들 예는 학문적 배경, 지리적 및 참여자의 다양성뿐 아니라, 제4장에서 논했던 각 접근별 특징을 보여 주는 모델로서 유용하기 때문에 선택되었다.

토론할 문제

- 예로 든 내러티브 연구에서 개인이 말한 이야기는 무엇인가?
- 예로 든 현상학적 연구에서 어떤 경험을 고찰하였는가?
- 근거이론 연구에서 어떤 이론이 나타났는가?
- 예로 든 문화기술지 연구에서는 어떤 문화공유집단을 연구하였는가?
- 사례연구에서 연구한 '사례'는 무엇인가?
- 다섯 가지 접근의 주요 특징은 어떻게 다른가?
- 연구자는 특정 연구를 위해 다섯 가지 접근 중 하나를 어떻게 선택할 것인가?

내러티브 연구(Chan, 2010; 부록 B)

Chan, E. (2010). Living in the space participant and research as a narrative inquier: Examing ethnic identity of Chinese Canadian as conflicting stories to live by. *Journal of Educational Research, 103,* 113-122. doi:10.1080/0022067093323792

이 이야기는 캐나다 토론토에 있는 베이 스트리트 학교(Bay Street School)의 7~8학년 중국 이민학생 Ai Mei Zhang에 대한 것이다. Ai Mei Zhang은 민족적 정체성이 학교, 교사, 학교 또래 그리고 가정으로부터의 기대를 통해 어떻게 형성되는가를 알려 줄 수 있기에, 연구대상으로 선정되었다. Ai Mei는 자기 삶의 특정한 사건에 대한 이야기를 말하였고, 저자는 이러한 이야기와 교실에서의 관찰을 기초로 내러티브 논문을 작성하였다. 연구자는 또한 Ai Mei와 다른 학생들에 대한 면접을 수행하고 광범위한 현장 노트를 작성하였으며 Ai Mei의 학교 활동(예: 다문화의 밤), 가족 식사, Ai Mei와 학교 친구들 간의 교실 대화에 적극적으로 참여하였다. 저자의 최우선 관심사는 자료수집 동안에 드러난 갈등적 이야기를 탐색하는 것이다.

저자는 이민자와 소수자 학생이 겪는 집과 학교 간의 일상적 전환 경험을 더 많이 이해할 필요가 있다는 것, 학교의 인구학적 구성 변화를 인용하면서 연구를 시작하였다. 저자는 삼차원적 내러티브 연구 공간 연구(Clandinin & Connelly, 2000)를 위한 이론적 기초로, 경험과 교육 간의 상호연결점에 관한 Dewey의 철학(1938)을 발견하였다. 이 연구에서 저자는 아동과 교사의 뒤섞인 삶을 기술하기 위해 Clandinin과 동료들(2006)의 절차를 따랐다.

자료에 대한 주제 분석으로부터 저자는 몇 가지 갈등적 이야기, 즉 Ai Mei가 영어 습득의 방해물로 생각해서 학교에서 모국어를 감추어서 발생하는 우정에서의 긴장, 집에서 모국어를 사용하는 것과 학교에서 중국어를 사용하는 것에 대한 압박, 학교에서 또래로부터 받는 기대와 행동에 대한 부모의 기대 사이의 복합적이고 갈등적인 영향, 가족 일에 도움을 요구하는 가족과 숙제를 완수하고 시험과 과제를 준비하는 것에 대한 교사 기대 간의 갈등 등을 제시하였다. 결론의 최종 요소로서, 저자는 연구를 진행하는 동안의 자기 경험, 예를 들어 저자가 참여했던 상이한 사건들이 어떻게 이해를 형성하였는지, 어떤 계기가 신뢰를 만들었는지, Ai Mei와의 관계가 어떻게 협상되었는지 그리고 어린 학생에 대한 옹호감을 어떻게 발전시켰는지 등을 반성적으로 고찰하였다. 마지막으로, 이 연구는 이민자 혹은 소수자 학생의 도전을 이해하는 데, 학생 · 교사 · 또래 · 부모 간의 서로 교차하는 기대를 이해하는 데, 그리고 이러한 상호작용을 통해 민족 공동체 내의 개인들의 가치가 어떻게 형성되는지를 이해하는 데 도움을 제공한다. 더 큰 의미에서 이 연구는 다양한 학생 집단들과 함께하는 데 있어 교사와 행정가의 직무를 알려 주며, "삶에 기반한 문학적 내러티브(life-based literary narrative)"의 사례를 제공한다(Chan, 2010, p. 121).

이 논문은 제4장에서 소개한 내러티브 연구의 특징을 잘 보여 준다(Clandinin, 2013; Riessman, 2008).

- 연구자는 중국 이민자 학생 Ai Mei Zhang이라는 한 개인으로부터 이야기를 수집했다.
- 연구자는 이야기가 수집되는 방법 그리고 시간이 흘러가면서 형성되는 연구자와 연구참여자 간의 관계에서의 협력적 특성을 명쾌하게 보여 준다.
- 연구자는 한 학생의 경험, 보다 구체적으로 그 학생의 문화적 정체성 그리고 부모 · 또래 · 교사가 이러한 정체성을 형성하는 데 어떠한 도움을 주는지에 초점을 맞추었다.
- 연구자는 내러티브에 보고된 사건들 대부분이 발생하는 베이 스트리트 학교의 물리적 · 사회적 맥락 혹은 장소에 대한 논의하고 있다.
- 연구자는 관찰, 면접, 현장 노트, 행사 참여 등과 같은 다양한 자료를 통해 문화적 정체성 탐구를 위한 근거 기반 정보를 확립하였다.
- 연구자는 학생, 부모, 학교에서 '무엇이 일어났는가?'를 보고하는 주제 분석을 사용하였다.
- 연구자는 2001년 가을부터 2003년 6월에 걸쳐 자료를 수집하였다. 그래서 시간의 흐름에 따라 전개되는 사건들을 탐색하는 데 충분한 기회가 있었다. 그러나 내러티브는 주제를 연대기순으로 보고하지 않았다. 그래서 이야기를 읽을 때, 어떤 주제(예: 학생 오리엔테이션에서 언어를 숨기는 것)가 어떤 주제(예: 학교의 표준 중국어와 집에서 쓰는 중국 푸젠어를 포함한 식사 시간의 대화) 이후에 일어

났는가를 알아내기가 어렵다.

- 연구자는 각 주제에서 발생하는 특별한 긴장(예: 표준 중국어와 집에서 쓰는 푸젠성 말을 사용하는 데 있어 발생하는 긴장)들을 강조하였다. 그러나 전체적으로 내러티브는 스토리 라인에서의 발현(epiphany) 혹은 특정 전환점을 전달하지 않았다.

현상학적 연구(Anderson & Spencer, 2002; 부록 C)

Anderson, E. H., & Spencer, M. H. (2002). Cognitive representation of AIDS: A phenomenological study. *Qualitative Health Research, 12,* 1338-1352. doi:10.1177/1049732302238747

이 연구는 AIDS 환자들이 자신의 질병에 대해 갖는 이미지나 인지적 표상을 다룬다. 연구자들은 사람들이 AIDS와 그에 대한 정서적 반응을 표상하는 방법을 아는 것이 치료에 영향을 미치고 고위험 행동을 줄이며 삶의 질을 향상하기 때문에 이 주제를 탐구하였다. 따라서 이 연구의 목적은 "현상학의 맥락 내에서 AIDS에 대한 환자들의 경험과 인지적 표상을 탐색하려는 것"이다(Anderson & Spencer, 2002, p. 1339).

저자들은 HIV에 감염된 수백만 명의 사람을 언급하는 것으로 논문을 시작한다. 그들은 질병 표상의 자기규제 모델(Self-Regulation Model of Illness Repre-sentation)이라는 틀을 발전시켰는데, 이는 환자들이 적극적인 문제해결자들이며, 이들의 행동은 건강 위협에 대한 인지적·정서적 반응의 산물이라고 주장한다. 환자들은 질병에 대한 자신들의 이해를 형성하는 질병 표상 방식을 만들었다. 연구자들이 치료, 행동, 삶의 질로 환자를 돕기 위해 더욱 철저히 이해하는 데 필요했던 것은 바로 이러한 질병 표상(예: 이미지)이었다. 저자들은 환자들의 AIDS 경험에 대한 문헌들로 돌아갔다. 그들은 질적 연구 문헌 검토를 통해 HIV에 대처하기, HIV와 살아가기 같은 주제를 고찰한 여러 현상학적 연구가 있음을 알렸다. 그러나 환자들이 AIDS를 이미지로 표상하는 방법에 대해서는 연구된 바가 없었다.

연구자들의 설계에는 AIDS 진단을 받은 58명의 남녀가 포함되었다. 이 사람들을 연구하기 위해 연구자들은 현상학적 연구 그리고 Colaizzi(1978)가 발전시키고 Moustakas(1994)가 수정한 절차를 사용하였다. 연구자들은 18개월 이상 58명의 환자와 면접을 진행하였으며, 면접 질문들은 다음과 같다. "AIDS와 관련하여 무엇을 경험하였습니까? HIV/AIDS에 대해 갖는 심적 이미지가 있습니까? 혹은 당신은 HIV/AIDS를 어떻게 묘사하시겠습니까? 어떤 마음이 들었습니까? 당신의 인생에서 그것은 어떤 의미입니까?"(Anderson & Spencer, 2002, pp. 1341-1342) 또한 연구자들은 환자들에게 질병에 대한 그림을 그려 달라고 요청했다. 58명 중 8명만이 그림을 그렸지만, 저자들은 이 그림들을 자료분석에 통합하였다. 자료분석의 현상학적 요소는 다음과 같다.

- 자료들에 대한 전반적인 느낌을 얻기 위해 작성된 축어록을 여러 번 읽는다.
- 경험과 직접적으로 관련된 의미 있는 문구나 문장들을 확인한다.
- 의미를 형성하고 그것들을 모든 연구참여자의 축어록에 공통된 주제들로 모은다.
- 그 결과들을 현상에 대한 심층적이고 철저한 기술로 통합한다.
- 참여자들과 함께 연구 결과를 검증하고 최종 기술에 참여자들의 의견을 포함한다.

이 분석을 통해 175개의 의미 있는 진술에 기반을 둔 11개의 주요 주제가 나타났다. '무서운 신체 파괴'와 '삶을 먹어치움'은 주제의 예이다. 이 연구의 결과 부분은 11개의 주제를 보고하고 주제마다 여러 관점을 보여 주기 위해 충분한 인용문과 관점들을 제시했다.

이 연구는 저자들이 환자 경험의 본질(즉, 철저한 기술)과 환자들이 기분과 질병을 다루기 위해 사용한 대처 전략들(즉, 경험을 둘러싼 맥락이나 조건들)을 기술하는 논의 부분으로 끝맺는다. 마지막으로, 저자들은 11개의 주제를 다른 저자들이 쓴 문헌들이 보고하는 결과와 비교하고, 간호와 관련된 연구 결과의 함의와 후속 연구를 위한 질문들을 논의하였다.

이 연구는 제4장에서 Moustakas(1994), van Manen(1990, 2014)이 언급한 현상학

적 연구의 몇 가지 측면을 보여 주었다.

- 현상—환자들이 갖는 AIDS에 대한 '이미지 혹은 인지적 표상'—을 탐구하였다.
- 58명을 대상으로 한 면접과 환자들이 그린 그림의 통합을 활용하여 엄격한 자료수집이 활용되었다.
- 저자들은 현상학 이면의 철학적 사고를 간략하게 언급하였다. 그들은 이론적 설명보다는 생생한 체험을 탐구하려는 욕구와 개인적 경험에 대한 괄호치기를 언급하였다.
- 연구자들은 연구에서 괄호치기에 대해 논하였다. 특별히 면접자들은 건강 보호 제공자이며 HIV/AIDS 환자에 대한 연구자라는 것을 언급하였다. 그래서 면접자가 자신의 경험을 이해하고 이것을 괄호치기할 필요가 있다.
- 자료수집은 HIV/AIDS 환자를 돌보는 3곳, 즉 병원 클리닉, 장기요양시설, 거주시설 등에서 18개월에 걸쳐 수행된 58명에 대한 면접으로 이루어졌다.
- 의미 있는 진술, 의미, 주제, 현상의 본질에 대한 철저한 기술 등의 체계적인 자료분석 절차를 사용한 것은 Moustakas(1994)가 권고한 절차들을 따른 것이다. 의미 있는 진술, 의미, 주제군을 보여 주는 표를 사용하여, 저자들이 원자료로부터 마지막 논의 부분에 있는 연구의 본질에 대한 철저한 기술에 이르기까지 작업한 방법을 보여 주었다.
- 연구는 58명 환자의 경험의 본질, AIDS를 경험한 맥락(예: 대처 기제)을 기술하면서 끝을 맺는다.

근거이론 연구(Harley et al., 2009; 부록 D)

Harley, A. E., Buckworth, J., Katz, M. L., Willis, S. K., Odoms-Young, A., & Heaney, C. A. (2009). Develpoing long-term physical active participation: A grounded theory study with African American women. *Health Education & Behavior, 36*(1), 97-112. doi:10.1177/1090198107306434

이 근거이론 연구는 신체 활동을 자신의 생활방식에 통합하는 데 있어 주요한 요인들의 연결 경로를 설명하는 미국 흑인 여성의 행동 과정에 관한 이론 개발을 추구한다. 신체 활동은 부차적인 존재로 남아 있는 미국 흑인 여성과 같은 특정 하위집단의 관심사라는 문제의식에서 출발한다. 이를 위해 연구자들은 근거이론을 선택하였다. 그 이유는 신체 활동의 행동 전개 과정을 구성하는 특정 요소와 관계들에 관한 지식이 부족하기 때문이다. 저자들은 적어도 고등학교를 졸업하고 전문대학 혹은 기술학교를 수료한 그리고 신체 활동에 전념하고 있는 25~45세라는 기준 표본추출을 충족시키는 15명의 여성을 연구하였다. 참여자들은 흑인 여학생 클럽 동문연합회 2개 지부를 통해 모집하였고, 초기 자료는 Spradley(1979)의 대면 심층면접을 통해 수집하였다. 자료수집과 예비 분석 절차는 면접 질문을 다듬자마자 동시에 진행되었다고 볼 수 있다. 면접 질문은 "더 발전되어야 하는 개념과 범주를 반영하며, 의도한 정보를 유도하지 않았다(p. 100)." 후속 초점집단의 목적은 예비 결과를 나누고 틀을 정교하게 하기 위한 피드백 수집을 위한 것이었다.

이들 자료는 코딩, 개념 개발, 자료와 출현하는 개념들 간의 지속적인 비교 그리고 이론적 모형 형성으로 구성되는 근거이론에 대한 Strauss와 Corbin(1998)의 접근을 사용하여 분석되었다. 그러고 나서 저자들은 그림으로 이론적 모형을 제시하였는데, 이론적 모형은 신체 활동을 생활방식으로 통합하는 행동 과정을 3단계, 즉 초기 단계, 전환 단계, 통합단계로 구성하였다. 연구자들은 각 단계에서 범주들을 제시하였고 신체 활동 통합에 영향을 미치는 조건과 맥락들(예: 미국 흑인의 사회적·문화적 맥락)을 구체화하였다. 저자들은 조건, 신체 활동을 위한 실천 기획 중 하나를 택하고, 기획 방법 분류법으로 이들의 가능성을 자세히 설명하였다. 자세한 설명을 통해 연구자들은 주당 신체 활동 시간의 이상적인 숫자, 주당 최대 시간과 같은 구체적인 실천 결과들을 제시하였다. 결론적으로, 근거이론 연구는 향후 미국 흑인 여성의 신체 활동을 위한 프로그램 설계에서 노력해야 할 중요한 교훈을 제시하였다.

이 연구는 제4장에서 Charmaz(2014), Corbin과 Strauss(2015)가 논의했던 근거이론 연구의 여러 특징을 충족시킨다.

- 중심 초점은 행동 과정 그리고 이러한 과정을 3단계로 제시하는 이론적 모형을 이해하는 것이다.

- 이론은 미국 흑인 여성을 위한 신체 활동 전개의 틀을 제시하는 것이다.
- 연구자들은 여성을 면접하고 자료를 분석하면서 진행된 메모하기, 자신의 생각 써 내려가기 등을 분명하게 언급하지 않았다.
- 대면 면접 자료와 같은 형태의 자료수집은 여러 근거이론 연구에서와 일치한다. 대면 자료수집과 동시에 분석이 이루어졌고 검증과 다듬기 목적으로 초점 집단 면접이 이루어졌다.
- 연구자들은 범주 코딩하기, 맥락과 조건을 포함한 이론적 모형 개발하기와 같은 근거이론에 대한 구조화된 접근을 따랐고 질적 소프트웨어를 사용했다. 저자들은 틀 개발에서 분석적 · 통합적 전략의 세부사항(예: 개방코딩, 축코딩, 선택코딩, 메모하기)을 거의 언급하지 않았다.
- 이들은 이론적 모형의 단계들에 대해 상세히 기술하였고 이러한 모형을 문헌에서 제시된 기존 이론적 모형과 비교하였다.

문화기술지 연구(Mac an Ghaill & Haywood, 2015; 부록 E)

Mac an Ghaill, M., & Haywood, C.(2015). British-born Pakistani and Bangladeshi young men: Exploring unstable concepts of Muslim, Islamophobia and racialization. *Critical Sociology, 41*, 97-114. doi:10.1177/0896920513518947

이 연구는 3년에 걸쳐, 영국 태생이고 노동자 계층인 파키스탄, 방글라데시인 무슬림 청년의 문화적 조건의 변화를 기술하였다. 이 연구에는 영국 내 지방정부 중에서도 무슬림의 수가 가장 많은 지역인 버밍엄에 사는 영국 태생 청년이 참여하였다. 연구자는 이슬람과 무슬림 공동체의 문화 환원주의적 재현, 그리고 무슬림 청년이 자신들에게 전가되고 있다고 주장하는 "추정된 사회적 분열, 문화 고정성, 차이를 가르는 종교적 · 민족적 · 국가적 범주의 경계 등을 비판적으로 규명해야 할 긴급한 필요" 안에서 무슬림 남성이 되는 것에 초점을 맞추었다(p. 98). 참여자들은 친구였을 뿐 아니라 고용주가 같았고, 여가 활동에 함께 참여하며, 같은 대학, 청년 · 지역사회 기관에 다니는 등 광범위한 사교적 커뮤니티의 일원이었다. 이 연구는 "빠르게 변화하는 영국의 지리적으로 특정한 지역에서 성장한" 25명의 청년 집단을 탐구하였다(p. 99). 연구자들은 지역에 대한 사회적 헌신으로 얻은 명성, 지역 커뮤니티 안에서 이전에 가족들과 함께 활동했던 경험으로 해당 집단에 접근할 수 있었다고 기술하였다.

문화기술지 자료수집 방법으로 3년에 걸쳐 생애사 면접과 심층 집단 면접을 실시하였고 이것은 청년의 성장, 가족, 학교생활, 사회생활 그리고 지역 커뮤니티에 대한 통찰을 제공하였다. 추가적 이해는 관찰, 비공식적 대화, 부모와의 면접, 눈덩이 표집을 통해 수집한 커뮤니티 대표들로부터 얻었다. Braun과 Clarke(2006)의 주제 분석을 사용하여 자료분석을 하였다. 수집된 자료원에 대한 통합을 통해, 연구자는 무슬림 되기에 부여된 의미를 협상하는 과정에서의 변화, 그리고 민속성의 인종화와 관련한 집단 성원의 세대별 특정 경험을 기술하였다. 저자들은 이들 집단이 도시의 빠른 변화 시기 동안 경험했던 사회적 · 문화적 배제 영역을 이해하는 방식을 담은 주제를 넘어, 넓은 의미의 추상 수준에서 글을 마무리하였다. 간단히 말해, 저자들은 이들이 종교적 · 문화적 소속의 경계 그리고 민속성과 상호작용하고 경험하는 방식이라는 측면에서 방글라데시, 파키스탄 청년 집단과 관련된 복합적 상황을 확인하였다. 그러면서 저자들은 정체성 형성에서의 광범위한 사회적 · 경제적 과정, 지역 맥락의 영향 그리고 청년 자신의 참여를 이해하는 방식에서 독자들의 주의가 필요하다고 말했다.

Mac an Ghaill과 Haywood의 문화기술지는 제4장에 언급한 문화기술지 연구의 핵심 요소(Fetterman, 2010; Wolcott, 2010)를 잘 보여 준다. 또한 이들은 주변화된 집단에 관한 후속 연구(예: Goffman, 2014)를 제안하면서 비판적 문화기술지(Madison, 2011)의 측면도 잘 보여 준다.

- 이 문화기술지는 영국 태생 노동자 계층의 파키스탄과 방글라데시 청년이라는 문화공유집단과 이 집단 성원의 문화적 조건 변화를 연구하였다. 이 집단은 공동체로, 얼마간 온전한 상태였다.
- 저자들은 세대별 특정 경험에 대한 25명의 생각이라는 측면에서 집단을 기술하였다. 이 집단의 패턴을 찾으면서 "종교의 인종화에 대한 논쟁, 무슬림 인종화의 현대적 형태로서 이슬람 혐오, 그리고 인종화 과정에서 종교의 중심 역

할"을 비판적으로 탐색하기 위한 대안적인 재현 공간을 제공하였다(p. 110).

- 비판적 문화기술지와 같이, 저자들은 유물론자와 후기식민주의 이론적 틀의 조합, 그리고 집단의 문화적 조건의 변화를 설명하는 청년들의 이야기를 사용하였다.
- 저자는 폭넓은 사회적 커뮤니티에 참여하는 것, 그리고 3년 동안 자신들의 역할을 집단의 참여적 관찰자로 두는 것으로 자신의 위치를 설정했다. 또한 청년과의 심층 집단 면접과 생애사 면접을 수행하는 현장조사에도 참여하였다. 추가적 이해는 관찰, 비공식적 대화, 부모와의 면접, 눈덩이 표집을 통해 수집한 커뮤니티 대표들로부터 얻었다.
- 참여자(내부자 관점) 자료, 연구자 현장 노트(외부자 관점 자료)로부터의 주제 분석을 통해 문화적 해석이 이루어졌다. 연구자는 무슬림 되기에 부여된 의미를 협상하는 과정에서의 변화, 그리고 민속성의 인종화와 관련된 것을 먼저 기술하였다. 저자들은 이들 집단이 도시의 빠른 변화 시기 동안 경험했던 사회적·문화적 배제 영역을 이해하는 방식을 담은 주제를 넘어 넓은 의미의 추상 수준에서 글을 마무리하였다.
- 다른 비판적 접근과 달리, 이 연구는 사회적 변화를 주장하는 것으로 끝맺지 않았다. 대신, 집단 성원에 대한 참여자 확인과 같은 방식을 사용한 연구 결과의 타당화 노력을 제안하였다. 집단 성원이 구성한 문화적 해석은 주로 스스로 생각한 것이기 때문이다. 우리는 이 연구를 방글라데시, 파키스탄 청년 집단이 민속성, 종교, 문화적 소속감을 역동적으로 경험하고 상호작용한 방식에 대해 복합적 견해를 제공한 것으로 보았다.

사례연구(Frelin, 2015; 부록 F)

Frelin, A. (2015). Relational underpinning and professionality—A case study of a teacher's practices involving students with experiences of school failure. *School Psychology International, 36*, 589-604. doi:10.1177/0143034315607412

이 질적 사례연구는 학교 실패 경험이 있는 학생과 교육적 관계를 맺어 가는 교사의 실천을 기술한다. 저자는 사례연구를 사용한 근거로 "학교 실패를 경험한 고등학생과 교육적 관계를 맺고 유지하는 데 있어서의 복잡성을 설명하기 위해서"(p. 590)라고 했다. 저자는 관계 전문성과 관련된 문헌, 더 구체적으로 학교 실패를 경험하는 학생들에게 긍정적인 교사-학생 관계와 도전의 영향을 연구할 필요성을 언급했다. 사례연구 절차는 Stake(1995)를 따랐고 11명의 교사에 대한 상대적으로 비구조화된 면접과 맥락적 관찰에 대한 상세한 기술, 예비 자료분석, 스웨덴의 '입문 프로그램'을 운영하는 중등학교 교사, '참여자(Gunilla)' 선정이 먼저 이루어졌다. 그녀는 국립 고등학교 프로그램에서 받아 주지 않았던 학생을 교육한 폭넓은 경험이 있었을 뿐 아니라, 학생과 긍정적 관계를 맺는 능력이 있었기 때문에 의도적 표집을 통해 선정되었다. 저자는 "교사가 일했던 맥락을 강조하고 새로운 질문을 끌어내는 데 관찰이 어떻게 도움이 되는지, 그리고 실천적 논의와 실천에 관한 이야기를 도출하는 것에 초점을 맞춰 면접이 어떻게 이루어졌는지"를 기술하였다(p. 593). 자료분석은 사례 간 비교와 지속적인 비교를 통해 이루어졌고(Charmaz, 2006), 분석에서 질적 소프트웨어 ATLAS.ti의 도움을 받았다.

설명을 위해 교사의 맥락을 기술한 후에, 이어지는 자료분석 결과에서 세 가지 주제로 학생과 관계를 조율하는 Gunilla에 대해 묘사하였다. 세 가지 주제는 신뢰 관계, 인간적 관계 그리고 학생 자신의 자아상이다. 사례 주장은 학교 실패를 경험한 학생에 대한 연결의 중요성과 관련되며, 사례 결론에서는 교사-학생 관계를 맺는 데 있어 학교 심리학자의 교사 지원에 관한 실천적 함의를 제시하였다.

이 연구는 제4장에서 Stake(1995), Yin(2014), Flyvbjefg(2006)가 논의했던 사례연구의 여러 특징을 충족시킨다.

- 이 연구의 사례 이슈는 학교 실패 경험이 있는 학생과 관계를 조율하는 한 교사의 실천이다.
- 이 연구에서 기술한 사례는 참여자(Gunilla), 시간(자료수집에서 시간적 제한), 장소(스웨덴 입문 프로그램을 제공하는 기관) 등으로 범위가 정해진, 경계를 가진 체계이다.
- 목적은 도구적 사례연구 발표에 있다. 그래서 학교 실패 경험이 있는 학생과

교육적 관계를 조율하는 데 있어서의 복잡성을 설명하기 위해 교사의 관계적 실천 이슈 탐구에 초점을 맞췄다.

- 교사의 실천에 대한 심층적이고 상세한 이해를 제공하기 위해 자료수집에서 면접과 관찰을 사용하였다. 이를 통해 더 광범위하고 다양한 정보원을 끌어낼 수 있었다.
- 지속적 비교방법을 사용한 것 이상으로, 자료분석에 대해서는 자세한 설명이 없다(Charmaz, 2006).
- 세 가지 주제 제시뿐 아니라 사례의 맥락에 관한 기술에도 상당한 노력을 기울였다. 저자는 학생과의 관계 조율하기를 기술하기 위해 몇 가지 연대순 증거(즉, 맺고 유지하기)를 제시하였다.
- 이 연구는 학교 실패를 경험한 학생에 대한 연결의 중요성을 사례 간 주장으로 제시하고 교사-학생 관계를 맺는 데 있어 학교 심리학자의 교사 지원에 관한 실천적 함의를 제안하는 것으로 결론 내렸다. 그러나 이 연구는 복합적 사례가 아닌 단일 사례(교사 Gunilla)이기 때문에, 여러 교사 간의 실질적인 사례 간 분석은 제시하지 않았다.

접근들 간의 차이

다섯 가지 접근을 구분하는 과정을 시작하는 데 유용한 관점은 그 접근들의 중심 목적 또는 초점을 사정하는 것이다. [그림 5-1]에서 볼 수 있듯이, 내러티브의 초점은 한 개인의 삶에 맞추어져 있으며, 현상학의 초점은 개념 또는 현상 그리고 그 현상에 대한 사람들의 체험의 본질이다. 근거이론의 목적은 하나의 이론을 개발하는 것이고, 반면에 문화기술지의 목적은 문화공유집단을 기술하는 것이다. 사례연구는 이슈의 복잡성을 보여 주는 사례로 이슈를 파악하려는 목적으로 특정 사례를 검토한다. 다섯 가지 연구로 되돌아가 보면, 접근들의 초점이 더욱 분명해진다.

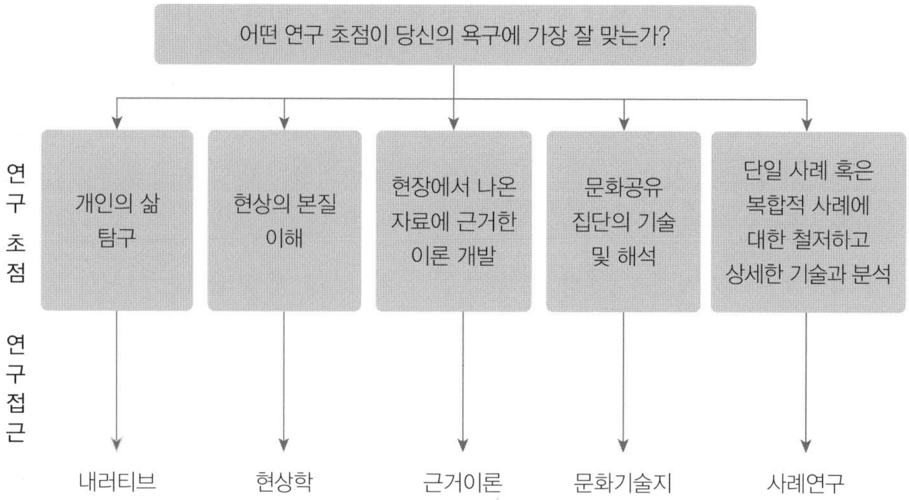

[그림 5-1] 초점에 따른 접근 구분

각 접근의 중요한 특징

캐나다 중학교에 다니는 중국 이민 학생 Ai Mei Zhang의 이야기는 꼭 맞는 사례이다. 연구 초점으로 한 개인을 연구할 필요가 있고 그 개인이 이민 학생이라는 이슈, 자신이 직면한 갈등문제를 경험으로 설명할 수 있어서 내러티브를 쓰기로 결정했다(Chan, 2010). 나아가 연구자는 이러한 특정한 개인—문제를 실제로 보여 주는 사람, 두드러진 경력을 가진 사람, 국가적인 주목을 받는 사람, 또는 평범한 인생을 살아온 사람—을 연구하고자 하는 욕구에서 한 사례를 정하고 싶어 한다(Clandinin, 2013). 자료수집과 분석 과정은 대화 혹은 관찰에서 개인 경험에 관한 이야기까지 그 사람에 관한 내용 수집을 포함한다.

한편, 현상학 연구는 한 개인의 삶에 초점을 두기보다는 개인들이 자신의 질병을 어떻게 표상하는가와 같이 현상에 대한 개인들의 체험을 이해하는 데 초점을 둔다(Anderson & Spencer, 2002). 나아가 연구자는 현상을 경험한 사람들을 선택하며 종종 면접을 통해 자료 제공을 요청한다(van Manen, 2014). 연구자는 자료를 얻고, 자료를 귀납적으로 분석하는 여러 단계를 거쳐, 결국에는 모든 개인이 공통으로 갖는 (체험의 본질) 현상에 대한 경험을 기술한다.

현상학적 연구가 현상을 향한 사람들의 경험의 의미에 초점을 맞춘다면, 근거이론 연구자들은 미국 흑인 여성이 신체 활동을 자신의 생활양식으로 통합하는 방식에 관한 이론과 같이 실체이론을 만드는 것이 목적이다(Harley et al., 2009). 그래서 근거이론 연구자들은 과정 혹은 행동에 관한 이론을 개발하고자 연구를 수행한다. 자료수집 방법은 주로 면접이며, 자료수집과 분석 과정은 동시에 반복적으로 이루어진다. 연구자는 이론을 분석하고 개발하기 위한 체계적 절차, 즉 자료의 범주 생성, 범주들과 이론적 모형을 연결 짓는 것, 이론이 작동하는 맥락과 조건을 구체화하기 등과 같은 체계적 절차를 사용한다(Corbin & Strauss, 2015). 근거이론 연구의 전반적인 분위기는 엄격하고 과학적인 신빙성을 강조한다.

문화기술지 설계는 영국 태생이고 노동자계층인 파키스탄, 방글라데시의 무슬림 청년과 같이, 문화공유집단의 행동을 연구하고자 할 때 선택된다(Mac an Ghaill & Haywood, 2015). 문화기술지에서 연구자는 언어와 행동의 규칙적 패턴 혹은 충분히 오랫동안 상호작용하며 언어와 행동을 공유해 온 온전한 문화공유집단을 연구한다(Fetterman, 2010). 문화공유집단에 대한 상세한 기술은 연구 도입부에 필수적이며, 그 이후 저자는 문화 변용, 정치 혹은 경제 등과 같은 문화적 개념을 둘러싸고 집단의 패턴을 확인하는 쪽으로 넘어간다. 문화기술지는 집단이 일상생활에서 어떻게 기능하고 움직이는가에 대한 요약적 진술로 끝을 맺는다. 그리하여 독자는 Mac an Ghaill과 Haywood(2015)가 연구한 무슬림 청년과 같은 익숙지 않은 집단을 이해하게 된다.

마지막으로, 사례연구는 학업 실패의 과거를 가진 학생과의 교육적 관계를 만들어 가는 교사의 관계적 실천과 같이 명확한 경계를 가진 사례를 연구하기 위해 선택된다(Frelin, 2015). 이런 유형의 도구적 사례연구에서 연구자는 이슈를 탐구하며, 단일 사례 혹은 여러 사례에 대한 고찰을 통해 상세한 이해가 가능하다. 연구자가 사례 현장을 기술하는 데 이용할 수 있는 맥락적 자료를 가지는 것, 사례에 대한 깊이 있는 묘사를 위해 사례에 대한 다양한 정보원에 의지하는 것이 또한 중요하다. 사례연구 작성에서 중요한 것은 연구자가 사례를 상세하게 기술하는 것이며, 또한 사례를 검토하면서 등장했던 단일한 이슈에 초점을 맞추거나 여러 이슈를 언급하는 것이다(Stake, 1995). 사례연구 보고서는 사례 혹은 사례들을 연구하면서 배운 것을 설명하는 것으로 끝맺는다.

당신의 선택

다섯 가지 접근에 대한 더욱 철저한 이해에 기반하여 연구자는 하나의 접근을 어떻게 선택할 것인가? 우리는 당신이 결과물—그 접근이 성취하고자 하는 것, 예를 들어 한 개인에 대한 연구, 현상을 향한 경험의 의미에 대한 고찰, 이론 생성, 문화공유집단에 대한 기술과 해석, 단일 사례에 대한 심층 연구—을 갖고 시작할 것을 권한다. 이에 덧붙여서 하나의 접근을 선택할 때 다음과 같은 다른 요인들을 고려할 필요가 있다.

- 청중에 대한 질문: 당신 분야의 수문장(예: 위원회 위원들, 고문, 학술지 편집위원회)이 가장 자주 사용하는 접근은 무엇인가?
- 배경 질문: 당신은 연구접근에 대해 어떤 훈련(예: 코스 수료, 독서)을 받았는가? 혹은 당신의 연구를 지도하는 데 활용할 수 있는 어떤 자원(예: 위원회 위원들, 책, 워크숍)에는 어떤 것이 있는가?
- 학술 문헌 관련 질문: 당신 분야의 학술 문헌들에 대한 기여로서 가장 필요한 것은 무엇인가(예: 한 개인에 대한 연구, 개념의 의미에 대한 탐색, 이론, 문화공유집단에 대한 묘사, 심층 사례연구)?
- 개인적 접근 질문: 당신은 연구에서 더욱 구조화된 접근이 더 편한가, 아니면 스토리텔링 접근(예: 내러티브 연구, 문화기술지)이 더 편한가? 혹은 당신은 연구에서 더욱 탄탄하고 잘 규정된 접근이 더 편한가, 아니면 유연한 접근(예: 근거이론, 사례연구, 현상학)이 더 편한가?

점검사항

1. 질적 연구설계에서 사용할 수 있는 다섯 가지 접근 가운데 하나가 갖는 특징은 무엇인가? 당신이 고려 중인 접근에 해당하는 다음 질문에 답해 보자.
   - 내러티브 연구를 위해: 당신이 연구하려는 개인은 누구인가? 이 개인의 삶의 경험에 대한 정보에 접근 가능한가?

- 현상학 연구를 위해: 당신이 연구하려 관심을 둔 현상은 무엇인가? 그것을 경험한 사람들에게 접근할 수 있는가?
- 근거이론 연구를 위해: 당신 이론의 기초로서 당신이 탐구하고자 하는 사회과학 개념, 행동 또는 과정은 무엇인가? 그러한 과정을 경험한 사람들을 면접할 수 있는가?
- 문화기술지 연구를 위해: 당신은 어떤 문화집단의 사람을 연구하려고 하는가? 문화공유집단은 행동과 언어 패턴 그리고 신념이 만들어질 만큼 충분히 오래 함께하였는가?
- 사례연구를 위해: 당신이 탐구하려는 사례는 무엇인가? 그 사례가 독특한 사례이기 때문에 기술하려고 하는가, 아니면 이슈 혹은 문제를 설명하기 위해 (이해하기 쉽게 밝히기 위해) 사용하려는 것인가?

2. 다섯 가지 접근 간의 주된 차이를 이해하였는가?
   - 여러 다양한 분야에 걸쳐 상이한 접근을 채택했던 질적 학술지 논문을 읽는다. 예를 들어, 내티러브 연구는 Geiger(1986) 및 Nelson(1990), 현상학에서는 Edwards(2006) 및 Padilla(2003), 근거이론 연구에서는 Brimhall과 Engblom-Deglmann(2011), Creswell과 Brown(1992), 문화기술지에서는 Haenfler(2004) 및 Rhoads(1995), 사례연구에서는 Brickhouse와 Bodner(1992), Asmussen과 Creswell(1995)이 있다. 저자가 사용한 접근의 특징을 찾아보고 저자가 왜 그 접근을 사용했는지 토의해 본다.

Asmussen, K. J., & Creswell, J. W. (1995). Campus response to a student gunman. *Journal of Higher Education, 66*(5), 575-591. doi:10.2307/2943937

Brickhouse, N., & Bodner, G. M. (1992). The beginning science teacher: Classroom narratives of convictions and constraints. *Journal of Research in Science Teaching, 29,* 471-485.

Brimhall, A. C., & Engblom-Deglmann, M. L. (2011). Starting over: A tentative theory exploring the effects of past relationships on postbereavement remarried couples. *Family Process, 50*(1), 47-62. doi:10.1111/j.1545-5300.2010.01345.x

Creswell, J. W., & Brown, M. L. (1992). How chairpersons enhance faculty research: A grounded theory study. *Review of Higher Education, 16*(1), 41-62. Retrieved from https://www.press.jhu.edu/journals/review_of_higher_education

Edwards, L. V. (2006). Perceived social support and HIV/AIDS medication adherence among African American women. *Qualitative Health Research, 16,* 679-691. doi:10.1177/1049732305281597

Geiger, S. N. G. (1986). Women's life histories: Method and content. *Signs: Journal of Women in Culture and Society, 11,* 334-351. Retrieved from http://www.jstor.org/stable/3174056

Haenfler, R. (2004). Rethinking subcultural resistance: Core values of the straight edge movement. *Journal of Contemporary Ethnography, 33,* 406-436. doi:10.1177/ 0891241603259809

Nelson, L. W. (1990). Code-switching in the oral life narratives of African-American women: Challenges to linguistic hegemony. *The Journal of Education, 172*(3), 142-155.

Padilla, R. (2003). Clara: A phenomenology of disability. *The American Journal of Occupational Therapy, 57*(4), 413-423. doi:10.5014/ajot.57.4.413

Rhoads, R. A. (1995). Whales tales, dog piles, and beer goggles: An ethnographic case study of fraternity life. *Anthropology and Education Quarterly, 26,* 306-323. Retrieved from http://www.jstor.org/stable/3195675

요약

이 장은 내러티브 연구, 현상학, 근거이론 연구, 문화기술지, 사례연구 작성에서 좋은 모델을 보여 주기 위해 서로 다른 다섯 가지 짧은 논문을 검토했다. 이 논문들은 각 접근의 기본적인 특징들을 보여 주며 다양한 질적 연구를 구성하고 글을 쓰는 데 있어서의 차이점들을 볼 수 있게 해 준다. 자료를 이용할 수 있고 접근할 수 있으며 개인이 기꺼이(그가 살아 있다는 것을 가정할 때) 정보를 공유하려 한다면, 그리고 한 개인의 생활 경험을 연구하려면 내러티브 연구를 선택한다. 하나의 현상과 그것이 개인들에게 갖는 의미를 파악하기 위해서는 현상학을 선택한다. 개인들을 면접할 준비를 하고 현상학의 철학적 사상에 연구 기반을 두고, 정해진 절차를 따라가고, 의미의 '본질'로 끝맺는다. 하나의 이론을 생성하거나 개발하기 위해서는 근거이론 연구를 선택한다. (주로) 면접을 통해 정보를 수집하고, 개방코딩과 축코딩, 선택코딩과 같은 절차로 구축된 체계적인 자료수집과 분석 절차들을 사용한다. 최종보고서는 '과학적'이지만, 그것은 민감하고 정서적인 이슈도 다룰 수 있다. 문화공유집단(또는 개인)의 행동을 연구하기 위해서는 문화기술지를 선택한다. 관찰하고 면접할 준비를 하고, 집단에 대한 기술을 전개하고, 인간 행동에 관한 연구로부터 나타나는 주제들을 탐색한다. 시간과 공간의 경계를 가진 사례를 연구하기 위해서는 사례연구를 선택하고 사례의 배경에 대한 맥락적 자료를 찾는다. 사례에 대한 깊이 있는 묘사를 위해 다양한 정보원으로부터 폭넓은 자료들을 수집한다.

이런 내용이 다섯 가지 연구접근 간의 중요한 차이이다. 각 접근을 더욱 구체적으로 공부하면, 연구를 진행해 가는 방법과 어떤 접근을 사용할 것인지 선택을 좁혀가는 방법에 대해 더욱 많이 배울 수 있다. 다음 장에서 우리는 다섯 가지 접근을 질적 프로젝트의 학술적 서론으로 통합하는 방법을 제시할 것이다.

더 읽을거리

여러 책은 다섯 가지 접근에 대한 간략한 개요와 다섯 가지 접근을 사용한 논문 비교를 포함한다. 우리는 각 접근에 대한 도서 목록을 계속 확장했다(세1, 4장 참조). 독자들은 이 목록을 전부인 것으로 간주해서는 안 되며, 이 책의 끝에 있는 참고문헌 목록에서 추가 읽을거리를 찾을 것을 권장한다.

Clandinin, D. J., Huber, J., Huber, M., Murphy, M. S., Murray Orr, A., Pearce, M., & Steeves, P. (2006). *Composing diverse identities: Narrative inquiries into the interwoven lives of children and teachers.* New York, NY: Routledge.

이 책의 저자는 아동, 가족, 교사, 학교 환경 내의 행정가들 간의 복잡한 상호작용을 포착하기 위한 목적으로 내러티브가 갖는 유용성을 설명한다. 아동에 대한 내러티브 연구에 참여 중인 사람들은 반드시 읽어야 할 책이다.

Colaizzi, P. F. (1978). Psychological research as the phenomenologist views it. In R. Valle & M. King (Eds.), *Existential phenomenological alternatives for psychology* (pp. 48-71). New York, NY: Oxford University Press.

이 중요한 자료는 심리학 내에서의 철학적, 방법론적 접근으로 실존적 현상학을 도입하였다. 해당 장에서 Colaizzi는 이 연구에 적절한 현상학적 분석 절차를 제시하였다.

Denzin, N. K., & Lincoln, Y. S. (2013). *Strategies of qualitative inquiry.* Thousand Oaks, CA: Sage.

Denzin과 Lincoln은 질적 연구 안내서의 활용하기 쉬운 버전에서 새로운 접근을 취했다. 특히 Flyvberg가 작성한 장으로, 다른 접근과 구분하여 사례연구를 자세히 설명한 부분이 특히 유용하다.

Goffman, A. (2014). *On the run: Fugitive life in an American city (fieldwork encounters and discoveries).* Chicago IL: Chicago University Press.

Goffman은 6년 동안, 서부 필라델피아의 가난한 지역에 사는 흑인 청년 남성 집단에 대한 문화기술지 연구를 수행해 왔다. 그녀는 문화기술지 연구에 참여하는 사람들이 더 탐구해 봄 직한 수많은 윤리적 이슈를 소개하였다.

Spradley, J. P. (1979). *The ethnographic interview.* New York, NY: Holt, Rinehart & Winston.

Spradley가 쓴 이 책은 여러 질적 접근에서 유용한 개방형 면접 수행방법과 관련하여 지속적인 영향을 미치고 있다. 연구질문을 표현하는 방법에 대한 제안과 더불어, 그는 분석하는 동안 자료를 비교하는 데에도 유용한 지침을 제공한다.

제6장

연구의 서론과 초점 잡기

앞서 언급한 것처럼, 연구의 출발은 연구 프로젝트의 가장 중요한 부분이다. 연구의 목적이 분명하지 않다면, 연구질문이 모호하다면, 연구문제나 이슈가 명확하게 규정되어 있지 않다면, 독자들은 연구의 나머지 부분을 좇아가기 어려울 것이다. 당신이 최근에 읽은 질적 연구 학술논문을 하나 떠올려 보라. 빨리 읽혔는가? 만약 그렇다면, 그것은 대개 그 연구의 하위요소들이 서로 잘 연결되어 있다는 증거이다. 즉, 연구문제는 분명한 연구질문들을 이끌어 가고, 자료수집이 자연스럽게 이어지며, 자료분석과 해석은 연구문제와 밀접하게 연결되어 있고, 독자로 하여금 연구문제를 이해할 수 있도록 돕는다. 저자는 한 부분과 나머지 부분을 연결하기 위한 전환 기제들을 사용한다. 연구의 논리는 통합되고 일관된 방식으로 이러한 요소들 사이를 오가게 되며, 그 결과로 모든 부분이 서로 연결되고(Morse & Richards, 2002), 상호작용하는 것으로 간주된다(Maxwell, 2013). 이러한 훌륭한 질적 서문을 구성하는 모든 부분의 통합은 연구할 필요가 있는 분명한 문제의 확인과 함께 시작된다. 그리고 그것은 연구의 목적이라고 부르는, 그 연구의 일차적인 의도를 이끌어 간다. 연구문제의 모든 부분 중에서 가장 중요한 것은 **목적 진술**이다. 그것은 전체 논문을 위한 무대를 설치하며 저자가 연구에서 성취하려고 하는 것이 무엇인지 알려 준다. 그것은 정말 중요한 것이기 때문에, 우리는 당신이 질적 연구 프로젝트에서 사용할 수 있는 목적 진술의 각본을 제시해 왔다. 당신이 해야 할 일은 몇 가지 요소를 이러한 목적 진술 각본에 집어넣음으로써 독자들이 쉽게 따라서 할 수 있는 분명하고, 짧고, 간결한 질적 연구의 목적 진술을 작성하는 것이다. 그러고 나면 질적 연구질문들은 그 연구가 진행되는 과정에서 답변하게 될 질문들로 목적 진술을 확장시키거나 종종 축소시킬 것이다. 이 장에서 우리는 질적 연구를 위한 좋은 문제 진술을 구성하는 방법과 분명한 목적 진술을 구성하는 방법, 질적 연구질문을 통해 해당 연구를 더 구체화하는 방법에 대해 논의할 것이다. 또한 우리는 서론의 이러한 영역들을 이 책에 소개한 다섯 가지 질적 연구접근에 맞도록 어떻게 조절할 것인지에 대해 제안할 것이다.

토론할 문제

- 연구문제와 목적, 질문들 사이의 상호관계에 대한 증거들은 어떻게 보이는가?
- 질적 연구의 한 가지 접근을 가장 잘 반영하는 문제 진술은 어떻게 써야 하는가?
- 연구접근의 방향을 가장 잘 반영하는 목적 진술은 어떻게 써야 하는가?
- 질적 연구접근을 부호화하고 예시하는 중심 질문은 어떻게 써야 하는가?
- 중심 질문을 여러 개의 부분으로 나누는 하위질문들은 어떻게 제시해야 하는가?

연구 내에서 연구문제와 목적, 질문들을 연관시키기

방법론적 적합성(여기에 해당되는 첫 기술은 제3장 참조)은 조사가 필요한 분명한 문제를 확인하고, 연구의 주요 목적을 개진하며, 연구설계를 이끌어 갈 질문들을 구체화하는 것으로 시작된다. 이는 이러한 결정들(즉, 문제, 목적, 질문들)이 연구방법과 관련된 이후의 결정들에 토대가 되는 기반을 제공하기 때문이다. 이러한 과정을 돕기 위해 우리는 [그림 6-1]에 있는 안내 틀을 제공하고자 한다. 첫째, 연구자는 어떤 문제를 확인하고 연구문제를 진술한다. 이 문제는 주요 연구 목적에 초점을 맞추게 된다. 둘째, 연구자는 구체적인 연구문제를 작성함으로써 결국 조작적으로 정의될 수 있는 주요한 연구 목적을 개진하기 위해 연구 목적을 진술한다(이하에서 우리

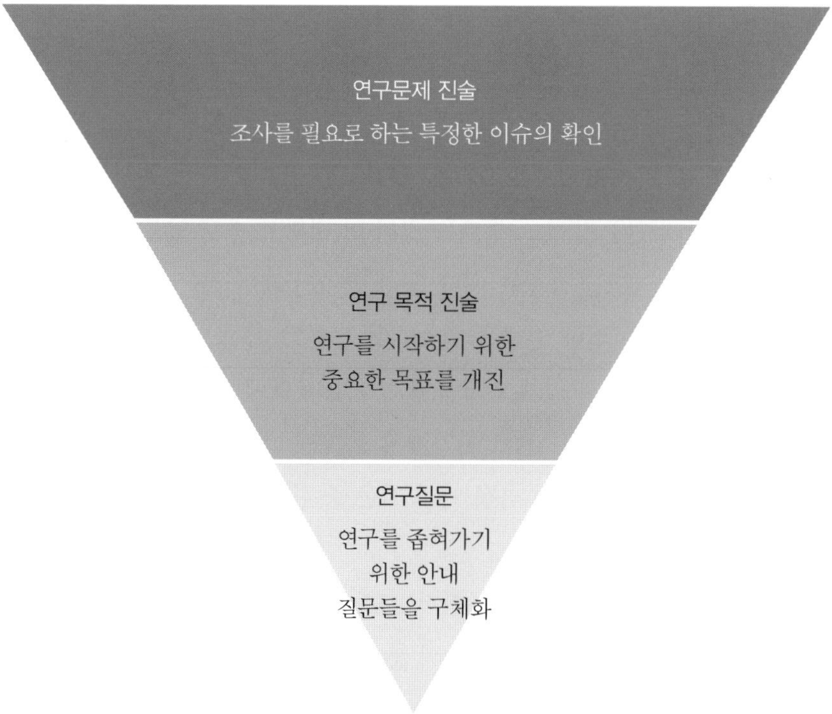

[그림 6-1] 연구문제와 목적, 질문들의 상호관계

는 이 진술을 목적 진술이라고 부를 것이다. 일부 연구자는 그것을 연구 목적이라고 부르지만 말이다). 이들 하위 연구질문과 중심 연구질문은 나중에 연구설계를 이끌어 가게 된다. 우리는 이것을 다섯 가지 접근 전반에 걸쳐서 유사하게 나타나는, 좁혀 가는 과정이라고 생각한다. 그러나 이어지는 절들에서 몇 가지 차이점들을 논의할 것이다. 또한 [그림 6-1]이 함의하는 바는 자료수집 방법들과 자료분석 전략들의 선택에 대한 정보를 제공하기 위해서는 상호관계가 중요하다는 점이다. 이 관계 내에서 결과물은 구체화된 연구질문들을 언급하고, 주요 연구 목적에 기여하며, 확인된 연구문제를 파악하게 해 준다.

연구문제 진술

질적 연구를 어떻게 시작해야 할까? 모든 훌륭한 연구는 해결되어야 할 이슈나 문제들로 시작한다는 것을 알고 있는가? 질적 연구는 해당 연구의 연구문제나 이슈를 제기하는 서론으로 시작된다. 문제라는 용어는 잘못된 명칭일 수도 있으며 연구를 위한 글쓰기에 익숙하지 않은 사람들은 이러한 관용 표현과 갈등을 빚을 수도 있다. 이러한 표현을 '문제'라고 부르는 대신 '연구를 필요로 하는 욕구' 또는 '연구를 요하는 합리적 근거 만들기'라고 부르는 것이 더 명확할 수도 있을 것이다. 질적 연구에서 연구문제의 의도는 특정 이슈나 '문제'를 연구해야 하는 정당성이나 필요성을 제공하는 것이다. 이러한 연구문제에 대한 논의로 질적 연구를 시작하게 된다. 그러나 좋은 질적 연구에서 실제 연구문제는 도입 문단에 있는 여러 개의 다른 요소들 내에서 일정한 틀을 갖게 된다. 여기에서 우리는 이러한 도입 문단들이 어떻게 구성되는지 분석하고 그것들이 다섯 가지 접근 중 한 가지에 적합하도록 어떻게 재단해야 할지 보여 주고자 한다.

질적 연구의 서론을 설계해 보라. 먼저, 고등학교 내 청소년들의 흡연에 대한 다중 사례연구를 위해 설계한 [그림 6-2]의 모형을 검토해 보라. 훌륭한 서론을 구성하기 위한 첫 아이디어는 훌륭한 연구논문들에 제시된 도입 문단들에 대한 초기 연구에서 나왔다(Creswell, 2014). 이 논문에서 제안하는 바와 같이, 훌륭한 서론에 내포된 것은 저자들이 사용하는 모형이나 기본틀이다. 이 모형을 "서론의 결핍 모형"(Creswell, 2014, p. 111)이라고 부르는데, 그것이 기존 문헌들에 빠져 있는 부분들에 중심을 두고 있고 전체 문헌의 구조를 보완하기 위해 연구들을 어떻게 정교하게 맞출 것인지를 보여 주기 때문이다. 우리는 이제 질적 연구들이 그러한 문헌들을 보완할 뿐만 아니라 자신의 입장을 대변하지 못하는 집단들에게 목소리를 부여하고, 중심 현상에 대한 깊은 이해를 탐색하며, 이야기들, 현상의 본질, 이론의 창출, 한 집단의 문화생활, 특정 사례에 대한 심층 분석과 같은 구체적인 결과들을 이끌어 낸다는 것을 알고 있다. 독자들은 [그림 6-2]에서 훌륭한 서론의 다섯 가지 요소, 즉 주제, 연구문제, 해당 연구문제에 대한 문헌들에서 나온 증거, 증거 부족, 선택된 독자를 위한 문제의 중요성을 보게 될 것이다. 이러한 진술의 마지막 여섯 번째 요소로서 추가되는 것이 목적 진술이며, 이 주제는 이 장의 후반부에서 다루어질 것이다.

훌륭한 서론의 구성요소들은 다음과 같다.

1. 몇 개의 도입 문장들이나 하나의 문단으로 독자들의 흥미를 불러일으킴으로써 조사연구의 주제를 전개하라: 훌륭한 첫 문장(문헌 구성에서 이야기체 갈고리라고 부르는)은 시의적절한 화제를 언급하거나 주요 논쟁거리를 전개하거나 숫자를 사용하거나 선행연구를 인용하는 방법을 통해 독자들의 흥미를 끌 수 있다. 우리는 첫 문장에 인용문을 삽입하지는 말 것을 권한다. 왜냐하면 그럴 경우 종종 독자들로 하여금 인용문의 주요 아이디어에 초점을 맞추도록 할 뿐만 아니라 적절한 도입부와 앞장서서 이끌어 가는 문장들을 필요로 하기 때문이다. 연구에서 다루어지는 주제에 대한 일반적 논의를 전개하기 위해 첫 문장은 넘어가는 것이 좋다(Creswell, 2016 참조).
2. 연구의 필요성을 이끌어 갈 연구문제나 이슈들을 논의하라: 독자들에게는 그저 당신이 질적 연구 프로젝트에서 다루려고 계획하고 있는 이슈나 관심에 대해서만 알려 주면 된다. 연구문제를 형성하기 위한 다른 방법은 그것을 왜 당신이 문제를 연구하기를 원하는지에 대한 논쟁으로 여기는 것이다. 이러한 방식으로 당신은 독자에게 연구의 중요성을 제시할 수 있다(Ravitch & Riggan, 2012). 질적 연구방법에 대한 책들(Creswell, 2012; Marshall & Rossman, 2015; Ravitch & Mittenfelner Carl, 2016)은 연구문제를 정하기 위한 몇 가지 원천을 제공해 준다. 연구문제들은 특정 이슈에 대한 개인적인 경험이나 직업과 관련된 문제, 조언자의 연구주제, 또는 학술문헌 등에서 발견된다. 우리는 연구문제를 실생활 이슈나 문헌들 사이의 공백 또는 양쪽 모두에서 나오는 것으로 생각하곤 한다. 실생활의 문제라는 것은 Chan(2010)의 연구(부록 B)에서 제시된 바와 같이, 친구와 가족, 학교 등의 요구에 의해 주어지는 민족 정체성과 갈등하는 학생들과 같은 것일 수 있다. 사람들은 AIDS/HIV 질병을 이해하기 위해 분투한다(Anderson & Spencer, 2002; 부록 C). 또한 연구의 필요성은 현존하는 학술문헌들 사이의 분명한 결핍이나 빈틈들로부터 나오기도 한다. 저자들은 발간된 연구보고서의 후속 연구 제언 부분이나 서론에서 이러한 공백들을 언급하곤 한다. Barritt(1986)이 제안한 바와 같이, 연구 필요성의 근거는 자연과학 연구에서처럼 새로운 요소의 발견이라기보다는 잊히거나 간과되어 온 경험을 알아차리도록 강조하는 것이라고 할 수 있다. 인식 수준을 높이고 대화를 창출함으로써, 연구는 누군가에게 일어난 일들을 더 잘 이해할 수 있도록 돕고,

그것을 통한 통찰이 실천의 향상을 이끌어 낼 것이라고 기대된다(Barritt, 1986, p. 20). 대화와 이해뿐만 아니라 질적 연구는 현상을 깊이 이해할 수 있도록 하며, 기존 문헌의 공백을 메우고, 새로운 사고방식을 수립하며, 우리 사회에서 주변으로 밀려난 사람들의 목소리에 귀를 기울이게 하고, 연구의 대상이 될 집단이나 사람들과 관련된 이슈를 평가할 수 있다.

3. 이러한 연구문제를 언급해 온 학술문헌들을 찾아 최근의 증거들을 간략하게 요약하라: 누군가 이 문제를 직접 연구하였는가? 또는 누군가 일반적인 관점에서 아니면 밀접하게 관련된 화제를 논의함으로써 이 문제를 연구하였는가? 연구를 시작하기 전에 필요한 문헌 검토의 범위에 대해서는 서로 다른 의견들이 맞서고 있지만, 질적 연구 저자들(Creswell, 2012; Marshall & Rossman, 2015; Ravitch & Mittenfelner Carl, 2016)은 연구문제에 대한 이론적 근거를 제공하고 주제에 대해 계속 발간되고 있는 문헌들 내에서 자신의 연구가 차지하는 위치를 잡을 수 있으려면 문헌 검토가 필요하다고 언급한다. 우리는 우리의 연구가 더 큰 문헌들 사이에서 어디에 위치할 수 있는지를 시각적으로 묘사하는 것이 유용하다는 사실을 발견했다. 예를 들어, 어떤 연구자는 기존 문헌들에 대한 시각화나 그림—연구지도(Creswell, 2009)—를 개발하고 문헌에서 다루어진 주제를 이 그림 안에서 보여 주고 자신이 제안한 연구를 기존 문헌들에 맞추거나 확장시킬 수 있다. 또한 우리는 이 부분을 완벽한 문헌 검토 안에서 발견하게 되는 것과 같이 하나의 연구에 대한 세부사항들을 제시하는 것이 아니라, 그 문제를 언급해 온 일반적인 문헌—만약 당신이 그럴 의지가 있다면 문헌들의 모음—에 대한 진술과 같은 것으로 보고 있다. 만약 어떠한 문헌도 그 문제를 다루고 있지 않다면, 그 주제와 가장 밀접한 관계를 가진 광범위한 문헌들에 대해 논의하라. 바라건대, 훌륭한 질적 연구는 아직 수행되지 않은 연구이며, 어떠한 연구도 현재의 연구에 제안된 주제를 직접 다루고 있지는 않다.

4. 기존 문헌들이나 논의들을 활용하여 증거에 '부족한' 것을 지적하라: 문제를 이해하는 데 어떤 방식의 격차가 있는지 제시하라. 불충분한 자료수집 방법이나 연구의 필요성, 불충분한 선행 연구와 같은 몇 가지 근거를 언급하라. 결핍을 다루는 서론의 이 부분에 다섯 가지 질적 연구접근 중 하나와 관련된 정보가

삽입될 수 있다. 예를 들어, 내러티브 연구의 문제 진술에서 저자는 연구문제에 대한 사적 경험을 얻기 위해 어떻게 개인적 이야기가 진술될 필요가 있는지 언급할 수 있다. 현상학적 연구에서 연구자는 특정 현상과 그 현상을 겪은 개인들의 공통적인 경험에 대해 더 많은 것을 알 필요가 있다고 주장한다. 근거이론 연구에서 저자는 연구 중인 인구집단을 위한 기존 이론들이 불충분하거나 존재하지 않기 때문에, 또는 현존하는 인구집단을 위해 수정될 필요가 있기 때문에 과정을 설명하는 이론이 필요하다고 진술한다. 문화기술지 연구에서는 문제 진술에서 왜 특정한 사회집단의 문화적 행동을 기술하고 해석하는 것이 중요한지 또는 한 집단이 어떻게 주변화되고 다른 집단들에 의해 억압되는지 기술한다. 사례연구의 경우, 연구자는 한 사례나 사례들에 대한 연구가 어떻게 그 이슈나 관심 영역에 대한 정보를 알리는 데 도움을 줄 수 있는지에 대해 논의할 수 있다. 이 모든 예시에서 연구자는 그 연구에 적용된 질적 연구의 특정 접근과 관련된 연구문제를 제시하게 된다.

5. 독자들을 위해 연구의 중요성에 대해 논하라: 독자나 이해당사자들이 그 문제를 언급하는 당신의 연구로부터 어떤 도움을 받게 될지 논의하라. 상이한 독자 유형들을 고려하고 각 유형별 독자를 위해 그들이 연구로부터 도움을 받게 될 방식을 제시하라. 독자에는 다른 연구자들이나 정책결정자들, 현장의 실천가, 학생들이 포함될 수 있다.

그러고 나면 서론은 목적 진술로 나아가게 된다. 왜냐하면 이 지점에서 독자는 연구의 필요성을 이끌어 가는 문제에 대해 분명히 이해하게 되며, 그 연구에서 답을 얻게 될 질문의 유형(연구질문들)뿐만 아니라 연구가 알아내려고 하는 전반적인 의도(목적)가 무엇인지 보기 위해 계속해서 읽어 가려 할 만큼 충분한 자극을 받게 되었기 때문이다.

1. 주제 전개	고등학교에서 10대들의 흡연에 대한 이해와 오해를 탐색하기
2. 연구문제 논의	흡연은 미국 사회에서 암의 주요 원인이다(McGinnis & Foefe, 1993). 최근 몇 년간 성인의 흡연은 감소했지만 청소년 흡연은 실제로 증가해 왔다. 질병통제예방센터의 보고에 따르면, 고등학생들의 흡연은 1991년 27.5%에서 1995년 34.8%로 증가했다(USDHHS, 1996). 이러한 추세가 극적으로 반전되지 않는다면, 미국 아동 중 5백만 명 정도가 결국 조기 사망하게 될 것으로 예측된다(CDC, 1996).
3. 학술문헌들 요약	청소년 흡연에 대한 선행 연구들은 네 가지 주요 주제에 초점을 맞춰 왔다. 일부 연구는 첫 흡연이 중학교 때 이미 시작되는 것에 주목하면서 청소년들의 초기 흡연에 대한 질문들을 검토해 왔다(예: Heishman et al., 1997). 다른 연구들은 학교 내 흡연 예방에 초점을 두어 왔다. 이 연구는 수많은 학교 기반 예방 프로그램과 개입을 이끌어 왔다(예: Sussman et al., 1995). 소수의 연구는 성인의 절연에 대한 광범위한 조사들과 대조되는 특징으로서 청소년들 사이의 흡연 행동에 대한 '중단 시도' 또는 절연을 검토해 왔다(Heishman et al., 1997). 청소년 흡연을 연구하는 연구자들은 흡연의 사회적 맥락과 사회적 영향에 대해서도 관심을 기울여 왔다(Fearnow et al., 1998). 예를 들어, 청소년 흡연은 일과 관련된 상황이나 1명 이상의 부모나 보호제공자들이 흡연하는 가정, 10대들의 사교 행사, 또는 고등학교 근처의 '안전한' 흡연 장소로 지정된 영역에서 발생할 수 있다(McVea et al., 출판 중).
4. 증거 부족에 대한 지적	청소년 흡연을 파악하기 위한 현장으로서 고등학교의 사회적 맥락에 관심을 둔 연구는 거의 없다. 고등학교 시기에 학생들은 청소년 흡연에 기여할 수 있는 또래집단들을 형성한다. 종종 또래들은 일반적인 행동들에 대한 강력한 사회적 영향 요인이 되며, 운동팀과 음악집단, 또는 '그런지' 록을 즐기는 청중에 대한 소속감은 흡연 생각에 영향을 미칠 수 있다(McVea et al., 출판 중). 또한 학교는 교사와 행정가들이 흡연을 절제하면서 흡연에 대한 정책을 강제하는 역할모델이 될 수 있는 장소이다(OHara et al., 1999). 청소년 흡연에 대한 선행 연구들은 주로 성과에 초점을 두고 범이론 모형을 적용하는 양적 연구들이다(Pallonen, 1998). 그러나 질적 연구들은 학생들 자신의 언어로 된 그들의 구체적인 시각들과 다중 관점을 활용한 복합적인 분석, 학생들의 흡연 경험을 형성하는 상이한 고등학교들의 구체적인 학교 맥락들을 제시해 준다(Creswell, 출판 중). 나아가 질적 연구는 고등학생들이 공동연구자로서, 성인의 관점에 의해 오염되지 않은 학생들의 관점의 타당성을 강화할 수 있는 자료수집 절차에 관여할 기회를 부여한다.
5. 독자를 위한 연구의 중요성에 대한 논쟁	이러한 다중적인 학교 맥락의 검토와 질적 접근의 활용, 공동연구자로서 학생들의 참여를 통해 우리는 고등학교 현장에서 청소년들의 흡연에 대해 가질 수 있는 이해와 오해를 더 깊이 이해할 수 있다. 이러한 이해를 통해 연구자들은 흡연 행동에 대한 변수들을 분리하고 모델을 개발하는 일을 개선할 수 있다. 행정가들과 교사들은 흡연에 대한 태도를 예방하거나 변화시킬 수 있는 개입을 계획할 수 있으며, 학교 당국자들은 절연이나 흡연예방 프로그램들을 지원할 수 있다.

[그림 6-2] 연구 사례 예시: 연구문제 부분(서론)

출처: McVea, Harter, McEntarffer, & Creswell (1999)에서 각색.

목적 진술

설계와 연구접근 간의 상호관련성은 연구의 주요 목표, 의도 또는 '로드맵'을 제공하는 목적 진술(purpose statement)에서도 계속된다. 목적 진술은 하나의 질적 연구 전체에서 가장 중요한 진술이기에, 그것은 주의 깊게 구성되어야 하고 명확하고 간결한 언어로 작성되어야 한다. 불행히도, 너무나 많은 저자가 이 진술을 모호하게 작성해서 독자들로 하여금 연구를 이해하고 좇아가는 데 불필요한 노력을 기울이게 한다. 꼭 필요한 것은 아니지만, 우리는 연구자들이 채워 넣을 몇 개의 문장들과 빈칸들로 이루어진 목적 진술을 위한 다음의 '각본'을 구성해 왔다(Creswell, 1994, 2009, 2012, 2014).

이 ________________(내러티브, 현상학, 근거이론, 문화기술지, 사례) 연구의 목적은 ________________(현장)에 있는 ____________(참여자)의 ____________(연구의 중심 현상)을 (이해? 기술? 개발? 발견?)하기 위한 것이다(것이었다? 것이 될 것이다?). 연구의 이 단계에서 ____________(중심 현상)은/는 일반적으로 ____________(중심 현상의 일반적 정의)으로서 정의될 것이다.

이 각본에서 보듯이, 구체적인 질적 연구접근을 위한 구문을 부호화하기 위해 몇 가지 용어가 사용될 수 있다. 목적 진술은 다음과 같이 이루어진다.

- 저자는 유형을 언급함으로써 연구에 사용된 특정한 질적 연구접근을 확인한다. 연구접근의 이름이 단락의 첫 부분에 등장하게 되며, 이를 통해 자료수집과 분석, 보고서 작성에서 어떤 연구접근을 활용할지 미리 보여 주게 된다.
- 저자는 연구접근의 초점과 연구자의 행위를 나타내는 단어들을 사용하여 문장들을 작성한다. 예를 들면, '경험 이해'(내러티브 연구에서 유용), '기술'(사례연구, 문화기술지 그리고 현상학에서 유용), '부여된 의미'(현상학과 관련됨), '개발 혹은 생성'(근거이론에서 유용), 그리고 '발견'(모든 연구접근에 유용)과 같은 특정 단어들은 질적 연구를 부호화한다. 〈표 6-1〉에서 볼 수 있듯이, 연구자들이 자신이 선택한 연구접근을 위한 목적 진술을 부호화하기 위해 목적 진술에 포함할

수 있는 몇몇 단어가 있다. 이들 단어는 연구자의 행위뿐만 아니라 연구의 초점과 결과를 가리키게 된다.

- 저자는 중심 현상을 확인한다. 중심 현상은 연구에서 탐색되거나 검토될 하나의 중심 개념이다. 질적 연구자들은 연구 도입부에서 단 하나의 개념(예: 학교에서 실패한 경험을 가진 학생들과 교육적 관계를 조율하는 교사의 관계적 실천이나 영국 태생의 노동자 계층인 파키스탄, 방글라데시 청년 무슬림 남성들과 같은 문화공유집단의 행동들)에 초점을 맞춘다. 현장 경험이 생기고 중심 현상의 초기 탐색 이후 분석을 진행하면서, 집단들을 비교하거나 연결고리들을 찾는 작업을 포함할 수 있다.
- 저자는 연구를 위한 참여자나 현장을 예시하는데, 그것은 한 개인(예: 내러티브 연구 또는 사례연구) 또는 여러 사람(근거이론이나 현상학), 집단(문화기술지), 현장(사례연구에서 프로그램, 사건, 활동 또는 장소)일 수 있다.

또한 우리는 목적 진술에 중심 현상에 대한 일반적 정의를 포함시킬 것을 제안한다. 이러한 정의는 연구자가 연구를 시작할 때 사용할 수 있는 임시, 예비 정의가 된다(Clandinin, 2013). 그 정의를 미리 구체적으로 결정하는 것은 어려울 것이다. 그러나 예를 들면, 내러티브 연구에서 저자는 생애 단계, 아동기 기억들, 청소년기로부터 성인기로의 이행, 단주 모임 참석, 한 형제의 사망의 여파로 벌어지는 가족 드라마(Ellies, 1993)와 같이 수집될 이야기 유형을 정의할 수 있다. 현상학에서는 탐구될 중심 현상이 분명하게 구체화된다(van Manen, 2014). 예를 들어, 애도, 분노 혹은 심지어 체스 게임(Aanstoos, 1985)의 의미 등으로 구체화될 수 있다. 근거이론에서 중심 현상은 탐구될 과정에 중심이 되는 개념으로 확인될 수 있다(Corbin & Strauss, 2015). 예를 들면, 사별 후 재혼한 부부에 대한 과거 관계의 영향(Brimhall & Englom-Deglmann, 2011) 같은 것이다. 문화기술지에서, 저자는 역할, 행동, 문화 변용, 의사소통, 신화, 이야기, 또는 연구 초기에 현장으로 들어가기 위해 계획했던 다른 개념들과 같이 검토될 주요 문화적 개념들(종종 인류학의 문화 개념에서 차용된)을 확인할 수 있다(Wolcott, 2008a). 마지막으로, '본질적' 사례연구와 같은 사례연구(Stake, 1995)에서, 저자는 시간과 공간으로 사례의 경계를 짓는 방법을 명시함으로써 사례의 경계들을 정의할 수 있다. '도구적' 사례연구의 경우에는 연구자가 사례에서 검토될 이슈를 명시하고 일반적으로 정의할 수 있다.

표 6-1 목적 진술을 부호화하는 데 사용되는 단어

내러티브	현상학	근거이론	문화기술지	사례연구
• 내러티브 연구 • 이야기들 • 현현(顯現, epiphanies) • 생생한 체험 • 연대기	• 현상학 • 기술 • 경험 • 의미 • 본질	• 근거이론 • 생성 • 개발 • 명제 • 과정 • 실체 이론(substantive theory)	• 문화기술지 • 문화공유집단 • 문화적 행동과 언어 • 문화적 묘사 • 문화적 주제들	• 사례연구 • 경계를 가진 (bounded) • 단일 혹은 집합적 사례 • 사건, 과정, 프로그램, 개인

다음은 다섯 가지 연구접근의 **부호화**와 예시를 보여 주는 목적 진술의 보기들이다(Creswell, 2012, 2016).

예시 6-1 내러티브 연구의 목적 진술

다음의 각 사례에서 어떻게 체험이 강조되는지 주목하라.

a. 한 개인과 그 개인의 생애사: 저자는 지적장애를 가진 한 남자의 생애 이야기를 끌어내는 과정을 기술하고 분석한다(Angrosino, 1994, p. 14).

b. 충돌사고 희생자의 가족과 친구들 그리고 이러한 개인들의 반응: 내가 여기에서 말하는 이야기는 충돌사고의 여파를 기술하는 것이며, 내가 태어났고, Rex가 살았던 마을 루러리에 있던 내 가족과 친구들이 예상치 못했던 이 비극에 반응하고 대처한 이야기이다(Ellis, 1993, p. 712).

예시 6-2 현상학적 연구의 목적 진술

다음 각 사례에서 현상이 어떻게 분명하게 기술되는지 살펴보라.

a. 아버지인 개인들로 구성된 집단의 역할: 이 연구는 현재 그리고 예비 청소년 아버지들과 청소년기 어머니에게 태어난 아동들의 아버지인 청년들이 아버지로서 자신의 역할과 관련하여 가지고 있는 신념과 태도, 욕구들을 탐색하기 위해 설계되었다(Lemay, Cashman, Elfenbein, & Felice, 2010, p. 222).

b. 건강보호 경험에 대한 개인들의 의미: 이 현상학적 연구의 목적은 간 부전을 갖고 있는 사람들이 중서부의 주요 이식센터에서 이식을 기다리는 경험에 부여하는 의미를 탐색하고자 하는 것이었다(Brown, Sorrell, McClaren, & Creswell, 2006, p. 120).

예시 6-3 근거이론 연구의 목적 진술

다음 각 사례에서 연구자들은 과정을 연구함으로써 이론을 발전시킨다.

a. 개인의 리더십 정체성: 이 연구의 목적은 한 개인이 리더십 정체성의 창출을 경험하는 과정을 이해하기 위한 것이었다(Komives, Owen, Longerbeam, Mainella, & Osteen, 2005, p. 594).

b. 고립된 현장에 있는 여성집단의 적응유연성 개발: 이 연구의 목적은 여성들이 어떻게 지리적 · 사회적 · 정치적 · 경제적 · 역사적 맥락에서 자신들의 건강을 유지하는지 탐색하고자 하는 것이었다(Leipert & Reutter, 2005, p. 50).

예시 6-4 문화기술지 연구의 목적 진술

문화공유집단에 대한 묘사가 다음 각 사례들에서 이루어진다.

a. 고용인들의 '야구장' 문화: 이 논문은 야구장 고용인의 일과 말이 사회에서 야구에 대한 특정한 의미를 어떻게 강화하는가를 탐구하고, 이러한 일과 말이 어떻게 야구장 문화를 창출하고 유지하는가를 밝힌다(Trujillo, 1992, p. 351).

b. 스트레이트 엣지(Straight Edge, sXe) 운동[1]의 핵심 가치: 이 논문은 집단의 핵심 가치에 대한 기술에 중심을 둔 스트레이트 엣지(sXe) 운동에 대해 경험적으로 기술함으로써 문헌들 사이의 공백을 메운다(Haenfler, 2004, p. 410).

---

1) 역자 주: 1980년대부터 지금까지 큰 영향력을 행사하고 있는 세계적인 언더그라운드/펑크-하드코어 음악계의 문화 중 하나이다. 당시 하드코어 음악이 추구하던 술, 담배, 마약, 무분별한 성관계 등 젊은이들이 어른이 된다는 명분하에 무분별하게 행해지던 것들에 강한 반기를 들고, 긍정적인 메시지의 하드코어 음악을 하던 '오늘의 청년(Youth of Today)'이라는 언더그라운드 밴드가 부른 〈Straight Edge(sXe)〉라는 노래 이름을 딴 문화적 운동이다.

예시 6-5 사례연구의 목적 진술

경계를 가진 체계를 이해하는 데 초점을 맞추는 것이 다음 각 사례에 증거로 제시되어 있다.

a. 기술 통합에 대한 다중 사례연구: 이 연구의 목적은 세 군데의 도시 지역 초등학교들이 지역의 공공기금 지원을 받는 다목적 대학교와 협력하여, 그들의 기술 통합을 향상시키기 위해 유사하게 배치된 물적 · 인적 자원들을 사용한 방식을 기술하고자 하는 것이었다(Staples, Pugach, & Himes, 2005, p. 287).

b. 무장총격자 사건에 대처한 캠퍼스 반응에 대한 내재적 사례연구: 이 논문에 제시된 연구는 한 총기 사건에 대한 캠퍼스의 반응을 기술하고 해석하는 질적 사례 분석이다(Asmussen & Creswell, 1995, p. 576).

연구질문

질적 연구질문(research questions)들의 의도는 연구 목적을 해당 연구에서 다루어질 몇 가지 질문으로 좁히려는 것이다. 우리는 목적 진술과 연구질문을 구분하고 있는데, 그렇게 해야 우리가 그것들이 개념화되고 구성되는 방법을 분명하게 볼 수 있기 때문이다. 다른 저자들은 그것들을 조합할 수 있으며, 더욱 전형적으로는 학술논문에 목적 진술만을 진술하고 연구질문을 생략하기도 한다. 그러나 학위논문과 학술논문들과 같은 다양한 유형의 질적 연구에서 연구질문은 명확해야 하며 목적 진술과 분리하여 제시된다. 다시 한번 말하지만, 이러한 질문들은 연구접근을 부호화하고 예시하는 기회를 제공한다.

중심 질문

몇몇 저자가 질적 연구질문 작성에 대해 제안하고 있다(예: Creswell, 2014, 2016; Marshall & Rossman, 2015). 질적 연구질문은 개방형, 진행형, 비유도적이며, 더욱 구체적인 용어로 연구의 목적을 재진술하고, 중심 현상을 탐색하기 위해 전형적으로

'왜'보다는 '무엇' 또는 '어떻게'와 같은 단어로 시작한다. 왜냐하면 '왜' 질문은 인과 관계를 암시하는 지시적 언어를 제안하며, '무엇'이나 '어떻게'의 사용보다 명백하게 개방형 언어를 제안하지 않기 때문이다. 질문들은 그 수가 적으며(5~7개), "자신에 대해 말씀해 주세요."라고 묻는 '일주여행(grand tour)'(Spradley, 1979, 1980)으로부터 더 구체적인 질문에 이르기까지 다양한 형태를 띤다.

우리는 연구자가 자신의 연구 전체를 단 하나의 매우 중요한 **중심 질문**(central question)과 여러 개의 **하위질문**(subquestions)으로 간추릴 것을 권한다. 연구질문의 폭과 전통적 훈련에 기초하여 구체적인 질문들을 형성하려고 하는 경향 때문에 중심 질문 작성에는 상당한 노력이 필요하다. 매우 중요한 중심 질문을 작성하기 위해서, 질적 연구자들은 연구문제를 언급할 수 있을 만큼 가능한 한 폭넓은 연구질문을 진술할 필요가 있다.

중심 질문은 다섯 가지 연구접근 각각의 언어로 부호화될 수 있다. Morse(1994)는 연구질문의 유형들을 검토하면서 이러한 이슈를 직접적으로 제기한다. 비록 내러티브 연구나 사례연구에 대해서는 언급하지 않았지만, 문화기술지에서 문화에 대한 '기술적' 질문들, 근거이론 연구에서 '과정' 질문들, 현상학 연구에서 '의미' 질문들을 발견할 수 있다고 언급했다. 예를 들어, 중심 연구질문을 찾거나 상상할 수 있는가를 알아보기 위해 우리는 제5장에서 제시된 5편의 연구를 검토하였다. 우리는 즉각적으로 이러한 학술논문의 저자들이 전형적으로 중심 질문을 제시하지는 않았으며 그 대신 학술논문 보고서들의 경우에서 종종 그러한 것처럼 목적 진술을 제시하고 있음을 확인하였다. 여전히 그 논문들의 중심 질문이 무엇이 될 수 있었던가를 고려하는 것이 유용하다. 다음 예시들에는 부록에 포함된 연구들을 이끄는 연구질문에 대한 우리의 버전(또는 저자의 버전)을 제시한다.

예시 6-6 내러티브 연구의 연구질문

체험에 대한 초점이 다음 내러티브 연구의 질문 사례들에서 어떻게 강조되는지 주목해 보라.

a. 중국 이민 학생인 Ai Mei로부터 이야기들을 모으기 위해 Chan(2010; 부록 B)은 다음과 같은 질문을 했을 수도 있을 것이다.

Ai Mei가 학교에서 그리고 또래나 가족들과 관계에서 경험한 민족 정체성의 갈등하는 이야기는 무엇인가?

b. 생애 내러티브를 이끌어 내어 두 아프리카계 미국인 여성의 부호-전환 패턴들을 비교하기 위해 Nelson(1990)은 다음과 같이 질문했을 수도 있다.

아프리카계 미국인 여성들이 20세기의 후반부에 미국 문화의 참여자로서 경험한 부호-전환과 다른 맥락화 단서들의 패턴들과 의의는 어떠한가?

예시 6-7 현상학적 연구의 연구질문

현상을 기술하는 데 초점을 맞추는 것이 다음 사례의 현상학적 연구질문들에 어떻게 분명하게 표현되는지 살펴보라.

a. AIDS와 살아가는 사람들이 자신의 질병을 어떻게 표상하는지 포착하기 위한 Anderson과 Spencer(2002; 부록 C)의 연구질문은 다음과 같이 진술될 수 있다.

AIDS 진단을 받은 남성과 여성이 자신의 질병에 대해 부여하는 의미는 무엇인가?

b. 여성이 장기적 장애 체험에 부여하는 의미를 기술하는 Padilla(2003, p. 415)의 연구에서 연구질문은 다음과 같이 진술되었다.

"오래전에 뇌 손상을 당한 여성의 장애 체험은 어떠한가?"

예시 6-8 근거이론 연구의 연구질문

근거이론 연구질문에 대한 다음 예시에서 이론을 발전시키는 데 초점을 맞추는 것은 다음 연구들의 목적에 분명하게 재현되어 있다.

a. 아프리카계 미국인 여성들이 자신의 생활방식에 신체 활동을 통합하는 과정을 설명하고자 한 Harley와 동료들(2009; 부록 D)은 다음과 같이 연구질문을 제기할 수 있다.

15명의 아프리카계 미국인 여성의 생활방식에 신체 활동을 통합하는 과정을 설명하는 행동과정이론은 무엇인가?

b. 재혼 과정이 사별한 커플 사이를 연결하는 과정에 대한 이해를 창출하기 위해 Brimhall과 Engblom-Deglmann(2011)이 기술했을 법한 진술은 다음과 같다.

사별 후 재혼한 부부에 대한 과거 관계의 영향을 기술하는 관계적 과정이론은 무엇인가?

예시 6-9 문화기술지 연구의 연구질문

문화공유집단에 대한 묘사가 문화기술지의 연구질문 예시들을 보여 주는 다음 연구들에서 어떻게 나타나는지 주목해 보라.

a. 영국 태생이면서 노동계층에 속한 파키스탄과 방글라데시 청년들이 3년 넘게 거주하면서 경험한 문화적 조건의 변화는 Mac an Ghaill과 Haywood(2015; 부록 E)에 의해 다음과 같이 표현될 수 있다.

영국 태생의 노동자 계층 파키스탄과 방글라데시 청년 남성집단의 민족 · 종교 · 문화적 소속감과 관련된 핵심 신념은 무엇인가? 그리고 그 청년들은 급격하게 변화하는 영국의 지역사회 내에서 성장하고 상호작용을 할 뿐만 아니라 가족과 학교, 사회생활 등 지리적으로 구체적인 경험들을 어떻게 구성하고 이해하는가?

b. 스트레이트 엣지(sXe) 운동의 회원들이 갖고 있는 핵심 가치를 기술하는 Haenfler(2004)의 연구에서는 다음과 같이 연구질문을 전개할 수 있다.

스트레이트 엣지(sXe) 운동의 핵심 가치는 무엇인가, 그리고 회원들은 하위문화의 일부가 되는 주관적인 경험을 어떻게 구성하고 이해하고 있는가?

예시 6-10 사례연구의 연구질문

경계를 가진 체계를 이해하는 데 초점을 맞추는 것이 다음 각 예시의 사례연구 연구질문에 증거로 제시되어 있다.

a. 특정 학교 프로그램 내에서 학교 실패의 이력을 가진 학생들과 관계를 조율하는 한 교사의 실천을 추적한 Frelin(2015; 부록 F)의 연구질문은 다음과 같이 진술될 수 있다.

교사들과 교직원들이 학생들로 하여금 장애물을 극복하고 학교에서 더욱 성공하도록 지원하는 것을 도울 수 있는 관계적 · 전문적 실천은 어떠한가?

b. 무장총격자 사건에 대한 캠퍼스의 반응을 기술하고 해석하는 Asmussen과 Creswell (1995; 부록 F)의 연구는 서론에서 5개의 중심 질문을 제시하였다.

'무슨 일이 벌어졌는가?' '그 사건에 대한 반응에 관여한 사람은 누구인가?' '그 사건 이후 8개월 동안 나타난 반응의 주제는 무엇인가?' '캠퍼스 반응을 이해하도록 돕는 이론적 구성체는 무엇인가?' 그리고 '이 사례에 독특한 구성체는 무엇인가?'(p. 576).

〈예시 6-10〉은 개인들의 경험을 기술한 뒤 캠퍼스에서 개인들의 반응을 재현하는 주제들을 발전시키는 모습을 보여 준다. 이들 예에서 알 수 있듯이, 중심 질문은 모든 연구에 드러나지 않더라도 내포되어 있으며, 저자는 이것을 제시할 수도 있고 하지 않을 수도 있다. 학술논문을 쓰는 경우, 연구를 이끌어 갈 목적 진술보다 중심 질문이 덜 사용될 수 있다. 그러나 졸업논문이나 박사학위논문과 같이 개인이 수행하는 대학원 연구의 경우에는 목적 진술과 중심 질문을 모두 작성하는 추세이다.

하위질문

저자들은 대체로 중심 질문을 몇몇 탐구 영역으로 더욱 구체화하는 소수의 하위질문을 제시한다. 예를 들어, '대학교수가 된다는 것은 어떤 의미를 가지고 있는가?'와 같은 중심 질문은 '강의실에서, 연구자로서, 논문 지도교수로서, 학과 동료로서 대학교수가 된다는 것은 어떤 의미를 가지고 있는가?'와 같은 주제들을 다루는 하위질문들로 분석될 수 있을 것이다. 이 예시에서 하위질문들은 이 특정한 대학교수가 강사, 연구자, 학생의 지도교수, 학과 내 동료로서 수행하는 역할이나 책임에 초점을 맞춘다. 본질적으로 하위질문들은 중심 질문을 가져다가 그것을 구성하는 요소들로 쪼개놓는다. 하위질문들은 대학교수가 그들에게 할당된 상이한 역할들(예: 행정가나 실습지도교수)을 가지고 있다면 더 다양해질 것이다. 하위질문들은 인터뷰나 관찰과 같은 자료수집을 진행하는 동안 제기되는 핵심 질문에 대한 정보를 제공하는 데 유용하다.

여기에 이러한 하위질문들을 작성하는 몇 가지 지침이 있다.

- 중심 질문을 더욱 명료하게 만드는 소수의 하위질문을 작성하라. 우리는 일반적으로 5~7개의 하위질문을 작성할 것을 권한다. 새로운 질문들이 자료수집을 하는 동안 나타날 수 있으며, 모든 질적 연구질문과 마찬가지로 그 하위질문들은 연구가 진행됨에 따라 새로운 질문들로 바뀌거나 발전될 수 있다.
- 하위질문들을, 중심 질문을 몇 개의 부분으로 분할하는 도구로 간주하라. 당신 자신에게 "만약 내가 탐구하고자 하는 몇 가지 영역으로 중심 질문을 나눈다면 무엇이 그런 영역이나 부분들이 될까?"라고 질문해 보라. 좋은 예시들을 문화

기술지에서 볼 수 있다. Wolcott(2008a)은 "여기에서 무슨 일이 벌어지고 있는가?"와 같은 광범위한 질문이나 중심 질문은 "무엇에 한하여?"라는 세부질문으로 구체화될 때만 언급될 수 있다고 하였다(p. 74).

- '어떻게' 또는 '무엇'이라는 단어로 시작하는 개방형 하위질문들을 작성하라. 이러한 단어들은 중심 질문과 유사한 형식을 반영하는 것이 좋다.

당신이 적용할 질적 연구의 유형과 관련된 중심 현상을 더 분석하는 데 초점을 둔 하위질문들을 작성할 수 있다. 내러티브 연구에서 이러한 질문들은 이야기의 의미를 더 구체적으로 탐색할 수 있다. 현상학에서는 연구하는 본질의 구성요소들을 수립하는 것을 도울 수 있다. 근거이론 연구에서는 드러나고 있는 이론을 구체화하는 것을 도울 수 있으며, 문화기술지에서는 구성원들의 의례, 의사소통, 경제 생활방식 등과 같이 연구하고자 하는 문화공유집단의 측면들을 구체화할 것이다. 사례연구의 하위질문은 당신이 이해하고자 하는 사례나 이슈의 요소들을 언급할 것이다. 다음 예시들은 부록에 포함된 연구들을 이끌어 가는 연구 하위질문들을 우리 식으로 제시한 것이다.

예시 6-11 내러티브 연구의 하위질문

중국인 이민 학생인 Ai Mei로부터 이야기들을 모으기 위해 Chan(2010; 부록 B)은 다음과 같은 하위질문들을 작성했을 수 있다.

- 학교 경험은 Ai Mei의 민족 정체성에 어떻게 기여하는가?
- 동료 경험은 Ai Mei의 민족 정체성에 어떻게 기여해 왔는가?
- Ai Mei가 자신의 민족 정체성에 영향을 미친 것으로 기술한 가족 경험은 무엇인가?

예시 6-12 현상학적 연구의 하위질문

AIDS를 가지고 살아가는 사람들이 자신의 질병을 어떻게 표상하는지 포착하기 위한 Anderson과 Spencer(2002; 부록 C)의 연구 하위질문은 다음과 같이 진술될 수 있다.

- AIDS 진단을 받는 것은 무엇을 표상하는가?

- AIDS 진단을 받는 것과 관련하여 어렵거나 쉬운 것은 무엇인가?
- 환자는 자신의 진단이나 질병을 어떻게 처음으로 인식하게 되는가?

예시 6-13 근거이론 연구의 하위질문

아프리카계 미국인 여성들이 자신의 생활방식에 신체 활동을 통합하는 과정을 설명하고자 한 Harley와 동료들(2009; 부록 D)은 다음과 같이 연구 하위질문을 제기할 수 있다.

- 그 여성들은 신체 활동을 자신들의 생활방식에 어떻게 통합하는가?
- 여성들이 신체 활동을 자신의 생활방식에 통합하고자 할 때 가장 큰 도전은 무엇인가?
- 여성들이 신체 활동을 자신의 생활방식에 통합하도록 동기를 부여한 것은 무엇인가?

예시 6-14 문화기술지 연구의 하위질문

영국 태생이면서 노동자 계층에 속한 파키스탄과 방글라데시 청년들이 3년 넘게 거주하면서 경험한 문화적 조건의 변화를 기록하기 위한 Mac an Ghaill과 Haywood(2015; 부록 E)의 연구에서는 다음과 같은 하위질문들을 제기할 수 있다.

- 집단 구성원들이 민족 정체성과 관련하여 기술하는 핵심 신념은 무엇인가?
- 집단 구성원들이 그들의 문화적 정체성에 영향을 미치는 것으로 인식하는 경험은 무엇인가?
- 집단 구성원들이 핵심 신념에 기여하는 것으로 기술하는 사회적 경험은 무엇인가?

예시 6-15 사례연구의 하위질문

특정 학교 프로그램 내에서 학교 실패의 이력을 가진 학생들과 관계를 조율하는 한 교사의 실천을 추적한 Frelin(2015; 부록 F)의 연구에서 하위질문은 다음과 같이 진술될 수 있다.

- 학생들이 학교의 장애물들을 극복할 수 있도록 돕는다고 기술하는 교사의 관계적 실천은 무엇인가?
- 교사가 학생의 성공을 돕는 것으로 지각하는 관계적 실천은 무엇인가?
- 어떤 전문적 교사 실천들이 학교 성공에 영향을 미치는가?

제7장에서 우리는 모든 연구접근에 공통적인 자료수집의 단계들을 검토하고, 이어서 그것이 다섯 가지 접근 사이에서 어떻게 다르게 나타나는지 논의할 것이다.

점검사항

1. 저자들이 자신이 발간한 질적 연구 저술에서 어떻게 초점을 맞추고 서론을 작성하였는지 보았는가? 부록 B부터 F까지 제시된 질적 연구논문들 중 하나를 선택하라.
   a. 학술논문에 적용되어 온 연구문제 진술의 다섯 가지 요소를 확인하는 것으로 시작하라([그림 6-2]에 요약되어 있음). 어떤 요소들이 쉽고 어떤 요소들이 더 확인하기 어려운지 주목하라.
   b. 그러고 나서 학술논문에 제시된 목적 진술의 위치를 확인하라. (만약 있다면) 어떤 부호화 단어들이 사용되었고, 어떤 정보들이 질적 연구접근과 중심 현상, 참여자, 현장에 대해 제시되었는지 주목하라.
   c. 마지막으로, 이 장에서 제공된 각본을 사용하여 목적 진술을 재작성하고, 그것을 학술논문에 제시된 목적 진술과 비교해 보라. 두 진술 사이의 유사점과 차이점을 주목하라.

2. 목적 진술을 작성하기 위해 이 장에 제시된 각본들을 적용할 수 있는가?
   a. 목적 진술을 작성하기 위한 기초로서 McVea 등(1999)의 연구를 위해 [그림 6-1]에 제시된 목적 진술의 틀을 사용하라. 그러고 나서 다른 접근을 적용하여 두 번째 접근을 사용하는 목적 진술을 작성하라.

McVea, K. Harter, L., McEntarffer, R., & Creswell, J. W. (1999). Phenomenological study of student experiences with tobacco use at City High School. *High School Journal, 82*(4), 209-222.

3. 서론이 저자가 사용한 상호 관련된 부분과 연관되어 있다는 증거를 확인할

수 있는가? Ellis(1993)의 내러티브 연구, Lemay 등(2010)의 현상학적 연구, Komives 등(2005)의 근거이론 연구, Trujillo(1992)의 문화기술지 연구, Staples 등(2005)의 사례연구와 같이 다양한 분야에 걸쳐서 상이한 접근들을 적용한 질적 학술논문들을 읽어 보라.

a. 그 연구에서 조사된 연구문제, 연구를 위한 목적, 연구를 이끌어 가는 연구문제들을 확인하는 것으로 시작하라. 어떤 주제들이 확인하기 쉽고, 어떤 것들이 파악하기 어려운지 주목하라. 그 세 가지가 방법론적으로 어느 정도나 조화를 이루고 있는가?

b. 그러고 나서 연구문제가 어떻게 소개되고 있는지를 확인하기 위해 연구의 서론을 검토하라. ([그림 6-2]에 요약한) 연구문제 진술의 다섯 가지 요소가 해당 학술논문에 어느 정도 적용되고 있는지 평가하라. 어떤 요소들이 찾기 쉽고, 어떤 요소들이 더 찾기 어려운지 주목하라.

c. 다음으로, 서론에서 연구 목적이 어떻게 진술되었는지 확인하라. 질적 연구와 중심 현상, 참여자, 현장 등에 대하여 어느 정도 범위에서 단어들이 사용되고 정보들이 제공되었는지 평가하라.

d. 마지막으로, 학술논문에서 연구질문과 관련된 증거들을 검토하라. 중심 연구질문과 하위질문들이 어느 정도나 명료하게 제시되었는지 평가하라.

Ellis, C. (1993). "There are survivors": Telling a story of sudden death. *The Sociological Quarterly, 34,* 711-730. doi:10.1111/j.1533-8525.1993.tb00114.x

Komives, S. R., Owen, J. E., Longerbeam, S. D., Mainella, F. C., & Osteen, L. (2005). Developing a leadership identity: A grounded theory. *Journal of College Student Development, 46*(6), 593-611. doi:10.1353/csd.2005.0061

Lemay, C. A., Cashman, S. B., Elfenbein, D. S., & Felice, M. E. (2010). A qualitative study of the meaning of fatherhood among young urban fathers. *Public Health Nursing, 27*(3), 221-231. doi:10.1111/j.1525-1446.2010.00847.x

Staples, A. Pugach, M. C., & Himes, D. J. (2005). Rethinking the technology integration challenge: Cases from three urban elementary schools. *Journal of Research on Technology in Education, 37*(3), 285-311. doi:10.1080/15391523.2

005.10782438

Trujillo, N. (1992). Interpreting (the work and the talk of) baseball. *Western Journal of Communication, 56,* 350-371. doi:10.1353/csd.2005.0061

4. 질적 연구를 위한 상호 관련된 부분들을 가지고 서론을 구상하기 시작할 수 있는가? 다음 단계들을 따라 해 보라.
   a. 2개의 문장으로 연구의 초점이 되는 연구문제나 이슈를 진술하라.
   b. 문제를 연구할 필요성에 대한 증거를 제공하는 연구 문헌들을 논의하라.
   c. 다섯 가지 연구접근 중 하나의 맥락 내에서, 당신의 접근을 반영하여 문제를 연구하는 논리적 근거를 제시하라.
   d. 써 놓은 글을 검토하고, ([그림 6-2]에 요약된) 연구문제 진술의 다섯 가지 요소를 사용하여 수정해 보라. 어떤 요소들이 포함하기 쉽고, 어떤 요소들이 더 어려운지 주목하라.
   e. 이 장에 제시된 각본을 사용하여 목적 진술을 작성해 보라. 어떤 요소들이 확인하기 '쉽고', 어떤 요소들이 더 어려운지 주목하라.
   f. 이 장에 제시된 제안들을 적용하여 연구질문들을 구성해 보라. 구체적으로, '어떻게'와 '무엇'으로 시작하는 중심 질문들의 초안을 작성해 보라. 그리고 나서 중심 현상, 참여자, 현장 그리고 연구접근 등 중심 질문의 네 가지 주요 요소를 포함했는지 검토하라. 중심 현상 앞에 '무엇'을 집어넣고, 그것이 당신의 연구에서 당신이 질문할 수 있는 가장 광범위하고 가장 간단명료한 질문으로 작성된 만족스러운 중심 질문이 될지 결정하기 위해 그동안 작성한 것들을 검토해 보라. 중심 질문을 여러 개의 하위주제로 나눠 보라. 그러고 나서 이러한 하위주제들을 당신이 참여자들에게 묻고자 하는 질문 유형들로 바꾸어 보라. 이러한 질문들을 사용하여 하위질문들을 작성하라.

5. 주제들 전반을 통합하는 증거로서 서론에 있는 세 가지 주제를 검토하라.

요약

이 장에서 우리는 질적 연구를 소개하고 초점화하는 것과 관련된 세 가지 주제, 즉 문제 진술, 목적 진술 그리고 연구질문들을 다루었다. 우리는 서론의 각 요소들이 서로 관련되어야 하는 필요성을 기술하고 수행을 위한 틀을 안내하는 것으로 시작했다. 질적 연구에 포함된 각 부분을 구성하는 일반적인 특성들에 관해 논의하기는 했지만, 우리는 이 주제를 이 책에서 제시하는 다섯 가지 연구접근과 관련시켰다. 문제 진술은 주제를 발전시켜야 하며, 연구문제에 대해 논의하고, 문제와 관련된 문헌들을 요약하며, 이 문헌들 사이의 공백을 지적하고, 그 문제에 대해 배움으로써 독자들이 얻게 될 이익의 중요성을 논증해야 한다. 저자가 그의 접근과 관련된 구체적인 정보를 삽입할 수 있는 곳이 이 공백 부분이다. 예를 들어, 저자는 이야기를 진술해야 할 필요성, 경험의 '본질'을 발견해야 할 필요성, 이론을 개발해야 할 필요성, 문화공유집단의 생활을 묘사해야 할 필요성, 특정 이슈를 탐색하기 위해 사례를 활용해야 할 필요성을 전개할 수 있다. 목적 진술을 위해 각본을 사용할 수도 있다. 이러한 각본은 사용하는 질적 연구접근의 유형과 다섯 가지 접근 중 하나를 사용한다는 신호를 보내는 특정 단어들을 포함해야 한다. 연구질문은 하나의 중심 질문과 중심 질문을 여러 개의 탐구 영역으로 구분하는 5~7개의 하위질문으로 나누어진다. 중심 질문은 내러티브 연구에서 이야기의 전개 또는 근거이론 연구에서 이론의 창출과 같이 하나의 연구접근이 가진 의도를 성취하기 위해 부호화될 수 있다. 하위질문들도 면접이나 관찰에서 제기될 수 있는 주요 질문들처럼 자료수집 과정에서 사용될 수 있다.

더 읽을거리

관련된 문헌들을 더 읽음으로써 이러한 간략한 개관과 다섯 가지 접근 각각에 해당하는 논문들의 비교를 확장할 수 있다. 여기에서 우리는 각 접근에 대한 문헌들의 목록을 계속해서 확장해 갈 것이다(제1, 4장 참조). 독자들은 이 목록을 전부인 것으로 간주해서는 안 되며, 이 책의 끝에 있는 참고문헌 목록에서 추가 읽을거리를 찾을 것을 권장한다.

Creswell, J. W. (2016). *30 essential skills for the qualitative researcher.* Thousand Oaks, CA: Sage.

John W. Creswell의 최근 저작인 이 책은 기술들을 조직화함으로써 질적 연구자를 안내하는 혁신적인 방식을 제공한다. 그렇게 함으로써 연구자들은 구체적인 기술 정보들에 쉽게 접근할 수 있다. 이 자원은 특히 질적 연구 입문자들에게 유용할 것이다.[2)]

Richards, L., & Morse, J. M. (2012). *README FIRST for a users guide to qualitative methods* (3rd ed.). Thousand Oaks, CA: Sage.

Lyn Richards와 Janice Morse는 질적 연구에 대해 생각하고, 계획하고, 실행하는 것과 관련된 정보에 접근할 수 있는 자원들을 제공한다. 우리는 이 책에서 연구접근들을 가로지르는 연구질문들에 대한 장을 발견하였는데, 이는 특히 이러한 질문들을 구성하는 방식의 차이를 기술하는 데 유용했다.

Marshall, C., & Rossman, G. B. (2015). *Designing qualitative research* (6th ed.). Thousand Oaks, CA: Sage.

Catherine Marshall과 Gretchen Rossman은 질적 연구의 최근 이슈들의 범위와 설계를 확장하는 최근 개정판에서 실용적인 자원들을 보완하였다. 연구제안서를 방어하는 데 유용한, 잠재적인 질문들에 대한 접근을 제공하는 서로 엮여 있는 삽화들이 독특한 관점을 제공한다.

Ravitch, S. M., & Mittenfelner Carl, N. (2016). *Qualitative research: Bridging the*

2) 역자 주: 이 책은 국내에『질적 연구의 30가지 노하우』라는 제목으로 번역되어 발간되었다.

conceptual, theoretical, and methodological. Thousand Oaks, CA: Sage.

Sharon Ravitch와 Nicole Mittenfelner Carl은 질적 연구 과정과 관련하여 접근할 수 있는 자원들을 제공한다. 이 책이 혁신적으로 기여할 수 있는 부분은 제11장인데, 질적 연구 윤리와 연구를 통해 맺게 되는 관계의 질에 대해 생각해 볼 수 있는 중요한 지침을 제공하고 있다.

제7장

자료수집

질적 자료수집에 대해 생각할 때 전형적으로 나타나는 반응은 실제 자료의 유형과 자료들을 수집하는 절차에 초점을 맞추는 것이다. 그러나 자료수집은 훨씬 더 많은 것을 포함한다. 그것은 허락을 받는 것과 관련된 윤리적 이슈를 예상하고, 훌륭한 질적 표집 전략을 수행하며, 정보를 저장하기 위한 수단들을 개발하는 것, 현장에서 발생하는 이슈들에 반응하는 것, 자료를 안전하게 저장하는 것 등을 의미한다. 또한 실제로 자료를 수집하는 형식에서, 연구자는 종종 면접과 관찰만을 수행하기로 선택하기도 한다. 이 장에서 보게 되겠지만, 다양한 질적 자료의 원천들이 계속해서 확장되고 있으며, 우리는 연구자들에게 기본적인 면접과 관찰에 더하여 새롭고 혁신적인 방법들을 사용할 것을 권장한다. 또한 이러한 새로운 자료의 형태들과 질적 자료를 수집하는 과정의 단계들은 다섯 가지 서로 다른 질적 연구접근 각각에 기대되는 성과에 민감해질 필요가 있다.

우리는 모든 연구접근에 공통적인 자료수집 단계를 시각화하는 것이 유용하다는 사실을 발견했다. 상호 관련된 활동들의 '순환주기(circle)'는 자료수집을 포함하여 그 이상의 활동에 참여하는 과정을 가장 잘 보여 준다. 우리는 이러한 활동들의 순환주기를 제시하고 각 활동들을 간단하게 소개하는 것으로 이 장을 시작할 것이다. 이들 활동은 현장(site)이나 개인을 찾는 것(locate), 접근하여 라포(rapport)를 형성하는 것, 의도적으로 표본을 추출하는 것, 자료를 수집하는 것, 정보를 기록하는 것, 현장 이슈를 탐색하는 것, 자료를 저장하는 것 등이다. 그러고 나서 이러한 활동들이 연구접근별로 어떻게 다른가를 탐구할 것이다. 마지막으로, 자료수집 활동을 다섯 가지 접근별로 비교하는 것에 대해 간략하게 언급할 것이다.

토론할 문제

- 질적 연구의 전반적인 자료수집 과정에는 어떤 단계들이 있는가?
- 자료를 수집할 때 중요한 윤리적 고려사항들은 무엇인가?
- 연구자는 연구할 사람이나 장소를 어떻게 발견하는가?
- 접근과 라포 형성에서 전형적인 이슈는 무엇인가?
- 의도적 표본추출 전략의 선택에 영향을 미치는 결정들은 무엇인가?
- 전형적으로 어떤 유형의 정보를 수집하는가?
- 정보를 어떻게 기록하는가?
- 자료수집에서 공통적인 이슈는 무엇인가?
- 정보를 저장하는 전형적인 과정은 어떠한가?
- 자료를 수집하는 동안, 다섯 가지 접근은 어떤 점에서 비슷하고 어떤 점에서 서로 다른가?

자료수집의 순환주기

우리는 자료수집을, 제기된 연구질문들에 답하기 위해 좋은 정보를 수집하려는 목적을 가진 일련의 상호 관련된 활동들로 시각화한다. [그림 7-1]에서 볼 수 있듯이, 질적 연구자는 자료수집 과정에서 일련의 활동들에 참여한다. 대체로 우리가 연구할 현장이나 개인을 찾는 것에서 출발하기는 하지만, 어떤 연구자는 이러한 순환주기(circle)의 다른 진입지점에서 시작할 수도 있다. 가장 중요한 것으로, 우리는 연구자들이 자료수집과 관련된 여러 가지 활동을 고려하길 바란다. 이 활동들은 면접을 수행하고 관찰하는 전형적인 준거점을 넘어서는 수준으로 확장된다. 자료수집 순환과정의 교차지점에 윤리적 고려사항들을 배치함으로써, 우리는 여러 단계에

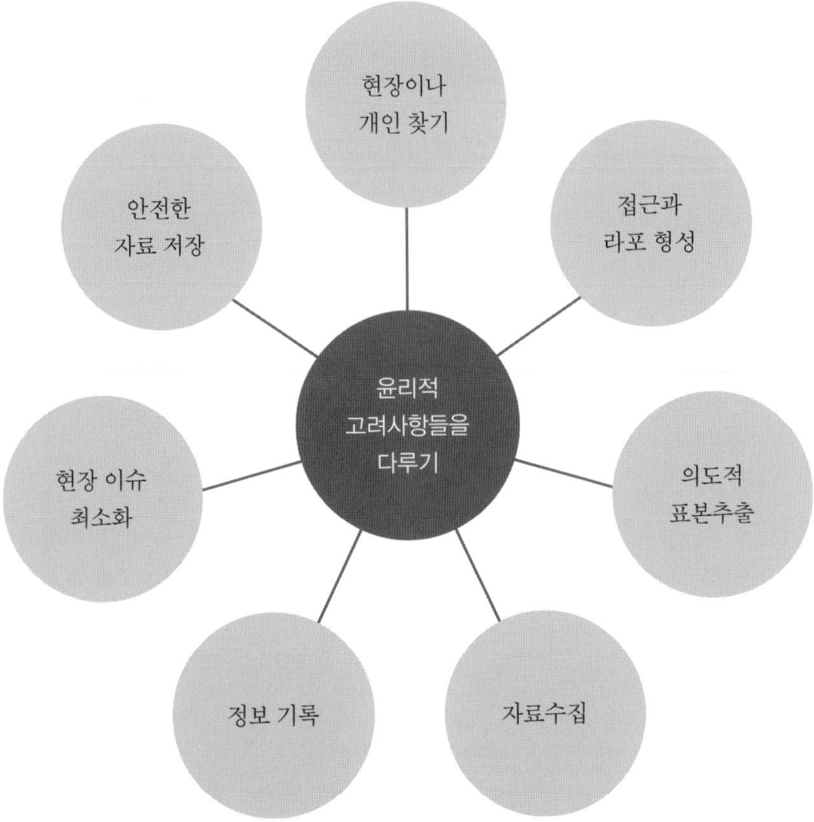

[그림 7-1] 자료수집 활동

걸쳐 나타나는 윤리적 고려사항들을 주목할 필요성이 있음을 강조하고 있다.

이 과정에서 중요한 단계는 연구할 사람이나 현장을 찾아 접근하고, 참여자들이 좋은 자료를 제공할 수 있도록 라포를 형성하는 것이다. 이 과정과 밀접히 관련된 단계에 개인이나 현장에 대한 **의도적 표본추출** 전략의 결정이 포함된다. 이것은 모집단에 대한 통계적 추정이 가능한 확률 표본추출이라기보다 진행 중인 연구문제에 대해 정보를 가장 잘 줄 수 있는 사람들을 의도적으로 표집하는 의도적 표본이다. 따라서 연구자는 어떤 유형의 의도적 표본추출이 최선인가를 결정해야 한다.

일단 연구자가 현장이나 사람을 선택하고 나면, 가장 적절한 자료수집 접근을 결정해야 한다. 점차 질적 연구자들은 자료의 형태와 자료수집과 기록의 형식 측면에서 더 많은 대안을 선택하고 있다. 예를 들어, 더욱 다양한 면접 유형이 상이한 상호작용을 일으키고 있으며, 결과적으로 기록된 정보에 영향을 미친다. 일반적으로 연

표 7-1 다섯 가지 연구접근별 자료수집 활동

자료수집 활동	내러티브	현상학	근거이론	문화기술지	사례연구
전통적으로 무엇을 연구하는가? [현장/개인(들)]	접근 가능하고, 독특한 경험 이야기를 가진 1명의 개인	그 현상을 경험한 다수의 개인	행위(action)에 반응해 왔거나 중심 현상에 대한 과정에 참여한 여러 명의 개인	문화공유집단의 구성원 또는 그 집단을 대표하는 개인	과정, 활동, 사건, 프로그램 또는 다수의 개인과 같이 경계를 가진 체계
전형적인 접근과 관계형성 절차는 무엇인가? (접근과 관계형성)	개인들로부터 허락을 받고, 보존된 정보에 대한 접근을 획득	현상을 경험한 사람들을 찾음	동질적인 표본을 찾아냄	문지기를 통한 접근, 정보제공자의 신뢰를 획득	문지기를 통한 접근, 참여자의 신뢰를 획득
연구를 위한 현장이나 개인을 어떻게 선택하는가? (의도적인 표본추출 전략)	그 사람의 특성에 따른 여러 가지 전략(예: 편의적, 정치적으로 중요한, 전형적, 결정적 사례)	현상을 경험한 개인들, '기준' 표본을 찾음	동질적인 표본을 찾음, '이론에 기반한' 표본, '이론적' 표본	어떤 사람이 (그 문화집단에서는) '이방인이 되는' 문화집단을 찾음, '대표적' 표본	'사례'나 '사례들', '비전형적인' 사례, 또는 '최대 편차' 또는 '극단적' 사례를 찾음
전형적으로 어떤 형태의 정보가 수집되는가? (자료 형태)	문서와 기록물, 개방형 면접, 연구참여자의 일기, 참여관찰, 일상적 대화, 전형적으로는 한 개인	광범위한 사람들과의 면접(5~25명)	이론의 세부사항들을 채우기 위해 일차적으로 20~30명과 면접	단일 문화공유집단에 대한 참여관찰, 면접, 인공물, 문서	1~4 사례를 대상으로 한 문서와 기록, 면접, 관찰, 그리고 물리적 인공물과 같은 다양한 형태
정보가 어떻게 기록되는가? (정보 기록)	노트, 면접 지침서	면접, 종종 동일인에 대한 다수의 면접	면접 지침서, 현장 노트, 메모	현장 노트, 면접과 관찰 지침서	현장 노트, 면접과 관찰 지침서
자료수집에서 일반적인 이슈는 무엇인가? (현장 이슈)	자료에 대한 접근, 이야기와 자료의 진실성	자신의 경험을 괄호치기, 면접의 실행계획	면접 이슈들(예: 실행계획, 개방성)	현장 이슈(예: 반영성, 반응성, 호혜성, '원주민 되기', 사적 정보의 누설, 속임수)	면접과 관찰 이슈
전형적으로 정보를 어떻게 저장하는가? (자료 저장)	파일 폴더, 디지털 파일	필사본, 디지털 파일	필사본, 디지털 파일	현장 노트, 필사본, 디지털 파일	현장 노트, 필사본, 디지털 파일

구자들은 한 가지 이상의 원천으로부터 자료를 수집하게 된다. 자료수집을 진행하기 위해, 연구자는 정보 기록을 위한 지침서(protocol)를 개발하고 면접 또는 관찰 지침서와 같은 자료 기록 양식을 시험적으로 만들 필요가 있다. 또한 연구자는 '현장 이슈(field issue)'로 불리는 자료수집 과정의 이슈들을 예상해야 한다. 현장 이슈는 불충분한 자료를 갖고 있는 것, 현장을 조기에 일찍 떠나야 하는 것, 정보를 잃게 할 수 있는 문제를 뜻한다. 마지막으로, 질적 연구자는 자료를 쉽게 검색하고 손상이나 손실로부터 자료를 보호할 수 있는 자료 저장방법을 결정해야 한다.

이제부터 우리는 이러한 일곱 가지 자료수집 활동 각각에 대해 살펴보고자 한다. 그리고 우리는 각각에 대해 일반적인 절차들과 각 연구접근에 따른 절차들을 다룰 것이다. 〈표 7-1〉에서 볼 수 있듯이, 자료수집 활동들은 다섯 가지 연구접근에 따라 유사점과 차이점이 있다.

자료수집을 위한 윤리적 고려사항

연구접근에 관계없이, 질적 연구자들은 현장에서 자료를 수집하고 분석하고 질적 보고서를 배포하는 동안 많은 윤리적 문제에 직면한다. 제3장에서 우리는 이러한 이슈들 중 일부를 살펴보았지만, 윤리적 이슈들은 질적 연구의 자료수집 과정에서 더 크게 나타난다(〈표 3-2〉에 제시된 질적 연구의 윤리적 이슈 요약 참조). 윤리적인 연구를 기획하고 수행한다는 것은 연구자가 해당 연구에서 예상되고 나타나는 모든 윤리적 이슈를 고려하고 언급한다는 것을 의미한다. 대체로 이러한 윤리적 이슈들은 윤리적 연구를 이끌어 가는 세 가지 원칙과 관련된다. 그것은 인간에 대한 존중(사생활과 동의)과 복지에 대한 관심(손해를 최소화하고 호혜를 늘리는 것), 정의(공평한 대우와 포용정책) 등이다. 연구자는 개인들에게 숫자 혹은 가명을 부여함으로써 연구참여자의 익명성을 보호한다. 연구참여자들로부터 지지를 얻기 위해, 질적 연구자는 참여자들이 연구에 참여하고 있다는 사실을 전달하고 연구의 목적을 설명하며, 연구의 속성에 대하여 **속임수**를 쓰지 않는다. 만약 연구가 민감한 주제를 다루고 있는데, 참여자들이 그 주제를 알아차리고 참여를 꺼린다면 어떻게 해야 할까? 발생 가능성이 높은 또 다른 이슈는 연구참여자들이 비공개를 전제로 정보를 공유할 때 일어난다. 대부분의 경우 이러한 정보는 연구자에 의해 분석에서 제외되지만, 만약 이 정보가 보고되어 개인에게 해를 끼칠 경우 문제가 될 수 있다. 우리는 수감된 미국 원주민을 연구하여, 면접하는 동안 '탈옥' 가능성을 알게 된 연구자를 기억한다. 연구자는 자신이 그 사실을 보고한다면 연구참여자와 신뢰가 깨질 것이라는 결론을 내리고 침묵을 지켰다. 다행히도 탈옥은 일어나지 않았다. 마지막으로, 우리는 연구참여자들을 위해 적절한 방식으로 정보를 끌어내고 기록하는 방법에 대해 점점 더 초점이 맞춰지고 있음을 지적하고자 한다. 그렇게 함으로써 연구자의 책임성이 연구 맥락과 참여자들에게 익숙해지며, 상이한 지식 체계들과 상호작용 방식을 존중하게 된다. 다양한 맥락과 주변화된 인구집단에 맞게 연구에 적용할 수 있는 탁월한 자원들이 많이 존재한다(Chilisa, 2012; Clandinin et al., 2006; Stanfield, 2011).

기관윤리심의위원회

자료수집을 시작하기 전에, 연구자가 수행해야 하는 핵심 활동으로 기관윤리심의위원회의 승인을 얻는 과정이 포함된다(Creswell, 2012; Hatch, 2002; Sieber & Tolich, 2013). 이 활동의 목적은 우리의 연구설계가 윤리적 연구를 수행하기 위한 지침을 따르고 있다는 증거를 윤리위원회에 제출하는 것이다. 대부분의 질적 연구는 장기간의 심의(즉, 공식 혹은 정식 심의)를 받지 않지만 미성년자(즉, 18세 이하)가 포함된 연구나 고위험의 민감한 인구집단(예: HIV 양성 반응을 보이는 개인들)에 대한 연구들은 철저한 심의, 즉 자세하고 긴 신청서와 긴 심의 시간을 포함하는 과정을 필요로 한다. 심의 과정에는 연구 현장과 개인들을 어떻게 선택하고 접근하며 허락을 받을 것인지, 선택과 표집, 자료수집 전략은 어떻게 수행될 것인지, 그리고 기록과 저장, 정보 사용은 어떻게 관리될 것인지 등과 관련된 프로젝트의 절차를 상세하게 기술하는 제안서 제출이 포함된다. 〈표 7-2〉는 자료수집 활동들에 의한 윤리적 이슈들을 요약하고 있으며, 이러한 각 절차들에 대해 더 구체적으로 기술하고 있다.

표 7-2 윤리적 이슈들과 자료수집 활동들에 의해 기술되어야 할 세부사항들의 예시

자료수집 활동	예상하고 언급해야 할 윤리적 이슈들의 예시	기술해야 할 세부사항들의 예시
현장이나 개인	현장 선택이 연구자들과 권력 이슈를 일으킬 수 있는 상황(즉, 자신의 업무 맥락 내에서 하는 연구). 권력으로부터 자유로운 대안들을 고려하라.	현장이나 개인을 선택하는 합리적 근거와 절차들
접근과 관계형성	접근을 위해 지역의 승인을 요하는 현장들. 추가적인 검토 과정들과 도움을 요청할 문지기를 확인하라.	현장 접근과 허가를 위한 합리적 근거와 절차들
	연구 절차와 그들의 권리를 알고 있는 참여자들. 참여했으면 하는 적합한 개인들로부터 동의를 얻어라.	개별적 동의 절차
	연구의 맥락과 인구집단에 친숙해지라. 존중될 필요가 있는 문화적 · 종교적 · 성적 및 기타 차이들에 대해 알아보라.	관계형성을 위한 합리적 근거와 절차들
표집 전략	연구 목적에 관련하여 자신들이 참여 요청을 받은 이유를 알고 있는 참여자들	표본 선택의 합리적 근거와 모집 절차들
자료 형태	자료수집이 현장에 혼란을 줄 수 있거나 참여자들에게 적합한 상황들	자료원의 선택 근거
	연구자가 어떻게 참여자들과 정보를 끌어내기 시작하고, 참여에 대해 적절한 보상을 제공하며, 호혜를 위한 기회들을 포착할지 고려하라.	자료 절차들
기록 절차	기록이 사생활을 침범할 수 있는 상황과 비밀보장을 유지하기 위해 취해진 방법들에 대해 알고 있는 참여자들	자료 기록의 합리적 근거와 절차들
현장 이슈	진입과 접근의 다양한 이슈, 자료 형태의 적합성, 정보 수집을 위한 절차를 고려하라.	다양함
자료 보관	안전한 장소에 자료와 재료들을 저장하고 의도된 자료 사용에 주의하라.	자료 관리 절차와 사용

현장 또는 개인

우리는 종종 연구자가 어떻게 연구할 현장이나 사람을 찾게 되는가라는 질문을 받는다. 그에 대한 전형적인 답변은 우리가 사용하기로 결정한 접근에 달려 있다는 것이다. 내러티브 연구에서 연구자는 연구할 1명 혹은 그 이상의 개인, 즉 접근 가

능하고, 정보를 기꺼이 제공해 주며, 업적이나 일상이 독특한 개인, 또는 연구할 특정 현상이나 이슈에 대해 구체적으로 말해 줄 사람을 찾아야 한다. Plummer(1983)는 연구참여자를 찾는 두 가지 원천을 추천하고 있다. 실용적인 접근은 더 폭넓은 연구에서 등장한 사람을 우연히 만나는 것, 또는 자발적 참여자들이다. 다른 대안으로 서로 갈등하는 문화 속에 살고 있는 '주변인', 그가 살아가는 시대에 강한 영향을 미치는 '위대한 인물', 또는 대규모 인구집단에 대한 본보기를 제공할 수 있는 '평범한 사람'을 찾을 수도 있다. Gergen(1994)의 또 다른 관점이 유용할 수 있다. 그는 내러티브는 개인의 산물이 아니라 관계의 한 일면으로서, 문화의 일부로서, 연령이나 성과 같은 사회적 역할에 반영되어 "실존하게 된다"(p. 280)라고 주장한다. 그러므로 어떤 사람이 참여할 것인가는 올바른 질문에 초점을 맞추는 것이 아니다. 그 대신에 내러티브 연구자는 모든 사람에게 이야깃거리가 있다는 점을 인식하면서 나타나는 이야기들에 집중할 필요가 있다. 그러나 Daiute(2014)는 내러티브의 센스메이킹(집단적 경험에 의미를 부여하는 과정)은 적절한 시간과 공간 차원을 표집하는 것으로 시작한다고 제안한다. 또한 내러티브 연구에서 개인을 고려하는 데 중요한 것은 일차 내러티브와 이차 내러티브 중 어느 것이 연구의 초점이 되어야 할지 고려하는 것이다(Elliott, 2005). 일차 내러티브에서 사람들은 그들 자신과 경험에 대하여 이야기한다. 반면, 이차 내러티브에서 연구자들은 다른 사람들의 경험에 대한 내러티브(예: 전기)나 많은 사람의 삶을 재현하는 집합적인 이야기를 제시한다.

현상학 연구에서는 꼭 그럴 필요는 없지만, 참여자들을 단일한 현장에서 발견할 수도 있다. 가장 중요한 것은 참여자들이 탐구할 현상을 모두 경험하였고 자신의 체험을 잘 표현할 수 있는 사람들이어야 한다는 점이다. 개인들의 특성이 다양할수록, 연구자가 공통적인 경험, 주제 그리고 모든 참여자 경험의 전반적인 본질을 찾아내는 것이 더 어려워질 것이다. 근거이론 연구에서는 사람들이 단일한 현장에 모여 있지 않을 것이다. 실제로, 참여자들이 흩어져 있다면 그들은 축코딩 단계의 범주를 개발하는 데 유용한 주요 맥락 정보들을 제공할 수 있다. 참여자들은 근거이론 방법으로 연구하는 과정 혹은 행위에 참여해 왔던 사람이어야 한다. 예를 들면, Creswell과 Brown(1992)은 미국 전역에서 학과 교수들을 멘토링했던 32명의 학과장을 면접하였다. 문화기술지 연구에서는 온전한 문화공유집단이 공유된 가치, 신념, 가정들을 발전시켜 온 단일한 현장이 종종 중요하다(Fetterman, 2010). 연구자는 연구할 하나의 집단(혹은 집단을 대표하는 개인 또는 개인들), 연구자가 '이방인'이 되는 그런 집단을 확인할 필요가 있으며(Agar, 1986) 접근할 수 있어야 한다. 사례연구의 경우, 연구자는 프로그램, 사건, 과정, 활동, 개인 혹은 다수의 개인과 같은 연구현장 또는 현장들을 선택할 필요가 있다. 비록 Stake(1995)가 1명의 개인도 적절한 '사례'라고 말했지만, 우리는 한 사람을 연구할 때는 내러티브 전기 접근이나 생애사 접근을 적용한다. 그러나 다수의 개인을 연구할 때는 각각을 한 사례로 정의하고 집합적 사례연구를 고려하는 것이 적절한 전략일 수도 있다.

학생들이 종종 질문하는 것 중 하나가 그들이 속한 조직, 직장 또는 그들 자신을 연구하는 것이 가능한가 하는 것이다. 그러한 연구는 권력 관계 이슈와 연구자와 참여자 그리고 그 현장에 대한 위험을 야기할 수 있다. 예를 들면, 자신의 직장을 연구하는 것은 자료수집 행위가 연구자와 연구참여자 사이에 권력 관계의 불균형을 초래할 경우 좋은 자료가 수집될 수 있는가라는 의문을 제기한다. 물론 자신의 '텃밭'을 연구하는 것은 종종 매우 편리하고 자료수집의 많은 장애물을 제거할 수 있지만, 연구자가 조직에 우호적이지 않은 자료를 보고하게 되거나 참여자가 조직이나 직장에 부정적으로 영향을 끼칠 수 있는 사적인 정보를 폭로하는 경우 그들의 일을 위태롭게 만들 수 있다. 좋은 질적 연구의 특징은 전체적인 관점들을 아우를 수 있는 광범위하고 다양한 관점을 보고하는 것이다(제3장의 '질적 연구의 특징' 참조). 이처럼 자신의 직장이나 조직을 연구하는 것에 대해 경고하는 것이 우리뿐만은 아니다. Glesne와 Peshkin(1992)은 "자신이 소속된 시설이나 기관, 혹은 자기 친구나 동료와 같은 당신 자신의 텃밭(your own backyard)"을 연구하는 것에 의문을 제기한다(p. 21). 그리고 그들은 이러한 정보가 정치적이고 '내부'의 조사자를 위험하게 하는 '위험한 지식'이라고 주장한다. 우리는 자신의 조직이나 직장을 연구하는 것이 중요한 경우, 이에 대한 서술이 정확하고 통찰력을 가지기 위해서는 여러 가지 타당성 전략을 함께 사용하여야 함을 권하는 편이다.

연구자가 자신을 연구하는 것은 다른 문제가 될 수 있다. 제4장에 언급한 바와 같이 자서전 연구방법은 당신 자신을 연구하기 위한 접근이나 방법을 제공하고 있다. 자서전 연구방법과 관련하여 개인적인 이야기를 더 큰 문화적 이슈들과 혼합하는 방법을 다루고 있는 몇 권의 유용한 단행본이 있다(Ellis, 2004; Muncey, 2010 참조). Ellis(1993)는 남자형제의 갑작스러운 죽음에 대한 자신의 경험을 이야기함으로써 사적인 감정의 힘과 자신의 경험을 둘러싼 문화적 관점의 사용에 대해 보여 주었다. 우리는 자기 자신과 자신의 경험을 연구하고 싶어 하는 사람들에게 연구수행 방법과 관련된 학술 절차에 따라 자전적 문화기술지(autoethnography)나 전기적 회고록(biographical memoir)으로 전환할 것을 추천한다.

접근과 라포 형성

질적 연구는 연구 현장에 대한 조사와 자료수집을 용이하게 할 수 있는 방법으로 현장을 조사할 수 있는 허락을 얻는 것을 포함한다. 현장과 개인에 접근하는 것도 일곱 단계를 포함한다. 연구접근과는 상관없이, 특히 미국에서는 인간대상연구심의위원회의 승인을 얻어야 한다. 이는 연구 현장에 있는 사람들뿐만 아니라 대학의 심의위원회(어떤 경우 학교 이사회나 병원에 기반한 연구심의위원회와 같은 조직기구)로부터 승인을 얻는 것을 의미한다. 승인을 얻었다는 증거가 연구보고서나 (만약 가능하다면) 제안서에 기술되어야 한다. 예를 들어, "이 연구는 오하이오 주립대학교의 연구윤리심의위원회로부터 승인을 받았다."(Harley et al., 2009; 부록 D) 또는 "대학 기관윤리위원회와 시립병원의 인간대상연구심의위원회의 승인을 받은 뒤 기준을 충족시키는 사람들에게 접근하고 연구 참여를 요청했다."(Anderson & Spencer, 2002, p. 1340; 부록 C)와 같이 기술해야 한다.

심의 과정에 대한 신청의 일부로서 연구자들은 자신의 연구에 사용될 재료들의 표본을 포함하게 된다. 연구참여자들이 질적 연구에서 검토하고 서명해야 하는 동의서 양식의 보기를 살펴보는 것이 유용하다. [그림 7-2]에 하나의 보기를 제시하였다.

이러한 동의서에는 다음과 같은 구체적인 요소들을 포함할 필요가 있다.

- 언제든지 자발적으로 연구 참여를 그만둘 권리
- 연구의 주요 목적과 자료수집에서 사용되는 절차들
- 응답자에 대한 비밀보장
- 연구 참여와 관련되어 알려진 위험
- 연구참여자에게 발생할 것으로 예상되는 이익

질적 연구 학습 경험: 질적 사례연구

친애하는 참여자 여러분

다음 정보들은 귀하가 본 연구에 대한 참여 여부를 결정하는 데 도움을 주기 위해 제공되는 것입니다. 귀하는 학과, 교수, 네브래스카-링컨 대학교와의 관계에 영향을 주지 않으면서, 연구에 참여하지 않거나 연구 참여를 언제든지 중단하는 결정을 언제든 자유롭게 할 수 있습니다.

이 연구의 목적은 박사과정의 질적 연구 학습 과정을 이해하고자 하는 것입니다. 이 연구는 단일한, 총체적인 사례연구의 설계 절차를 따를 것입니다. 현재 연구 단계에서 학습 과정은 박사과정에 대한 인식과 박사과정의 상이한 단계에서 질적 연구를 이해하는 것으로 일반적으로 정의될 것입니다.

자료는 세 시점—박사과정 초기, 중간, 종결—에서 수집될 것입니다. 자료수집은 문서(학생과 교수들이 작성한 일지 목록, 수업과 연구 절차에 대한 학생들의 평가), 시청각 자료(수업 장면을 촬영한 비디오테이프), 면접(학생들 간의 면접 녹취록), 그리고 (학생들과 교수가 작성한) 교실 관찰 현장 노트를 통해 이루어집니다. 자료수집 대상은 수업에 참여하는 교수와 학생들을 포함할 것입니다.

참여하기 전이든, 참여하는 중이든 언제든지 연구에 대해 질문하십시오. 연구가 끝난 다음에 저희는 연구 결과들을 귀하와 기꺼이 나눌 것입니다. 그러나 귀하의 이름은 어떤 방식으로든 연구 결과에 제시되지 않을 것이며 참여자로서 귀하의 신분은 연구자만 알고 있을 것입니다.

이 연구와 관련된 위험 요인이나 불편사항에 대해서는 알려진 바가 없습니다. 본 연구의 참여와 관련하여 귀하에게 기대되는 이익은 질적 연구 학습 경험에 대한 정보와 질적 연구에 참여하는 기회이며, 그리고 구체적인 자료분석에 참여하는 학생들에 대해서는 공동 저술의 기회가 제공될 것입니다. 출판을 하게 된다면, 표제에 수업을 들은 모든 학생이 참여했음을 밝힐 것입니다.

연구 절차의 특성과 목적을 완전히 이해하고 동의하시면 서명해 주십시오. 이 동의서 사본은 귀하에게도 드릴 것입니다.

날짜 ________________

참여자의 서명 ________________

John W. Creswell, PhD, 미시간 대학교, 책임연구자

[그림 7-2] 인간대상연구의 참여자 참여동의서 양식 보기

• 연구자와 참여자의 서명

또한 접근 허락을 받는다는 것은 연구 현장에 대한 접근권을 제공하고 자료수집을 촉진할 수 있는 사람들을 찾는 것을 의미한다. 접근 허락과 라포 형성은 연구자가 사용할 질적 연구접근의 유형과 참여자에 따라 달라진다. 내러티브 연구의 경우, 연구자는 연구 참여에 대한 허락을 얻어 개인들에 대한 정보를 수집한다. 연구참여자들은 선택을 위해 연구자의 동기를 평가해야 하고, (그들이 바라는 경우) 익명성이 주어져야 하며, 연구자로부터 연구의 목적에 대해 들어야 한다. 이러한 개방성이 라포 형성에 도움이 된다. 전기 문서(biological document)와 기록물(archives)에 대한 접근에도 승인이 필요하며, 종이 문서들에 접근하기 위해 도서관에 가야 하는 것처럼 어떤 경우 멀리까지 찾아가야 한다.

현상을 경험한 개인들이 포함된 표본에 대한 현상학적 연구에서는 참여자의 서면 동의를 얻는 것이 중요하다. Anderson과 Spencer(2002; 부록 C)가 수행한 에이즈에 대한 환자들의 표상 연구에는 58명의 남녀가 HIV/AIDS를 가진 사람들을 위한 병원, 장기치료시설, 주거시설의 세 곳에서 프로젝트에 참여했다. 이 사람들은 모두 AIDS 진단을 받았고, 18세 이상이며, 영어로 대화할 수 있고, 간이정신상태검사(Mini-Mental Status) 점수가 22점 이상인 사람들이었다. 이런 연구에서는 연구에 참여하는 취약한 사람들에 대해 접근 허락을 받는 것이 중요하다.

근거이론 연구에서 참여자들은 연구를 허락해야 한다. 그와 동시에 연구자는 참여자가 행위나 과정에 관한 반응에 대해서 상세한 관점을 털어놓을 수 있도록 참여자와 라포를 형성해야 한다. 근거이론 연구자들은 행위나 과정을 공통적으로 경험한 동질적인 표본 및 사람들과 함께 연구를 시작한다. 신체 활동 참여에 대한 근거이론 연구에서, Harley와 동료들(2009; 부록 D)은 연구참여자를 모집할 수 있는 모임에 접근하기 위해 두 지역의 아프리카계 미국인 여대생 클럽 졸업생 연합회와 접촉해서 만났다. 문화기술지에서는 전형적으로 문화집단의 구성원이거나 내부자 지위를 가진 사람인 '문지기(gatekeeper)'와 접촉을 시작한다. 문지기는 연구자와 처음 접촉하고 연구자를 다른 참여자에게 안내한다(Atkinson, 2015). 그러한 문지기의 본보기가 되는 것이 Mac an Ghaill과 Haywood(2015; 부록 E)가 기술한 문화기술지에서 연구한 집단에 처음 접근할 수 있도록 해 준 두 청년이다.

문지기는 Creswell(2016)이 거론한 신뢰와 문화, 언어 이슈 때문에 주변화된 집단에 접근하고자 할 때 특히 중요해질 수 있다. 문지기와 문화 체계에 천천히 접근하라는 것이 문화를 연구하는 '이방인'에 대한 현명한 조언이다. 문화기술지와 사례연구 모두 문지기들은 Bogdan과 Biklen(1992)이 제시한 다음 질문들에 대한 연구자의 대답을 포함하여 연구에 대한 정보를 필요로 한다.

- 연구를 위해 왜 이 현장을 선택하였는가?
- 연구 기간에 이 현장에서 어떤 일들이 이루어질 것인가? 연구자들은 이 현장에서 얼마나 많은 시간을 보낼 것인가?
- 연구자의 존재가 혼란을 가져올 것인가?
- 연구 결과는 어떻게 보고할 것인가?
- 문지기와 참여자 그리고 이 현장은 연구로부터 무엇을 얻게 되는가? (호혜성)

의도적인 표본추출 전략

질적 연구의 의도적 표집 접근에는 세 가지 고려사항이 있으며, 이 고려사항들은 구체적인 접근에 따라 다양하게 나타난다. 그것들은 누구를 연구의 참여자(또는 현장)로 선택할 것인가, 구체적인 표집 전략의 유형은 무엇인가, 그리고 연구해야 할 표본의 크기에 대한 결정이다.

표본에 포함된 참여자

내러티브 연구에서 연구자는 누구를 표집할 것인가에 대해 많은 고민을 한다. 쉽게 활용할 수 있고 주의를 끄는 정치적으로 중요한 사람이기 때문에, 주변화되었기 때문에, 또는 전형적이고 평범한 사람이기 때문에 연구하기가 쉬울 수도 있다. 이들은 모두 자신의 체험에 대해 진술할 이야기를 갖고 있어야 한다. 연구자는 그 사람이 주변적인가, 위대한가 또는 평범한가에 따라 여러 가지 대안을 선택할 수 있다(Plummer, 1983). 연구 참여에 동의하고 성에 기반한 폭력과 빈곤, HIV/AIDS에 대한 통찰력 있는 정보를 제공해 준 여학생들(Simmonds, Roux, & ter Avest, 2015)은 연구하기 좋았을 뿐만 아니라 아프리카계 사회 내의 폭넓은 성적 이슈를 둘러싼 도전들의 유형에 대해 비판적인 예시를 제공해 주었다. Ai Mei Zhang은 캐나다에 사는 중국계 이민학생으로서 학생, 교사, 부모의 내러티브를 통해 민족 정체성을 이해할 수 있는 정보를 제공해 줄 수 있었다(Chan, 2010; 부록 B).

그러나 현상학 연구의 경우 표본추출 전략의 범위가 훨씬 더 제한적이다. 모든 참여자는 필수적으로 연구될 현상을 경험했어야 한다. 모든 연구참여자가 그 현상을 경험한 사람들을 대표할 때, 기준 표본추출이 잘 들어맞게 된다.

근거이론 연구에서 연구자는 이론 개발에 기여할 수 있는 참여자를 선택한다. Corbin과 Strauss(2015)는 이론적 표집에 대해 언급하였는데, 이것은 이론의 개방코딩과 축코딩을 형성하는 데 기여할 수 있는 사람들을 표집하는 과정이다. 이것은 동질적인 사람들로 구성된 표본(예: 아동기에 학대를 경험했던 모든 여성)을 선택하고 연구하는 것으로 시작된다. 그러고 나서 초기 임시 이론을 개발한 이후에 이질적 표본(예: 아동기에 학대를 경험했던 여성 이외에 다른 유형의 지지집단)을 선택하여 연구한다. 이처럼 이질적 표본을 연구하는 근거는 모형이 적용되는 맥락과 중재 조건을 검증하거나 거부하려는 것이다.

문화기술지에서는 일단 연구자가 하나의 문화집단과 현장을 선택하면 다음으로 누구와 무엇을 연구할 것인지 결정해야 한다. 따라서 문화 내부의 표본추출(within-culture sampling) 과정이 이루어지는데, 다수의 저자가 이러한 절차를 위한 지침을 제안하고 있다. Fetterman(2010)은 큰 그물 접근법을 추천한다. 이는 처음에는 연구자가 모든 이와 섞이는 것이다. 문화기술지 연구자는 그들의 판단에 의거하여 그들의 연구질문에 맞는 하위문화 또는 단위의 구성원을 선택한다. 그들은 기회를 이용하거나(즉, 기회적 표본추출; Miles & Huberman, 1994) 개인을 선택하여 연구하기 위한 기준을 마련한다(기준 표본추출). Hammersley와 Atkinson(1995)에 따르면, 누구 또는 무엇을 연구할 것인가를 선택하는 기준은 그 집단의 사회생활에서 연대기적 시간과 인구통계학적 측면에서 문화공유집단을 대표하는 사람들, 그리고 다양한 행동 양식을 야기하는 맥락에 대한 관점을 획득하는 것에 기반한다.

사례연구에서 우리는 집합적 사례연구에서 특이한 사례의 선택을 선호하며, 다양한 사례를 제시하고 사례에 대한 여러 관점을 충분히 보여 주기 위한 표집 전략으로서 '최대 변량 표집'의 채택도 선호한다. 극단적이고 일탈적인 사례들이 온라인 마약 시장인 '실크로드'에 대한 특이한 사용자 경험에 대한 연구(Van Hout &

Bingham, 2013)와 같은 집합적 사례연구를 구성할 수도 있다.

표집 유형

질적 연구에서는 '의도적 표본추출'이라는 개념을 사용한다. 이것은 연구자가 연구에 필요한 현장과 사람들을 선택하는 것을 의미하는데, 이는 그것이 연구문제와 중심 현상에 대해 이해할 수 있는 정보를 목적에 맞게(의도적으로) 알려 줄 수 있기 때문이다. 누구를, 무엇을 표본으로 추출할 것인가, 어떤 형태로 표본을 추출할 것인가, 그리고 얼마나 많은 사람이나 현장을 표본으로 추출할 것인가에 대한 결정을 내려야 한다. 나아가 연구자는 이러한 표본추출이 다섯 가지 연구접근 중 하나가 요구하는 정보에 적합한지 판단해서 결정해야 한다.

우리는 먼저 표본추출에 대한 일반적인 논점들을 설명하고, 다섯 가지 연구접근 각각의 표본추출에 대해 논의하겠다. 누구 또는 무엇을 표집할 것인가에 대한 결정은 네 가지 측면(사람, 행위, 사건 그리고/또는 과정)에서 표본추출에 대한 예시를 제공한 Marshall과 Rossman(2015)의 개념화에서 도움을 받을 수 있다. 그들은 또한 표본추출은 연구 도중에 변경될 수도 있으며, 연구자들은 유연해야 하지만, 표본추출 전략에 대한 사전 계획을 가능한 한 자세히 짜야 한다고 제안한다. 우리는 질적 연구에서 표본추출의 수준에 대해서 생각하기를 좋아한다. 연구자는 현장 수준, 사건이나 과정 수준, 또는 참여자 수준에서 표본을 추출할 수 있다. 훌륭한 질적 연구계획에는 하나 이상의 표본추출 수준이 제시될 수 있으며, 그것들은 각각 확인될 필요가 있다.

어떠한 형태의 표본추출 방식을 선택할 것인가 하는 질문에 대해서, 우리는 여러 가지 질적 표본추출 전략이 가능하다는 사실을 숙지해야 한다(가능한 목록은 〈표 7-3〉 참조). 이 전략들은 이름과 정의가 있고, 연구보고서에 기술될 수 있다. 또한 연구자들은 하나의 연구에서 하나 이상의 표본추출 전략을 사용할 수 있다. 목록을 살펴보면, 질적 연구에서 가장 많이 쓰이는 접근 방식인 **최대 변량 표집**(maximum variation sampling)이 맨 처음에 기술되어 있다. 이는 이 방법이 질적 연구에서 인기 있는 접근이기 때문이다. 이 접근법은 사전에 참여자나 현장을 구분하는 몇몇 기준을 정하고 기준과 상당히 차이가 많은 현장이나 사람들을 고르는 방식이다. 이 접근은 연구자가 연구 초기에 차이를 극대화하여 연구 결과가 차이와 다양한 관점을 반

표 7-3 질적 연구의 표본추출 전략 유형

표본추출 유형	목적
최대 변량 (maximum variation)	구체적인 특성들에 기반하여 개인들이나 현장들의 다양한 변량들을 기록한다.
동질적(homogeneous)	초점을 맞추고 간추리고 단순화하고 집단 면접을 촉진한다.
결정적 사례(critical case)	논리적 일반화와 다른 사례들에 대해 최대한의 정보 적용을 허용한다.
이론 기반(theory based)	하나의 이론이나 전체 이론의 구성체를 정교화하고 검토한다.
확증적/비확증적 사례들 (confirming and disconfirming cases)	초기 분석을 정교화하고, 예외를 탐색하며, 변량을 찾는다.
눈덩이 굴리기(snowball) 또는 연쇄(chain)	풍부한 정보를 가진 사례에 대해 알고 있는 사람을 아는 사람으로부터 주요 사례를 찾는다.
극단적 또는 일탈적 사례 (extreme or deviant case)	주요 현상이 매우 특이하게 표출되는 사례로부터 배운다.
전형적 사례(typical case)	정상적이거나 평균적인 것을 강조한다.
강도(intensity)	현상을 강렬하지만 극단적이지 않게 표출하는, 풍부한 정보를 제공하는 사례들을 찾는다.
정치적으로 중요한 (politically important)	원하는 주의를 끌거나 원하지 않는 주의를 끄는 것을 피한다.
무작위 의도적 (random purposeful)	잠재적인 의도적 표본이 너무 클 때 표본의 신빙성을 더한다.
층화된 의도적 (stratified purposeful)	하위집단을 묘사하고 비교를 촉진한다.
기준(criterion)	몇 개의 기준을 충족시키는 사례들을 찾는다. 질 검증에 유용하다.
기회적(opportunistic)	새로운 단서들을 좇는다. 기대하지 않았던 것의 이점을 취한다.
조합 또는 혼합 (combination or mixed)	다원화(삼각화), 유연성을 통해 여러 가지 이해관계와 욕구들을 충족시킨다.
편의(convenience)	정보와 신빙성을 희생하는 대가로 시간, 비용, 노력을 절약한다.

출처: Miles & Huberman (1994), p. 28. SAGE의 허락을 받아 재인쇄.

영할 가능성(질적 연구의 이상적 형태)을 증대시키기 때문에 종종 선택된다. 자주 사용되는 다른 표본추출 전략으로는 문제에 대한 구체적인 정보를 제공하는 결정적 사례(critical case)와 연구자가 쉽게 접근하여 자료를 구할 수 있는 현장이나 개인을 대상으로 하는 편의 사례(convenience case) 등이 있다.

표본 크기

표본 크기에 대한 질문은 자료수집 과정에서 표본추출 전략을 결정하는 것만큼이나 중요하다. 질적 연구에서 **표본 크기**에 대한 일반적인 지침은 소수의 현장이나 개인을 연구하는 것뿐 아니라 연구대상이 되는 현장이나 개인에 대해 광범위하고 상세한 정보를 수집할 수 있어야 한다는 것이다. 질적 연구의 의도는 정보를 일반화하는 것이 아니라(사례연구의 일부 특정한 형태를 제외하고) 특정하고 구체적인 현상을 명료하게 드러내는 것이다(Pinnegar & Daynes, 2007). 이러한 일반적인 지침을 넘어서, 다섯 가지 연구접근 각각은 표집 크기와 관련한 구체적인 고려사항들을 제기한다. 자료 형태를 막론하고, 표집 시 고려사항들에 대한 논의를 보기 위해서는 Guest, Namey와 Mitchell(2013)을 찾아보라.

내러티브 연구에서는 집합적 이야기를 발전시키기 위해 큰 규모의 참여자 인구집단을 사용하는 경우를 제외하면(Huber & Whelan, 1999), 1~2명의 개인을 연구한 사례들이 많다. 현상학에서는 1명(Padilla, 2003)에서 325명(Polkinghorne, 1989)까지 참여자들의 수에 차이가 크다. Dukes(1984)는 하나의 현상학적 연구에서 3~10명의 참여자를 연구하는 것을 권장했고, Edwards(2006)는 33명을 연구했다. 근거이론의 경우, 우리는 충분히 포화된 이론을 발전시키기 위해서 20~30명을 연구할 것을 권고한다. 그러나 이 수는 훨씬 더 커질 수도 있다(Charmaz, 2014). 문화기술지의 경우, 우리는 문화집단의 작용이 명확해질 때까지 수집된 수많은 인공물, 면접 그리고 관찰을 사용하는, 단일 문화공유집단에 대한 명확한 연구를 좋아한다. 우리가 사례연구를 한다면, 하나의 연구에 4~5개 이상의 사례를 포함하지는 않을 것이다(Yin, 2014). 이러한 사례 수는 사례들의 주제를 확인하고 사례 간 주제 분석을 수행하는 데 충분한 기회를 제공하는 것이어야 한다. Wolcott(2008a)은 둘 이상의 사례는 연구자가 제공할 수 있는 상세함의 수준을 희석시킨다고 말해 왔다.

자료 형태

질적 연구 영역에서 새로운 형태의 질적 자료가 지속적으로 출현하고 있지만

(Creswell, 2012; Merriam & Tisdell, 2015; Warren & Xavia Karner, 2015), 그 모든 형태는 네 가지 기본적인 정보 유형, 즉 면접(일대일 면접, 집단 대면 상호작용, 웹 기반 상호작용), 관찰(비참여관찰에서 참여관찰까지), 문서(사문서부터 공문서까지 포함), 시청각 자료(사진에서부터 참여자가 만든 인공물까지)로 구분할 수 있다. 수년 동안 우리는 [그림 7-3]에서 보듯, 자료 유형의 목록을 서서히 발전시켜 왔다.

일부 유형은 특정 범주에 집어넣기 힘든 경우도 있었지만, 우리는 이 목록을 네 가지 기본 유형으로 분류하였다. 최근 몇 년 동안, 서사적 이야기 글쓰기(narrative story writing) 방식으로 일지 쓰기(journalizing), 전자우편 메시지의 사용, 동영상과 사진을 통한 관찰 등과 같은 새로운 형태의 자료들이 등장하였다. 특별히 주목할 만한 것은 시각, 청각, 디지털 방법들을 활용한 질적 연구를 위한 절차들의 등장이다(Bauer & Gaskell, 2007; Mitchell, 2011). 질적 연구에서 컴퓨터를 매개로 한 자료수집의 공통적인 형식에는 온라인 화상 초점집단과 전자우편이나 문자 기반 채팅룸 등을 통한 웹 기반 면접, (개방형 온라인 일기와 같은) 웹로그와 생활일지, 인터넷 메시지 게시판, 소셜 미디어 등이 포함된다(Halfpenny & Procter, 2015; Markham & Baym, 2009; Warren & Xavia Karner, 2015). 일부 문화기술지 연구자는 전자우편과 채팅방의 상호작용, 인터넷 메신저를 통한 메시지, 화상회의, 그리고 웹사이트의 이미지와 소리들을 통해 자료를 수집하는 진일보한 온라인 질적 연구를 수행해 왔다(Garcia, Standlee, Bechkoff, & Cui, 2009). 웹 기반 플랫폼을 통한 질적 자료수집은 여비와 자료 녹취 비용을 줄일 수 있다는 점에서 비용과 시간 효율성이라는 이점을 가지고 있다. 또한 참여자들에게 시간과 공간의 유연성을 제공해 줌으로써 더 오랜 시간 숙고하면서 정보에 대한 요청에 반응할 수 있도록 한다. 따라서 그들은 제기된 주제에 대해 더 깊은 반성적 고찰을 제공할 수 있으며, 참여자들에게 비위협적이고 편안한 환경을 조성하여 민감한 이슈들을 훨씬 더 쉽게 논의할 수 있도록 해 준다(Nicholas et al., 2010). 더 중요한 것은 온라인 자료수집이 (실제적인 제약과 장애 또는 언어나 의사소통 장벽 등 때문에) 질적 연구로부터 주변화될 수도 있는, 접근하기 어려운 집단들을 위한 대안을 제공해 준다는 것이다(James & Busher, 2009).

그러나 참여자들의 사생활 보호라든가 새로운 권력 차이, 자료의 소유권, 진실성, 수집된 자료에 대한 신뢰와 같은 온라인 자료수집과 관련된 윤리적 고려사항들이 증가하고 있다(James & Busher, 2007; Marshall & Rossman, 2015; Nicholas et al., 2010).

면접

- 웹 기반 또는 전자우편 플랫폼을 통해 가상으로, 같은 공간에서 일대일 면접을 수행한다.
- 웹 기반 또는 전자우편 플랫폼을 통해 가상으로, 같은 공간에서 초점집단 면접을 수행한다.

관찰

- 참여자 또는 관찰자로서 관찰을 수행한다.
- 참여자에서 관찰자로(그리고 그와 반대로) 역할을 전환하며 관찰을 수행한다.

문서

- 연구 기간에 일지를 작성하거나 참여자들이 일지나 일기를 쓰도록 한다.
- 사적인 문서들(예: 편지, 전자우편, 개인 블로그)을 검토한다.
- 조직 수준의 문서들(예: 보고서, 전략적 계획, 차트, 의료 기록 등)을 분석한다.
- 공문서들(예: 공식 메모, 블로그, 기록, 기록물 정보 등)을 분석한다.
- 자서전과 전기 자료들을 검토한다.

시청각 자료

- 참여자들이 찍은 사진이나 동영상(예: 사진 유도)을 확보한다.
- 개인이나 사회적 상황을 촬영한 동영상이나 영화를 사용한다.
- 사진이나 동영상을 검토한다.
- 웹사이트, 트위터, 페이스북 메시지들을 검토한다.
- 소리(예: 음악 소리, 아동의 웃음소리, 자동차 경적 소리 등)를 수집한다.
- 전화나 컴퓨터 기반 메시지들을 모은다.
- 소유물이나 의례의 대상물을 검토한다.

[그림 7-3] 질적 연구의 자료수집 접근방법 개요

출처: Creswell (2016)에서 각색.

이는 소셜미디어를 사용하는 남자 청소년들을 대상으로 한 Jachyra, Atkinson과 Washiya(2015)와 같이 아동들과 작업할 때 특히 주목할 만하다. 더욱이 웹 기반 연구는 참여자들과 연구자들에게 새로운 필요조건들을 요구한다. 예를 들어, 연구참여자들은 몇 가지 기술 사용과 관련된 능력들과 인터넷에 대한 접근성, 독해와 글쓰기 능력 등을 필요로 한다. 연구자들의 경우, 온라인 정보를 활용하게 되면 스크린에서 텍스트를 지켜보고, 원문 자료를 해석하는 기술을 강화해야 하며, 온라인 면

접 기술을 향상시켜야 하는 등 새로운 관찰 방식에 적응해야 한다(Garcia et al., 2009; Nicholas et al., 2010).

이와 같은 혁신적인 자료수집에서 야기되는 문제점들에도 불구하고, 우리는 질적 연구 프로젝트를 설계하는 연구자들에게 독자나 편집자들의 흥미를 촉발할 만한 새롭고 창조적인 자료수집 방법들을 포함할 것을 권장한다. van der Hoorn(2015)은 하나의 프로젝트를 관리하는 경험에 대한 참여자들의 생각에 접근하기 위해 예술 기반 연구방법[실로폰 그리고/또는 글로켄슈필(철금) 즉흥연주]을 사용하는 예를 보여 준다. 후속면접에서 참여자들은 그들의 즉흥연주에 대해 설명해 달라는 요청을 받았고, 따라서 그들의 경험에 접근하게 된다. 연구자들은 시각적인 문화기술지(Marion & Crowder, 2013; Pink, 2001), 또는 생생한 이야기, 은유적인 시각적 내러티브 그리고 디지털 기록물(Clandinin, 2007) 등이 포함된 내러티브 연구의 가능성을 고려할 필요가 있다. 우리는 참여자들에게 사진(연구자 혹은 참여자 자신이 찍은 사진)을 보여 주고, 포토보이스에서 하는 것처럼 사진의 내용에 대해 논의하도록 연구자가 질문하는 '사진 유도(photo elicitation)' 기법을 좋아한다(Wang & Burris, 1994). 예를 들면, Guell과 Ogilvie(2015)는 잉글랜드 케임브리지에 있는 19명의 연구참여자로부터 통근 여행과 관련된 500장이 넘는 사진을 수집하였다.

연구접근에 따라 질적 연구자들이 자료수집에서 선호하는 접근이 있다. 다만 이처럼 선호하는 접근들이 엄격한 지침이라고 할 수는 없다. 내러티브 연구의 경우, Czarniawska(2004)는 이야기를 위한 세 가지 자료수집 방법을 제시하였다. 그것은 자연스럽게 스토리텔링하는 장면을 기록하는 방법, 면접을 통해 이야기를 끌어내는 방법, 인터넷과 같은 매체를 통해 이야기에 대해 질문하는 방법 등이다. Clandinin과 Connely(2000)는 광범위한 원천(자서전, 일지, 연구자의 현장 노트, 편지, 대화, 면접, 가족 이야기, 문서, 사진, 그리고 개인-가족-사회적 인공물)을 통해 현장 텍스트를 수집할 것을 제안하였다. Ai Mei의 민족 정체성이 갈등하는 이야기들은 사적인 관찰과 면접, 현장 노트, 이벤트 참석 등에서 드러났다(Chan, 2010; 부록 B). 현상학적 연구에서 정보수집 과정에는 10명 이상의 개인과 수행하는 심층면접(예: McCracken, 1988의 장시간 면접에 대한 논의 참조)이 주로 포함된다. 중요한 점은 그것을 경험한 소수의 사람에게서 그 현상의 의미를 기술하는 것이다. 종종 연구참여자들 각각에 대해 여러 차례의 면접이 이루어진다. 이는 18개월간 환자들과 58회의 면접을 하여 AIDS의 '인지적 재현 또는 표상'을 검토한 Anderson과 Spencer(2002; 부록 C)의 현상학적 연구에서 발견할 수 있다. 면접과 자기반성(self-reflection) 이외에, Polkinghorne(1989)은 연구 맥락 밖에서 이루어진 경험에 대한 묘사, 이를테면 소설가, 시인, 화가 그리고 무용가가 그려 낸 기술로부터 정보를 수집하는 것을 포함시켰다. 우리는 특히 다양한 자료수집 방식을 사용한 현상학적 연구의 풍부한 예시로서, Lauterbach(1993)가 수행한 엄마들의 '바라던 아기들'에 관한 연구를 추천한다.

근거이론 연구의 경우, 면접이 자료수집에서 중심 역할을 수행한다. 대학의 학과장에 대해 이루어진 한 연구(Creswell & Brown, 1992)에서는 33명의 개별 학과장에 대한 면접이 거의 한 시간 정도씩 지속되었다. 면접 이외의 다른 자료 형태, 이를테면, 참여관찰, 연구자의 반성 또는 일지 작성(메모하기), 참여자 일지 작성, 그리고 초점집단 등이 이론 개발을 위해 사용될 수 있다(Birks & Mills, 2015; Corbin & Strauss, 2015). Adolph, Kruchten과 Hall(2012)은 소프트웨어 개발과정을 설명하기 위해 면접, 참여관찰, 문서 등을 사용하였다. 그러나 우리의 경험에 근거하여 볼 때, 근거이론 연구에서 이러한 다양한 형태의 자료들은 면접에 비해 이차적인 역할만을 수행하게 된다.

문화기술지 연구에서는 관찰과 면접이 가장 일반적인 자료수집 형태이지만, 연구자는 관찰, 면접, 문서, 인공물을 통해 행동에 대한 기술을 수집한다(Atkinson, 2015; Fetterman, 2010; Spradley, 1980). 스트레이트 엣지(sXe) 운동의 핵심 가치에 대한 상세한 기술은 14년간의 참여관찰과 250회의 음악회, 28명의 남녀와 수행한 면접, 신문 보도, 노래가사집, 인터넷 웹페이지, sXe가 발간하는 잡지 등에서 수집한 문서들로부터 나온 것이다(Haenfler, 2004). 문화기술지는 자료수집의 일부로서 양적인 서베이와 검사, 척도의 활용을 옹호한다는 점에서 다섯 가지 접근 방식 가운데 차별성을 지니고 있다고 생각된다. 예를 들어, LeCompte와 Schensul(1999)이 발전시킨 문화기술지에서 다양한 범주의 자료 형식을 살펴보라. 그들은 관찰과 검사, 반복 측정, 표본 조사, 면접, 2차적 혹은 시각 자료의 내용 분석, 유도(elicitation)방법, 시청각 정보, 공간 매핑(spatial mapping), 네트워크 연구 등과 같은 문화기술지 자료수집 기법들을 검토하였다.

문화기술지와 마찬가지로, 사례연구의 자료수집은 연구자들이 사례에 대한 심층 묘사를 하기 때문에 광범위한 절차들을 포함한다. Yin(2009)은 사례연구에 대한 그의 책에서 다양한 형태의 자료수집을 제안하였다. 그는 문서, 기록물, 면접, 직접 관찰, 참여관찰, 물리적 인공물 등 여섯 가지 형태를 언급하였다. 무장총격자 사례연구에서 사용한 광범위한 자료수집을 표현하기 위해, Asmussen과 Creswell(1995)은 자료에 대한 정보를 제시하는 행렬표를 사용하였다. 이 행렬표의 열에는 자료의 네 가지 유형(면접, 관찰, 문서, 시청각 자료)이, 행에는 구체적인 정보의 형태(예: 전체 학생, 행정본부)가 담겨 있다. 풍부한 정보를 활용하는 사례연구에 특히 잘 적용되는 행렬표 사용은, 연구자들이 모든 연구접근에서 깊이 있고 다양한 자료수집 형태를 전달하는 데 동일하게 도움이 될 것이다.

[그림 7-3]에 있는 네 가지 자료수집 형태 중에서 문서와 시청각 자료는 대체로 면접과 관찰을 보완하기 위해 사용된다. 그러나 기존의 개인적 · 조직적 문서와 인공물들을 검토함으로써 생성되는 중요한 역사적 · 맥락적 정보를 인식하는 것이 중요하다(Prior, 2003). Bogdan과 Biklen(2006)은 기존 자료를 세 가지 유형, 즉 사문서(개인이 생성한 웹사이트, 전자우편, 블로그), 공문서(조직이 생성한 웹사이트, 핸드북, 보고서), 그리고 대중적 문화 문서(대중이 접근할 수 있는 사진, 잡지) 등으로 범주화하였다. 문서와 시청각 자료들을 검토해야 하는 많은 어려움을 완화하기 위해, 우리는 미리 자료에 대한 접근권을 협상하고, 자료수집의 목적에 기반하여 분명한 포함과 배제 기준을 설정하며, 검토와 종합에 충분한 시간을 할당할 것을 권고한다.

면접과 관찰은 특별히 주목할 가치가 있다. 왜냐하면 이 방법들이 다섯 가지 질적 연구접근에서 빈번히 사용되기 때문이다. 이들 2개의 주제에 대해서는 많은 문헌이 다루고 있기 때문에(예: 면접에 대해서는 Brinkmann & Kvale, 2015; Rubin & Rubin, 2012; 관찰에 대해서는 Angrosino, 2007; Bernard, 2011), 우리는 잠재적인 면접자와 관찰자에게 추천할 만한 기본적인 절차들을 강조하고자 한다.

면접

면접은 대화에 기반한 사회적 상호작용으로 간주된다(Rubin & Rubin, 2012; Warren & Xavia Karner, 2015). Brinkmamn과 Kvale(2015)에 따르면, 면접은 "면접자와 피면접자 사이의 상호작용에서 지식이 구성되는" 곳이다(p. 4). 나아가 질적 연구의 면접은 "대상자의 관점에서 세계를 이해하고, 그들이 겪은 경험의 의미를 밝히며, 그들이 살아낸 세계를 드러내고자 하는 시도"로 기술된다(p. 3). 누가 피면접자가 될 것인지와 어떤 질문을 할 것인지는 연구의 목적과 그 연구를 이끌어 가는 연구질문에 달려 있다. 면접 질문들은 종종 연구의 하위질문들과 동일하며 피면접자가 이해할 수 있는 방식으로 작성된다. 면접 질문들은 **면접 지침서**(interview protocol)의 핵심 요소로 간주되며, 피면접자를 초대하여 면접을 시작하고 말을 건네는 질문들로 시작하여, "이 주제에 대해 더 배우기 위해 누구와 대화를 하는 것이 좋을까요?"와 같은 질문이나 참여자들에게 면접 시간을 내준 데 대한 감사 인사로 끝을 맺게 된다. 좋은 면접을 수행하기 위해 복잡한 기술이 필요하다는 것이 놀랄 만한 일은 아니며, 면접은 종종 수련을 통해 발전되는 '숙련기술'로 언급되곤 한다(Brinkmann & Kvale, 2015; Rubin & Rubin, 2012).

상호작용이 이루어지는 방법은 면접 유형의 선택에 달려 있으며, 매우 다양하다. 일대일 면접의 변수는 면접자와 피면접자가 모두 물리적으로 동일한 공간에 있는가, 정보 기술을 사용하여 대면 면접으로 대화하는가, 전화를 통해 대화하는가 등에 달려 있다. 대화를 위한 또 하나의 대안은 문자 메시지를 사용하거나 온라인 채팅 기능을 사용하여 글로 상호작용을 하는 것이다. 초점집단은 피면접자들 사이의 상호작용이 가장 좋은 정보를 이끌어 낼 수 있을 때, 피면접자들이 유사하고 서로 협조적일 때, 정보를 수집할 시간이 제한되어 있을 때, 일대일 면접을 한 사람들이 정보제공을 주저할 것으로 보일 때 이점이 있다(Krueger & Casey, 2014; Morgan, 1997). Krueger와 Casey(2014)는 채팅방 초점집단과 게시판 집단을 포함하는 인터넷상의 초점집단을 사용하는 것에 대해 논의했다. 그들은 그 집단들을 위한 질문들을 만드는 방법과 함께 인터넷 집단을 관리하는 방법에 대해서도 다루고 있다. Stewart와 Williams(2005)는 사회조사를 위한 온라인 초점집단의 동시발생(실시간)과 비동시발생(비실시간) 앱을 검토했다. 그들은 가상현실 앱과 같은 새로운 발전의 이점들을 강조했는데, 이는 참여자들이 긴 기간에 걸쳐 답변을 할 수 있고, 더 많은 수치가 관리될 수 있으며, 더 개방적이고 열띤 대화들이 오갈 수 있기 때문이다. 온라인 초점집단의 문제점으로 제기되는 것은 온전한 형태의 고지된 동의를 얻는 것과 참여자들을 모집하는 것, 그리고 상이한 국제 시간대 중에서 모임을 위해 적절한 시간대를 선택하는 것 등이다. 접근성이 높다는 장점을 가진 일부 유형에 대해서는 그 단점들도 신중하게 검토하는 것이 중요하다. 예를 들어, 일부 형태는 시각적 의사소통을 결여하고 있으며, 대부분의 형태는 말하거나 생각을 공유하는 것을 꺼리지 않거나 기술에 정통한 사람들을 필요로 한다는 것이다(James & Busher, 2009). 덜 명료하고 부끄러워하는 피면접자들은 연구자들에게 어려움을 줄 수 있으며 충분하지 않은 정보를 제공할 수 있다. 면접 형태와는 상관없이, 집단 세팅에서는 모든 참여자가 말을 할 수 있도록 격려하면서 대화를 지배하는 사람들을 통제하기 위해 가능한 한 편안한 환경을 조성하는 데 주의를 기울여야 한다.

어떤 이들은 면접을 여러 단계로 구성된 절차로 보고 있다. Brinkmann과 Kvale (2015), Rubin과 Rubin(2012)과 같은 여러 저자가 질적 면접을 수행하는 데 필요한 단계들을 발전시켜 왔다. Brinkmamn과 Kvale(2015)은 논리적 연속성을 가진 면접의 7단계를 제시했는데, 그것은 연구주제 설정, 연구설계, 면접 수행, 면접 녹취록 필사, 자료분석, 타당성 검증, 연구 결과의 신뢰성과 일반화 가능성, 마지막으로 연구 결과 보고 등으로 이어진다. 반응적 면접 모형이라고 부르는 Rubin과 Rubin (2012)의 7단계는 Brinkmamn과 Kvale(2015)의 것과 그 범위에서 유사하지만, 그들은 그러한 연속성이 고정된 것이 아니라고 보았으며, 연구자들이 연구질문, 선택된 현장, 연구를 위한 상황을 바꿀 수 있다고 하였다. 면접의 단계들에 대한 이 두 가지 접근은 주제 선정에서부터 실제적인 글쓰기에 이르기까지 연구의 많은 국면을 포함하고 있다. 여기에 제시한 접근에서 우리는 이러한 과정이 더 큰 범위의 연구 과정 내에 포함된다고 가정하고 자료수집 과정의 조금 더 구체적인 면에 초점을 맞추고자 한다. 면접을 준비하고 수행하기 위한 절차들이 [그림 7-4]에 요약되어 있다.

- 면접에서 답변을 듣고자 하는 연구질문들을 결정한다: 이러한 질문들은 개방형이고 일반적이며, 연구의 중심 현상을 이해하는 데 초점을 맞춰야 한다.
- 앞서 논의한 의도적 표본추출 절차 중 하나에 기반하여 이러한 질문들에 가장 잘 답변할 수 있는 피면접자들을 확인한다(〈표 7-3〉 참조).
- 어떤 면접 유형이 실용적이며 어떤 상호작용이 연구질문에 대해 가장 유용한 정보들을 획득할 것인가를 결정함으로써 면접의 유형을 구분한다: 우리는 특정한 맥락에서 이용할 수 있는 유형들을 분석하고 최적의 조합을 결정할 것을 권장한다.
- 일대일 면접이나 초점집단 면접을 수행할 때 충분한 기록 절차를 사용하여 자

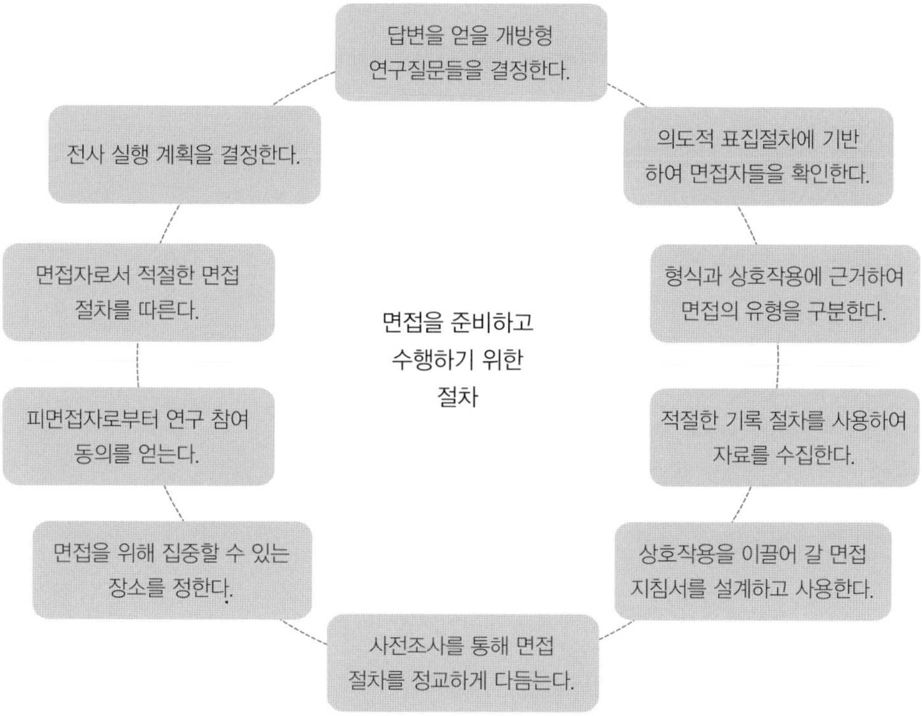

[그림 7-4] 면접 준비와 수행 절차

료를 수집한다: 옷깃에 부착하는 마이크나 헤드셋의 사용과 같이 공간의 음향 시설에 민감한 마이크 설비를 갖추는 것이 좋다. 또한 집단면접 상황에서는 서로 다른 위치에 2개 이상의 녹음장치를 사용하는 것이 바람직하다.

- 면접 지침서 또는 면접 안내서를 설계하고 사용한다(Brinkmann & Kvale, 2015): 대략 5~7개의 개방형 질문을 사용하고, 피면접자의 진술에 대한 반응을 적을 수 있도록 질문들 사이에 충분한 여백을 둔다(면접 지침서 보기는 [그림 7-5] 참조).
- 사전조사(pilot testing)를 거쳐 면접 질문과 절차를 다듬는다: Sampson(2004)은 국제화물선의 항해사에 대한 문화기술지 연구에서 사전조사를 실시하여 연구 도구를 개발하고 다듬었으며, 관찰자의 편견을 사정하고, 질문을 구성하였으며, 배경정보를 수집하고, 연구 절차를 조정하였다. 또한 사례연구에서 Yin(2009)은 자료수집 계획을 다듬고 일련의 질문을 개발하기 위한 목적으로 사전조사를 권고하였다. 사전조사를 위한 사례들은 편의성, 접근성 그리고 지리적 근접성에 기초하여 선정한다.

면접 지침 프로젝트: 테러 사건에 대한 대학의 반응

면접 시간:
날짜:
장소:
면접자:
피면접자:
피면접자 지위:

(프로젝트를 간략하게 기술한다.)

질문

1. 그 사건에서 당신의 역할은 무엇이었습니까?

2. 당신이 그 사건에 관여된 이후 어떤 일이 일어났습니까?

3. 이 사건이 대학 공동체에 미친 영향은 무엇입니까?

4. 만일 이 사건으로 인해 파생된 더 큰 결과가 있다면 무엇입니까?

5. 이 사건에 대한 캠퍼스의 반응에 대해 좀 더 알고자 한다면 누구와 대화하는 것이 좋겠습니까?

면접에 참여해 준 데 대해 감사의 말을 전한다. 응답 내용에 대한 비밀보장과 앞으로 있을 수 있는 추가 면접에 대해 확인한다.

[그림 7-5] 면접 지침서 또는 안내문 예시

- 주의를 흐트러뜨리지 않는 면접 장소를 찾는다: 가능한 한 사생활이 포함된 은밀한 대화를 녹음할 수 있는 물리적인 공간을 찾는다.
- 인간대상연구심의위원회가 승인한 동의서 양식을 작성하도록 함으로써 피면접자로부터 연구 참여에 대한 동의를 얻는다: 면접을 시작할 때 연구의 목적, 면접 종결까지 걸리는 시간, 연구 참여를 취소할 수 있는 권리, 면접 결과의 활용 계획(피면접자에게 연구보고서 복사본이나 초록을 제공)을 검토한다.
- 면접자로서 적절한 면접 절차를 따른다: 그동안 검토해 온 연구의 경계 안에 머

물면서, 질문들을 이끌어 갈 지침서를 사용하고, 특정된 시간 내에 면접을 마치며, 공손하고 예의 바르게 진행하고, 질문과 조언은 적게 한다. 이 마지막 부분이 가장 중요할 수 있는데, 좋은 면접자는 면접하는 동안에 말이 많은 연설가가 아니라 잘 듣는 사람이라는 점을 상기시켜 준다.

- 미리 전사 실행 계획을 결정한다: 예를 들어, 만약 필요하다면 무엇을 전사할 것인가? 만약 소프트웨어를 사용한다면, 그것을 어떻게 확인할 것인가? 여기에서는 언어적인 단서와 함께 불필요해 보이는 단어들과 무심코 나온 말(예: 흐음……)에 대한 것까지 결정해야 한다. 만약 특정한 사항들을 포함하지 않는다면 분석은 제한될 것이다.

관찰

관찰은 질적 연구에서 자료수집을 위한 핵심 도구 중 하나이다. 이는 관찰자의 오감을 통해 현장에서 현상을 파악하며, 종종 필기도구를 사용하여 과학적 목적을 위해 그것을 기록하는 행위이다(Angrosino, 2007). 관찰은 연구 목적과 질문들에 기반을 둔다. 당신은 관찰하는 동안 물리적 환경, 참여자, 행동, 상호작용, 대화 그리고 당신 자신의 행동을 살펴볼 수 있다. 시각, 청각, 촉각, 후각, 미각을 포함한 감각들을 사용하라. 당신은 모든 것을 적는 것이 불가능하다는 것을 알게 될 것이다. 따라서 당신은 폭넓게 관찰하는 것으로 시작하고, 나중에 연구질문에 집중하게 될 것이다. 어느 정도까지는, 관찰자는 대개 자신이 관찰하는 것에 관여하게 된다.

참여와 관찰이라는 측면에서 관찰자의 관여 범위는 대체로 다음 네 가지 관찰 유형으로 구분한다.

- **완전참여자**: 연구자는 그가 관찰하고 있는 사람들에게 완전히 관여하게 된다. 이것은 연구자로 하여금 관찰되는 사람들과 더 긴밀한 라포 관계를 형성하도록 도울 수 있다(Angrosino, 2007).
- **관찰참여자**: 연구자는 현장에서 이루어지는 활동에 참여한다. 참여자의 역할이 연구자의 역할보다 더 두드러진다. 이것은 연구자로 하여금 내부인의 관점과 주관적 자료를 얻도록 도울 수 있다. 그러나 연구자가 활동에 통합되어, 연구자의 자료 기록이 방해받을 수도 있다(Bogdewic, 1999).

- **비참여자/참여관찰자**: 연구자는 연구 중인 집단의 외부인으로서 거리를 두고 지켜보면서 현장 노트를 작성한다. 연구자는 활동이나 사람들에게 직접 관여하지 않고 자료를 기록할 수 있다.
- **완전관찰자**: 연구자는 연구 중인 사람들에게 보이지 않으며 알려지지도 않는다.

훌륭한 질적 관찰자로서, 당신은 처음에는 비참여자로 시작했다가 점차 참여자 역할로 이동해 간다거나 그와 반대의 경우처럼 관찰하는 동안 당신의 역할을 바꿀 수 있다. 예를 들어, 참여관찰은 연구자에게 완전한 외부인에서 완전한 내부인 사이의 연속선 위를 오갈 수 있게 한다(Jorgensen, 1989). 문화기술지 연구의 과정을 통해 외부인에서 내부인으로 역할을 바꾸는 접근은 현장조사(Bernard, 2011; Jorgensen, 1989)에 잘 정리된다. Wolcott(1994)의 교장선출위원회에 대한 연구는 외부인의 관점을 묘사하고 있는데, 이 연구에서 그는 위원회의 대화와 활동에서 적극적인 참여자가 되지 않고 학교 교장을 선출하는 과정에서 벌어지는 사건들을 관찰하고 기록하였다.

특정 현장에서 관찰은 피면접자가 속일(deception) 가능성, 인상 관리, 낯선 상황에서 연구자가 주변화될 가능성 등과 같은 이슈를 다뤄야 하는 특별한 기술이다(Atkinson, 2015). 면접과 마찬가지로, [그림 7-6]에서 요약된 바와 같이, 관찰도 그것을 준비하고 수행하는 일련의 절차와 단계를 가진 것으로 이해할 수 있다.

- 관찰할 현장을 선택한다: 현장에 대한 접근을 확보하는 데 필요한 허가를 받는다.
- 현장에서 누구를, 언제, 얼마나 오랫동안, 무엇을 관찰할 것인가를 확인한다: 문지기가 이 과정을 돕는다.
- 처음에 관찰자로서 맡게 될 역할에 기반하여 관찰의 유형을 구분한다: 이 역할은 완전참여자(현지인처럼 되는 것)의 역할로부터 완전관찰자의 역할까지 넓은 범위를 가질 수 있다. 우리는 초기에는 외부인이었다가 이후에 시간이 흐르면서 내부인이 되어 가는 절차를 특히 선호한다.
- 현장에서 노트를 기록하는 방법으로서 **관찰 지침서**를 설계하고 사용한다: 이 지침서에는 기술 노트(descriptive note)와 반성 노트(reflective note, 즉 당신의 경험,

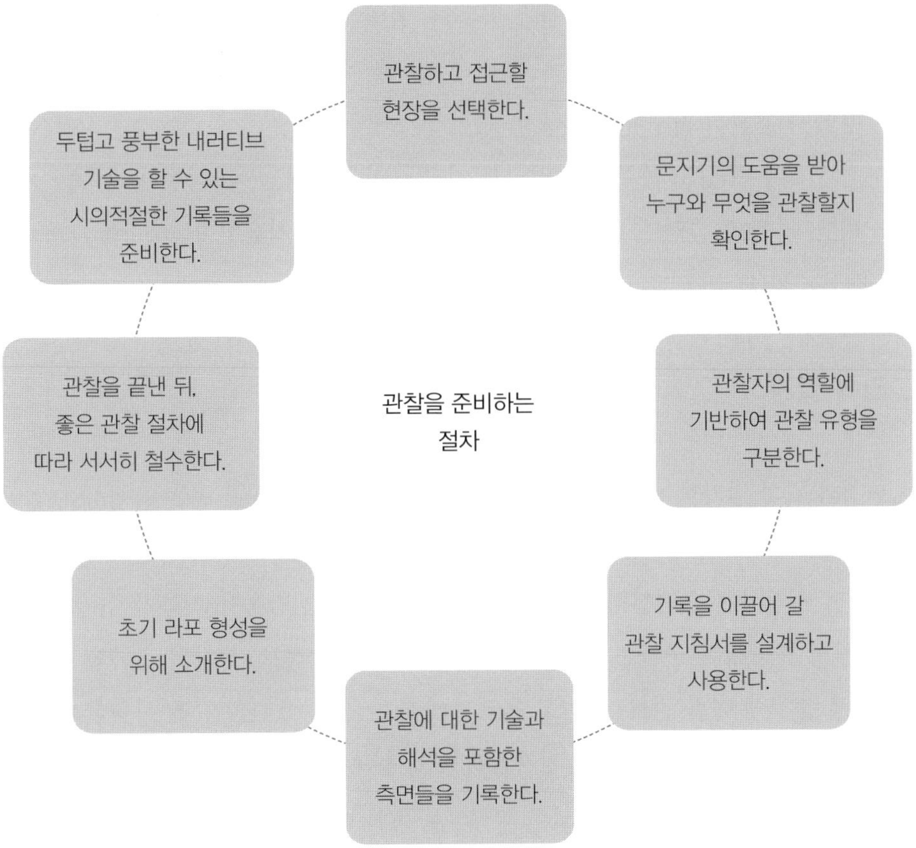

[그림 7-6] 관찰 준비와 수행 절차

육감 그리고 학습에 대한 노트)가 모두 포함된다. 관찰 날짜와 장소, 시간 등을 앞에 적도록 배치했는지 확인하라(Angrosino, 2007).

- 연구참여자, 물리적 환경, 특정 사건과 활동들, 당신 자신의 반응에 대한 묘사와 같은 측면들을 기록한다(Bogdan & Biklen, 1992): 무슨 일이 벌어졌는지 기술하고 사적인 반성, 통찰, 아이디어, 혼란, 예감, 최초의 해석, 돌파구 등을 포함한 다양한 측면을 반추해 본다.
- 당신이 외부인이라면 누군가가 당신을 소개하도록 하고, 수동적이면서 우호적으로 다가가며, 처음 몇 번의 관찰 세션에서는 제한된 목표를 가지고 시작함으로써 초기 라포를 형성한다: 초기의 관찰 세션에서는 기록은 거의 하지 않고 관찰에만 주의를 기울일 수도 있다.

- 관찰자로서 좋은 관찰 절차들을 따른다: 관찰한 이후, 참여자들에게 고마운 마음을 전하고 자료 활용과 연구에 대해 접근할 수 있는 방법들을 알려 주면서 현장에서 천천히 철수한다.
- 관찰 이후 두텁고 풍부한 내러티브 기술을 할 수 있는 시의적절한 기록들을 준비한다: 관찰 중인 사람들과 사건들에 대해 온전히 기술한다(Emerson, Fretz, & Shaw, 2011).

기록 절차

면접과 관찰 절차에 대해 논의할 때, 우리는 면접이나 관찰을 하는 동안에 수집한 정보를 기록하기 위해 사전에 설계된 지침서를 사용하는 것에 대해 언급하고는 한다. 면접 지침서에는 면접하는 동안 피면접자가 보이는 반응을 기록할 수 있다. 면접 지침서를 통해 연구자는 머리말, 면접 시작에 대한 정보, 생각의 결론을 내리는 것, 면접 종결에 대한 정보, 그리고 응답자에 대한 감사 표현과 같은 사항들에 대한 자신의 생각을 정리할 수 있다. 저자들은 무장총격자 사례연구에서 사용했던 면접 지침서를 [그림 7-5]에 제공했다(Asmussen & Creswell, 1995).

5개의 개방형 질문 이외에, 그 연구의 양식에는 우리가 추천하는 몇 가지 특징이 포함되어 있다. 면접 지침서를 사용하는 방법은 다음과 같다.

- 프로젝트에 대한 필수적인 정보를 기록하기 위해 그리고 피면접자에게 연구 목적에 대해 소개할 것을 기억하도록 하기 위해 머리말(header)을 사용한다. 이러한 머리말은 비밀보장에 대한 정보를 포함하고 동의서 양식에 포함된 것을 다룰 수도 있다.
- 지침서 양식에서 질문들 사이에 여백을 둔다. 사람들은 자신들이 받는 질문에 대해 항상 직접적으로 반응하는 것은 아니라는 점을 인식하라. 예를 들어, 연구자는 2번 문항의 질문을 했지만, 피면접자의 반응은 4번 문항의 질문에 대한 것일 수도 있다. 피면접자가 말할 때 모든 질문에 대한 노트를 작성할 준비를 해야 한다.
- 참여자와 눈 맞춤(eye contact)하는 것을 놓치지 않도록 질문들과 그 순서를 기

억한다. 한 질문에서 다음 질문으로 넘어갈 때 적절한 표현을 가지고 전환할 필요가 있다.

- 면접 참여에 대해 고마운 마음을 전하고, 필요한 경우에 추후 정보를 요청하는 맺음말을 작성한다.

관찰하는 동안에는 정보를 기록하기 위해 관찰 지침서를 사용한다. [그림 7-7]에서 보듯이, 이 지침서에는 Harry Wolcott 교수의 교실 방문에 대해 학생들 가운데 1명이 작성한 노트가 포함되어 있다. 우리는 단 한 장의 지침서만을 제공하고 있지만, 그것이 무엇을 관찰해야 하는지를 알려 주는 데는 충분하다. 관찰 세션에 대한 정보를 기술하는 머리말이 있고 연구자가 활동들에 대한 기술을 기록하는 '기술 노트'가 있다. '기술 노트' 행에서 네모상자 안에 있는 부분은 관찰자가 교실에서 행해지는 행위들의 흐름을 시간 순서대로 요약하고자 하는 시도를 보여 준다. 이것은 교실 세션에서 이루어진 활동들을 연대기 방식으로 전개하는 데 유용한 정보일 수 있다. 또한 관찰 지침서에는 과정에 대한 노트, 활동들에 대한 반성, 이후의 주제 개발을 위해 작성한 활동들에 대한 요약 결론 등을 적는 '반성 노트'가 있다. 가운데 수직선이 기술 노트와 반성 노트를 나누고 있다. 물리적 환경에 대한 시각적 스케치와 이에 대한 표시는 추가로 유용한 정보를 제공한다.

연구자가 관찰 혹은 면접 지침서 중에서 어떤 것을 사용하든지 관계없이, 필수적인 과정은 정보의 기록 혹은 Lofland와 Lofland(1995)의 표현에 따르면 "자료 일지 쓰기(logging data)"이다(p. 66). 이 과정은 관찰 현장 노트, 면접 기술서, 지도 그리기(mapping), 인구조사, 사진 촬영, 소리 녹음, 문서 등과 같은 다양한 형태로 정보를 기록하는 것을 포함한다. 초기의 '약식 메모(jottings)'(Emerson et al., 2011), 일지 또는 요약, 기술적 요약(현장 노트의 예는 Marshall & Rossman, 2015; Sanjek, 1990 참조)들로 구성된 정보를 기록할 때 비공식적 과정이 발생할 수도 있다. 이러한 형태의 정보 기록은 내러티브 연구, 문화기술지, 사례연구에서 많이 사용된다.

활동 기간: 90분	
기술 노트(descriptive note)	**반성 노트(reflective note)**
전반적으로: 강의실에서 질적 연구를 배울 때 대학원생들의 경험은 어떠한가?	
이 페이지 하단에 제시한 강의실의 배치도와 물리적 환경에 대한 코멘트를 참고한다.	세부사항까지 적힌 OHP: 강의실 뒤쪽에서 그것을 읽을 수 있을지 의문이다.
대략 오후 5:17 정도에 Creswell 박사가 자리가 가득 찬 강의실로 들어와 Wolcott 박사를 소개한다. 강의실 내 구성원들은 편안해 보인다.	수업 초반에 OHP에 전원이 연결되지 않았다. 나는 이것이 주의를 산만하게 하지 않았을까 의문이다(OHP 전원 연결에 추가 시간이 걸렸을 때).
Creswell 박사는 국제적 경험에 초점을 두면서 손님에 대해 간략하게 소개하였으며, 교육학적 문화기술지 연구인 '교장실의 남자'에 대해 언급한다.	Creswell과 Wolcott 박사가 늦게 도착한다. 학생들은 조금 불안해 보였다. 이들의 불안은 오후 5시 시작 시간에 변화가 발생한 것과 관련이 있는 것 같다(6:30 수업이나 가야 할 약속이 있는 사람이 있을 수도 있다).
기술 노트(descriptive note)	**반성 노트(reflective note)**
Wolcott 박사는 자신이 지금 교육학적 문화기술지에 대해 집필하고 있다면서 이야기를 시작한다. 그리고 『질적 자료의 전환(Transferring Qualitative Data)』과 『현장조사의 예술(The Art of Fieldwork)』이라는 두 권의 책을 언급하면서 이것을 자신의 주요 업무로 강조한다.	Creswell과 Wolcott 박사 사이에 오간 수차례의 짧은 대화들로 볼 때, 그들은 좋은 신뢰 관계를 형성하고 있는 것 같아 보인다.
Wolcott 박사가 자신의 지친 목소리(분명히, 하루 종일 얘기했기 때문에)에 대해 양해를 구하며 발표를 시작하는 동안, Creswell 박사는 이 손님의 OHP 슬라이드를 가져오기 위해 강의실에서 떠난다. 이 활동에는 3개의 부분이 있는 듯하다. ① 순수한 문화기술적 방법론을 찾아가는 수업에 대한 강연자의 도전, ② 교육학에서 질적 연구를 위한 다양한 전략과 하위전략들을 보여 주는 '계보(tree)'에 대한 강연자의 발표, 그리고 ③ 주로 학생들의 예비연구 프로젝트와 Wolcott 박사가 이전에 집필했던 연구들에 관한 질문들을 받아 여유 있게 응답하는 '원로 수완가(elder statesman)'.	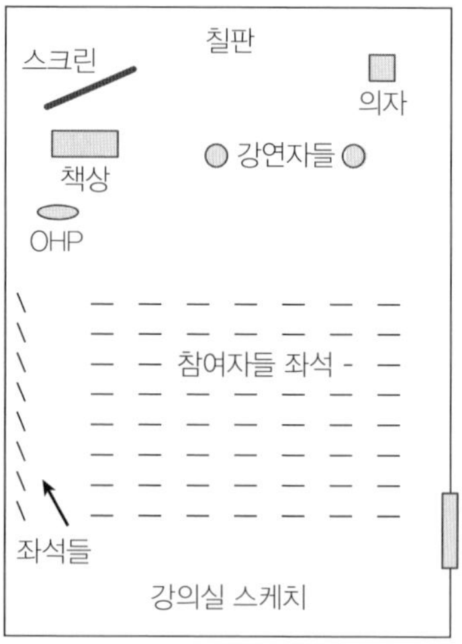
첫 번째 질문은 "당신은 질적 연구를 어떻게 보십니까?"였으며, 그다음 질문은 "문화기술지는 어떻게 해야 잘 할 수 있을까요?"였다.	

[그림 7-7] 관찰 지침서 예시

현장 이슈

다섯 가지 접근 내에서 연구에 관여하는 연구자들은 현장에서 자료를 수집할 때 여러 이슈와 마주치게 되며, 그것을 예상할 필요가 있다. 지난 몇 년 동안, 해석적 틀(제2장 참조)이 광범위하게 논의됨에 따라 현장 이슈에 관한 책과 논문들이 크게 늘어났다. 초보 연구자들은 그들이 맞닥뜨린 자료의 풍부함과 질적 자료수집에 필요한 시간의 양에 압도되곤 한다. 실용적인 조언으로서, 우리는 초보 연구자들에게 한정된 자료수집으로 시작하고, 첫 경험을 얻기 위해 시범적인 프로젝트에 참여할 것을 권장한다(Sampson, 2004). 여기에서 말하는 한정된 자료수집이란 1~2회의 면접이나 관찰로 이루어질 수 있으며, 이를 통해 연구자들은 자료수집에 필요한 시간을 추정할 수 있을 것이다.

자료를 수집하는 동안 발생할 수 있는 이슈의 유형을 예측하거나 생각해 보는 하나의 방법은 진입과 조직 차원의 접근, 면접자와 피면접자 사이의 역동성, 문서와 시청각 자료의 이용 가능성과 같은 자료수집의 여러 가지 측면과 관련된 이슈들을 살펴보는 것이다.

진입과 조직 차원의 접근

연구를 위하여 조직이나 현장 그리고 개인에게 접근하는 것은 그 자체로 매우 큰 도전이다. 연구에 참여하도록 사람들을 설득하고, 현장에서 신뢰와 믿음을 형성하고, 대답할 사람을 현장에서 구하는 것은 모두 중요한 도전들이다. 현장의 적절성에 대한 고려와 관련된 요소들도 염두에 두어야 한다(Weis & Fine, 2000 참조). 예를 들어, 연구자들은 이미 그들의 관심이 반영된 장소(예: 특정 현장에 고용됨, 그 현장에서 상급자 혹은 하급자에 대한 연구 등)를 고를 수 있는데, 이는 주제 개발이나 자료 코딩에 관한 다양한 관점을 전개할 수 있는 능력을 제한할 수 있다. 어떤 집단 내에서 연구자 자신의 특정한 '입지'는 연구자가 경험의 모든 측면을 파악하는 것을 방해할 수도 있다. 연구자들은 자료를 수집할 때 자신을 불편하게 하는 것들을 보거나 들을 수 있다. 게다가 참여자들은 그들의 이슈가 자신이 속한 공동체 밖으로 노출되는 것을 두려워할 수 있으며, 이는 참여자들로 하여금 그 상황에 대한 연구자의 해석을 받아들이려 하지 않도록 만들 수 있다.

접근과 관련된 또 다른 이슈는 질적 연구의 비구조화된 면접과 이러한 면접이 가진 위험에 대해 익숙하지 않은 기관윤리심의위원회를 통과하는 작업에 대한 것이다(Corbin & Morse, 2003). Weis와 Fine(2000)은 프로젝트에 대한 기관윤리심의위원회의 반응이 내러티브 이야기에 대한 연구자의 진술에 영향을 미치는가에 관한 중요한 질문을 제기하였다.

관찰 절차

관찰 과정에서 겪는 도전의 유형은 관찰에서 참여자 또는 비참여자, 중립적 위치를 하는가와 같은 연구자의 역할과 밀접한 관련이 있다. 또한 현장 노트 작성을 위해 기억하기, 현장 노트에 포함될 인용문을 정확히 기록하기, 비참여자에서 참여자로의 역할 전환을 위한 최적의 순간을 결정하기(역할 전환이 필요한 경우), 현장에서 정보에 압도되지 않기, 그리고 제때에 큰 그림에서 작은 그림으로 관찰의 폭을 좁혀가는 방식을 배우는 것 등과 같은 관찰 기법의 도전들도 존재한다. 참여관찰은 여러 저자에 의해 다양한 비평을 받아 왔다(Ezeh, 2003; Labaree, 2002). 한 캠퍼스의 교수 평의회에 참여했던 Labaree(2002)는 이 역할의 이점뿐 아니라 현장에 들어가고 자신을 참여자들에게 노출시키는 것, 다른 사람들과 관계를 공유하는 것, 그리고 현장으로부터 철수를 시도하는 것 등과 같은 딜레마들에 대해 논의하였다. 나이지리아인인 Ezeh(2003)는 오링(Orring)이라는 나이지리아의 잘 알려지지 않은 소수민족 집단을 연구했다. 이 민족집단과의 초기 접촉이 우호적이었음에도 불구하고, 그가 점점 더 그 공동체에 융화될수록 스파이 행위로 비난받거나, 더 관대한 물질적 선물 제공에 대한 압박을 받거나, 여성들과 밀회를 했다는 의심을 받는 등 인간관계의 문제들을 더 많이 경험하게 되었다. Ezeh는 동일한 국적을 가졌다는 것이 현장에서 받을 도전이 없음을 보장하지 않는다고 결론지었다.

면접자와 피면접자 사이의 역동성

질적 면접에서 경험하는 도전은 종종 면접 진행 방식의 기술적인 문제에 초점을 맞춘다. Roulston, deMarrais와 Lewis(2003)는 15일간의 집중 코스에서 대학원생들이 면접에서 직면한 도전들을 연대기순으로 열거하였다. 이러한 도전들은 예기치 못한 참여자의 행동과 훌륭한 지침을 만들고, 질문들을 작성하고 조절하며, 민감한 이슈를 다루고, 녹취록을 작성하는 학생들의 능력 등과 관련된다. 사회복지실천 분야에서 Suoninen과 Jokinen(2005)은 우리의 면접 질문 표현들이 미묘하게 설득적인 질문과 반응, 설명을 유도하는 것은 아닌가를 묻고 있다.

의심할 여지 없이, 면접을 수행하는 것은 부담스러운 일이다. 특히 경험 없는 연구자가 광범위한 면접이 필요한 연구, 이를테면 현상학, 근거이론, 사례연구에 참여할 경우에 더욱 그러하다. 장비 이슈들은 면접에서 큰 문제로 부각될 때가 있는데, 녹음 장비와 음성을 문자로 바꾸는 장비는 모두 면접에 앞서 준비되어야 한다. 면접을 진행하는 동안에 질문하는 과정(예: 말을 '적게' 하기, '감정 폭발'을 다루기, '어색함 깨기'의 사용)은 면접자가 다뤄야만 하는 문제들을 포함한다. 경험이 없는 많은 연구자는 면접 수행의 어려움과 면접 녹음테이프를 필사하는 데 들어가는 긴 과정들에 대해 놀라움을 금치 못한다. 아울러 현상학적 면접에서 적절한 질문을 하고 자기 경험의 의미를 이야기하는 연구참여자에게 의존하는 것은 연구자의 인내와 기술을 요구한다.

질적 면접에 관한 최근의 논의들은 면접자와 피면접자 간에 존재하는 관계에 대한 숙고의 중요성을 강조한다(Brinkmann & Kvale, 2015; Nunkoosing, 2005; Weis & Fine, 2000). 예를 들어, Brinkmann과 Kvale(2015)은 권력 비대칭에 대해 논의하면서 연구를 위한 면접이 동등한 파트너들 사이의 전적으로 개방적이고 자유로운 대화로 간주되어서는 안 된다고 하였다. 그 대신에 면접의 속성은 면접자와 피면접자 사이의 불평등한 권력 역동을 형성한다. 이러한 역동 안에서 면접은 면접자에 의해 '지배'된다. 면접은 일방향으로 수행되는 대화이며, 연구자를 위해 정보를 제공하는 것이고, 연구자의 주제에 기반하며, 연구자의 해석을 이끌어 내고, 정보를 갖고 있는 피면접자에 의한 '역통제' 요소들을 포함한다. 이러한 비대칭성을 바로잡기 위해 Brinkmann과 Kvale(2009)은 더욱 협력적인 면접을 제안하였는데, 이는 연구자와 참여자가 질문, 해석, 보고에서 평등을 추구하는 접근이다.

Nunkoosing(2005)은 권력과 저항의 문제, 진실성(authenticity)과 진실(truth)을 구분하는 문제, 동의의 불가능성이라는 문제 그리고 면접자의 자기(지위, 인종, 문화, 성별) 투영 등에 대한 숙고까지 논의를 확장하였다. Weis와 Fine(2000)은 추가적으로 고려해야 할 사항을 다음과 같이 제기했다. 당신의 피면접자는 그들을 억누르거나 압박하거나 방해하는 세력들을 분명히 표현할 수 있는가? 그들은 자신의 역사,

접근법, 문화적 정체성을 지우고 있는가? 그들은 자신의 역사를 폭로하지 않거나 자신의 삶에서 어려운 측면들을 기록하지 않기로 선택하였는가? 면접자–피면접자 관계의 특성에 대해 제기되는 이러한 질문들과 논지들은 모든 면접 상황을 포괄하는 실용적인 결정들과 관련하여 쉽게 대답할 수 없다. 그러나 이것들을 통해 연구자들은 질적 면접에서 미리 예상되는 중요한 도전들에 민감해질 수 있다.

마지막 이슈는 연구자가 사례연구나 현상학, 문화기술지와 같은 연구의 면접 장면에서 참여자들과 사적 경험을 공유할 것인가에 대한 것이다. 이러한 경험의 공유는 현상학적 연구에서 참여자의 의미를 구성하는 데 필수적인 '괄호치기(bracketing)'를 최소화하며, 사례연구와 문화기술지에서는 참여자가 공유하는 정보를 감소시키게 된다.

문서와 시청각 자료의 이용 가능성

문헌연구의 이슈에는 자료의 위치(종종 멀리 떨어진 곳에 있는)를 확인하는 것 또는 이러한 자료들을 얼마나 공개적으로 사정할 것인가, 그리고 자료 사용에 대한 허가를 얻는 것 등이 포함된다(Marshall & Rossman, 2015). 전기 연구자에게 자료수집의 기본적인 형태는 문서를 활용한 기록물 연구일 수도 있으며, 그중 일부는 온라인에서 이루어질 수도 있다. 인터넷 기반 기술들에 의해 창출되는 자료에 대한 이용이 증가하고 다양한 형태가 발생하면서 중요한 윤리적 고려사항들이 계속 제기되고 있다(Davidson & di Gregorio, 2011).

연구자가 연구참여자들에게 일지를 작성하거나 연구 과정 중에 시청각 자료와 문서들을 만들어 줄 것을 요청할 때 부가적인 현장 이슈들이 나타난다. 일지 작성은 사례연구와 내러티브 연구에서 많이 사용되는 자료수집 과정이다. 일지 작성에 앞서 개인들에게 어떤 지침들을 제공해야 하는가? 모든 참여자가 일지 작성에 대해 똑같이 편안해하는가? 예를 들면, 말로는 자신을 잘 표현하지만 글쓰기 기술이 제한된 어린 아동들에게 일지 작성이 적절한 것인가? 또한 연구자는 일지를 작성한 참여자의 글씨를 읽는 데 어려움을 겪을 수도 있다. 비디오테이프 녹음은 연구자에게 방해가 되는 방의 소음을 최소화하는 것, 최상의 카메라 위치를 정하는 것, 근접 촬영을 할지 또는 원거리 촬영을 할지를 결정하는 것과 같은 이슈들을 제기한다.

자료 저장과 보안

단행본이나 논문들이 질적 자료를 저장하는 것에 대해 거의 관심을 두지 않는다는 것은 놀라운 일이다. 저장 방식은 연구접근에 따라 달라지는, 수집된 정보의 유형을 반영할 것이다. 내러티브 생애사 글쓰기에서 연구자는 "손으로 쓴 노트나 테이프 뭉치"(Plummer, 1983, p. 98), 그리고 최근에는 디지털 녹음과 파일들을 위한 자료정리 시스템을 개발할 필요가 있다. 수집된 정보를 중복 저장하고 데이터베이스의 변화를 기록하는 것 등에 대한 Davidson(1996)의 제안은 모든 연구에 좋은 조언이라고 할 수 있다. 질적 연구에서 컴퓨터를 광범위하게 이용하게 됨에 따라, 자료가 현장 노트이든지 녹취록 또는 다듬어지지 않은 약식 메모이든지 상관없이, 질적 자료를 어떻게 정리하고 저장할 것인지에 대해 더 많은 관심을 기울이게 될 것이다. 일부 질적 연구자가 사용하는 매우 큰 데이터베이스의 경우, 이러한 측면이 특히 중요하다. Lambert(2015)는 자료 관리에 대해 논의하면서 영국에서 이루어진 사회이해조사(Understanding Society survey)를 통해 이용 가능한 광범위한 자료를 강조하였는데, 이는 디지털에 기반한 저장방법을 사용하지 않으면 다루기가 매우 불편한 것이었다. 구체적으로, 그는 그 자료 체계를 "10만 건 이상의 응답들을 포함한 반복적이고 장기적인 면접들을 포함하며, 구체적이고 광범위한 건강과 사회적 정보들을 수집하고…… (그리고) 유사한 규모의 여러 가지 주요 정부 지원 서베이들 중 하나"라고 기술한다(Lambert, 2015, p. 105). Lambert는 온라인 조사 플랫폼과 관련하여 연구자들에게 주어지는 중요한 도전들은 질적 연구에서 새로운 자료 관리 방법들을 채택하고, 누구의 분석이 강력한 사회적 함의를 가질 가능성이 높은지 밝히는 것이라고 결론지었다.

질적 연구에 특히 잘 맞는 자료 저장과 처리의 몇 가지 원칙은 다음과 같다.

- 항상 컴퓨터 파일의 백업 복사본을 만든다(Davidson, 1996).
- 면접하는 동안, 정보를 녹음하기 위해 양질의 테이프를 사용한다. 또한 테이프 크기가 녹취 전환 장비에 맞는지 확인한다.
- 수집된 정보 유형의 원본 목록을 만든다.
- 자료에서 참여자의 이름을 감춤으로써 참여자의 익명성을 보호한다. 만약 원본 목록이 필요하다면 별도로 저장한다.

• 연구를 위한 정보를 찾고 확인하기 위한 시각적 방법으로서 자료수집 매트릭스를 개발한다.

다섯 가지 접근 비교

다시 〈표 7-1〉로 되돌아가서, 다섯 가지 연구접근 간에는 자료수집 활동에서 차이점과 유사점이 있다. 차이점을 보면, 특정 접근은 다른 접근들보다 특정한 유형의 자료수집 방법을 더욱 지향하는 것으로 보인다. 사례연구와 내러티브 연구의 경우, 연구자는 심층 사례 혹은 이야기된 경험을 구성하기 위해 여러 형태의 자료를 사용한다. 근거이론 연구와 현상학적 연구의 경우, 연구자들은 주로 면접 자료에 의존한다. 문화기술지 연구자들은 참여관찰과 면접의 중요성을 강조하지만, 앞서 언급한 바와 같이 매우 다양한 정보원을 사용할 수도 있다. 의심의 여지 없이 자료 유형들을 혼합하는 경우들이 있지만, 일반적으로는 접근별로 이러한 자료수집 패턴을 유지한다. 사례연구자들은 복수의 자료수집 유형을 활용한다.

둘째, 자료수집을 위한 분석의 단위도 다섯 가지 접근별로 다양하다. 내러티브 연구자, 현상학자 그리고 근거이론 연구자들은 개인을 연구한다. 사례연구를 수행하는 연구자들은 사건이나 활동, 조직에 참여하는 사람들의 집단을 연구한다. 그리고 문화기술지 연구자들은 전체 문화 체계 또는 그 체계의 일부 하위문화를 연구한다.

셋째, 현장 이슈에 대해 논의하는 양도 다섯 가지 접근별로 다양하게 나타난다. 문화기술지 연구자들은 현장 이슈에 대해 폭넓게 기술해 왔다(예: Atkinson, 2015; Hammersley & Atkinson, 1995). 이것은 불균등한 권력 관계, 참여자들에 대한 객관적 · 외재적 기준의 부과, 그리고 주변화된 집단에 민감하게 반응하는 데 실패한 것 등에 대한 역사적 관심을 반영하고 있는 듯하다. 내러티브 연구자들은 면접을 어떻게 실행할 것인가에 대해 관심을 두어 왔지만, 현장 이슈에 대해서는 덜 구체적으로 다루어 왔다(Elliott, 2005). 모든 접근에 걸쳐서, 윤리적 이슈들은 폭넓게 논의되고 있다.

넷째, 접근에 따라 자료수집의 침입 정도가 다르다. 사적인 내러티브, 장기간 현장에 체류하는 문화기술지 그리고 프로그램이나 사건들에 대해 몰입하는 사례연구 등에서 요구되는 높은 접근 수준에 비해 현상학적 연구와 근거이론 연구는 면접 수행이 덜 침입적인 것으로 보인다.

이러한 차이점들이 관찰할 필요가 있는 중요한 유사점들을 사소하게 만들지는 않는다. 공공제도의 지원을 받는 모든 질적 연구에는, 최소한 미국과 다른 국가들에서는 인간대상연구심의위원회의 승인이 필요하다. 또한 면접과 관찰은 많은 연구 접근에서 중심을 이루고 있다. 더 나아가 관찰이나 면접 지침서와 같은 기록 장치를 사용하는 것도 접근에 관계없이(비록 각 지침서의 구체적인 질문들은 각 접근의 언어를 반영하고 있음에도 불구하고) 비슷하다. 마지막으로, 정보 저장의 이슈는 자료수집의 형태와 밀접히 관련되어 있으며, 연구접근과 관계없이 연구자들의 기본적인 목적은 정보의 체계적인 검색과 안전한 저장을 위한 관리 체계들을 개발하는 것이다. 제8장에서 우리는 다섯 가지 접근의 분석과 제시방식을 비교하면서 모든 연구접근에 공통적으로 적용되는 자료분석의 나선 구조가 갖는 특성을 검토하기 위한 자료수집의 순환주기를 구축할 것이다.

점검사항

1. 저자들이 출판된 질적 연구 저작에서 자료수집 활동들을 어떻게 기술하고 있는지 그 공통점들과 차이점들을 발견하였는가? 부록 B에서 부록 F 사이에 제시된 질적 연구 학술논문들 중에서 2편을 선택하라.
   a. 각 학술논문에 적용된 일곱 가지 자료수집 활동([그림 7-1]에 요약)의 증거를 찾는 것으로 시작하라. 어떤 요소들이 파악하기 쉽고 어떤 요소들이 더 어려운지 주목하라.
   b. 그러고 나서 논문들을 비교하여 각 자료수집 활동들에 대한 기술을 비교하라. 어떤 요소들이 유사하고, 또 어떤 요소들이 다른지 주목하라.

2. 연구의 목적과 저자(들)가 수집한 자료 사이에 통합의 증거를 확인할 수 있는가? Ellis(1993)의 내러티브 연구, Lemay와 Cashman, Elfenbein, Felice(2010)의 현상학적 연구, Komives와 Owen, Longerbeam, Mainella, Osteen(2005)의

근거이론 연구, Trujillo(1992)의 문화기술지 연구, Spaples와 Pugach, Himes (2005)의 사례연구와 같이 다양한 현장에 걸쳐서 상이한 접근들을 적용하는 질적 연구 학술논문들을 읽어 보라.

a. 해당 연구에서 수집된 자료의 유형을 확인하는 것으로 시작하라. 그 자료를 사용한 것에 대해 어떤 근거가 제시되었는가?
b. 그리고 나서 연구의 서론을 검토하고, 연구 목적(그리고 제시되어 있다면 연구질문들)과 적용된 질적 연구접근을 기록하라.
c. 다음으로, 자료수집의 유형이 연구접근과 연구를 수행한 목적에 어느 정도 적합한 것이었는지 평가하라. 간략하게 말하자면, 수집된 자료가 제시된 목적을 보여 줄 수 있는가? 왜 그런가? 또는 왜 그렇지 않은가?

Ellis, C. (1993). "There are survivors": Telling a story of sudden death. *The Sociological Quarterly, 34,* 711-730. doi:10.1111/j.1533-8525.1993.tb00114.x

Komives, S. R., Owen, J. E., Longerbeam, S. D., Mainella, F. C., & Osteen, L. (2005). Developing a leadership identity: A grounded theory. *Journal of College Student Development, 46*(6), 593-611. doi:10.1353/csd.2005.0061

Lemay, C. A., Cashman, S. B., Elfenbein, D. S., & Felice, M. E. (2010). A qualitative study of the meaning of fatherhood among young urban fathers. *Public Health Nursing, 27*(3), 221-231. doi:10.1111/j.1525-1446.2010.00847.x

Staples, A., Pugach, M. C., & Himes, D. J. (2005). Rethinking the technology integration challenge: Cases from three urban elementary schools. *Journal of Research on Technology in Education, 37*(3), 285-311. doi:10.1080/15391523.2005.10782438

Trujillo, N. (1992). Interpreting (the work and the talk of) baseball. *Western Journal of Communication, 56,* 350-371. doi:10.1353/csd.2005.0061

3. 질적 연구를 위한 자료수집 순환주기의 밑그림을 그려 볼 수 있는가? 일곱 가지 활동을 위해 [그림 7-1]을 검토하라. 당신의 프로젝트를 위해 일곱 가지의 모든 자료수집 활동을 기술하는 매트릭스를 개발하라. 이 매트릭스에 일곱 가

지 개별 활동을 구체적으로 기입하라. 다음 단계들을 따르라.

a. 연구의 초점이 된 현장과 사람들, 그리고 그러한 선택의 근거를 두세 문장으로 작성하라.

b. (만약 적용 가능하다면) 사람들이나 문지기에 접근하고 라포를 형성하는 과정에 대해 논의하라.

c. 당신의 연구접근을 반영하는 의도적 표집 전략과 그 근거를 제시하라.

d. 당신이 수집할 자료의 형태를 기술하고, 당신이 선택한 접근을 고려할 때 그러한 자료 유형이 적절한 근거를 제시하라.

e. 정보를 기록하기 위해 진행할 절차들의 개요를 제시하라.

f. 현장조사를 시작할 때 나타날 수 있는 이슈들에 대해 고려하라. 각 이슈들을 해결하기 위한 계획을 제시하라.

g. 자료를 안전하게 저장하기 위해 이 장에서 제시한 제안들을 적용하고, 당신이 따라서 하게 될 절차들을 작성하라.

h. 드러나지 않은 어떤 윤리적 이슈들을 위해 자료수집 순환주기 내에서 이루어지는 활동에 대한 기술들을 비교해서 살펴보라.

4. 당신의 프로젝트를 위한 자료를 수집하는 실제적인 경험에 당신이 이해한 바를 적용할 수 있는가?

5. 당신의 연구를 위한 면접 또는 관찰 지침서를 설계해 보라. 면접이나 관찰을 수행하고, 당신이 개발한 지침서에 정보를 기록하라. 이러한 경험을 한 뒤에, 이 자료수집을 하는 동안 어려움을 준 이슈들을 확인하라.

요약

이 장에서 우리는 자료수집 과정의 여러 구성요소에 대해 다루었다. 연구자는 연구할 현장과 사람을 찾는 것, 현장이나 개인에게 접근하고 라포를 형성하는 것, 질적 연구의 여러 가지 표본추출 접근 가운데 하나 이상을 사용하여 의도적으로 표본을 추출하는 것, 면접·관찰·문서·시청각 자료 그리고 문헌에 등장하는 더욱 새로운 형태로 정보를 수집하는 것, 면접 혹은 관찰 지침서의 사용과 같이 정보 기록을 위한 접근법을 만드는 것, 접근에서부터 윤리적 고려사항에까지 광범위한 현장 이슈들을 예견하고 다루는 것, 그리고 데이터베이스를 저장하고 안전하게 처리하는 체계를 개발하는 것 등의 여러 활동에 걸쳐 나타나는 윤리적 고려사항들에 주의를 기울여야 한다. 다섯 가지 연구접근은 수집되는 정보의 다양성, 탐구되는 연구의 단위, 문헌에서 논의되는 현장 이슈의 범위, 자료수집 노력의 침입성 등에서 서로 다르다. 연구접근에 관계없이, 연구자들에게 필수적인 측면은 윤리적인 방식으로 자료를 수집하고 관리하는 것이다. 이는 전형적으로 연구를 시작하기 이전에 연구윤리심의위원회의 승인(어떤 경우에는 조직 차원의 승인)을 필요로 하며, 신청서에 기술된 동의, 기록, 저장 지침들을 따라야 한다.

더 읽을거리

이 장에서는 일반적인 자원들로 시작하여 구체적인 자료 형태로 이어 가며 자료수집에 대한 개요를 간략하게 제시하였는데, 더 많은 문헌을 읽음으로써 이를 확대할 수 있다. 독자들은 이 목록을 전부인 것으로 간주해서는 안 되며, 이 책의 끝에 있는 참고문헌 목록에서 추가 읽을거리를 찾을 것을 권장한다.

Creswell, J. W. (2012). *Educational research: Planning, conducting, and evaluating quantitative and qualitative research* (4th ed.). Upper Saddle River, NJ: Pearson.

John W. Creswell은 양적 연구를 수행하는 단계들과 함께 질적 연구를 수행하는 단계들을 소개하고 있다. 이러한 접근은 이미 연구에 전문성을 가지고 있거나 경험을 가진 연구자에게 특히 도움이 될 수 있으며, 필수적으로 읽어야 할 표집과 자료수집에 대한 논의들을 찾아볼 수 있다.

Chilisa, B. (2012). *Indigenous research methodologies.* Thousand Oaks, CA: Sage.

Bagele Chilisa는 다양한 토착적 연구방법론을 기술하고, 세계 곳곳에서 발견한 예시적 사례연구들을 제시하고 있다. 또한 그는 토착적 맥락 내의 연구자들을 위한 실제적 지침들을 제공한다.

Guest, G., Namey, E. E., & Mitchell, M. L. (2013). *Collecting qualitative data: A field manual for applied research.* Thousand Oaks, CA: Sage.

Greg Guest, Emily Namey와 Marilyn Mitchell은 참여관찰과 심층면접, 초점집단과 관련된 상세한 절차들을 제공하고 있다. 특히 다양한 자료 형태에 걸쳐서 표본 크기와 문서 분석에 유용한 지침이 될 수 있는 논의를 볼 수 있다.

Stanfield, J. H., II (Ed.). (2011). *Rethinking race and ethnicity in research methods.* Walnut Creek, CA: Left Coast Press.

이 문헌에서 John Stanfield는 연구방법들을 사용하는 것과 그 과정에서 나타나는 실천적 이슈들을 강조하기 위해 공저자들의 개인적 생활과 전문적 생활에 의존하고 있다.

면접과 관련된 지침

Brinkmann, S., & Kvale, S. (2015). *InterViews: Learning the craft of qualitative research interviewing* (3rd ed.). Thousand Oaks, CA: Sage.

Svend Brinkmann과 Steinar Kvale은 면접을 수행하기 위한 포괄적 지침을 구조화하기 위해 면접 조사의 일곱 단계를 기술하고 있다.

James, N., & Busher, H. (2009). *Online Interviewing.* Thousand Oaks, CA: Sage.

Nalita James와 Hugh Busher는 컴퓨터를 매개로 한 면접과 관련된 방법론적 · 인식론적 도전들에 대해 논의한다. 특히 가상 환경 내에서 온라인 면접을 수행할 때 고려해야 할 윤리적 이슈들에 대한 논의를 주목할 만하다.

Krueger, R. A., & Casey, M. A. (2014). *Focus groups: A practical guide for applied research* (5th ed.). Thousand Oaks, CA: Sage.

이 개정판은 초점집단을 기획하고 수행하기 위한 훌륭한 개관을 제시하면서 질문들을 개발할 수 있는 지침들을 더 폭넓게 제시하고 있다. 특히 상이한 맥락(예: 젊은 참여자들이나 다문화 상황)에서 기술들을 조정하는 데 대한 논의가 유용하다.

Rubin, H. J., & Rubin, I. S. (2012). *Qualitative interviewing: The art of hearing data* (3rd ed.). Los Angeles, CA: Sage.

Herbert Rubin과 Irene Rubin은 7단계로 구성된 반응적 면접접근을 기술하고 있다. 이 책은 이해하기 쉽게 쓰였으며, 폭넓은 면접 경험으로부터 배운 교훈들에 쉽게 접근할 수 있다.

관찰과 현장 노트 작성에 대한 논의

Angrosino, M. V. (2007). *Doing ethnographic and observational research.* Thousand Oaks, CA: Sage.

Michael Angrosino는 문화기술지 연구를 수행하는 과정에 대한 포괄적인 지침을 제공하고 있다. 특히 참여관찰을 하는 현장조사자들을 위한 윤리적 고려사항들과 다양한 자료수집 기법에 대한 기술에 주목할 필요가 있다.

Bernard, H. R. (2011). *Research methods in anthropology: Qualitative and quantitative approaches* (5th ed.). Walnut Creek, CA: AltaMira.

Russ Bernard는 포괄적인 자원들을 제공하고 있으며, 표집과 자료수집, 자료분석을 위한 절차들을 제시하고 있다. 관찰 절차에 대한 그의 지침은 특히 유용하다.

Emerson, R. M., Fretz, R. I., & Shaw, L. L. (2011). *Writing ethnographic fieldnotes* (2nd ed.). Chicago, IL: University of Chicago Press.

Robert Emerson, Rachel Fretz와 Linda Shaw는 현장 노트를 작성하고 해석하기 위한 실제적 지침들을 제시하고 있다. 그들은 예시 사례들을 포함하여 연구 결과를 기술하는 어려운 과정을 이해할 수 있게 해 준다.

문서와 시청각 자료의 활용과 이슈들에 대한 정보

Bauer, W. M., & Gaskell, G. D. (Eds.). (2007). *Qualitative research with text, image and sound: A practical handbook*. Thousand Oaks, CA: Sage.

이 책에서 특히 가치가 있는 부분은 동영상과 영화, 사진의 활용(제6장)과 대화(제11장), 이미지(제13장과 제14장), 음악(제15장)을 분석하는 지침과 관련된 장들이다.

Merriam, S. B., & Tisdell, E. J. (2015). *Qualitative research: A guide to design and implementation* (4th ed.). San Fransisco, CA: Jossey-Bass.

이 책은 질적 연구를 설계하고 수행하고 보고하는 데 유용한 자원이다. 특히 대중문화 기록물(카툰, 영화 등), 시각 자료(동영상, 웹 기반 미디어 등), 물리적 재료, 인공물(도구, 전자 장비 등)을 포함한 문서들에 대한 기술을 주목해서 보길 바란다.

Warren, C. A., & Xavia Karner, T. (2015). *Discovering qualitative methods: Ethnography, interviews, documents, and images* (3rd ed.). New York, NY: Oxford University Press.

Carol Warren과 Tracey Xavia Karner는 다양한 유형의 문서와 이미지들을 표집하고 수집하고 분석하는 것과 관련된 결정사항들과 과정들에 대해 기술하고 있다.

제**8**장

자료분석과 제시

텍스트와 여러 가지 형식의 자료들을 분석하는 것은 질적 연구자에게 만만치 않은 과제이다. 표와 매트릭스, 내러티브 형식 등의 **자료를 어떻게 제시**(represent)할 것인가를 결정하는 것 역시 쉽지 않다. 종종 질적 연구자들은 텍스트와 이미지 자료를 분석하기 위한 접근들과 자료분석을 동일시한다. 분석 과정은 그 이상의 것이다. 또한 그것은 자료의 조직화, 데이터베이스에 대한 전반적인 사전 검토, **코딩**과 **주제**의 구성, 자료의 제시, **해석**의 구조화 등을 포함한다. 이러한 단계들은 서로 연결되어 있으며, 자료분석과 제시에 연관된 모든 활동의 나선 구조를 형성한다. 컴퓨터는 질적 자료분석을 도울 수 있다. 그 프로그램들이 대체로 일을 더 쉽고 빨리할 수 있도록 함으로써 과업을 촉진하기 때문이다. 그러나 그것들이 일의 완성을 위해서는 필요하지 않다. Patton(2015)은 분석 과정에서 소프트웨어의 역할에 주목하면서 다음과 같이 말했다. “많은 사람이 그것을 맹신한다. 왜냐하면 그런 소프트웨어에 익숙해진 사람들에게는 그것이 생산성을 크게 높여 줄 수 있기 때문이다. 소프트웨어를 사용하는 것이 질적 분석에 필수적인 조건은 아니다. 당신이 소프트웨어를 사용하든 그렇지 않든, 진정한 분석 작업은 당신의 머리 속에서 이루어지는 것이다(pp. 530-531).”

이 장에서 우리는 자료를 분석하고 제시하는 동안 예상할 수 있는 주요 윤리적 이슈들을 검토하는 것으로 시작하고, 이어서 세 가지 일반적인 분석접근을 요약하고자 한다. 이를 통해 우리는 선도적인 저자들이 어떻게 상이한 과정들뿐만 아니라 유사한 과정들을 따르는지 볼 수 있을 것이다. 그리고 시각적 모형—나선형(spiral) 자료분석—을 제시할 텐데, 이 모형은 질적 연구에서 자료분석의 모든 단계를 하나의 더 큰 그림으로 개념화하는 데 도움이 된다. 우리는 이 나선형 구조를 다섯 가지 연구접근 각각을 더 깊게 탐색하기 위한 개념 구조로 사용할 것이며, 각 접근방법의 구체적인 자료분석 절차들을 검토하고 이 절차들을 비교할 것이다. 그러고 나서 질적 분석에서 컴퓨터를 활용하는 것(장점과 단점의 우세를 판단하는 것을 포함하여)에 대해 논의할 것이다. 마지막으로, 네 가지 소프트웨어 프로그램—MAXQDA, ATLAS.ti, NVivo, HyperRESEARCH—을 소개하고, 다섯 가지 접근방법에서 자료를 코딩하기 위한 틀뿐 아니라 자료분석을 위한 소프트웨어 프로그램 사용에서 공통적인 특성을 논의할 것이다.

토론할 문제

- 자료를 분석하는 동안 발생할 수 있는 윤리적 이슈들은 무엇인가?
- 질적 연구에 사용되는 공통적인 자료분석 전략은 무엇인가?
- 전반적인 자료분석 과정은 질적 연구에서 어떻게 개념화될 수 있는가?
- 각 접근방법의 구체적인 자료분석 절차는 무엇이고 이들은 어떻게 다른가?
- 질적 컴퓨터 분석 프로그램에서 사용할 수 있는 절차는 무엇이고, 이러한 절차들은 질적 연구의 접근방법에 따라 어떻게 다른가?

자료분석을 위한 윤리적 고려사항

자료를 분석하고 제시하는 과정에서 연구자들이 맞닥뜨리게 되는 도전들로는 연구참여자들을 위해로부터 보호하는 것과 포괄적인 발견 결과를 개방하는 것과 관련된 윤리적 이슈들이 있다(〈표 8-1〉 참조). 윤리적 이슈들을 검토하는 부분을 구체적인 분석 전략에 앞서 제시하는 것은 모든 연구접근에 걸쳐서 윤리적 이슈들을 신중하게 고려해야 한다는 점을 상기시키기 위함이다(제3장의 논의 참조). 참여자를 보

표 8-1 자료분석 과정에서 발생할 수 있는 윤리적 이슈의 예시

윤리적 이슈의 유형	예상하고 언급할 수 있는 윤리적 이슈의 예	최소화하는 방법의 예
위해로부터 참여자 보호	• 참여자에게 위해를 가할 수 있는 정보 공개의 회피	• 실명을 가리거나 가명을 부여
	• 특정한 원천에 대해 자료를 식별할 수 있는 상황	• 합성된 참여자 프로파일 제작
포괄적 결과물의 공개	• 분석 절차에 대한 접근 제한과 결과물이 제시되는 방법에 대한 동의 결여	• 연구참여자 검토 전략 사용과 절차와 결과를 공유하는 기회 제공
	• 참여자 편들기와 긍정적인 결과만을 공개하는 것	• 복잡한 그림을 반영하는 다양한 관점의 제시

호하기 위해 필수적인 것은 연구자가 분석 파일에 식별 가능한 정보가 포함되지 않도록 가능한 한 빨리 참여자의 실명을 가리는 것이다. 또한 연구자들은 보고용 문서에서 참여자들을 식별할 수 있는 상황을 피하기 위해 합성된 프로파일을 만들 수도 있다. 연구 결과를 공개하는 동안, 연구자는 연구의 주요 검증 단계로서 제10장에서 논의할 절차인, 자료 해석의 신뢰도를 강화하기 위한 연구참여자 검토 전략을 끼워 넣게 된다. 참여자가 자료분석에 관여하도록 하면 자료를 해석하고 궁극적으로 결과를 제시하는 과정에서 협력을 강화할 수 있다.

세 가지 분석 전략

질적 연구에서 자료분석은 분석을 위해 자료(예: 필사된 텍스트 자료, 사진의 이미지 자료 등)를 준비하고 조직화하는 것, 그러고 나서 코딩과 코드들을 압축하는 과정을 거쳐 자료를 주제로 묶어 나가고, 마지막으로 그림이나 표 혹은 논의의 형태로 자료를 제시하는 것으로 구성된다. 질적 연구에 대한 많은 책을 통틀어 이것이 연구자들이 사용하는 일반적인 절차이다. 물론 이러한 접근들은 다양하게 변형되기도 한다. 중요하게 주목해야 할 사항 중 하나는, 이러한 단계들을 넘어서 다섯 가지 연구접근에는 추가적인 분석 단계들이 있다는 점이다. 다섯 가지 접근방법의 구체적인 분석

단계들을 검토하기 이전에, 모든 형태의 질적 연구에 근간이 되는 일반적인 분석 절차들을 염두에 두면 도움이 될 것이다.

〈표 8-2〉는 세 질적 연구자가 글쓰기를 통해 예시하고 있는 전형적이고 일반적인 분석 절차를 보여 준다. 그들이 서로 다른 관점을 제시하고 있기 때문에, 우리는 이 세 저자를 선택했다. Madison(2005, 2011)은 비판적 문화기술지의 해석적 틀을 제시하고 있고, Hubermann과 Miles(1994)는 질적 연구에서 오랫동안 사용해 온 체계적인 분석접근을 취하고 있다. 그리고 Wolcott(1994)는 문화기술지와 사례연구 분석에서 더욱 전통적인 연구접근을 사용하고 있다. 이 세 가지 영향력 있는 원천들은 질적 연구의 분석 단계에 따라 몇 가지 상이한 접근뿐만 아니라 많은 유사한 과정을 대변하고 있다.

이 세 저자는 모두 자료를 코딩하고(자료를 의미 있는 조각들로 묶고 각 조각에 이름을 붙이는 것), 코딩된 것을 더 큰 범주나 주제로 묶고, 자료를 그래프, 표, 차트로 보여 주면서 비교하는 것을 중심 단계로 언급하고 있다. 이러한 단계들이 질적 자료분석의 핵심 요소들이다.

이러한 요소들을 넘어서서, 이 저자들은 자료분석 과정에서 상이한 단계들을 제시하고 있다. 예를 들면, Hubermann과 Miles(1994)는 여백 노트 작성하기, 현장 노트의 개요 작성하기, 범주 간의 관계 작성하기와 같은 더 세분화된 단계들을 제시하고 있다. 이러한 전략들의 다수를 최근에 실제로 적용하고 기술하였으며, 일부 사례에서 확장해 온 Bazeley(2013)의 예를 보면, 참여자들이 관여할 수 있었던 과정과 시각 자료의 사용, 소프트웨어의 역할 등을 기술하고 있다. 그러나 Madison(2011)은 특정한 관점—연구에 적용된 해석적 틀(예: 비판적, 여성주의적)을 드러내는 입장—을 만들어 낼 필요가 있다고 제안하였다. 이러한 관점은 비판적이고 이론 지향적인 질적 연구들의 분석에서 중심이 되는 것이다. 반면에, Wolcott(1994b)는 자료로부터 기술하고, 기술한 것을 문화인류학의 문헌과 문화적 주제들에 관련시키는 것이 중요함을 논의하였다.

표 8-2 선택된 저자들이 발전시킨 일반적인 자료분석 전략

분석전략	Madison (2005, 2011)	Huberman & Miles (1994)	Wolcott (1994)
읽으면서 노트 쓰기		현장 노트에 여백 노트를 쓴다.	기술할 때 특정 정보를 강조한다.
반성적 사고의 밑그림 그리기		노트에 반성적 구절들을 적는다.	
현장 노트 요약하기		현장 노트에 개요 초안을 작성한다.	
단어로 작업하기		은유를 만들어 낸다.	
코드 확인하기	추상적으로 또는 구체적으로 코딩한다.	코드와 메모를 적는다.	
코드를 주제들로 줄이기	두드러지는 주제나 패턴들을 확인한다.	패턴과 주제를 적는다.	패턴이 된 규칙들을 확인한다.
코드의 빈도 계산하기		코드의 빈도를 계산한다.	
범주들을 연결하기		변수들 간의 관계를 적고, 증거들을 논리적으로 연결한다.	
문헌의 분석틀과 범주들을 연결하기			문헌들로부터 나온 분석틀을 가지고 맥락화한다.
관점을 형성하기	장면, 독자, 청자를 위한 관점을 형성한다.		
자료를 시연하고 보고하기	분석틀을 그래프나 그림으로 나타낸다.	대조하고 비교한다.	표, 차트, 도표와 그림으로 연구 결과를 제시한다. 사례들을 비교한다. 표준 사례와 비교한다.

나선형 자료분석

자료분석은 기성품이라기보다는 맞춤복이며, 변형되는 것이고 '안무로 연출된 것'이다(Huberman & Miles, 1994). 자료수집, 자료분석, 보고서 작성의 과정은 별개의 단계가 아니며, 이것들은 서로 연결되어 있고 종종 연구 프로젝트에서 동시에 진행된다. Bazeley(2013)는 자료분석의 성공은 일찌감치 준비하는 정도에 달려 있으며, "그것(당신의 연구 프로젝트)의 개념이 잡힐 때부터 당신은 관찰하는 현상에 대한 당신의 해석과 설명을 촉진하거나 방해할 단계들을 밟게 될 것"(p. 1)이라고 경고한다. 질적 연구자들이 받게 되는 도전들 중 하나는 자료분석 과정을 명료하게 하는 것인데, 이는 질적 연구자들이 "실행을 통해 배우기" 때문이다(Dey, 1993, p. 6). 이 때문에 비평가들은 질적 연구가 매우 직관적이고, 유연하며, 상대주의적이라거나 질적 자료분석이 3개의 'I'—"통찰(insight), 직관(intuition), 인상(impression)"에 의존한다고 주장한다(Dey, 1995, p. 78). 분명히 질적 연구자들은 비일상적이고 우연히 발견한 것을 간직하며, 저자들은 현장에 있는 동안 발전시킨 분석 절차를 사용하여 연구를 상이한 형식으로 작성한다. 그러나 이러한 독특성에도 불구하고, 우리는 질적 연구접근의 분석 과정이 일반적인 절차를 따른다고 생각한다.

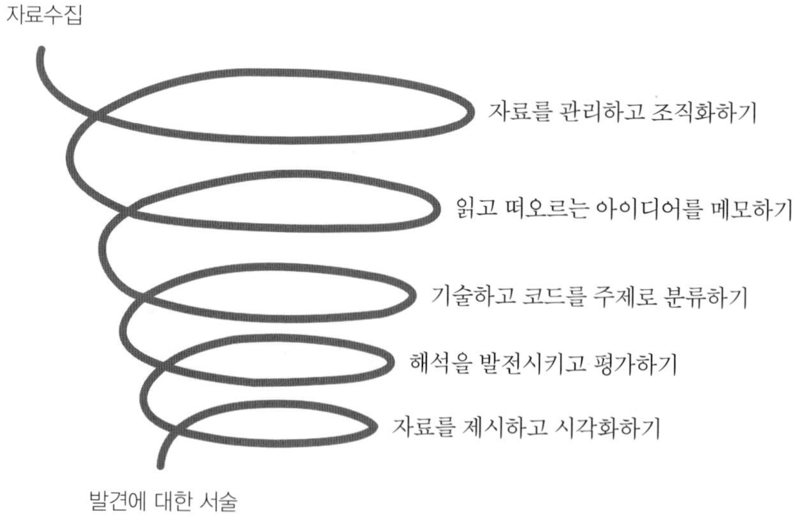

[그림 8-1] 나선형 자료분석

그 절차는 나선형 이미지, 곧 나선형 자료분석으로 가장 잘 표현된다. [그림 8-1]에서 보는 것처럼, 질적 자료를 분석하기 위해 연구자는 고정된 선형 접근보다는 분석적인 순환주기를 따라 움직이는 과정에 관여한다. 연구자는 텍스트나 시청각 자료(예: 이미지나 음성 기록)를 가지고 들어가서 어떤 이야기나 내러티브를 들고 나온다. 그 사이에서 연구자는 여러 가지 분석 측면을 다루면서 순환주기를 따라 돌아다닌다. 연구자는 각 나선 구조 안에서 구체적인 분석 결과들을 창출하려는 목적을 달성하기 위해 분석 전략들을 사용하게 되는데, 이에 대해서는 뒤에서 더 구체적으로 기술할 것이다(〈표 8-3〉에 요약).

표 8-3 나선형 자료분석의 활동, 전략, 결과

<table>
<tr><th>나선형 자료분석의 활동</th><th>분석 전략</th><th>분석 결과</th></tr>
<tr><td rowspan="3">자료를 관리하고 조직화하기</td><td>파일과 단위들을 준비하기</td><td>파일 명명 체계와 텍스트와 이미지, 녹음 파일과 단위들의 조직화된 데이터베이스</td></tr>
<tr><td>지속적이고 안전한 파일 저장을 보장하기</td><td>장기적인 파일 저장 계획의 창출</td></tr>
<tr><td>분석방식을 선택하기</td><td>소프트웨어, 수기 또는 혼합 사용</td></tr>
<tr><td rowspan="3">읽고 떠오르는 아이디어를 메모하기</td><td>읽으면서 노트 작성하기</td><td rowspan="3">코드 개발을 이끌어 갈 메모 작성, 시간 경과에 따른 반성, 여러 파일이나 질문들을 통합하는, 또는 프로젝트에 대한 요약</td></tr>
<tr><td>반성적 사고의 밑그림 그리기</td></tr>
<tr><td>현장노트를 요약하기</td></tr>
<tr><td rowspan="4">기술하고 코드를 주제로 분류하기</td><td>단어들을 가지고 작업하기</td><td>초기 코드들에 대한 명명</td></tr>
<tr><td>코드를 확인하기</td><td>코드 범주들의 목록과 기술</td></tr>
<tr><td>코드를 적용하기</td><td>코드를 텍스트, 이미지, 녹음의 단위로 배정</td></tr>
<tr><td>코드를 주제로 줄여 가기</td><td>최종 코드북</td></tr>
<tr><td rowspan="2">해석을 발전시키고 평가하기</td><td>범주/주제/주제군들을 연결하기</td><td>맥락적 이해와 도표</td></tr>
<tr><td>범주/주제/주제군들을 문헌 속의 분석적 틀과 연결하기</td><td>이론과 명제</td></tr>
<tr><td rowspan="2">자료를 제시하고 시각화하기</td><td>관점을 창출하기</td><td>매트릭스, 나무 그림, 모형</td></tr>
<tr><td>자료를 시연하고 보고하기</td><td>발견한 결과에 대한 서술</td></tr>
</table>

자료를 관리하고 조직화하기

나선형의 첫 번째 고리인 자료 관리로 과정이 시작된다. 분석 과정의 초기 단계에서 연구자들은 대개 디지털 파일 등으로 자료를 정리하고 파일 명명 체계를 만들어낸다. 파일 명명 체계의 지속적인 적용은 수작업이든 컴퓨터를 활용하는 것이든 분석을 위해 텍스트(또는 이미지나 녹음 파일)의 큰 데이터베이스로 쉽게 배치될 수 있도록 한다(Bazeley, 2013). (다른 속성들 중에서) 자료 형태, 참여자, 수집 날짜에 의해 검색 가능한 스프레드시트나 데이터베이스는 파일을 효율적으로 정리하는 데 매우 중요하다. Patton(1980)은 다음과 같이 말했다.

> 질적인 방법으로 형성되는 자료는 방대하다. 나는 자료수집이 끝났을 때 학생 자신이 맞닥뜨릴 엄청난 규모의 정보에 대하여 학생들을 준비시킬 방법이 없다는 것을 알았다. 면접 기록지들과 현장 노트의 전체 파일들을 이해하기 위해 앉아 있다가 압도될 수 있다(p. 297).

파일들을 조직하는 것 이외에도, 연구자들은 자료를 전환하고 장기간의 안전한 파일 저장 계획을 수립한다. 자료 전환과 관련하여, 연구자는 자료의 적절한 텍스트 단위(예: 단어, 문장, 전체 이야기)와 시청각 자료의 디지털 전환에 대한 결정을 내려야 한다. Grbich(2013)는 이미지(사진, 신문 광고 등)나 인공물(진흙 조각상, 의복 등) 등의 경우 JPEG 또는 pdf 파일을 사용하여 디지털 시청각 자료로 제시할 것을 권하였다. 이러한 초기의 조직화 관련 의사결정들은 미래의 분석에 잠재적인 영향을 미칠 수 있기 때문에 신중하게 고려하는 것이 중요하다[예: 만약 연구자가 파일들을 비교하고자 한다면 그다음에는 개별 파일들을 처음에 어떻게 정리하고 (만약 적용 가능하다면) 소프트웨어 프로그램에 어떻게 저장해야 할 것인지 정해야 한다]. 예를 들어, 연대기적 시간이나 여러 참여자, 또는 특정한 자료 형태들(면접, 초점집단, 문서 등)을 비교하는 작업은 초기의 파일 관리 체계에 의해 강화되거나 방해를 받게 된다. 컴퓨터 프로그램들은 파일 관리와 분석 과업에 도움이 될 수 있으며, 이 과정에서 컴퓨터 프로그램의 역할은 뒤에서 언급할 것이다.

읽기와 떠오르는 아이디어를 메모하기

자료를 조직화한 뒤에, 연구자는 전체 데이터베이스를 통찰하면서 분석을 계속한다. 예를 들면, Agar(1980)는 연구자들에게 "녹취록 전체를 여러 번 읽고, 전체 자료를 부분들로 나누기 전에 하나의 전체로서 면접에 대한 감을 얻고자 노력하면서 세부내용에 몰입하라."고 권한다(p. 103). 이와 유사하게, Bazeley(2013)는 자신의 읽기, 반성, 수행, 탐색 전략 등을 "새로운 자료로 들어가는 첫 여행"(p. 101)이라고 썼다. 데이터베이스를 탐색하는 초기 과정에서는 현장 노트 또는 녹취록의 여백이나 사진 아래에 노트나 메모를 하는 것이 도움이 될 수 있다. 연구자는 텍스트를 훑어봄으로써 코딩의 늪에 빠지지 않고 자료 전체에 대한 감을 잡을 수 있다. 속독을 하게 되면 "마치 그것들이 낯선 이들에 의해 작성된 것처럼" 새로운 시선으로 텍스트에 접근하는 효능을 얻을 수 있다(Emerson, Fretz, & Shaw, 2011, p. 145).

메모는 독자에게 떠오르는 짧은 문구, 아이디어, 핵심 개념들이다. 메모 과정의 역할은 Miles, Huberman과 Saldaña(2014)가 기술하였다. 메모는 "그저 자료에 대해 기술하는 요약문이 아니라 자료를 높은 수준의 분석적 의미로 통합하고자 하는 시도"라고 할 수 있다(p. 95). 이와 유사하게, 시청각 자료를 디지털로 제시하는 방법에 대해 검토할 때, 디지털 방식으로 제시하거나 텍스트 파일을 병행하여 새롭게 떠오르는 아이디어들을 메모하라. Grbich(2013)는 다음과 같은 질문들을 사용하여 재료의 내용과 맥락에 대해 검토해 갈 것을 제안한다. 그것은 무엇인가? 그것은 왜, 언제, 어떻게, 누구에 의해 만들어졌는가? 그 재료가 전달하는 의미는 무엇인가? 시청각 자료의 분석을 위한 지침은 일반적 자원(예: Rose, 2012)으로부터도 얻을 수 있으며, 시청각 자료의 구체적인 형태—예를 들어, 이미지(Banks, 2014), 영화와 비디오(Mikos, 2014; Knoblauch, Tuma, & Schnettler, 2014), 소리(Maeder, 2014), 가상 자료(Marotzki, Holze, & Verständig, 2014)에 따라 추가적인 지침을 얻을 수 있다.

메모 절차는 무장총격자 사례연구(Asmussen & Creswell, 1995)에서 사용되었다. 첫째, 저자들은 조직화된 주요한 생각들을 확인하기 위해 모든 데이터베이스를 자세히 검토하였다. 이어서 관찰, 면접 녹취록, 물리적인 흔적이 보이는 증거, 소리와 시각 이미지 등으로부터 나온 현장 노트를 훑어보고, 피면접자가 말한 것을 '보기' 위해 미리 결정된 질문들을 무시하였다. 또한 저자들은 자료에 제시된 더 큰 생각들을 성찰하고, 초기 범주들을 구성하였다. 이들 범주는 그 수가 (대략 10개 정도로) 적었으며, 각 범주를 지지하기 위해 다양한 형식의 증거들을 찾아보았다. 더 나아가서 저자들은 각 범주에 대한 다양한 관점을 보이는 증거를 발견하였다(Stake, 1995). 우리가 분석 작업을 하면서 공통적으로 경험한 것은 메모라는 것이 검색하고 검토될 수 있는 디지털 **감사 추적**을 창출하는 수단으로서 우리가 쓴 시간이 아깝지 않을 만큼 가치가 있는 투자라는 발견이다(Silver & Lewins, 2014). 시간의 흐름에 따른 이해를 명료하게 하는 사고 과정을 문서화하기 위한 타당성 전략으로서 감사 추적의 활용에 대해서는 제10장에서 논의할 것이다.

다음에 메모 작업을 안내할 몇 가지 권고사항을 제시한다(Corbin & Strauss, 2015; Miles et al., 2014; Ravitch & Mittenfelner Carl, 2016).

- 분석 과정을 통틀어 메모에 우선순위를 둔다. 처음 자료를 읽는 동안 메모를 시작하고, 결론을 쓸 때까지 계속해서 메모를 한다. 예를 들어, 우리는 각각 그리고 모든 분석 단계에서 메모하고, 코드의 진전과 주제 개발을 추적하는 방법으로서 초기 분석을 하는 동안 작성한 메모로 종종 돌아갈 것을 권장한다. Miles 등(2014)은 메모의 긴급성에 대해 다음과 같이 말한다. "어떤 아이디어가 떠올랐을 때, 그것이 무엇이든 당신이 하던 일을 **멈추고** 메모하라. 희미하고 흐릿한 것까지도 포함하여 모든 종류의 사색을 포함하라(p. 99, 원문에서 강조)."
- 메모의 조직화를 위한 체계를 개별화한다. 메모는 마음속에 조직화된 체계로 개발되지 않으면 빠른 속도로 거추장스러워질 수 있다. 그와 동시에 연구자들은 메모의 유용성을 내세우는데, 메모를 위한 안내 절차들에 대한 합의는 부족하다. 우리가 메모에 접근하게 되면 그 과정은 개별화된 욕구를 충족시킬 수 있다. 예를 들어, 우리는 메모와 연관된 텍스트 단위에 기반한 체계를 사용하며, 분류를 도와서 내용을 성찰하게 해 주는 간략한 설명문(캡션)을 만든다. 분석에서 다음 세 가지 수준이 사용될 수 있다.
  - 조각(segment) 메모들은 자료에 있는 특정 구문을 읽다가 떠오르는 아이디어들을 포착하는 것이다. 이 메모 유형은 초기 코드들을 확인하는 데 유용하며 Ravitch와 Mittenfelner Carl(2016)이 기술한 사전코딩 메모와 유사하다.
  - 문서(document) 메모들은 개별 파일을 검토하다가 또는 여러 파일을 교차하

여 검토하다가 발전된 아이디어들을 문서화하는 방식으로서 개념들을 포착한다. 이 메모 유형은 주제들을 위해 코드 범주를 요약하고 확인하거나 질문이나 자료 형태들을 비교하고자 할 때 유용하다.

– 프로젝트(project) 메모들은 하나의 개념을 넘어서는 아이디어들의 통합을 파악하고 프로젝트를 넘어 여러 개념을 함께 맞춰 갈 수 있는 문서화 방식을 말한다. 이 메모 유형은 Corbin과 Strauss(2015)가 기술한 요약 메모와 유사한데, 이는 연구의 모든 주요 아이디어가 접근 가능하기 때문에 연구를 나아가게 하는 데 유용하다.

• 메모를 검색하기 위한 분류 전략을 구축한다. 메모들은 시간, 내용, 자료 형태, 참여자별로 쉽게 검색하고 분류할 수 있어야 한다. 이를 위해서 식별 가능한 인식표(caption)에 날짜를 기입하고 형성하는 것이 메모를 작성할 때 매우 중요한 작업이 된다. Corbin과 Strauss(2015)는 메모 검색을 강화하기 위한 특성으로서 개념이 담긴 머리말을 사용할 것을 제안한다.

이 절을 마무리하면서 우리는 메모가 체계적 분석에서 수행하는 상호 보완적 역할을 강조하고자 하는데, 왜냐하면 메모가 과정 전반에 걸쳐 아이디어의 발전을 추적할 수 있도록 돕기 때문이다. 결과적으로, 이는 질적 자료분석의 과정과 결과에 신뢰성을 부여한다. 왜냐하면 "질적 연구자는 고지된 예감, 통찰, 우연히 발견한 것들을 통해 일부 정보를 밝혀내기를 기대해야 하며, 결과적으로 이러한 발견이 주어진 연구에서 상황, 맥락, 그리고 참여자들에 대한 더 풍부하고 더 강력한 설명을 이끌어 낼 것이기 때문이다(Janesick, 2011, p. 148)."

기술하고, 코드를 주제로 분류하기

다음 단계는 나선형 구조의 읽고 메모하는 단계에서 자료를 기술, 분류, 해석하는 단계로 옮겨 가는 것으로 구성된다. 이 고리에서는 코드 또는 범주(이 두 가지 용어는 상호 교체 가능하게 사용될 것이다) 형성이 질적 자료분석의 핵심을 이룬다. 여기서 연구자는 상세히 기술하고, 코드를 적용하며, 주제나 차원을 개발하고, 연구자 자신의 견해나 기존 문헌의 관점에 비추어 해석한다. 저자들은 상세한 기술(detailed description), 분류, 해석, 혹은 이 분석 절차들을 함께 사용한다. 상세한 기술이라는 것은 저자들이 관찰한 것을 기술하는 것을 의미한다. 상세한 기술은 그 자리에서, 즉 인물, 장소, 사건이라는 상황 맥락 안에서 이루어진다. 기술은 (자료를 읽고 정리한 이후) 질적 연구를 시작하는 좋은 지점이 되며, 문화기술지와 사례연구에서는 중심 역할을 수행한다.

코딩 과정은 질적 연구의 중심이라고 할 수 있으며, 면접, 관찰, 문서들로부터 수집한 텍스트를 이해하는 것을 포함한다. 코딩은 텍스트나 시각 자료를 정보의 작은 범주들로 모으고, 연구에서 사용하는 상이한 데이터베이스들로부터 코드를 위한 증거들을 찾으며, 코드에 이름을 붙이는 과업들을 포함한다. 여기에서 우리는 자료의 '쭉정이 골라내기(winnowing)'에 대해 생각하고 있다. 즉, 질적 연구에서는 모든 정보가 사용되는 것이 아니며, 어떤 것은 버릴 수 있다(Wolcott, 1994). 연구자들은 데이터베이스의 길이와 상관없이 텍스트 요소들을 연결하는 짧은 임시 코드 목록(예: 25~30개 정도)을 만든다.

초보 연구자들은 자신의 데이터베이스를 검토하면서 정교한 코드 목록을 만드는 경향이 있다. 우리는 간략한 목록(필요할 때만 초기 코드의 목록을 확장하는)을 가지고 다르게 진행할 것을 권장한다. 이 접근은 '담백한 코딩'이라고 부르는데, 왜냐하면 간단하게 이름 혹은 코드가 붙여진 5~6개의 범주로 시작하여 데이터베이스의 검토와 재검토를 계속하면서 확장되기 때문이다. 전형적으로, 우리는 데이터베이스의 크기와 상관없이 최종 코드 목록을 25~30개 이상으로 작성하지 말 것을 권장하며, 우리 자신의 경험으로 미루어 보면 결과적으로 하나의 내러티브를 작성하는 데 사용하게 될 5~6개의 주제로 줄이고 조합하게 된다. 100개에서 200개 정도의 범주들로 끝맺는 연구자들(그리고 복잡한 데이터베이스에서 이 사실을 쉽게 발견하게 된다)은 대부분의 발간물을 위해 최종적으로 5~6개의 주제가 담긴 그림으로 줄이기 위한 분투를 하게 된다. 시청각 자료를 위해서는 코드를 확인하고 관심을 가진 현상의 다른 측면들과 재료들을 관련시킴으로써 코드를 주제들로 분류한다. Grbich(2013)는 다음 질문들을 사용하여 시청각 재료들을 코딩하는 과정을 위한 지침을 제안하고 있다. 어떤 코드들이 들어맞을 것으로 기대되는가? 어떤 새로운 코드들이 나타나는가? 어떤 주제들이 다른 자료원들과 관련되어 있는가?

[그림 8-2]는 알코올 스펙트럼 장애를 가진 학생들의 교육적 성공을 지원하기 위

한 목적으로 교사, 행정가, 보호제공자, 관련 전문가들과 11개의 초점집단, 그리고 3회의 면접을 실시하고 자료를 분석하여 나타난 세 주제 중 하나(즉, 관계 양성하기)를 기술하기 위해 사용된 코딩 과정을 보여 준다(Job et al., 2013). 이 예시는 3개의 초기 코드에 대한 명명(태도, 행동, 전략)으로 시작하여, 세 주제를 6개의 코드로 확장한 뒤 2개의 최종 코드 범주(존중하는 상호작용과 솔직한 의사소통)로 줄이는 주제 개발 과정을 보여 준다. 주제에 대한 기술은 2개의 최종 코드 범주(때때로 하위주제로 불리는)로 발간된 보고서에 정리되었으며, 방법론에는 예시가 빠진 채로 코딩 과정에 대한 일반적인 기술이 포함되어 있다. 이것이 예외적인 경우는 아니지만, 일부 학위논문은 부록에 그러한 예시들을 포함하고 있다(사례연구의 예시는 Poth, 2008 참조).

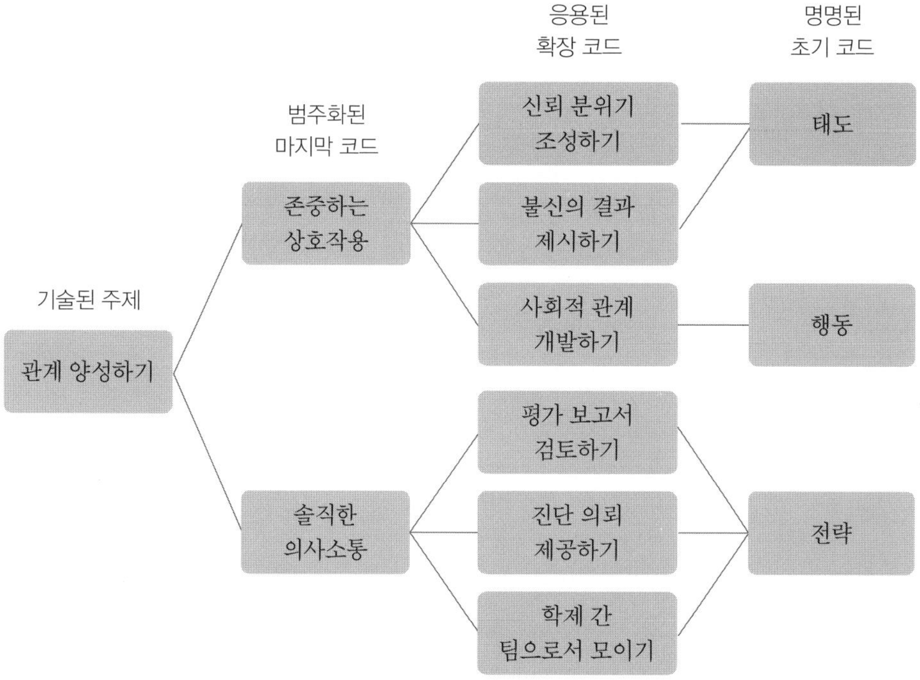

[그림 8-2] '관계 양성하기'라는 주제를 위한 코딩 절차의 예시

출처: Job et al. (2013).

코드 목록으로 마무리하고 기술을 하게 되면 **코드북**을 위한 토대가 마련된다(예시는 〈표 8-4〉 참조). 코드북은 각 코드를 위한 독특한 경계들을 분명하게 제시하며, 여러 코드 분석가 사이의 상호평정 신뢰성을 평가하는 데 중요한 역할을 수행한다(제10장에서 논의). 코드북에는 다음과 같은 정보들을 포함하는 것이 좋다(Bazeley, 2013; Bernard & Ryan, 2009에서 재구성).

- 코드명, 필요한 경우 여백에 적용하기에 적합한 약칭
- 포함과 배제 기준의 사용을 통해 경계를 정의하는, 코드에 대한 기술
- 예시를 위해 연구 자료를 사용하는 코드의 사례(들)

〈표 8-4〉는 관계 양성하기라는 주제의 개발을 이끌기 위해 사용된 코드북을 보

표 8-4 '관계 양성하기'라는 주제를 위한 초기 코드북의 예시

주제	코드명(약칭)	정의	사용하는 시점	사용하지 않는 시점	연구에서 나온 텍스트 조각의 예시
관계 양성하기	서로 존중하는 상호작용[존중]	'중요한' 또는 가치를 인정받는 노력으로서 개인의 기여를 인정하는 증거	상호작용이 학생의 성공 또는 신뢰/불신을 이끌거나 방해할 때 사용	결과를 언급할 때, 준비를 위한 행위 또는 훈련을 사용	"여기는 그들의 구역인데, 내가 거기 들어가서 내 의지를 강요하고 싶지는 않아요." (Job et al., 2013)
	당사자들 사이의 솔직한 의사소통[의사소통]	학생의 성공을 알리는 데 적합한 의사소통을 보여 주는 증거	보고, 의뢰, 팀 미팅 등 정보 공유의 시기, 질, 빈도에 대한 기술	지지를 언급할 때, 인식 또는 이용 가능성을 사용	"……우리는 개방성과…… 판단하지 않고 기꺼이 들으려는 의지를 갖고 있어야 해요. 그리고 내 생각에는 그런 일이 일어날 때 모든 것이…… 역시 일어나게 될 거예요. 하지만 지금 당장은 기꺼이 판단하려고 하는 사람들이 여전히 너무 많아요."

여 준다. 이 예시는 정의, 사용 지침 기준, 그리고 연구에서 활용한 텍스트 조각의 사례 등을 사용하여 두 코드 범주(즉, 서로 존중하는 상호작용, 당사자들 사이의 솔직한 의사소통) 각각을 위한 경계에 대해 기술하고 있다. 우리가 여기에서 특히 유용하다고 생각한 것은 다른 코드들을 연관시키는 사용 지침 기준이다. 예를 들어, 이 경우에 행위와 준비는 두 번째 주제인 '재구조화 실천'을 위한 코드들이며, 인식과 이용 가능성은 세 번째 주제인 '지지에 접근하기'를 위한 코드들이다. 발간된 보고서의 방법론 부분에는 코드북에 대한 소개 없이 상호평정 코딩 평가 절차와 결과에 대한 일반적인 기술이 포함되어 있다. 이것이 비정형적인 것은 아니다. 발간된 보고서들은 대체로 코드 목록을 포함하지 않기 때문이다. 그러나 지도교수와 논문 심사위원회의 구성원, 학술논문 심사위원으로서 우리의 경험을 토대로 볼 때, 질적 연구자들은 코드북을 사용하며, 부록에 그 예시를 제공하는 경우가 종종 있다.

이러한 코딩 과정에서 살펴봐야 할 중요한 이슈들이 있다. 첫 번째는 질적 연구자들이 코드의 수를 셀 것인가 하는 것이다. 예를 들면, Huberman과 Miles(1994)는 연구자가 자료 코드의 수를 미리 세어 보고, 데이터베이스 내에서 코드가 얼마나 자주 나타나는지 파악해야 한다고 이야기했다. 이 이슈는 Hays와 Singh(2012)이 "얼마나 논쟁적인 토픽인가!"(p. 21)라고 선언한 것처럼 논쟁거리로 남아 있다. 일부(모두는 아니지만) 질적 연구자는 데이터베이스에서 나타난 코드의 수를 세고 기록하는 것을 편하게 느끼기도 하기 때문이다. 이것은 전형적으로 양적 연구 또는 질적 연구에 대한 체계적 접근과 관련된 것으로서, 발생 빈도의 지표를 제공한다. 우리 자신의 연구에서 특정 코드에서 연구참여자의 관심을 나타내는 지표로서 각 코드와 연관된 진술의 수를 들여다볼 수도 있으나, 논문에는 숫자를 보고하지 않았다. 그 이유는, 다른 연구자들(예: Bazeley, 2013; Hays & Singh, 2012)처럼 숫자 세기가 질적 연구와 대조되는 크기와 빈도에 대한 양적 지향의 의미를 전달하기 때문이다. 또한 숫자로 기록해 버리면 모든 코드를 동일하게 강조해야 한다는 점을 전달하며, 그것은 코딩된 진술이 실제로 모순된 관점을 제시할 수도 있다는 점을 무시하게 된다.

또 다른 이슈는 코딩 과정을 이끌어 주는 '기존' 또는 '선험적인' 코드의 사용에 대한 것이다. 다시 말하자면, 이런 절차를 사용하는 것과 관련해서 다양한 반응이 있다. Crabtree와 Miller(1992)는 코딩 전략을 "기존에 알려진" 범주부터 "새롭게 출현한" 범주까지의 연속선상에서 논의한다(p. 151). 보건학에서는 흔히 '기존에 알려진' 코드나 범주(대개 이론적 모형이나 문헌에 나타난)를 사용하지만(Crabtee & Miller, 1992), 이럴 경우 전통적인 질적 방식으로 연구참여자들의 관점을 반영하는 코드를 사용하기보다는 '기존에 알려진' 코드로 분석이 제한된다. 만일 기존에 알려진 코딩 체계를 분석에서 사용한다면, 우리는 연구자들에게 분석하는 동안 새롭게 나타나는 코드들에 대해 개방적인 태도를 취할 것을 독려한다.

또 하나의 이슈는 코드명이나 명명하기의 기원에 대한 의문이다. 코드명은 여러 가지 원천으로부터 나타난다. 코드명은 연구참여자가 사용한 단어를 그대로 사용하여 이름 붙인 **진술 그대로의 코드**(in vivo codes)일 수도 있고, 사회과학이나 보건학으로부터 나온 명칭(예: 대처 전략 등)일 수도 있으며, 연구자들이 정보를 가장 잘 기술하는 것처럼 보이는 이름, 또는 우리가 코드와 연관시킨 은유로부터 온 것일 수도 있다. 자료분석 과정에서 우리는 질적 연구자들이 정보를 기술하고 주제를 개발하는 데 사용될 수 있는 코드 조각들을 찾아보기를 권한다. 이러한 코드들은 다음과 같은 정보들을 제시할 수 있다.

- 연구자가 발견하기를 희망했던, 기대했던 정보
- 연구자가 발견할 것이라 기대하지 않았던, 놀라운 정보
- 연구자(그리고 잠재적으로 참여자와 독자)에게 개념적으로 흥미롭거나 독특한, 연구자나 참여자, 독자들에게 개념적으로 흥미롭거나 독특한 정보

마지막 이슈는 질적 연구자가 코딩한 정보의 유형에 대한 것이다. 연구자는 이야기(내러티브 연구), 개인의 경험과 이러한 경험의 맥락(현상학), 과정이나 행위, 상호작용(근거이론), 문화적 주제와 기술하거나 범주화할 수 있는 문화공유집단의 작동 방식(문화기술지), 또는 특정 사례나 사례들에 대한 상세한 기술(사례연구) 등을 찾고자 할 것이다. 정보 유형에 대해 생각하는 다른 방식은 해체주의 입장을 취하는 것으로서, 이는 열망과 권력의 이슈에 초점을 맞춘다(Czarniawska, 2004). Czarniawska(2004)는 Martin(1990, p. 355)을 응용하여 해체이론에서 사용되는 자료분석 전략들을 제시하였는데, 이는 모든 접근에서 질적 자료를 분석하기 위한 정보의 유형에 초점을 맞추도록 돕는다.

- 잘못된 구분이라는 것을 밝혀 이분법을 제거하는 것(예: 공공/민간, 자연/문화 등)
- 이야기되지 않는 것이 무엇인지, 침묵을 검토하는 것(예: '우리'와 같은 대명사가 사용됨으로써 배제된 것이 누구인지 혹은 무엇인지 주목하는 것)
- 텍스트에서 이해되지 않거나 지속되지 않는 부분, 즉 단절과 모순에 주목하는 것
- 상상할 수 있거나 허용할 수 있는 한계를 알아내기 위해 텍스트 내에서 가장 생소하고 독특한 요소에 초점을 두는 것
- 다중적인 의미의 풍부한 원천으로서 은유를 해석하는 것
- 무의식적인 하위 텍스트(가끔 성적인 의미가 포함된)를 가리킬 수 있는 이중의미 어구를 분석하는 것
- 주요 요소의 대체물을 가지고 텍스트를 '복원'함으로써 특정 집단에 한정된 원천과 더 일반적인 편견의 원천을 분리해 내는 것

코딩을 넘어, 분류는 텍스트나 질적 정보를 떼어 내어 정보에 대한 범주, 주제나 차원을 찾는 것이다. 분석에서 흔히 사용되는 분류는 5~7개의 일반적인 주제를 확인하는 것이다. 질적 연구의 주제(범주라고도 부르는)들은 공통적인 아이디어를 형성하기 위해 통합된 여러 개의 코드로 구성되는 광범위한 정보의 단위들이다. 다시 말하자면, 주제들은 자녀라는 주제 또는 하위주제, 그리고 자료의 조각들로 표현되는 손자녀들로 구성된 '가족'으로 볼 수 있다. 정보들을 5~7개의 '가족들'로 압축하는 것은 어려우며, 특히 데이터베이스가 큰 경우에는 더욱 그렇다. 그러나 이 과정은 자료의 쭉정이를 골라내고, 그것을 더 작고 다룰 수 있는 주제들로 줄여 한 편의 최종 내러티브로 작성하는 것을 포함한다. 초보 질적 연구자들에게 중요한 도전이 되는 것 중 하나가 코드에서 주제로 도약하는 작업이다. 우리는 주제를 탐색하고 개발하기 위한 다음 전략들을 제안한다(Bazeley, 2013의 아이디어들로부터 영감을 받음).

- 떠오르는 주제에 대한 아이디어들을 포착하기 위해 메모를 사용하라. 자료를 가지고 작업할 때, 메모를 작성하고 관련된 코드들의 세부 내용들을 포함하라. 예를 들어, 교육적 성공에 대한 연구 프로젝트 초기의 메모에서는 관계가 중요한 것으로 확인되었는데, 어떤 관계가 어떻게 양성될 필요가 있는가 하는 것은 코딩 과정이 되어서야 분명해졌다(Job et al., 2013).

- 코딩할 때 주목할 만한 인용문들을 표시해 두라. 그것을 확인할 뿐만 아니라 이 인용문이 왜 주목할 만한 가치가 있는지 기술하라. 예를 들어, 단순히 주목할 가치가 있는 것으로 여겨지는 인용문들을 추적하기 위한 목적으로라도 주목할 만한 인용문이라고 부르는 초기 코드를 포함하라. 이러한 '주목할 가치가 있는 인용문들'은 주제 개발에도 정보를 제공할 수 있다. 연구자들은 이 코드명에 질적 연구보고서에서 사용할 만한 흥미로운 인용문들을 배치하고, 보고서에 넣을 인용문들을 쉽게 검색할 수 있다.
- 코드나 떠오르는 개념들 사이의 관계를 보여 주는 도표를 만들라. 시각적 제시는 코드들 사이에 겹치는 부분들을 보는 데 유용하다. 예를 들어, 코드들 사이의 관계를 시각화하기 위해서는 ATLAS.ti(질적 연구 소프트웨어 프로그램)의 네트워크 도표 기능을 사용하고, 코드들 사이에 가능한 중첩 부분을 살펴보기 위해서는 동시발생 도구를 사용하라.
- 자료에서 반복되거나 두드러진 측면들을 성찰하는 요약 진술문을 작성하라. 자료에 포함된 반복 또는 특이사항들을 주목하면 조건과 결과 사이의 **패턴**들을 파악하는 데 도움이 될 수 있다.
- 해석 과정에 초점을 맞추려고 전환하기에 앞서, 일부 연구자는 코딩에 대한 대안으로서 주제 분석을 제시하고 있다는 점을 인식하는 것이 중요하다. 우리가 해 온 작업에서는 주제 개발에서 코딩의 필수적 역할을 강조한다. 이러한 관점은 Bazeley(2013)가 웅변하듯 다음과 같이 기술하고 있다. "질적 자료를 해석하고, 분석하고, 이론화를 추구하는 이들 사이에 합의된 것은 주제 개발이 이미 코딩이 완료된 자료에 의존한다는 점이다(p. 191)."

해석을 발전시키고 평가하기

연구자는 질적 연구를 수행할 때 자료를 해석하게 된다. 해석은 Lincoln과 Guba (1985)가 기술한 바와 같이 '배우게 된 교훈(lessons learned)', 즉 자료를 이해하는 것을 포함한다. Patton(2015)은 이러한 해석 과정에 분석을 거쳐 형성된 패턴과 주제, 범주들에서 의미 있는 것들에 대해 신중하게 고려된 판단을 내릴 때 창조적이면서 비판적인 능력이 요구된다고 기술하였다. 질적 연구에서 해석은 코드와 주제를 넘어서 자료를 더 큰 의미로 요약하는 것을 포함한다. 해석은 코드의 개발로 시작하여 코드들로부터 주제들을 형성하고, 이어서 자료들을 이해하기 위해 주제들을 더 큰 추상적 단위로 조직화하는 과정이다. 감(感), 통찰, 직관에 기초한 해석과 같은 여러 가지 형태가 존재한다(코드들을 연관시키고 개념들을 연결하기 위한 전략들을 더 구체적으로 보기 위해서는 Bazeley, 2013; Ravitch & Mittenfelner Carl, 2016 참조). 또한 사회과학의 개념 구성체나 아이디어 내에서, 또는 어떤 사회과학의 구성체나 아이디어와 대조되는 개인적 관점의 조합에 근거한 해석도 있을 수 있다. 따라서 연구자는 자신의 해석을 다른 연구자들이 발전시킨 더 큰 규모의 연구 문헌들과 연결하게 될 것이다. 포스트모던 연구자와 해석주의 연구자들에게 이러한 해석은 잠정적이고, 결정적이지 못하며, 미심쩍은 것으로 보이게 된다.

반복되는 해석 과정의 일부로서, Marshall과 Rossman(2015)은 현존하는 자료, 관련 문헌, 또는 초기 가설과 비교를 통해 자신의 해석에 도전하는 것과 같은 전략을 사용하는 대안적 이해를 위해 '경계 중인 꼼꼼한 질적 연구자'(p. 228)가 될 것을 권고한다. 특히 시청각 재료에 대해서는 패턴을 파악하고 이야기, 요약, 진술 등을 개발하기 위한 전략들을 사용하여 재료들에 대한 해석을 개발하고 평가하라. Grbich(2013)는 다음 질문들을 사용하여 해석을 이끌어 갈 것을 제안한다. 당신이 발견하기를 기대하지 않았던 놀라운 정보는 무엇인가? 참여자들과 독자들에게 개념적으로 흥미롭거나 독특한 정보는 무엇인가? 지배적인 해석은 무엇이고 대안적인 관념은 무엇인가?

연구자는 초기 자료 해석에 대해 또는 추적 감사(제10장에서 추가 논의)와 절차에서 동료들의 피드백을 받을 수도 있다. 이는 연구자에게 자료 범주에서 그들이 보게 되는 패턴들을 분명하게 설명하도록 요구하기 때문에 '내가 아는 것 또는 내가 안다고 생각하는 것을 어떻게 알게 되었는지' 평가하는 데 도움을 줄 수 있다. 연구자는 이 시점에서 시각적으로 개념들 사이의 관계를 표현하는 방식으로서 도식화를 활용할 수도 있으며, 어떤 경우에는 마지막 보고 단계에서 이러한 제시방법이 사용된다.

자료를 제시하고 시각화하기

나선형의 마지막 단계에서 연구자는 텍스트, 표, 그림의 형식으로 그들이 발견한 것을 한데 묶어 자료를 제시한다. 예를 들면, 정보를 시각적 이미지로 만들어서 비교표(Spradley, 1980 참조)나 매트릭스—예를 들면, 연구의 주제나 범주들 중 하나와 관련하여 남성과 여성을 비교하는 2×2 표 또는 지원 장소와 유형을 시연하는 6×6 효과 매트릭스(Miles & Huberman, 1994; Miles et al., 2014 참조)—로 제시할 수 있다. 표의 칸에는 숫자가 아닌 텍스트가 들어가며, 그 내용에 따라서 연구자는 비교를 위한 매트릭스와 자료의 패턴이나 범위에 대한 그림을 형성하기 위한 교차준거 범주들을 사용한다(Marshall & Rossman, 2015). 위계가 있는 나무 그림은 또 다른 표현형식이 될 수 있다(Angrosino, 2007). 이것은 상이한 추상화(abstraction) 수준을 보여 주는데, 나무의 가장 위에 있는 상자는 가장 추상화된 정보를 보여 주고, 가장 아래쪽에는 가장 덜 추상화된 주제들을 제시한다. [그림 8-3]은 무장총격자 사례연구(Asmussen & Creswell, 1995)에서 제시된 추상화 수준을 보여 준다. 이 그림은 다양한 정보원으로 구성되는 원자료를 가지고 시작하여 여러 개의 구체적인 주제(예: 안전, 부인)와 사회심리적 그리고 심리적 요인이라는 두 가지 관점에 의해 대표되는, 가장 일반적인 주제로 확장되는 귀납적 분석 과정을 보여 준다.

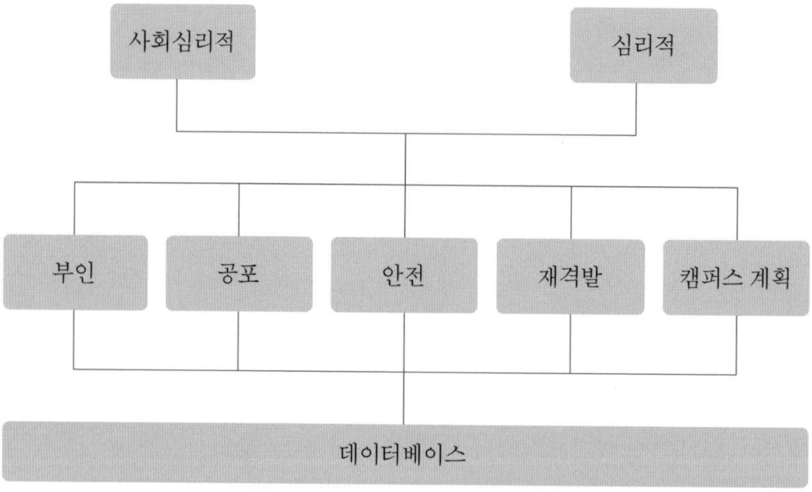

[그림 8-3] 위계적 나무 도표의 예시: 무장총격자 사례에서 분석의 층위

출처: Asmussen & Creswell (1995).

연구자가 이용할 수 있는 제시방법이 다양하다는 점을 고려할 때, 어떤 방법이 가장 적절할지 결정하는 것이 어려울 수 있다. 우리는 매트릭스를 만들고 사용하기 위한 다음 지침을 제안하고자 한다. 우리는 이러한 전략들이 반복적이며, 매트릭스를 넘는 자료 시연에 유용할 것이라고 믿는다(Miles et al., 2014에서 재구성).

- 자료를 검색하고, 제시할 자료의 수준과 유형을 선택한다. 연구질문과 이용 가능한 자료들을 재검토하는 것으로 시작한다. 어떤 자료 형태와 유형들—예를 들어, 직접 인용, 바꿔 말하기, 연구자의 설명, 또는 그것들의 특정 조합—을 제시할지 결정한다. 잠재적인 재료들을 배치하기 위해 손수 자료를 검색하거나 소프트웨어의 검색 기능을 사용한다. "'의사결정 규칙'의 명백한 기록을 유지하기 위한 방법으로서 포함/배제 기준에 대한 기록을 유지한다(Miles et al., 2014, p. 116)."
- 초기에 형성한 아이디어들에 대한 밑그림을 그리고 피드백을 받는다. 초기 밑그림을 그리는 과정의 일부로서 행렬의 제목에 붙일 이름을 선택한다. 정보는 "다다익선"이기 때문에 정보의 양과 유형 사이에 균형을 유지해야 한다(Miles et al., 2014, p. 116). 동료들에게 초기 밑그림을 검토하고 자료를 제시하는 대안과 관련된 피드백을 제공해 달라고 요청한다.
- 완성도와 가독성을 평가하고 필요하다면 수정한다. 놓친 영역이나 모호한 자료들을 찾고, 만약 보장이 되어 있다면 제시하는 자료에 이를 명쾌하게 보여 준다. 가능한 한 행 또는 열의 수를 줄이고—이상적으로는 5~6개를 넘지 않는 것이 관리 가능한 수준으로 고려된다—행이나 열 내에서, 또는 적절하다면 여러 개의 제시방법으로 집단을 창출한다. 당신이 보는 형식에 의해 제한된다고 느끼지 말고, 오히려 "**제시방법을 생각하라**. 당신을 가장 잘 돕게 될 형식을 채택하고 고안하라"(Miles et al., 2014, p. 114, 원문에서 강조).
- 제시방법에서 패턴과 가능한 비교, 군집들을 주목한다. 다양한 전략을 사용하여 제시방법을 검토하고 초기 해석을 요약한다. 글쓰기 과정은 아이디어를 다듬고 명료하게 하는 데 필수적이다. 제시방법은 "결코 스스로 말하지 않기" 때문에 늘 텍스트를 동반할 필요가 있다(Miles et al., 2014, p. 117).
- 함께 제시된 텍스트를 재검토하고 결론을 확증한다. 텍스트가 제시된 자료의

> 기술적 요약을 넘어서는지, 그리고 대신 설명과 결론을 제공하는지 점검한다. 그러고 나서 원자료나 자료 요약에 반하는 결론을 검증한다. 왜냐하면 "만약 당신이 거기서 그것을 시도했을 때 어떤 결론이 '밑바닥 수준'에서 진실의 종을 울리지 못한다면, 그것은 개정될 필요가 있기 때문이다(Miles et al., 2014, p. 117)."

정보의 범주 간 관계를 구체화하는 가설이나 명제 역시 질적 자료를 제시한다. 예를 들면, 근거이론에서 연구자는 현상의 원인을 그것의 맥락 및 전략과 연결하는 명제를 발전시킨다. 마지막으로, 저자들은 자료를 분석하기 위하여 한 영역에서 차용한 것을 다른 영역에 적용하는 문학적 장치로서 은유를 사용한다(Hammersley & Atkinson, 1995). 질적 연구자들은 은유에 의한 분석으로 전체 연구를 구성할 수도 있다. 혁신적인 스타일의 자료 제시방법에 대한 추가적인 아이디어와 시청각 재료의 분석으로부터 자료를 가장 잘 제시하기 위한 방법에 대한 지침을 얻고자 한다면, Grbich(2013)를 참고하라. 이 지점에서 연구자들은 정보제공자에게 정보를 다시 보내 초기 요약본과 자료 제시방법에 대한 피드백을 받을 수 있을 것이다. 이 절차는 연구에서 중요한 타당도 검증 단계로서 제10장에서 논의될 것이다.

연구접근별 분석

2개의 층위를 가진 질적 자료분석의 과정에 대해 생각해 보라. 첫 번째 층위는 일반적인 나선형 분석에서 기술해 온 과정을 포괄한다. 두 번째 층위는 다섯 가지 각각의 질적 연구접근을 위해 진일보한 구체적인 절차들을 사용하여 이러한 일반적 분석을 보강한다. 이러한 절차들은 '포괄적인' 분석접근을 넘어서 정교하고 더욱 진전된 자료분석 절차로 이끌어 갈 것이다. 〈표 8-5〉에서 이러한 논의를 위한 조직화된 틀을 볼 수 있다. 우리는 각 접근방법을 살펴보고, 구체적인 분석방법들과 제시방법의 특성들에 대해 논의할 것이다. 마지막 절에서는 다시 다섯 가지 접근 사이의 의미 있는 차이점과 유사점을 살펴볼 것이다.

표 8-5 연구접근별 자료분석과 제시

자료분석과 제시	내러티브 연구	현상학	근거이론	문화기술지	사례연구
자료를 관리하고 조직화하기	• 데이터 파일을 만들고 정리한다.	• 데이터 파일을 만들고 정리한다.	• 데이터 파일을 만들고 정리한다.	• 데이터 파일을 만들고 정리한다.	• 데이터 파일을 만들고 정리한다.
읽고 떠오르는 아이디어를 메모하기	• 전체 텍스트를 읽고, 여백 노트를 만들고, 초기 코드를 형성한다.	• 전체 텍스트를 읽고, 여백 노트를 만들고, 초기 코드를 형성한다.	• 전체 텍스트를 읽고, 여백 노트를 만들고, 초기 코드를 형성한다.	• 전체 텍스트를 읽고, 여백 노트를 만들고, 초기 코드를 형성한다.	• 전체 텍스트를 읽고, 여백 노트를 만들고, 초기 코드를 형성한다.
기술하고 코드를 주제로 분류하기	• 객관적인 경험들에 걸쳐 있는 패턴들을 기술한다. • 이야기를 확인하고 연대기 순으로 이야기를 기술한다.	• 판단중지(epoche)를 통해 개인적 경험을 기술한다. • 현상의 본질을 기술한다.	• 개방코딩 범주들을 기술한다. • 과정 내에서 하나의 개방코딩 범주를 선택하고 중심 현상을 향해 형성해 간다.	• 사회적 상황, 행위자들, 사건들을 기술한다. 즉, 상황에 대한 그림을 그린다.	• 사례와 그 맥락을 기술한다.
해석을 발전시키고 평가하기	• 이야기 안에 발현된 현상을 배치한다. • 맥락적인 재료를 확인한다.	• 의미 있는 진술들을 개발한다. • 진술들을 의미 단위로 묶는다.	• 축코딩—인과 조건, 맥락, 중재 조건, 전략, 결과 등으로 구성—을 수행한다. • 이론을 개발한다.	• 주제와 패턴이 된 규칙을 찾기 위해 자료를 분석한다.	• 주제나 패턴을 형성하기 위해 범주로 묶는 작업을 수행한다.
자료를 제시하고 시각화하기	• 이야기의 더 큰 의미를 다시 이야기하고 해석한다.	• '어떤 일이 일어났는지'조직적으로 기술한다. • '그 현상이 어떻게 경험되었는지' 구조적으로 기술한다. • 복합적 기술을 사용하여 '본질'을 제시한다.	• 선택적 코딩을 수행하고, 범주들을 '이야기'나 명제, 또는 매트릭스를 발전시키기 위해 상호 관련시킨다.	• 어떻게 문화가 '작용하는지'에 대한 연구 결과를 해석하고 이해하게 한다.	• 직접적인 해석을 사용한다. • '배운 것'에 대한 자연주의적 일반화를 전개한다.

내러티브 연구의 분석과 제시

내러티브 분석은 "공통적인 이야기 형식을 갖춘 텍스트를 이해하기 위한 일군의 방법들을 말한다."(p. 11)라고 한 Riessman(2008)의 표현이 가장 적절한 정의라고 생각된다. 내러티브 연구에서 수집된 자료는 그들이 말해야 하는 이야기, 펼쳐진 사건들의 **연대기**(chronology) 그리고 전환점이나 발현이 되도록 분석될 필요가 있다. 분석에 대한 폭넓은 밑그림 안에서 연구자에게는 몇 가지 선택 대안이 있다.

내러티브 연구자는 분석을 위해 문학적 지향을 적용할 수 있다. 예를 들어, 한 초등학교의 4학년 학생 4명이 진술한 과학교육에 대한 이야기를 사용한 연구에서는 내러티브 분석을 위한 몇 가지 접근을 포함하였다(Ollerenshaw & Creswell, 2002). 하나의 접근은 Yussen과 Ozcan(1997)이 발전시킨 분석 절차로 텍스트 자료를 다섯 가지 줄거리(plot) 구성요소(즉, 인물, 환경, 문제, 행동, 해결)로 분석하는 것이다. 내러티브 연구자는 이야기에 삽입될 상이한 요소들을 통합하는 접근을 사용할 수 있다. Clandinin과 Connelly(2000)의 3차원 공간 접근은 세 가지 요소, 즉 상호작용(개인적, 사회적), 연속성(과거, 현재, 미래) 그리고 상황(물리적 공간 또는 화자의 공간)으로 자료를 분석하는 것이다. Ollerenshaw와 Creswell(2002)의 내러티브 연구에서는 내러티브 분석의 공통 요소들을 보게 되는데, 그것은 면접이나 대화와 같은 현장 텍스트의 형식에서 개인적 경험을 담은 이야기들을 수집하는 것과 내러티브 요소들에 기반을 둔 이야기를 다시 이야기하는 것(예: 3차원 공간 접근 또는 줄거리의 다섯 가지 구성요소), 연대기적 연속성으로 이야기를 재서술하는 것, 그리고 참여자가 경험한 상황이나 장소를 포함하는 것 등이다.

내러티브 분석에서는 연대기적 접근도 활용될 수 있다. Denzin(1989)은 연구자가 대상자의 삶에서 객관적인 경험들을 확인하는 것으로부터 전기 분석을 시작할 것을 제안한다. 대상자가 그의 인생에 대한 밑그림을 그리는 일지를 작성하도록 하는 것이 분석의 좋은 출발점이 될 수 있다. 이 밑그림 작업에서 연구자는 인생의 단계들이나 경험(예: 아동기, 결혼, 취업 등)을 찾아 나서는데, 이는 개인 삶의 연대기를 발전시키기 위해서이다. 이야기와 발현(epiphanies)은 개인의 일기나 면접을 통해 나타날 것이다. 연구자는 구체적이고 맥락적인 전기의 재료들을 찾기 위해 데이터베이스(전형적으로 면접이나 문서)를 들여다본다. 면접이 진행되는 동안, 연구자는 참여자로 하여금 이야기의 다양한 영역으로 확대하도록 하고, 피면접자에게 그의 인생을 이론화하도록 요청한다. 이 이론들은 경력 모델, 생애 과정, 사회적 세계에 대한 모델들, 전기의 관계 모델, 생애 과정의 자연사(natural history) 모델과 연관될 수 있다. 그러고 나서 연구자는 내러티브의 요소들과 범주들로부터 더 큰 패턴과 의미들을 조직화한다. Daiute(2014)는 유사점, 차이점, 변화, 또는 일관성과 관련된 의미 형성을 위한 네 가지 유형의 패턴들을 제시하고 있다. 마지막으로, 개인의 전기는 재구성되며, 연구자는 그 인생을 형성해 온 요인들을 확인한다. 이러한 작업은 ① 개인의 생애 과정, ② 이러한 생활 경험과 연관된 상이한 이론들, ③ 그 생활의 독특하고 일반적인 특성들을 강조하는 사례에 대한 분석적 추상 개념을 서술할 수 있도록 이끈다. 내러티브 분석과 제시 과정 안에는 참여자들이 적극적으로 참여하는 협력적 접근이 내포되어 있다(Clandinin, 2013; Clandinin & Connelly, 2000).

내러티브 분석의 또 다른 접근은 내러티브 보고서가 어떻게 구성되어야 하는가에 달려 있다. Riessman(2008)은 이야기를 구성할 때 이러한 다양성을 반영하는 네 가지 분석 전략의 유형화를 제안한다. Riessman은 연구자가 자료를 수집하는 동안 이야기되거나 작성된 '어떤 것'을 분석하는 것을 주제 분석이라고 불렀다. 그는 이러한 접근이 내러티브 연구에서 가장 대중적인 형식이라고 하였으며, 우리는 그것을 부록 B에 제시한 Chan(2010)의 내러티브 프로젝트에서 볼 수 있다. Riessman(2008)의 유형화에서 두 번째 형식은 구조적 형식이라고 부르는 것으로서 이야기가 '어떻게' 진술되는가를 강조한다. 이것은 언어적 분석을 차용한 것인데, 그 안에서 이야기를 말하는 사람은 특정한 효과를 달성하기 위해 형식과 언어를 사용한다. Gee(1991)의 방법에 기반을 둔 담론 분석은 발음의 연속성, 목소리의 높낮이, 억양과 같은 요소들을 위해 화자의 내러티브를 검토할 것이다. Riessman(2008)의 세 번째 형식은 대화 또는 수행 분석으로서, 대화는 연구자와 참여자의 상호작용을 통해 생산되거나 시나 연극과 같은 활동들을 통해 참여자에 의해 적극적으로 수행된다. 네 번째 형식은 이미지에 대한 시각적 분석을 사용하거나 언어와 동반되는 이미지들을 해석하면서 나타나는 영역이다. 또한 그것은 이미지의 생산에 대해 진술된 이야기이거나 서로 다른 청중이 하나의 이미지를 어떻게 보는가에 대한 이야기일 수도 있다.

부록 B의 Chan(2010)이 제시한 중국계 이민 학생인 Ai Mei Zhang의 내러티브 연구에서 사용한 분석접근은 Riessman(2008)의 접근과 유사한 주제 분석으로 시작한다. Chan은 Ai Mei의 학교에 대해 간략하게 기술한 다음에 여러 가지 주제를 논의하고 있는데, 그것들은 모두 갈등과 관련되어 있다(예: 집에서 사용하는 언어와 학교에서 사용하는 언어 간 갈등). Chan이 갈등을 보게 됨으로써 이 현상을 위해 자료를 분석하게 되었으며 해석적 렌즈의 포스트모던 유형으로부터 주제들을 개발했음을 알게 된다. 그리고 나서 Chan은 Ai Mei의 경험에 대해 배우는 내러티브 연구자로서의 역할을 탐색하기 위해 주제들을 넘어서서 자료들을 분석하게 된다. 따라서 전반적으로 분석이 주제접근에 기반을 두는 동안, 갈등에 대한 소개와 연구자의 경험은 그 연구에 통찰력이 있는 개념적 분석을 더해 준다.

현상학적 분석과 제시

내러티브 분석을 위한 제안들이 질적 연구자들을 위한 일반적인 구조를 제시하고 있다. 이와는 대조적으로 현상학에는, 특히 Moustakas(1994)에 의해 진전된 구체적이고 구조화된 방법이 있다. Moustakas는 그의 저서에서 여러 가지 접근을 검토하였지만, 우리는 가장 실천적이고 유용한 접근을 제공하는 것으로서 Stevick-Colaizzi-Keen 방법을 Moustakas가 수정한 것을 살펴보겠다. 우리의 접근은 Moustakas(1994)가 논의한 이 방법을 단순화한 것이며, 다음과 같다.

- 연구 중인 현상에 대한 개인적인 경험을 기술한다. 연구자는 현상에 대한 자신의 경험을 온전히 기술하는 것으로 시작한다. 이는 (완전히 다룰 수 없는) 연구자의 사적 경험을 제쳐 두려는 시도로서 이를 통해 초점이 연구참여자 쪽으로 향할 수 있다.
- 의미 있는 진술들의 목록을 만든다. 그러고 나서 연구자는 (면접이나 다른 자료원에서) 사람들이 어떻게 해당 주제를 경험하고 있는지에 대한 진술을 찾고, 이러한 의미 있는 진술들을 나열하며[자료의 수평화(horizonalization)], 각각의 진술에 동등한 가치를 두어 다루고, 반복되거나 중복되지 않는 진술들의 목록을 작성한다.
- 의미 있는 진술들을 더 넓은 정보의 단위로 묶는다. 의미 단위 또는 주제라고

도 부르는 더 큰 단위들은 군집을 생성하거나 반복을 제거하기 때문에 해석을 위한 기반을 제공한다.

- 연구참여자들이 현상에 대해 경험한 '무엇'을 기술한다. 이를 경험에 대한 '조직적 기술(textual description)'—무슨 일이 일어났는가—이라고 부르며 '글자 그대로'의 예시를 포함한다.
- 그 경험이 '어떻게' 발생한 것인지 기술한다. 이를 구조적 기술(structural description)이라고 하며, 조사자는 경험된 현상의 상황과 맥락을 반영한다. 예를 들면, 고등학생들의 흡연 행동에 대한 현상학적 연구(McVea, Harter, McEntarffer, & Creswell, 1999)에서 저자들은 주차장, 학교 외부, 학생 라커 옆, 학교와 멀리 떨어진 곳 등과 같은 흡연 현상이 발생하는 장소에 대한 구조적 기술을 제공한다.
- 현상에 대한 종합적 기술을 작성한다. 종합적 기술은 조직적 기술과 구조적 기술 모두를 포함하는 것이다. 이것은 경험의 '본질'이며 현상학적 연구의 궁극적 측면을 보여 준다. 이는 전형적으로 현상에 대해 연구참여자들이 '무엇'을 경험하였고 '어떻게' 경험하였는지(예: 맥락)를 독자에게 말해 주는 긴 문단으로 작성된다.

Moustakas(1994)는 심리학자이며, 그에게 '본질'은 대체로 애도나 상실과 같은 심리학의 현상이다. Giorgi(2009)도 심리학자이며, Stevick, Colaizzi와 Keen의 접근과 유사한 분석적 접근을 제공한다. Giorgi는 연구자가 전체에 대한 감을 잡기 위해 어떻게 읽고, 의미 단위들을 결정하며, 참여자의 표현들을 심리학적으로 민감한 표현들로 전환하고, '본질'에 대한 기술을 작성할 것인지에 대해 논의한다. Giorgi의 논의에서 가장 유용한 부분은 그가 스스로 그리고 다른 연구자들이 분석한 질투에 대해 기술한 사례이다.

Riemen(1986)의 현상학적 연구는 구조화된 분석적 접근을 따르는 경향을 보인다. 환자와 간호사들에 의한 돌봄에 대한 연구에서 Riemen은 남성과 여성 모두를 위한 돌봄과 비돌봄 상호작용에 대한 의미 있는 진술을 제시한다. 나아가 Riemen은 이 의미 있는 진술들로부터 '의미 진술'들을 형성하고 그것들을 표로 제시하고 있다. 마지막으로, Riemen은 2개의 짧은 문단으로 경험의 본질에 대한 두 가지 '완전한(exhaustive)' 기술을 전개했고, 그것들을 표로 만들어 구분하였다. 제5장에서 검토한 바 있는 Anderson과 Spencer(2002; 부록 C 참조)의 AIDS 환자들에 대한 현상학적 연구는 Moustakas(1994)가 언급한 접근 중 하나인 Colaizzi(1978)의 분석방법을 사용하였다. 이 접근은 의미 있는 구문을 만들기 위해 자료를 분석하고, 의미들을 발전시키며, 그것들을 주제로 묶어 내고, 현상에 대한 완전한 기술을 제시하는 일반적인 지침을 따른다.

van Manen(1990, 2014)은 현상학적 분석을 수행할 가능성이 높은 두 가지 조건에 적합한 질문과 자료가 있을 때 덜 구조화된 접근을 사용할 것을 제안한다. 첫째, 연구를 이끌어 가는 현상학적 질문이 중요한데, 그 이유는 "만약 그 질문이 발견을 위한 명료성과 요점, 권력 등을 결여하고 있다면, 분석은 반성적 초점의 결여로 인해 실패할 것"이기 때문이다(van Manen, 2014, p. 297). 둘째, 자료의 경험적 질이 필요한데, 이는 "만약 재료들이 경험적 상세함과 구체성, 생생함, 살아 낸 철저함 등을 결여하고 있다면, 그 분석은 실체의 결여로 인해 실패할 것"이기 때문이다(van Manen, 2014, p. 297). 그는 "현상학적 반성"이라고 부르는 자료분석에 대해 논의하는 것으로 시작한다(van Manen, 1990, p. 77). 이러한 반성의 기본적인 아이디어는 무언가의 본질적 의미를 파악하는 것이다. 우리가 성찰하게 될 표현들이나 형식들의 광범위한 자료원들은 녹음된 대화, 면접 재료들, 일상의 진술들이나 이야기들, 저녁 식사 시간의 잡담, 공식적으로 작성된 반응들, 일기, 다른 사람들의 저작물, 영화, 드라마, 시, 소설 등으로 기록될 수 있다. van Manen(1990)은 "이 사례는 어떤 사례인가?"(p. 86)라고 질문함으로써 주제에 대해 이해하는 것을 강조한다. 이러한 주제들은 초점, 아이디어의 단순화, 생활 경험의 구조에 대한 기술과 같은 특정한 질적 속성들을 가지고 있어야 한다(van Manen, 1990, 2014). 그 과정에는 전체 텍스트에 대한 몰입(통독 접근), 진술이나 구절들을 살펴보기(선택적 읽기 또는 강조식 접근), 모든 문장을 검토하기(상세한 읽기 또는 줄 단위 접근) 등이 포함된다. 반성을 위한 다음 네 가지 지침도 중요하다. 개인이 느낀 공간(즉, 근대식 은행), 물리적 또는 신체적 현존(즉, 사랑에 빠진 사람은 무엇처럼 보이는가?), 시간(즉, 과거, 현재, 미래의 차원), 타인과의 관계(즉, 악수를 통해 표현된) 등이다. 마지막에는 주제를 찾기 위한 자료분석, 정보를 검토하기 위한 상이한 접근 사용하기, 반성을 위한 지침 고려하기 등이 생활 경험의 의미가 가진 분명한 구조를 만들어 내야 한다.

근거이론의 분석과 제시

현상학과 유사하게, 근거이론도 구체적인 분석 절차들을 사용한다. Strauss와 Corbin(1990, 1998), Corbin과 Strauss(2007, 2015)가 발전시킨 이 절차는 개방코딩, 축코딩, 선택코딩의 세 가지 코딩 단계로 구성된다. 근거이론은 정보의 범주를 개발하고(개방코딩), 범주들을 서로 연결하며(축코딩), 범주들을 연결하는 '이야기'를 구성하고(선택코딩), 광범위한 이론적 명제들로 끝내는 절차를 제공한다(Strauss & Corbin, 1990).

개방코딩 단계에서 연구자는 텍스트에 의해 지지되는 정보의 두드러진 범주를 만들어 내기 위해 텍스트(녹취록, 현장 노트, 문서 등)를 검토한다. 지속적 비교 접근을 이용하여 연구자는 범주를 '포화'—범주를 나타내는 경우들을 찾고 획득된 새로운 정보가 범주에 대한 더 나은 통찰을 제공하지 않을 때까지 계속 살펴보는(그리고 면접하는) 것—시키고자 한다. 이 범주들은 범주에 대한 다양한 관점을 제시하는, '속성(properties)'이라는 하위범주들로 구성된다. 결국 속성들은 **차원화**(dimensionalized)되고 연속선상에 제시된다. 전체적으로 이것은 데이터베이스를 근거이론 연구에서 탐구되는 과정이나 행동을 특징짓는 소수의 주제나 범주들로 줄여 가는 과정이다.

일단 초기 범주 체계가 개발되면, 연구자는 개방코딩 목록에서 관심을 끄는 중심 현상으로서 하나의 범주를 확인한다. 이러한 목적으로 선택된 개방코딩 범주는 대개 하나이며, 연구참여자들이 광범위하게 논의한 것 또는 근거이론 프로젝트에서 연구한 과정에 중심이 되는 것이라고 여겨졌기 때문에 특정한 개념적 흥미를 끄는 것들 중 하나이다. 연구자는 하나의 개방코딩 범주(중심 현상)를 선택하고, 그것을 이론의 중심 위치에 놓으며, 이러한 중심 현상과 관련된 범주를 이해하기 위하여 다시 데이터베이스로 돌아간다(또는 자료를 추가로 수집한다). 구체적으로, 연구자는 중심 현상과 관련이 있거나 중심 현상을 설명하는 구체적인 코딩 범주를 통찰할 수 있도록 자료를 검토하는(혹은 새로운 자료를 수집하는) 축코딩이라는 코딩 과정으로 들어간다. 중심 현상에 영향을 미치는 인과 조건들, 현상을 다루는 전략들, 전략을 형성하는 맥락 조건과 중재 조건들, 전략을 수행한 결과들이 여기에 해당한다. 이 코딩 단계에서 나온 정보는 연구 중인 과정에 대한 이론적 모형을 보여 주는 그림인 코딩 패러다임으로 조직화된다. 이런 방법으로 이론이 만들어지거나 형성된다. 이 이론으로부터 연구자는 코딩 패러다임의 범주들을 연결하는 명제(또는 가설)나 진술들을 생성한다. 이것을 선택코딩이라고 한다. 마지막으로, 가장 광범위한 수준의 분석으로서, 연구자는 조건 매트릭스(conditional matrix)를 만들 수 있다. 이 매트릭스는 연구자가 중심 현상과 관련된 광범위한 조건과 결과(즉, 사회, 세계 등)를 시각화하는 데 도움이 되는 분석 도구—다이어그램—이다(Corbin & Strauss, 2015; Strauss & Corbin, 1990). 그런데 우리는 이러한 조건 매트릭스가 실제로 사용된 연구를 거의 찾지 못했다.

Charmaz(2006)가 근거이론 자료분석에 가져온 차이를 이해하기 위한 열쇠는 그녀가 말한 대로 "강요된 분석틀을 부과하지 않는 것"이다(Charmaz, 2006, p. 66). 그의 접근은 이론을 형성하면서 드러나는 과정을 강조한다. 그의 분석적 단계들은 각 단어와 문장 또는 자료의 조각들을 코딩하는 초기 단계로 시작한다. 이 초기 단계에서 그는 과정과 더 큰 이론적 범주들을 이해하기 위해 초기 코드들을 분석적으로 처리하는 데 관심을 두고 있다. 이 초기 단계에 이어서 초점화된 코딩을 하게 되는데, 이는 종합과 더 큰 범위의 설명을 위해 분석하면서 대량의 자료를 꼼꼼하게 걸러 낼 수 있도록 초기 코드들을 사용하는 것이다. 그는 자료를 조건들과 행동/상호작용, 결과 등으로 조직화하는 Strauss와 Corbin(1998)의 공식적 축코딩 절차를 지지하지 않는다. 그러나 Charmaz(2006, 2014)는 범주들을 검토하였으며, 그 범주들 사이의 연결고리를 만들어 내기 시작했다. 또한 그는 Glaser(1978)가 처음 개발한 이론적 코딩의 사용을 지지한다. 이 단계는 선험적인 이론적 코딩군(즉, 원인, 맥락, 순서)에 기반을 둔 범주들 간의 가능한 관계들을 구체화하는 것을 포함한다. 하지만 Charmaz(2006, 2014)는 더 나아가서 이러한 이론적 코드들이 떠오르는 근거이론에 길을 터주기 위해 필요하다고 하였다. Charmaz에게 있어서 떠오른 이론은 설명보다는 이해를 강조한다. 그것은 떠오르는 다중 실재, 사실과 가치의 연결, 임시 정보, 하나의 과정으로서 사회생활에 대한 내러티브 등을 가정한다. 그것은 경험들을 함께 이끌어 내고 의미의 범위를 보여 주는 하나의 형상이나 내러티브로 제시될 수 있다.

이론을 제시하기 위한 구체적인 형식은 다양하다. 학과장에 대한 연구에서는 이론이 가설들로 제시되었고(Creswell & Brown, 1992), Harley 등(2009)은 아프리카계 미국인 여성들의 신체 활동의 발달 과정에 대한 연구(부록 D 참조)에서 세 단계를 하나의 그림으로 제시하는 이론적 모형에 대해 논의한다. Harley 등의 연구에서 분석은 Strauss와 Corbin(1998)을 인용하였고, 이어서 코드 만들기, 이러한 코드들을 개념으로 묶기, 이론적 틀을 형성하기 등으로 구성되었다. 개방코딩의 구체적인 단계들은 보고되지 않았지만 결과 부분은 이론적 모형의 단계들과 과정과 기획 방법들을 통해 여성운동에 가장 적절하게 통합된 맥락과 조건들 그리고 조건들의 정교화 등으로 구성된 축코딩 단계들에 초점을 두었다.

문화기술지 분석과 제시

문화기술지와 관련해서, 우리는 Wolcott(1994b)이 발전시킨 자료분석의 세 가지 측면, 즉 기술, 분석, 그리고 **문화공유집단에 대한 해석**을 권한다. Wolcott(1990)은 문화공유집단과 현장을 기술하는 것이 문화기술지를 저술하는 좋은 출발점이라고 하였다.

> 기술은 질적 연구가 지어지는 기반이다. …… 여기서 당신은 독자들이 당신이 본 것을 당신의 눈을 통해 볼 수 있도록 초대하는 이야기꾼(storyteller)이 된다. 현장과 사건에 대해 직설적으로 기술하는 것으로 시작하라. 각주도 달지 말고, 분석으로 거슬리게 하지 말라. 단지 사실을 신중하게 제시하고, 적절히 상세한 수준에서 흥미롭게 엮어 내라 (p. 28).

해석적 관점에서 연구자는 아마도 오로지 하나의 사실 세트만을 보여 줄 것이다. 그리고 다른 사실들과 해석들은 참여자와 타인들이 문화기술지를 읽을 때까지 기다리게 된다. 그러나 이러한 기술은 연대기적 순서에 따라 정보를 제시함으로써 분석될 수도 있다. 저자는 기술에 점진적으로 초점을 두거나 집단이나 개인의 '일상생활 중 하루(a day in the life)'를 연대기로 작성함으로써 기술하게 된다. 마지막으로, 또 다른 방법들에는 결정적이거나 중요한 사건에 초점을 두거나 줄거리와 인물이 있는 완성된 '이야기'를 전개하고, 그것을 하나의 '미스터리'로서 기술하며, 상호작용하는 집단을 살펴보고, 분석틀을 따르거나 연구참여자들의 관점을 통해 상이한 관점들을 보여 주는 것 등이 포함된다.

Wolcott(1994)에게 분석은 분류 절차, "질적 연구의 양적 측면"이다(p. 26). 이 과정은 기술 단계에서 소개된 구체적인 재료들을 강조하거나 표, 차트, 다이어그램, 그림 등을 통해 결과물을 보여 주는 것을 포함한다. 또한 연구자는 Spradley(1979, 1980)가 발전시킨 것과 같은 체계적인 절차를 활용하여 분석한다. 그것은 분류 체계를 만들고, 비교표를 생성하며, 의미론적 표를 구성하는 것이다. Wolcott(1994)이 언급한 바와 같이, 아마도 가장 많이 사용되는 분석 절차는 자료 내에서 패턴이 된 규칙(patterned regularities)을 찾는 것이다. 분석의 다른 형태는 문화집단을 다른 집단과 비교하고, 표준이라는 견지에서 집단을 평가하며, 문화공유집단과 더 큰 이론적 틀 사이의 연결고리를 끌어내는 것 등으로 구성된다. 다른 분석 단계에는 연구과정을 비판적으로 검토하고 연구의 재설계를 제안하는 것 등이 포함된다.

문화공유집단에 대한 문화기술지의 해석은 자료 변환 과정이라고도 할 수 있다. 여기에서 연구자는 데이터베이스를 넘어 "그것들로 무엇을 만들 것인지" 탐색한다(Wolcott, 1994, p. 36). 연구자는 독자들에게 의문이나 질문들을 야기하는 터무니없는 비교 해석을 추론한다. 연구자는 자료로부터 추론을 끌어내거나 이론에 의존해서 자신이 내린 해석의 구조를 제공한다. 연구자는 또한 해석을 개인적인 것으로 국한한다. 즉, "이것이 바로 내가 생각한 것이다." 또는 "이것이 바로 연구 경험이 어떻게 나에게 영향을 미쳤는가 하는 것이다."(p. 44)와 같다. 마지막으로, 연구자는 시나 소설 또는 공연과 같은 표현들을 통해 해석을 구축한다.

다양한 분석 형태가 Fetterman(2010)의 문화기술지에 대한 접근을 대표한다. 그는 정형화된 절차를 갖고 있지 않지만, 다른 자료원에 대비하여 하나의 자료원을 검증하여 자료를 다원화하는 것과 생각과 행동의 패턴을 찾는 것, 그리고 문화기술지가 전체 문화를 분석하기 위해 사용할 수 있는 주요 사건들(예: 안식일에 대한 의례적 준수)에 초점을 두는 것 등의 방법을 권하였다. 또한 문화기술지 연구자들은 현장 지도를 그리고 차트를 만들며, 교차표를 설계하고, 때때로 빈도와 정도를 검토하기 위해 통계 분석을 활용한다. 그리고 그들은 "흔하고 뻔한 결론, 새로운 통찰, 또는 세상이 깜짝 놀랄 만한 발현"을 제공하기 위해 자신의 생각을 확고하게 만들어 갈 수도 있다(Fetterman, 2010, p. 109).

부록 E에 제시된 Mac an Ghaill과 Haywood(2015)의 문화기술지는 Braun과

Clarke(2006)의 주제 분석을 적용하였다. 저자들은 방글라데시와 파키스탄 출신 청년 집단의 특정 세대가 겪는 경험을 그들이 구성하는 민족의 인종화와 그들이 무슬림에 부여된 의미들과 어떻게 협상하고 있는가라는 차원에서 변화와 관련지어 기술한다. 마지막 부분에서는 그들이 살아가는 도시 안에서 급격한 변화의 시대를 거쳐 가는 동안 그들이 경험한 사회적 · 문화적 배제의 범위를 그 집단이 어떻게 이해할 것인지 그 방법을 제안하기 위해 주제를 넘어선 폭넓은 추상적 개념 수준을 제공하고 있다. 저자들은 3년 이상의 기간에 그 집단의 내러티브를 듣고, "대중적이고 학술적인 설명을 사용하여"(p. 111) 그들의 정체성을 나타내는 것을 거부하며 자신들의 경험 내에서 결론을 내리고 있다. 그 대신에 그들은 청년들 자신의 참여와 정체성 형성에서 지역적 맥락과 더 넓은 사회적 · 경제적 과정들의 영향을 이해하기 위한 방식에 대한 신중한 고려와 촉진에 대한 욕구를 강조하기로 선택했다. 문화기술지의 다른 사례는 문화기술지의 분석 절차에 비판적 관점을 적용하였다(Haenfler, 2004). Haenfler는 다른 문화에 대한 저항이라는 스트레이트 엣지(sXe) 운동의 핵심 가치들을 상세하게 기술하고, 이런 핵심 가치(예: 긍정적이고 청빈한 생활)들과 관련된 다섯 가지 주제를 논의하였다. 그러고 나서 그 논문의 결론은 그 하위문화 내에서 참여에 대한 개별화된 의미와 집합적인 의미와 같은 집단의 핵심 가치에 대한 폭넓은 해석을 포함한다. 그러나 Haenfler는 자기노출과 그의 배경에 대한 위치 진술, 그리고 스트레이트 엣지(sXe) 운동에 대한 참여 등 방법에 대한 논의로 시작하였다. 또한 이러한 위치는 1989년부터 2001년 사이에 있었던 그의 경험에 대한 연대기로 제시되었다.

사례연구 분석과 제시

문화기술지에서 하는 것과 마찬가지로, 사례연구에서도 분석은 사례와 현장에 대한 상세한 기술로 구성된다. 만약 사례가 사건의 연대기를 제시하는 것이라면, 사례가 전개되는 각 단계나 국면을 위한 증거를 결정하기 위해 다양한 자료원을 분석할 것을 권한다. 더욱이 현장은 특히 중요하다. 예를 들어, Frelin(2015)의 사례연구(부록 F 참조)에서 그는 특정한 학교 맥락(이 상황에서는 학교 실패의 이력을 가진 학생들을 위한 프로그램) 내에서 어떤 관계 실천이 성공적이었는지 파악하기 위해 정보를 분석하였다. 또 다른 예로서, 무장총격자 연구(Asmussen & Creswell, 1995)에서 저자들은 그 사건이 어떻게 현장—이 상황에서는 평온하고 평화로운 중서부 지역사회—에 들어맞는지 파악하고자 하였다.

또한 Stake(1995)는 사례연구에서 자료분석과 해석의 네 가지 유형을 옹호한다. 범주적 집합(categorical aggregation)에서 연구자는 이슈와 관련된 의미들이 나타나기를 희망하면서 자료로부터 일군의 실례를 찾는다. 반면에 **직접 해석**(direct interpretation)에서 사례연구자는 단일한 사례를 들여다보고 다른 사례들은 찾아보지 않은 채 의미를 추출해 낸다. 이것은 자료들을 분리한 뒤에 더 의미 있는 방식으로 다시 모으는 과정이다. 또한 연구자는 패턴을 형성하고, 2개 이상 범주 사이의 연관성을 찾는다. 이러한 연관성은 두 범주 간의 관계를 보여 주는 2×2 표와 같은 표의 형식을 취할 수 있다. Yin(2014)은 연구자가 2개 이상의 사례를 연구할 때 사용할 수 있는 분석 기법으로 '사례 간 종합'을 소개하고 있다. 그는 일부 정형화된 분석틀에 따라 개별 사례들로부터 자료를 보여 주기 위하여 단어 표를 만들어 볼 수 있다고 제안하였다. 그리고 이 방법의 함의는 연구자가 사례들 사이의 유사점과 차이점을 살펴볼 수 있다는 점이다. 마지막으로, 연구자는 자료분석으로부터 **자연주의적 일반화**(naturalistic generalization)를 발전시킨다. 이것은 사람들이 사례로부터 스스로 배우거나 사례들의 모집단에 배운 것을 적용하거나 다른 유사한 맥락으로 전환할 수 있는 일반화이다.

이러한 분석 단계에, 우리는 사례—'사실'—와 관련된 측면들에 대한 상세한 관점으로서 사례에 대한 기술을 추가하고자 한다. Frelin(2015)의 사례연구(부록 F 참조)에서 관계 실천에 대한 예시 부분은 관계들이 협상되는 방법에 대한 기술과 질에 대한 신뢰, 인정, 학생들의 자아상 등을 연대기순으로 조직화되었다. 마지막 부분에서는 학교 실패 경험을 가진 학생들의 집단에 대한 문헌에 비추어 교사들의 업무가 가진 복잡하고 시간제한적인 속성에 대해 논의하고, 유사한 맥락 내에서 학교 심리사의 역할과 관련하여 교사들과 관련된 연구 결과물의 이전 가능성(transferability)을 다루고 있다. 다른 예를 하나 더 들자면, 무장총격자 사례연구에서 우리는 분석 과정에 대해 훨씬 더 세부적인 사항들에 접근하였다(Asmussen & Creswell, 1995). 무장총격자 사건 이후 2주 동안 발생한 일들을 중심으로, 주요 인물들, 현장들, 활동들을 강조하면서 사례를 기술했다. 그러고 나서 우리는 자료를 대략 20개의 범주(범주적 집합)로 모았고, 그것을 다섯 가지 주제로 압축했다. 연구의 마지막 부분에서는 주제에 관련하여 사례에 대한 일반화를 시도하였고, 그것들이 캠퍼스 폭력에 관해 출판된 문헌들과 어떻게 비교되고 대조되는지 기술하였다.

다섯 가지 접근의 비교

〈표 8-2〉로 돌아가서, 다섯 가지 연구접근은 자료분석과 제시에서 여러 가지 공통점과 차이점을 가지고 있다. 다섯 가지 접근방법 모두에서 연구자는 대체로 정보의 파일을 만들고 정리하는 것으로 시작한다. 다음은 자료에 대한 감각을 발전시키고 그것들을 이해하는 과정을 시작하기 위하여 정보를 전체적으로 읽고 메모하는 과정으로 구성된다. 또한 근거이론을 제외한 모든 접근은 기술하는 데 전념하는 단계를 포함하고 있으며, 연구자는 행동이나 과정에 대한 이론 형성을 시작하고자 한다.

그러나 다섯 가지 접근 사이에는 몇 가지 중요한 차이점이 있다. 근거이론과 현상학은 가장 구체적이고 분명한 자료분석 절차를 갖고 있으며, 그 절차는 분석을 위한 지침을 얻기 위해 선택한 저자에 따라 달라진다. 문화기술지와 사례연구에는 공통된 분석 절차가 있으며, 내러티브 연구는 분석 절차가 가장 덜 구조화되어 있다. 또한 분류 단계에서 사용된 용어(각 연구접근에서 사용되는 용어사전인 부록 A 참조)들이 이 접근들 간에 독특한 용어가 사용되고 있음을 보여 준다. 즉, 근거이론에서 말하는 개방코딩은 현상학에서 의미 있는 진술을 확인하는 첫 단계나 사례연구의 범주적 집합과 유사하다. 연구자는 이러한 분석 용어의 정의에 익숙해져야 하고 선택한 연구접근에 따라 정확하게 사용해야 한다. 마지막으로, 자료 제시방법은 결국 자료분석 단계들을 반영하며, 내러티브 연구의 내레이션에서부터 현상학의 상정된 진술과 의미, 기술, 그리고 근거이론의 시각적 모형이나 이론에 이르기까지 다양하게 나타난다.

질적 자료분석에서 컴퓨터의 사용

질적 연구를 위한 컴퓨터 프로그램들은 1980년대 후반부터 사용되어 왔으며, 텍스트와 이미지 자료를 분석하는 과정을 전산화하는 데 점점 더 정교해지고 유용해졌다. 질적 자료분석을 위해 사용되는 과정은 수작업이나 컴퓨터를 이용하는 것이나 동일하다. 연구자는 텍스트나 이미지 조각을 확인하고, 코드명을 부여하며, 동일한 코드명을 가진 모든 텍스트 조각을 찾기 위해 데이터베이스를 뒤지고, 코드를 위해 이러한 텍스트 조각들을 출력한다. 이 과정에서 연구자(컴퓨터 프로그램이 아니라)는 코딩과 범주화 작업을 수행한다. Marshall과 Rossman(2015)은 질적 분석을 위한 도구로서 소프트웨어의 역할에 대해 다음과 같이 설명한다. "우리는 소프트웨어가 분석의 기계적인 측면과 관리 작업의 일부를 돕기 위한 도구일 뿐임을 경고한다. 따라서 힘든 분석적 사고는 연구자 자신의 내부 하드 드라이브에 의해 수행되어야 한다(p. 228)!" 오랜 시간이 흐르면서 질적 자료분석 소프트웨어의 대안들이 다양해지고, 독특한 특성을 가진 유형들이 상당히 확장되었으며, 초보 질적 연구자들의 프로그램 선택을 어렵게 만들고 있다. 질적 자료분석 소프트웨어의 역사를 구체적으로 살펴보려면 Davidson과 di Gregorio(2011)를 참고하라.

질적 자료분석에서 컴퓨터의 사용은 충분히 고려할 만한 가치가 있지만, 연구자들은 반드시 그 한계를 알고 있어야 한다. 양적 연구를 위한 컴퓨터 소프트웨어 프로그램에 익숙한 연구자들이 중요하게 고려해야 할 사항은 기대의 차이이다. 왜냐하면 질적 분석에서는 "그러한 소프트웨어가…… 당신을 위해 분석을 해 줄 수는 없으며, 그것은 SPSS나 SAS와 같은 통계 패키지들이 할 수 있는 그런 것, 말하자면 다중회귀분석과 같은 것이 아니기 때문이다(Weitzman, 2000, p. 805)." 이어지는 부분들은 당신이 질적 자료분석을 위해 컴퓨터를 사용할 때 이용 가능한 기능들과 선택사항들에 익숙해지도록 도울 것이다.

이점과 단점

연구자가 자료 해석의 조직화, 코딩, 분류, 제시 등을 위해 컴퓨터 프로그램을 어떤 의도로 사용할 것인가가 중요한 고려사항이다. 우리가 보기에 컴퓨터 프로그램은 단순히 연구자에게 자료를 저장하고 코딩이 된 자료의 조각들에 쉽게 접근하기 위한 수단을 제공해 줄 뿐이기 때문이다. 컴퓨터 프로그램은 작은 데이터베이스일 경우에도 가치가 있기는 하겠지만, 500쪽 이상의 텍스트처럼 방대한 데이터베이스를 가지고 작업할 때 가장 유용하다. 컴퓨터 프로그램을 사용하는 것이 모든 질적 연구자에게 흥미로운 것은 아니겠지만, 다음과 같이 컴퓨터를 사용하는 것의 이점들이 있다. 컴퓨터 프로그램은 다음과 같은 일들을 수행한다.

- 검색 용이성을 위해 조직화된 파일 저장 시스템을 제공한다: 연구자는 프로젝트를 담고, 검색의 경계를 정하는 그릇을 만듦으로써 한 장소에 체계적으로 저장된 자료 파일과 메모, 도식들을 쉽게 관리할 수 있다. 우리의 경험에 비추어 볼 때, 이러한 측면은 특히 전체 사례들이나 구체적인 특성을 가진 사례들을 찾고자 할 때 중요해진다.
- 분류 목적을 위해 쉽게 재료들을 배치하는 것을 돕는다: 연구자는 재료가 아이디어든, 진술문이든, 구문이든, 단어든 상관없이, 빨리 검색하고, 분류를 위해 재료들을 배치할 수 있다. 우리의 경험으로는 더 이상 재료를 오려서 파일 카드에 붙일 필요가 없으며, 주제에 따라 그 카드를 반복해서 정렬할 필요가 없다. 또 주제나 화제와 관련된 텍스트를 표시하기 위해 정교한 '색깔별 코드' 체계를 만들 필요도 없다. 텍스트를 검색하는 것도 컴퓨터 프로그램을 통해 쉽게 할 수 있다. 한때 연구자들은 근거이론에서는 범주를, 사례연구에서는 주제를 찾았지만, 범주의 이름이 데이터베이스 안에 있다면 컴퓨터 프로그램을 사용하여 그것을 검색할 수 있다.
- 연구자가 자료를 가까이 들여다볼 수 있도록 돕는다: 한 줄 한 줄 읽고, 각 문장과 아이디어의 의미에 대해 심사숙고하게 됨으로써 연구자는 적극적인 읽기 전략에 몰입하게 된다. 프로그램이 없다면, 연구자는 텍스트 파일이나 녹취록을 무심결에 훑어보고 각 아이디어를 주의 깊게 분석하지 않을 수도 있다는 것이 우리의 경험이다.
- 코드와 지도라는 시각적 제시방법을 생성한다: 컴퓨터 프로그램의 개념지도(concept mapping)라는 속성은 연구자들이 해석에 유용한 코드들과 주제들 사

이의 관계를 시각화하도록 해 준다. 우리의 경험으로는, 상호작용 모델링 기능은 최종 보고서에 종종 포함되는 시각적 제시방법을 통해 관계를 탐색하고 이론을 구축할 수 있도록 해 준다.

- 쉽게 검토할 수 있도록 코드나 주제, 문서를 메모와 연결해 준다: 컴퓨터 프로그램은 **하이퍼링크**를 사용하여 연구자들이 손쉽게 코드, 주제, 또는 문서와 관련된 메모를 검색할 수 있도록 해 준다. 우리의 경험에 근거하여 볼 때, 연구자가 원본 문서 내의 코딩된 조각들을 '볼 수' 있도록 하는 것이 해석을 검증하는 데 중요하다.
- 팀 구성원들 사이의 협력적인 분석과 공유를 가능하게 해 준다: 컴퓨터 프로그램은 분석 파일에 대한 접근성과 지리적으로 흩어져 있는 팀 구성원들 사이의 의사소통을 촉진한다. 우리의 경험으로는, 프로그램이 없다면 연구자들은 공통적인 목적 없이 또는 통합하기 어려운 공통적인 코드들을 사용하지 않고 독립적으로 작업을 완결해야 할 것이다.

컴퓨터 프로그램의 사용은 다음과 같은 이유로 단점이 그 비용을 상회한다.

- 그 프로그램을 설치하고 운영하기 위한 방법을 배우는 데 많은 시간을 투자해야 한다: 연구자는 그 프로그램의 운영방법을 배우는 데 시간과 자원을 투자한다. 이는 때때로 질적 연구의 절차들을 이해하기 위해 필요한 학습 수준을 넘어서는 과중한 과업이다. 그렇기는 하지만 어떤 사람들은 다른 사람들보다 컴퓨터 프로그램을 더 쉽게 배우기도 하며, 이전에 프로그램을 다룬 경험이 있으면 배우는 시간을 단축시킬 수 있다. 상이한 소프트웨어를 가지고 작업하게 되면 상이한 용어와 절차들을 학습해야 한다. 우리가 경험한 바로는, 프로그램들에 공통적으로 포함된 기본적인 기능들(파일 입력이나 메모)은 빨리 작동시킬 수 있었지만, 구체적인 검색과 도식화 기능을 능숙하게 다루는 데는 많은 시간이 필요했다.
- 거리감을 조성하고 창의성을 가로막음으로써 분석을 방해한다: 일부 연구자는 연구자와 실제 자료 사이에 불편한 거리감을 양산하거나 창의적인 분석 과정을 방해하는 기계를 놓는 것에 대해 우려를 표명하고 있다(예: Bazeley & Jackson,

2013; Gibbs, 2014; Hesse-Biber & Leavy, 2010). 이러한 우려를 완화하기 위해 우리 연구팀이 작업을 할 때는 관리와 궁극적인 코딩을 위해서는 컴퓨터를 사용하지만, 초기 코드를 개발할 때는 종이에 인쇄된 녹취록에 여백 노트를 작성하는 혼종 접근을 사용해 왔다.

- 어떤 사람들에게는 변화를 이행하는 것이 방해물이 될 수 있다: 컴퓨터로 분석하는 동안 개발된 범주들이 고정된 것이라고 생각할지 모르지만, 그러한 범주들은 소프트웨어 프로그램에서 변경(재부호화라고 부르는)될 수도 있다(Kelle, 1995). 일부 연구자는 범주를 변경하거나 정보를 이리저리 움직이는 것이 다른 작업들보다 덜 가치 있는 일이라고 생각할 수 있으며, 컴퓨터 프로그램이 이러한 과정을 더디게 하거나 방해한다고 여길 수 있다. 우리는 효율적으로 변경하는 능력을 좋아하지만, 일부 프로그램의 변화는 원상태로 되돌리기 어렵다는 점을 알고 있다.
- 컴퓨터 프로그램들은 대체로 제한된 분석 지침들을 제공하고 있다: 새로운 학습자들을 돕기 위해 이용 가능한 구체적인 서적들과 영상들에 대한 관심이 커지고 있기는 하지만, 컴퓨터 프로그램 사용 설명서는 사용의 편리함이나 접근성 면에서 다양하다. 예를 들어, 근거이론(Corbin & Strauss, 2015)에서 컴퓨터 활용과 패턴 분석(Bazeley, 2013)의 단계들에 대한 논의를 살펴보라. 컴퓨터 프로그램을 위한 많은 문서는 질적 연구 또는 이 책에서 논의되고 있는 연구에 대한 다섯 가지 접근 중 하나를 수행하기 위해 어떻게 프로그램을 사용하는지에 대한 정보를 제공하지 않는다.
- 컴퓨터 프로그램은 자신의 욕구에 맞게 적절한 프로그램을 선택하는 책임을 연구자에게 지운다: 연구자들을 곤란하게 하는 것은 컴퓨터 프로그램이 제공하는 독특한 특성들에 대해 배우는 것이다. 우리는 그동안 작업을 하면서 때때로 어떤 특성들이 가장 중요해질 것인지 예측하기 어렵다는 사실을 발견해 왔다. Gilbert, Jackson과 di Gregorio(2014)는 연구자들이 다음과 같이 질문함으로써 더 좋은 서비스를 받을 수 있을 때, 프로그램 선택에 초점을 두는 것에 대해 한탄한다. “내가 어떤 분석 과업들에 관여하게 될 것인가, 그리고 내가 그 과업들을 잘 수행하기 위해 기술에 영향을 미칠 수 있는 다른 방식들은 무엇인가(p. 221)?”

특정 컴퓨터 프로그램은 연구자들이 필요로 하는 특성이나 기능을 갖추지 못할 수 있으며, 따라서 연구자들은 자신의 욕구를 충족시키는 프로그램을 찾기 위해 비교하며 구매할 수 있다.

컴퓨터 프로그램 이용 여부를 결정하는 방법

질적 분석을 위해 설계된 소프트웨어와 기법들(종종 CAQDAS, 즉 Computer Assisted Qualitative Data Analysis Software의 두문자어)은 모든 연구자를 대상으로 제공하는 것도 있지만, 그것을 사용하기로 선택할지 말지는 여전히 고민거리로 남아 있다. 유용한 자원 중 하나가 CAQDAS Networking Project(http://www.surrey.ac.uk/sociology/research/researchjcetmres/caqdas)이다. 기본적으로, 나선형 자료분석에 포함된 모든 과정은 이 장의 앞에서 다룬 것처럼, 수작업이나 컴퓨터를 이용해서 또는 혼합하여 수행할 수 있다.

입문자들을 위한 질적 연구 문헌들을 검토해 보면, 다수가 질적 분석에서 컴퓨터 프로그램 사용에 대해 다루고 있음을 발견하게 된다(예: Hays & Singh, 2012; Saldaña, 2013; Silverman, 2013). 이 저자들은 질적 자료분석에서 컴퓨터 프로그램의 대중적 활용에 대해 기술하고 있다. Kuckartz(2014)는 "컴퓨터 프로그램은 지속적으로 개발되어 왔으며, 질적 연구에서 거의 표준처럼 사용되고 있다. 지난 20여 년간, 컴퓨터의 지원을 받는 질적 자료분석 분야는 사회과학 방법론 개발에서 가장 혁신적인 분야 중 하나로 인식되어 왔다."(pp. 121-122)라고 적었다. 이용 가능한 자원(문자, 블로그, 영상 등)의 수가 지속적으로 증가하고 있고, 출판물에 컴퓨터 프로그램을 사용했음을 보고하게 되면서 일부 연구자에게는 컴퓨터 프로그램 사용을 결정하는 것이 더 쉬워졌을 것이다. 특히 질적 분석에서 컴퓨터 소프트웨어 프로그램 사용에 대한 개관을 제시하는 자원들이 개발되어 왔다(예: Kuckartz, 2014; Silver & Lewins, 2014). 이런 경로로 소프트웨어의 사용과 사용 경험에 대한 연구자들의 관점에 접근할 수 있다.

[그림 8-4]에서 우리는 질적 분석을 위해 컴퓨터 프로그램을 사용할지 여부를 판단하는 데 도움이 될 만한 다섯 가지 질문을 제시한다. 그것은 질적 분석에 대한 기존의 전문성, 현재 특정 프로그램을 능숙하게 다룰 수 있는 수준, 연구 데이터베이

1. 나는 질적 자료분석에 어떤 전문성을 가져올 것인가?
   a. 나는 코드를 개발하고 적용하며, 주제로 분류할 수 있는가?
   b. 나는 주제를 사용하여 질적 자료를 해석하고 검증할 수 있는가?
   c. 내가 질적 분석에서 개발해야 할 추가적인 전문성은 무엇인가?
   d. 내가 질적 연구를 학습하기 위해 투자해야 할 추가적인 자원은 무엇인가?

2. 나는 질적 자료분석에서 컴퓨터 프로그램을 사용하는 데 얼마나 능숙한가?
   a. 내게 익숙한 프로그램이 연구 목적을 달성하는 데 가장 적절한가?
   b. 내가 적용하는 특정 접근을 위해 프로그램의 기능들을 사용할 수 있는가?
   c. 내게 더 필요한 훈련은 무엇인가?
   d. 프로그램을 학습하기 위해 투자해야 할 추가 자원들은 무엇인가?

3. 내 연구의 데이터베이스는 얼마나 복잡한가?
   a. 얼마나 많은 양의 파일들이 분석에 포함될 것인가?
   b. 어떤 유형의 자료 파일 형식들을 분석에서 사용할 것인가?

4. 내 연구의 목적을 달성하기 위해 필요한, 내가 기대하는 분석 기능들은 무엇인가?
   a. 코드나 주제, 파일들을 비교할 것인가?
   b. 코드나 주제, 파일들 사이의 패턴을 찾을 것인가?
   c. 도표나 시각적 제시방법들을 생성할 것인가?
   d. 이론이나 이야기, 이해 등을 발전시킬 것인가?

5. 내 연구를 위해 필요한 연구자 환경은 무엇인가?
   a. 나는 하나의 팀으로 분석 작업을 할 것인가?
   b. 우리는 여러 연구자들로부터 나온 분석들을 통합할 것인가?

[그림 8-4] 질적 분석을 위한 컴퓨터 프로그램 이용 여부를 결정하기 위한 다섯 가지 질문

스의 복잡성, 연구 목적을 달성하기 위해 필요한 프로그램 특성, 연구자의 환경 등이다. 이러한 기준들은 컴퓨터 프로그램을 사용하여 연구자의 욕구를 충족시킬 수 있을지 확인하기 위해 사용될 수 있다.

컴퓨터 프로그램과 그 특성

분석에 사용할 수 있는 컴퓨터 프로그램은 많다. 어떤 것은 캠퍼스에서 개인이 개발한 것도 있고, 어떤 것은 유료로 구매해야만 사용할 수 있다. 몇몇 문헌이 컴퓨터 프로그램에 대해 읽고 이용할 수 있는 유용한 자원들을 제공하고 있다. 예를 들어, Silver와 Lewins(2014)는 일곱 가지 프로그램을 기술하고 있으며, Weitzman과 Miles(1995)는 24개 프로그램을 검토하고 있다. 이러한 프로그램들은 상이한 실행 계획과 기능, 서로 다른 접근들의 특성을 고려하여 비교하는 것이 중요하다(Guest, Namey, & Mitchell, 2013, 〈표 11-1〉 참조). 우리는 여기서 인기 있고 우리가 면밀히 검토해 온 4개의 유료 프로그램—MAXQDA, ATLAS.ti, NVivo, HyperRESEARCH—을 소개하고자 한다(Creswell, 2012; Creswell & Maietta, 2002 참조). 개발자들이 프로그램을 지속적으로 업그레이드하고 있기 때문에 버전의 숫자는 의도적으로 제외하였고 프로그램에 대한 일반적인 논의만 제시하였다.

MAXQDA(http://www.maxqda.com/)

MAXQDA는 연구자가 질적 텍스트를 체계적으로 평가하고 해석할 수 있도록 돕는 컴퓨터 소프트웨어 프로그램이다. 또한 이 프로그램은 이론을 개발하고 이론적 결론을 검증하기 위한 강력한 도구이다. 주요 메뉴는 자료, 코드 또는 범주 체계, 분석될 텍스트, 기본 검색과 상세 검색의 결과의 4개 창으로 되어 있다. 이 프로그램은 위계적인 코드 체계를 사용하며, 연구자들은 하나의 텍스트 조각에 그 조각의 타당성을 나타내기 위해 가중치를 부여할 수 있다. 쉽게 메모할 수 있고, 다른 유형의 메모(예: 이론 메모와 방법론에 대한 메모)로 저장할 수 있다. 이 프로그램은 이론적 연결과 경험적 관련성 그리고 자료의 의존성을 보여 주는 상이한 유형의 개념적 지도들을 생성하기 위한 시각적 매핑 기능도 가지고 있다. 자료는 SPSS나 Excel과 같은 통계 프로그램과도 호환이 가능하다. 또한 특정 프로젝트에 소속된 여러 코딩 작업자가 이 프로그램을 사용하여 쉽게 협력 작업을 할 수 있다. 모바일 앱인 MAXApp은 연구자들이 스마트폰을 사용하여 자료수집과 코딩, 메모 등을 할 수 있도록 개발되었으며, 이를 통해 심화분석을 위해 직접 전송할 수 있다. MAXQDA는 독일의 VERBI 소프트웨어사가 보급한다. Corbin과 Strauss(2015)의 책에는 소프트웨어 프로그램인 MAXQDA를 사용한 폭넓은 예시들이 포함되어 있으며, 시험판을 사용해 보면 이 프로그램의 독특한 특성에 대해 더 많이 배울 수 있다.

ATLAS.ti(http://www.atlasti.com)

이 프로그램은 텍스트, 그래픽, 음성 자료나 시각적 자료들을 코딩, 메모, 결과물과 함께 프로젝트 안에서 정리할 수 있도록 해 준다. 더 나아가 연구자는 코딩하고, 주석을 달고, 정보의 조각들을 비교할 수 있다. 대화형 여백 스크린에 코드를 마우스로 끌어다가 붙일(drag and drop) 수 있다. 연구자는 어떤 아이디어와 관련 있는 모든 자료의 조각들과 노트들을 신속하게 찾아보고, 검색하고, 훑어볼 수 있다. 중요한 것은 개념지도 안에서 선택된 구절, 메모, 코드들을 시각적으로 연결할 수 있도록 하는 독특한 시각적 네트워크를 구축할 수 있다는 점이다. 자료는 SPSS, HTML, XML, CSV 등의 프로그램들에서 불러올 수 있다. 또한 이 프로그램은 연구자 집단이 같은 프로젝트에서 작업할 수 있도록 하며, 각 연구자들이 자료를 어떻게 코딩했는지 비교할 수 있다. Freise(2014)는 ATLAS.ti가 제공하는 기능들에 특화된 유용한 자원들을 제공하며, 이 프로그램을 시험해 보려면 독일의 Scientific Software Development사가 제공하는 시험판 소프트웨어 패키지를 이용할 수 있다.

NVivo(http://www.qsrinternational.com)

NVivo는 QSR 인터내셔널(QSR International)이 개발한 소프트웨어의 최신 버전이다. NVivo는 대중적인 소프트웨어 프로그램인 N6(혹은 NUD*IST 6)와 NVivo 2.0의 특성을 결합한 것이다. NVivo는 질적 자료를 분석하고, 관리하고, 가공하고, 분석하는 것을 도와주며, 화면이 단순하여 사용하기가 쉽다. 이 프로그램은 데이터베이스와 파일들을 하나의 파일로 합쳐서 저장함으로써 보안을 제공하며, 연구자들이 다중 언어를 사용할 수 있도록 하고, 팀 연구를 위한 통합 기능을 가지고 있으며, 연구자들이 쉽게 자료를 조작하고 검색할 수 있도록 한다. 게다가 이 프로그램에서는 코드와 범주를 그래픽으로 나타낼 수도 있다. NCapture 기능은 페이스북과 트위터, 링크드인 등으로부터 수집한 프로파일 자료를 포함한 소셜 미디어 자료들을 다룰 수 있게 해 준다. Bazeley(2002)는 N6에서부터 NVivo까지 소프트웨어 발전을 훌륭하게 검토하고 있으며, NVivo 사용방법을 구체적으로 소개한 문헌도 있다(Bazeley

& Jackson, 2013). NVivo는 호주의 QSR 인터내셔널이 보급하고 있다. 이 소프트웨어 프로그램의 기능을 시험해 보기 위해서 시험판을 사용할 수 있다.

HyperRESEARCH(http://www.researchware.com)

이 프로그램은 자료의 코딩과 검색, 이론 구축과 자료분석을 쉽게 할 수 있는 질적 소프트웨어 패키지이다. 지금은 멀티미디어와 언어 활용 기능이 개선되어, 연구자들이 텍스트, 그래픽, 시청각 자료를 가지고 작업할 수 있으며, 이 점이 연구분석 도구로서 이 프로그램의 가치를 높여 주었다. HyperRESEARCH는 가설 검증기(Hypothesis Tester)가 제공하는 이론 구축 기능이 덧붙여진 믿을 만한 코드 검색 자료분석 프로그램이다. 또한 이 프로그램에서는 연구자들이 시각적인 도표를 그리는 것이 가능하며, 이제는 HyperTRANSCRIBER라고 불리는 모듈(연구자가 영상과 청각 자료를 전송할 수 있도록 하는)이 추가될 수 있다. 이 프로그램은 리서치 웨어(Research Ware)사가 개발했으며 미국에서 사용할 수 있다.

고려할 만한 다른 프로그램들로는 다음과 같은 것들이 있다.

Ⅰ. 상용 소프트웨어 프로그램

- QDA Miner: http://provalisresearch.com
  - 프로발리스(Provalis)가 개발한 QDA Miner는 혼합연구를 위한 질적 소프트웨어로 설계되었다.
- Qualrus: http://www.qualrus.com
  - 아이디어 워크스(Idea Works)가 개발한 Qualrus는 텍스트와 멀티미디어, 웹 페이지들을 관리하고 분석하기 위해 설계되었다.
- Transana: http://transana.org
  - 위스콘신 대학교 매디슨 캠퍼스가 개발한 Transana는 영상, 청각 자료 그리고 정지화상에 대한 질적 분석을 위한 것이다.

Ⅱ. 오픈소스 소프트웨어 프로그램

- Open code: http://www.phmed.umu.se/English/edpidemology/research/open-code

–스웨덴에 있는 우메오 대학교가 개발한 Open code는 근거이론 접근의 첫 단계를 수행하려는 의도를 가지고 있다.

Ⅲ. 웹 기반 소프트웨어

- Dedoose: www.dedoose.com
  –SocioCultural Research Consultants가 개발한 Dedoose는 실시간 작업을 하고자 하는 연구팀의 욕구를 충족시킨다.

다섯 가지 접근방법과 컴퓨터 소프트웨어 프로그램의 사용

이 모든 컴퓨터 프로그램을 살펴본 후에, 우리는 다섯 가지 접근에 걸쳐서 이 프로그램들이 질적 자료분석을 촉진할 수 있는 몇 가지 방식을 발견하게 되었다. 컴퓨터 프로그램들은 다음과 같은 도움을 준다.

- 다양한 형태의 질적 자료를 저장하고 관리하기: 이 프로그램들은 질적 자료를 저장하는 편리한 방법을 제공한다. 자료는 문서 파일(워드프로세싱 프로그램으로부터 DOS, ASCII나 일부 프로그램에서 RTF 파일로 전환되는 파일)로 저장된다. 이런 문서 파일들은 1회 면접에서 나온 녹취록, 관찰 노트 한 세트, 신문에서 발췌한 기사와 같은 별개의 정보 단위에서 나온 정보들로 이루어진다. 다섯 가지 모든 질적 연구접근에 대하여 문서는 한 번의 면접, 한 번의 관찰, 하나의 이미지 분석일 수 있으며, 데이터베이스 내에서 쉽게 확인할 수 있다.
- 코드나 주제와 관련된 텍스트 또는 이미지 조각들을 배치하고 정렬하기: 컴퓨터 프로그램을 사용할 때, 연구자는 텍스트나 이미지를 하나하나 혹은 한꺼번에 살피고, '이 단락에서 이 사람이 이야기하고 있는(또는 행동하고 있는) 것은 무엇인가?'를 질문한다. 그러고 나서 연구자는 참여자의 언어를 사용하거나 사회과학이나 인문학의 용어를 채택하거나 상황과 관련된 것으로 보이는 용어를 만들어서 코드명을 짓는다. 많은 텍스트와 이미지를 검토한 뒤에, 연구자는 코드명에 적합한 모든 텍스트와 이미지 조각을 배치하기 위하여 프로그램의 검색 기능을 사용할 수 있다. 이렇게 하여 연구자는 참여자들이 어떻게 비슷하게 또는 다른 방식으로 코드나 주제에 대해 논의하는지 쉽게 알 수 있다.

- 2개 또는 그 이상의 코드명과 관련된 공통된 문장이나 조각들을 검색하고 검토하기: 이 검색 과정은 2개 이상의 코드명을 포함하기 위해 연장될 수 있다. 예를 들면, '양(兩) 부모 가족'이라는 코드명은 여성들이 '양 부모 가족'에 대해 논의하고 있는 텍스트 조각을 만들기 위해 '여성'이라는 코드명과 결합될 수 있다. 또는 '양 부모 가족'은 남성들이 '양 부모 가족'에 대해서 이야기하는 텍스트 조각을 만들기 위해 '남성'이라는 코드명과 결합될 수도 있다. 동시에 발생하는 단위들은 이중 코딩의 빈도를 강조하게 된다. 이러한 코드 결합의 빈도를 검토한 뒤에, 연구자는 특정 단어들이 텍스트에서 얼마나 자주 발생하는지 살펴보기 위해 프로그램의 검색 기능을 사용할 수 있다. 이런 방식으로 연구자는 각 연구접근의 초점을 보여 주는 구체적인 단어 사용의 빈도에 기반하여 새로운 코드나 가능한 주제들을 생성할 수 있다. 예를 들면, 내러티브 연구에서 이야기 요소들 사이의 패턴, 현상학의 의미 있는 진술들, 근거이론에서 여러 관점을 재현하는 속성들, 문화기술지에서 집단 사고와 행동, 사례연구의 사례 등이다.
- 코드명들을 비교하고 연결하기: 만약 연구자가 여성이라는 코드명과 남성이라는 코드명에 대한 요구를 모두 반영한다면, '양 부모 가족'에 대한 그들의 관점에서 여성과 남성의 반응을 비교하기 위한 자료가 존재할 것이다. 따라서 컴퓨터 프로그램은 연구자가 코드나 범주 간의 상호 관련성에 대해 데이터베이스로부터 정보를 얻을 수 있게 한다. 이를 통해 연구자는 각 접근과 관련된 주제, 모형, 추상적 개념들을 발전시키는 동안 이러한 코드와 범주들과 연관된 자료 조각들을 쉽게 검색할 수 있다.
- 연구자가 상이한 추상 수준들을 개념화할 수 있도록 지원하기: 이 장 서두에서 살펴본 바와 같이, 질적 자료분석 과정은 연구자가 원자료(예: 면접 자료)를 분석하고, 자료를 코드로 변환하며, 그리고 나서 코드들을 광범위한 주제로 결합하는 것으로 시작된다. 이런 주제들은 질적 연구에서 종종 '제목'으로 사용된다. 소프트웨어 프로그램은 코드를 위계적으로 정리하기 위한 수단을 제공하여 코드와 같은 작은 단위를 주제와 같은 더 큰 단위 밑에 놓는다. NVivo에서 자녀와 부모 코드의 개념은 두 가지 추상 수준을 보여 준다. 이런 방식으로, 컴퓨터 프로그램은 연구자로 하여금 분석 수준을 구축하고 원자료와 더 넓은 단

위인 주제 간의 관계를 볼 수 있게 해 준다. 따라서 내러티브 연구를 위한 이야기의 전개, 현상학에서 본질의 기술, 근거이론에서 이론, 문화기술지에서 문화적 해석, 사례연구에서 사례에 대한 주장 등을 가능하게 한다.

- 코드와 주제를 제시하고 시각화하기: 많은 컴퓨터 프로그램이 개념지도와 차트, 군집분석 등의 기능을 포함하고 있으며, 이를 통해 사용자는 코드와 주제 그리고 그것들 간의 상호관계를 보여 주는 시각적 도식을 생성할 수 있다. 이런 방식으로, 연구자는 프로젝트가 진행되는 동안 지속적으로 옮겨 다니면서 새로운 정보들의 범주들 아래에서 이러한 코드와 주제들을 재구성할 수 있다. 또한 상이한 버전의 도식들을 따라가다 보면, 필요할 때마다 재검토할 수 있는 분석 과정 일지로 구성되는 감사 추적 기록물을 생성하게 된다(제10장의 심층 논의 참조).
- 기록하고, 메모를 코드로 관리하기: 컴퓨터 프로그램들은 상이한 단위의 자료들(예: 텍스트나 이미지의 조각들, 코드, 파일 그리고 전체 프로젝트)과 관련된 메모를 작성하고 저장하는 기능을 제공한다. 이를 통해 연구자는 자료를 분석하는 동안 코드북을 만들거나 질적 연구 보고서를 작성하는 작업을 시작하거나 단순히 자료를 분석할 때 떠오르는 통찰을 기록할 수 있다.
- 다섯 가지 각각의 접근 내에서 자료 코딩을 위한 템플릿을 생성하고 적용하기: 연구자는 자신이 선택한 접근의 자료분석 절차에 맞는 코드 목록을 미리 설정할 수 있다. 그러고 나서 컴퓨터 분석을 하는 동안 자료가 검토되면, 연구자는 코드에 적합한 정보를 확인하거나 코드가 될 메모를 작성한다. [그림 8-5]부터 [그림 8-9]까지에서 보는 바와 같이, Creswell(2013)은 처음에 해당 접근 내에서 자료를 분석할 때 사용하는 일반적인 구조에 적합한, 각 접근별 코딩을 위한 템플릿을 만들었다. 그는 이러한 코드들을 위계적인 그림으로 발전시켰지만, 그것은 원이나 덜 선형적인 모양으로 그려질 수도 있었다. 코드를 위계적으로 조직화하는 것은 소프트웨어 프로그램의 개념지도 기능에서 종종 사용되는 접근이다.

내러티브 연구([그림 8-5] 참조)에서 우리는 연대기, 줄거리(plot), 3차원적 공간 모형, 그리고 이야기 속에서 떠오를 수 있는 주제들과 같은 이야기와 관련된 코드들을 생성했다. 분석 과정은 줄거리 구조 접근이나 3차원 모형을 사용하여 진행할 수 있지만, 분석을 위한 최대한의 선택 대안을 제공하기 위해 그림 안에 두 가지 접근을 모두 배치하였다. 연구자는 자료분석 과정이 실제로 시작될 때까지는 어떤 접근을 사용할지 알지 못한다. 연구자는 코드나 '이야기'를 발전시킬 수 있으며, 분석된 요소들에 기반하여 이야기 쓰기를 시작할 수 있다.

현상학적 연구의 코딩 템플릿([그림 8-6] 참조)에서는 앞서 자료분석에서 언급한 범주들을 사용하였다. 판단중지 또는 괄호치기(만약 이것이 사용된다면), 의미 있는 진술, 의미 단위, 조직적 기술과 구조적 기술(둘 다 메모로 작성될 수 있는)을 위한 코드를 부여했다. 가장 상위 코드인 '현상의 본질'은 최종보고서에서 본질 기술이 될 '본질'에 대한 메모로 작성되었다.

근거이론 연구의 코딩 템플릿([그림 8-7] 참조)에는 세 가지 주요 코딩 단계(개방코딩, 축코딩, 선택코딩)를 포함하였다. 또한 우리는 근거이론 연구자에 의해 사용될 수 있는 조건 매트릭스를 위한 코드도 포함하였다. 최상위 코드인 '이론 기술 또는 시각적 모형'은 연구자들이 이 코드와 연결된 과정에 대한 시각적 모형을 생성하기 위해 사용할 수 있다.

문화기술지 연구의 코딩 템플릿([그림 8-8] 참조)에는 문화기술지에서 사용되는 이론적 렌즈에 대해 메모 또는 참조자료가 될 수 있는 코드와 문화에 대한 기술과 주제 분석에 대한 코드, 현장 이슈에 대한 코드, 그리고 해석에 대한 코드를 포함하였다. "문화공유집단에 대한 문화적 묘사—'그것은 어떻게 작동하는가'"라는 최상위 코드는 문화기술지 연구자가 집단에 속한 주요 문화적 규칙을 요약하는 메모를 작성하는 코드가 될 수 있다.

마지막으로, 사례연구의 코딩 템플릿([그림 8-9] 참조)에서는 사전 코드의 목록을 예시하기 위해서 다중 사례연구를 선택했다. 각 사례를 위해 해당 사례의 맥락과 기술을 위한 코드가 존재한다. 또한 우리는 각 사례 내에서 주제들을 위한 코드와 사례 간 분석에서 유사하고 상이한 주제들을 위한 코드들을 발전시켰다. 마지막으로, 우리는 모든 사례에 걸쳐서 주장하고 일반화하기 위한 코드들을 포함하였다.

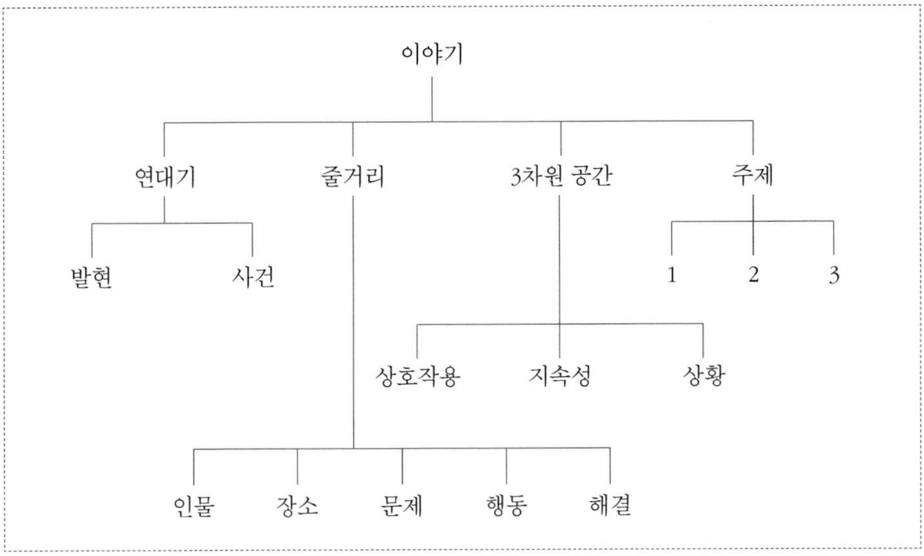

[그림 8-5] 내러티브 연구의 코딩 템플릿

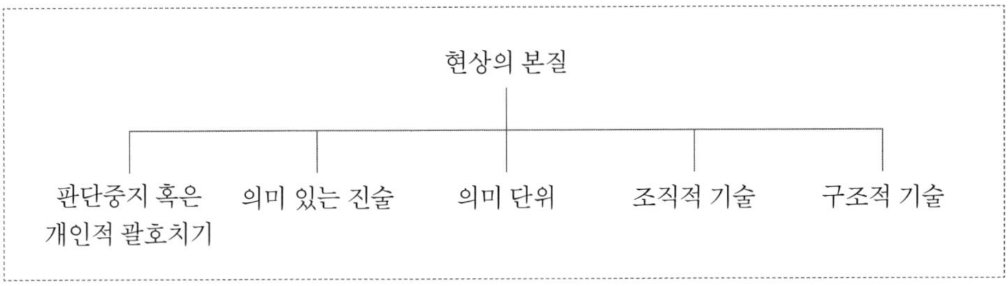

[그림 8-6] 현상학적 연구의 코딩 템플릿

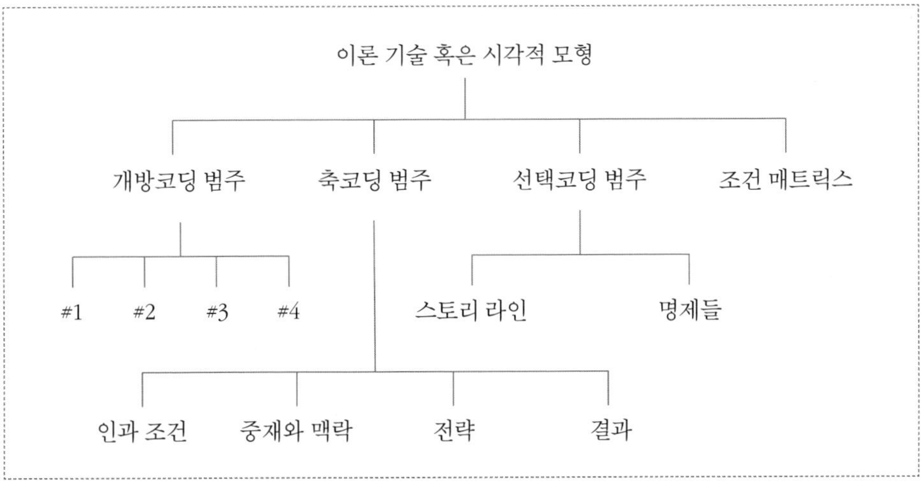

[그림 8-7] 근거이론 연구의 코딩 템플릿

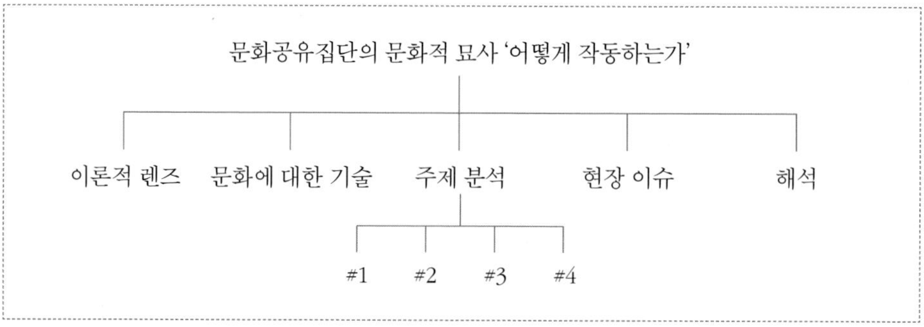

[그림 8-8] 문화기술지 연구의 코딩 템플릿

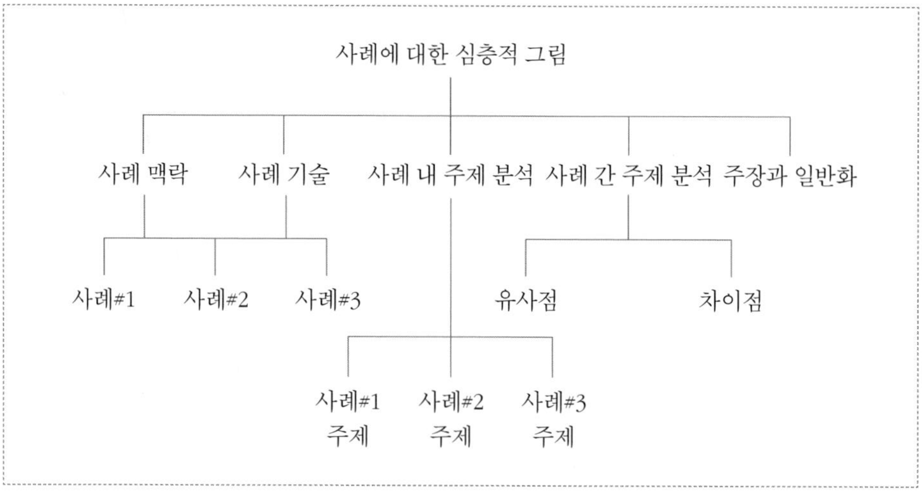

[그림 8-9] 사례연구의 코딩 템플릿(다중 혹은 집합적 사례 접근)

컴퓨터 프로그램을 선택하는 방법

연구자들은 자신이 사용할 수 있는 여러 프로그램 중에서 어떤 질적 소프트웨어 프로그램을 선택하는 것이 적절할지 결정해야 한다. 기본적으로 모든 프로그램은 유사한 기능들을 갖고 있으며, 어떤 프로그램들은 다른 것들보다 더 많은 기능을 갖고 있다. 많은 프로그램은 웹사이트에서 이용 가능한 시험판을 제공하고 있으며, 연구자는 사용의 편의성과 적합성을 확인하기 위해 시험적으로 그 프로그램을 사용해 볼 수 있다. 또한 지금은 구체적인 프로그램들을 안내하는 지침서들을 이용할 수 있으며, 다른 연구자들은 프로그램을 사용해 본 사람들에게 접근할 수 있다. 이를 통해 독자들은 소프트웨어에 대한 다른 연구자들의 관점과 경험을 가늠해 볼 수 있다. 2002년에 Creswell과 Maietta는 여덟 가지 기준으로 여러 가지 컴퓨터 프로그램을 검토했다. [그림 8-10]에서 우리는 프로그램을 선택하기 위한 확장된 기준들을 제시한다. 그것은 프로그램 사용의 용이성, 자료 파일 형식의 다양성, 텍스트를 읽고 검색할 수 있는 능력, 메모할 수 있는 기능 제공, 코딩과 검토, 분류와 범주화 기능, 개념지도와 같은 도식화 기능, 자료의 입력과 출력, 그리고 다수 연구자 지원과 상이한 데이터베이스의 병합, 저장과 보안이다. 연구자의 욕구에 맞는 컴퓨터 프로그램을 확인하기 위해 이러한 기준들을 사용할 수 있다.

1. 프로그램을 연구에 통합하는 것이 얼마나 쉬운가?
   a. 비용과 필요한 작동 체계, 이용 가능한 자원과 기본 사양을 학습하기 위한 자원, 심화 학습을 위한 기회 등과 관련하여 접근이 쉬운가?
   b. 작업을 시작하고 초기 문서를 처리하는 것이 쉬운가?
   c. 주요 기능들이 특정 연구에 쉽게 사용할 수 있도록 하기 위해 필요한 것인가?

2. 그 프로그램이 수용할 수 있는 자료 파일 형식의 다양성은 어떠한가?
   a. 그 프로그램은 상이한 유형을 가진 텍스트와 시청각 자료들을 다룰 수 있는가?
   b. 그 프로그램은 (필요한 경우) 상이한 언어들을 처리할 수 있는가?
   c. 일단 입력된 자료 파일을 변경할 수 있는가?

3. 그 프로그램이 제공하는 읽기와 검색 기능은 어떠한가?
   a. 내가 자료 조각들을 강조할 수 있는가?
   b. 내가 구체적인 자료 조각들을 검색할 수 있는가?

4. 그 프로그램이 제공하는 메모 쓰기와 검색 기능은 어떠한가?
   a. 내가 자료 조각과 관련된 메모들을 추가하고 접근할 수 있는가?
   b. 내가 자료 코드, 주제, 파일들과 관련된 메모들을 추가하고 접근할 수 있는가?
   c. 내가 전체 프로젝트와 관련된 메모들을 추가하고 접근할 수 있는가?

5. 그 프로그램이 제공하는 코딩과 검토 기능은 어떠한가?
   a. 내가 코드를 발전시킬 수 있는가?
   b. 내가 코드를 텍스트나 이미지에 쉽게 적용할 수 있는가?
   c. 내가 개별 코드와 연관된 자료 조각들을 쉽게 시연할 수 있는가?
   d. 내가 코드를 쉽게 검토하고 변경할 수 있는가?

6. 그 프로그램이 제공하는 분류와 범주화 기능은 어떠한가?
   a. 내가 구체적인 코드들을 분류할 수 있는가?
   b. 내가 검색한 코드들을 결합할 수 있는가?

7. 그 프로그램이 제공하는 도식화 기능은 어떠한가?
   a. 내가 코드들의 시각적 제시방법(네트워크 도식, 개념지도 등)들을 생성할 수 있는가?
   b. 내가 모형이나 이론과 같은 시각적 제시방법을 생성할 수 있는가?

8. 그 프로그램이 제공하는 입력 또는 출력 기능은 어떠한가?
   a. 내가 양적 데이터베이스(예: SPSS)를 입력할 수 있는가?
   b. 내가 양적 프로그램에 질적 데이터베이스의 단어나 이미지를 전송할 수 있는가?
   c. 내가 코드들과 연관된 코드 목록을 전송할 수 있는가?
   d. 내가 시각적 제시방법이나 도식을 전송할 수 있는가?

9. 그 프로그램이 제공하는 병합, 저장, 보안 기능은 어떠한가?
   a. 2명 이상의 연구자가 자료를 분석하고 이러한 분석 결과를 병합할 수 있는가?
   b. 프로젝트 파일의 보존 파일을 쉽게 생성할 수 있는가?
   c. 어떤 보안 기능을 이용할 수 있는가?

[그림 8-10] 질적 자료분석 소프트웨어를 비교할 때 고려해야 할 아홉 가지 특성

출처: Creswell & Maietta (2002), Qualitative Research. In D. C. Miller & N. J. Salkind (Eds.), *Handbook of Research Design and Social Measurement* (pp. 167-168). Thousand Oaks, CA: SAGE.

점검사항

1. 저자들이 자신이 발간한 질적 연구의 자료분석 절차를 기술하는 데에서 유사점과 차이점들을 발견할 수 있는가? 부록 B와 F 사이에 제시된 두 편의 질적 연구 학술논문을 선택하라.
   a. 각 학술논문에 적용되어 온 나선형 자료분석의 다섯 가지 활동(〈표 8-3〉에 요약되어 있음)에 해당하는 증거를 확인하는 것으로 시작하라. 어떤 요소들이 쉽게 확인할 수 있고, 어떤 요소들이 확인하기 더 어려운지 주목하라.
   b. 그러고 나서는 논문들 사이에서 각 자료분석 활동들을 기술한 내용들을 비교하라.

2. 다섯 가지 접근 중 하나에서 분석을 진전시키기 위한 텍스트 코딩을 수행하기 위해 당신이 사용할 수 있는 일반적 코딩 전략은 무엇인가?
   a. 이를 수행하기 위해 면접 녹취록이나 관찰 내용을 기록한 현장 노트, 또는 신문기사와 같은 문서의 디지털 파일 등 짧은 텍스트 파일을 하나 확보하라.
   b. 다음으로, 큰 텍스트 조각들을 괄호치기하고 스스로에게 다음 질문들을 물어봄으로써 메모들을 읽고 할당하라.
      i. 텍스트에 논의된 내용은 무엇인가?
      ii. 당신이 데이터베이스에서 발견할 것으로 기대하는 것은 무엇인가?
      iii. 당신이 발견할 것으로 기대하지 않은 놀라운 정보는 무엇인가?
      iv. 개념적으로 흥미롭거나 참여자들에게 독특하게 생각되는 정보는 무엇인가?
   c. 이 장에 포함된 정보를 사용하여 텍스트 조각들에 코드명을 발전시키고 할당하라. 다음에 제시된 질문들을 지침으로 사용하라.
      i. 적합할 것으로 기대되는 코드는 무엇인가?
      ii. 새롭게 떠오른 코드는 무엇인가?
      iii. 다른 자료원과 관련된 코드는 무엇인가?
   d. 마지막으로, 각 코드명에 할당된 조각들을 다시 검토하고, 어떤 조각들이 당신의 연구에서 주제를 형성하는 데 유용할 것인지 고려해 보라.

3. 다섯 가지 접근 중 하나에서 분석을 발전시키고자 이미지 코딩을 수행하기 위해 당신이 사용할 수 있는 일반적 코딩 전략은 무엇인가?
   a. 이를 수행하기 위해 당신의 프로젝트들 중 하나에서 그림을 찾거나 잡지 기사에서 그림들을 선택하고, 디지털 파일을 하나 준비하라.
   b. 다음으로 그 이미지를 검토하고 다음 질문들을 스스로에게 물어보면서 메모들을 할당하라.
      i. 그림에 있는 것은 무엇인가?
      ii. 그것은 왜, 언제, 어떻게 그리고 누구에 의해 만들어졌는가?
      iii. 그 이미지가 전달하는 의미들은 무엇인가?
   c. 이 장에 포함된 정보를 사용하여 그 이미지에 맞는 코드명을 발전시키고 할

당하라. 다음에 제시된 질문들을 지침으로 사용하라.

i. 적합할 것으로 기대되는 코드는 무엇인가?

ii. 새롭게 떠오른 코드는 무엇인가?

iii. 다른 자료원과 관련된 코드는 무엇인가?

d. 마지막으로, 각 코드명에 할당된 이미지 조각들을 다시 검토하고, 어떤 조각들이 당신의 연구에서 주제를 형성하는 데 유용할 것인지 고려해 보라.

4. 질적 자료분석 소프트웨어를 사용하고자 할 때 고려해야 할 사항들은 무엇인가?

a. 따라가고자 하는 질적 연구 한 편을 염두에 두고, 컴퓨터 프로그램을 사용할지 여부를 결정하기 위해 이 장에서 제시된 질문들([그림 8-4] 참조)을 적용하라.

b. 이 장에 제시된 질적 자료분석 소프트웨어들을 비교할 때 고려해야 할 질문들([그림 8-10] 참조)을 사용하여, 당신의 연구에 가장 적합할 만한 컴퓨터 프로그램을 1~2개 선택하라.

c. 선택한 컴퓨터 프로그램을 소개하는 웹사이트로 가서 당신이 소프트웨어를 사용하기 시작할 수 있도록 돕는 시험판 프로그램과 자원들을 찾아보라.

d. 그 프로그램을 시험해 보라. 만약 가능하다면 소규모 데이터베이스를 입력하여 메모, 코딩, 분류, 검색, 도식화 등과 관련된 프로그램 기능들을 시험해 보라.

e. 이제 당신이 상이한 소프트웨어 프로그램들의 시험판을 가지고 실험해 볼 수 있을 것이다. 어떤 소프트웨어가 당신이 원하는 작업에 최적화된 기능들을 가지고 있는지 고려하라. 그 이유는 무엇인가?

요약

이 장에서는 자료분석과 제시에 대해 설명했다. 우리는 특히 자료분석과 관련된 윤리적 고려사항들을 다시 검토하는 것으로 시작하여 세 저자가 발전시킨 자료분석 절차를 검토하고, 코딩과 주제 개발, 자료를 시각적 그림으로 나타내기와 같은 공통 작업들에 주목하였다. 또한 우리는 그 접근들 사이의 차이점들도 일부 살펴보았다. 그러고 나서 일반적 과정을 보여 주는 나선형 분석에 대해 소개했다. 이 나선형 모형은 자료를 관리하고 조직화하기, 자료를 읽고 떠오르는 생각들을 메모하기, 코드들을 기술하고 주제로 분류하기, 해석을 발전시키고 평가하기, 자료를 제시하고 시각화하기 등을 포함한다. 다음으로, 우리는 다섯 가지 연구접근을 소개하고, 그 접근들이 '일반적인' 나선형 구조의 단계들을 넘어서 얼마나 독특한 자료분석 단계들을 가지고 있는지 논의하였다. 마지막으로, 우리는 컴퓨터 프로그램이 자료분석과 제시를 어떻게 지원할 것인가에 대해 기술하였으며, 네 가지 컴퓨터 프로그램을 소개하면서 그것을 사용할지 여부를 결정하는 데 도움이 될 만한 기준들과 각 프로그램들에 특화된 기능들에 대해 논의하고, 컴퓨터 소프트웨어에서 사용할 수 있는 공통 기능들과 다섯 가지 연구접근별 코딩 템플릿을 제시하였으며, 컴퓨터 소프트웨어 프로그램을 선택하기 위한 기준에 대한 정보로 끝을 맺었다.

더 읽을거리

추가 독서를 통해 자료분석에 대한 이 책의 간략한 개관을 확장시킬 수 있다. 일반적인 자원들을 가지고 시작한 뒤 질적 자료분석 소프트웨어를 사용하기 위한 구체적인 자료들을 읽으면 될 것이다. 독자들은 이 목록을 전부인 것으로 간주해서는 안 되며, 이 책의 끝에 있는 참고문헌 목록에서 추가 읽을거리를 찾을 것을 권장한다.

질적 자료분석의 절차와 이슈들에 대한 정보

Bazeley, P. (2013). *Qualitative data analysis: Practical strategies*. Thousand Oaks, CA: Sage.

Pat Bazeley는 자신의 실제적인 전략들을 예시하는 사례들을 포함하여 분석에 대한 포괄적인 기술을 제공하고 있다. 이 책은 독자가 어떤 수준에 있든 유용하기 때문에 필독서라고 할 만하다.

Flick, U. (Ed.). (2014). *The SAGE handbook of qualitative analysis.* Thousand Oaks, CA: Sage.

핸드북은 연구의 출발점으로서 공통적인 주제들에 대한 다양한 관점을 제공하기 마련이다. Uwe Flick은 질적 연구의 기초와 분석 전략 그리고 구체적인 자료 유형들에 대한 지침을 제공한다.

Grbich, C. (2013). *Qualitative data analysis: An introduction* (2nd ed.). Thousand Oaks, CA: Sage.

Carol Grbich는 연구자에게 필요한 배경, 연구에 포함된 과정, 결과물을 제시하기 위해 사용된 제시방법들을 포함하여 이 책을 조직화하였으며, 쉽게 읽을 수 있다. 특히 코딩(제21장)과 자료로부터 이론화하기(제23장)와 관련된 실제적인 설명들은 주목할 만한 가치가 있다.

Hays, D. G., & Singh, A. A. (2012). *Qualitative inquiry in clinical and educational settings.* New York, NY: Guilford Press.

이 기초적인 질적 연구 문헌에서 Danico Hays와 Anneliese Singh은 연구를 수행하다가 겪을 수 있는 곤경들에 대해 주의를 주는 노트들과 같은 유용한 교육적 지침들을 제시하고 있다. 특히 자료 관리와 분석에 대한 기술 그리고 사례들이 도움이 된다.

Miles, M. B., Huberman, A. M., & Saldaña, J. (2014). *Qualitative data analysis: A sourcebook of new methods* (3rd ed.). Thousand Oaks, CA: Sage.

이 개정판에서 Johnny Saldaña는 Matthew B. Miles와 A. Michael Huberman의 중요한 자원들을 갱신하였다. 이를 통해 그는 (다른 접근들 중에서) 내러티브 탐구와 자전적 문화기술지를 포함하여 범위를 확장하였다. 이 문헌은 연구자들의 필독서로 추천한다.

Wolcott, H. F. (1994). *Transforming qualitative data: Description, analysis, and interpretation*. Thousand Oaks, CA: Sage.

이 고전적인 문헌에서 Harry Wolcott은 9편의 연구들을 활용하여 자료분석과 제시 과정을 기술하고 있다. 그는 연구의 결과물로서 잘 작성된 기술의 사례를 보여주고 있다.

질적 자료분석 소프트웨어 사용의 절차와 이슈에 대한 정보

Bazeley, P. , & Jackson, K. (2013). *Qualitative data analysis with NVivo* (2nd ed.). Thousand Oaks, CA: Sage.

Pat Bazeley와 Kristi Jackson은 NVivo의 시작하기, 코딩, 해석, 도식화 기능의 사용법을 예시하는 사례들을 사용하여 포괄적인 지침을 제공하고 있다.

Friese, S. (2014). *Qualitative data analysis with ATLAS.ti* (2nd ed.). Thousand Oaks, CA: Sage.

Susanne Friese는 사물들에 주목하기, 사물들을 수집하기, 사물들에 대해 생각하기 등을 포함한 QDAS 방법에 기반하여 ATLAS.ti(제2판) 사용을 위한 단계별 지침을 제공하고 있다.

Kuckartz, U. (2014). *Qualitative text analysis: A guide to methods, practice and using software*. Thousand Oaks, CA: Sage.

MAXQDA의 개발자인 Udo Kuckartz는 분석 과정에서 컴퓨터 분석 소프트웨어를 적용하는 방법에 더하여 주제, 평가, 유형 구축의 세 가지 질적 텍스트 분석의 유형을 적절하게 소개하고 있다.

Silver, C., & Lewins, A. (2014). *Using software in qualitative research: A step-by-step guide* (2nd ed.). Thousand Oaks, CA: Sage.

제2판에서 Christina Silver와 Ann Lewins는 수많은 예시를 가지고 질적 분석에서 소프트웨어를 최적으로 사용할 수 있는 방법에 대한 탁월한 개관서로 확장하였다. 특히 제3장에서는 일곱 가지 소프트웨어 프로그램들의 기능을 요약해서 비교하고 있는데, 이 부분이 매우 유용하다.

Qualitative Inquiry and Research Design

제9장

질적 연구 글쓰기

내러티브 보고서를 구성하고 작성하는 것은 전체 연구를 하나로 모아 준다. Strauss와 Corbin(1990)의 용어를 빌리자면, 우리는 저자가 연구를 구성하고 조직화한 연구의 구조에 매혹된다. 또한 우리는 저자들이 그들의 보고서나 연구 전체를 시각화하기 위해 "공간적인 은유"(p. 231)를 사용할 것을 제안한 Strauss와 Corbin(1990)의 제안도 좋아한다. 연구를 '공간적으로' 고려하기 위해서 그들은 다음과 같이 질문한다. 상호 관련된 다양한 관점에서 아이디어를 연구하면서 마치 조형물 주변을 천천히 걷듯이 아이디어를 이야기하고 있는가? 한 단계씩 내리막길을 걷고 있는 것 같은가? 집 안의 방들을 가로질러 거닐고 있는 것 같은가? 우리는 Pelias(2011)가 깨달음(작가의 과정)과 기록(완결된 텍스트)이라고 간주하는 것—특히 우리가 어떻게 이러한 진행 과정을 덜 모호하게 만들 수 있을지—이 흥미로웠다. 질적 연구 글쓰기 과정을 시작하는 것은 "우리가 가진 것을 깨닫지 못하거나 우리가 어디로 가고 있는지 알지 못할 수도 있다(Charmaz, 2014, p. 290)." 요컨대, 우리는 보고서 작성이 끝날 때까지 글쓰기 과정의 경로를 되짚지 못할지도 모른다.

이 장에서 우리는 질적 연구의 일반적인 구조를 평가한다. 그리고 나서는 질적 연구들이 어떻게 구성되었는지를 볼 수 있도록 하기 위해 연구의 특수한 방에 들어오도록 독자들을 초대할 것이다. 이 과정에서 우리는 접근방법을 고려하지 않고 연구의 표현에 있어 네 가지 글쓰기 이슈, 즉 **반영성**(reflexivity)과 묘사(representation), 독자, 부호화 그리고 인용을 다룰 것이다. 그러고 나서 우리는 연구의 다섯 가지 접근방법을 선택하여 각각의 방법에 대하여 두 가지 글쓰기 구조, 즉 전반적인 구조(즉, 보고서나 연구의 전반적인 구성)와 삽입된 구조(즉, 저자가 보고서에서 사용한 구체적인 내러티브 장치와 기법)를 평가할 것이다. 그리고 제5장에서 살펴본 다섯 가지 연구의 예로 다시 돌아가서 전반적인 구조와 삽입된 구조를 설명할 것이다. 마지막으로, 네 가지 차원에서 다섯 가지 접근방법의 내러티브 구조를 비교할 것이다. 이 장에서는 문법이나 구문 용법에 대해서는 논하지 않으며, 대신 이러한 주제에 대해서 상세히 다루는 책을 읽어 보길 권한다(예: Creswell, 2014; Strunk & White, 2000; Sword, 2012).

토론할 문제

- 질적 연구 글쓰기에서 주의가 필요한 윤리적 이슈는 무엇인가?
- 질적 연구의 정교함과 관련된 여러 가지의 광범위한 글쓰기 전략은 무엇인가?
- 다섯 가지 접근방법에서 사용된 일반적인 글쓰기 구조는 무엇인가?
- 다섯 가지 접근방법에는 어떤 삽입된 글쓰기 구조가 있는가?
- 다섯 가지 접근방법의 내러티브 구조는 어떻게 다른가?

글쓰기를 위한 윤리적 고려

질적 연구 글쓰기의 기본 토대 설계를 생각하기 전에, 우리는 관련 윤리적 문제를 신중하게 고려한다(제3장의 초기 논의 참조). 특히 적절한 보고 전략의 적용과 윤리적인 출판 관행을 준수해야 한다(〈표 9-1〉 참조). 적절한 보고 전략을 위해서는 연구자가 보고서를 다양한 청중에 맞게 조정하고, 대상 청중에 적합한 언어를 사용하는 것이 필수적이다. 윤리적인 출판 관행을 준수하기 위해 연구자들은 정직하고 신뢰할 수 있는 보고서를 만들고, 필요에 따라 허가를 받아야 하며, 둘 이상의 출판물에 동일한 자료가 사용되지 않도록 보장해야 하고, 연구의 후원자와 수혜자를 공개해야 한다.

Creswell(2016)은 글에 대한 정보를 제공하기 위해 「윤리적 준수 체크리스트(Ethical Compliance Checklist)」(APA, 2010, p. 20)의 수정된 체크리스트를 제시한다. 다음은 모든 질적 연구자가 자신의 연구 원고 및 연구 제안서에 대해 고려해야 할 질문이다.

- 나는 발표되지 않은 도구, 절차 또는 다른 연구자가 (독점적으로) 본인의 것으로 간주할 수 있는 자료의 사용 허가를 받았는가?
- 나는 원고 일부분에 제시된 다른 출판물을 제대로 인용 표시하였나?
- 나는 연구에 대한 학회 검토 질문에 답할 준비가 되어 있는가?
- 연구에 사용된 사전 동의 및 보고 절차에 대한 편집위원회 질문에 답변할 준비가 되었는가?
- 모든 저자가 원고를 검토하고 원고의 내용에 대한 책임에 동의했는가?
- 이 원고에 수록된 정보의 출처인 연구참여자, 고객-환자, 조직, 제3자 또는 기타 사용자의 익명성을 적절히 보호하였는가?

표 9-1 글쓰기 과정에서 주의해야 할 윤리적 이슈의 예

윤리적 이슈의 유형	예측하고 피해야 할 윤리적 이슈의 예	최소화 방법의 예
적절한 보고서 전략의 적용	대상 청중에게 적절하지 않은 보고 상황	다양한 청중에게 맞춤형 보고
	명확하지 않고 난해한 언어를 사용하여 보고서 접근성을 제한	연구의 대상 청중을 위한 적절한 언어 사용
윤리적인 출판 관행 준수	저자, 근거, 자료, 결과 및 결론 위조	정직하고 신뢰할 수 있는 보고서 작성
	권한이 없거나 표절이 있는 보고 상황	다른 사람의 연구를 보고하거나 조정하는 데 필요한 승인에 대한 미국심리학회(APA, 2010)의 가이드라인을 준수할 것
	출판물을 복제, 분리 게재	동일한 자료를 둘 이상의 연구에 사용하지 않음을 보장할 것
	수혜자가 분명하지 않아 이해 충돌 발생	그 연구로부터 이득이 있을 연구 후원자를 공개할 것

- 모든 저자가 저자 순위에 동의했는가?
- 원고에 포함된 저작권 있는 자료의 사용에 대한 허가를 받았는가?

몇 가지 글쓰기 전략

의문의 여지 없이 질적 연구에 있어 내러티브의 형식은 광범위하다. 질적 연구의 내러티브 형식을 검토하면서, Glesne(2016)은 내러티브가 스토리 방식으로 서술되는 것은 소설, 언론 기사, 학술적 연구 간의 경계를 모호하게 한다고 지적했다. 다른 질적 형식은 연구주제가 문화공유집단의 연구, 개인의 생애에 대한 내러티브 이야기, 혹은 프로그램이나 조직의 발전에 대한 것이든 간에, 사건이 시간에 따라 천천히 벌어지는 연대기적 접근을 통해 독자들을 끌어들인다. 또 다른 형식은 카메라의 렌즈가 파노라마, 줌인 그리고 다시 줌아웃되는 것으로 비유할 수 있는 것으로 초점을 좁히거나 넓히는 것이다. 어떤 보고서는 몇 개의 '주제'나 관점을 제시하는 반면, 다른 보고서들은 사건의 기술에 전적으로 매달려 있다. 내러티브는 개인이나 집단의 '삶의 전형적인 날'을 잡아내는 것이다. 어떤 보고서는 매우 이론 지향적이며, Stake(1995)의 「하퍼 학교(Harper School)」와 같은 또 다른 보고서들은 문헌이나 이론을 거의 사용하지 않는다. 게다가 Clifford와 Marcus(1986)가 편집한 문화기술지에서의 『글쓰기 문화(Writing Culture)』라는 책이 출판된 이후에, 연구자의 욕구에 따라 글쓰기에서의 연구자의 자기노출과 그 역할, 참여자에게 미치는 영향, 전달된 정보가 독자에 의해 어떻게 읽히는지 등에 대한 질적 글쓰기가 형성되어 왔다. 연구자의 반영성과 묘사가 우리가 다룰 첫 번째 이슈이다.

글쓰기에서 반영성과 묘사

최근의 질적 연구자들은 몇 년 전보다 자신의 글쓰기에 대해 자기노출을 많이 하는 편이다. Ronald Pelias(2011)는 반영적인 저자들에 대해 "윤리적이고 정치적으로 자각하며, 그들 자신을 연구의 일부로 만든다."(p. 662)라고 설명한다. 전지적이고 거리를 둔 질적 연구자는 더 이상 용인되지 않는다. Laurel Richardson이 언급한 바와 같이, 연구자는 "모습이 없는 전지전능한 이야기꾼이 보편적이고 시간의 제약을 받지 않는 일반적인 지식을 공언하는 신의 역할을 하려고 해서는 안 된다(Richardson & St. Pierre, 2005, p. 961)." 전지적 저자를 넘어, 포스트모더니스트들은 모든 텍스트는 논쟁의 여지가 있는 영역이고 저자와 저자의 생활 내 맥락에 의해 숨겨진 생각들을 참조하지 않고서는 이해될 수 없는 것이라고 이의제기를 하며 내러티브를 '해체'한다(Agger, 1991). 이러한 논지는 앞서 Denzin(2001)의 전기적 글쓰기에 대한 '해석적' 접근을 논의하면서 동의한 바 있다. 그 결과, 오늘날의 질적 텍스트에 대한 글쓰기는 저자와 분리될 수 없으며, 그것이 독자에게 어떻게 받아들여지고, 연구에 참여했던 사람이나 현장에 어떻게 영향을 미치는지 알게 되었다.

우리의 글쓰기에는 문화, 사회, 젠더, 계층 그리고 개인의 정치적 입장에 기초한 해석이 반영된다. 모든 글은 특정 입장 안에 놓인다. 모든 연구자는 드러나는 것으로 글쓰기를 하는데, 질적 연구자들은 이러한 해석을 수용하고 자신의 저작물에서 이러한 점을 공개할 필요가 있다. Richardson(1994)에 따르면, 최고의 글쓰기는 모든 글쓰기가 역사적 그리고 국소적으로 특정한 시간과 공간 내에 자료를 '놓이게 하는' '숨겨진 의미'를 가지고 있다는 점에서 자신의 '결정 불가능성'을 솔직히 인정하는 것이다. 이러한 관점에서는 어떤 저작물도 "특권적 지위"(p. 518)를 갖거나 다른 저작물보다 우월할 수 없다. 게다가 글쓰기는 연구자와 연구대상 간의 해석적 과정이 표현되는 것이며 공동 구성인 것이다(Gilgun, 2005).

또한 글쓰기가 연구참여자에게 미치는 영향에 관한 관심이 점점 증가하고 있다. 그들은 저술된 것을 어떻게 볼 것인가? 그 때문에 그들은 소외될 것인가? 그들은 상처받을 것인가? 그들은 그들의 진정한 감정과 관점을 숨길 것인가? 참여자는 자료를 검토하고 해석하고 이의를 제기하며 해석에 대해 의견을 달리했는가?(Weis & Fine, 2000) 과학적 방식으로, 객관적으로 글을 쓰는 것은 연구참여자를 침묵하게 하고 연구자를 침묵하게 한다. Czarniawska(2004)와 Gilgun(2005)은 이러한 침묵이 모든 목소리와 견해를 들으려고 애쓰는 질적 연구와 모순된다고 지적하였다.

또한 글쓰기는 독자들에게도 영향을 미친다. 독자들 또한 이야기를 해석하며 저자 혹은 참여자와 전혀 다른 해석을 할 수도 있다. 연구자들은 어떤 사람이 최종 보고서를 볼지 걱정해야 하는가? 사건을 궁극적으로 해석하는 사람이 독자일 때, 연구자가 어떤 종류의 최종적인 이야기를 할 수 있을까? 게다가 저술은 행위일 수도 있고, 텍스트로 글을 쓰는 질적 연구 글쓰기의 표준이 몇 부작으로 이루어진 저술, 연극, 시, 사진, 음악, 콜라주, 소묘, 조각, 조각보, 스테인드글라스 그리고 무용까지로 확대될 수 있다(Gilgun, 2005). 언어는 무엇을 건드리든지 그것을 '죽일'지도 모르며, 질적 연구자들은 어떤 것을 참되게 '이야기하는 것'이 불가능하다는 것을 안다(van Manen, 2006).

Weis와 Fine(2000)은 질적 글쓰기에서 "어떻게 책임성을 보여 줄 것인지에 대한 질문과 관련하여 자기반영적인 비판적 의식의 요점들"에 대해 논의한다(p. 33). 이들의 주요 주장으로부터 형성된 몇 가지 질문은 모든 질적 연구자가 글쓰기에 임할 때 고려해야 한다.

- 사람들이 이야기하는 것이나 혹은 때때로 사람들이 기억하지 못하거나 기억하고 싶지 않다고 인정한 것을 기록해야 하는가?
- 보고서에 기재되어야 하는 정치적인 반영성은 무엇인가?
- 내 저술에서 개인들의 목소리와 이야기는 원래 그들이 처한 역사적 · 구조적 · 경제적 관계들과 연결되었는가?
- 참여자의 말을 이론화하는 것은 얼마나 진행해야 하는가?
- 내가 사용하는 용어가 진보적 · 보수적 · 억압적 사회 정책을 위해 어떻게 사용될 수 있는지를 고려했는가?
- 나는 방어적 목소리로 선회하고 나의 해석과 나의 책임성을 분리하고 있는가?
- 나의 분석(그리고 저술)은 상식이나 우세담론에 대한 대안을 어디까지 제시하고 있는가?

질적 연구자들은 글 속에 자신을 '위치'시킬 필요가 있다. 이것이 저자가 질적 연구로 어떤 편견, 어떤 가치 그리고 어떤 경험을 가지고 왔는지 자기이해를 의식하는 반영성이라는 개념이다. 좋은 질적 연구의 한 가지 특성은 탐구자가 자신의 '위치'를 명료하게 하는 것이다(Hammersley & Atkinson, 1995). 우리는 반영성이 두 가지 부분을 갖는다고 생각한다. 연구자들은 우선 조사된 현상과 관련한 자신의 경험에 대해서 이야기한다. 이는 일, 학교, 가족역동 등을 통하여 과거에 경험한 것과 관련된다. 두 번째 부분은 이러한 과거의 경험이 연구자로 하여금 현상에 대해 어떻게 해석하게 하는지 토의하는 것이다. 이것이 두 번째로 중요한 구성요소지만, 그 과정을 안내하는 자료가 부족하기 때문에 종종 간과되거나 누락된다(van Manen, 2014).

우리는 연구가 진행됨에 따른 경험에 대해 반영적 의견을 작성할 것을 제안한다. 이러한 의견은 자료수집 중에 관찰되거나, 연구 결과가 무엇을 나타내는지 또는 연구 중에 참여자들이 반응하는 것에 대한 탐색일 수 있다. 이러한 의견은 질적 소프트웨어 프로그램에서 메모 기능을 사용하여 쉽게 캡처하고 검색할 수 있다. 편견, 가치 및 경험이 새로운 이해에 어떻게 영향을 미치는지에 대해 검토하고 논의하는 것은 반영적인 연구의 핵심이다. 이는 연구자가 현상에 대한 자신의 경험을 상세히 설명할 뿐만 아니라 이러한 경험이 잠재적으로 연구의 결과, 결론, 해석을 어떻게 형성했는지를 의식하는 것이 중요하기 때문이다. 따라서 질적인 글을 쓰는 행위는 저자, 연구참여자 또는 독자로부터 분리된 것으로 간주할 수 없다. 연구에서 반영적 의견을 배치하는 것 또한 어느 정도 고려할 필요가 있다.

반영적 의견은 질적 연구에서 하나 이상의 위치에 놓일 수 있다. 가장 많이 놓이는 위치는 연구의 시작(또는 종료)과 저자가 연구에서 자신의 역할에 대해 이야기하는 연구방법 논의, 그리고 연구 전반에 걸쳐 흐르는 개인적인 의견이 있다. 저자들이 자신의 배경을 밝히는 현상학에서 개인적인 진술로 시작하는 것은 드문 일이 아니다(Brown, Sorrell, McClaren, & Creswell, 2006 참조). 마찬가지로 사례연구는 개인적인 삽화로 시작하거나(Stake, 1995 참조), 에필로그로 끝날 수 있다(Asmussen & Creswell, 1995 참조). 연구방법 기술의 일부에서, 현상학 연구자는 면접자가 그러한 경험을 인정하고 분류하기 위해 필요한 경우 HIV/AIDS 환자의 의료 제공자 및 연구원으로서의 자신의 경험을 공개할 수 있다(Anderson & Spencer, 2002; 부록 C 참조). 마지막으로, 연구자는 도입부에서의 자신의 '입장', 방법 및 발견에 대해 말할 수 있으며, 문화기술지 연구에서 흔히 그렇듯이 다른 주제들에 대해서도 이야기할 수 있다(예: Mac an Ghaill & Haywood, 2015; 부록 E 참조).

저작물의 독자

모든 저자가 독자를 위해 글을 쓴다는 것은 기본적인 이치이다. Clandinin과 Connelly(2000)는 "저자의 어깨 너머로 응시하는 독자의 감각이 글쓰기와 기록되는 텍스트에까지 고루 영향을 미친다."(p. 149)라고 하였다. 따라서 저자들은 연구를 위해 자신의 독자 또는 다양한 독자층에 대해 의식적으로 생각하게 된다(Richardson, 1990, 1994). 예를 들면, Tierney(1995)는 동료, 면접과 관찰의 참여자, 정책결정자, 일반 대중이라는 네 가지 잠재적 독자를 지적하였다. 최근 Silverman(2013)은 학문적 기대와 실천적 기대를 구별하면서, 학문적 기대는 우리의 연구로부터 이론적 · 사실적 또는 방법론적 통찰력을 추구하는 반면, 실천적 기대는 더 나은 절차나 기존의 관행을 개선하기 위한 실제적인 제안을 추구하는 점에서 다르다고 하였다. 대상 독자가 누구인지 확인하는 것은 글쓰기 과정에서 선택해야 할 사항을 정하는 데 도움이 된다. 간단히 말해서, 보고서가 구조화되는 방식은 당신의 저술과 연관된 독자에게 달려 있다. 예를 들면, Fischer와 Wertz(1979)는 자신들의 현상학적 연구에 대한 정보를 공개 포럼에서 전했기 때문에, 상이한 독자들에 대응하여 여러 방식으로 결과를 발표했다. 한 형식은 풍부함과 견고함을 잃을 수 있는 접근 방식, 네 문단 정도 분량의 일반적인 구조였다. 또 다른 형식은 사례 개요로 이루어졌는데, 여기서는 각각 한 개인의 경험이 두 페이지 반 정도의 분량으로 보고되었다. 더욱 최근에 MacKenzie, Christensen과 Turner(2015)는 참여적 연구 결과를 원주민 참여자들과 나누고자 노력하면서 경험한 문제를 논의했다.

Ravitch와 Mittenfelner Carl(2016)은 연구의 목적, 그리고 독자와 관련한 14개의 질문에 대해 논의했다. 다음의 사항은 글쓰기에 있어 결정된 사항을 알리는 데에 적합한 것이며, 모든 질적 연구자가 대상 독자에 대해 고려해야 할 것들이다.

- 이 연구는 어떤 독자를 위해 작성되고 있는가? 이런 선택은 무엇을 통해 알 수 있는가?
- 이 보고서를 통해 독자들이 얻기를 원하는 것은 무엇인가?
- 독자들은 어떤 글쓰기 구조를 기대할 것인가?
- 나의 교훈과 지식으로 이득을 얻을 수 있는 또 다른 독자들이 있는가?
- 그 다른 독자의 요구에 맞도록 하기 위해 글을 어떻게 구성할 수 있는가?

저작물의 표현형식(인코딩)

질적 텍스트 작성에서 언어가 중요하다는 점을 인식하는 것은 글쓰기와 밀접히 관련된 주제이다. 우리가 사용한 용어는 보고서를 표현하는 것이고, 우리 자신 그리고 우리가 독자들의 욕구를 어떻게 인식하고 있는가를 드러낸다. 제6장에서 문제, 목적, 연구질문들을 표현하는 것에 대해 언급했는데, 여기에서는 전체 서술식 보고서의 표현형식(encode)을 다루고 있다. 기혼남자와 불륜 관계에 있는 여성들에 대한 Richardson(1990)의 연구에서는 저자가 일반적인 독자, 학술적인 독자, 윤리적 혹은 정치적인 독자들을 위해 어떻게 연구물을 형상화할 수 있는지 보여 주고 있다. 일반적인 독자를 위해서는 다음과 같이 문학적인 장치를 활용하여 표현하였다.

> 재즈(식의) 제목, 멋있는 표지, 특수 용어를 덜 씀, 방법론의 최소화, 상식적인 수준의 은유와 이미지, 도서 추천서와 자료 중에서 흥미를 끌 만한 내용의 서문(Richardson, 1990, p. 32)

윤리적 혹은 정치적인 독자를 위해서는 다음과 같은 장치를 통해 표현하였다.

> 제목에 사용된 집단 내(in-group)라는 용어들, 예를 들면 페미니스트 글쓰기에서 여성, 여성들, 페미니스트들, 저자의 윤리적 기준 혹은 활동가 '증명서', 예를 들면 특정 사회운동에서 저자의 역할, 윤리와 활동가 권한에 대한 준거, 역량강화 은유, 그리고 이 작업이 얼마나 실제 사람들의 삶과 관련되어 있는지에 관한 도서 추천서와 서문(Richardson, 1990, pp. 32-33).

마지막으로, 학술적 독자(예: 학술지, 회의 자료, 학술도서)를 위해서 다음과 같이 표현하였다.

> 저자, 참고문헌, 각주, 연구방법론, 친숙한 학술적 은유와 이미지('교환이론' '역할' '계층화'와 같은)의 사용에 대한 학술적 증명을 두드러지게 제시하고, 수반된 학문이나 학자에 대한 도서 추천서와 서문(Richardson, 1990, p. 32).

여기에서는 학술적 글쓰기를 강조하고 있지만, 연구자들은 학술적 독자 이외의 다른 독자들을 위해 질적 연구를 표현하곤 한다. 예를 들어, 사회과학과 인문과학에서는 정책결정자들이 우선적인 독자일 수 있는데, 이는 방법론을 최소화하고, 보다 짧고, 실천과 결과에 초점을 맞춘 글쓰기를 필요로 한다.

Richardson(1990)은 질적 내러티브를 어떻게 표현해 낼 것인지에 대한 아이디어를 제공한다. 표현형식은 다음과 같다.

- 전반적인 구조는 서론, 방법, 결과, 논의로 구성되는 표준적인 양적 형식을 따르지 않는다. 대신, 방법은 '절차'로, 결과는 '발견(findings)'으로 부를 수 있다. 사실, 주제에 대한 제목은 앞의 무장총격 사례에서 연구의 참여자들이 '부인' '재격발', 기타 등등의 것을 토론한 것처럼 그들이 사용한 단어로 구성될 수 있다(Asmussen & Creswell, 1995; 부록 F 참조).
- 글쓰기 양식은 개인적이고, 친숙하며, 아마도 '밀착'되고, 읽기 쉽고, 친절하고, 광범위한 독자들을 위해 적용되는 것이라야 한다. 우리의 질적 글쓰기는 '설득' 효과를 위해 노력해야 한다(Czarniaswka, 2004, p. 124). 독자들은 글에서 '잡아낸' 흥미롭고 기억할 만한 자료를 찾아야 한다(Gilgun, 2005).
- 구체화의 수준은 글을 살아 있는 것으로 만든다. **진실성**(verisimilitude)을 기억하라(Richardson, 1994, p. 521). 이 용어는 저술 작품이 '실제적'이고 '살아 있게' 하는 훌륭한 문헌연구라는 것을 나타내는 지표가 되고, 독자들을 연구 속의 세계로 직접 안내하며, 이러한 세계는 반문화와 지배문화 둘 다에 대한 청소년의 저항이라는 문화적 환경(Haenfler, 2004; 부록 E 참조) 혹은 학교 학급의 이민자 학생(Chan, 2010; 부록 B 참조)일 수도 있다. 글쓰기는 단지 우리가 보고 이해한 것을 제시한 것뿐이라는 것을 알아야 한다.

저작물에서의 인용

질적 연구의 언어로 텍스트를 표현하는 것 외에도, 저자들은 연구에 참여한 사람들의 목소리를 불러온다. 인용문은 가능한 한 설명적이어야 하며, 원고의 텍스트 안에서 맥락화되고, 해석되고, 통합되어야 한다는 것이 가장 좋은 원칙이다

(Brinkmann & Kvale, 2015). 저자들은 풍부한 인용을 활용하는데, Richardson(1990)은 세 가지 유형의 인용이 매우 유용하다고 제시한다. 첫 번째는 순간포착(short eye-catching) 인용으로 구성된다. 이것들은 읽기 쉽고, 짧으며, 내레이터의 텍스트에서 두드러진 것이며, 상이한 관점을 표시하기 위해 들여쓰기를 하여 쓰인다. 예를 들면, Anderson과 Spencer(2002; 부록 C 참조)는 AIDS 환자들의 경험에 대한 현상학적 연구에서 '생각하지 않기가 지닌 마력'이라는 주제를 전달하기 위해 남녀 연구참여자의 이야기를 문단으로 인용하였다.

> 그건 병이죠. 그러나 나는 속으로 내가 AIDS에 걸렸다고 생각하지 않아요. 내가 HIV에 걸렸다고 생각하면 그것이 갑자기 나를 엄습하죠. 심리 게임인 것 같아요. 살기 위해서는 생각하지 말아야 해요. 생각하면 안 돼요(p. 1347).

두 번째는 분석가의 서술 내에서 문구를 간략하게 인용하는 삽입 인용으로 구성된다. Richardson(1990)에 따르면, 이러한 인용은 독자로 하여금 강조점으로 이동할 준비를 하도록 하거나 요점을 보여 주고 저자(그리고 독자)가 이동해 가도록 해준다. Harley 등(2009: 부록 D 참조)의 근거이론 연구에서는 짧게 삽입된 인용을 폭넓게 사용하였다. 그 이유는 인용을 삽입하는 것이 분량을 많이 차지하지 않으며, 시작 국면과 같은 주제를 지지할 수 있는 구체적이고 확실한 근거를 연구참여자의 언어로 제공하기 때문이다.

> 많은 여성이 직장과 가족 사이를 곡예하듯 하기 때문에, 그들 자신만의 시간을 보낼 수 있다는 것은 신체 활동의 또 다른 중요한 이점이었다. 한 여성은 "시간이 좀 있었어요. 나는 즐기기 시작했고요. 좋아하게 되었어요."라고 설명했다(p. 103).

세 번째는 보다 긴 인용으로서, 보다 복잡한 이해를 전달하기 위해 사용된다. 이러한 인용방법은 출판에서 분량 제약을 받기 때문에 사용하기가 어렵다. 또한 긴 인용문에는 많은 생각이 담겨 있어서, 독자들이 저자가 보여 주고자 하는 생각들에 주목할 수 있도록 하려면 독자들을 인용문 안팎으로 안내할 필요가 있기 때문에 긴 인용문은 사용하기가 어렵다. Frelin(2015: 부록 F 참조)은 더 긴 인용을 사용하여 교사와 학생 관계 발전에 시간이 미치는 영향을 설명하였다.

> 학생들과 항상 시간을 보낼 수 있고, 뭔가 잘못된 것을 보면 앉아서 이야기할 수 있어요. 항상 학생과 제대로 대화를 할 수 있어요. 항상. 환상적이죠. 하지만 의무적인 학교에서는 한 반에 30명이고, 다음 수업으로 서둘러 가야 할 때는 그렇게 할 수 없겠죠(p. 598).

전반적인 글쓰기 전략과 삽입된 글쓰기 전략

이러한 글쓰기 접근에 더하여, 질적 연구자들은 어떻게 그들이 보고서의 전반적인 내러티브 구조를 구성해 가는지 그리고 다섯 가지 접근방법 중에서 선택된 접근방식으로 서술하기 위해 보고서 내에 삽입된 구조를 사용하는지 언급할 필요가 있다. 우리는 〈표 9-2〉에서 연구의 다섯 가지 접근방법에 적용되는 전반적인 구조와 삽입된 구조를 알아봄으로써 다음의 논의를 이끌어 가고자 한다.

내러티브 글쓰기 구조

내러티브 연구의 저술을 읽으면서, 우리는 저자들이 견고하게 구조화된 글쓰기 전략을 규정하려고 하지 않는다는 것을 알았다(Clandinin & Connelly, 2000; Czarniawska, 2004; Riessman, 2008). 대신에 저자들은 구조 내에서 유연성을 최대한 제안하지만(Ely, 2007 참조), 내러티브 연구라고 할 수 있는 핵심 요소를 강조한다. Clandinin(2013)은 내러티브 구조를 특정 연구 맥락과 일치시키실 수 있는 위치의 저자를 기술한다.

> 내러티브 탐구자로서 우리는 열린 자세를 유지하고, 연구참여자와 우리가 일관성을 위해 애쓰는 방식을 가시화해야 한다. 때로는 성공적이고 때로는 그렇지 않은 경우도 있다. 중간 및 최종 연구 텍스트를 작성하거나 공동으로 작성하고 협의할 때, 우리는 내러티브 일관성 및 내러티브 일관성 부족뿐만 아니라 우리의 내러티브 탐구 가운데 있는 우리의 삶, 연구참여자의 삶, 우리가 함께하는 삶의 다중성을 가시화해야 한다(p. 49).

표 9-2 다섯 가지 접근별 전반적인 글쓰기 구조와 삽입된 글쓰기 구조

접근	전반적인 글쓰기 구조	삽입된 글쓰기 구조
내러티브	• 융통성 있고 하나의 과정으로서 발전된 것(Clandinin, 2013; Cladinin & Connelly, 2000) • 3차원 공간 탐구 모델(Cladinin & Connelly, 2000) • 이야기에 대한 연대기(Cladinin & Connelly, 2000) 혹은 정보를 임시로 혹은 에피소드별로 정렬하기(Reissman, 2008) • 연구참여자가 말한 것(주제), 그들이 어떻게 말했는지(이야기의 순서), 그들이 다른 사람들과 어떻게 상호작용했는지(대화와 수행; Reissman, 2008)	• 본질의 발현(Denzin, 2001) • 주제, 핵심 사건 혹은 줄거리(Czarniawska, 2004; Smith, 1994) • 은유와 전환(Cladinin & Connelly, 2000; Lomask, 1986) • 순행-역행 방법(Czarniawska, 2004; Denzin, 2001; Ellis, 1993; Huber & Whelan, 1999) • 여러 내러티브 서술의 줄거리(Clandinin, 2013; Cladinin & Connelly, 2000) • 주제와 범주(Chan, 2010; Reissman, 2008) • 대화와 대담(Chan, 2010; Reissman, 2008)
현상학	• '연구 원고'에서의 구조(Moustakas, 1994) • 연구보고서 형식(Polkinghorne, 1989) • 주제, 분석적 분석, 본질로 시작, 다른 저자들과 연동, 시간과 공간, 다른 차원 사용(van Manen, 2014)	• 본질을 보고하는 그림이나 표(Anderson & Spencer, 2002; Grigsby & Megel, 1995) • 철학적 논의(Harper, 1981) • 창의적인 끝맺음(Moustakas, 1994)
근거이론	• 근거이론 연구 구성요소(May, 1986) • 개방코딩, 축코딩, 선택코딩의 결과(Strauss & Corbin, 1990, 1998) • 뒷받침되는 이론과 논쟁에 대한 초점(Charmaz, 2014)	• 분석의 범위(Chenitz & Swanson, 1986; Creswell & Brown, 1992; Kus, 1986) • 명제(Conrad, 1978; Strauss & Corbin, 1990) • 시각적 도형의 사용(Harley et al., 2009; Morrow & Smith, 1995) • 정서, 리듬과 시의성, 수사학적 질문, 목소리 밝기, 속도, 이야기, (기억을) 환기시키는 글쓰기(Charmaz, 2014)

문화 기술지	• 이야기의 유형(Van Maanen, 2011) • 기술, 분석, 해석(Wolcott, 1994) • '주제적 내러티브'(Emerson, Fretz, & Shaw, 2011)	• 비유(Fetterman, 2010; Hammersley & Atkinson, 2007; Rhoads, 1995) • '풍부한' 기술(Denzin, 2001; Fetterman, 2010) • 정확한 인용구(Fetterman, 2010; Haenfler, 2004; Mac an Ghaill & Haywood, 2015) • 대화(Nelson, 1990) 혹은 장면(Emerson et al., 2011) • 다른 진술자의 목소리, 은유, 풍자, 직유와 같은 문학적 장치(Fetterman, 2010)
사례연구	• 삽화가 있는 형식(Stake,1995) • 실체적 사례, 보고 형식(Loncoln & Guba, 1985) • 사례 유형(Yin, 2014) • 선형과 비선형 접근에 기초한 대안적 구조(Yin, 2014)	• 연대기적인 접근과 깔대기 접근(Asmussen & Creswell, 1995; Frelin, 2015; Staples, Pugach, & Himes, 2005) • 기술(Merriam, 1988; Merriam & Tisdell, 2015)

전반적인 구조

내러티브 연구자는 형식을 실험하면서 내러티브 연구를 기록하도록 사람들을 격려한다(Clandinin, 2013; Clandinin & Connelly, 2000). 연구자들은 읽을거리(회고록, 소설 등)에서 자신이 선호하는 것을 가장 우선적으로 찾고, 내러티브 연구를 결론 없는 저술, 과정으로 바라보고, 다른 내러티브 논문이나 책을 읽으면서 자신들의 내러티브 형식을 만들 수 있다(Clandinin & Connelly, 2000). 이러한 일반적인 지침을 통해, Clandinin와 Connelly(2000)는 내러티브 연구방법을 사용한 2개의 박사학위논문을 검토하였다. 이 두 논문은 다른 내러티브 구조를 갖고 있었다. 하나는 세 여성의 삶에 대한 연대기적 내러티브를 보여 주고, 다른 하나는 개요, 문헌 검토, 방법론을 포함하는 학위논문의 전통적인 접근방법을 따랐다. 이 두 번째 논문에서 나머지 장은 참여자와 함께한 저자의 경험을 이야기하는 논의로 구성되었다. 두 가지 사례를 읽으면서, 우리는 이 두 연구가 Clandinin와 Connelly(2000)가 논의한 3차원적 탐구 공간을 얼마나 반영하는지 알게 되었다. 앞서 언급한 이 공간은 회고와 전망을 하고, 내면과 외부를 살피며, 경험을 장소 내에 두는 텍스트인 것이다. 예를 들어,

Clandinin이 인용한 학위논문은 과거에는 중국에서 살다가 현재는 캐나다에서 살고 있는 2명의 참여자와 저자의 삶에 대한 연구인 것이다. 그 이야기는 다음과 같다.

> 그녀와 2명의 참여자의 과거를 회상하는 것처럼 보였고, 그들이 누구이고 그들이 새로운 세상에서 어떤 사람이 될 것인지의 수수께끼를 전망하는 듯했다. 그녀는 이 연구를 수행하는 개인적 동기의 내면을 들여다보고, 일의 사회적 의미라는 외적인 요소를 살핀다. 그녀는 중국과 캐나다의 풍경과 그녀가 존재하는 곳으로 상상하는 중간 장소를 그린다(Clandinin & Connelly, 2000, p. 156).

Clandinin과 Connelly(2000)의 연구 뒷부분에는 Clandinin에게 연구의 내러티브 형식에 대해 조언을 구하는 학생의 이야기가 나온다. 이 형식은 다시 3차원 공간 모델과 관련된다.

> 그들이 새롭게 드러난 텍스트에 대해 이야기를 나누려고 Jean을 찾아왔을 때, 그녀는 정립되고 수용된 형식에 대해 코멘트하는 자신이 아니라, 내러티브의 3차원 공간접근과 관련된 질문을 제기하는 식으로 반응하고 있는 자신을 발견하였다(Clandinin & Connelly, 2000, p. 165).

이 구절에서는, 학생들이 연구를 어떻게 수행해야 하는지, 내러티브 연구 글쓰기에 관한 사고의 틀로서 3차원 탐구 공간 모델의 거대한 **수사학적** 구조로 어떻게 돌아왔는지를 이야기하는 대신에 Clandinin이 '질문을 제기하는' 방식에 주목하라. 이 분석틀은 또한 내러티브 보고서에 연대기를 제안하고, 그 연대기 내의 순서는 시간이나 구체적인 에피소드들로 더 조직화할 수 있다(Riessman, 2008).

질적 탐구의 모든 형식에서처럼, 내러티브 연구에서도 자료수집 절차와 분석, 보고서 작성의 형식과 구조 사이에는 밀접한 관련이 있다. 예를 들면, 주제 분석에 대한 일반적인 글쓰기 구조는 여러 가지 주제를 제시하는 것이다(Riessman, 2008). 더욱 구조화된 접근—개인이 어떻게 이야기를 하는지를 분석하면서—에서 보고서에 제시된 구성요소들은 Riessman(2008)이 "완전히 형성된 내러티브"(p. 84)라고 말한 여섯 가지의 요소로 나타난다. 이것은 다음과 같다.

- 요약 그리고/혹은 이야기의 핵심
- 방향(시간, 장소, 개인적 특성, 상황)
- 복잡한 행위(사건의 연속, 위기나 전환점에 의한 통상적인 줄거리)
- 평가(어디에서 화자가 의미나 감정에 대해 진술하는지)
- 해결(줄거리의 결과)
- 종결(이야기를 끝내고 그것을 현재로 가져오는)

말하는 사람들(면접자나 면접 대상자와 같은) 사이의 질문에 초점을 두는 내러티브 연구에서 일반적인 글쓰기 구조는 직접적인 담화나 대화에 초점을 둔다. 더욱이 대화는 직접적인 담화처럼 청자에게 잡담, 반복, 표현되는 소리, 시제의 전환과 같은 행위의 특성을 내포한다. 전체 보고서는 시, 희곡 혹은 또 다른 극적인 표현들이기도 하다. 앞 장에서는 이러한 내러티브 요소를 설명하는 내러티브 연구에 대해 기술했으며(Chan, 2010; 부록 B 참조), 연구가 제시되는 방법의 유사점과 차이점에 대해 검토해 보기를 권장한다.

삽입된 구조

더 큰 글쓰기 구조는 실험과 융통성을 견지한다는 것을 가정할 때, 더 미시적인 수준의 글쓰기 구조는 저자가 내러티브 연구를 구성하며 사용하는 글쓰기 전략의 여러 가지 요소와 관련된다. 이것은 Clandinin(2013), Clandinin과 Connelly(2000), Czarniawska(2004), Riessman(2008)의 연구로부터 나온 것이다.

내러티브 글쓰기는 어떤 목소리를 침묵하게 하는 것이 아니라, 다른 것보다 특정 목소리에 대해 더 많은 공간을 제공하는 것이다(Czarniawska, 2004). 게다가 Denzin(1989b)의 알코올중독자들에 대한 연구에서처럼, 전기 저자가 참여자의 삶에 있어 핵심 사건으로 시작하고, 사건의 전후 시기를 작업하는 **순행-역행 방법**(progressive-regressive method; Denzin, 2001)과 같이 서술에는 공간적 요소가 있을 수 있다. 또한 연구의 구체적 현장(예: 장소)에 대해 큰 맥락을 기술하고 다시 미세한 것을 살피는 것과 같은 '줌인'과 '줌아웃'도 있을 수 있다(Czarniawska, 2004). Hubet과 Whelan(1999년)이 실시한 교사의 정체성 형성에 대한 내러티브 재구성은 더 최근의 직업 경험에 대해 이야기하는 것이 아니라 개인적인 배경의 영향에 더 치우쳤다. 마찬가지로, 비행기 추락 사고로 남동생이 사망한 이후에 제작된 가족 드라마에 대한 Ellis(1993)의 개인적인 내러티브는 어린 시절의 경험과 추락을 둘러싼 이야기를 번갈아 가며 기술한다.

글쓰기는 사람들의 삶을 특징짓는 경험과 상호작용적인 순간으로 정의되는 '핵심 사건'이나 발현(epiphany)을 강조할 것이다(Denzin, 2001). 그는 네 가지 유형으로 구분했는데, 첫째, 개인의 인생 구조와 관련된 주요 사건, 둘째, 누적적이거나 대표적인 사건과 오랫동안 지속되는 경험, 셋째, 개인의 인생에서 한 순간을 대표하는 사소한 발현, 넷째, 경험을 완화시키는 것을 포함한 에피소드나 완화된 발현이 그것이다. Czarniawska(2004)는 줄거리의 핵심 요소를 보고된 사건을 이해하도록 하는 수단으로 소개한다.

주제는 내러티브 글쓰기에서 보고될 수 있다. Smith(1994)는 기록된 인생의 발달을 이끄는 주제를 발견할 것을 제안한다. 연구자는 종종 부수적인 주제와 중요한 주제를 구분하는 데 어려움을 겪기도 하지만, 이 주제는 사전 지식이나 전 생애에 대한 검토를 통해 얻어진다. Clandinin과 Connelly(2000)는 "환원적 경계(reductionistic boundary)", 즉 주제로의 "하향식 환원"(p. 143)으로 구성된 접근에서 글쓰기 연구 텍스트를 언급했는데, 연구자는 이를 통해 참여자들 간의 공통된 맥락 혹은 요소를 찾는다. Clandinin(2013)은 다양한 내러티브 서술로 구성하는 데에 이런 공통된 주제가 중요하다고 기술한다.

또한 구체적인 내러티브 글쓰기 전략은 대화의 사용—연구자와 참여자 사이에서의 대화 같은—을 포함한다(Riessman, 2008). 때로 이 접근은 내레이터의 특정 언어에 대해 따져 묻고 액면 그대로 받아들이지 않는다. 대화는 연구에서 나열되는데 종종 내레이터의 언어나 영어 번역을 포함하여 다른 언어로 제시된다. 연구자와 학생 간의 대화에서 각 주제에 대한 증거를 제공한 곳에서 한 중국 이민자 학생에 대한 Chan의 이야기(2010; 부록 B 참조)와 이 학생이 다른 학생, 교사 및 가족과 함께 한 관계가 제시된 사례가 있다. 각 대화 부문은 "Susan은 푸젠어를 쓰지 않아요."(Chan, 2010, p. 117)와 같이 대화의 의미를 형성하도록 제목이 정해졌다.

다른 내러티브 수사학적 장치에는 전환 사용이 포함된다. Lomask(1986)는 이것을 자연스러운 연대기적 연결에 내러티브를 구성해 넣는 것으로 간주했다. 저자들은 단어나 구, 질문들을 통해 내러티브를 삽입하고[Lomask는 이것을 '느려지는(lazy)'

으로 불렀다], 앞뒤로 행동을 옮기는 시간과 공간의 변환을 통해서도 삽입한다. 전환에 덧붙여, 내러티브 연구자들은 **예시**(foreshadowing)를 사용하기도 하는데, 이는 다가올 일이나 사건들에 대한 서술적 힌트를 빈번히 사용하거나 나중에 전개될 주제를 보여 주는 것이다. 내러티브 연구자들은 은유를 사용하는데, Clandinin과 Connelly(2000)는 그들의 내러티브 텍스트를 기술하기 위해 그릇(즉, 학위논문, 학술지 논문) 안의 수프라는 은유(즉, 사람, 장소, 사물에 대한 기술과 이해에 대한 논쟁 그리고 장소, 시간, 장면 및 줄거리에 놓인 사람에 대한 풍부한 내러티브)를 제안한다.

현상학적 글쓰기 구조

현상학 저자들(예: Moustakas, 1994; van Manen, 2014)은 삽입된 구조보다는 전반적인 구조에 더 많은 주의를 기울인다. 그러나 질적 연구의 모든 형식에서처럼, 학술지 논문, 학위논문, 또는 단행본 양식으로 된 연구보고서를 주의 깊게 살피면 많은 것을 배울 수 있다.

전반적인 구조

Moustakas(1994)에 의해 개발된 고도로 구조화된 분석접근은 현상학적 연구를 구성하기 위한 세부적인 형식을 제시한다. 이 분석 단계들은 보고서를 구성하기 위해 명확히 구분되는 절차들을 제공한다. 그 단계들은 구체적인 진술을 확인하고, 의미 단위를 만들어 내며, 주제를 군집으로 나누고, 텍스트에 기초한 기술과 구조적 기술을 발전시키며, 경험의 불변하는 본질적 구조(또는 본질)의 철저한 기술로 끝맺는 것을 제시하는 것이다(Moustakas, 1994). 우리의 경험에 비추어 보면, 사람들은 민감한 토픽(예: '따돌림' '불면증' '범죄피해' '인생의 의미' '중년기의 자발적인 경력 전환' '갈망' '학대받은 아동의 성장'; Moustakas, 1994, p. 153)에 대한 현상학적 연구의 고도로 구조화된 접근을 알게 되면 매우 놀라곤 한다. 그러나 자료분석 절차는 연구자를 그 방향으로 인도하고, 분석을 위한 전반적 구조를 제시하며, 결국에는 보고서의 구성을 제시해 준다.

Moustakas(1994)가 제안한 보고서의 전반적인 구조를 살펴보자. 그는 '연구 원고 작성법'에서 구체적인 장(章)으로 제안했다.

- 제1장: 서론, 토픽과 개요 진술. 토픽은 토픽으로 인도하는 저자의 경험에 대한 자서전적 진술, 토픽에 대한 호기심을 자극한 계기, 토픽의 사회적 함의와 적합성, 해당 토픽을 연구함으로써 나타나는 새로운 지식과 전문직에 대한 기여, 연구자에 의해 얻어질 지식, 연구질문 그리고 연구의 용어들을 포함한다.
- 제2장: 관련 문헌 검토. 토픽은 탐색된 데이터베이스에 대한 검토, 문헌 소개, 연구를 선택하기 위한 절차, 이들 연구의 수행방법과 거기에서 나타난 주제들, 핵심적인 결과에 대한 요약과 이 연구가 선행 연구와 다른 점에 대한 진술(질문, 모델, 방법론, 수집된 자료에서)을 포함한다.
- 제3장: 모델의 개념적 틀. 토픽은 연구설계와 관련된 개념과 과정뿐만 아니라 사용될 이론을 포함한다.
- 제4장: 방법론. 토픽은 연구를 수행하기 위해 준비하고, 자료를 수집하며, 자료를 조직하고 분석하고 종합하는 방법들과 절차들을 포함한다.
- 제5장: 자료 제시. 토픽은 자료수집의 축어적 예, 자료분석, 자료의 종합, 수평화, 의미 단위, 모아진 주제, 맥락적이고 구조적인 기술, 의미의 종합과 경험의 본질을 포함한다.
- 제6장: 요약, 함의, 결과. 토픽은 연구에 대한 요약, 발견한 것이 문헌 검토와 어떻게 다른가에 대한 진술, 후속 연구에 대한 제언, 연구의 한계, 함의에 대한 논의, 연구의 본질과 연구자에 대한 영감에 대해 말하는 창조적 결말을 포함한다.

구체적인 것은 아니지만, 두 번째 모델은 Polkinghorne(1989)의 연구에서 찾을 수 있는데, 그는 '연구보고서'에서 이것을 논의했다. 이 모델에서는 연구자가 자료수집을 위한 절차들과 원자료가 경험에 대한 보다 일반적인 기술로 이동해 가는 단계들을 기술한다. 또한 연구자는 선행 연구에 대한 검토와 토픽에 적합한 이론, 심리학적 이론과 적용을 위한 함의를 포함한다. 우리는 특히 보고서의 영향력에 대한 Polkinghorne(1989)의 언급이 마음에 든다.

> 경험을 정확하고 명확히 그리고 구체적으로 기술하는 연구보고서를 만들어야 한다. 보고서를 읽는 사람들은 "나는 그런 경험을 한다는 것이 어떤 것인지 더 잘 이해된다."는 느낌을 가질 수 있어야 한다(Polkinghorne, 1989, p. 46).

현상학적 연구의 전반적인 글쓰기 구조의 세 번째 모델은 van Manen(1990, 2014)에서 찾을 수 있다. 그는 연구들이 최종보고서를 위해 필사본을 제시하고 조직한다는 생각으로 "텍스트 작업"(van Manen, 1990, p. 167)을 하는 것은 좋은 현상학적 연구가 되기에는 부족하다는 논의로 시작한다. 대신에 그는 연구를 작성하는 여러 가지 선택사항을 제안한다. 연구는 연구 중인 현상의 핵심적인 양상을 주제에 따라 설명하도록 조직되면 좋다. 또한 텍스트 자료를 폭넓은 생각(예: 대비되는 생각)으로 재작업함으로써 분석적으로 제시하거나 혹은 특정한 삶의 상황을 기술하는 데 한정된 초점을 두어도 좋다. 연구는 본질에 대한 기술로 시작되어야 하고, 그러고 나서 그 본질이 어떻게 드러나는지 다양한 예를 제시할 수 있다. 다른 접근은 다른 현상학적 저자와의 대화에 누군가의 저술을 사용하고, 시간, 공간, 살아 있는 몸 그리고 다른 사람들과의 관계에 대한 기술을 포함한다. 끝으로, van Manen은 저자들이 자료를 보고하는 새로운 방식을 사용하거나 접근들을 결합할 수 있다고 제안한다.

삽입된 구조

삽입된 수사학적 구조로 돌아가 보면, 문헌은 최고의 증거들을 제공한다. 저자는 내러티브 속에 짧은 문구로 묘사함으로써, 또는 이 문구를 도표에 넣음으로써 연구 참여자들이 경험한 '본질'을 제시한다. 후자의 접근은 교육 간호사의 보살핌 경험에 대한 연구에서 효과적으로 사용되었다(Grigsby & Megel, 1995). 다른 구조적 장치는 현상학과 그 철학적 가정에 대한 논의를 통해 독자를 '교육'하기 위한 것이다. Harper(1981)는 이 접근을 사용하여 현상학에 있어 '여가'의 의미를 연구하는 이점뿐 아니라 Husserl이 주장한 여러 가지 주요 철학적 입장을 기술하였다.

마지막으로, 우리는 개인적으로 "연구의 본질과 연구가 지식의 가치라는 점에서 당신에게 준 영감 그리고 당신의 전문가적-개인적 생활의 미래 방향 등을 언급하는 짤막하면서도 창조적인 결론을 작성하라."는 Moustakas(1994, p. 184)의 제안을 좋아한다. 현상학자들이 내러티브에서 자신을 괄호치기하는 경향이 있음에도 불구하고, Moutakas는 자서전적 맥락 내에 그들의 초기 문제 진술을 배열하는 것과 같이 심리학적 현상학자들이 연구에 사용할 수 있는 반영성을 도입하였다. 앞 장에서는 일반적인 개요를 따르는 현상학(Anderson & Spencer, 2002; 부록 C 참조)을 기술했고, 연구가 어떻게 발표되는지 유사성과 차이점에 대해 검토할 것을 권장한다. 특히

Anderson과 Spencer(2002)의 현상학적 연구는 AIDS 환자들이 어떻게 자신의 질병을 표상하고 있는지를 이런 전반적이고 삽입된 글쓰기 구조를 통해 보여 준다(부록 C 참조). 전체적으로 논문은 53세 에이즈 환자의 말을 인용하여 시작하였고, 서론, 문헌 검토, 연구방법, 연구 결과로 구성된 구조가 있다. 그것은 의미 있는 진술과 의미 주제의 표를 제시함으로써 Colaizzi(1978)의 현상학적 방법을 따른다. Anderson과 Spencer(2002)는 현상의 심도 깊고 철저한 기술로 끝맺는다.

> 결론은 AIDS의 본질적 체계로 통합된다. AIDS에 대한 체험은 일차적으로 신체 소모와 인격 상실에 대한 두려움이 있어 무서웠다. AIDS에 대한 인지적 표상은 죽음이 불가피하고, 신체가 손상되고, 싸워 나가는 것이며, 만성질환을 갖게 되는 것이다. 대처방법에는 '적절한 약물'을 구하는 것, 자신을 돌보는 것, 진단을 받아들이는 것, AIDS라는 사실을 머릿속에서 지워 버리는 것, 신에 귀의하는 것, 경계하는 것 등이 포함된다. 대부분의 사람은 시간이 흐르면 AIDS와 함께 살아가는 것에 적응했다. 감정은 '황폐함' '슬픔' '분노'에서 '평화'와 '걱정하지 않는 것'까지의 범위에 걸쳐 있다(p. 1349).

Padilla(2003)는 21년 전 머리 부상을 입은 여성의 장애 경험에 대한 현상학 연구에서 Moustakas(1994)에 의해 알려진 구조적 접근과 유사한 접근을 취했다. 이 여성으로부터 나온 인용문은 학술논문의 도입부와 마무리 부분에 사용되었다. 그리고 프로젝트의 배경에 대한 저자의 설명을 제외하고는 인용문이 논문 전반에 제시되었다.

근거이론 글쓰기 구조

학술지 논문 형식의 근거이론 연구를 검토함으로써 질적 연구자들이 내러티브를 구성하는 일반적인 양식(그리고 그 변형)을 추론할 수 있다. 학술지 논문의 문제는 저자가 학술지 기준에 적합하도록 연구를 줄여서 제시한다는 것이다. 그래서 독자들은 전체 연구의 풍부한 감각을 느끼지 못한 채 특정 연구를 검토하게 된다.

전반적인 구조

근거이론의 서술에서 저자에게 가장 중요한 것은 이론을 제시하는 것이다. 그러기 위해서는 저자는 반복적인 절차를 수행해야 한다. "그것은 각 부분을 왔다 갔다 하면서 다시 생각하고 수정하고 때로는 다시 기록하고 다시 쓰는 것을 의미한다(Charmaz, 2014, p. 285)." May(1986)는 "엄격히 말해서, 연구 결과는 이론, 즉 일련의 개념, 개념들을 연결한 명제 그 자체이다."(p. 148)라고 하였다. May(1986)는 근거이론의 연구 절차를 기술하였다.

- 연구문제는 광범위하며, 이것은 자료수집과 분석 기간 동안 여러 차례 바뀐다.
- 문헌 검토를 통해 "주요 개념을 제기하지도 않고 가설을 제안하지도 않는다(p. 149)." 대신에 이러한 문헌 검토는 현존 지식의 공백과 편견을 보여 줌으로써 근거이론의 근거를 제시한다.
- 방법론은 연구 과정에서 서서히 전개되기 때문에 연구 초기에 이것을 기록하기는 어렵다. 그러나 연구자는 어디서나 시작하고, 표본과 세팅 그리고 자료수집 절차에 대한 예비적인 아이디어를 기술할 수는 있다.
- 연구 결과 부분에서는 이론적 구조를 제시한다. 저자는 그 이론적 모형을 다른 연구에서도 지지한다는 것을 보여 주기 위해 문헌을 참조한다. 또한 삽화와 인용의 형식으로 보이는 실제 자료의 단편들은 유용한 설명 자료가 된다. 이 자료들은 독자들이 자료에 근거한 이론이 얼마나 잘 구성된 것인지 판단하는 데 도움이 된다.
- 마지막 논의 부분에서는 발견된 이론과 다른 지식의 관계, 후속 연구와 실천을 위한 이론의 함의를 논의한다.

Strauss와 Corbin(1990)은 또한 그들의 근거이론 연구를 위한 광범위한 기준(parameter)을 제시하며 다음과 같이 제안하였다.

- 명확한 분석적 이야기를 개발한다. 이는 연구의 선택코딩 단계에서 제시된다.
- 개념에 대한 부차적인 기술과 분석적 이야기를 통해 개념 수준을 기록한다. 이것은 연구된 현상에 대해서는 거의 기술하지 않고 추상적 수준에서 분석적인

이론을 더 많이 기술한다는 것을 의미한다.

- 범주 간의 관계를 구체화한다. 이것은 연구자가 이야기를 구성하고 명제를 발전시키는 축코딩 과정에서 발견되는 근거이론의 이론화 부분이다.
- 변형, 관련된 조건, 결과, 나아가 범주 간 관계 등을 구체화한다. 좋은 이론에서는 그 이론이 취한 변형과 상이한 조건들을 확인한다. 이는 축코딩의 각 구성요소가 다양한 관점과 변형으로 완전히 개발된다는 것을 의미한다. 예를 들면, 이론의 결과는 복합적이고 세부적이다.

더욱 구체적으로, Strauss와 Corbin(1990, 1998)이 발전시킨 근거이론의 구조적인 접근에서, 최종 보고서의 구체적인 모습은 연구자가 자료로부터 발견한 다양한 열린 코드를 확인하는 개방코딩, 이론의 도표와 도표 안의 각 구성요소(예: 인과 조건, 중심 현상, 중재 조건, 맥락, 전략 그리고 결과)에 대한 논의를 포함하는 축코딩 등을 포함한다. 또한 보고서는 연구자가 범주 각 요소를 함께 묶어 이론적 명제를 발전시킨 이론 부분을 포함하거나 범주와 관련된 이론을 논의한다. 이전 장에서는 일반적인 개요에 따르는 근거이론 연구를 기술했고(Harley et al., 2009; 부록 D 참조), 연구가 어떻게 제시되었는지 유사점과 차이점에 대해 검토하기 바란다.

Charmaz(2006, 2014)는 근거이론 연구의 초고 작성을 위한 제안에서 덜 구조적인 접근을 주문했다. 초기 원고에 대한 수정, 이론에 대한 자문(예: 주요한 범주가 이론의 개념을 제기하는가?), 이론의 중요성에 대한 논쟁의 구성, 이론의 범주에 대한 자세한 설명, 이론을 개발할 때 나타날 수 있는 아이디어의 여지를 남기는 것이 중요하다고 강조했다. 따라서 Charmaz는 근거이론 연구를 작성하는 틀을 갖고 있지는 않았지만, 이론과 이론의 특성을 논의하는 것이 중요하다는 점에 관심을 기울였다.

삽입된 구조

근거이론 연구에서 연구자는 자료분석 정도에 기초하여 내러티브 보고서에 변화를 준다. 예를 들면, Chenitz와 Swanson(1986)은 내러티브로 보고된 분석 유형이 다양한 6개의 근거이론 연구를 제시했다. 이 예의 머리말에서 그들은 분석(그리고 내러티브)은 기술, 개방코딩을 통한 범주의 일반화, 축코딩에서 핵심 범주와 이들 범주들의 연결, 실체적이고 낮은 수준의 이론 개발, 그리고 공식적인 이론과 관련되어 있는 실체이론 중의 하나 혹은 그 이상을 다룬다고 언급했다.

우리는 근거이론이 이 분석방법 중 하나 혹은 그 이상을 포함한다고 본다. 예를 들면, 남성 동성애자와 그들의 '커밍아웃' 과정에 대한 연구에서 Kus(1986)는 분석에 있어 단지 개방코딩만을 실시했으며, 다음과 같은 커밍아웃 과정의 네 가지 국면을 확인했다. 그것은 남성 동성애자가 급진적인 정체성 변화를 경험하는 동일시, 남성 동성애자에 대한 부정적인 시각이 긍정적인 생각으로 변화하는 인지적 변화, 긍정적인 인생의 의의로 남성 동성애자가 되는 것을 받아들이는 단계인 수용, 그리고 행동, 즉 남성 동성애자 됨을 수용한 결과로 자기노출, 남성 동성애자를 포함한 친구 관계의 확대, 남성 동성애 운동에 대한 정치적 참여, 남성 동성애자 집단에 대한 자원봉사활동 등의 과정 등이다. 이렇게 과정에 초점을 두는 것과 대조적으로, Creswell과 Brown(1992)은 Strauss와 Corbin(1990)의 코딩 절차를 따른다. 먼저, 그들은 교수들의 연구생산성을 향상시키는 학장의 교수 개발 실천을 검토하였다. 개방코딩으로 시작하여, 논리적 도형으로 완성되는 축코딩으로 이동하고, 일련의 명확한 명제를 방향이 있는 형식(무형식과 대조되는 것)으로 진술하였다.

또 다른 삽입된 내러티브의 특징은 명제 혹은 이론적 관계를 진술하기 위한 형식을 검토하는 것이다. 때때로 이것은 '추론적인(discursive)' 양식으로 제시되거나 내러티브 양식으로 이론을 기술한다. Strauss와 Corbin(1990)은 보건 현장의 "방어적 행정(protective governing)"에 대한 그들의 이론에서 그런 모형을 제시했다(p. 134). 또 다른 예는 학교의 학제 변화에 관한 공식적인 명제를 다룬 Conrad(1978)의 연구에서 찾아볼 수 있다.

또 하나의 삽입 구조는 '논리적 다이어그램'이나 '작은 분석틀' 또는 '통합적' 다이어그램을 보여 주는 것이다. 여기에서 연구자는 현재의 이론을 시각적 모형 형식으로 보여 준다. 연구자들은 축코딩 과정에서 이러한 구조의 요소를 확인하고, 축코딩에 제시된 '이야기'는 그것의 내러티브 형태이다. 이러한 시각적 모형은 어떻게 제시되는가? 이 도형의 좋은 예는 아동기의 성학대를 극복한 여성들을 연구한 Morrow와 Smith(1995)의 연구에서 찾아볼 수 있다. 그들의 다이어그램은 인과 조건, 중심 현상, 맥락 조건, 중재 조건, 전략, 결과를 축코딩 범주로 구성하는 이론적 모형을 보여 준다. 그것은 왼쪽에서 오른쪽으로, 인과 조건에서 결과로 가는 인과관계의 흐름을 가리키는 화살표로 방향을 제시한다. 또한 화살표는 전략에 직접적으로 영향을 미치는 맥락과 중재 조건을 보여 준다. 연구의 끝부분에 가까워지면, 시각적 형식으로 이 연구의 궁극적인 이론을 제시한다. Harley 등(2009; 부록 D 참조)의 학자들은 수정 회로와 중단 회로라는 두 가지 대안과 함께 세 단계의 주요 진행(시작, 전환 및 통합)을 포함하는 신체적 활동이 진화하는 것에 대한 이론의 시각화를 진전시킨다.

Charmaz(2006, 2014)는 근거이론 보고서에 중심 단계에 대한 분석적 틀을 포함하여 유용한 삽입된 글쓰기 전략을 제공한다. 근거이론 연구의 예는 분위기나 감정을 이론적 논의로 전하는 것, 있는 그대로의 언어, 글쓰기에 운율과 시간[예: "덧없이 흐른 날(Days slip by)"; Charmaz, 2006, p. 173]을 사용하는 것과 같이 독자들에게 다가갈 수 있는 방법 등을 보여 준다. Charmaz는 근거이론 저자가 기대하지 않았던 정의나 주장도 다루도록 권한다. 수사학적 질문도 유용하고, 글쓰기는 독자를 주제로 이끄는 속도나 논조도 포함한다. 근거이론 연구에서 이야기들이 기술될 수도 있으며, 전반적인 글쓰기에서 독자에게 이론을 설득하기 위해 '상기시키는 언어(evocative language)'를 가져오기도 한다.

문화기술지 글쓰기 구조

문화기술지 연구자는 텍스트의 특성이 어떻게 대상의 문제를 형성하는지 등과 같은, 저자가 사용하는 '문학적' 관습과 장치에 대한 내러티브 구성에 대해 폭넓게 기술한다(Atkinson & Hammersley, 1994). 문화기술지의 일반적인 형태와 삽입된 구조도 문헌에 상세히 묘사되어 있다.

전반적인 구조

문화기술지의 전반적인 글쓰기 구조는 다양하다. 예를 들면, Van Maanen(1988, 2011)은 문화기술지의 대안적인 형식들을 제공한다. 사실적 이야기(realist tale)로 기록된 몇몇 문화기술지는 문화기술지 연구자가 묘사하는 방식에 대한 정보를 많이 제공하지 않고 연구되는 문화에 대해 직접적이고 사실적인 묘사를 제공한다. 이런 이야기의 유형으로, 저자는 '과학적인' 및 '객관적인' 관점을 전달하면서, 일반적인 관점을 사용한다. 고백적인 이야기에서는 상반된 접근을 하는데, 연구자는 문화보다 자기 자신의 현장 경험에 더 많은 초점을 둔다. 마지막 유형은 인상주의적인 이야기로, "극적인 양식의 현장조사 사례"를 개인화하여 설명한 것이다(Van Maanen, 1988, p. 7). 그것은 현실적이고 고백적인 기록 모두를 구성요소로 하여 흥미롭고 설득력 있는 이야기를 제시한다. 고백적이고 인상적인 이야기 모두에서는 개인의 글쓰기 스타일이 나타나며, 1인칭 관점이 사용된다. Van Maanen(1988)에 의하면, 자주 발견되는 것은 아니지만 다른 이야기 형식들도 있다. 이러한 종류로는 대규모의 사회적 · 정치적 · 상징적 · 경제적 쟁점에 초점을 둔 비판적인 이야기, 이론을 구성하고 검증하고 일반화하며 공개하는 형태주의자들의 이야기, 소설가들로부터 허구를 쓰는 기법을 빌려서 문화기술지 연구자가 언론인들처럼 글을 쓰는 문학적 이야기, 공유되는 광범위한 내러티브를 공개하면서 현장조사자와 정보제공자가 공동으로 저작한 연구 결과인 공동 이야기 등이 있다.

약간 다르게 이야기하면, 아니 더 큰 수사학적 구조에 관련지어 보면, Wolcott (1994)은 훌륭한 질적 연구의 세 가지 구성요소를 제시했는데, 이것은 자료분석 단계뿐 아니라 훌륭한 문화기술지의 글쓰기에서도 중요한 항목이 될 수 있는 것이다. 첫째, 문화기술지 연구자는 "여기서 무슨 일이 일어나고 있는가?"라는 질문에 대답하는 문화를 "기술"한다(Wolcott, 1994 p. 12). Wolcott은 이 기술에서 연대기적 순서, 연구자 혹은 내레이터의 순서, 점진적인 초점 맞추기, 중요하거나 핵심적인 사건, 줄거리(plots), 특성, 상호작용하는 집단, 분석적 틀, 여러 관점으로 제공되는 이야기 등 유용한 글쓰기 기법을 권하고 있다. 둘째, 이런 접근 중의 하나로 문화를 기술하고 난 뒤에 연구자는 자료를 '분석'한다. 분석은 연구 결과를 강조하고, 연구 결과를 보여 주며, 현장조사 절차를 보고하고, 자료에서 반복적으로 나타나는 유형을 확인하며, 알려진 사례를 다른 사례와 비교하고, 정보를 평가하며, 광범위한 분석적 틀 내에 정보를 맥락화하고, 연구 과정을 비판적으로 검토하며, 연구의 재설계를 제안하는 것 등을 포함한다. 이러한 분석 기법 모두에서 '패턴' 또는 주제를 확인하는 것이 문화기술지 글쓰기의 중심이라고 할 수 있다. 셋째, 해석은 수사학적 구조에 포함된다. 이는 연구자가 분석을 확대하고, 정보로부터 추론하며, 문지기가 지적하거나 제안하는 대로 수행하고, 이론으로 돌아가며, 해석 자체에 다시 초점을 맞추고, 개인적 경험을 연결하며, 해석 과정을 분석하거나 해석하고, 또는 다른 형식을 찾아볼 수 있다는 것을 의미한다. 이런 해석 전략 중에서 우리는 개인적으로 연구자의 경험 맥락 안에서 그리고 연구주제에 대한 학술적 연구의 거대한 몸통 내에서 연구 결과를 해석하는 접근이 마음에 든다.

문화기술지의 좀 더 세밀하고 구조화된 개요는 Emerson, Fretz와 Shaw(2011)의 연구에서 찾아볼 수 있다. 그들은 문화기술지 연구를 수행하는 것을 "주제적 내러티브(thematic narrative)", "분석적으로 주제화된, 그러나 현장 노트 발췌(excerpt)와 분석적 논평이라는 일련의 주제적으로 구조화된 단위로 종종 상대적으로 느슨하게 구성되는" 이야기(p. 202)라고 한 바 있다. 이러한 주제적 내러티브는 몇 개의 구체적이고 분석적인 주제들을 통합하는 주요 아이디어나 논제로부터 귀납적으로 형성되며, 연구 전체를 통해 정교화된다. 그것은 다음과 같이 구성된다.

- 우선 독자의 관심을 끌고 연구에 초점을 맞추도록 소개한 뒤, 계속해서 연구자는 해석을 학문 분야에서 학술적으로 관심을 가진 더 넓은 이슈와 연결시킨다.
- 그 이후 연구자는 현장과 그것에 대해 알아 가는 방법을 소개한다. 이 부분에서 문화기술지 연구자는 자신의 연구 역할의 이점과 한계뿐 아니라 현장에 들어가고 참여하게 된 것에 대해 꼼꼼히 기술한다.
- 분석적 주장은 그다음에 온다. Emerson 등(2011)은 '발췌 논평'이 유용하다고 지적한다. 이는 저자가 분석 요지를 통합하고, 그 요지에 대한 소개 정보를 제공하며, 발췌나 직접적인 인용문을 제시하고 나서, 분석 요지와 관련된 인용에 대해 분석적으로 논평함으로써 가능하다고 하였다.
- 결론에서 연구자는 앞에서 제시한 논제를 숙고하여 정교하게 한다. 이러한 해석은 검토된 재료에 비추어 보아 논제를 확대하거나 수정하고, 일반적인 이론이나 현재의 이슈에 논제를 관련시키거나, 논제나 방법, 연구의 가정에 대한 메타논평(metacommentary)을 제공할 수 있다.

이전 장들에서 우리는 문화기술지에 대해 일반적인 개요를 기술했으며(Mac an Ghaill & Haywood, 2015; 부록 E 참조), 연구가 제시된 방법의 유사점과 차이점에 대해 검토하기를 권한다.

삽입된 구조

문화기술지 연구자는 담화나 '비유'의 형태와 같은 삽입된 수사학적 구조를 활용한다(Fetterman, 2010; Hammersley & Atkinson, 2007). 예를 들면, 은유는 시각적이고 공간적인 이미지나 사회적 행동의 연출적 특성을 연극으로 제공한다. 또 다른 비유는 제유(synecdoche)이다. 이를 통해 문화기술지 연구자는 일부를 가지고 전체를 상징하는 예, 실례, 사례, 삽화를 제시한다. Rhoads(1995)의 교내 동아리생활에 대한 문화기술지에서 효과적으로 사용된 도입 삽화(opening vignette)의 예를 참조하라. 문화기술지 연구자는 커다란 내러티브를 따라 작은 우화에 이르는 원인과 일련의 연속적인 사건들을 검토하면서 스토리텔링 비유를 제시한다. 마지막 비유방법은 반어법이다. 그것으로 연구자는 경쟁이 되는 준거틀과 합리성을 대조할 수 있다.

문화기술지에서 더욱 구체적인 수사학적 장치는 장면을 그리는 것이다(Emerson et al., 2011). 저자는 세부사항들을 통합하거나 "풍부하게 쓰거나"(Goffman, 1989, p. 131) '상세하게' 쓸 수 있는데, 이러한 기술은 진실성을 창조하고 독자로 하여금 기술된 사건을 경험하고 있다거나 아마도 경험할 수 있을 거라는 느낌을 갖도록 한다(Denzin, 2001; Fetterman, 2010). 스트레이트 엣지(sXe) 운동의 핵심 가치에 대한 문화기술지 연구는 이러한 많은 글쓰기 관행을 보여 주었다(Haenfler, 2004). 그는 다채로운 요소(예: 티셔츠 슬로건), '상세한' 설명 그리고 광범위한 인용문으로 설득력 있는 이야기를 했다. Denzin(2001)은 질적 연구의 글쓰기에서 '상세한 기술(thick description)' 사용의 중요함에 관하여 이야기하였다. 이것을 통해 그는 내러티브가 "세부사항, 맥락, 정서, 사회적 관계망을 제시하고, 감동과 자아감(self-feeling)을 불러일으킨다. …… 상호작용하는 사람들의 목소리, 감정, 행동, 의미를 듣게 된다."라고 하였다(Denzin, 2001, p. 100). 한 예로, Denzin(2001)은 우선 Sudnow(1978)가 이야기한 '상세한' 기술을 참조하여, 자기 방식으로 '간략한(thin)' 기술을 설명하였다.

> "피아노 앞에 앉아 화음을 만들어 나갔다. 건반 위로 손이 움직이면서 화음이 하나로 만들어지는데, 화음을 만들어 내는 것은 꽤 어려운 영역의 일로 보였다. 서로 분리된 화음 A와 화음 B가 있다. ……A는 손을 아주 꽉 붙여야 하고, B는 쫙 펴야 한다. ……초보자는 A에서 B까지 나누어 배운다(Sudnow, 1978, pp. 9-10)."

> "나는 피아노를 배우는 것이 어려웠다(Denzin, 2001, p. 102)."

또한 문화기술지 연구자는 대화를 제시하는데, 그 대화는 문화에서 파생한 방언이나 자연스러운 언어로 기록될 때 특히 생생해질 수 있다(예: 영국 흑인의 은어에 대한 글이나 Nelson, 1990의 '코드 전환' 참조). 또한 저자는 말하고, 행동하고, 다른 사람과 관계 맺는 인류의 특성에 주목한다. 더 긴 장면들은 스케치 형식, 즉 "인생의 단면"(Emerson et al., 2011, p. 75) 또는 더 큰 에피소드와 이야기의 형식을 취한다.

문화기술지 저자는 '좋은 이야기(a good story)'를 한다(Richardson, 1990). 그래서 Richardson(1990)에게 있어 '환기시키는(evocative)' 실험적 질적 글쓰기 형식 중 하나는 저자가 회상 장면, 미래 장면, 대안적 관점, 심도 있는 성격 묘사, 어조의 변화, 제유, 대화, 독백, 전지적 화자와 같은 문학적 장치로 그려 낸 허구적 보고 형식이다. 유사하게, Wolcott(2008a)은 여행기, 일대기 또는 특정 주제로써 이야기를 풀어내는 기법 사용을 강조한다.

사례연구 글쓰기 구조

사례연구로 돌아가서, 우리는 Merriam(1988)이 "사례연구에는 표준이 될 만한 보고 형식이 없다."(p. 193)라고 한 것을 상기해 본다. 의문의 여지 없이 어떤 사례연구들은 이론을 창출하고, 어떤 것들은 단순히 사례들을 기술할 뿐이며, 또 어떤 것들은 훨씬 더 분석적이기도 하고, 사례들을 비교하거나 여러 현장을 서로 비교하는 형식을 보여 주기도 한다. 사례연구의 전반적인 의도는 의심할 것도 없이 쓰여진 내러티브에 대해 더 큰 구조를 형성하는 것이다. 여전히 우리는 그것이 일반적인 형식을 개념화하는 데 유용하다고 생각하며, 지침을 얻기 위해 사례연구의 핵심적인 텍스트들로 돌아가 보고자 한다.

전반적인 구조

사례연구자는 독자를 사례 속으로 이끌기 위해 삽화들을 가지고 시작하고 끝맺을 수 있다. 이 접근은 Stake(1995)가 제안한 것으로, 그는 질적 사례연구에 있어 포함되어야 할 논제에 대한 개요를 제공한다. 우리는 이것이 좋은 사례연구의 논제를 상정하는 데에 도움이 되는 방식이라고 생각한다.

- 저자는 삽화로 시작하여 독자들이 연구되는 시간과 장소에 대해 느껴지는 대리 경험을 하도록 할 수 있다.
- 그다음으로 연구자는 연구의 쟁점, 목적, 방법을 설명하여 독자들이 이 연구의 진행방법과 저자의 배경, 사례를 둘러싼 쟁점들에 대하여 알 수 있도록 한다.
- 그다음에는 사례와 그 맥락—상대적으로 논쟁의 여지가 없는 자료의 본체—에 대한 폭넓은 기술이 뒤따른다. 그리고 이 기술은 독자로 하여금 자신이 거기에 있는 것같이 느끼게 한다.
- 이후에 몇 가지 핵심 쟁점이 제시되는데, 그 결과로 독자는 사례의 복잡성을 이해할 수 있다. 이 복잡성은 다른 연구에 근거하거나 다른 사례들에 대한 저자의 이해를 통해 형성된다.
- 다음으로, 여러 가지 이슈를 더 탐구한다. 여기서 저자는 확인된 증거와 확인되지 않은 증거 모두를 제시한다.
- 저자의 주장이 제시되며, 저자가 사례에 대해 이해한 것에 대한 요약, 초기의 자연주의적 일반화와 개인적 경험을 통해 도달하거나 독자들을 위한 대리 경험으로 제공된 결론이 개념적으로 변화되어 왔는지 또는 도전을 받아 왔는지에 대한 요약을 제시한다.
- 마지막으로, 저자는 독자들로 하여금 이 보고서는 한 사람과 복잡한 사례의 만남이라는 사실을 상기시키면서 종결 삽화와 경험적 기록으로 끝맺는다.

사례에 대한 기술과 주제, 주장, 연구자의 해석, 사실적인 전개로 시작하고 끝맺기 때문에 우리는 이러한 일반적인 개요를 좋아한다. 이전 장에서는 일반적인 개요에 따르는 사례연구(Frelin, 2015; 부록 F 참조)를 참조했으며, 사례들이 제시되는 방법의 유사성과 차이점에 대해 검토하기를 권장한다.

이와 유사한 모형을 Lincoln과 Guba(1985)의 본질적인 사례보고서에서도 찾아볼 수 있다. 그들은 문제에 대한 설명, 맥락이나 현장에 대한 철저한 기술, 그 맥락 안에서 관찰되는 교류(transaction)나 과정에 대한 기술, 현장(깊게 연구된 요소들)에서의 특징들, 연구의 결과로 '배우게 된 교훈(lessons learn)' 등이 필요하다고 기술하였다.

더 일반적인 수준에서 Yin(2014)의 2×2 사례연구 유형 표가 도움이 될 수 있다.

사례연구는 단일 사례나 다중 사례 설계, 총체적(단일한 분석 단위)이거나 삽입된(다중적인 분석 단위) 설계일 수 있다. 더 나아가 그는 결정적인 사례, 극단적이거나 독특한 사례 혹은 드러내는(revelatory) 사례를 연구할 필요가 있을 때는 단일 사례가 가장 좋다고 하였다. 사례가 단일 사례인지 다중 사례인지에 따라, 연구자는 총체적인 설계로 전체 사례를 연구할 것인지 또는 그 사례 안의 여러 하위 단위를 연구할 것인지(삽입된 설계) 결정한다. 총체적인 설계가 더 추상적일 수는 있지만 삽입된 설계보다 사례 전체를 더 잘 포착할 수 있다. 그러나 삽입된 설계는 하위 단위들을 검토하면서 시작되고, 현장조사 동안에 관점을 상세히 함으로써 연구문제가 바뀌고 변화하게 된다.

Yin(2014) 역시 사례연구 보고서를 작성할 때 가능한 여러 가지 구조를 제시한다. Yin을 따르는 표준 접근인 줄단위 분석접근에서 연구자는 문제, 연구방법, 결과, 결론을 논의한다. 또 다른 구조는 같은 사례연구를 여러 번 반복하고, 같은 사례에 대한 다른 기술이나 설명을 비교한다. 연대기적 구조는 사례 발달사의 초기, 중간, 종결 단계에 역점을 두고 다루는 단락이나 장(章)과 같이, 차례로 사례연구를 제시한다. 이론들은 분석틀로 사용되고, 사례연구는 다양한 가설이나 명제를 토론할 수 있다. 결정되지 않은 구조에서 사례연구의 '해답' 혹은 결과와 그것의 의미는 서두의 장이나 단락에 제시된다. 남아 있는 단락은 이 성과에 대한 설명을 개발하는 데에 할애된다. 최종적인 구조, 비연속적인 구조에서 저자는 단락이나 장에 특정한 순서가 없이 사례를 기술한다.

삽입된 구조

사례연구자는 자신의 연구를 '특징짓기' 위해 어떠한 구체적인 내러티브 장치, 삽입된 구조를 사용하는가? 어떤 사례연구자는 연대기적인 사례의 맥락과 현장에 대한 기술에 있어 더 광범위한 묘사로 시작해 제한된 묘사로 접근할 것이다. 무장총격자 사례(Asmussen & Creswell, 1995)에서 우리는 먼저 실제로 있었던 캠퍼스 사고를 그 상황이 전개된 도시의 측면에서 기술하고, 그다음에는 캠퍼스 그리고 더 좁혀 들어가 캠퍼스의 실제 강의실 측면에서 기술한다. 이러한 깔때기식 접근은 조용한 도시 환경에서 폭발 가능성이 있는 캠퍼스 강의실로 현장을 좁혀 나가며, 발생한 사건의 연대기에 따라 연구를 진행시키는 것으로 보인다. 또 다른 예는 세 학교의 기술(technology) 통합에 대한 다중 사례연구에서 볼 수 있다(Staples, Pugach, & Mimes, 2005). 각 사례 설명은 연구 이전에 존재했던 기술(technology) 맥락, 연구 중에 발생한 변화로 시작하여 향후 예측으로 끝난다. 연대기적 접근 방식은 사건이 전개되고 과정이 진행될 때 최적의 결과를 보이는 것 같다. 사례연구는 종종 시간에 의해 제한되며 시간에 따른 사건을 다룬다(Yin, 2014).

학교 실패 이력이 있는 학생들과 교육적 관계를 맺는 교사의 관계적 실천을 설명하는 사례연구(Frelin, 2015; 부록 F 참조)는 또한 한 사례, 그 사례의 주제와 해석에 대한 단일 내러티브로 단일 사례연구(Yin, 2014)를 대표한다. 다른 연구(예: Chirgwin, 2015; Staples et al., 2005)에서 사례 발표는 여러 사례로 구성되어 있으며 각 사례에 대한 별도의 논의 없이 개별적으로 논의되며, 전반적인 교차 사례 분석(Yin, 2014)이 뒤따른다. Yin(2014)의 또 다른 내러티브 형식은 사례연구 데이터베이스를 기반으로 일련의 질문과 답변을 제기하는 것이다.

마지막으로, 연구자들은 자신의 사례연구에서 사용된 기술의 양 대비 분석의 양, 해석이나 주장의 양에 대해 인식하고 있다(Merriam & Tisdell, 2015). 기술과 분석을 비교하면서, Merriam(1988)은 적정한 균형은 60%/40% 혹은 70%/30% 정도로 기술이 더 많은 것이 좋다고 하였다. 무장총격자 사례를 검토해 보니, 우리는 현장과 실제 사건(그리고 사건 직후 2주 내에 발생한 일도 포함), 다섯 가지 주제, 논의 부분에서 보고된 우리의 해석, 배우게 된 교훈에 대해 구체적으로 기술하면서 똑같이 1/3(33%-33%-33%) 비율을 유지했다. 저자는 이와 같은 결정을 내려야 하며, 특히 경계가 지어진 체계(사례)가 상당히 크고 복잡한 경우 사례연구에 주로 기술 자료(descriptive material)가 포함될 수 있다.

접근에 따른 글쓰기 구조 비교

앞으로 되돌아가 보면, 〈표 9-1〉에서 우리는 질적 보고서 작성을 위한 다양한 구조를 제시했다. 어떤 접근을 선택하느냐에 따라 달라지는, 구조 내에 존재하는 중요한 차이점은 무엇인가?

첫째, 내러티브 구조에 대한 논의가 다양하다는 사실에 부딪혔다. 의심할 여지 없이 실제로는 다섯 가지 접근 간에 구조가 혼합되거나 공유되는 것을 거의 보지 못했다. 문화기술지 연구자와 내러티브 연구자에 의해 논의되는 일단의 내러티브 비유와 문학적 장치는 접근방법과는 상관없이 적용이 가능하다. 둘째, 내러티브 구조는 자료분석 과정과 밀접하게 관련되어 있다. 현상학적 연구와 근거이론 연구는 자료분석 단계를 착실하게 따른다. 간단하게 말해서, 질적 연구에서 자료수집과 분석, 보고서 작성 활동을 분리하기 어렵다는 것을 다시 한번 되새기고 싶다. 셋째, 내러티브, 특히 삽입된 내러티브 구조를 쓰는 데 대한 강조는 다섯 가지 접근 간에 다양하게 나타난다. 문화기술지 연구자는 내러티브와 텍스트 구성에 관한 폭넓은 논의 안에서 그 집단들을 이끌어 간다. 현상학자와 근거이론 저자들은 이 주제를 덜 다룬다. 넷째, 어떤 접근방법(예: 근거이론, 현상학적 연구, 사례연구)의 전반적인 내러티브 구조는 아주 구체적이지만, 다른 접근(내러티브, 문화기술지)에서는 해석에 대해 개방적이다. 아마도 이러한 결론은 다섯 가지 접근방법 간에 전반적으로 나타나는 덜 구조화된 접근과 더 구조화된 접근 간 차이를 반영하는 것일 것이다.

점검사항

1. 저자들이 본인들의 출판된 질적 연구에서 여러 가지 광범위한 글쓰기 전략을 어떻게 사용하는지 확인했는가? 부록 B에서 F까지에 제시된 질적 논문 중 하나를 선택하라.
   a. 학술논문에 적용된 네 가지 전략[즉, 반영성과 표현, 청중, 표현형식(인코딩) 및 인용문]을 식별하는 것부터 시작하라. 어떤 전략이 명확하고 어떤 것이 더 확인하기 어려운지 등의 영향에 주목하라.
   b. 각 논문의 대상이 되는 청중을 확인하라. 다른 청중이 대상인 경우에는 또 다른 전략이 어떻게 조정될 수 있는지 고려하라.

2. 질적 연구에 대한 특정 접근법의 전반적인 글쓰기 구조를 보고, 그것을 당신의 작업을 이끌어 낼 수 있도록 적용할 수 있는가? 부록 B에서 F까지 제시된 질적 연구 중 하나를 선택하라.

a. 구성요소 내의 흐름을 확인하여 전반적인 구조를 도표를 그리면서 시작하라. 그 논문은 어떻게 시작했는가? 개인적인 삽화, 문제에 대한 진술, 문헌검토로 시작했는가? 그다음은 무엇인가? 그 논문은 어떻게 끝나는가?
b. 그런 다음 각 구성요소를 살펴보고 은유, 인용문 및 도표와 같은 삽입된 전략을 확인하라.

3. 질적 연구에 삽입된 글쓰기 구조를 더 깊이 이해하기 위해 '좋은' 글쓰기의 특성을 확인할 수 있는가? Ellis(1993)의 내러티브 연구에서 순행-역행 방법, Anderson과 Spencer(2002)의 현상학의 창의적인 결말, Morrow와 Smith(1995)의 근거이론 연구에서의 시각적 도표, Rhoads(1995)의 문화기술지의 수사적 어구(tropes), Asmussen과 Creswell(1995)의 사례연구의 깔때기 접근 방식과 같은 다양한 전략을 적용한 질적 학술논문이나 책을 읽어 보라.
a. 저자들이 사용한 삽입된 전략들의 예에 밑줄을 긋고, 이 전략들의 효과를 고려하라.
b. 그 전략이 다른 접근법에서도 효과적으로 사용될 수 있을까?
c. 서로 다른 청중들은 다양한 삽입된 글쓰기 구조를 사용함에 있어 어떤 영향을 미치는가?

4. 질적 연구 글쓰기에서 실천적 경험에 대해 우리가 이해한 것을 적용하는 풍부한 기술의 특성을 확인할 수 있는가? 이를 위해 작가가 사건, 사물 또는 사람에 대한 정교한 세부사항을 제공하는 소설로 눈을 돌려 보라. 예를 들어, Paul Harding(2009년)의 수상작 『팅커스(Tinkers)』의 14쪽으로 돌아가 보라. 그리고 중고 벼룩시장에서 George가 고장 난 시계를 어떻게 수리했는지에 대한 구절을 읽어 보라.
a. Harding이 각 단계에 대한 기술 설명(또는 움직임)을 포함하고, 강력한 동작 동사를 사용하고, 참조 또는 인용문을 이용하고, 세부사항(시각, 청각, 미각, 후각, 촉각)을 전달하는 오감에 의존하는 것 등을 포함하여 어떻게 물리적 기술을 결합하는지 그 방법에 대해 써 보라.
b. 질적 기술이나 주제에 있어 이런 세부사항 유형을 사용하라.

요약

이 장에서 우리는 질적 보고서 작성에 대해 논의했다. 우리는 윤리적 고려사항을 다시 돌아보는 것을 시작으로 저자들이 도달해야 할 여러 가지 수사학적 이슈를 논의하였다. 이러한 수사학적 쟁점은 반영적으로 글쓰기와 발표, 글의 독자, 독자를 위한 표현형식(인코딩), 인용문 사용 등을 포함한다. 그러고 나서 각각의 다섯 가지 연구접근으로 들어가 연구자가 연구에 반영하는 구체적인 삽입된 구조, 글쓰기 장치, 기법뿐 아니라 전체 연구를 조직하기 위한 전반적인 수사학적 구조를 제시했다. 이들 구조에 대한 표를 통해서 서로 다른 자료분석 절차와 학문 분야 간의 혼합을 반영하는 구조에 대한 관점의 다양성을 보여 주었다. 우리는 다섯 가지 접근방법 간에 존재하는 내러티브 구조의 차이와 접근의 변이성에 반영되는 차이, 자료분석과 보고서 작성 간의 관계, 내러티브 구성에 대한 각 접근의 문학적 강조점, 그리고 각 접근방법 내의 전반적인 구조에서 구조의 양 등을 관찰하면서 결론을 제시했다.

더 읽을거리

앞 장에서 이미 제안된 질적 연구를 작성하고, 뜻을 전달하기 위한 전략과 지침을 포함하는 많은 자료 외에도, 여기에서는 글쓰기의 절차와 이슈에 대한 정보에 초점을 둔 몇 가지를 강조한다. 독자들은 이 목록을 전부인 것으로 간주해서는 안 되며, 이 책의 끝에 있는 참고문헌 목록에서 추가 읽을거리를 찾을 것을 권장한다.

Denzin, N. K. (2001). *Interpretive interactionism* (2nd ed.). Thousand Oaks, CA: Sage.

이 두 번째 판에서 Norman Denzin은 독자가 생생한 경험에 성공적으로 접근할 수 있도록 하는 해석적 상호작용주의를 어떻게 '할 것'인지 그의 지침을 확대한다.

Gilgun, J. F. (2005). 'Grab' and good science: Writing up the results of qualitative research. *Qualitative Health Research, 15,* 256-262. doi:10.1177/1049732304268796

Jane Gilgun은 1인칭 목소리의 사용에 대해 설득력 있는 과거와 현재의 주장을 제시하고 질적 연구를 위한 지침을 제시한다.

Richardson, L. (1990). *Writing strategies: Reaching diverse audiences.* Newbury Park, CA: Sage.

Laurel Richardson은 질적 글쓰기를 안내하고 대상 청중에 따라 어떻게 조정해야 하는지 그 방법에 대한 중요한 자료를 제공한다.

Strunk, W., & White, E. B. (2000). *The elements of style* (4th ed.). Upper Saddle River, NJ: Pearson.

William Strunk와 E. B. White는 자세한 설명과 함께 예시를 통해 접근 가능한 방식으로 영어식 원칙을 전달한다. 이 책은 반드시 읽어 보기 바란다.

Sword, H. (2012). *Stylish academic writing.* Cambridge, MA: Harvard University Press.

Helen Sword는 더 많은 청중을 위해 글을 쓰는 학자들을 위한 몇의 요소를 설명한다. 특히 주목할 것은 '매력적인 제목'과 '갈고리와 봉돌(hooks and sinkers)'이라는 제목의 장이다.

Van Maanen, J. (2011). *Tales of the field: On writing ethnography* (2nd ed.). Chicago, IL: University of Chicago Press.

John Van Maanen은 문화를 글로 표현하는 것과 관련한 양식을 정리한다. 그렇게 함으로써 그는 예시와 실천을 통해 문화기술자에게 귀중한 조언을 제공한다.

Weis, L., & Fine, M. (2000). *Speed bumps: A student-friendly guide to qualitative research.* New York, NY: Teachers College Press.

Lois Weis와 Michelle Fine은 반영성에 초점을 둔 좋은 자료를 제공한다. 특히 그들은 독자, 청중 및 연구참여자들에게 질적 글쓰기의 잠재적 영향을 명확하게 설명한다.

Wolcott, H. F. (2008b). *Writing up qualitative research* (3rd ed.). Thousand Oaks, CA: Sage.

Harry Wolcott은 질적 연구를 해석하고 전달하는 오랜 시간 동안 검증된 과정을 통해 독자를 이끌고 있다. 메시지를 작성하고 강화하는 인내에 대한 그의 지침은 주목할 만하다.

Qualitative Inquiry and Research Design

제10장

타당성[1] 기준과 평가

질적 연구자는 연구참여자를 직접 방문하고, 현장에서 많은 시간을 보내며, 알게 된 상세한 의미들을 조사하면서 얻게 되는 지식의 구조를 깊게 '이해'하려고 한다. 연구가 진행되는 동안이나 연구가 끝난 후에, 질적 연구자는 "우리가 제대로 연구한 것일까?"(Stake, 1995, p. 107) 혹은 "'잘못되거나' 부정확한 결과를 발표한 건 아닐까?"(Thomas, 1993, p. 39)라는 의문을 갖게 된다. '정확한' 해답을 구하는 것이 가능한가? 이러한 질문에 대한 대답은 연구자 자신, 연구참여자, 독자에게서 찾을 필요가 있다. 여기 질적 내러티브의 타당성과 평가에 대한 통찰을 제공하는 복합적이고 다양한 목소리의 담론이 있다.

이 장에서는 서로 관련된 두 가지 질문을 다룰 것이다. 그것은 어떤 기준에 의해 이야기가 타당하다고 할 수 있는가와 질적 연구의 질을 어떻게 평가할 것인가이다. 이런 질문에 대한 대답은 질적 연구계 내에서 부각되고 있는 타당성에 관한 다양한 관점, 절차적이고 해석적이며 포스트모던한 관점으로 논의된 다양한 평가의 기준으로 우리를 안내할 것이다.

---

1) 역자 주: validation은 타당성으로, validity는 타당도로 번역하였다.

토론할 문제

- 질적 연구공동체 내에 타당성에 대한 관점들은 어떤 것들이 있는가?
- 질적 연구에서 타당성 확립에 유용한 대안적 절차는 무엇인가?
- 질적 연구에서 신뢰도는 어떻게 실현되는가?
- 질적 연구의 질을 평가함에 있어 대안이 될 수 있는 입장은 무엇인가?
- 이런 입장들은 질적 연구접근에 따라 어떻게 다른가?

질적 연구에서의 타당성과 신뢰도

타당성에 대한 관점

질적 연구에서의 타당성의 중요성, 타당성에 대한 정의, 타당성을 기술하는 용어, 타당성을 확립하기 위한 절차 등에 대한 많은 관점이 존재한다. 발전되는 구성체로서의 타당성에 대한 우리의 관점은 질적 연구자와 질적 연구의 독자에게 질적 연구를 알리기 위해 전통적인 관점과 현대적인 관점 두 가지 모두에 대한 폭넓은 이해가 필수적인 것이라는 것을 의미한다. 〈표 10-1〉은 타당성에 대한 여러 가지 관점에 대한 질적 문헌을 연대순으로 정렬하여 정리한 것이다. 이러한 관점은 양적 연구와 상응하게 포스트모던 및 해석적 관점, 구성의 중요성 측면에서 질적 연구의 검증 위치를 정한다. 대부분은 타당성을 설명하기 위하여 양적 용어와는 구별되는 질적 용어를 사용한다. 일부는 많은 관점을 결합하거나 종합하고, 혹은 그것을 시각화하기 위한 은유를 사용한다. 질적 연구에서 타당성에 대한 생각이 진화하고 있다는 증거는 여러 저자뿐 아니라 저자들 내부에서도 명백하며, 우리는 우리의 입장을 전달함으로써 이 부분을 마무리한다.

표 10-1 질적 연구에서 타당성에 대해 사용된 관점과 용어

저자	관점	용어
Lecompre & Goetz (1982)	실험과 서베이 연구에서의 양적 대응물과 비슷한 질적 등가물의 사용	내적 타당도, 외적 타당도, 신뢰성, 주관성
Lincoln & Guba (1985)	자연적인 원리에 더욱 적용되는 대안적 용어 사용	신빙성, 이전 가능성, 의존 가능성, 확증 가능성
Eisner (1991)	질적 연구의 신빙성을 판단하기 위한 합리적인 기준을 제공하는 대안적 용어 사용	구조적인 확증, 합의된 타당성, 창조의 적절성
Lather (1991)	타당성에 대한 재개념화를 위해 네 가지 유형을 사용	다원화, 구성체 타당성, 액면 타당성, 촉매적(catalytic) 타당성
Lather (1993)	타당성에 대한 네 가지 유형 사용	모순적 타당도, 추론오류(paralogic) 타당도, 유사논리 타당도, 존재하는/내재된 도발적인 타당도
Wolcott (1990, 1994)	타당성은 질적 연구를 안내하지도 정보를 제공하지도 못하기 때문에 다른 용어 사용	타당도보다 이해가 더 나은 용어
Angen (2000)	해석적 탐구의 맥락에서 타당성 사용	윤리적 타당성과 실체적 타당성
Whitemore, Chase, & Mandle (2001)	타당성의 주요 기준을 일차적 기준과 이차적 기준으로 구성하기 위해 타당도에 대한 통합적인 관점 사용	일차적 기준: 신빙성, 확실성, 비판성과 정직성 이차적 기준: 명백성, 생생함, 창의성, 완전성과 민감성
Richardson & St. Pierre (2005)	'수정(crystal)'이라는 은유적이고 재개념화된 타당성 형식을 사용	자라고, 변화하고, 달라지고, 외부를 반영하고, 자신을 통해 굴절되는 수정(crystal)
Lincoln, Lynham, & Guba (2011)	확실성, 위반(transgression)과 윤리적 관계를 사용	관점을 나타내는 공정성, 자각과 행위, 숨겨진 가정과 억제, 많은 방식으로 바꿀 수 있는 수정, 연구참여자와의 관계
Creswell & Poth (이 책)	연구자와 연구참여자가 가장 잘 기술한 대로 결과의 정확성을 사정하기 위한 타당성 절차를 사용	질적 연구 전략의 예를 들면, 현장에서 보낸 많은 시간, 상세한 기술, 연구자와 참여자의 친밀감

저자는 타당성에 대해 전통적인 양적 접근에 상응하는 질적 기준을 찾으려고 한다. LeCompte와 Goetz(1982)는 실험 설계와 서베이 연구에서의 타당도(validity)와 신뢰도(reliability) 이슈를 질적 연구의 그것과 비교하면서 이러한 접근을 보여 주었다. 그들은 질적 연구자가 전통적인 의미로 "신뢰도와 타당도라는 규범에 다가가는" 것에 실패함으로써 과학 집단 사람들로부터 많은 비판을 들어 왔다고 하였다(LeCompte & Goetz, 1982, p. 31). 그들은 문화기술지 연구에 실험연구의 내적 타당도 저해 요인(예: 역사와 성숙, 관찰자 효과, 선택과 회귀, 피험자의 상실, 가식적 관계)을 적용하였다. 그들은 더 나아가 "연구의 비교 가능성과 변환 가능성을 저해하거나 감소시키는 효과"로서 외적 타당도의 저해 요인을 확인했다(LeCompte & Goetz, 1982, p. 51).

어떤 저자들은 실증주의적 용어를 계속 사용하는 연구자들이 질적 연구를 전통적으로 중심이었던 양적인 세계로 편입되도록 조장한다고 주장한다. Ely 등(Ely, Anzul, Friedman, Garner, & Steinmetz, 1991)은 양적 용어를 사용하는 것이 일을 혼란스럽게 만드는 방어적인 조치일 뿐이며, "실증주의 연구의 언어는 질적 연구 활동에 어울리지 않고 적합하지 않다고 믿는다."(p. 95)라고 주장하였다. Lincoln과 Guba(1985)는 자연주의적 연구를 더욱 고수하기 위하여 다른 대안적인 용어를 사용했다. 연구의 '진실성(trustworthiness)'을 확보하기 위하여, Lincoln과 Guba(1985)는 내적 타당도(internal validity), 외적 타당도(external validity), 신뢰도(reliability), 객관성(objectivity) 등 대신에 "자연주의자들에게 그에 상응하는" 신빙성(credibility), 확실성(authenticity), 이전 가능성(transferability), 의존 가능성(dependability), 확증 가능성(confirmability)이라는 독특한 용어를 사용했다(p. 300). 이러한 새로운 용어를 조작화하기 위하여, 그들은 지속적인 현장 참여와 신빙성을 구축하기 위한 자료원, 방법, 연구자의 **다원화**(triangulation)와 같은 기법을 제안했다. 연구 결과가 연구자나 연구대상자 간에 공감되도록 하기 위해서는 상세한 기술(thick description)이 필요하다. 어떤 연구자는 결과가 변화하고 불안정하기 쉽다는 의미에서 신뢰도보다 의존 가능성을 추구한다. 자연주의적 연구자들은 자료의 가치를 구축하기 위해 객관성보다는 확증 가능성을 추구한다. 의존 가능성과 확증 가능성 모두는 연구 과정을 감사(auditing)함으로써 확보할 수 있다. 우리는 오늘날 Lincoln과 Guba의 기준이 질적 보고서에서 여전히 인기 있다는 것을 알고 있다.

타당성이라는 용어를 사용하는 대신, Eisner(1991)는 질적 연구의 신빙성을 입증하기 위한 근거로서 구조적 확증, 합의된 타당성, 참조의 적절성 등과 같은 기준을 만들었다. 구조적 확증에서 연구자는 해석을 지지하거나 부인하기 위해 다양한 유형의 자료를 사용한다. Eisner(1991)에 따르면, "우리는 신빙성을 키우는 근거들을 찾는다. 그것이 우리가 관찰하고 해석하고 결론 내린 것에 대한 확신을 제공한다."(p. 110)라고 하였다. 그는 발견적 활동(detective work)에서 보이는 유사점을 통해 이 점을 더 자세히 설명하였다. 발견적 활동은 연구자가 '설득력 있는 전체(compelling whole)'를 구성하기 위해 많은 증거를 모으는 것이다. 이 단계에서 연구자는 반복되는 행동이나 행위를 찾고 확인되지 않은 증거와 반대 해석을 고려한다. 게다가 Eisner(1991)는 신빙성을 증명하기 위해서 증거의 무게는 설득력이 있어야 함을 지적한다. 합의된 타당성이라는 것은 다른 사람의 의견을 구하는 것이며, Eisner(1991)는 "기술, 해석, 평가, 교육적 상황의 주제가 옳다는 것이 자격 있고 유능한 다른 사람들 사이에서 동의되는 것"(p. 112)이라고 간주했다. 참조의 적절성은 비판이 중요함을 제기하는데, Eisner는 비판의 목적에 대해 주관적인 문제를 제거하고 사람들에게 더욱 복합적이고 민감한 지각과 이해를 가져오는 것이라고 설명하였다.

질적 연구자들은 또한 포스트모더니즘적 민감성을 가지고 타당성을 재개념화하였다. Lather(1991)는 초창기 "타당성을 재개념화한 것"으로 타당성의 네 가지 유형(예: 다원화, 구성체 타당성, 액면 타당성, 촉매적 타당성)을 밝혔다. Lather는 현재의 "인문학 패러다임의 불확실성이 타당성에 대한 재개념화를 야기한다."라고 지적하고, "타당성의 독단적인 관념이라는 함정을 피할 수 있고, 진실된 자료를 확보하고 규정하기 위한 새로운 기법과 개념"이 필요하다고 하였다(p. 66). Lather에게 있어서 사회과학 보고서의 특성은 빈틈없는 논쟁 구조를 가진 폐쇄적인 내러티브에서 결점과 의문점을 가지는 개방적 내러티브로 변해 왔고, 상황논리와 편견을 허용하게 되었다. 『영리해지기(Getting Smart)』라는 저서에는 Lather(1991)는 다원화를 여러 가지 자료의 원천, 방법, 이론적 체계를 활용하는 것으로 설명하고, 구성체 타당성을 정보제공자나 맥락에 이론이나 구성체를 부여하기보다는 존재하는 구성체를 인식하는 것으로 설명하며, 액면 타당성은 Kidder(1982)를 인용하여 "'그렇긴 하지만(yes, bet)' 대신에 '물론 그렇다(yes, of course)'는 경험과 '인식의 순간(click of recognition)'"

(p. 56)으로 설명하고, 촉매적 타당성은 참여자들이 현실을 인식하고 그것을 변형시키도록 유도하는 것으로 설명했다.

이후의 연구논문에서 Lather(1993)의 용어는 '타당성의 네 가지 틀' 안에서 더욱 독특해졌고, 페미니스트 연구와 밀접히 관련되었다. 먼저, 역설적(ironic) 타당성에서 연구자는 문제를 통해 진실을 제시한다. 두 번째, 유사논리(paralogic) 타당성은 결정할 수 없고, 한계가 있고, 역설적이며, 복합적인 것 그리고 이론화에서 벗어나 거의 중재되지 않는 방식으로 다른 목소리를 직접 보여 주는 것과 관련된다. 세 번째, 근본적(rhizomatic) 타당성은 근본적인 구조 혹은 뿌리 깊은 연결 없이, 확산되고 뒤섞이고 중복되는 것에 의문을 제기하는 것과 관련된다. 연구자들은 또한 독자들이 하나의 집합에서 다른 집합으로 뛰어들어 결과적으로 판단에서 이해로 넘어가게 되는 분류, 구성체, 상호 연결된 네트워크에 의문을 제기한다. 네 번째 유형은 상황적이고 내포된 혹은 도발적인(voluptuous) 타당성이다. 이것은 연구자가 사람들이 알 수 있는 것보다 많은 것을 이해하기 위하여 그리고 사람들이 이해하지 못한 것을 기록하기 위하여 준비하는 것을 의미한다.

Wolcott(1990)과 같은 다른 저자들은 타당성을 거의 사용하지 않았다. 그는 그의 저서에서 "타당성은 연구에 대한 지침도 아니고 정보도 아니다."(p. 136)라고 하였다. 그는 타당성이라는 개념을 버린 것이 아니고, 좀 더 포괄적인 관점으로 이해했다. Wolcott(1990)의 목표는 '비판적 요소'를 찾는 것이었고, "비판적 요소들을 통해 그럴듯한 해석"을 하는 것이었다(p. 146). 그는 궁극적으로 확신보다는 이해하려고 노력했으며, 타당도가 실제로 일어나고 있는 것에 대해 이해하는 작업을 방해한다는 견해를 제시하였다. Wolcott(1990)은 타당성이라는 용어가 그가 구하고자 하는 핵심을 포착하지 않으며, 아마도 누군가가 자연주의적 패러다임에 적합한 용어를 만들어 낼 것이라고 하였다. 그러나 지금까지는, 그가 말한 '이해'라는 용어가 다른 것들뿐 아니라 아이디어를 요약하고 있는 것 같다(Wolcott, 1994).

질적 연구의 해석적 접근 내에서 타당성은 연구자의 중요성, 타당성에서의 진실 부족, 연구참여자와의 협상과 대화에 기반한 타당성 형식, 일시적이고 지엽적이며 항상 재해석의 여지가 있는 해석 등에 초점을 둔다(Angen, 2000). Angen(2000)은 해석적 연구에서 타당성은 "연구물의 진실성과 훌륭함을 판단하는 것"(p. 387)이라고 하였다. 그녀는 무엇이 우리의 실재에 대한 해석적 연구를 가치 있는 것으로 만드는가 하는 주제에 대해 지속적이고 열린 대화를 신봉한다. 타당성을 고려하는 것은 주제에 대해 최종 용어로 정의하는 것도 아니고, 모든 연구에서 타당성이 확보되어야 하는 것도 아니다. 더 나아가 그녀는 타당성을 윤리적 타당성과 실체적 타당성이라는 두 가지 유형으로 제시하였다. 윤리적 타당성은 모든 연구주제가 도덕적 가정, 정치적이고 윤리적인 함의, 다양한 목소리에 대한 균형적 처리를 기초로 하는지 질문해야 한다는 것을 의미한다. 또한 이는 연구가 이런 질문에 대해 실천적 응답을 제공할 것을 요구한다. Angen(2000)은 우리의 해석적 연구는 또한 "발생 가망성(generative promise)"(p. 389)을 지녀야 하며, 새로운 가능성을 만들어 내고, 새로운 질문을 야기하며, 새로운 의견 교환을 자주 해야 하고, 우리가 가진 질문에 대한 독단적이지 않은 응답을 제공해야 한다고 제안했다. 그렇게 해서 해석적 질적 연구는 변화 지향적인 가치를 가져야 한다. 실체적 타당성은 자기 자신의 주제에 대한 이해, 다른 자료로부터 파생된 이해, 연구를 기록함에 있어 이 과정을 서면화하는 것을 의미한다. 자기반영(self-reflection)은 연구의 타당성에 도움이 된다. 사회사적인(sociohistorical) 해석가로서 해석적 질적 연구자는 해석을 공동으로 도출해 내기 위해 그 대상과 상호작용한다. 선행 연구를 통해 얻어진 이해는 탐구에 대한 재료를 제공한다. 해석적 연구는 또한 궁극적으로 도달한 의미의 진실성을 판단하려는 다른 사람들을 위해 서면화되어야 하는 일련의 해석이다. 작성된 연구물은 잠재적 독자가 동조할 수 있어야 하며, 자기도 모르게 끌려 들어가야 하며, 강력하고, 수긍이 가야 한다.

타당성에 대한 13개 연구를 분석하고, 이 연구들로부터 타당성에 대한 핵심적인 기준을 추출한 Whittemore, Chase와 Mandle(2001)은 타당성에 대한 관점을 종합했다. 그들은 이 기준을 일차적 기준과 이차적 기준으로 정리했다. 그들은 네 가지의 일차적 기준을 찾아냈다. 신빙성(연구 결과는 참여자들의 의미를 적절하게 해석하는가?), 확실성(다른 목소리에 귀 기울였는가?), 비판성(연구의 모든 국면에 대한 비판적 평가가 있는가?), 정직성(탐구자는 자기비판적인가?)이 일차적 기준이다. 이차적 기준은 명백성, 생생함, 창의성, 완전성, 민감성과 관련되어 있다. 요약하면, 이런 기준을 통해 연구자의 반영성을 강조하고, 연구 과정 동안 개발된 아이디어에 대해 제기되는 의문을 포함한 연구자의 도전을 강조함으로써, 타당성 표준이 질적 연구의 해석적 렌즈로 이동한 것처럼 보인다.

최근의 포스트모던 관점은 수정(crystal)이라는 은유적 이미지를 그려 낸다. Richardson(Richardson & St. Pierre, 2005)은 이 이미지를 다음과 같이 묘사한다.

> 포스트모던 텍스트를 위한 '타당성'의 핵심적인 이미지는 삼각형, 즉 견고하고, 고정되어 있으며, 2차원적인 대상이 아니다. 이를 대신하는 핵심적인 이미지는 수정(crystal)이다. 수정은 균질한 물질로 구성되어 있고, 변형이 있고, 다차원적이며, 각을 이루고 있다. 수정은 자라고 변하고 모양이 달라지지만, 무정형의 것은 아니다. 수정은 외부를 반영하는 프리즘이고 자신 내부에 굴절하여 다른 색깔, 다른 무늬, 다른 배열을 만들어 내고 그것들을 다른 방향으로 내던진다. 우리가 보는 것은 각도에 따라 달라진다. 다원화가 아닌 수정화라고 할 수 있다(p. 963).

마지막 관점은 Lincoln, Lynham과 Guba(2011)가 구성한 것이다. 그들은 다년간 발전해 온 많은 관점을 수집했다. 그들은 타당성 기준에 대해 우리가 그런 기준을 가지고 있는지 아닌지 혹은 누구의 기준이 학계에서 받아들여질지에 관한 것이라기보다는, 오히려 기준이 어떻게 사회과학자에 의해 제안되는 계획된 변화 속에서 개발되어야 하는지에 대해 질문할 것을 제안한다. 이를 위해 그들은 확실성 확보에 대한 자신들의 초점을 점검하였다. 참여자와 다른 이해당사자의 의식 수준을 끌어올리고, 연구참여자 측의 행위를 이끌어 내는 탐구력을 향상시키고, 그런 참여자가 행동하도록 훈련하는 균형 잡힌 시각의 관점 안에서 타당성을 구성한다. Lincoln 등(2011)은 발견하기, 보기, 말하기, 이야기하기 그리고 발표와 같은 연구 과정에 반영되고 굴절되는 수정의 이미지[Richardson & St. Pierre(2005)에 의해 공유된]를 통해 숨겨진 가정을 이해하는 데에 있어 타당성의 역할을 살펴보았다. 마지막으로, 이러한 저자들에게 타당성이란 자신의 위치, 자기노출, 자기주장, 자기반영과 같은 기준을 관통하는 연구참여자와의 윤리적 관계이다.

이러한 많은 관점 속에서 우리는 우리의 입장을 다음과 같이 요약한다. 우리는 질적 연구에서 연구자와 참여자 그리고 독자(혹은 검토자)가 잘 기술한 결과들의 '정확성' 정도를 파악하려는 시도가 '타당성'이라고 생각한다. 이러한 관점은 어떤 연구보고서도 저자가 제시하는 것이라는 점을 이야기한다. 우리는 또한 타당성을 질적 연구의 차별적 강점이라고 여긴다. 현장에서 오랜 시간 보내면서 만들어진 연구물, 구체적이고 풍부한 기술, 연구참여자에 대한 연구자의 친밀성 모두 연구의 가치나 정확성을 더한다고 본다. 우리는 타당성이라는 용어를 확증(양적인 의미)이나 진실성과 확실성[많은 질적 저자가 Lincoln과 Guba(1985)의 기준의 '저력'을 보여 주는 확실성과 신빙성과 같은 용어로 되돌아감을 인정함; Whittemore et al., 2001 참조]과 같은 역사적인 용어가 아니라 과정을 강조하기 위해(Angen, 2000 참조) 사용한다.

질적 연구의 타당성에는 많은 유형이 있고, 저자들은 자신에게 편안한 유형과 용어를 선택할 필요가 있다. 우리는 저자들이 자신의 타당성 용어와 전략을 참조할 것을 제안한다. 타당성이라는 주제는 질적 연구의 여러 가지 접근방법에서 발생하지만(예: Corbin & Strauss, 2015; Riessman, 2008; Stake, 1995), 질적 연구의 다섯 가지 접근마다 차별적인 타당성 방법이 있다고 생각하지 않는다. 기껏해야 내러티브 연구에서는 타당성이 가장 덜 강조되고, 근거이론, 사례연구, 문화기술지 등의 접근을 하는 저자들이 체계적인 절차를 사용하고자 할 때 더 많이 강조되는 것 같다. 우리는 질적 접근의 유형과 상관없이 타당성 전략을 사용해도 된다고 본다.

질적 연구에 있어 타당성에 대한 우리의 틀은 연구자가 연구의 '정확성'을 문서화하기 위해 채택된 전략을 사용해야 한다는 것이다. 이것을 우리는 '타당성 전략'이라고 한다.

타당성 전략

관점과 용어를 얻는 것만으로는 충분하지 않다. 이런 생각들은 궁극적으로 실천으로 옮겨져야 한다. Whittemore 등(2001)은 설계 시 고려사항, 자료수집 및 분석과 발표에 적용되는 기법을 29가지로 정리하였다. 우리는 Creswell과 Miller(2000)의 연구에서 채택한 타당성 절차를 거치면서 질적 연구자들이 자주 사용하는 아홉 가지 전략을 설명하고, 이러한 전략을 구현하는 방법에 대한 몇 가지 일반적인 지침을 제공한다([그림 10-1] 참조).

전략은 중요도가 특정한 순서로 제시되지 않지만, 전략이 나타내는 렌즈에 의해 세 그룹으로 구성된다. 즉, 연구자 렌즈, 연구참여자 렌즈, 독자 또는 검토자 렌즈이다(Creswell, 2016). 질적 연구자는 어떤 연구에서건 적어도 두 가지 타당성 전략에 관여하라는 우리의 권고는 다음에 더 논의된다.

연구자의 렌즈

연구자가 수행하는 많은 역할 중 하나는 질적 보고의 정확성을 확인하는 것이며, 다음의 타당성 전략 중 하나가 연구자를 이 역할 안에서 도울 수 있다.

• 다양한 자료 원천의 다원화를 통해 근거를 확증하기: 연구자는 복합적이고 다양한 자료원, 방법, 연구자와 이론을 이용해서 확실한 증거를 확보한다(Bazely, 2013; Ely et al., 1991; Erlandson, Harris, Skipper, & Allen, 1993; Glesne, 2016; Lincoln & Guba, 1985; Miles & Huberman, 1994; Patton, 1980, 1990, 2015; Yin, 2014). 전형적으로, 이 과정은 주제와 관점을 설명하기 위하여 다양한 자료원으로부터 증거를 확인하는 것을 포함한다. 질적 연구자가 다양한 자료원으로부터 코드와 주제를 증명하는 근거를 찾아낼 때, 그것들이 정보를 다원화하고 그 결과에 대한 타당성을 제공하는 것이다. 이러한 타당성 전략을 위해 우리는

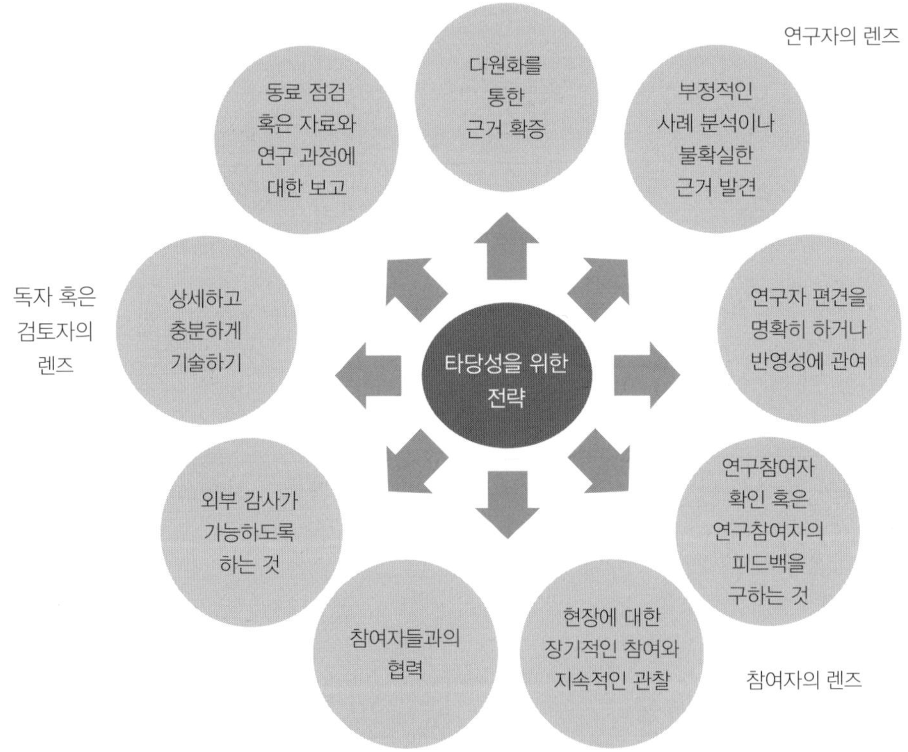

[그림 10-1] 질적 연구의 타당성 전략

연구를 계획할 때 다양한 자료원을 함께 사용하는 방법을 고려하기 시작한다. 그런 다음 자료가 수집됨에 따라 우리는 확증 근거를 더 탐색하고 이러한 통찰력을 우리의 해석과 글쓰기에 사용한다.

- 부정적인 사례 분석이나 불확실한 근거를 발견하기: 반대의 사례 분석(negative case analysis)의 경우, 연구자는 부정적이거나 경쟁적인 근거에 비추어 연구를 진행하면서 작업가설(working hypotheses)을 다듬는다(Ely et al., 1991; Lincoln & Guba, 1985; Miles & Huberman, 1994; Patton, 1980, 1990; Yin, 2014). 연구자는 자료분석 마지막 즈음에 이 과정을 마치고, 모든 극단치와 예외적 상황을 제거함으로써 모든 사례에 적합할 때까지 초기 가설을 수정한다. 모든 증거가 코드나 주제의 패턴에 맞는 것은 아니다. 그다음에는 부정적인 분석을 보고할 필요가 있다. 그리고 그렇게 할 때 연구자는 연구하는 현상에 대해 현실적인 평가를 할 수 있다. 현실에서 모든 증거는 긍정적인 것도 부정적인 것도 아니다. 그 두 가지가 조금씩 다 있다. 이 타당성 전략을 위해 우리 둘 다 그러한 근거에 주의를 기울이는 경향이 있다는 것을 인정하고, 연구 전반에 걸쳐 소위 '호기심 지점'을 따르도록 한다. 우리는 이러한 점이 종종 우리의 글에서 주요 논의점이 된다는 것을 안다.
- 연구자의 편견을 명확히 하고 반영성에 관여하기: 연구자는 연구의 시작부터 질적 조사연구에 가져온 자신의 편견, 가치, 경험에 대한 이해를 공개하여 독자가 연구자가 조사를 수행하는 위치를 이해할 수 있도록 한다(Hammersley & Atkinson, 1995; Merriam & Tisdell, 2015). Weiner-Levey와 Popper-Giveon (2013)에 따르면, 이것을 명확히 하기 위해서 연구자는 연구에 접근하고 해석을 형성하는 데 영향을 줄 수 있는 과거 경험, 편견, 선입관, 지향 등에 대해 언급함으로써 질적 연구에서 종종 생략되는 소위 '암흑 물질'을 부각시킨다. 이 타당성 전략을 위해 우리는 연구 전반에 우리의 과거 경험과 관점과 함께 나타나는 관련성에 대해 글을 쓰고 논의하는 기회를 포함시킨다.

연구참여자의 렌즈

연구참여자들은 다음과 같은 검증 전략에서 중요한 역할을 한다.

- 참여자 확인(member check) 혹은 참여자의 피드백 구하기: 연구자는 연구 결과와 해석의 신뢰성에 대한 참여자의 견해를 요청한다(Bazeley, 2013; Ely et al., 1991; Erlandson et al., 1993; Glesne, 2016; Lincoln & Guba, 1985; Merriam & Tisdell, 2015; Miles & Huberman, 1994). 이 기법을 Lincoln과 Guba(1985)는 "신빙성을 형성하기 위해 가장 중요한 기법"(p. 314)이라고 하였다. 대부분의 질적 연구에서 강조되어 기록되는 이 접근은 참여자들에게 되돌아가 자료를 구하고, 분석하며, 해석하고, 결론을 내림으로써 그들이 이야기의 정확성과 신빙성을 판단할 수 있도록 하는 것이다. Stake(1995)에 따르면, 참여자들은 연구에서 "조사될 사례로서 행동하는 것뿐 아니라 직접적으로 중요한 역할을 수행한다(p. 115)." 연구자는 연구참여자들이 "중요한 관찰 혹은 해석"에 대해 대안적인 표현을 제공하고 연구자의 연구 작업 초안을 검토해 줄 것을 요청해야 한다(Stake, 1995, p. 115). 그렇게 해서 연구참여자들은 "진행 중인 자료분석이 얼마나 잘 그들의 경험을 제시하고 있는지"에 대해 비판적인 역할을 한다(Hays & Singh, 2012, p. 206). 이러한 타당성 전략을 위해, 우리는 연구의 참여자들을 초점집단으로 구성하여 그들에게 분석의 정확성에 대해 심사숙고하도록 했다. 우리는 연구참여자에게 필사본이나 원자료를 돌려주지 않았지만, 기술이나 주제를 구성하는 예비분석을 보여 주었다. 우리는 누락된 것(연구참여자들의 피드백을 어떻게 해석할 것인지에 대한 실용적인 안내는 Richard, 2015 참조)뿐 아니라, 이런 기록된 분석에 대한 그들의 관점이 흥미로웠다.
- 현장에 대한 장기적인 참여와 지속적인 관찰하기: 연구자는 연구에서 두드러지는 것, 연구 목적과 관련된 것, 초점에 관심 있는 것에 대해 현장 기반 결정을 내린다. 연구자는 연구참여자 및 문지기(gatekeeper)와 관계를 구축하고, 문화와 맥락을 배우고, 자신이나 정보제공자가 가져온 왜곡으로 인해 잘못된 정보를 확인한다(Ely et al., 1991; Erlandson et al., 1993; Glesne, 2016; Lincoln & Guba, 1985; Merriam & Tisdell, 2015). Fetterman(2010)은 "참여관찰은 연구대상자와 긴밀하고 장기적인 접촉을 필요로 한다."(p. 39)라고 주장한다. 이러한 타당성 전략을 위해 우리는 연구 중에 가능한 한 많은 시간을 현장에서 보내고, 자료수집을 시작하기 전에 현장과 연구참여자들에게 익숙해진다.
- 연구참여자와 협력하기: 연구자는 연구참여자가 다양한 방법과 수준으로 연구

과정에 참여할 수 있는 기회를 제공한다. 다양한 방법으로는 자료수집 프로토콜을 개발하고, 자료분석 및 해석에 기여하는 등 주요 연구 결정에 관여하는 것이 있다. 연구참여자의 관여 정도는 최소한의 범위에서 광범위한 범위까지 연속선상에서 다양하다. 연구참여자의 관여는 연구참여자가 관여할 때 연구가 지지될 가능성이 더 높고, 결과가 이용된다는 생각(그리고 점점 늘어나는 연구)에 기초한다(Patton, 2011, 2015). 이 타당성 전략을 위해 우리는 종종 연구참여자가 연구의 공동연구자로 참여하는 공동체 기반 참여연구수행을 참조한다(자세한 논의는 Hacker, 2013 참조).

독자 혹은 검토자의 렌즈

연구자 이외의 다른 사람들과 연구에 관련된 사람들을 포함하는 것은 다음과 같은 검증 전략에 기여한다.

- 외부 감사가 가능하도록 하기: 연구자는 외부의 자문가인 감사자들이 연구의 과정과 결과 모두를 조사하여 그 정확성을 평가하도록 해야 한다(Erlandson et al., 1993; Lincoln & Guba, 1985; Merriam, 1988; Miles & Huberman, 1994). 이 감사자들은 연구와 아무런 관련이 없어야 한다. 연구 결과를 평가함에 있어, 감사자들은 연구 결과, 해석, 결론이 자료에 의해 지지되고 있는지 아닌지를 평가한다. Lincoln과 Guba(1985)는 이것을 회계감사에 은유적으로 비유하여, 그러한 절차는 연구에 대해 평정자간 신뢰도(interrater reliability)를 제공한다고 하였다. Silver와 Lewins(2014)가 "후속되는 모든 과정을 기록하는 것과, 전체 분석에 기여하는 작은 분석의 진전을 기술하는 것"(p. 140)이라고 한, 때로 감사 추적으로 간주되는 문서의 작성은 이 과정을 돕는다. 이 검증 전략을 위해 우리는 두 가지 과정에 관여한다. 첫째, 연구의 서두에 이론적 근거와 잠재적 결과를 포함한 주요 결정을 상세히 기술하는 추적 문서를 작성한다. 둘째, 자원이 허용되면, 우리는 감사자를 통해 과정과 결과를 검토한다.
- 상세하고 충분하게 기술하기: 저자가 연구참여자 혹은 연구 환경을 상세하게 기술하기 때문에, 독자는 이전 가능성(transferability)과 관련된 결정을 내릴 수 있다(Erlandson et al., 1993; Lincoln & Guba, 1985; Merriam & Tisdell, 2015). 이러

한 상세한 기술을 통해 연구자는 독자들이 정보를 다른 환경으로 옮길 수 있고, 연구 결과가 "공유된 특성 때문에" 이전될 수 있는지 여부를 결정할 수 있도록 한다(Erlandson et al., 1993, p. 32). 상세한 기술은 연구자가 사례를 기술할 때나 주제에 대해 쓸 때 구체적인 사항을 제시한다는 것을 의미한다. Stake(2010)에 따르면, "만약 많이 기술되고 있고 세부사항들이 서로 연결된다면 기술은 풍부한 것이다……(p. 49)." 세부사항은 신체에 대한 기술, 움직임에 대한 기술, 행위에 대한 기술을 통해 나타난다. 그것은 또한 일반적인 생각부터 일부에 한정된 생각까지 기술하고, 세부사항을 서로 연결시키며, 아주 많은 동작 동사와 인용구를 사용하는 것을 포함할 수 있다. 이 타당성 전략을 위해 우리는 분석 중에 도움이 될 수 있는 추가적 기술(예: 분위기와 같은 맥락적 기술)을 더하기 위해 수집 직후 다시 원자료를 검토하는 데 시간을 할애한다.

- 동료 점검 혹은 자료와 연구 과정에 대한 보고: 연구자들은 양적 연구에서의 평정자간 신뢰도와 같은 의도에서 "연구나 탐구된 현상에 익숙한 사람"(Creswell & Miller, 2000, p. 129)에 의한 외부 점검을 추구한다(Ely et al., 1991; Erlandson et al., 1993; Glesne, 2016; Lincoln & Guba, 1985; Merriam & Tisdell, 2015). Lincoln과 Guba(1985)는 동료 보고자의 역할을 연구자가 정직하기를 요구하는 '악마의 대변인'이라고 정의했다. 그들은 방법, 의미, 해석에 대해 어려운 질문을 던지고, 연구자의 감정에 공감하면서 귀 기울여 들음으로써 카타르시스의 기회를 제공한다. 이 타당성 전략을 위해 우리는 Lincoln과 Guba(1985)가 동료보고회(peer debriefing session)이라고 한 모임에 동료와 학생들을 검토자(reviewer, 우리 학생들을 위해서는 우리가 이 역할을 담당)로 참여시키고, 검토자와 연구자 모두 이 모임의 보고를 기록한다.

이러한 9개 절차를 전체([그림 10-1]에서 논의되고 개요를 설명함)로서 설명하면서, 우리는 질적 연구자들이 질적 연구를 하면서 적어도 두 가지 이상 수행할 것을 제안한다. 서로 다른 자료원 간의 다원화(1명 이상의 조사자가 자료를 수집함을 인정)와 같은 절차나, 꼼꼼하고 상세한 기술, 참여자 확인에 참여한 사람들에게 기록된 전체 내러티브를 보여 주는 것들은 모두 합리적으로 수행하기 쉬운 절차들이다. 또한 이 방법들은 가장 많이 사용되고 비용 효과적인 절차들이다. 동료 감사나 외부 감사와 같은 다른 절차들은 적용하기에 시간과 비용이 소모될 것이다. 또한 타당도 렌즈(즉, 연구자, 연구참여자, 독자 및 검토자) 간의 차이는 연구자의 철학적인 지향에 기인할 수 있으며, 따라서 특정 타당성 전략 사용에 영향을 미칠 수 있다는 점을 지적한다(자세한 논의는 Creswell, 2016 참조).

신뢰성에 대한 관점과 절차

신뢰성은 질적 연구에서 다양한 방식으로 확보될 수 있다(Silverman, 2013). 녹음을 위해 질 좋은 녹음기를 사용하고, 그 녹음 파일을 녹취함으로써 자세한 현장 노트를 남길 수 있다면 신뢰성은 향상될 수 있다. 또한 그 녹음은 소소한 것까지 나타내도록 녹취될 필요가 있지만, 그것은 종종 어렵고 중단되고 중복된다. 게다가 프로젝트 기획자의 기대와 의문을 모른 채 연구를 수행하는 코딩 담당자와 분석가에 의해 그리고 자료 기록과 분석을 돕기 위해 컴퓨터 프로그램을 사용할 경우, 코딩이 '무분별하게' 진행될 수 있다. Silverman은 또한 자료를 기록하고 분석하는 데 도움이 되도록 컴퓨터 프로그램의 사용을 지지한다.

우리는 신뢰성에 있어 필사된 자료를 분석하기 위해 여러 명이 코딩한다는 점에 기초하여 **코딩 담당자 간 합의**에 초점을 두었다. 질적 연구에서 신뢰성은 자료에 대한 다양한 코딩 담당자 반응의 안정성을 가르킨다. 분석 과정의 일부분으로서, 코딩 담당자들 간의 신뢰성을 평가하고 코딩을 진행하는 것이 중요하다(Kuckartz, 2014; Richards & Morse, 2012). 우리는 이러한 실천이 특히 보건과학 질적 연구에서 사용되었고, 고도의 해석적 코딩 과정에 대해 외부의 점검을 요구하는 질적 연구의 형식으로 사용되어 왔다고 본다. 코딩 담당자 간의 합의 점검을 실제로 구성하는 절차에 대한 논의는 문헌에서 많이 간과되어 왔다(Armstrong, Gosling, Weinman, & Marteau, 1997; Campbell, Quincy, Osserman, & Peterson, 2013; Miles & Huberman, 1994; Miles, Huberman, & Saldaña, 2014는 예외). 핵심 이슈 중의 하나는 정확하게 합의된 코딩은 무엇이고, 코딩명, 코딩된 문단, 동일한 방식으로 코딩된 동일한 문단에 대해 합의를 구했는지 여부를 결정하는 것이다. 우리는 또한 코드, 주제, 혹은 코드와 주제 둘 다에 기초한 합의를 구해야 할지 결정하는 것이 필요하다(Armstrong et al., 1997 참조). 마지막으로, Richards(2015)가 현명하게 조언한 것처럼, 시간이 지남에 따라 코딩 담당자들의 코딩에 있어 완전한 일관성을 기대할 수 없음에 따라 우리는 연구 결과를 신중하게 해석해야 한다. 당연히 과정에는 융통성이 있지만, 연구자는 코딩에 소요되는 시간과 자원에 대해 일관된 접근을 해야 할 필요가 있다.

여러 명의 코딩 담당자와 작업해 본 경험을 바탕으로, 우리는 질적 연구의 코딩에서 코딩 담당자 간 합의를 평가하기 위한 절차를 다음과 같이 제안한다(다음에 제시한 [그림 10-2] 참조).

- 코딩에 대한 공동 플랫폼을 설정하고 예비 코드 목록 개발하기: 연구자들은 그들이 사용할 소프트웨어 프로그램이나 문서 기반 방법을 결정한다. 연구자들의 처음 읽기 및 예비 코딩 시도 결과를 쉽게 공유하기 위해서는 공통 플랫폼이 필수적이다. 최근 연구에서 우리는 종종 컴퓨터 기반 질적 자료분석 소프트웨어 패키지(연구자 간의 친숙성에 따라 MAXQDA, ATLAS.ti 또는 NVivo)를 사용했으며, 연구 시작 시 교육 시간을 마련했다. 그런 다음 각 연구자는 여러 개의 필사본을 독립적으로 읽고 예비 코드 목록을 개발한다. 제8장에서 논의한 바와 같이, 컴퓨터 소프트웨어 프로그램은 이 목록을 만드는 것을 촉진하는 특성이 있다.
- 초기 코드북을 개발하고 코딩하는 사람들 간에 공유하기: 연구자들은 코드에 대한 이해를 공유하여 안정적이고 4개의 독립된 코딩 담당자의 코딩 분석을 나타내는 코드북을 만든다. 이를 위해, 예를 들어 3개의 필사본(즉, A. B, C)를 코딩한 후, 우리는 만나서 코드, 명명 및 각 연구자가 코드화하는 텍스트 부분을 검토한다. 우리는 주요 코드에 대해 초기 코드북을 개발하기 시작한다. 이 코드북은 각 코드와 각 코드에 할당된 텍스트 부분의 정의를 포함한다. 이 초기 코드북에는 주요 코드와 보조 코드가 있었다. 이 초기 코드북에서는 전체 목록보다 데이터베이스에서 찾은 기본 코드에 초점을 맞춘다. 분석이 진행됨에 따라 추가적인 코드가 부여된다.
- 코드북을 추가된 필사본에 적용하고 여러 연구자 간 코딩을 비교하기: 연구자들은 공유된 코드북을 추가 필사본에 독립적으로 적용한 다음, 일관성을 평가하기 위해 코딩한 것을 비교한다. 이를 위해 연구자들은 비교할 텍스트(예: 구, 문장 및 문단)에 동의해야 했고, 각 연구자는 3개의 추가 필사본(즉, D, E, F)을 독립적으로 코딩해야 했다. 코딩에 적합한 단위에 대한 문헌의 명확한 지침이 없

으면 합의에 도달하기 어려울 수 있다(Hruschka et al., 2004). 탐색적 연구에서 과정을 간소화하기 위해, Campbell 등(2013)은 책임연구자가 자료의 부분을 코딩 단위로 확인할 것을 제안한다. 종종 우리의 연구 작업에서 우리는 문단을 동일하고 정확하게 코딩하는 것보다 문단에 우리가 할당한 코드를 동의하는 것이 더 중요하다고 느낀다. 텍스트 단위에 대한 결정은 코딩 담당자 간 합의가 정의되는 기반이 되고, 실제로 코딩을 비교할 준비가 되었기 때문에 중요하다. 따라서 우리의 연구에서 종종 코딩 담당자 간 합의는 우리가 문단에 코딩할 때 붙여지는 단어를 합의하고, 우리 모두 그 문단에 이 동일한 코드명을 할당하는 것을 의미한다. 그것은 같은 문단을 우리 모두가 코딩했다는 의미는 아니다. 어떤 사람은 더 짧게 코딩하고 어떤 사람은 길게 코딩했기 때문에 우리가 생각하는 가장 이상적인 상태가 되기는 어려웠다. 뿐만 아니라 달성하기 어려운 또 하나의 이상인, 우리 모두가 같은 줄을 일괄적으로 묶어 우리 코드 용어에 포함시키고자 한 것도 아니다.

- 연구자 사이에 코딩 담당자 간 합의를 알리고 보고하기: 연구자들은 전체 코딩 담당자 간 합의를 평가하기 전에 코딩 담당자 간 합의의 개별적인 사실을 정의한다. 우리의 연구에서 우리는 현실적인 입장을 취하는 경향이 있고, 연구자들 간에 코드화된 구절을 살펴보고, 우리 모두가 코드북의 잠정적 정의에 기초하여 그 구절에 동일한 코드명을 할당하는지 자문한다. 그 결정은 '예'와 '아니요' 중 하나일 것이고, 우리는 우리가 모두 코딩한 이 구절에 모든 연구자의 동의 비율을 계산할 수 있었다. 우리는 Miles와 Huberman(1994)이 80% 동의를 권고한 것에 따라 이러한 구절에 대해 코딩의 80% 합의를 확립하고자 하였다. 보다 최근에는 Miles 등(2014)은 "코딩 방식의 크기 및 범위"에 따라 85~90%의 동의를 얻을 것을 제안했다(p. 85). 많은 컴퓨터 기반 질적 자료분석 소프트웨어 패키지에는 여러 코딩 담당자 사이에서 계산을 용이하게 하는 기능이 포함되어 있다. 실제로 다른 연구자들의 동의에 대한 카파 신뢰도 통계치를 계산할 수 있지만, 우리는 우리가 발표한 연구를 보고하기에 백분율로 충분하다고 생각한다(코딩 담당자 간 합의에 대한 세 가지 다른 접근 방식에 대한 실제 지침은 Creswell, 2016 참조).
- 추가 코딩에 정보를 제공하는 코드북을 수정하고 완결하기: 연구자들은 다양

한 코드의 정의를 위해 코드북을 검토하고 구체화한다. 우리의 작업에서 여러 필사본을 통해 과정이 계속된 후에 우리는 코드북을 수정하고 모든 연구자가 코딩하는 구절에 대해 새로운 평가를 수행하고, 우리가 동일하게 혹은 다르게 코드를 적용할지 결정한다. 텍스트 부분에 대한 코딩과 주제에 대해 코딩 담당자 간 합의 과정에서 각 단계를 통해 우리는 일치하는 비율이 높기를 바란다. 그런 다음 우리는 더 넓은 주제로 코드를 축소하고 주제를 가지고 동일한 과정을 수행할 수 있으며, 연구자들에 의해 주제로 코딩된 모든 구절이 동일한 주제 사용에 일관성이 있는지 확인할 수 있다. 동일한 프로세스를 수행할 수 있으며, 연구자들에 의해 주제로 코딩된 모든 구절이 동일한 주제를 사용하는 일관성이 있는지 확인할 수 있다.

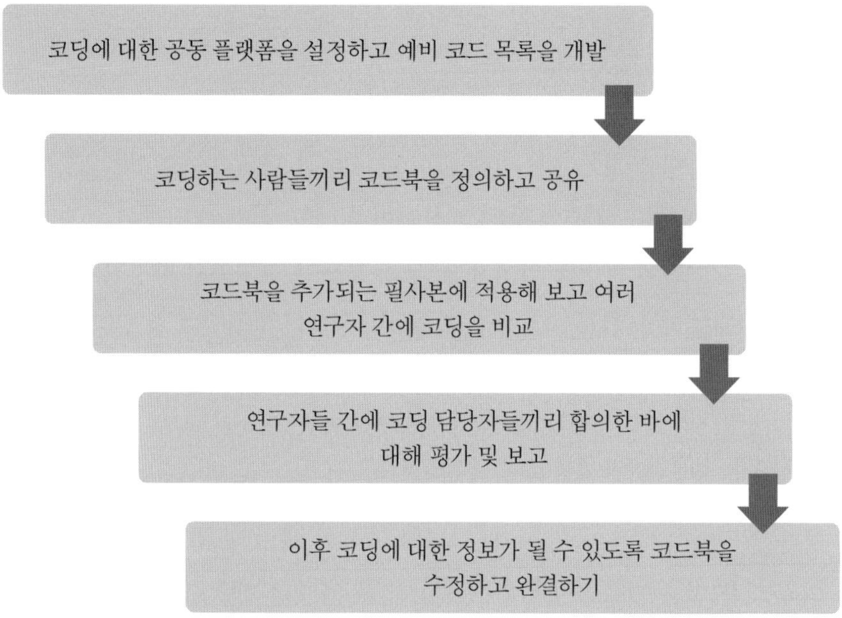

[그림 10-2] 질적 연구에서 코딩 담당자 간 합의에 대한 신뢰도 절차

평가 기준

질적인 관점

질적 연구 문헌에서 타당성을 검토할 때, 우리는 연구의 질을 논의하면서 타당성이라는 용어가 얼마나 가끔 사용되는지 알게 되었다(예: Angen, 2000). 타당성은 연구의 질을 평가하는 하나의 양식이지만 다른 기준 또한 유용하다. 그 기준들을 검토하면서 우리는 질적 연구학계에서 다양한 표준이 있다는 것을 알게 되었다(질적 평가에 대한 세 가지 접근의 차이에 대해서는 Creswell, 2012 참조). 우리는 먼저 세 가지의 일반적인 표준을 검토하고, 그다음에 질적 연구의 다섯 가지 접근별로 구체적인 기준을 살펴보았다.

Howe와 Eisenhardt(1990)의 방법론적 견지에서 보면, 질적(그리고 양적) 연구에 대해서는 오직 광범위하고 추상적인 표준만이 있다. 예를 들면, 한 연구가 좋은 문화기술지 연구인지 아닌지는 그 연구가 중요한 질문을 이해하도록 하는지와 따로 떼어 대답할 수 없다. Silverman(2013)은 훌륭한 연구가 충족해야 할 네 가지 기준을 발전시켰다. 다음의 다섯 가지 표준은 연구자들이 해야 할 질문에 대해 Howe와 Eisenhardt(1990)가 정교화한 것이다.

- 연구질문이 자료수집 및 분석을 주도하는가?(즉, 그 반대보다는?) Silverman (2013)은 "연구문제를 입증할 수 있는 방법"을 사용하여 좋은 연구에 대한 유사한 기준을 제시한다(p. 322).
- 자료수집과 분석 기법이 어느 정도 만족스럽게 적용되었는가?(즉, 기술적인 면에서?) Silverman(2013)도 "실증적으로 견고함, 신빙성 그리고 타당한 결과"를 개발하는 것을 좋은 연구에 대한 유사한 기준이라고 말했다(p. 322).
- 연구자의 가정(assumption)이 명백하게 제시되었는가?(즉, 연구자 자신의 주관성과 같은)
- 연구에 전반적인 근거가 있는가?(즉, 강력한가? 높이 평가되는 이론적 설명을 사용했는가? 부당성이 증명된 이론적 설명에 대해 논의했는가?) Silverman(2013)은 "자

료를 통해 그리고 자료를 가지고 이론적으로" 생각하는 것을 좋은 연구에 대한 유사한 기준이라 말했다(p. 322).

- 연구는 정보를 전달하고 실천을 향상시키는 것과, 익명성, 사적 정보, 윤리적인 방식으로 구성되는 연구참여자의 진실 말하기 등을 보호하는 것 모두에 가치를 두고 있는가?(즉, '그래서 무엇'이라는 질문에 기여하는 바가 있고 윤리적으로 수행되었는가?) Silverman(2013)은 "가능한 한 실천과 정책에 기여하는 것"을 좋은 연구에 대한 유사한 기준이라 말했다(p. 322).

포스트모던한 해석적 틀은 Lincoln(1995)이 만든 또 다른 관점인데, 그는 질적 이슈를 새로운 기준으로 여긴다. Lincoln은 자신(그리고 자신의 동료인 Guba)의 견해를 (양적 연구에) 상응하는 방법론적 기준을 개발하고자 했던 초기 접근방법(Lincoln & Guba, 1985)으로부터, 지식을 공유하고 사회행동을 조장하는 '공정성'(제3자의 관점에서 균형)의 기준을 만들어 내고자 하는 현재의 견해(Guba & Lincoln, 1989)로 이동해 갔다. 질에 대한 새로운 접근은 새로운 세 가지 책무(commitment)에 기반한 것이다. 그 세 가지는 응답자와의 관계 발생에 대한 것, 일련의 견해에 대한 것, 판단할 수 있게 하고 판단을 촉진하는 연구의 비전에 대한 것이다. 이러한 책무에 토대를 두고, Lincoln(1989)은 여러 가지 표준을 확인하였다.

- 연구공동체(inquiry community)에는 출판을 위한 지침과 같은 표준들이 있다. 이 지침은 다양한 연구접근방법 내에서, 연구공동체가 엄격함과 의사소통, 합의를 해 가는 방식 등에 대한 고유한 전통을 발전시키도록 해 왔다. 그녀는 또한 이 지침들이 타당한 연구 지식과 사회과학 연구자들을 배제하는 역할을 한다고 주장한다.
- 위치성(positionality) 표준은 해석적이거나 질적인 연구를 안내한다. 인식론 관점에 대한 해석적이거나 질적인 연구의 관심에 따르면, 이는 '텍스트'가 그 자신의 입장과 저자의 위치에 대해 정직하고 출처를 확실하게 보여 주어야 한다는 것을 의미한다.
- 또 다른 표준은 공동체의 규정하에 존재하는 것이다. 이 표준은 모든 연구가 그것이 수행되는 공동체의 목적 내에서 이루어지며, 목적을 위해 제기되고, 목

적에 기여한다는 것을 인정하는 것이다. 그런 공동체에는 페미니스트적 사고, 흑인을 위한 장학금, 미국 원주민 연구 혹은 생태학적 연구 등이 있을 것이다.

- 해석적 연구나 질적 연구는 참여자의 목소리를 낼 수 있어야 하고, 그 목소리는 침묵되어서도, 연관성이 없어져서도, 무시되어서도 안 된다. 더욱이 텍스트를 통해 대안적이고 복합적인 목소리를 들을 수 있어야 한다.
- 표준으로서 비판적 주관성(critical subjectivity)은 연구자가 연구 과정에서 자기인식을 강화할 필요가 있으며 개인적이고 사회적인 변혁을 만들어 내야 한다는 것을 의미한다. 이러한 '양질의 자기인식(high-quality awareness)'은 연구자가 연구 경험 이전과 연구가 진행되는 동안 그리고 연구 이후에 자신의 심리적 · 정서적 상태를 이해할 수 있도록 한다.
- 양질의 해석적 혹은 질적 연구는 연구자와 연구참여자 간의 상호 관련성을 포함한다. 이는 강한 공유, 신뢰, 상호성이 존재함을 뜻한다.
- 연구자는 연구에서 실천에 이르는 연속선에서 관계의 신성함(sacredness)을 존중해야 한다. 이는 연구자가 연구의 협력적이고 평등적인 양상을 존중하고, "타인의 생활방식을 위한 여지를 만들어 두어야 한다는 것"을 의미한다(Lincoln, 1995, p. 284).
- 특권을 공유한다는 것은 좋은 질적 연구에서는 연구자가 자신이 묘사한 삶을 살아가는 사람들과 보상을 나누는 것을 용인하는 것이다. 이러한 나눔은 책에 대한 인세의 형식이나 출판권의 공유라는 형식으로 가능할 것이다.

마지막 관점은 질적 연구를 구성하는 해석적 표준을 활용한다. Richardson (Richardson & St. Pierre, 2005)은 사회과학 출판을 위해 투고된 논문을 심사하면서 여러 가지 표준을 확인하였다.

- **실질적 기여**: 이 연구는 우리의 사회생활을 이해하는 데 기여하는가? 심도 있는 사회과학적 관점을 보여 주는가? '진실'로 보이는가?
- **심미적 가치**: 이 연구들은 미적인가? 창조적인 분석으로 텍스트를 기록하고, 해석적으로 반응하게 하는가? 텍스트는 예술적으로 형성되고 만족스러우며, 복합적이고 지루하지 않은가?

- **반영성**: 저자의 주관성은 어떻게 생산자와 텍스트의 산물이 되었는가? 자기인식과 자기노출이 있는가? 저자는 연구대상이 된 사람들에 대해 이해하고 이야기하는 기준에 책임성을 담보하고 있는가?
- **영향**: 이 연구는 정서적으로 혹은 지적으로 나에게 영향을 주는가? 새로운 의문을 갖게 하고 서술하도록 독려하는가? 새로운 연구를 실천하거나 행동으로 옮기도록 하고 있는가?(p. 964)

응용연구방법 학자로서 우리는 평가의 방법론적 기준을 선호하지만, 포스트모던과 해석적 관점 역시 지지할 수 있다. 우리는 또한 "질적 연구를 어떻게 평가할 것인지에 대한 문제는 아직 해결되지 않았다(p. 480)."라는 Flick(2014)의 견해에 동의한다. 여태까지 논의된 모든 접근방법에서 간과된 것은 질적 탐구의 다섯 가지 접근에 대한 포스트모던과 해석적 관점의 관련성이다. 이미 언급된 것 외에, 내러티브 연구, 현상학적 연구, 근거이론 연구, 문화기술지 연구 그리고 사례연구가 우수한지를 알려 주는 평가 표준은 무엇인가?

내러티브 연구

무엇이 좋은 내러티브 연구를 만드는지 논의하면서, Riessman(2008)과 Clandinin(2013)은 연구참여자의 내러티브가 일관되도록 하는 것을 지적하면서도 그것이 항상 가능한 것은 아닐 수 있다는 것을 인정한다. 이를 위해 Reissman(2008)은 일관성 평가를 위한 질문을 제안한다(p. 189).

- 인생 이야기의 에피소드들이 잘 연결되는가?
- 이론적인 주장 부분은 연결되고 일관성이 있는가?
- 주요한 차이와 불일치가 존재하는가?
- 해석자의 분석적 보고는 설득력이 있는가?

Clandinin(2013)은 그녀와 Vera Caine이 시금석으로 정의한 것을 기술함으로써 "내러티브 탐구에 대한 판단과 대응"(p. 211)을 위한 다른 방법을 제안한다.

> 하나의 의미가 사례의 질로서 시금석에 대한 우리의 관심을 끄는 반면, 우리는 금이나 은의 질을 시험하기 위해 이 금속 중 하나에 의해 돌에 남겨진 줄무늬를 표준 합금에 의한 줄무늬와 비교하기 위해 사용되었던 벽옥이나 현무암처럼, 다른 사람들의 우수함이나 진실을 시험하곤 하는 단단한 검은 돌 같은 시금석에 이끌린다. 우리는 내러티브 탐구를 은유적으로 만지거나 긁으면 어떤 종류의 줄무늬나 자국이 남을지 궁금했다(Clandinin & Caine, 2013, p. 191).

Clandinin(2013)은 12개의 시금석을 나열하고 이를 변하는 것으로 간주한다(시금석에 대한 자세한 설명은 Clandinin & Caine, 2013 참조). [그림 10-3]에서 우리는 '좋은' 내러티브 연구에서 찾을 수 있는 다섯 가지 양상을 제시한다.

해석적 일대기를 쓸 때, Denzin(1989)은 주로 "전기문 자료에서 주제를 찾고 해석하는 방법"이라는 문제에 관심이 있었다(p. 26). 그는 다음과 같은 몇 가지 집필 지침을 발전시킨다.

> 상호작용하는 개인들의 체험은 사회학의 적절한 주제이다. 이러한 경험의 의미는 그것을 경험한 사람이 제일 잘 안다. 따라서 전기적 접근방법의 타당성, 신뢰성, 일반화, 이론적 적절성에 몰두하는 것은 의미와 해석을 고려하기 위해 일단 제쳐 두어야 한다.

> 전기적 방법을 배우는 학생은 문헌 해석과 비평의 전략과 기법을 어떻게 사용할지 배워야 한다(즉, 이들의 방법은 사회적 텍스트를 읽고 쓰는 것에 대한 관심과 조화를 이루어야 한다. 이 경우에 텍스트는 '내러티브 픽션'으로 볼 수 있다; Denzin, 1989a, p. 26).

사람들은 전기를 쓸 때, 저술대상의 생애에 자신을 대입하며, 마찬가지로 독자들도 자신의 관점을 통해 읽는다.

따라서 인본주의적 · 해석적 관점에서 Denzin(2001)은 '해석의 기준'을 전기의 질을 판단하는 표준으로 설정했다. 이러한 기준은 상세한 기술뿐 아니라 연구자의 관점을 존중하는 것에 기초한다. Denzin(2001)은 연구자가 경험의 역사적 · 과정적 · 해석적 특성을 밝히기 위해 상세히 맥락을 살피는 방식(즉, 전개된 맥락에 대한 상세

내러티브 연구는 다음의 것들을 준수하는가?

1. 개인에게 초점을 맞추는가?
   • 저자는 1명 또는 2명 또는 3명의 개인에게 초점을 맞출 수 있다.
2. 중요한 이슈에 대한 이야기를 수집하는가?
   • 저자는 개인이나 개인이 들려주는 이야기에 초점을 둔다.
3. 연대기를 개발하는가?
   • 저자는 이야기의 다른 단계나 다른 측면을 연대기를 사용하여 연결한다.
4. 이야기를 하는가?
   • 이야기를 통해 저자는 (주제가) 무엇을 이야기하는지, (전개되는 이야기가) 어떻게 이야기되는지, 화자들이 어떻게 상호작용하고 내러티브를 수행하는지 보고한다.
5. 반영성을 포함하는가?
   • 저자는 반영적인 사고와 글쓰기를 사용하여 자신을 연구에 포함시킬 수 있다.

[그림 10-3] '좋은' 내러티브 연구를 위한 방향 안내

한 기술)으로 현상을 밝힐 수 있다고 하였다. 또한 항상 불완전하고 미완성으로 남아 있지만, 연구자의 해석은 현상에 대해 알게 된 것을 소화하여 이전에 불완전하게 이해한 것들과 통합할 수 있어야 한다고 하였다.

이러한 해석과 상세한 기술에 대한 초점은 전기적 글쓰기에 대한 전통적인 접근의 기준과 대조를 이룬다. 예를 들면, Plummer(1983)는 표본추출, 자료원, 이야기의 타당성과 관련된 세 가지 연관된 질문이 연구자로 하여금 훌륭한 생애사 연구를 할 수 있도록 한다고 하였다.

- 연구대상자(개인)가 대표적인가? Edel(1984)은 다음과 같이 비슷한 질문을 하였다. 전기 연구자는 신뢰할 수 있는 증인과 신뢰할 수 없는 증인을 어떻게 구별하는가?
- (참여자, 연구자, 참여자와 연구자 간 상호작용에 대한) 편견의 근원은 어디에 있는가? 또는 Edel(1984)의 질문처럼, 연구자가 단순히 연구대상자의 목소리를 대

신하는 것을 어떻게 피할 것인가?

- 연구참여자가 전기 연구를 읽을 때, 전기 연구를 공식적인 기록과 비교할 때, 전기 연구를 다른 정보제공자로부터 얻은 이야기와 비교할 때, (전기 연구의) 이야기가 타당한가?

현상학적 연구

현상학적 연구의 질을 판단하는 데 사용되는 기준은 무엇인가? 현상학에 관한 많은 문헌에서는 단계(Giorgi, 1985)에 대한 논의나 초월론적 현상학의 "핵심 측면(core facet)"으로부터 기준을 유추하였다(Moustakas, 1994, p. 58). 우리는 기준에 대한 직접적인 논의가 누락되었음을 발견했다. 그러나 Polkinghorne(1989)은 연구 결과가 "타당한지"에 대해 논의했고(p. 57) van Manan(2014)은 타당성과 평가 기준에 대한 개요를 설명했음을 뒤늦게 알았다.

Polkinghorne에게 있어 타당성은 '아이디어의 근거가 잘 갖추어지고 충분히 지지되는' 개념으로 간주된다. 그는 "일반적인 구조적 기술이 수집한 사례에서 나타난 공통적인 특성과 구조적 관련성을 정확히 그려 내고 있는가?"라고 질문했다(Polkinghorne, 1989, p. 57). 그는 연구자들이 스스로에게 질문해야 하는 다섯 가지 사항을 제시하였다.

- 면접자가 연구참여자의 묘사 내용에 영향을 주어, 연구참여자의 기술이 자신들의 실제적인 경험을 진실하게 반영하지 못하도록 하지는 않았는가?
- 필사본이 정확한가? 이것이 면접의 구두 진술의 의미를 전달하는가?
- 필사본 분석에서 연구자가 내린 것과는 다른 결론이 도출될 수도 있는가? 연구자가 이러한 대안들을 확인했는가?
- 일반적인 구조적 기술로부터 필사본으로, 그리고 본래 경험에 담긴 특정한 내용과 관련성에 대한 이야기로 나아가는 것이 가능한가?
- 구조적 기술 상황이 구체적인가? 혹은 구조적 기술 상황이 다른 상황의 경험으로 일반화될 수 있는가?(Polkinghorne, 1989)

van Manen(2014)은 [현상학의] 타당도 수준을 확인하는 방법으로 질문을 꼽는다(p. 350).

- 이 연구는 타당한 현상학적 질문에 근거하고 있는가? 다시 말해서, 연구는 '이 사람의 경험은 어떤가?' '이것 또는 저 현상이나 사건은 어떻게 경험되는가?'라는 질문을 제기한다. 현상학적 질문은 특정 시간 및 장소에서 특정 인구, 개인 또는 집단의 경험적 연구와 혼동되어서는 안 된다. 또한 현상학은 인과적 질문이나 이론적 설명을 다룰 수 없다. 그러나 젠더 현상, 사회정치적 사건 또는 인재(人災)의 경험과 같은 현상학적 주제를 이해하기 위해 특정 개인 또는 집단을 연구할 수 있다.
- 분석은 경험적으로 기술된 보고, 필사본에 의해 수행되고 있는가? (분석은 대부분 인식, 의견, 신념, 견해 등으로 구성된 실증적 자료를 회피하는가?)
- 연구는 의심스러운 2차 및 3차 출처에 주로 의존하기보다는, 적절한 1차 자료나 학술적 현상학 문헌에 근거를 두고 있는가?
- 연구는 (현상학적 방법이 아닌) 다른 방법론과 관련된 출처에서 파생된 타당성 기준을 사용하여 스스로를 정당화하려는 시도를 피하는가?(van Manen, 2014, pp. 350-351)

van Manen(2014)은 또한 현상학 연구의 평가 기준을 제공한다.

- 발견적(heuristic) 질문: 본문은 사색과 질문에 대한 주의를 유도하는가? 즉, 본질(ti estin: 이것이 무엇인지 궁금해하는 것)과 존재(hoti estin: 무엇이 존재하는지 궁금해하는 것)
- 기술적 풍부함: 텍스트에 풍부하고 알아보기 쉬운 경험 자료가 포함되어 있는가?
- 해석적 깊이: 본문은 일상에 대한 당연한 이해를 뛰어넘는 반영적 통찰력을 제공하는가?
- 두드러지는 엄격함: 본문은 현상이나 사건의 뚜렷한 의미에 대한 자기비판적 질문에 의해 지속적으로 이끌어지고 있는가?
- 강력하고 주관적인 의미: 본문은 우리의 내재된 의미에 대해 '말하고' 다루는가?

• 경험적 각성: 본문은 어휘와 표현 언어를 통해 반영 이전의(prereflective) 또는 원시적 경험을 일깨우는가?
• 관념적 깨달음: 이 연구는 우리에게 더 깊고 독창적인 통찰력, 그리고 어쩌면 삶의 헌신과 실천의 윤리와 윤리에 대한 직관적이거나 영감을 줄 수 있는 이해를 제공하고 있는가?(pp. 355-356)

[그림 10-4]에서 우리는 현상학의 질을 평가할 수 있는 다섯 가지 기준을 발전시킨다.

그 현상학적 연구는 다음을 따르고 있는가?

1. 간명한 방식으로 연구하기 위해 '현상'을 명확히 설명하는가?
   • 저자는 연구를 이끌기 위해 현상학적 질문을 사용해도 좋다.
2. 현상학의 철학적 소견을 이해하는가?
   • 저자는 그 연구를 1차적이고 학술적인 현상학 문헌에 근거를 두는 것이 좋다.
3. 현상학에서 자료분석 절차를 사용하는가?
   • 저자는 Moustakas(1994) 또는 Van Manen(1990)이 권장하는 절차를 참조하는 것이 좋다.
4. 연구참여자들의 경험의 전반적인 본질을 전달하는가?
   • 저자는 경험이 발생한 맥락을 기술하면 좋다.
5. 연구 동안 반영성을 포함하는가?
   • 저자는 반영적 사고의 과정과 결과를 설명하면 좋다.

[그림 10-4] 현상학적 연구의 질을 평가하기 위한 기준

근거이론 연구

Strauss와 Corbin(1990)은 근거이론 연구의 질을 판단하는 기준을 제시하였다. 이들은 일반적인 연구 과정과 관련된 일곱 가지 기준을 제시하고, 연구의 실증적 근거

와 관련하여 6개 기준을 제시했다. Corbin과 Strauss(2015)는 "평가 과정이 너무 독단적으로 보이도록 하기 때문에 기준(criteria)이라는 용어 사용을 싫어하며, 평가에 대한 '모든 접근'이라고 말하고, 기준 대신 점검 지점(checkpoint)이라는 용어를 사용"한다(p. 350, 원문에서 강조)

Corbin과 Strauss(2015)는 근거이론 연구의 방법론적 일관성을 평가하는 데 있어 연구자와 검토자를 안내하기 위한 점검 목록 16개를 설명한다.

1. 연구대상 표본 모집단은 무엇인가? 최초의 표본은 어떻게 선택되었는가?
2. 표집은 어떻게 진행되었는가? 어떤 종류의 자료가 수집되었는가? 자료원과 다양한 비교집단이 있었는가?
3. 자료수집이 자료분석과 번갈아 되었는가?
4. 자료수집과 자료분석 모두에 윤리적 고려사항이 고려되었는가?
5. 자료수집을 추진하는 개념이 자료분석을 통해 도달하였는가?(이론적 표집에 기반하였는가?) 혹은 자료가 수집되기 전에 문헌에서 파생되어 확립되었는가?
6. 이론적 표집이 사용되었고, 그 과정이 어떠했는지 기술되었는가?
7. 조사 결과는 연구참여자와 자료에 대한 민감성을 입증하는가?
8. 메모의 증거나 예가 있는가?
9. 자료수집이 종료되거나 포화 상태에 대한 논의가 끝나는 시점은 언제인가?
10. 이론적 표집, 개념, 범주, 관계에 대한 진술 등의 예와 함께 코딩이 어떻게 진행되었는지에 대한 기술이 있는가? 이러한 주요 범주 중 일부를 가리키는 중요 사건이나 우발적 사건 혹은 행동(지표)은 무엇인가?
11. 핵심 범주가 있는가? 그리고 그 핵심 범주가 어떻게 도출되었는지에 대한 기술이 있는가?
12. 연구 결과를 바탕으로 연구가 진행되면서 설계에 변화가 있었는가?
13. 연구자가 연구를 진행하는 동안 어떤 문제에 부딪혔나? 부정적인 사례에 대한 언급이 있는가? 그리고 그 자료는 어떻게 처리되었나?
14. 독자가 자료수집(이론적 표집) 및 분석에 대한 적합성을 판단할 수 있도록 방법론적 결정을 명확히 하고 있는가?
15. 다른 전문가 및 연구참여자로부터 연구 결과에 대한 피드백이 있었는가? 그

리고 이 피드백에 기초하여 이론에 변화가 있었는가?

16. 연구자는 연구 일지나 노트를 가지고 있었는가?(Corbin & Strauss, 2015, pp. 350-351)

또한 근거이론 연구의 질과 적용 가능성을 평가하기 위해 연구자와 검토자를 위한 17개의 점검 목록을 발전시킨다.

1. 핵심 범주는 무엇이며, 주요 범주들과 어떤 관계가 있는가? 이러한 관계를 나타내는 다이어그램이 있는가?
2. 핵심 범주가 이 환경 이외의 다른 모집단과 유사한 상황을 연구하는 데 사용될 수 있을 정도로 충분히 광범위한가?
3. 각 범주의 깊이, 폭 및 변화를 나타낼 수 있도록 각 범주의 속성과 차원의 측면에서 개발되었는가?
4. 이론이 이해를 제공하고 다양한 상황에서 사용될 수 있도록 이론을 생활로 가져오는 각 범주별 기술적 자료가 제공되고 있는가?
5. 맥락이 확인되고 이론에 통합되었는가? 조건과 결과는 단지 별도의 영역에 배경정보로 나열되어야 하지만, 자료의 작용-상호작용으로부터 어떻게 영향을 미치고 흐르는지에 대한 설명과 함께 실제 분석에 통합되어야 한다.
6. 과정은 다른 조건 변화와 관련하여 작용-상호작용의 변화 형태로 이론에 통합되었는가? 작용-상호작용은 이론이 다른 조건하에서는 얼마나 달라질 수 있는지, 그리고 다른 상황에 어떻게 적용될 수 있는지 입증하면서 다른 상황에 적용되는가?
7. 포화를 어떻게 설명하며, 언제, 어떻게 범주 포화를 결정하였는가?
8. 연구 결과는 연구가 끝난 전문가와 연구참여자 모두의 경험에 공감되거나 일치하는가? 모든 세부사항이 적용되는 것은 아니더라도 연구참여자들이 이야기 속에서 자신을 볼 수 있는가?
9. 이론에 공백이나 연결이 끊겨 독자가 혼란스럽고 뭔가 빠진 것 같은 느낌이 드는가?
10. 극단적인 경우나 부정적인 경우에 대한 설명이 있는가?

11. 이론에 변형이 내재되어 있는가?
12. 연구 결과가 창의적이고 혁신적인 방식으로 제시되고 있는가? 그 연구는 새로운 것을 말하거나 오래된 생각을 새로운 방식으로 결합하는가?
13. 연구 결과는 상황에 대한 통찰력을 제공하고 정책 개발, 실무의 변화, 전문성의 지식 토대를 추가할 수 있는 지식을 제공하는가?
14. 이론적 연구 결과가 의미 있는 것으로 보이는가? 어느 정도까지인가? 이론 생성 연구 또는 어떤 연구 조사를 완료하였지만 의미 있는 결과를 도출하지 못하는 것도 전적으로 가능하다.
15. 연구 결과가 관련 사회 및 전문가 집단 사이에 교환되는 논의와 아이디어의 일부가 될 가능성이 있는가?
16. 연구의 한계가 명확하게 설명되었는가?
17. 실천, 정책, 교육 및 연구의 활용에 대한 제안이 있는가?(Corbin & Strauss, 2015, pp. 351-352)

Charmaz(2014)는 근거이론 연구에서 발전된 이론의 질을 반영한다. 그녀는 근거이론가들이 자신들의 이론을 살펴보고 그들 스스로에게 다음과 같은 평가 질문을 해 볼 것을 제안했다.

- 주요 범주가 정의되었는가?
- 내 이론이 다루는 개념의 주요 범주를 생성했는가?
- 초고에서 분석의 범위와 깊이를 얼마나 증가시켰는가?
- 자료에 더하여 범주 간, 범주와 속성 간의 강한 이론적 연결을 확실히 하였는가?
- 어떻게 연구된 현상에 대한 이해를 증가시켜 왔는가?
- 이론은 얼마나 새로운 기여를 하고 있는가?
- 이 분석은 어떤 이론적 · 실재적 · 실천적 문제와 가장 밀접하게 정렬되었는가? 어떤 독자가 그것에 가장 관심이 있을 것인가? 우리는 그것을 어디로 가져갈 것인가?
- 이 분석은 이론적인 깊이 및 범위에 어떤 영향을 미치는가? 방법에는? 실질적인 지식을 위해서? 행동이나 개입을 위해서?(Charmaz, 2014, pp. 337-338)

네 가지 범주(진실성, 독창성, 공명 및 유용성)로 구성된 근거이론 연구 평가 기준을 안내하는 질문에 대해서는 Charmaz의 연구(2014, pp. 337-338)를 참조하기 바란다. [그림 10-5]에서는 일반 프로세스의 특징과 근거이론 연구를 평가할 때 찾게 되는 개념 간의 관계를 설명한다.

그 근거이론 연구는 다음을 따르고 있는가?

1. 이론의 핵심 요소로서 과정, 행동 또는 상호작용의 연구에 초점을 맞추는가?
   - 저자는 과정, 행동, 개인들 간의 상호작용으로써 핵심 현상을 연구할 때 전개되는 단계에 초점을 두는 것이 좋다.
2. 코딩 과정을 자료로부터 더 큰 이론적 모델로 작동하도록 통합했는가?
   - 저자는 자료수집을 이론적 모델을 구축하기 위한 자료분석과 번갈아 가면서 기술하는 것이 좋다.
3. 이론적 모델을 그림이나 다이어그램으로 제시하는가?
   - 저자는 창의적이고 새로운 방식으로 이론을 제시하기 위해 새로운 수단을 사용할 수 있다.
4. 후속 질문에 대한 대답이 제시되는 이론적 모델의 범주와 관련된 이야기 윤곽이나 명제가 만들어졌는가?
   - 저자는 연구의 후속 방향의 발판으로 현재 연구에서 나타난 전반적인 그림을 언급할 수 있다.
5. 연구 과정 전반에 걸쳐 메모를 사용하는가?
   - 저자는 다양한 유형의 메모 또는 연구수행 과정에서 계속되는 생각을 기록하는 방식을 기술하는 것이 좋다.
6. 연구자가 연구에 있어 자신의 입장에 대해 반영성 또는 자기노출의 근거를 포함하는가?
   - 저자는 연구하는 동안의 반영적 사고를 학술지나 노트(또는 기타 양식)에 어떻게 문서화했는지 기술하는 것이 좋다.

[그림 10-5] 근거이론 연구 평가를 위한 특징

문화기술지 연구

좋은 문화기술지에 대한 기준을 확인하는 자료는 소수이다. 대신 문화기술지 연구자들에게 선호되는 것은 문화기술지 연구의 '기본'이 여러 자료원의 다원화와 풍부하고 맥락적 기술을 반영하는 장기화된 현장조사라고 설명하는 것 같다(Fetterman, 2010; Wolcott, 2008a, 2010). Richardson(2000), Spindler와 Spindler(1987)는 예외이다.

Richardson(2000)은 문화기술지를 평가하는 기준을 기술한다.

- 실질적인 기여: 이 연구가 사회적 삶을 이해하는 데 도움이 되는가? 저자는 심도 있는 인간 세상의 이해와 관점을 보여 주는가? 이러한 관점이 텍스트의 구성에 대해 어떻게 알리고 있는가?
- 심미적 가치: 이 작품이 미적인가? 창의적인 분석으로 텍스트를 기록하고, 해석적으로 반응하게 하는가? 텍스트가 예술적으로 형성되고, 만족스럽고, 복합적이고, 지루하지 않은가?
- 반영성: 저자는 이 텍스트를 어떻게 작성하게 되었는가? 정보는 어떻게 수집되었는가? 윤리적 문제는? 저자의 주관성은 어떻게 텍스트의 생산자이자 산출물이 되었는가? 독자가 관점에 대해 판단할 수 있는 적절한 자기인식과 자기노출이 있는가? 저자는 자신이 연구한 사람들에 대해 알고 이야기하는 기준에 책임을 담보하는가?
- 영향: 이것이 나에게 영향을 미치는가? 감정적으로? 지적으로? 새로운 의문을 만들어 내는가? 나에게 글을 쓰게 하는가? 나에게 새로운 연구를 시도하게 하는가? 나를 행동하게 하는가?
- 현실의 표현: 이 텍스트는 경험의 생생함을 구체적이고 구현되도록 나타내는가? '현실'이라는 문화적·사회적, 개인 또는 공동체 의식에 대한 신뢰할 수 있는 설명, 즉 '진짜'로 보이는가?(p. 254)

문화기술지 연구자인 Spindler와 Spindler(1987)는 문화기술지 접근에서 가장 필요한 것은 "현지인의 관점"에서 행동을 설명하고(p. 20), 노트, 테이프, 카메라를 사용하여 이 정보를 체계적으로 기록하는 것이라고 강조했다. 이렇게 하기 위해서 문화기술지 연구자들은 현장에 있으면서 관찰과 면접 간의 지속적인 상호작용에 참여해야 한다. 이러한 점들은 Spindler와 Spindler(1987)가 제시한 '훌륭한 문화기술지'를 위한 아홉 가지 기준에서 강화된다.

- 기준 I: 관찰이 맥락화된다.
- 기준 II: 가설은 연구가 진행되는 상황에서 나타난다.
- 기준 III: 관찰은 지속되고 반복된다.
- 기준 IV: 면접, 관찰, 다른 유도 절차 등을 통해 실재(reality)에 대한 현지인의 관점을 확보한다.
- 기준 V: 문화기술지 연구자들은 정보제공자-참여자로부터 체계적인 방식으로 지식을 도출한다.
- 기준 VI: 면접을 위한 도구, 코드, 일정, 질문지, 의제 등이 연구 결과로서 상황에서 만들어진다.
- 기준 VII: 초문화적 · 비교문화적 관점은 자주 언급되지 않는 가정이다.
- 기준 VIII: 문화기술지 연구자는 정보제공자에게 함축적이고 묵시적인 것을 명확하게 해 준다.
- 기준 IX: 문화기술지 면접자는 질문의 종류에 의해 반응을 미리 결정해서는 안 된다(Spindler & Spindler, 1987, p. 18).

현장조사에 근거한 이 목록은 강력한 문화기술지를 만들어 낸다. 게다가 Lofland(1974)가 주장한 바와 같이, 연구는 광범위한 개념적 틀에 위치하고 있고, 반드시 새로운 것은 아니지만 기발한 것을 제시하며, 개념적 틀을 위한 증거를 제공한다. 또한 구체적이고 파란만장하며 상호작용적인 사건, 사고, 발생한 일, 삽화, 일화, 장면, '아주 중대하지' 않은 해프닝으로 구성되며, 구체적이고 분석적인 것과 경험적이고 이론적인 것 간의 상호작용을 보여 준다. [그림 10-6]에서 우리는 '좋은' 문화기술지에서 찾을 수 있는 일곱 가지 기준을 제시한다.

그 문화기술지 연구는 다음을 따르는가?

1. 문화공유집단을 명확하게 확인하는 근거를 전달하는가?
   - 저자는 집단이 어떻게 선정되었고, 문지기를 포함하여 어떻게 접근했고, 상호작용과 의사소통 방법 등 집단에 대해 상세하게 기술하는 것이 좋다.
2. 이 문화공유집단의 관점에서 검토될 문화적 주제를 구체화하는가?
   - 저자는 문화적 주제와 그것을 선택하는 논리를 확인하는 것이 좋다.
3. 문화집단을 자세히 기술하는가?
   - 저자는 이것을 기술하기 위해 창의적인 분석을 실행할 수 있다.
4. 문화집단을 이해하는 것으로부터 나온 주제를 전달하는가?
   - 저자는 주제 서술이나 이야기를 구성할 것이다.
5. 연구자와 참여자 간의 관계, 보고서의 해석적 성격과 민감성, 보고서 공동 작성에 있어 호혜성을 반영하여 '현장에서' 발생한 문제를 확인하는가?
   - 저자는 이러한 현장의 이슈를 제시하여, 연구를 수행함에 있어 당면 과제에 대해 신뢰할 수 있는 보고가 되도록 하는 것이 좋다.
6. 문화공유집단이 전반적으로 어떻게 작동하는지 설명하는가?
   - 저자는 문화공유집단의 기능 방식에 대해 작동 규칙이나 일반화를 기술하는 것이 좋다.
7. 연구자는 연구에서 자신의 위치에 대한 자기노출과 반영성을 통합하는가?
   - 저자는 집단에 대한 배경 경험을 설명하고, 집단과의 상호작용에 대해 반영을 기술하는 것이 좋다.

[그림 10-6] '좋은' 문화기술지를 위한 기준

사례연구

Stake(1995)가 제시한 사례연구에 대한 평가 기준은 더 포괄적인 '비평 체크리스트'이다. 그렇게 함으로써 Stake(1995)는 좋은 사례연구 보고서가 될 수 있는 기준을 공유한다.

- 보고서가 읽기 쉬운가?
- 각 문장이 전체 글에 기여하면서 함께 잘 들어맞는가?
- 보고서에는 개념적 구조(즉, 이슈 혹은 주제)가 있는가?
- 이슈가 진지하고 학문적인 방식으로 전개되었는가?
- 사례가 적절히 규정되었는가?
- 발표하는 데 있어서 이야기라는 느낌이 드는가?
- 독자에게 대리 경험을 제공하는가?
- 인용이 효과적으로 사용되었는가?
- 제목, 그림, 인공물(artifact), 부록, 색인들이 효과적으로 사용되었는가?
- 제대로 교정되어 퇴고되었는가?
- 작가가 지나치게 해석하거나 잘못 해석하지 않고 타당한 주장을 했는가??
- 다양한 맥락에 대해 충분히 주의를 기울였는가?
- 원자료가 충분히 제공되었는가?
- 자료원이 잘 선정되었으며 충분한가?
- 관찰과 해석이 다원화되었는가?
- 연구자의 역할과 관점이 분명한가?
- 의도하는 독자의 특성이 명확한가?
- 모든 측면에서 감정이입이 발견되는가?
- 개인적 의도가 검토되었는가?
- 개인이 처했던 위험이 드러나는가?(p. 131)

Yin(2014)은 사례연구에 제시된 설명의 질을 반영한다. 그는 모범 사례연구에 대한 몇 가지 특성을 설명한다.

- 의미 있는(significant): 연구자가 "비정상적이고 일반적인 공공의 관심사" 또는 "국가적으로 중요한 경우"에 "이론적 용어나 정책 또는 실제적인 용어로" 초점을 맞추었는가?(p. 201)
- 완결성(complite): 예를 들어, 시간이나 자원의 제약으로 인해 무의식적으로 연구가 종료된 경우, 연구자는 사례 경계를 명확히 정의하고 광범위한 증거를 수

집했으며 "특정 사실 조건" 없이 연구를 수행하였는가?(p. 203)

- 다른 관점을 고려할 것: 연구자는 필적할 만한 주장을 고려하고 사례의 다양한 관점에서 증거를 수집하려고 했는가?
- 충분한 증거를 제시할 것: 연구자는 독자가 "이득에 관한 독립적인 판단에 도달할 수 있는" 방법으로 사례를 보고하였는가?(p. 205)
- 흥미로운 방식으로 구성: 연구자가 "폭넓은 결과"를 문서나 성과를 전달하는 방식으로 사례를 제시했는가?(p. 206)

[그림 10-7]에서는 '좋은' 사례연구를 평가하기 위한 여섯 가지 기준을 기술한다.

그 사례연구는 다음 사항을 따르고 있는가?

1. 연구된 사례(들)를 확인하는가?
   - 저자는 단일 사례 또는 다중 사례의 경계 및 시간의 규정 요인을 확인하는 것이 좋다.
2. 사례(들) 선택에 대한 근거를 제시하는가?
   - 저자는, 예를 들어 연구 이슈에 대한 이해나 고유한 가치를 기술하는 것과 같이 사례 선택의 이유를 밝히는 것이 좋다.
3. 사례(들)를 자세히 기술하는가?
   - 저자는 사례(들)와 사례의 환경 또는 맥락에 대한 풍부한 기술로 시작하는 것이 좋다.
4. 사례에서 확인된 주제들이 논리정연한가?
   - 저자는 개별 사례 또는 여러 사례에 대한 몇 가지 주요 주제에 초점을 맞추는 것이 좋다.
5. 사례를 분석하여 주장 또는 일반화를 보고하는가?
   - 저자는 사례가 어떻게 문제에 대해 통찰력을 제공하는지 또는 어떻게 연구 결과를 다른 사례에 일반화할 수 있는지 해석하는 것이 좋다. 간혹 이것은 요약문이나 삽화 예시(vignette)의 형식이 될 수 있다.
6. 연구자는 연구 내 자신의 위치에 대하여 반영성과 자기노출을 포함하고 있는가?
   - 저자는 연구 내내 반영적 사고와 글쓰기를 할 수 있다.

[그림 10-7] 사례연구를 위한 평가 기준

다섯 가지 접근별 평가 표준 비교

각 접근방법에서 논의된 표준은 접근방법의 절차에 따라 약간씩 다르다. 내러티브 연구의 질적 기준에 대해 언급한 것은 다소 적지만, 나머지 접근방법에 대한 것은 좀 더 유용하다. 우리는 각 접근방법을 사용한 주요 문헌에서 접근방법별로 제안하는 평가 표준을 추출하였다. 여기에 다섯 가지 접근 방식 각각에서 제시된 프로젝트 또는 연구를 평가할 때 질적 수업에서 사용한 우리 자체 표준을 추가했다. 우리는 〈표 10-2〉에 요약된 다섯 가지 차원과 관련하여 다섯 가지 접근법에 걸쳐서 이러한 표준을 비교할 수 있다. 가장 기본적인 수준에서 다섯 가지 접근은 연구의 초점이 다르다. 몇 가지 잠재적인 유사점에 주목해야 한다. 현상학, 근거이론, 문화기술지는 일반적으로 각각 단일 현상, 과정(또는 작용 또는 상호작용), 문화공유집단에 초점을 맞춘다. 사실 내러티브 연구나 사례연구도 한 사람의 개인 또는 한 사례에 집중할 수도 있지만 2~3명의 개인 또는 복수의 사례에 초점을 둘 수도 있다. 연구절차에 있어 일부 연구는 이야기 모음(즉, 내러티브), 문화적 주제의 명확화(즉, 문화기술지), 사례 선택(즉, 사례연구)의 특징에 의해 각 접근 방식과 구별되는 특징을 보여 준다. 현상학과 같은 다른 것들은 이해 또는 철학적 견해를 처음에 전달하거나, 분석을 자료수집 활동에 통합시키고 메모를 사용함(즉, 근거이론)으로써 구별된다. 연구를 검토할 때, 이 접근법은 내러티브 연구를 위한 이야기 연대기, 근거이론 연구를 위한 이론적 도표, 문화기술지에서 문화공유집단이 어떻게 작용하는지에 대한 설명, 사례연구를 위한 주장을 보여 주는 것과 결과에 의해 식별될 수 있다. 모든 질적 접근법의 공통점은 연구자가 연구에서 보여 주고자 하는 내용을 연구에 담기 위해 반영성과 자기노출을 사용하는 것이다.

표 10-2 다섯 가지 질적 접근 간 평가 기준 비교

기준	내러티브 연구	현상학	근거이론	문화기술지	사례연구
연구의 초점은 무엇인가?	• 한 개인(혹은 2~3명)에게 초점	• 간명한 방식으로 '현상'을 연구에 관련지음	• 이론의 과정, 작용 또는 상호작용을 연구	• 문화공유집단을 확인	• 그 연구 사례(혹은 다양한 사례)를 확인
연구 절차는 어떠한가?	• 개인의 삶과 관련된 의미 있는 이슈에 대한 이야기를 수집	• 현상학의 철학적 기조를 이해하도록 함 • 현상학에서 권장되는 자료분석 절차를 이용	• 코딩 작업이 자료로부터 더 큰 이론적 모델로 작동하도록 통합 • 연구 과정 전반에 걸쳐 메모하기 사용	• 이 문화공유집단의 견지에서 설명되는 문화적 주제를 특정하기 • 현장에서 발생한 문제 확인	• 이해가 이루어질 것이라는 점에서 사례 선택 합리화 • 사례(혹은 사례 간의)의 주제 확인
연구는 어떻게 제시되는가?	• 이야기의 차별화된 국면 혹은 양상을 연대기적으로 개발		• 그림이나 다이아그램으로 이론적 모델 제시	• 문화집단을 이해하는 것으로부터 나온 주제에 대해 알림	• 사례분석에 기반한 주장이나 일반화를 보고
연구의 결과는 무엇인가?	• 말한 내용(테마), 말한 방식(풀린 이야기), 화자가 상호작용하거나 수행하는 방식을 이야기	• 맥락을 포함하여 참여자들의 경험의 전반적인 본질을 알리는 것	• 이야기 윤곽이나 이론적 모델의 범주를 연결하는 명제를 만들고 추가 질문을 제시	• 문화집단을 상세히 기술 • 문화공유집단이 전반적으로 작동하는 방식을 설명	• 사례에 대한 상세한 기술
연구자가 연구로 가져오는 것은 무엇인가?	• 반영적인 사고와 글쓰기 사용	• 연구 전반에 반영성 반영	• 연구자의 입장을 드러내기(self-discloses)	• 연구자의 위치에 대한 반영성 통합	• 연구자의 위치에 대한 반영성 사용

점검사항

1. 질적 연구에서 사례, 배경 그리고 주제가 어떻게 제시되는지에 대해 깊이 이해하기 위하여 '상세한 기술'의 특성을 파악할 수 있는가?
   a. 단편소설이나 소설에서 자세한 설명을 찾아보라. 만약 찾지 못한다면, Steven Millhauser의 저서 『위험한 웃음(Dangerous Laughter)』(2008) 중 '고양이와 쥐'에 대한 이야기를 사용할 수 있다.
   b. 다음으로, Millhauser(2008)가 물리적 경로, 움직임 혹은 활동을 기술함으로써 자세하게 만들어 낸 구절을 확인한다.
   c. 마지막으로, 저자가 세부사항을 상호 연결하는 방법을 확인한다.

2. 다섯 가지 접근방법 중 하나에서 연구의 정확도를 높이기 위한 타당성 전략을 확인할 수 있는가? 다른 전략을 선택한 질적 연구 학술지나 책을 읽어 보라.
   a. 사용된 전략의 예에 밑줄을 긋고 그 효과를 고려해 본다.
   b. 그 전략이 다른 접근방법에서도 효과적으로 사용될 수 있는가?
   c. 각각의 접근법은 다양한 타당성 전략을 사용하는 데에 어떤 영향을 미칠 것인가?

3. 여러 코딩 담당자의 신뢰성을 평가하는 연습에서 사용할 수 있는 합의 절차는 무엇인가?
   a. 이 연습을 해 보려면, 인터뷰 필사본, 관찰에서 입력된 현장 노트, 또는 신문 기사와 같은 문서의 디지털 파일 등 짧은 텍스트 파일을 얻는다.
   b. 다음으로, 둘 이상의 코딩 담당자가 필사본을 훑어보고 코드를 기록한다. 그런 다음 모든 코딩 담당자가 확인한 구절을 보고 코드가 유사하거나 일치하는지 확인한다.
   c. [그림 10-2]의 코딩 담당자 간 합의를 위해 제안한 절차를 되돌아보고 어떤 것이 구현하기 쉽고, 어떤 것이 더 어려웠는지 살핀다.

4. 연구를 평가하는 데 사용될 수 있는 다섯 가지 접근법의 주요 특성이 보이는가? 한 가지의 접근방법을 선택하여 그 방법을 사용한 학술지 논문을 찾고, 그 논문에서 해당 접근방법에 대한 평가의 핵심 특징을 찾을 수 있는지 살펴본다.

요약

이 장에서 우리는 질적 연구의 타당성, 신뢰성, 질의 표준을 논의했다. 타당성 방법은 양적 용어에 대응하는 질적 용어를 사용할 것을 강조하는 전략, 차별적인 용어의 사용, 포스트모던적이고 해석적인 관점, 다른 관점들의 통합, 은유적인 이미지 혹은 타당성에 대한 이러한 관점들의 혼합에 따라 상당히 다양하다. 신뢰성은 여러 가지 방식이 사용되는데, 자료분석 과정의 신뢰성을 구축하기 위해 가장 많이 사용되는 방법 중 하나는 여러 코딩 담당자가 자신들의 코드명을 분석하고 비교할 때 서로 간의 합의를 구하는 것이다. 코딩 담당자 간 합의를 구하기 위한 자세한 절차를 이 장에서 다루었다. 또한 질적 연구의 질을 확보하기 위한 다양한 표준이 있으며, 이러한 기준은 절차적 관점, 포스트모던 관점, 해석적 관점에 기반한 것이다. 연구에 대한 다섯 가지 접근방법에는 각각 구체적인 표준이 있는데, 이것도 이 장에서 검토되었다. 마지막으로, 우리는 다섯 가지 접근 각각이 제시한 연구의 질을 평가하고 비교하기 위해 우리가 사용하는 표준을 제시하였다.

더 읽을거리

앞 장에서 이미 제안된 질적 연구에서의 평가, 타당성과 신뢰도에 대한 관점과 지침을 포함하는 많은 자료 외에도, 여기에서는 몇 가지 핵심 자료를 강조한다. 독자들은 이 목록을 전부인 것으로 간주해서는 안 되며, 이 책의 끝에 있는 참고문헌 목록에서 추가로 읽을거리를 찾을 것을 권장한다.

타당성 관점에 초점을 둔 자료

Angen, M. J. (2000). Evaluating interpretive inquiry: Reviewing the validity debate and opening the dialogue. *Qualitative Health Research, 10,* 378-395 doi:10.1177/104973230001000308

Maureen Jane Angen은 타당성의 기원을 추적하고 해석적 접근 방식에 적용할 것을 제안한다. 그럼으로써 타당성을 신뢰도 및 검증 전략과 연관시킨다.

Lincoln, Y. S., Lynham, S. A., & Guba, E. G. (2011). Paradigmatic controversies, contradictions, and emerging confluences. In N. K. Denzin & Y. S. Lincoln (Eds.), *The SAGE handbook of qualitative research* (4th ed., pp. 97-128). Thousand Oaks, CA: Sage.

이 장에서 저자는 이전 핸드북 판본의 많은 이슈를 재검토하고 타당성 및 윤리적 연구에 대한 논의에서 확실성의 필수적인 역할에 대한 견해를 발전시킨다.

Lincoln, Y. S., & Guba, E. G. (1985). *Naturalistic inquiry.* Beverly Hills, CA: Sage.

이 고전 텍스트에서 Yvonna Lincoln과 Egon Guba는 현재까지 사용되고 있는 질적 연구의 타당성을 위한 대안적인 용어들을 설명한다. 이 책은 많은 연구자가 반드시 읽어야 할 책이다.

Whittemore, R., Chase, S. K., & Mandle, C. L. (2001). Validity in qualitative research. *Qualitative Health Research, 11,* 522-537. doi:10.1177/104973201129119299

Robin Whittemore와 동료들은 질적 연구의 13개 저작에서 타당성 이슈를 탐색하여 주요 타당성 기준을 추출하고 1차 기준 4개와 2차 기준 6개를 구성한다. 이 논문은 질적 연구의 타당성 이슈가 시간에 따라 어떻게 발전했는지 포괄적인 설명을 제공한다.

신뢰도 관점에 초점을 둔 자료

Armstrong, D., Gosling, A., Weinman, J., & Marteau, T. (1997). The place of inter-rater reliability in qualitative research: An empirical study. *Sociology, 31,* 597-606. doi:10.1177/0038038597031003015

저자들은 코딩 담당자들 간의 코딩을 합의하는 점검 절차를 논의하기 위한 발판으로 연구자 6명의 평정자간 신뢰성 사정을 이용한다. 주목할 점은 코딩 합의로 지정한 것과 관련된 주요 이슈에 초점을 맞춘다는 것이다.

Campbell, J. L., Quincy, C., Osserman, J., & Pederson, 0. K. (2013). Coding in-depth semistructured interviews: Problems of unitization and intercoder reliability and agreement. *Sociological Methods & Research, 42,* 294-320. doi:10.1177/0049124113500475

저자들은 탐색적 연구에서 코딩의 신뢰성을 위한 실용적인 절차를 제공한다. 특히 관심사는 코딩되는 텍스트에 대한 코딩 담당자의 지식이 갖는 영향 가능성과 관련된 논의였다.

Richards, L. (2015). *Handling qualitative data: A practical guide* (3rd ed.). Thousand Oaks, CA: Sage.

Lyn Richards는 질적 자료에 대해 신뢰할 수 있도록 코딩하고, 타당한 해석을 하는 데 있어 연구자를 안내하는 접근 가능한 정보를 제공한다. 텍스트는 설정, 처리 및 자료 이해를 통해 조직화된다.

Silverman, D (2013). *Doing qualitative research: A practical handbook* (4th ed.). Thousand Oaks, CA: Sage.

David Silverman은 수준 높은 질적 연구를 계획하고 수행하기 위한 실용적인 지침을 제공한다. 특히 주목할 점은 신뢰성에 대한 그의 논의와 전체적으로 제시되고 있는 사례들이다.

질적 평가 기준에 초점을 둔 자료

Howe, K., & Eisenhardt, M. (1990). Standards for qualitative (and quantitative) research: A prolegomenon. *Educational Researcher, 19*(4), 2-9. doi:10.3102/0013189X019004002.

Kenneth Howe와 Margaret Eisenhardt는 연구의 원동력, 방법론적 역량, 연구자 가정을 명확히 하는 것, 연구 보증, 그리고 실용적이고 이론적인 의미와 관련된 질 표준에 대해 중요한 논의에 기여한다. 역사적 발전을 이해하기 위한 필독서이다.

Lincoln, Y. S. (1995). Emerging criteria for quality in qualitative and interpretive research. *Qualitative Inquiry, 1,* 275-289. doi:10.1177/107780049500100301

이 연구에서 Yvonna Lincoln은 연구자와 연구참여자의 관계를 질의 척도에 관련시킨다. 예를 들어, 호혜성과 같은 윤리적 기준을 충족시키는 것이 필요한 기준이 될 수 있다.

Richardson, L., & St. Pierre, E. A. (2005). Writing: A method of inquiry. In N. K. Denzin & Y. S. Lincoln (Eds.), *The SAGE handbook of qualitative research* (3rd ed., pp. 959-978). Thousand Oaks, CA: Sage.

Laurel Richardson과 Elizabeth Adams St. Pierre는 평가 기준에 대해 개인적이면서도 보완적인 두 가지 관점을 제시한다. 독창적인 분석적 글쓰기 연습을 다룬 장의 마지막에 있는 그들의 토론은 숨겨진 보석이다.

제11장
'이야기 전환하기'와 결론

사례연구, 내러티브 프로젝트, 현상학, 근거이론 혹은 문화기술지에서 이야기는 어떻게 전환되어야 할까? 이 책을 통해서 많은 연구자가 질적 연구의 과정과 각 질적 연구접근방법들 간의 차이점을 확실히 알게 되리라 기대한다. 이는 방법이나 방법론에 열중해야 함을 이야기하는 것은 아니다. 연구에는 연구의 실질적 내용과 방법론이라는 두 가지 양립된 길이 있다. 질적 연구에 대한 관심이 증가하면서, 연구를 수행할 때 연구의 접근방법 절차에 대해 더욱 세심한 주의와 엄격성이 요구되고 있다.

연구접근방법은 상당히 많고, 각각의 연구 과정에 대한 설명은 여러 책이나 논문에서 잘 기술되어 있기도 하다. 어떤 저자는 각 접근을 분류하기도 하고, 어떤 저자는 그들이 선호하는 방법을 언급하기도 한다. 의문의 여지 없이 질적 연구가 한 가지 유형으로 특징지어질 수는 없으며, 오늘날 질적 연구를 둘러싼 여러 가지 담론도 무성하다. 게다가 이러한 담론과 더불어 철학적 · 이론적 · 이데올로기적 측면에서의 관점도 다양하게 존재한다. 좋은 질적 연구의 핵심을 잡아내기 위하여, 우리는 그런 연구를 상호 연관된 3개의 원으로 구성된 그림으로 나타내고자 하였다. [그림 11-1]에서 보는 바와 같이, 이 원들은 연구접근방법, 연구설계 과정, 철학적이고 이론적 틀과 가정을 포함한다. 이 세 가지 요인의 상호작용이 복합적이고 엄격한 연구에 필요하다.

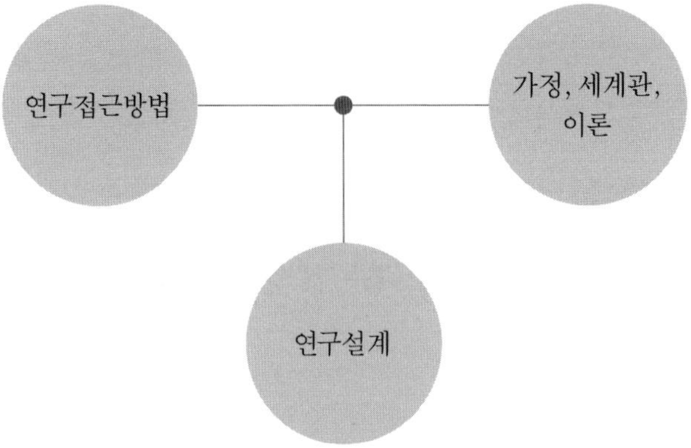

[그림 11-1] 질적 연구의 세 가지 구성요소에 대한 시각적 다이어그램

이야기 전환하기

이 장에서 우리는 또 한 번 연구접근방법들 간의 차이에 대해서 언급하고자 한다. 하지만 이전 장들에서처럼 단편적인 접근에 의한 것은 아니다. 우리는 새로운 방향의 렌즈에 초점을 맞추고, 학생 무장총격자 사례연구(Asmussen & Creswell, 1995)를 내러티브 연구, 현상학, 근거이론, 문화기술지로 '이야기 전환(turning the story)'을 해 보려고 한다.

각기 다른 연구접근방법을 통해 이야기 전환을 하는 것은 특정 문제를 하나의 연구접근방법에 맞추어야 하는지 아닌지에 대한 이슈를 제기한다. 많은 사회과학 연구에서 이러한 관계에 대한 문제를 중요하게 다루고 있다. 우리도 그래야 할 필요성에 동의한다. 그러나 이 책의 목적을 고려했을 때, 이러한 쟁점에 대해 우리가 사용한 방법은 전반적인 문제(즉, '캠퍼스의 반응은 어떠했는가?')를 제기하고 나서 특정한 문제들을 위한 계획안을 구성하는 것이었다. 예를 들면, 총격 사건에 대한 한 개인의 반응을 연구하는 데 있어서 나타난 구체적인 문제는 다른 학생들이 어떻게 반응했는지에 대한 구체적인 문제와는 다르지만, 이 두 가지에 대한 계획안은 결국 총기사고에 대한 캠퍼스의 반응이라는 전반적인 쟁점에 포함되는 것이다. 여기에서 우리가 이야기하는 전반적인 문제란 캠퍼스가 폭력에 어떻게 반응하는지에 대해 우리는 잘 알지 못한다는 것이고, 심지어 잠재적인 폭력사고에 대해 캠퍼스 구성집단이 어떻게 다른 반응을 보이는지에 대해서는 더더욱 잘 모른다는 것이다. 바로 이것이 다음에 제시되는 학생 무장총격자 사례연구(Asmussen & Creswell, 1995) 원전 전체에서의 핵심 문제였고, 우리는 '이야기를 전환하기' 전에 이 연구의 주요 차원을 간략히 검토하고자 한다.

사례연구: 학생 무장총격자에 대한 캠퍼스의 반응

Kelly J. Asmussen
John W. Creswell

출처: 이 장의 자료는 *Journal of Higher Education, 66*(5), 575-591에서 전재되었다. doi:10.2307/2943937. Copyright 1995, the Ohio State University Press. 허락을 받아 사용하였다.

대학 내 폭력 사건이 점점 자주 발생하게 되면서 그 주제에 대한 소논문들이 등장하고 있다. 예를 들어, 저자들은 인종(12), 구애 과정에서의 폭력과 성폭력(3, 7, 8), 괴롭힘(24)에 대해 보고해 왔다. 미국대학교직원협회의 보고서에서 Roark(24), Roark와 Roark(25)는 대학에서의 신체적 · 성적 · 정서적 폭력의 형태들을 검토하고 예방 전략을 위한 지침을 제시했다. Roark(23)는 또한 고등학생들이 입학하고자 하는 대학 캠퍼스에서 발생하는 폭력의 수준을 평가하기 위해 사용할 수 있는 기준들을 제시했다. 국가 차원에서는 1989년 11월 부시 대통령이 「학생들의 알 권리와 캠퍼스 안전에 대한 법률(Student Right-to-Know and Campus Security Act)」(P.L. 101-542)에 서명을 했는데, 이는 대학들이 학생과 피고용인, 지원자들로 하여금 안전보장 정책과 캠퍼스 범죄 통계치(13)들에 대한 연보를 이용할 수 있도록 요구하는 것이다.

거의 관심을 끌지 못해 왔지만 점차 증가하고 있는 캠퍼스 폭력의 한 가지 형태가 학생들의 총기 폭력이다. 최근의 대학 보고서들은 도둑이나 강도들이 폭행하거나 살인을 하는 폭력 범죄가 대학에서 증가하고 있다는 사실을 보여 주고 있다(13). 대학 캠퍼스들은 아이오와 대학교(16), 플로리다 대학교(13), 몬트리올에 있는 콩코디아 대학교와 몬트리올-에콜 종합과학기술대학교(22)에서와 같은 살인 사건들로 인해 충격을 받았다. 이와 같은 사건들은 심리적 외상, 캠퍼스 안전, 대학생활의 혼란과 같은 중요한 관심사들을 제기하고 있다. 가끔 보도되는 신문의 보고는 제외하고 2차 문헌들은 이러한 비극들에 대한 캠퍼스의 반응에 대해 침묵하고 있다. 그것들을 이해하기 위해서는 공공학교 문헌에 있는 총기 폭력에 대한 연구들로 시선을 돌려야 한다. 이들 문헌은 학교 개입을 위한 전략들을 제시하고(21, 23), 개별 학교에서 발생한 사건들에 대한 사례연구들을 제공하며(6, 14, 15), 학교에 무기를 가지고 오는 학생들의 문제(1)와, 살인으로 인한 심리적 외상(32)에 대해 논의하고 있다.

캠퍼스의 전략과 대응 방식들을 확인할 뿐만 아니라 후속 연구들을 위한 개념적 모델을 구축하기 위해 폭력에 대한 캠퍼스의 반응을 연구할 필요가 있다. 우리는 이러한 사건들에 관계되어 있으며 영향을 받는 구성요소들의 심리적 차원과 조직 이슈를 더 잘 이해할 필요가 있다. 사건의 맥락을 탐색하는 심층적인 질적 사례연구를 통해 그러한 개념적 · 실용적 이해를 조명할 수 있다. 이 글에 제시된 연구는 총기 사건에 대한 캠퍼스의 반응을 기술하고 해석하는 질적 사례분석이다(31). 우리는 다음과 같은 탐색적인 연구문제들을 제기하였다. 무슨 일이 벌어졌는가? 그 사건에 대한 반응에 관여한 사람은 누구인가? 그 사건 이후 8개월의 기간 동안 나타난 반응의 주제는 무엇인가? 캠퍼스 반응을 이해하도록 돕는 이론적 구성체는 무엇인가? 그리고 이 사례에 독특한 구성체는 무엇인가?

사건과 반응

그 사건은 중서부 도시에 있는 대규모의 공립대학 캠퍼스에서 일어났다. 10년 전에 이 도시는 '모든 미국인의 도시'로 지명된 바 있지만, 최근에는 조용했던 그 환경이 점차 증가하는 수많은 폭행과 살인 사건들에 의해 소란스럽게 되었다. 이러한 폭력 사건들 중 일부에는 대학생들도 관여되어 있었다.

이 연구를 하게 만든 그 사건은 10월의 어느 월요일에 발생했다. 4학년 수준의 보험통계학 수업에 등록한 43세의 대학원생이 수업이 시작되기 몇 분 전에 도착했는데, 30구경 탄약용 30발짜리 탄창이 장전된, 한국전쟁 당시 군대에서 사용한 구식

반자동소총으로 무장하고 있었다. 그의 주머니에는 30발짜리 탄창이 더 들어 있었다. 그 수업에 등록한 34명의 학생 중 20명은 이미 수업을 위해 모인 상태였으며, 그들 대부분은 조용하게 학생신문을 읽고 있었다. 강사는 강의를 하러 오는 중이었다.

그 무장총격자는 소총으로 학생들을 겨냥하고, 강의실을 휘저으며 방아쇠를 당겼다. 총은 작동하지 않았다. 그는 소총의 자물쇠를 열려고 하면서 교탁 위에 총의 개머리판을 치고는 빨리 다시 격발하고자 했지만, 총은 발사되지 않았다. 대부분의 학생은 무슨 일이 벌어지고 있는지 알아차리고 마룻바닥에 엎드렸다가 책상을 뒤집어엎고 그 뒤에 숨고자 했다. 대략 20분쯤 뒤에 한 학생이 책상을 무장총격자 쪽으로 밀었고 학생들은 그를 지나 홀(hall)로 달려가서는 건물 밖으로 나갔다. 그 무장총격자는 급히 그 강의실을 벗어나서 건물 밖으로 나가 시동을 켜 놓은 채 주차해 놓은 차로 갔다. 한 시간이 못 되어 그는 살고 있던 근처에 있는 작은 마을에서 경찰에게 붙잡혔다. 그는 지금 공판을 기다리며 감금되어 있는 상태지만 그가 이러한 행동을 하게 된 동기는 알려지지 않았다.

캠퍼스 구내 경찰과 행정가들이 그 사건에 처음으로 반응하였다. 캠퍼스 경찰은 원조를 요청하는 전화를 받고 3분 이내에 도착했다. 그들은 무장총격자의 정확한 인상착의를 얻기 위해 학생들과 면담하면서 건물 밖에서 불안한 몇 분의 시간을 보냈다. 캠퍼스 행정가들은 사건이 발생한 지 거의 4시간 만인 그날 오후 4시에 긴급회의를 소집하는 것으로 반응하였다. 긴급회의에서는 학생처의 부처장과 2명의 학생뿐만 아니라 경찰서장도 그 사건에 대해 진술하였다. 같은 날 오후 학생처는 학생건강과 고용지원 프로그램(Employee Assistance Program: EAP)의 상담자를 만나 지원을 요청하는 학생들이나 직원들을 도와주라고 지시했다. 또한 학생처에서는 이 수업이 학기의 나머지 시간을 채울 수 있도록 새로운 장소를 마련해 주었다. 법률사무소는 대학교로부터 무장총격자의 신병을 인수하였다. 다음 날 정기적으로 열리는 캠퍼스 전체의 대표자 회의에서 캠퍼스 행정가들이 그 사건에 대해 논의하였다. 그 주간을 지나면서 학생처는 '혼란스러운 상태에 있는' 학생들이나 불안정한 학생 관계들에 관하여 학생들과 교원들로부터 여러 통의 전화를 받았다. 고용지원 프로그램의 상담자는 외상을 다루고 교육적 위기에 반응하는 데 전문성을 가진 심리학자의 자문을 받았다. 한 학생만이 즉시 학생 건강 상담자와 약속을 정했다. 캠퍼스 신문과 지역신문은 계속해서 그 사건에 대한 소식들을 전했다.

보험통계학 수업이 나중에 2일이나 4일 정도의 정기적인 수업으로 계획되었을 때, 학생들과 강사는 2명의 군 변호사, 경찰서장, '경험 이야기하기(debriefing)' 회기들을 수행할 2명의 학생 정신건강 상담자의 방문을 받았다. 이 회기들에서는 학생들로 하여금 재판 과정에 대해 완전히 알고 있도록 하고 학생들과 강사들이 1명씩 자신의 경험들에 대해 이야기하며 그 사건에 대한 자신의 감정들을 탐색하도록 하는 데 초점을 두었다. 그 사건 이후 일주일 정도가 지났을 때 그 수업에 등록했던 학생들은 정해진 수업 형식으로 되돌아갔다. 이 기간 동안 일반적인 폭력에 대해 염려하고 있던 몇몇 여학생은 학생건강센터의 상담자들을 만났다. 이 상담자들 또한 상담 서비스와 캠퍼스의 안전 수준에 대해 조사한 수십 명의 부모가 제기하는 질문들에 응답하였다. 또한 일부 부모는 대학본부에 전화를 걸어 안전보장 절차에 대해 묻기도 하였다.

사건 발생 후 몇 주가 지나서, 교직원들의 캠퍼스 내 회보는 외상 후의 공포와 심리적 외상에 대한 글들을 실었다. 대학본부는 대학 이사회에 사건에 대한 진상을 알리는 편지를 써서 보냈다. 또한 캠퍼스의 직원과 학생들에게 범죄 예방에 대한 정보를 우편으로 보냈다. 최소한 1명의 대학 학장은 '정상에서 벗어난 학생들의 행동'에 대해 직원들에게 메모를 보냈고, 한 학술부서장은 학생들의 '정상에서 벗어난 행동'을 확인하고 다루는 것에 대한 상담자와 직원들의 교육 집단 회기를 요청하고 개최하였다.

뚜렷하게 다른 세 직원 집단이 이후 몇 주간 교직원을 위한 프로그램인 고용지원 프로그램(EAP)에서 실시하는 상담 서비스를 요구하였다. 첫 번째 집단은 공격자와 몇 가지 직접적인 관여를 해 왔는데, 총기 사건이 발생한 날 그를 보았거나 그들이 그를 개인적으로 알고 있었기 때문이었다. 이 집단은 학생들이나 외상의 영향을 개인적으로 경험하고 있는 집단에 속한 사람들을 위해 전문적 원조를 보장하는 것에 관심을 가지고 있었다. 두 번째 집단은 '조용한 관계'로 구성되었는데, 이들은 간접적으로 관여되었거나 정서적으로 외상을 당한 사람들이다. 이 집단은 그들이 가지고 있는 두려움이 무장총격자 사건의 결과이며 문제가 더 악화되기 전에 이러한 두려움을 다루게 되기를 원했다. 세 번째 집단은 이전에 외상을 경험한 적이 있으며 이 사건으로 인해 그들의 두려움이 재발된 직원들로 구성되었다. 다음 달 전체에 걸쳐 EAP가 몇몇 직원을 살펴보았지만 새로운 집단이나 스트레스가 지연된 사례는 더 이상 보고되지 않았다. EAP의 상담자들은 각 집단의 반응이 정상적인 것이라고 진술했다. 한 달 동안 그 사건에 대한 공공의 논의는 침묵하였지만, EAP와 학생 건강 상담자들은 현재뿐만 아니라 미래의 폭력 사건을 다루기 위해 조정된 캠퍼스 계획이 필요하다고 말하기 시작했다.

조사연구

우리는 그 사건이 발생하고 이틀 뒤에 연구를 시작했다. 첫 번째 단계는 대학본부와 제도심의위원회(IRB)의 승인을 받기 위한 연구계획서의 초안을 작성하는 것이었다. 우리는 무장총격자 조사나 상담자의 지원을 요청해 온 학생, 직원들에 대한 치료에 관여하지 않을 것임을 분명히 했다. 또한 우리는 연구의 범위를 캠퍼스 밖의 집단(예: TV와 신문 보도)을 포함하는 것으로 넓히기보다는 캠퍼스 안에 있는 집단들의 반응으로 제한하였다. 이렇게 연구의 경계를 정하는 것은 탐색적인 질적 사례연구설계와 일치하는 것으로서(31), 고등교육기관에서 발생한 총기 사건에 대한 캠퍼스의 반응을 사정하기 위해 모델이나 변수들을 사용할 수 없기 때문에 선택한 것이다. 구성주의 전통에 따라 이 연구는 드러나는 설계, 맥락에 의존하는 연구, 귀납적 자료분석 등의 패러다임 가정들을 통합하였다(10). 또한 우리는 시간(8개월)과 단일 사례(캠퍼스 공동체)에 의해 연구의 경계를 정했다. 사례연구설계(17, 31)와 일관되게, 우리는 캠퍼스 행정가들과 학생신문 기자들을 초기 면접을 위한 다양한 정보원으로 선택하였다. 나중에 우리는 면접대상을 확대하여 광범위한 캠퍼스의 정보제공자들을 포함시켰으며, 다음과 같은 다섯 가지 질문으로 구성된 반구조화된 면접 지침서를 사용하였다. 사건에서 당신의 역할은 무엇이었습니까? 당신이 그 사건에 관여된 이후 어떤 일이 일어났습니까? 이 사건이 대학 공동체에 미친 영향은 무엇이었습니까? 만일 이 사건으로 인해 파생된 더 큰 결과가 있다면 무엇입니까? 이 사건에 대한 캠퍼스의 반응에 대해 좀 더 알고자 한다면 누구와 이야기해야 합니까? 우리는 또한 관찰 자료, 문서, 시각적 자료들을 수집하였다(정보와 정보원의 유형에 대해서는 〈표 11-1〉 참조).

표 11-1 자료수집 매트릭스

정보/정보의 출처	면접	관찰	문서	녹음/녹화 자료
관련된 학생들	○		○	
대다수 학생	○			
본부 행정가	○		○	
캠퍼스 경찰	○	○		
교수	○	○	○	
직원	○			
체육시설		○	○	
뉴스 기자/신문/TV	○		○	○
학생 건강 상담자	○			
고용 지원 프로그램 상담자	○			
트라우마 전문가	○		○	○
캠퍼스 사업자			○	
이사회			○	

내러티브 구조는 '실재론적' 이야기였으며(28), 세부사항들을 기술하고, 정보제공자들로부터 편집된 인용문들을 통합하였으며, 사건에 대한 우리의 해석, 특히 조직적 · 심리적 이슈들의 틀 내에서 이루어진 해석을 진술하였다. 우리는 피드백을 받기 위한 정보제공자를 선택하기 위해 사례의 예비 초안을 작성하고 나중에 그들의 진술을 최종 연구에 통합시킴으로써 기술과 해석을 검증하였다(17, 18). 우리는 집단 면접에서도 이러한 피드백을 수집하였는데, 거기에서 우리는 다음과 같이 질문하였다. 그 사건과 반응에 대해 우리가 기술한 것이 정확합니까? 우리가 확인한 주제와 구성체들이 당신의 경험과 일치합니까? 우리가 놓친 주제나 구성체가 있습니까? 캠퍼스 계획이 필요합니까? 만약 그렇다면 그것은 어떤 형태를 취해야 합니까?

주제

부인

몇 주 뒤에 우리는 사건이 발생한 강의실로 돌아갔다. 우리는 뒤집힌 책상들 대신 깔끔하게 정리된 책상들을 발견할 수 있었다. 강의실은 강의나 토론을 위해 준비되어 있었다. 강의실 밖의 복도는 좁았으며, 우리는 10월의 어느 월요일 그 무장총격자 역시 이와 같은 통로를 통해 나가고 있다는 것을 알지 못한 채 학생들이 얼마나 빨리 건물을 떠났을지를 머릿속에 떠올려 보았다. 그 사건이 벌어지고 있는 동안 복도에 있던 많은 학생은 건물 안에 무장총격자가 있다는 사실을 보거나 들을 때까지 무슨 일이 진행되고 있는지 알지 못한 것으로 보였다. 역설적이게도, 그 학생들은 그들의 위험한 상황을 무시하거나 부인(denial)하는 것으로 보였다. 건물에서 탈출하고 난 이후에, 그들은 안전하게 숨을 장소를 찾는 대신 건물 밖에 함께 몰려 있었다. 어떤 학생도 강의실 안에서 스스로 바리케이드를 쌓거나, 무장총격자가 돌아갈 수도 있다고 예상되는 현장에서 안전할 만큼 먼 거리로 빠져나가지 않았다. "사람들은 제자리에 서서 떠나지 않고 기다리기를 원했습니다."라고 캠퍼스 경찰관이 주장했다. 잠재적인 위험에 반응하는 데 실패한 수강생들은 건물 밖에서 초조하게 이야기하며 함께 몰려 있었다. 몇 사람은 솔직하게 감정을 드러내며 울었다. 학생들 중 1명은 그들의 기분에 대한 질문에 "우리 대부분은 그것에 대해 농담을 하고 있었어요."라고 말했다. 그들의 대화는 그 사건이 사소한 것이며 누구도 실제로 위험에 처하지 않은 것처럼 그 사건을 처리하고 있다고 믿도록 이끌었다. 조사에 나선 캠퍼스 경찰관은 학생들의 행동에 놀라지 않았다.

> 이런 유형의 사건 이후에 주위에 서 있는 사람들을 보는 것은 특별한 일이 아닙니다. 미국인들은 자극적인 것을 보고 싶어 하고 병적인 호기심을 갖고 있죠. 그것이 바로 당신이 좋지 않은 사건 주위를 어슬렁거리는 구경꾼들을 보게 되는 이유입니다. 그들은 자신이 처해 있는 잠재적인 위험을 이해하는 것처럼 보이지도 않고 자기가 다칠 때까지 떠나고 싶어 하지도 않습니다.

이러한 기술은 정신건강 상담자가 보고한 반응—초기의 초현실적인 첫 반응—

을 확증해 준다. 상담자가 제시한 경험 이야기하기(debriefing)에서 한 여학생은 다음과 같이 진술했다. "저는 그 사람이 '탕'이라고 말하면서 작은 깃발을 쏠 거라고 생각했어요." 그 여학생에게 있어서 그 사건은 꿈과 같은 것이었다. 이런 분위기에서 표적이 된 강의실에서 나온 어느 누구도 사건 이후 24시간 내에 학교 내의 정신건강 센터에 전화를 걸지 않았다. 그 서비스를 이용할 수 있다는 사실을 알고 있었음에도 불구하고 말이다. 그 대신 학생들은 친구를 찾아가거나 술집에 갔다고 기술했다. 그 상황의 괴로움은 나중에야 그들에게 나타났다. 한 학생은 사건이 있던 날 밤 TV 뉴스에서 강의실 장면을 본 직후 두려움과 분노를 느꼈다고 말했다.

일부 부모가 상담자에게 전화를 걸어 근심을 털어놓았지만, 부모들의 말로 인해 학생들의 부인이 강화된 것으로 보이기도 했다. 한 학생은 자신의 부모가 다음과 같은 말을 했다고 보고했다. "네가 이 사건에 관여된 건 놀랄 것도 없다. 너는 항상 이런 일들에 끼여 왔으니까!" 혹은 "다치지는 않았구나. 무슨 큰일이라도 났었니? 그냥 흘려 버려라!" 한 학생은 자기 어머니가 그 사건을 무시한 결과로 그가 받은 외상이 얼마나 더 컸는지에 대해 말했다. 그는 기꺼이 앉아서 그의 말을 들어 줄 믿을 만한 사람을 원했다.

공포

강의실에 찾아간 결과로 두 번째 주제—공포(fear) 반응—를 발견하였다. 우리는 사건 이후 몇 주가 지나기까지 문에 붙어 있는 게시물을 보게 되었는데, 그 게시물은 그 수업이 다른 비공개 건물로 옮겨졌으며 학생들은 새로운 장소에 대해 인접한 방에 있는 직원에게 확인해야 한다는 사실을 알리고 있었다. 이렇게 비공개된 강의실에서 사건 발생 후 이틀 동안 2명의 학생 정신건강 상담자와 캠퍼스 경찰관, 2명의 군 변호사는 수강생들과 만나 공포, 반응, 생각 등을 논의하였다. 공포에 대한 반응은 첫 번째 '경험 이야기하기' 회기에서 겉으로 드러나기 시작하였으며 두 번째 회기에서도 계속해서 나타났다.

대부분의 학생에게 나타난 즉각적인 공포는 혐의를 받고 있는 그 공격자가 보석으로 풀려날 수 있을 것이라는 생각에 근거한 것이었다. 학생들은 그 공격자가 특정한 학생들을 향한 분노를 품을지도 모르며 그가 보석으로 풀려난다면 보복을 하려 할 것이라고 생각했다. 한 학생은 "수업으로 돌아갈 때 두려워하게 될 것 같아요. 강의실을 바꿀 수는 있지만 그가 우리가 있는 곳을 발견하는 것을 막을 수는 없어요!" 라고 말했다. 첫 번째 경험 이야기하기 회기에서 캠퍼스 경찰관은 첫 심문에서 판사가 보석을 기각했다는 것을 알림으로써 이러한 공포의 일부를 쫓을 수 있었다. 이러한 발표로 일부 학생이 안전에 대해 안심할 수 있었다. 캠퍼스 경찰관은 학생들에게 무장총격자의 상태를 알려 주는 것이 필요하다고 생각했는데, 왜냐하면 여러 학생이 경찰서에 전화를 걸어 만약 무장총격자가 풀려난다면 그들의 안전문제 때문에 두려워질 것이라고 말했기 때문이다.

두 번째 경험 이야기하기 회기를 진행하는 동안, 다른 공포가 표면화되었다. 그것은 다른 공격자가 그 수업에서 공격할 가능성이었다. 한 학생은 이러한 잠재적 위협에 대해 매우 심각하게 반응하였는데, 한 상담자에 따르면 10월의 그 사건 때문에 "그는 강의실로 걸어 들어가 문 쪽을 정확히 바라보면서 책상에 앉았다. 그는 각각의 강의실을 '전쟁터'로 보기 시작했다." 두 번째 회기에서 학생들은 분노를 느꼈으며, 폭행을 당했다는 감정을 표현하였고, 마침내 그들이 안전하지 못하다고 느낀다는 것을 인정하기 시작했다. 그러나 어떤 학생이든 자유롭게 상담을 받을 수 있다는 공지가 있었음에도 불구하고, 한 여학생만이 정신건강 서비스를 즉시 이용하였다.

'경험 이야기하기' 회기들에서 학생들이 표현한 공포는 대도시 지역에서 점차 증가하고 있는 빈번한 폭력 행위들에 대한 캠퍼스의 더욱 일반적인 관심을 반영하는 것이었다. 이 총기 사건에 앞서 3명의 젊은 여성과 1명의 남성이 납치되었으며 나중에 가까운 도시에서 죽은 채로 발견되었다. 정신병력이 있는 한 대학 풋볼 선수는 한 여성을 심하게 구타했다. 그는 나중에 재발하였으며 난투극을 벌이다 경찰이 쏜 총에 맞았다. 10월 총기 사건에 앞서 정확히 3주 전에 한 여대생이 유괴되어 잔인하게 살해되었으며 다른 몇몇 살인 사건이 그 도시에서 일어났다. 어느 학생 기자는 "이번 학기는 온통 폭력으로 물들었어요."라고 말했다.

안전

대학생들이 관여된 도시의 폭력과 대학 강의실에서 발생한 총기 사건은 대체로 평온했던 캠퍼스에 충격을 주었다. 한 상담자가 많은 감정을 적절하게 요약했다. "학생들이 그 강의실 밖으로 걸어 나왔을 때, 그들의 세계는 매우 혼란스럽게 되었습니다. 그것은 매우 예측할 수 없는 일이 되었고 그들에게서 안전감을 빼앗아 가는 일들이 발생했습니다." 안전(safety)에 대한 우려는 많은 정보제공자에게 중심적인 반응이 되었다.

학생처장이 그 사건에 대한 본부의 대처를 기술할 때, 그는 일차적인 목적으로서 강의실에 있는 학생들의 안전을 꼽았으며, 이어서 사례에 대한 세부사항들로 뉴스 매체들의 욕구, 모든 학생이 심리적 스트레스를 다루도록 돕는 것, 안전에 대한 공공 정보를 제공하는 것 등을 들었다. 그는 안전 이슈와 캠퍼스 내 총기의 존재에 대해 이야기하면서 학생들이 사용하는 사냥용 총기의 보관을 검토 중이라고 말했다. 사건 발생 후 4시간 이내에, 언론이 사건의 세부사항들뿐만 아니라 캠퍼스의 안전을 보장하려는 욕구에 대해 간단히 알리는 동안 기자회견이 요청되었다. 그 후에 곧바로 대학본부는 캠퍼스 안전에 대한 정보를 제공하는 캠페인을 시작했다. 그 사건을 기술한 편지를 대학 이사회의 이사들에게 보냈다. (한 이사회 구성원은 "이 대학교에서 어떻게 그런 사건이 발생할 수 있습니까?"라고 물었다.) 학생처 사무실에서는 모든 학생에게 편지를 보냈는데, 그 편지는 그들에게 다양한 차원의 캠퍼스 안전보장실과 그것이 제공하는 서비스의 유형을 알려 주는 것이었다. 학생건강센터의 상담과 심리 서비스는 다채로운 소책자를 통해 서비스를 촉진했는데, 이 소책자는 그다음 주에 학생들에게 우편으로 발송되었다. 그것은 '비밀보장이 되며, 접근이 쉽고, 전문적인' 서비스들을 강조했다. 학생법률사무소는 수업 중 비정상적인 행동을 보이는 학생들을 다루기 위한 다양한 방법에 대해 조언했다. 매주 발간되는 교수 회보에서는 직원들이 이 사건과 연관된 어떤 외상 후 공포에 빠르게 반응할 필요가 있음을 강조했다. 대학신문은 한 교수의 말을 인용했는데, 그는 "나는 이런 환경에서 이와 같은 일이 발생할 수 있다는 사실에 큰 충격을 받았습니다."라고 말했다. 혼란을 경험하고 있는 학생이나 교직원들에 대한 우려에 대처하기 위해, 캠퍼스 파출소는 교직원들이 걱정할 때마다 사복경찰을 파견했다.

그 사건이 있은 지 열흘 만에 응급전화 시스템인 코드 블루(Code Blue)가 캠퍼스에 설치되었다. 36대의 응급전화는 10피트 높이로 밝고 푸른 형광색이었으며 이전에 승인된 것이었고, 구체적인 지점은 이미 이전 조사에서 확인된 바 있다. "그 전화는 정말 주의를 끌게 될 것입니다."라고 통신센터의 관리자가 말했다. "또한 그 전화기들이 (범죄에 대해) 거대한 투사가 되길 바랍니다." 얼마 뒤, 관련된 학생으로부터 걸려 온 전화에 대한 대응으로 캠퍼스 내 조명이 약한 곳에 있는 나무와 관목들이 베어졌다.

학생과 부모들도 이러한 안전에 대한 관심사에 반응했다. 최소한 25명의 부모가 사건 이후 첫 일주일 동안 학생건강센터와 대학 경찰, 학생처 사무실에 전화를 걸어 학생들을 위해 어떤 서비스를 이용할 수 있는지 문의했다. 많은 부모는 그 사건에 대한 소식에 충격을 받았으며 즉시 대학의 답변을 요구했다. 그들은 이와 같은 사건이 다시 발생하지 않을 것이며 자녀들이 캠퍼스에서 안전할 것이라는 보증을 원했다. 또한 의심할 여지 없이 많은 부모가 그 사건 직후 수 주간 자녀들에게 전화를 했다. 캠퍼스에 있는 학생들은 저녁 시간 동안 남성이든 여성이든 캠퍼스에 있는 사람을 보호해 줄 자원봉사단을 구성하여 안전에 대한 우려에 반응했다.

지역 업체들은 이 사건으로 인해 창출된 안전 욕구의 상업적 측면들을 개발하여 이익을 얻었다. 호신술 강좌와 보호장치들에 대한 다양한 광고가 여러 주 동안 신문에 넘쳐 났다. 대학과 지역 클럽들이 제공한 호신술 강좌들은 빠르게 인원이 찼으며, 수많은 추가 요청으로 인해 새로운 강좌들이 개설되었다. 대학 구내서점이 공급하는 휴대용 최루가스와 호각은 금세 다 팔려 나갔다. 캠퍼스 경찰은 보호를 위한 휴대용 권총을 구입하고 싶어 하는 학생들로부터 문의를 많이 받았다. 누구도 승인을 받지는 못했지만 어쨌든 학생들이 총을 구입하지 않았는지 의심하는 사람도 있었다. 지역 대리점에서 휴대전화를 구입하는 사례도 급격하게 증가했다. 이러한 대부분의 구매는 여성들이 한 것이었지만 일부 남성도 안전과 보호를 위해 이러한 물품들을 찾았다. 뜻밖에도 일부 제품의 가격은 새로이 창출된 수요로 인해 40% 이상 상승했다. 학생들은 주로 이들 안전 제품을 구매하는 것에 관해 대화를 했다. 즉, 비용은 얼마나 드는지, 그것들을 어떻게 바르게 쓸 수 있는지, 학생들이 그 제품을 사용해야 한다면 얼마나 접근하기 쉬운지, 그것들이 정말 필요한지에 대한 대화였다.

재격발

우리는 대학본부와 제도심의위원회(IRB)의 승인을 얻기 위해 설계한 지침서 초안에서 연구를 3개월 동안만 지속할 것으로 계획했다. 우리가 생각하기에 그것은 이 사건의 자연스러운 경과를 밟아 가기에 합리적인 시간이었다. 그러나 상담자와 초기 면접을 진행하는 동안, 교육 현장에서 '외상'을 다루는 데 전문성을 가진 심리학자에게 의뢰를 하게 되었다. '재격발(retriggering)'이라는 주제를 언급한 사람이 바로 이 심리학자였다. 8개월이 지난 지금, 우리는 '재격발'을 통해 10월에 있었던 그 사건이 이 캠퍼스에 어떻게 장기적인 영향을 미칠 수 있는지 이해하기 시작했다.

이 심리학자는 재격발을 새로운 폭력 사건이 사람들로 하여금 원래 사건과 연결되어 경험해 온 개인적 안전에 대한 공포, 부인, 위협의 감정들을 완화하게 하는 과정으로 설명했다. 상담원들과 폭력 전문가 또한 나중의 어느 시점에서, 예를 들어 사건 기념일이나 신문 또는 TV 보도가 그 사건을 다시 언급할 때마다 재격발되는 그러한 감정들을 만나게 될 것으로 예상해야 한다고 진술했다. 그들은 한 사례가 합법적인 조치를 통해 '생생하게 유지되는' 재판 과정이 장기간의 재격발을 불러일으키며 그 때문에 치유 과정을 심하게 방해할 수 있다고 덧붙였다. 각각의 희생자가 바라보는 법정 판결의 공정성 또한 치유의 정도와 발생할 수 있는 감정의 해결에 영향을 미친다고 말했다.

이 글을 쓰는 지금, 그 10월 사건으로부터 재격발의 구체적 증거를 발견하기는 어렵지만, 대략 18년 전에 발생한 거의 똑같은 폭력적인 총기 사건의 영향을 관찰함으로써 직접 이 과정의 잠재적 결과들을 발견하였다. 소총을 소지한 한 대학원생이 학과장을 총으로 쏘려는 의도로 캠퍼스 건물로 들어갔다. 그 학생은 몇 년 전에 이 강사가 강의한 과목에서 낙제했기 때문에 복수를 하려 했다. 이렇게 시도된 공격 이후에 이 학생을 체포, 기소 및 투옥하려는 합법적인 조치들이 수년간 이어졌는데, 그는 한 번 이상 자신의 계획을 실행에 옮기려 했지만 매번 그 강사의 소재를 밝히지 않으려는 영리한 직원에 의해 수포로 돌아갔다. 다행히도 총격이 이루어진 적은 없으며 그 학생은 마침내 붙잡혀 구속되었다.

자신의 인생에서 이러한 위협의 표적이 되었던 그 강사는 이렇게 반복되는 사건들이 진행된 기간 동안 심각한 외상을 받았을 뿐만 아니라 그의 외상은 공격자가 체포된 이후까지 지속되었다. 그가 믿기에 바람직한 방향대로 작동하지 않는 형사재판 체계의 복잡한 과정은 그의 감정을 더욱 괴롭혔다. 지금까지도, 원래의 외상에 의해 자극받은 감정들은 총기 사건이 뉴스에서 보도될 때마다 재격발되고 있다. 그는 대학으로부터 한 번도 전문적인 원조를 받지 않았으며 그가 받은 상담 서비스는 그 자신의 주도로 비밀이 유지되었다. 18년 후에 그가 속한 전체 학부는 불만을 품은 학생들을 다루고 이 특정 강사의 일정을 보호하기 위해 수립된 그 불문율의 영향을 여전히 받고 있다.

캠퍼스 계획

10월 사건에 관여되어 온 사람들이 '경험 이야기하기' 작업을 하는 과정에 대해 심리학자와 논의하는 동안 캠퍼스의 준비 태세에 대한 의문이 제기되었다(19). 얼마나 많은 다양한 집단과 개인들이 이 사건의 영향을 받았는지 검토하면서, 우리가 수집한 자료에서 나타난 마지막 주제는 캠퍼스 전체에 걸친 계획을 향한 욕구였다. 한 상담자는 "25명에서 30명의 사망자가 있었다면 우리는 압도되었을지도 모릅니다. 우리에게는 결집된 의사소통 계획이 필요합니다. 오늘날 이렇게 폭력적인 세상의 특성을 고려하자면, 그것은 그 캠퍼스를 더 훌륭하게 만들 것입니다."라고 말했다. 면접을 진행하는 동안 더 나은 의사소통이 이 사건에 반응한 구성원들 사이에 발생할 수 있을 것이라는 사실이 분명해졌다. 물론 한 캠퍼스 경찰관은 "우리는 하루 종일 모든 건물에 1명씩의 경찰관을 둘 수는 없어요!"라고 말했다. 그러나 여러 사람이 캠퍼스 전체에 걸친 준비라는 주제에 대해 언급했다.

다양한 응급상황, 즉 폭탄 위협, 화학물질의 누출, 화재, 지진, 폭발, 천둥 번개, 방사능 사고, 토네이도, 위험 물질 노출, 눈보라와 수많은 응급 의료 상황 등을 다룬 캠퍼스의 공식 서면 계획이 존재함에도 불구하고 총기 사건을 다루기 위한 공식 계획이 없다는 것은 놀라운 일이었다. 더욱이 우리는 특정 캠퍼스 단위부서들은 10월 총기 사건이 진행되는 동안 실제로 사용된 자신의 지침서들을 가지고 있다는 사실을 발견했다. 예를 들어, 경찰은 하나의 절차를 가지고 있었으며 그 현장에서 무장총격자와 학생들을 다루기 위해 그 절차를 사용했다. EAP 상담자들은 직원과 교수들의 보고를 들었다. 학생건강 상담자들은 그 사건 이후 강의실에 있는 학생들을 두 번 방문하여 '경험 이야기하기' 과정을 사용했다. 우리가 관심을 가진 질문은, 캠퍼스 전체에 걸친 계획이 무엇으로 구성될 것인가 그리고 그것이 어떻게 개발되고 평가될 것인가였다.

〈표 11-2〉에 제시한 것처럼, 우리는 우리 사례에서 수집된 증거들을 사용하여 기본적인 질문들을 계획에 언급되도록 조합하였으며, 이러한 질문들을 외상후 스

표 11-2 사례로부터의 근거, 캠퍼스 계획을 위한 질문들, 그리고 참고자료

사례로부터의 근거	계획을 위한 질문들	유용한 참고자료들
상담자에 의해 표현된 욕구	왜 계획을 세워야 하는가?	Walker (1990); Bird et al. (1991)
사고에 대응하는 다중적 구성	계획 수립에 누가 관여해야 하는가?	Roark & Roark (1987); Walker (1990)
자체적인 프로토콜을 가진 단위조직에서 발견되는 리더십	조정을 위한 리더십이 한 사무실에서 확인되어야 하는가?	Roark & Roark (1987)
사고에 사용되는 여러 단위 프로토콜	캠퍼스 단위조직에 자체 프로토콜을 허용해야 하는가?	Roark & Roark (1987)
사건에 반응하는 학생들이 제기한 질문	계획에서는 어떤 유형의 폭력을 다루어야 하는가?	Roark (1987); Jones (1990)
우리 인터뷰 중 나타난 집단/개인들	그 사고에 의해 영향을 받을 것 같은 것들은 어떻게 확인되는가?	Walker (1990); Bromet (1990)
행정본부와 캠퍼스경찰의 의견	사고 당사자의 즉각적인 안전을 위해 어떤 규정이 마련되었는가?	
사고 후 변화된 캠퍼스 환경	물리적 환경이 어떻게 더 안전하게 만들어져야 하는가?	Roark & Roark (1987)
행정본부의 의견	외부 사회(예: 언론, 기업)는 이 사건에 대해 어떻게 알게 될 것인가?	Poland & Pitcher (1990)
상담자와 트라우마 전문가가 제기한 이슈	희생자들에게 일어날 수 있는 심리적 사건의 후유증은 어떤 것들이 있을 수 있는가?	Bromet (1990); Mitchell (1983)
트라우마 전문가가 제기한 이슈	그 사건은 피해자들에게 어떤 장기적인 영향을 미칠 것인가?	Zelikoff (1987)
학생건강센터 상담자가 사용한 절차	피해자들은 경험을 어떻게 정리할(debrifed) 것인가?	Mitchell (1983); Walker (1990)

트레스, 캠퍼스 폭력, 재난에 대한 문헌들과 상호 참조하였다[공립학교 문헌에서 얻은 유사한 목록은 Poland & Pitcher(21) 참조]. 단위들을 연결하는 의사소통을 강화하기 위한 캠퍼스 계획(campus planning)의 기본적 요소들에는 계획을 위한 이론적 근거가 무엇인가, 그것을 개발하는 데 누가 관여해야 하는가, 어떻게 조정되어야 하는가, 직원은 어떻게 구성되어야 하는가, 구체적으로 어떤 절차들이 이어져야 하는가

와 같은 결정들이 포함되어야 한다. 이러한 절차들에는 당면한 위기에 대해 반응하는 것, 캠퍼스를 안전하게 만드는 것, 외부 집단들을 다루는 것, 희생자들에게 심리적 복지를 제공하는 것 등이 포함될 수 있다.

논의

부인, 공포, 안전, 재격발, 캠퍼스 전역에 걸친 계획 개발하기 등의 주제들은 더 나아가서 2개의 범주—총기 사건에 대한 캠퍼스 공동체의 조직적 반응과 심리적 또는 사회심리적 반응—로 분류할 수 있다. 조직적 차원에서 보자면 그 위기에 반응하는 캠퍼스 단위들은 느슨한 연결(30)과 상호 의존적인 의사소통 모두를 보여 주었다. 사례를 분석하는 동안 리더십, 의사소통, 권위와 같은 이슈들이 나타났다. 또한 환경적 반응이 개발되었는데, 이는 캠퍼스가 학생들과 직원들에게 더 안전한 장소로 변형되었기 때문이다. 집중된 계획을 향한 욕구는, 위기에 대한 반응에 있어서 단위들의 자율적인 운영을 허용하면서도 단위들 간의 협력과 조정을 필요로 하게 될 조직적 변화를 요구하였다.

Sherrill(27)은 우리 사례에 제시된 증거들로부터 출발할 뿐만 아니라 더욱 강화하는 캠퍼스 폭력에 대한 반응 모델을 제시하고 있다. Sherrill이 언급한 것처럼, 우리 연구에서 분명하게 나타난 요인들은 가해자에게 취해지는 징계 행위, 희생자들에 대한 집단 상담, 캠퍼스 공동체를 위한 안전교육 활용 등이었다. 그러나 Sherrill은 우리 정보제공자들이 논의하지 않은 반응들에 대한 이슈를 제기하였는데, 그것은 현장에 처음 도착한 사람들을 위한 절차 개발하기, 가해자 또는 희생자일 수도 있는 비(非)학생 다루기, 사건에 대한 기록과 문서 유지하기, 시설의 규모와 특성에 기반하여 다르게 반응하기, 약물이나 알코올과 같은 물질남용과 사건들을 관련시키기 같은 이슈들이었다.

또한 조직적 반응에 대한 문헌들을 읽은 뒤에 우리가 기대했던 일부 이슈는 나타나지 않았다. 수시로 나타나는 신문기자들(주로 무장총격자에게 초점을 두는)은 제외하고, 예를 들어 Roark와 Roark(25)의 연구로부터 우리가 기대했던 것과는 반대로 사건에 대한 캠퍼스의 행정적 반응은 거의 없었다. 폭력 사건들을 보고하거나(25), 매년 안전에 대한 감사를 시행하면서(20) 앞으로의 사건들을 관리하기 위한 캠퍼스 단위(예: 캠퍼스 폭력자원센터)를 개설하는 것에 대해서는 아무런 언급도 없었다. 주 보건부에서 응급대원들이 비극에 대처하도록 돕기 위해 훈련된 외상 전문가 팀을 보낼 준비가 되었다는 캠퍼스 경찰의 언급을 제외하고는, 비극적인 사건 발생 시 지원할 수 있는 지역사회 기관들과의 공식적인 연계에 대해서는 아무런 논의도 보고되지 않았다(3). 또한 우리는 위기상황에 대해 전문가들이 권고한 두 가지 행동인 '지휘센터'(14)나 위기조정기관(21)을 설립하는 것에 대해서는 직접 듣지 못했다.

심리적 및 사회심리적 수준에서 캠퍼스의 반응은 그 사건에 의해 간접적으로 영향을 받은 학생과 직원들뿐만 아니라 사건에 직접 관여된 학생들의 심리적 욕구에 대처하기 위한 것이었다. 부인, 공포, 재격발과 같은 심리적 이슈들의 징후가 나타났을 뿐만 아니라, 예상했던 대로(15) 젠더와 문화집단의 이슈들 또한 언급되었다. 비록 그러한 이슈들이 우리의 분석에서 기본적인 주제로 고려될 만큼 논의되지는 않았지만 말이다. 폭력적 행동이 우리 문화에서 종종 받아들여진다는 문헌에서의 주장과는 반대로, 우리 연구에서는 캠퍼스와 공동체에서 차츰 늘어 가고 있는 폭력에 대한 우려와 공포에 대해 목소리를 내려는 정보제공자들이 있었다.

캠퍼스에 소속된 교수들—원로교수들을 포함하여—은 강의실에서 일탈적인 학생이나 교수의 행동에 대한 이슈를 포착할 것이라 기대했음에도 불구하고(25) 그 사건에 대해 두드러지게 침묵하였다. 일부 정보제공자는 교수들이 무관심했기 때문에 이 이슈에 대해 수동적이었을 수 있다고 추측했지만, 그들이 무엇을 해야 할지 또는 누구에게 지원을 요청해야 할지 몰랐기 때문에 수동적이었다는 다른 설명도 있을 수 있었다. 우리는 학생들로부터 이완, 신체 활동, 정상적인 일상의 수립과 같은 '대처' 전략들(29)을 가지고 외상후 스트레스에 반응했다는 사실을 듣지 못했다. 성과 인종 이슈들이 정보제공자들과의 초기 면접에서 드러나기는 했지만, 우리는 이 이슈들에 대한 직접적인 논의는 찾지 않았다. Bromet(5)이 언급한 바와 같이, 사람들이 외상에 대한 반응을 사정할 때는 서로 다른 사회적 관습을 가진 인구집단의 사회문화적 욕구를 고려해야 한다. 성 이슈와 관련하여, 우리는 학생건강센터에 상담을 받으러 간 첫 번째 학생들이 여성이었다는 이야기를 들었다. 아마도 우리의 '일보 직전(near-miss)' 사례는 독특했을 것이다. 외상 심리학자에 따르면 '아무도 죽지 않음으로 인한 외상은 사망자가 발생했을 경우만큼이나 큰 것'이지만, 한 사람(또는 여러 사람)이 죽었을 수도 있는 상황에 대한 캠퍼스의 반응에 대해서는 알 수 없다. 더욱이 다른 탐색적 사례분석과 마찬가지로 주제의 일반화가 분명히 가능하기는 하지만, 이 사례는 일반화 가능성을 제한하였다(17). 학생들에 대한 치료나 조사에 개입하지 않으려 하다 보니 우리의 정보가 자기보고식이었다는 것과 사건으로부터 직접 영향을 받아 온 모든 학생을 면접할 수 없었다는 사실 또한 하나의 문제를 제기하고 있다.

이러한 한계에도 불구하고, 우리의 연구는 폭력 사건에 대한 캠퍼스의 반응 양상을 상세하게 기술함으로써 문헌에 기여할 수 있는 잠재력을 가지고 있다. 반응 과정 동안 후속 연구에서 '중요한 사건'이 될 수 있는 사건들이 나타났는데, 그것은 희생자의 반응, 매체 보도, 경험 이야기하기 과정, 캠퍼스 변화, 캠퍼스 계획의 발전과 같은 것들이다. 총기 사건과 관련된 캠퍼스 폭력에 대한 문헌이 부족하기 때문에, 이 연구는 앞으로의 사례에서 검토될 수 있는 주제와 개념적 틀을 확인함으로써 새로운 기반을 다지고 있다. 실천적인 수준에서 그것은 캠퍼스 폭력에 대응하기 위한 계획을 찾고 있는 캠퍼스 행정가들을 도와줄 수 있으며, 그러한 계획에서 다루어질 필요가 있는 질문들에 관심을 집중시키고 있다. 이렇게 특정한 무장총격자 사건의 영향을 받은 수많은 상이한 사람의 집단이 캠퍼스 위기 반응의 복잡성을 보여 주고 있으며, 대학 교직원들에게 준비가 필요하다는 것을 경고한다.

후기

이 연구를 마쳤을 때, 우리는 만약 누군가 죽임을 당했다면 정보제공자들에게 접근할 수 있었을지 자문해 보았다. 이러한 '일보 직전' 사건은 독특한 연구 기회를 제공해 주었지만 그것은 실제로 참사가 발생한 사건과 비슷할 뿐이다. 이 연구에 참여하게 된 것은 우연한 일이었다. 왜냐하면 우리 중 한 사람이 교정시설에 고용되어 있었으며, 따라서 우리 사례에 제시된 사람과 같은 무장총격자들과 직접적인 경험을 가지고 있었고, 또 한 사람은 아이오와 대학의 대학원생이어서 1992년에 그곳에서 일어났던 또 다른 폭력 사건을 둘러싼 배경과 상황들에 익숙했기 때문이다. 이러한 경험들은 첫 번째 계획에서 나타난 캠퍼스의 반응과 공포나 부인과 같은 심리적 반응에 주의를 기울이게 함으로써 이 사례에 대한 우리의 사정에 분명하게 영향을 주었다. 이 글을 쓰는 시점에서, 이미 있는 캠퍼스 응급 대비 계획을 중대 사건 관리

팀 개념으로 조정하기 위한 캠퍼스 논의가 시작되었다. 상담자들은 또 다른 사건에서 상이한 부서들의 활동을 조정하는 것에 대해 논의하기 위해 만나 왔으며, 경찰은 잠재적으로 폭력 성향을 가진 학생들을 파악하기 위해 교수 및 학과 직원들과 일하고 있다. 우리는 이 사례연구의 결과로, 대학 교직원들이 상호 관련성과 단일 사건에 관여되어 있을 수 있는 수많은 단위를 알게 되었다고 느낀다. 그 사건의 기념일은 특별한 일이나 대학신문의 보도 없이 지나갔다. 그 무장총격자는 여전히 투옥된 상태로 공판을 기다리고 있으며, 우리는 그가 위협했던 일부 학생이 그랬던 것처럼, 만약 그가 석방된다면 이 사례에 대해 글을 쓰고 있다는 이유로 우리에게 보복하려 할지 궁금해하고 있다. 10월 사건에 대한 캠퍼스의 반응은 계속되고 있다.

참고문헌

1. Asmussen, K. J. "Weapon Possession in Public High Schools." *School Safety* (Fall, 1992), 28-30.
2. Bird, G. W., S. M. Stith, & J. Schladale. "Psychological Resources, Coping Strategies, and Negotiation Styles as Discriminators of Violence in Dating Relationships." *Family Relations, 40* (1991), 45-50.
3. Bogal-Allbritten, R., & W. Allbritten. "Courtship Violence on Campus: A Nationwide Survey of Student Affairs Professionals." *NASPA Journal, 28* (1991), 312-18.
4. Boothe, J. W., T. M. Flick, S. P. Kirk, L. H. Bradley, & K. E. Keough. "The Violence at Your Door." *Executive Educator* (February, 1993), 16-22.
5. Bromet, E. J. "Methodological Issues in the Assessment of Traumatic Events." *Journal of Applied Psychology, 20* (1990), 1719-24.
6. Bushweller, K. "Guards with Guns." *American School Board Journal* (January, 1993), 34-36.
7. Copenhaver, S., & E. Grauerholz. "Sexual Victimization among Sorority Women." *Sex Roles: A Journal of Research, 24* (1991), 31-41.
8. Follingstad, D., S. Wright, S. Lloyd, & J. Sebastian. "Sex Differences in Motivations and Effects in Dating Violence." *Family Relations, 40* (1991), 51-57.

9. Gordon, M. T., & S. Riger. *The Female Fear.* Urbana: University of Illinois Press, 1991.

10. Guba, E., & Y. Lincoln. "Do Inquiry Paradigms Imply Inquiry Methodologies?" In *Qualitative Approaches to Evaluation in Education,* edited by D. M. Fetterman. New York: Praeger, 1998.

11. Johnson, K. "The Tip of the Iceberg." *School Safety* (Fall, 1992), 24-26.

12. Jones, D. J. "The College Campus as a Microcosm of U.S. Society: The Issues of Racially Motivated Violence." *Urban League Review, 13* (1990), 129-39.

13. Legislative Update. "Campuses Must Tell Crime Rates." *School Safety* (Winter, 1991), 31.

14. Long, N. J. "Managing a Shooting Incident." *Journal of Emotional and Behavioral Problems,* 1 (1992), 23-26.

15. Lowe, J. A. "What We Learned: Some Generalizations in Dealing with a Traumatic Event at Cokeville." Paper presented at the Annual Meeting of the National School Boards Association, San Francisco, 4-7, April, 1987.

16. Mann, J. *Los Angeles Times Magazine,* 2 (June, 1992), pp. 26-27, 32, 46-47.

17. Merriam, S. B. *Case Study Research in Education: A Qualitative Approach.* San Francisco: Jossey-Bass, 1988.

18. Miles, M. B., & A. M. Huberman. *Qualitative Data Analysis: A Sourcebook of New Methods.* Beverly Hills, Calif.: Sage, 1984.

19. Mitchell, J. "When Disaster Strikes." *Journal of Emergency Medical Services* (January, 1983), 36-39.

20. NSSC Report on School Safety. "Preparing Schools for Terroristic Attacks." *School Safety* (Winter, 1991), 18-19.

21. Poland, S., & G. Pitcher. *Crisis Intervention in the Schools.* New York: Guilford, 1992.

22. Quimet, M. "The Polytechnique Incident and Imitative Violence against Women." *SSR, 76* (1992), 45-47.

23. Roark, M. L. "Helping High School Students Assess Campus Safety." *The School Counselor, 39* (1992), 251-56.

24. Roark, M. L. "Preventing Violence on College Campuses." *Journal of Counseling and Development, 65* (1987), 367-70.

25. Roark, M. L., & E. W. Roark. "Administrative Responses to Campus Violence." Paper presented at the annual meeting of the American College Personnel Association/ National Association of Student Personnel Administrators, Chichgo, 15-18, March, 1987.

26. "School Crisis: Under Control," 1991 [video]. National School Safety Center, a partnership of Pepperdine University and the United States Departments of Justice and Education.

27. Sherill, J. M., & D. G. Seigel (eds.). *Responding to Violence on Campus.* New Directions for Student Services, No. 47. San Francisco: Jossey-Bass, 1989.

28. van Maanen, J. *Tales of the Field.* Chicago: University of Chicago Press, 1988.

29. Walker, G. "Crisis-Care in Critical Incident Debriefing." *Death Studies, 14* (1990), 121-33.

30. Weick, K. E. "Educational Organizations as Loosely Coupled Systems." *Administrative Science Quarterly, 21* (1976), 1-19.

31. Yin, R. K. *Case Study Research, Design and Methods.* Newbury Park, Calif.: Sage, 1989.

32. Zelikoff, W. I., & I. A. Hyman, "Psychological Trauma in the Schools: A Retrospective Study." Paper presented at the annual meeting of the National Association of School Psychologists, New Orleans, La., 4-8 March, 1987.

사례연구

이 질적 사례연구(Asmussen & Creswell, 1995)에서는 한 학생이 동급생에게 총을 발사한 무장총기 사건에 대한 캠퍼스의 반응을 보여 준다. 저자들은 이 연구의 제목을 '학생 무장총격자에 대한 캠퍼스의 반응'이라고 정했고, Lincoln과 Guba(1985), Stake(1995)의 '실질적인 사례보고서(substantive case report)'의 형식에 맞추어 이 사례연구를 구성했다. 이 형식은 문제의 설명, 관찰되는 맥락 또는 상황과 과정에 대한 기술, 중요한 주제들에 대한 논의, "배우게 된 교훈" 등으로 구성된다(Lincoln & Guba, 1985, p. 362). 대학 캠퍼스 내 폭력문제에 대한 사례연구의 방법을 소개한 후, 저자들은 사건 현장과 연대표, 그 후 2주 동안의 사건 기록에 대해 상세하게 설명했다. 그다음에 이 분석에서 도출된 중요한 주제—부인, 공포, 안전, 재격발, 캠퍼스 계획과 관련된—를 제시한다. 주제를 나열하는 과정에서 우리는 좀 더 구체적인 주제를 2개의 지배적인 주제(조직적 주제와 심리적 혹은 사회심리적 주제)와 결합하였다. Asmussen과 Creswell(1995)은 연구참여자들에 대한 면접, 관찰, 문서, 시청각 자료 등을 이용하여 자료를 수집했다. 이 사례를 통해 이 캠퍼스뿐만 아니라 다른 캠퍼스들도 미래의 캠퍼스 테러리스트 사고에 대비할 수 있는 계획을 수립해야 한다는 교훈을 제공했다.

이번 사례의 구체적인 연구문제로 돌아가서, 저자들은 다음과 같이 질문했다. 무슨 일이 벌어졌는가? 그 사건에 대한 반응에 관여한 사람은 누구인가? 그 사건 이후 8개월 동안 나타난 반응의 주제는 무엇인가? 캠퍼스 반응을 이해하도록 돕는 이론적 구성체는 무엇이며, 개발된 구성체 중 독특한 것은 무엇인가? Asmussen과 Creswell(1995)은 사고가 발생한 지 2일 후에 투입되었으며, 우리의 질문이나 결과를 이끌어 줄 만한 어떠한 이론적 렌즈도 사용하지 않았다. 먼저 내러티브는 그 사건을 기술했고, 추상적인 수준에서 그 사건을 분석했으며, 그러한 맥락을 더 큰 이론적 틀과 연결시킴으로써 약간 해석하였다. 저자들은 그 주제를 드러낼 다양한 자료원을 사용하고, 선택된 연구참여자와 함께 최종 확인을 하거나 '참여자 확인(member checking)'을 수행함으로써 사례연구를 검증하였다.

내러티브 연구

내러티브 접근 방식을 취하는 해석적 전기 연구로는 이와 같은 일반적 문제에 어떻게 접근할 것인가? 우리는 다양한 캠퍼스 구성원의 반응을 확인하기보다는 사건이 발생한 수업의 강사처럼 한 개인에게 초점을 두었을 것이다. 이때 연구제목은 '형제들의 대면: 아프리카계 미국인 강사의 해석적 전기'로 할 수 있을 것이다. 무장총격자처럼 강사도 아프리카계 미국인이고, 사건에 대한 그의 반응은 인종적이고 문화적인 맥락 안에 위치하고 있을 것이다. 그러므로 해석적 전기 연구자로서, 우리는 다음과 같은 연구문제를 던지게 될 것이다. '그 수업의 아프리카계 미국인 강사의 인생 경험은 무엇이며, 이러한 경험은 총기 사고에 대한 그의 반응을 어떻게 형성하였는가?' 이러한 전기적 접근은 한 개인을 연구할 때 그가 자신의 생애사적인 배경 가운데 어디에 위치하는가에 따라 달라진다. 우리는 그가 말해 주는 이야기들 가운데 선별된 **생활 사건**이나 '발현(epiphahies)'을 설명할 것이다. 사건의 연대기에 이어서, 그의 경험 안에서 총기 사건에 대한 '이야기를 재현'하는 접근 방식이 될 것이다. Clandinin과 Connelly(2000), Clandinin(2013)의 세 가지 차원의 공간 모델에 따라 이야기를 개인적 · 사회적 및 구성원 간의 상호작용적인 부분으로 구성할 것이다. 대신, 이야기는 이론적 관점과 같이 각 부분을 결합한 줄거리(plot)를 갖게 된다. 이론적 관점과 같은 이 줄거리는 인종과 차별, 소수집단 등의 쟁점을 도출하고, 이러한 쟁점이 아프리카계 미국인의 문화 내에서, 또 흑인 문화와 다른 문화들 사이에서 어떻게 작용하고 있는지 살필 것이다. 이러한 관점들은 그 강사가 강의실 내의 학생 무장총격자를 보는 관점을 형성할 것이다. 또한 우리는 강사의 신념과 그의 경험의 결과로 초래된 변화에 따라 우리의 신념을 논의하면서 보고서를 작성했을지도 모른다. 예를 들면, 그가 강의를 계속했을까? 그가 자신의 감정에 대해 강의실의 학생들에게 이야기했을까? 타당성을 위해 우리의 강사에 대한 내러티브 이야기는 경험의 발생순서적이고 상호작용적인 특성을 나타내는 맥락에서 자세하게 기술할 것이다(Denzin, 2001). 이 밖에도 우리는 아프리카계가 아닌 미국인과 아프리카계가 아닌 캐나다인으로서 우리 자신의 관점으로부터 자유로울 수 없기 때문에, 그 강사의 반응에 대한 해석이 불완전하고 미완성일 것이라는 점도 알게 될 것이다.

현상학적 연구

현상학에서는 전기에서처럼 한 개인에 대한 연구라기보다 다수의 학생을 심리학적 현상학(Moustakas, 1994)의 전통에 따라 심리학적 개념에 입각하여 설명하게 될 것이다. 이때 가능한 연구 제목은 '캠퍼스 내에서 끔찍한 사고를 당한 학생들이 경험하는 공포의 의미'가 될 것이다. 우리는 학생들이 공포라는 개념을 사건 현장, 사건 발생 직후, 그리고 사건 몇 주 후까지 표현한다는 것을 가정했을 것이다. 우리는 여기에서 다음과 같은 몇 가지 질문을 던지게 될 것이다. 학생들이 어떤 공포를 경험했는가? 그들은 그것을 어떻게 경험했는가? 그들은 이러한 경험을 어떤 의미로 받아들이고 있는가? 현상학자로서 우리는 인간의 경험이란 그 속에서 살아가는 사람들에게 의미가 통할 것이고 그것은 의식적으로 표현될 것이라고 가정한다(Dukes, 1984). 현상학자로서 우리는 탐구할 현상(공포)과 사용할 철학적 지향(우리는 학생들이 경험하는 것의 의미를 연구하고 싶다)을 정한다. 우리는 10명 정도의 학생에 대해 집중적인 면접을 실시하고, Moustakas(1994)가 기술한 단계를 사용하여 면접을 분석한다. 우리는 그 상황으로부터 우리 자신을 완벽하게 제거할 수 없다는 것을 알도록 우리 자신을 위치 짓는 방법으로, 우리가 생각하고 경험했던 공포의 의미를 설명[**판단중지(epoche)**]하기 시작했을 것이다. 그러고 나서 모든 학생의 진술들을 읽은 후에, 그들이 이야기하는 공포의 의미에 대한 의미 있는 진술이나 인용문을 골라 냈을 것이다. 이러한 의미 있는 진술은 좀 더 광범위한 주제로 묶일 것이다. 최종 단계는 그들이 무엇을 경험했는지(**조직적 기술**)와 어떻게 그것을 경험했는지(**구조적 기술**)에 대해 내러티브 기술을 함으로써 긴 단락을 구성하고, 이러한 두 가지 기술을 결합하여 그들 경험의 '본질'을 전달하도록 더욱 깊게 기술할 것이다. 이것이 논의를 위한 종착점이 될 것이다.

근거이론 연구

이번 사건에 대한 캠퍼스의 반응을 설명하기 위해 이론이 개발(혹은 수정)되어야 한다면, 우리는 근거이론을 사용할 것이다. 예를 들면, 사건 직후 여러 학생의 행위(action)와 반응(reaction)을 만들어 내는 경험, '초현실적인' 경험들을 가지고 과정에 대한 이론을 개발할 것이다. 이 연구의 초기 제목은 '캠퍼스 총기 사건에서 겪은 학생들의 초현실적인 경험에 관한 이론'이 될 것이다. 초현실적인 경험에 대해 구체적으로 인용하면서 연구에 대해 소개할 것이다.

> 상담자가 제시한 경험 이야기하기(debriefing)에서 한 여학생은 다음과 같이 진술했다. "저는 그 사람이 '탕'이라고 소리치면서 작은 깃발을 쏠 거라고 생각했어요." 그 여학생에게 그 사건은 꿈과 같은 것이었다.

연구질문은 다음과 같을 것이다. 사건 직후 학생들의 초현실적인 경험에 대한 현상을 설명해 줄 수 있는 이론은 무엇인가? 이러한 경험들은 과연 무엇인가? 왜 그런 일이 발생했나? 그들은 그 사건에 대처하기 위해 어떤 전략을 사용했는가? 그들이 사용한 전략의 결과는 무엇인가? 특정 상호작용 이슈와 광범위한 조건들이 그들의 전략에 영향을 주었는가? 근거이론의 구조화된 접근에 따라, 어떤 특정한 이론적 지향을 가지고 자료수집과 분석을 하기보다 학생들이 그 사건에 대해 어떻게 상호작용하고 반응하는지를 살펴볼 것이다. 반면에, 우리의 의도는 이론을 발전시키거나 생성하는 것일 것이다. 이 연구의 결과 부분에서 우리는 먼저 개방코딩 범주를 확인할 것이다. 그러고 나서 우리는 어떻게 연구를 핵심 범주(예: 과정에서의 꿈 요소)로 좁혀 나갔는지 기술할 것이고, 과정에 대한 이론의 주요 특성을 범주화할 것이다. 이 이론은 **시각적 모형**으로 제시될 것이고, 이 모형에서 우리는 핵심 범주에 영향을 주는 **인과 조건**, 중재 및 맥락 요인들, 구체적인 전략 및 결과를 제시할 것이다(축코딩). 우리는 학생들의 초현실적 경험을 설명하는 **이론적인 명제**나 가설을 세울 것이다(선택코딩). 연구 과정의 철저함을 판단하고, 발견된 결과가 경험적으로 근거가 있는 것인지를 증명해 보일 것이다. 이 두 가지 요인은 Corbin과 Strauss(1990, 2015)가 언급한 바 있다.

문화기술지 연구

근거이론에서 우리가 중점을 두었던 부분은 자료에 근거한 이론을 만들어 내는 것이었다. 반면에 문화기술지에서 우리는 이론 개발에 초점을 두지 않고, **문화공유집단**으로서 캠퍼스 공동체의 활동을 기술하고 이해하는 데에 초점을 둘 것이다. 연구를 진행하기 위해, 물론 그 사건 자체가 예측 가능한 것은 아니었지만, 먼저 그 사건이 캠퍼스 구성원들 사이에서 어떻게 예견된 반응을 일으켰는지를 살필 것이다. 캠퍼스 구성원들은 그들 나름대로의 역할에 의거해서 반응하기 마련이므로, 캠퍼스 내부의 소집단문화를 살펴볼 것이다. 학생들은 하나의 소집단문화를 구성해 나가면서 차례로 더 많은 소집단문화나 하위문화를 형성한다. 사고가 발생한 수업을 수강한 학생들은 한 학기 16주를 함께 보내기 때문에, 그들 간에 공유된 행동 유형이 발달할 정도의 시간을 함께 보내게 될 것이고, 문화공유집단으로 보이게 될 것이다. 대신에, 우리는 각각 다르게 반응하는 집단들을 포함한 전체 캠퍼스 공동체를 연구할 것이다.

전체 캠퍼스가 문화공유집단을 포함한다는 점을 가정하면, 이 연구의 제목은 '정상으로 돌아가기: 무장총격 사건에 대한 캠퍼스의 반응에 관한 문화기술지 연구'가 될 것이다. 이 제목이 어떻게 즉각적으로 연구에 대한 상반된 관점을 가져오는지 주목하라. 우리는 다음의 질문을 할 것이다. 이 사건은 영향을 받은 집단 내의 예측할 수 있는 역할 수행을 어떻게 만들어 냈는가? 캠퍼스 전체를 하나의 문화 체계 혹은 문화공유집단으로 보았을 때, 각 개인과 집단은 어떤 역할로 참여했는가? 하나의 가능성은 그들이 예측 가능한 행동 유형을 보임으로써 사건 이후 캠퍼스 정상화를 원하고 있다는 것일 것이다. 사고의 동기나 성격에 대해 정확하게 예상할 수 있는 사람은 아무도 없겠지만, 사고가 발생하면 캠퍼스 공동체는 어떤 예측 가능한 역할을 수행하려는 자세를 취하게 된다. 행정가는 캠퍼스를 폐쇄하지 않고 "엄청난 일이 벌어졌어요."라고 경고하면서 뛰어다니기 시작한다. 상담센터는 상담을 권한 반면, 학교 경찰은 상담을 권하지 않았다. 그러나 상담센터는 경찰이나 학교관리인이 아닌 위협을 더 크게 느낀 학생들을 도왔다. 요약하면, 캠퍼스 구성원들의 예측 가능한 행동은 이 사고에 대한 각성에 뒤이어 일어난다는 것이다.

실제로, 캠퍼스 행정가는 사고 후 정례적으로 뉴스 회합을 소집했다. 또한 당연하지만, 학교 경찰은 조사에 착수했으며, 학생들은 마침내 마지못해 부모와 연락을 취했다. 체계이론가들이 말한 것처럼, 캠퍼스는 일상으로 돌아가고 항상성을 유지하려는 시도 속에서 천천히 정상으로 돌아간다. 결국 이러한 예측 가능한 역할 행동을 통해 우리는 현장의 문화를 발견할 수 있다.

우리가 그 현장에 투입되면, 우리는 공동체의 연구참여자들과 라포를 쌓아야 할 것이며, 우리 존재로 인해 연구참여자들을 소외시키지 않으려 노력하거나 필요 이상으로 환경을 방해하지 않아야 한다. 지금은 막다른 곳에서 긴장을 느끼는 사람들이 존재하는 캠퍼스에는 민감한 시기이다. 우리는 '다양한 조직'과 문화공유집단 내의 개인과 집단의 '유지' 행동이라는 문화적 주제를 탐색할 것이다. Wallace(1970)는 '조직의 다양성'을 "어떤 문화적으로 조직된 사회의 경계 내에 공존하는 관습, 동기, 성격, 관계가 실제로 다양한 것"(p. 23)이라고 정의했다. 자료수집은 캠퍼스가 정상으로 돌아가는 데에 도움이 되도록 사람들이 수행하는 예측 가능한 행위, 행동, 역할을 시간에 따라 관찰한 것으로 구성될 것이다. 이러한 자료수집은 주로 면접과 사고가 발생한 강의실에 대한 관찰, 신문기사 등에 의존하게 된다. 이러한 문화를 공유하는 캠퍼스에 대한 우리의 궁극적인 내러티브는 Wolcott(1994)이 제시한 다음 세 부분에 중점을 두게 될 것이다. 캠퍼스에 대한 상세한 기술, '조직의 다양성'과 유지(분류법 혹은 비교; Spradley, 1979, 1980)라는 문화적 주제에 대한 분석 그리고 해석이다. 우리의 해석에는 사실에 대한 냉정하고 객관적인 보고보다는, 노숙인들을 위한 무료급식소에서 안전하게 느껴지지 않았던 것 같은 내 개인적 경험(Miller, Cresswell, & Olander, 1998)과 '안전한' 일리노이의 작은 중서부 도시에서 성장한 우리의 개인적인 인생 경험이 반영될 것이다. 연구를 종결하면서, 우리는 '석양으로 향하는 카누(canoe into the sunset)' 접근(H. F. Wolcott, 개인적 대화, 1996년 11월 15일)을 사용하거나, 보다 방법론적인 지향으로 연구참여자와 함께 연구를 점검함으로써 종결할 것이다. 여기에 '석양으로 향하는 카누' 접근을 제시한다.

문화기술지 연구가 준비되기 전에, 사건의 뉴스 가치는 이미 사라졌다. 그러나 문화기술지 연구자의 초점이 캠퍼스 문화에 있다면, 사건 그 자체는 거의 중요하지 않다. 그럼에도 그런 사건이 없다면 자기가 속한 (캠퍼스뿐만 아니라) 사회에서 활동하는 문화

> 기술지 연구자는 일상을 예측 가능한 방식으로 살아가는 사람들을 '보는 데' 어려움이 있었을 것이다. 그것은 그 방식이 우리가 그들의 행동에 대해 기대하는 방식이기 때문이다. '본거지'에서 활동하는 문화기술지 연구자는 익숙한 것을 생소한 것으로 만드는 방법을 찾아야 한다. 사람들은 예측할 수 없는 상황에서 예측 가능한 방식으로 반응하기 때문에, 혼란스러운 사건을 통해 일상적인 역할 행동을 쉽게 분간해 낼 수 있다. 그러한 예측 가능한 유형이 문화의 요소이다.

보다 방법론적인 종결은 다음과 같다.

> '사실들'이나 가설 중 어떤 것은 우리가 그 방향으로 분석을 수행해 왔는지 (당연히 해야 하는) 점검과 검증이 필요하다. 우리가 더욱 해석적이 되려고 한다면, 우리는 기술된 사람들 중 몇 사람에 대한 이야기를 철저히 '시험할' 수 있을 것이다. 그리고 내가 그들에게 제시한 것보다 상황이 훨씬 더 복잡하다는 것을 시사하기 위해 그들이 표현한 주의점과 예외사항들을 내 최종보고서에 포함시킬 수 있을 것이다.

결론

콜로라도의 베일에서 열린 질적 워크숍에서 이 책의 시작 부분에 우리가 제기했던 '억지스러운' 질문—각각의 연구접근방법들은 연구설계 모형을 어떻게 형성하는가?—에 우리가 어떻게 대답했는가? 먼저 가장 분명한 방법 중 한 가지는 바로 연구의 초점 안에 있다. 제4장에서 논의한 것처럼, 연구의 초점이 현상이나 개념의 탐색에 있는지 또는 사례에 대한 심층적인 연구에 있는지, 개인 혹은 집단을 대상으로 하는지에 따라 이론이 달라진다. 특히 초점이 어디에 있느냐의 견지에서, 다섯 가지의 접근 간 차이점을 〈표 4-1〉에서 다시 확인하길 바란다.

그러나 여기에 분명한 구분선이 존재하는 것은 아니다. 예를 들면, 개인에 대한 단일 사례연구는 내러티브 연구와 사례연구 둘 중 하나로 접근할 수 있다. 사건, 프로그램, 활동과 같이 좀 더 작은 '경계를 가진' 체계는 사례연구로 연구되는 반면에, 문화적 체계는 문화기술지 연구방법에 의해 탐구된다. 둘 다 체계이며, 사례연구나 문화기술지 어느 쪽으로도 접근이 가능한 미시문화기술지 연구방법을 채택했을 때 문제가 발생한다. 그러나 문화적 행동, 언어나 문화유물을 연구하고자 했을 때, 그 체계에 대한 연구는 문화기술지로 착수해야 할 것이다.

둘째, 질적 연구는 전반적으로 해석을 지향한다. 우리는 비켜 날 수 없으며, 우리가 보고 기록한 것에 대해 '객관적일' 수도 없다. 우리가 선택한 단어는 우리의 개인적인 경험, 문화, 역사 그리고 배경으로부터 나온 것이다. 우리가 자료를 수집하기 위해 현장에 갔을 때, 연구참여자와 장소를 보호하며 자료를 수집하고 우리의 역할에 대해 반성적으로 고찰하고 우리가 보고, 듣고, 기록한 것을 어떻게 형성할 것인가 등과 같은 과제를 착수해야 한다. 결과적으로 우리의 기록은 사건, 사람 그리고 활동에 대해 우리가 내린 해석이며, 그것은 오직 우리만의 해석이다. 우리는 현장, 독자, 우리의 이야기를 읽은 다른 사람들은 자신들만의 해석을 한다는 사실을 반드시 인식해야만 한다. 이런 관점에서 우리의 기록은 담론, 잠정적인 결론 그리고 지속적으로 변화하고 발전하는 것으로 여겨진다.

셋째, 탐구에 대한 접근방법은 연구 도입, 자료수집 및 분석 단계에 사용되는 용어와 같은 연구설계 과정상 필요한 언어를 형성한다. 이들 용어를 제6장에서 구체화하여, 각기 다른 질적 연구접근에서의 목적 진술과 연구문제 등에 대해 논의하였다. 계속해서 제9장에서 연구접근별로 텍스트를 부호화하는 것에 대해 이야기하였다. 부록 A에 있는 용어는 연구자가 자기 연구에서 사용할 수 있는 각 접근별로 유용한 용어 목록을 제시함으로써 이러한 주제를 보강하였다.

넷째, 연구접근은 제7장에서 논의한 바와 같이 연구대상이 된 연구참여자를 포함한다. 연구는 1명 혹은 2명(즉, 내러티브 연구), 사람들의 집단(즉, 현상학, 근거이론), 전체 문화(즉, 문화기술지)로 구성된다. 사례연구는 그 연구가 한 사람의 개인, 하나의 사건, 하나의 커다란 사회적 상황을 탐구하고자 하기 때문에 이 모든 세 가지 범주에 다 적합할 수 있다. 또한 제7장에서 우리는 자료수집의 범위가 각 접근에 따라 하나의 주된 정보원(즉, 내러티브 면접, 근거이론 면접, 현상학 면접)에서 다양한 정보원(즉, 문화기술지는 관찰, 면접, 문서로 구성되고, 사례연구는 면접, 관찰, 문서, 기록 자료, 비디오로 구성된다)까지 얼마나 다양한지를 강조하였다. 이러한 자료수집 양식이 반드시 고정되어 있는 것은 아니지만, 각 접근방법의 차이를 보여 주는 일반적인 유형이라고 본다.

다섯째, 제8장에서 설명한 것처럼, 연구방법들 간의 차이는 자료분석 단계에서 가장 극명하게 구분된다. 자료분석은 비구조화된 접근에서 구조화된 접근까지 범위가 다양하다. 비교적 비구조화된 접근에는 문화기술지(Spradley, 1979, 1980 예 외)와 내러티브[예: Clandinin과 Connelly(2000)가 제안한 바 있고, Denzin(1989b)이 발전시킨 해석적 양식과 같이]가 포함된다. 비교적 구조화된 접근이라고 할 수 있는 것에는 체계적 절차가 있는 근거이론, 현상학[Colaizzi(1978)의 접근, Dukes(1984)와 Moustakas(1994)의 접근 참조], 사례연구(Stake, 1995; Yin, 2014)가 있다. 이러한 절차는 질적 보고서의 자료분석의 전반적인 구조의 방향을 제시해 준다. 또한 각 연구접근방법은 자료분석에서 기술의 상대적인 중요성을 결정하기도 한다. 문화기술지, 사례연구, 전기에서 연구자는 구체적으로 기술하지만, 현상학에서는 연구자는 기술을 덜 하며, 근거이론에서는 바로 자료분석으로 들어가 전혀 기술하지 않는 것처럼 보이기도 한다.

여섯째, 내러티브에 있어 삽입된 수사학적 구조뿐 아니라 최종보고서도 각각의 연구방법에 따라 달라진다. 제9장에서 논의한 것처럼, 최종보고서는 왜 질적 연구들이 그렇게 서로 다른 방식으로 살펴보고 다르게 구성되는지에 대해 설명한다. 예를 들면, 연구자의 존재를 보자. 모든 질적 프로젝트에는 성찰이 반영되지만, 좀 더 '객관적' 설명을 제공하는 근거이론에서는 연구자의 존재를 찾아보기 힘들다. 대신에 문화기술지에서는 연구자가 중심적인 위치에 있으며, 사례연구에서는 '해석'이라는 주요한 역할을 수행한다.

일곱째, 제10장에서 논의한 것처럼, 연구접근방법에 따라 연구의 질적 수준을 평가하는 기준이 매우 다르다. 타당성 절차에서 어떤 부분은 중첩되기도 하겠지만, 연구의 가치를 평가하는 기준은 각 전통에 따라 활용 가능하다.

요약하면, 어떤 질적 연구를 설계한다면 각 질적 연구접근방법 중 한 가지 방법에 입각해서 연구설계를 진행하라고 권하고 싶다. 즉, 설계 과정(예: 해석적 틀, 연구 목적과 문제, 자료수집, 자료분석, 보고서 작성, 타당성)에 있는 여러 가지 요소가 선택된 접근방법의 절차를 반영하고, 그 접근방법의 특징을 담고 있어야 한다는 것을 의미한다. 이 말은 혼합연구방법을 사용해서는 안 된다는 것이 아니다. 예를 들면, 사례연구설계에 근거이론 분석 절차가 사용될 수 없다는 것이 아니다. '순수'가 목적이 아니다. 하지만 이 책을 통해 독자들이 연구접근방법들을 조합하기 전에 먼저 각 연구접근방법을 분류하고, 각 연구접근방법 자체의 엄밀한 절차로 바라보라고 제안하는 것이다.

우리는 다섯 가지 접근방법 사이에서 구별되는 것과 중첩되는 것을 알았지만, 이 책에서 제시한 접근방법 내에서 발견된 절차에 맞춘 연구를 설계하는 것은 프로젝트를 더 정교하게 만들고 질적 연구를 읽는 독자에게 방법론적인 전문지식을 전달할 것이다.

점검사항

1. 작성된 질적 연구를 하나 선택하여 다른 질적 연구접근 중 하나로 이야기 전환을 할 수 있는가?

2. 이 장에서 제시된 '학생 무장총격자에 대한 캠퍼스의 반응'이라는 연구에 대한 다섯 가지 시나리오에서 각 시나리오에 진하게 강조된 각각의 부분을 확인하고, 정의하고 기술할 수 있는가?
   a. 각 시나리오를 택하고 진하게 강조된 부분을 정의하고 기술하라.
   b. 정의를 내리는 데 도움이 필요하다면 부록 A에서 용어를 확인하라.

부록 A

용어사전

이 사전에 있는 정의들은 이 책에서 사용되고 정의된 주요 용어들을 보여 준다. 이들 용어에 대해서는 여러 정의가 있지만, 우리에게 가장 그럴듯한 정의(독자에게도 그렇게 되길 바라는데)는 이 책에 제시된 내용과 참고문헌들을 반영하는 것들이다. 우리는 용어들을 연구접근(내러티브 연구, 현상학, 근거이론, 문화기술지, 사례연구)에 따라 나누고 그 접근 내에서 알파벳순으로 정리하였다. 그리고 이 용어사전 뒷부분에서는 다섯 가지 상이한 접근에 모두 해당되는 기타 용어들을 정의하였다. 이 용어사전에 정의된 용어에 추가해서 Given(2008)과 Schwandt(2007)도 참고하길 바란다.

내러티브 연구

자서전(autobiography) 이러한 형태의 전기적 글쓰기는 개인적으로 쓴 혹은 기록한 자기 인생에 대한 이야기체 기술이다(Angrosino, 1989a).

자문화기술지(authoethnography) 이러한 형태의 내러티브는 연구대상인 개인들에 의해 쓰이고 기록된다(Ellis, 2004; Muncey, 2010). Muncey(2010)는 의식, 상처받기 쉬운 자아, 일관된 자아, 사회적 맥락에서의 자아 비평, 우세한 담론의 대체 버전 그리고 환기 가능성 등의 다층적 아이디어로 자문화기술지를 정의한다.

전기 연구(biographical study) 이것은 연구자에게 말하거나 문서 혹은 기록물에서 발견된 대로, 한 개인과 그 개인의 경험에 관한 연구이다(Denzin, 1989). 우리가 사용하는 이 단어는 개인의 전기, 자서전, 생애사, 구술사 등을 포함하여 폭넓은 내러티브 글쓰기의 장르를 내포한다.

연대기(chronology) 이것은 저자가 개인의 연령에 따라 단계별로 삶을 제시하는 내러티브 글쓰기 형식에서 일반적인 접근이다(Clandinin & Connelly, 2000; Denzin, 1989a).

발현(epiphanies) 이것은 한 개인의 인생에서 전환점이 된 특별한 사건을 뜻한다. 사소한 발현에서 주요한 발현에 이르기까지 발현의 영향력은 다양하며, 그 영향은 긍정적일 수도 있고 부정적일 수도 있다(Denzin, 1989).

역사적 맥락(historical context) 이것은 연구자가 대상자의 삶을 제시하는 맥락이다. 그 맥락은 대상자의 가족, 사회일 수도 있고 대상자가 살아가는 시대의 역사, 사회적 · 정치적 추세일 수도 있다(Denzin, 1989).

생애주기 단계(life course stages) 이것은 전기 연구자가 초점을 두는 개인 삶의 단계 혹은 주요 사건들이다(Denzin, 1989).

생애사(life history) 이것은 연구자가 들은 대로, 한 사람의 삶에 대한 광범위한 기록을 보고하는 전기적 글쓰기 형식이다(Geiger, 1986 참조). 따라서 연구되는 개인은 살아 있으며, 현재의 삶은 개인적 · 제도적 · 사회적 역사의 영향을 받는다. 연구자는 상이한 학문적 관점들을 사용할 수 있는데(Smith, 1994), 여기에는 한 문화를 대표하는 것으로 개인 삶을 탐구하는 것, 인류학적 생애사 같은 것이 있다.

내러티브 연구(narrative research) 이것은 결과물이면서 방법이기도 한 질적 연구접근이다. 이 접근은 인간 경험을 설명하는 이야기 혹은 내러티브 혹은 일련의 사건에 관한 기술 등을 연구한다(Pinnegar & Daynes, 2007).

구술사(oral history) 이 전기 접근에서 연구자는 사건에 대한 개인의 기억과 한 개인 또는 여러 개인이 제시한 사건의 원인과 결과 등을 수집한다. 이러한 정보는 테이프 녹음 또는 이미 죽었거나 살아 있는 개인들이 쓴 작품들을 통해 수집할 수 있다. 그것은 종종 뚜렷한 '근대' 영역과 접근 가능한 사람에 한정된다(Plummer, 1983).

순행–역행 방법(progressive–regressive method) 이것은 연구자가 연구참여자 삶의 주요한 사건부터 시작해서 그 사건의 앞뒤를 오가며 작업하는 전기 글쓰기 접근이다(Denzin, 1989).

재구성(restorying) 이것은 내러티브 자료분석에서 연구자가 개인의 경험에 관한 이야기를 다시 말하는 접근으로서, 이 새로운 이야기는 보통 도입, 중간, 결말의 형식을 갖는다(Ollerenshaw & Creswell, 2002).

단일한 개인(single individual) 이는 내러티브 연구에서 연구되는 사람을 말한다. 이 사람은 위대한 특성을 가진 사람일 수도 있고 평범한 사람일 수도 있다. 이 사람의 인생은 시시한 인생일 수도 있고, 위대한 인생일 수도 있으며, 험난한 인생일 수도 있고, 단명한 인생일 수도 있으며, 찬사를 받지 못한 성취라는 점에서 기적 같은 인생일 수도 있다(Heilbrun, 1988).

이야기(stories) 이것은 연구참여자가 하나의 상황을 대개 처음, 중간, 결말 등으로 기술하는 양상으로, 면접 과정에서 드러난다. 연구자는 완전한 아이디어를 포착하고 그것을 있는 그대로, 질적 내러티브로 통합할 수 있다(Clandinin & Connelly, 2000; Czarniawska, 2004; Denzin, 1989; Riessman, 2008).

현상학

의미군(clusters of meaning) 이는 연구자가 중복되고 반복적인 진술을 제거하면서 진술들을 주제 혹은 의미 단위로 묶는 것으로서 현상학적 자료분석의 세 번째 단계이다(Moustakas, 1994).

판단중지(epoche) 혹은 괄호치기(bracketing) '현상학적 환원', 즉 자료분석 과정의 첫 단계로, 연구자가 연구참여자들의 경험을 가장 잘 이해하기 위해 가능한 한 모든 선경험을 배제하는 것이다(Moustakas, 1994).

본질적인 불변 구조(혹은 본질)[essential invariant structure(or essence)] 이는 현상학자의 목적으로서, 경험들의 조직적(무엇), 구조적(어떻게) 의미들을 모든 연구참여자의 경험을 대표하는 간략한 진술로 환원하는 것이다. 모든 개인은 그것을 경험한다. 그래서 그것은 불변이며 또한 경험의 '본질'로의 환원이다(Moustakas, 1994; van Manen, 2014).

해석학적 현상학(hermeneutical phenomenology) 이는 현상학의 한 형태로, 연구자는 삶의 '텍스트'(해석학적) 해석과 체험을 지향한다(van Manen, 1990).

수평화(horizontalization) 현상학적 자료분석의 두 번째 단계로, 연구자가 주제와 관련된 모든 의미 있는 진술을 나열하고 동일한 가치를 부여하는 것이다(Moustakas, 1994).

의식의 지향성(intentionality of consciousness) 대상을 의식하는 것은 항상 지향적이다. 그래서 내가 나무를 지각할 때, "나의 지향적인 경험은 나무의 외형적인 모습과 기억, 이미지, 의미에 기반하여 내 의식 속에 담긴 나무의 결합체이다(Moustakas, 1994, p. 55)."

체험(lived experience) 이 용어는 현상학적 연구에서 의식적인 인간 존재인 사람들의 개인적 경험의 중요성을 강조하기 위해 사용된다[Moustakas: Giorgi(2009) Moustakas, 1994].

실천의 현상학(phenomelogy of practice) 이것은 "현상학 의미부여 방법의 개발과 설명"으로, van Manen(2014)이 현상학의 주요 문헌에서 실천적 사례로 간주했던 것에 근거한다.

현상학적 자료분석(phenomenological data anlysis) 현상학적으로 자료를 분석하는 접근에는 여러 가지가 있다. Moustakas(1994)는 이들 접근을 검토하고 자신의 방식을 제안하였다. 우리는 연구자가 개인적인 경험을 연구에 도입하고 의미 있는 진술과 의미 단위를 기록하는 것, 그리고 경험의 본질에 도달하기 위해 기술을 전개하는 것 등을 포함하는 Moustakas의 방식을 따른다. Giorgi(2009)는 자신의 책에서 철저하지만 보다 개방적인 접근을 제시하였다.

현상학적 연구(phenomenological study) 이 연구 유형은 여러 개인이 경험한 현상(혹은 주제나 개념)의 공통된 의미를 기술한다. 이 유형의 질적 연구에서 연구자는 경험을 중심 의미 혹은 경험의 '본질'로 환원한다.

현상(phenomenon) 이것은 현상학자들이 탐구하는 중심 개념이다. 이것은 연구대상이 경험하는 개념으로, 슬픔, 분노 혹은 사랑과 같은 심리적 개념이 포함되기도 한다.

철학적 관점(philosophical perspectives) 특정한 철학적 관점들이 현상학적 연구의 기초를 제공한다. 이러한 관점들은 1930년대 Husserl의 저작에서 기원한다. 이러한 관점은 연구자가 전통적인 경험적 · 양적 과학의 관점보다 넓은 관점을 갖고 연구를 수행하는 것, 연구자가 경험에 대한 자신의 선입견을 유보하는 것, 대상을 '저쪽에 있는(out there)' 실제로 보는 것뿐만 아니라 자신의 감각을 통해 대상을 경험하는 것(즉, 대상을 의식함), 그리고 개인이 경험에 부여한 의미를 '본질'이 담긴 몇 개의 진술로 보고하는 것 등을 포함한다(Stewart & Mickunas, 1990).

현상학적 반성(phenomenological reflection) 이것은 van Manen(2014)에 따르면, 괄호치기(물러남)와 환원(의미 구성) 과정을 포함한다.

구조적 기술(structural description) 현상학적 자료분석의 처음 세 단계에서부터 연구자는 연구에 속한 개인들이 현상을 '어떻게' 경험하는가를 기술한다(Moustakas, 1994). 연구자는 현상이 어떻게 경험되는지를 다루면서 경험의 '구조'를 기술한다. 이것은 상상적 변형을 사용하거나 현상에 대한 준거틀을 달리하는 것, 다른 관점을 모색하는 것, 모든 가능한 의미를 추구하는 것 등을 포함한다.

조직적 기술(textural description) 현상학적 자료분석의 처음 세 단계에서부터 연구자는 '무엇이 경험되었는가'에 대해 기록한다. 즉, 개인이 경험한 의미를 기술한다(Moustakas, 1994).

초월론적 현상학(transcendental phenomenology) Moustakas(1994)에 의하면, Husserl은 초월론적 현상학을 신봉했으며 이것이 나중에 Moustakas 같은 이들을 이끄는 개념이 되었다. 이 접근에서 연구자는 연구되는 현상에 관한 선입견을 배제한다. 또한 연구자는 경험에 대한 묘사를 위해 직관과 상상, 보편적 구조들에 의존하고 Moustakas(1994)가 제안한 체계적인 분석방법을 사용한다.

근거이론

축코딩(axial coding) 이 단계는 개방코딩 이후의 코딩 과정이다. 연구자는 개방코딩 과정에서 범주를 발견하고 그중 하나를 중심 현상으로 확인한다. 그리고 자료로 되돌아가 (a) 무엇이 이 현상을 발생하게 하는가, (b) 이 현상에 반응하기 위해 행위자가 선택한 전략이나 행동은 무엇인가, (c) 이 전략에 영향을 미치는 맥락적(구체적)이고 중재적인(폭넓은 맥락) 조건은 무엇인가, (d) 이 전략들의 결과로 나타나는 것은 무엇인가를 확인한다. 전반적인 과정은 정보의 범주들을 중심 현상 범주와 연결하는 것이다(Strauss & Corbin, 1990, 1998).

범주(category) 이것은 근거이론 연구에서 분석된 정보의 단위이다. 이것은 사건, 사고, 현상의 실례로 구성되고(Strauss & Corbin, 1990), 짧은 이름이 붙여진다. 연구자는 근거이론 자료를 분석할 때, 처음에는 '개방코딩'이라 불리는 과정에서 수많은 범주를 생성한다. 그 후 '축코딩'에서 분석자들은 관련 범주들을 연결하여 가시적 모델을 만든다.

인과 조건(causal condition) 축코딩에서 이것은 중심 현상의 발생에 영향을 주거나 원인이 되는 것으로 자료에서 확인한 조건들의 범주이다.

중심 현상(central phenomenon) 이것은 축코딩 단계에서 가시적인 이론, 모델, 패러다임을 형성하는 것이다. 개방코딩에서 연구자는 개방코딩 범주들을 검토하고 가장 많이 언급되고 가장 많은 정보로 '포화된', 그래서 개념적으로 가장 흥미로운 범주 하나를 택함으로써 이론 개발을 위한 중심 범주를 고른다. 연구자는 이것을 근거이론의 중심에 두고 '중심 현상'이라고 명명한다.

코딩 패러다임 혹은 논리적 다이어그램(coding paradigm or logic diagram) 축코딩에서, 중심 현상, 인과 조건, 맥락, 중재 조건, 전략, 결과는 가시적인 그림으로 그려질 수 있다. 박스들과 화살표로 표현되는 이 그림은 행위 과정이나 흐름을 보여 준다. 축코딩보다 이 그림을 보는 것이 더 도움이 된다. 이것은 근거이론 연구에서 개발된 이론적 모델이다(Harley et al., 2009 참조).

상황 혹은 결과 모형(conditional or consequential matrix) 이것은 현상과 관련된 조건과 결과를 제시하는 것으로, 보통 근거이론 연구의 후반부에 그려지는 그림이다. 상황 혹은 결과 모형에서 연구자는 축코딩 모델에서 구체화한 조건과 결과의 수준을 구분하고 연결한다(Strauss & Corbin, 1990). 그것은 근거이론 연구의 자료분석에서는 거의 볼 수 없는 단계이다.

결과(consequences) 축코딩에서 연구참여자가 선택한 전략의 결과들이다. 결과는 부정적일 수도 있고, 긍정적일 수도 있고, 중립적일 수도 있다(Strauss & Corbin, 1990).

지속적 비교(constant comparative) 이것은 근거이론 연구의 초기 용어(Conrad, 1978)로, 연구자가 범주를 개발하고 포화시키기 위해 사고, 사건, 활동들을 확인하고 그것들을 떠오르는 범주와 계속해서 비교하는 것이다.

구성주의 근거이론(constructivist grounded theory) 이는 질적 연구의 해석학적 전통에 딱 맞는 근거이론의 한 형태이다. 그래서 이 형태는 근거이론의 전통적인 접근들보다 덜 구조화되어 있다. 구성주의 접근은 연구자의 관점을 통합하며, 각인되고 숨겨진 네트워크, 상황, 관계로 경험을 드러낸다. 그리고 권력, 의사소통, 기회의 시각적 위계를 만든다(Charmaz, 2006).

맥락(context) 이것은 축코딩에서 나타나는 것으로 전략이 발생하는 특정 조건들의 조합이다(Strauss & Corbin, 1990). 이것들은 완전히 특정적이며 작용 및 상호작용과 관련된다.

차원화(dimensionalized) 이것은 근거이론 연구에서 분석된 정보의 가장 작은 단위이다. 연구자는 속성을 취하고 속성의 극단성을 보이기 위해 그것을 연속선상에 두거나 차원화한다. 차원화된 정보는 '개방코딩' 분석에서 나타난다(Strauss & Corbin, 1990).

판별적 표본추출(discriminant sampling) 이것은 표본추출의 한 형태이며, 근거이론 프로젝트에서 연구자가 모델을 개발한 후에 이루어진다. '애초에 면접한 사람들과 비슷한 사람들로부터 더 많은 정보를 얻더라도 모델이 지지될까?' 이것이 문제이다. 그래서 모델 검증을 위해 연구자는 "이야기 윤곽이나 범주 간의 관계를 검증하고, 충분히 개발되지 못한 범주를 채우기 위한 기회를 최대화할 수 있는" 현장, 사람, 문서를 선택한다(Strauss & Corbin, 1990, p. 187).

이론의 생성 혹은 발견(generate or discover a theory) 근거이론은 이론을 개발하는 과정이지 이론을 검증하는 것은 아니다. 연구자들은 참여자들의 관점에 '근거를 둔' 연구를 목적으로 하며, 수정하려고 하는 임시적인 이론으로 시작하거나 아예 이론이 없는 상태에서 연구를 시작한다. 어떤 경우든 여기에는 이론 개발의 귀납적 모델이 작동하고 있으며, 그 과정은 현장에 있는 참여자들의 관점에 근거한 이론을 생성하거나 발견하는 것이다.

근거이론 연구(grounded theory study) 이 유형의 연구에서 연구자는 현상의 추상적이고 분석적인 스키마, 즉 어떤 작용이나 상호작용, 과정을 설명하는 이론을 생성한다. 이는 일차적으로 면접 자료를 수집하고, 현장을 여러 번 방문하며(이론적 표본추출), 정보의 범주들을 개발하고 관련시키려 하고(지속적 비교), 실체적이고 맥락 특정적인 이론을 만듦으로써 달성된다(Strauss & Corbin, 1990).

진술 그대로의 코드(in vivo codes) 이것은 근거이론 연구에서 코드나 범주에 이름을 붙일 때, 면접 대상자가 사용한 정확한 어휘를 그대로 사용하는 것이다. 이 이름은 기억하기 쉬우며, 독자의 주의를 끈다(Strauss & Corbin, 1990, p. 69).

중재 조건(intervening conditions) 축코딩에서 이는 광범위한 조건들—맥락보다 범위가 넓은—이며, 그 안에서 전략들이 발생한다. 이들은 중심 현상에 대한 반응 전략에 영향을 미치는 사회적 · 경제적 · 정치적 힘들이다(Strauss & Corbin, 1990).

메모하기(memoing) 이는 근거이론 연구에서 연구자가 전개하는 이론에 대한 아이디어를 적는 것이다. 이는 예비적인 명제(가설)의 형태일 수도 있고, 나타난 범주에 대한 아이디어, 축코딩에서 범주 간 관계의 양상일 수도 있다. 통상적으로, 메모하기는 이론 형성을 돕는 분석 기록이다(Strauss & Corbin, 1990).

개방코딩(open coding) 이것은 근거이론 연구자가 수행하는 자료분석 과정의 가장 첫 단계이다. 이 과정은 자료(예: 면접 필사본)를 범주로 쪼개는 것이다(Strauss & Corbin, 1990). 나는 연구자들이 범주의 수를 거의 30개 코드로 서서히 줄여 가면서 연구의 주된 주제와 결합하는 소수의 범주 개발을 권한다.

속성(properties) 이것은 근거이론 연구에서 분석된 정보의 또 다른 단위이다. 근거이론 연구의 각 범주는 그 범주에 광범위한 차원을 제공하는 속성들로 세분화될 수 있다. Strauss와 Corbin(1990)은 그것을 "범주에 관계된 특질이나 특성"(p. 61)으로 간주한다. 이것은 '개방코딩' 분석에서 등장한다.

명제(propositions) 명제는 연구에서 나타난 범주와 관련된 가설로서 대체로 방향성을 가진 형태로 표현된다. 이것은 축코딩 모델이나 패러다임의 형태로 표현되며, 일례로 명제는 특정한 원인이 왜 중심 현상에 영향을 주고, 다시 그것이 특정 전략의 사용에 영향을 미치게 되는지를 제시한다.

포화, 포화된 혹은 포화상태(saturate, saturated, or saturation) 근거이론 연구의 범주 개발과 자료분석 단계에서, 연구자들은 범주를 뒷받침할 수 있는 사건과 행위들을 가능한 한 많이 발견하고자 한다. 이 과정에서 마침내 범주가 '포화되는' 지점에 도달하면, 연구자는 범주에 대한 이해를 증진하는 새로운 정보를 더 이상 발견하지 못한다.

선택코딩(selective coding) 이것은 정보를 코딩하는 마지막 단계이다. 연구자는 중심 현상을 결정하고, 그것을 다른 범주들과 체계적으로 관련짓고, 관계의 타당성을 확보하고 더 정밀하게 개발될 필요가 있는 범주를 채우게 된다(Strauss & Corbin, 1990). 우리는 범주를 서술하고 범주 간 상호관계를 보여 주는 '이야기' 개발을 선호한다(Creswell & Brown, 1992 참조).

전략(strategies) 이는 축코딩 과정에서 중심 현상의 결과로 발생하는 구체적인 작용과 상호작용을 말한다(Strauss & Corbin, 1990).

실체이론(substantive-level theory) 이것은 상황에 바로 적용할 수 있는 낮은 수준의 이론이다. 이 이론은 '하나의 특정한 상황 맥락'에서 발생하는 현상을 연구함으로써 전개된다(Strauss & Corbin, 1990, p. 174). 연구자는 이러한 형태의 이론을 중간 수준의 이론, 거대이론, 형식이론으로 불리는, 더 추상적이고 적용 가능성이 큰 이론과 구분 짓는다.

이론적 표본추출(theoretical sampling) 근거이론 연구를 위한 자료수집에서 연구자는 이론 개발에 대한 기여 가능성에 기초하여 참여자 표본을 선택한다. 보통 이 과정은 비슷한 사람들로 구성된 동질적 표본에서 시작한다. 자료수집이 진행되고 범주가 출현하면, 어떤 표본 조건에서 범주가 진실인지를 살피기 위해 이질적 표본을 이용한다.

문화기술지

문화공유집단 분석(analysis of the culture-sharing group) 문화기술지의 첫 단계에서 연구자는 자료분석의 주제—문화적 주제—를 발전시킨다. 이것은 모든 자료를 검토하고 그 자료들을 자료에 있는 증거들에 의해 충분한 지지를 받는, 공통된 주제를 가진 작은 세트로 구분하는 과정이다(Wolcott, 1994).

인공물(artifacts) 이것은 문화기술지 연구자가 주목하는 것으로, 연구자는 사람들이 옷이나 도구(문화적 인공물)처럼 만들고 사용하는 것을 밝힌다(Spradley, 1980).

행동(behaviors) 이것은 문화기술지 연구자가 주목하는 것으로, 연구자는 사람들이 하는 것(문화적 행동)을 이해하고자 한다(Spradley, 1980).

완전관찰자(complete observer) 연구대상자가 연구자를 알아차리거나 보지 못한다.

완전참여자(complete participant) 연구자는 자신이 관찰하는 사람과 전적으로 관계를 맺는다. 이는 관찰대상자와의 더 큰 라포 형성을 돕는다(Angrosino, 2007).

비판적 문화기술지(critical ethnography) 이는 문화기술지의 한 유형으로서 사회 안에 있는 권력과 명성, 특권, 권위의 문화 체계를 검토하는 것이다. 비판적 문화기술지 연구자는 참여자들의 욕구를 옹호하기 위한 목적으로 다른 계층과 인종, 젠더에 의해 주변화된 집단을 연구한다(Madison, 2011; Thomas, 1993).

문화적 묘사(cultural portrait) 문화기술지 연구의 한 가지 주요한 구성요소는 문화공유집단이나 개인의 전체적인 그림을 구성하는 것이다. 문화기술지의 최종 산물은 더 큰 묘사이거나 모든 복잡성이 제시된 문화적 장면의 개관이어야 한다(Spradley, 1979).

문화(culture) 문화는 추상적 개념으로 직접 연구할 수 없다. 문화기술지 연구자는 문화공유집단을 관찰하고 참여함으로써 '살아 있는 문화(culture at work)'를 볼 수 있고 그것에 대한 기술과 해석을 제공할 수 있다(H. F. Wolcott, 개인적 대화, 1996년 10월 10일; Wolcott, 2010). 문화는 행동, 언어, 인공물에서 볼 수 있다(Spradley, 1980).

문화공유집단(culture-sharing group) 이것은 문화기술지 연구자가 사람들의 행동, 언어, 인공물을 이해하고 해석하고자 할 때의 분석 단위이다. 일반적으로 문화기술지 연구자는 집단이 '작용하는(works)' 방법을 명백히 하기 위해 학습되고 획득된 행동을 공유하는 전체 집단에 초점을 둔다. 일부 문화기술지 연구자는 분석을 위해 사회-문화적 체계의 일부에 초점을 두고 미시문화기술지에 착수할 수 있다.

속임수(deception) 이것은 미국인류학회가 1967년에 윤리적 기준들을 출판한 이후 점점 덜 문제가 되는 현장 이슈이다. 이것은 연구자가 정보를 얻기 위해 정보제공자를 의도적으로 속이는 행동과 관련된다. 이러한 속임수에는 연구의 정체를 숨기거나 연구의 목적에 대한 중요한 정보를 알리지 않거나 비밀스럽게 정보를 수집하는 것 등이 포함될 수 있다.

문화공유집단에 대한 기술(description of the culture-sharing group) 문화기술지 연구자의 첫 번째 과업 중 하나는 문화공유집단, 그리고 문화를 실지로 보여 주는 사건, 활동들을 그야말로 기록하는 것이다(Wolcott, 1994). 예를 들어, 사실적 기술을 제시할 수도 있고, 현장 그림을 그릴 수도 있으며, 사건들을 연대기별로 기록할 수도 있다.

내부자 관점(emic) 이 용어는 연구자가 참여자의 관점을 보고할 때 문화기술지에 보고 및 작성된 정보 유형을 말한다. 연구자가 자신의 개인적 관점을 보고할 때 사용되는 용어는 '외부자 관점(etic)'이다(Fetterman, 2010).

문화기술지(ethnography) 이것은 주로 관찰과 연구자가 현장에서 오랫동안 시간을 보내는 것에 기반하여 자연 그대로의 문화적 또는 사회적 집단(또는 한 개인이나 집단 내의 개인들)을 연구하는 것이다. 문화기술지 연구자는 문화적 묘사를 만들어 내려는 의도를 가지고 정보제공자들의 목소리를 경청 · 기록한다(Thomas, 1993; Wolcott, 1987).

외부자 관점(etic) 이 용어는 연구자가 자기 자신의 관점을 보고할 때 문화기술지에 보고 및 작성된 정보 유형을 말한다. 연구자가 참여자의 관점을 보고할 때는 '내부자 관점(emic)'이라는 용어를 사용한다(Fetterman, 2010).

현장조사(fieldwork) 문화기술지 자료수집에서 연구자는 문화공유집단을 연구할 수 있는 장소로 가서 '현장'에서 자료수집을 실행한다. 종종 이것은 문화집단의 활동, 사건, 의식, 환경에 다양한 수준으로 몰입하면서 오랫동안 머물러 있는 것을 포함한다(Sanjek, 1990).

문지기(gatekeeper) 이는 자료수집과 관련된 용어이며 연구자가 한 집단이나 문화적 현장에 들어가기 전에 방문해야 하는 사람을 말한다. 현장에 접근하기 위해 연구자는 이 사람의 승인을 얻어야 한다(Hammersley & Atkinson, 1995).

총체적인(holistic) 문화기술지 연구자는 사회적 집단의 포괄적이고 완전한 그림을 얻기 위해, 연구에서 이러한 관점을 취한다. 이것은 집단의 역사, 종교, 정치, 경제, 환경 등을 포함할 수 있다. 연구자는 이러한 방식으로 집단에 대한 정보를 더 큰 관점 안에 두거나 연구를 '맥락화'한다(Fetterman, 2010).

몰입된(immersed) 문화기술지 연구자는 종종 1년 정도의 장기간 체류를 통해 현장에 몰입한다. 연구자가 관점을 잃고 '현지인처럼 될지' 여부가 문화기술지 문헌에서 많이 논의되는 현장 이슈이다.

문화공유집단에 대한 해석(interpretation of the culture-sharing group) 연구자는 문화공유집단의 의미에 대해 해석한다. 연구자는 문헌, 개인적 경험, 이론적 관점 등을 통해 이러한 정보를 해석한다(Wolcott, 1994).

주요 정보제공자(혹은 참여자)[key informants(or participants)] 이들은 잘 알고 있고, 접근 가능하며, 다른 정보로 이끌 수 있기 때문에, 연구자는 이 사람들부터 자료수집을 시작한다(Gilchrist, 1992).

언어(language) 문화기술지 연구자는 언어에 주의를 기울여, 사람들이 말하는 것[언어 메시지(speech messages)]을 알아차린다(Spradley, 1980).

비참여자/참여관찰자(nonparticipant/observer as participant) 연구자는 연구대상이 되는 집단의 아웃사이더로 일정한 거리를 두고 현장 노트를 작성하고 지켜본다. 연구자는 활동에 직접 참여하거나 관여하지 않고 자료를 기록할 수 있다.

관찰참여자(participant as observer) 연구자는 현장의 활동에 참여한다. 참여자의 역할이 연구자의 역할보다 더 두드러진다. 이렇게 함으로써 연구자는 내부인 관점과 주관적 자료를 얻을 수 있다. 그러나 연구자가 활동에 통합될 때 연구자의 자료 기록이 방해될 수 있다.

참여관찰(participant observation) 문화기술지 연구자는 여러 가지 방식으로 정보를 수집한다. 그러나 주된 접근은 문화공유집단을 관찰하며 문화적 상황의 참여자가 되는 것이다(Jorgensen, 1989).

실재론적 문화기술지(realist ethnography) 이 전통적인 접근은 문화인류학자들이 적용해 온 문화기술지 접근으로서, 연구자는 '객관적인' 관찰자가 되고, 사실들을 기록하며, 냉철하고 전지적인 자세로 이야기한다(Van Maanen, 1988).

반영성(reflexivity) 이는 저자가 질적 연구에 가지고 왔을 수도 있는 자신의 편견, 가치, 경험 등을 의식하는 것을 의미한다. 대개 저자는 텍스트에서 이를 분명하게 밝힌다(Hammersley & Atkinson, 1995).

구조(structure) 이것은 문화기술지 연구자가 배우고자 하는 사회문화 체계나 집단에 대한 하나의 주제 또는 개념이다. 이것은 친척 혹은 사회문화 집단의 정치적 구조와 같은 집단의 사회적 구조나 구성을 말한다. 이러한 구조는 조직 차트로 설명될 수 있다(Fetterman, 2010).

사례연구

주제 분석(analysis of themes) 연구자는 기술에 이어, 특정 주제로 자료를 분석한다. 이때 연구자는 정보를 아이디어들의 커다란 군집으로 모으고 주제를 뒷받침하는 세부사항을 제시한다. Stake(1995)는 이러한 분석을 "이슈 개발"이라고 부른다(p. 123).

주장(assertions) 분석의 마지막 단계로, 여기에서 연구자는 자료를 이해하며, 개인적인 시각 또는 문헌에 제시된 이론이나 구성체로 쓴 자료에 대한 해석을 제공한다.

경계를 가진 체계(bounded system) 연구를 위해 선택된 '사례'는 종종 시간과 공간에 의해 규정되는 경계를 갖는다. 이것은 또한 하나의 전체를 형성하는 상호 관련된 부분들을 가지고 있다. 따라서 연구되어야 할 적절한 사례는 '경계를 가진' 하나의 '체계'이다(Stake, 1995).

사례(case) 사례연구의 분석 단위이다. 이것은 실생활, 동시대적 맥락 혹은 상황 내의 특정 사례에 관한 연구를 포함한다(Yin, 2009). 사례는 하나의 사건, 과정, 프로그램 또는 여러 사람일 수 있다(Stake, 1995). 사례가 관심의 초점일 수도 있고(본질적 사례연구) 혹은 사례를 설명하기 위한 사례를 사용할 수도 있다(Stake, 1995).

사례 기술(case description) 이것은 연구자가 기록한 사례에 관한 사실을 그야말로 서술하는 것이다. 이것은 질적 사례연구의 자료분석에서 첫 단계로, Stake(1995)는 이것을 "내러티브 기술"이라고 부른다(p. 123).

사례연구 조사(case study research) 이러한 유형의 조사는 실생활, 동시대적 맥락 혹은 상황 내의 사례연구를 포함한다(Yin, 2009).

사례 주제(case themes) 사례연구의 주요 결과물 가운데 하나이다. Stake (1995)의 표현을 빌리면, 이것은 '범주 집합'이라고 부를 수 있는데, 더 큰 범주들은 자료분석 동안에 도출되며 다양한 사건이 모여서 구성된다.

집합적 사례연구(collective case study) 이 사례연구 유형은 여러 사례로 이루어진다. 그것은 본질적 또는 도구적일 수 있지만, 그 특징은 연구자가 여러 사례를 검토한다는 것이다(예: 다중 사례연구; Stake, 1995).

사례의 맥락(context of the case) 한 사례를 분석하고 기술하는 데 있어서 연구자는 그 상황 내에 사례를 가져다 놓는다. 이 상황은 폭넓게 개념화될 수도 있으며(예: 커다란 역사적 · 사회적 · 정치적 이슈들), 혹은 좁게 개념화될 수도 있다(예: 직계가족, 물리적 위치, 그 연구가 일어난 기간)(Stake, 1995).

사례 간 분석(cross-case analysis) 이 분석 형식은 연구자가 하나 이상의 사례를 검토하는 집합적 사례에 적용한다(Stake, 1995; Yin, 2009). 이 분석은 모든 사례에 공통적 및 상이한 주제들을 식별하기 위해 사례들을 아우르는 주제들을 검토하는 것을 포함한다. 이 분석은 연구자가 다중 사례들을 연구할 때 일반적으로 사례 내 분석에 이어 진행되는 분석 단계이다.

직접 해석(direct interpretation) 이는 사례연구에서 해석의 한 양상이며, 여기에서 연구자는 단일한 예를 자세히 살피고, 여러 예를 찾지 않고 그것으로부터 의미를 도출한다. 이것은 자료를 분리하고 더욱 의미 있는 방식으로 자료를 조합하는 과정이다(Stake, 1995).

삽입된 분석(embedded analysis) 이 자료분석 접근에서 연구자는 사례의 한 가지 분석적 측면을 선택 · 제시한다(Yin, 2009).

총체적 분석(holistic analysis) 이 자료분석 접근에서 연구자는 전체 사례를 검토하고(Yin, 2009), 그 전체 사례와 관련된 기술, 주제, 해석 또는 주장들을 제시한다.

도구적 사례연구(instrumental case study) 이는 사례연구의 한 유형으로 사례 자체보다는 특정한 하나의 이슈에 초점을 둔다. 그러고 나서 사례는 그 이슈를 더 잘 이해하기 위한 수단이 된다(Stake, 1995). 우리가 이 책의 11장에서 제시한 무장총격자 사례연구(Asmussen & Creswell, 1995)가 도구적 사례연구의 예이다.

본질적 사례연구(intrinsic case study) 이는 연구 초점을 사례에 두는 사례연구의 유형인데, 그 이유는 사례가 본질적 또는 독특한 관심을 끌기 때문이다(Stake, 1995).

다중 현장(multisite) 여러 장소를 '사례'로 선택했을 때 그 장소들의 지리적 위치가 다를 수 있다. 이 연구 유형은 '다중 현장'으로 간주된다. 대안적으로, 사례가 하나의 장소에 위치할 수도 있는데, 그때는 '현장 내(within-site)' 연구가 된다.

다양한 정보원(multiple sources of information) 훌륭한 사례연구를 특징짓는 한 가지 측면은 그 사례에 대한 '깊이'를 제공하기 위해 수많은 다양한 정보원을 사용한다는 것이다. 예를 들면, Yin(2009)은 연구자가 사례연구에서 여섯 가지 이상의 상이한 정보 유형을 사용할 것을 권하고 있다.

자연주의적 일반화(naturalistic generalizations) 사례 해석에서 연구자는 사례를 이해하도록 하기 위해 사례연구를 착수한다. 이해는 독자가 사례에 대해 배우는 것이나 다른 사례에 적용하는 것이다(Stake, 1995).

패턴(patterns) 이는 사례연구에서 행하는 자료분석의 한 양상인데, 여기에서 연구자는 패턴을 만들고 적은 수의 범주들을 형성하기 위해 2개 이상의 범주 간에 일치하는 것이 있는지를 찾는다(Stake, 1995).

의도적 표본추출(purposeful sampling) 이는 사례연구에서 주요한 이슈인데, 연구자는 사례(또는 사례들)를 선택할 때 표본추출 전략의 유형과 그것을 택한 근거를 명확히 구체화해야 한다. 이것은 사례 내에서 사용되는 정보의 추출뿐만 아니라, 연구를 위한 사례의 선택 모두에 적용된다. 우리는 Huberman와 Miles(1994)의 표본추출 전략을 제시하였고, 그것을 이 책에서 다른 연구접근들뿐만 아니라 사례연구에도 적용하였다.

사례 내 분석(within-case analysis) 이 분석 유형은 단일 사례 또는 다중 집합적 사례연구에 적용할 수 있다. 사례 내 분석에서 연구자는 주제를 찾기 위해 각 사례를 분석한다. 다중 사례연구에서 연구자는 사례 간 분석에서 여러 사례를 아우르는 사례 내 주제들을 비교할 수 있다.

현장 내(within-site) '사례'를 위해 한 장소를 선택하면, 그것은 단일한 지리적 위치에 놓인다. 이것은 '현장 내' 연구로 간주된다. 다른 대안으로 사례가 서로 다른 장소에 있으면 '다중 현장'이 된다.

일반적인 질적 용어

미학적 가치(aesthetic merit) 창의적 분석 실천을 사용하여 텍스트를 열어젖힐 때 그리고 해석적 반응을 요청할 때, 작품은 미학적으로 성공하게 된다. 이 텍스트는 미학적으로 만들어지고 만족스러우며 복잡하면서 지루하지 않다.

연구접근(approaches to inquiry) 이는 질적 연구에 대한 접근으로, 사회과학의 학문 분야에서 유구한 역사를 갖고 있으며, 단행본, 학술지, 독특한 방법론들을 양산해 왔다. 우리가 접근으로 부르는 것들이 다른 문헌들에는 '연구 전략'(Denzin & Lincoln, 1994)이나 '다양성'(Tesch, 1990)으로 알려져 있다. 우리는 이 책에서 내러티브 연구, 현상학, 근거이론, 문화기술지, 사례연구를 연구접근으로 언급하였다.

감사 추적(audit trail) 연구자가 최종 결과에 도달한 과정을 추적할 것을 허용하는 문서이다.

가치론적인(axiological) 질적 가정에는 모든 연구는 연구자의 가치 체계, 사용된 이론과 패러다임, 연구자 혹은 응답자의 사회적·문화적 규범을 포함한 가치를 지닌다는 뜻이 담겨 있다(Creswell, 2009; Guba & Lincoln, 1988). 따라서 연구자는 자신의 연구에서 이러한 가치를 인정하고 논의한다.

중심 질문(central question) 연구의 중심 질문은 연구에서 해답을 찾아야 하는 광범위하고 대단히 중요한 질문이다. 연구문제로 다루어져야 할 가장 일반적인 질문이다.

코드북(codebook) 원본 코드 목록이라고 부르기도 한다. 개인 연구자 혹은 연구팀에 걸쳐 일관된 코드 적용을 목적으로, 연구의 코드와 범주를 기록한 문서이다.

코딩(coding) 텍스트 혹은 시각 자료를 작은 정보 단위로 종합하고 연구에 사용된 다른 자료원에서 코드의 증거를 찾으며, 코드에 이름을 붙이는 과정이다.

비판적 인종이론(critical race theory) 이는 질적 연구에서 사용되는 해석적 렌즈이며 인종과 인종차별주의가 미국 사회의 틀 내에 어떻게 깊게 고착되어 있는지에 초점을 둔다(Parker & Lynn, 2002).

비판이론(critical theory) 이것은 질적 연구에서 사용되는 해석적 렌즈이며, 연구자는 사회 제도 연구, 사회생활의 의미 해석을 통한 사회 제도의 변형, 지배, 소외, 사회적 투쟁과 같은 역사적 문제, 그리고 사회 비판과 새로운 가능성에 대한 구상 등을 검토한다(Fay, 1987; Madison, 2011; Morrow & Brown, 1994).

장애 해석적 렌즈(disability interpretive lens) 장애는 결함이 아니라 사람의 차이라는 차원에 초점을 맞춘다. 사람의 차이로서 장애의 의미는 사회구성주의(즉, 개인에 대한 사회의 반응)로부터 도출되며, 장애는 사람의 차이 가운데 단지 하나의 차원이다.

부호화(encoding) 이 용어는 예상되는 일을 독자에게 알리기 위해 저자가 자신의 글에 어떤 특성을 부여하는 것을 의미한다. 이러한 특성들은 독자에게 도움이 될 뿐 아니라 저자에게도 도움이 되는데, 저자는 독자의 사고 습관, 해석 그리고 전문화된 지식을 이용할 수 있다(Richardson, 1990). 이러한 특성들은 독자들에게 전체적인 구조, 코드 언어(code words), 기타 '푯말'이 될 수 있다. 이 책에 적용된 것처럼, 이러한 특성은 연구설계의 모든 측면(예: 목적 진술, 연구 하위문제, 방법)에서 언어의 일부가 되는 연구접근 절차, 용어로 이루어진다.

인식론적(epistemological) 이것은 질적 연구자에게 있어 또 하나의 철학적 가정이다. 이것은 연구자와 연구대상 간의 관계를 독립적이지 않은 서로 관련된 것으로 다룬다. 우리가 명명한 대로, '거리감(distance)'보다는 '근접함(closeness)'이 연구자와 연구대상 사이에 발생한다. 예를 들면, 이러한 근접함은 현장에서의 시간, 협력,

연구대상이 연구자에게 미치는 영향에서 나타난다.

페미니스트 연구접근(feminist research approaches) 페미니스트 연구방법에서 목적은 협력적이고 비착취적인 관계를 수립하며, 대상화(objectification)를 피하기 위해 연구 안에 연구자를 위치시키고 변혁적 연구를 수행하는 것이다(Olesen, 2011; Stewart, 1994).

예시(豫示)하기(foreshadowing) 이 용어는 저자가 아이디어의 전개를 예고하기 위해 사용하는 기법들을 말한다(Hammersley & Atkinson, 1995). 문제 진술, 목적 진술, 연구 하위문제에 대한 표현들은 연구에서 사용되는 방법들—자료수집과 자료분석—을 예시한다.

하이퍼링크(hyperlinks) 질적 분석 소프트웨어에서 하이퍼링크를 이용하면 손쉬운 검색을 위한 데이터베이스 내의 두 지점 간 상호 참조가 가능하다.

영향(impact) 작품이 독자에게 정서적으로 혹은 지적으로 영향을 미치거나 새로운 의문을 발생시키거나 글을 쓰도록 만들거나 새로운 연구 실천을 시도하게 하거나 행동으로 옮기게 할 때 그 작품은 영향이 있다.

코딩 담당자 간 합의(intercoder agreement) 연구자가 코딩의 신뢰도를 확인하는 것을 뜻한다. 이것은 여러 사람이 코딩을 맡을 경우의 코딩 합의, 그리고 자료분석 과정의 신뢰도를 확립하기 위한 코드 세그먼트 체크를 포함한다.

해석(interpretation) 질적 연구에서 코드와 주제를 넘어 자료의 더 큰 의미로 추상화시키는 것을 포함하는 질적 자료분석의 단계를 나타낸다.

해석적 틀(interpretation framework) 연구를 수행하는 연구자의 활동을 안내하는 신념 혹은 준거틀이다.

면접 지침서(interview protocol) 면접 지침서는 연구자의 면접 활동을 안내하고 면접대상자가 제공한 정보를 기록하도록 하는 질적 자료수집 양식이다. 이것은 제목, 실질적인 주요 질문(일반적으로 면접대상자가 대답할 수 있는 형태로 작성된 5~7가지 연구 하위질문들) 그리고 마무리 설명으로 이루어진다.

최대 변량 표집(maximum variation sampling) 이것은 질적 표집의 한 형태이다. 이 표집은 장소 혹은 참여자를 구분 짓는 기준을 사전에 결정하고 그 기준과 꽤 다른 장소 혹은 참여자를 선택하는 것으로 구성된다.

방법론적 일치(methodological congrugence) 파편화되기보다 결합되어 보이는 연구 목적, 질문 그리고 방법의 상호 연결성, 상호 관련성을 뜻한다(Morse & Richards, 2002; Richards & Morse, 2012).

방법론(methodology) 방법론 가정에서 질적 연구자는 특정한 방식으로 연구 과정을 개념화한다. 예를 들면, 질적 연구자는 참여자의 관점에 의지하며, 구체적인 것에서 추상적인 것으로, 즉 귀납적으로 아이디어를 전개하기 위해 그것들이 발생하는 맥락에서 참여자의 관점을 논의한다(Creswell, 1994, 2009).

관찰 지침서(observational protocol) 이것은 관찰 자료를 설명하고 기록하기 위해 사용하는 질적 자료수집 양식이다. 이것은 보통 기술적 · 반성적 노트를 나타내는 2열로 구성된다. 연구자는 이 양식에 관찰 정보를 기록한다.

존재론적(ontological) 이것은 실재(reality)의 특성에 대한 철학적 가정이다. 이것은 '어떤 것이 언제 실재하는가?'에 대한 질문을 다룬다. 질적 연구에서는 어떤 것이 상황 속에 있는 행위자의 마음에서 구성될 때 그 어떤 것이 실재한다고 본다(Guba & Lincoln, 1988). 그래서 실재는 행위자의 마음과 별개로 '저쪽에 있는' 것이 아니다.

패러다임(paradigm) 이것은 행동을 이끄는 기본적인 신념들을 제시하는 것으로 연구자가 취하는 철학적 입장이다(Denzin & Lincoln, 1994). 패러다임을 가진 사람들에게 그것은 "세계의 본성(nature), 세계 속에서 개인의 위치, 세계와의 가능한 관계 범위"를 알려 준다(Guba & Lincoln, 1994, p. 107). 더 나아가 Denzin과 Lincoln(1994)은 이것을 "연구자의 인식론적 · 존재론적 · 방법론적 전제들을 포함하는 그물"로 불렀다(p. 13). 이러한 논의 속에서 우리는 이러한 '그물'을 가치론적 가정까지 포함하는 것으로 확장하였다.

철학적 가정(philosophical assumptions) 연구자가 취하는 태도로, 실재에 대한 연구자의 견해(존재론), 실재를 아는 방법(인식론), 연구자가 취하는 가치 입장(가치론), 연구에서 사용하는 절차(방법론)와 같은 연구 방향을 제시한다. 결과적으로, 철학적 가정은 이론(혹은 우리가 해석적 틀이라고 부르는 것) 활용을 통해 연구에 종종 적용된다.

포스트모더니즘(postmodernism) 이 이데올로기적 관점은 무엇인가 공통점을 가진 이론들과 관점들의 집합으로 간주된다(Slife & Williams, 1995). 포스트모더니스트들은 19세기 계몽주의와 20세기 초반의 기술, 합리성, 이성, 보편성, 과학, 실증주의, 과학적 방법에 대한 강조를 비판하거나 반대한다(Bloland, 1995; Stringer, 1993). 포스트모더니스트들은 지식은 오늘날 세계의 조건 속에서 그리고 계급, 인종, 성, 다른 집단적 관계들의 다양한 관점 속에서 설정되어야 한다고 주장한다.

후기실증주의(postpositivism) 이 해석적 관점은 환원적 · 논리적 · 경험적 및 인과관계 지향 그리고 선행 이론에 기초한 결정론적이라는 요소를 포함한다.

실용주의(pragmatism) 이러한 해석적 렌즈는 선행 조건보다는 연구의 결과—행위, 상황 그리고 연구 결론—에 초점을 맞춘다. 적용—'어떻게 작동하는가'—과 문제 해결에도 관심을 둔다. 그래서 방법에 초점을 두는 대신, 연구의 주요 측면은 연구되는 문제이며 그 문제에 대한 질문이다.

목적 진술(purpose statement) 보통 이러한 진술은 저자가 연구의 의도, 주요 목표를 제시하는 질적 연구 도입부에서 발견된다. 이것을 전체 연구의 '로드맵'으로 볼 수 있다.

유의표집(purposeful sampling) 질적 연구에서 사용되는 주요 표집 전략이다. 연구자가 연구를 위한 장소와 개인을 선택하는 것을 의미한다. 그 이유는 이들이 연구 문제와 연구의 중심 현상에 대해 의도적으로 알릴 수 있기 때문이다.

질적 연구(qualitative research) 질적 연구란 사회 혹은 인간 문제를 탐색하는 독특한 방법론적 전통에 기초하여 이해하는 탐구 과정이다. 연구자는 복잡하고 전체적인 그림을 그리며, 언어를 분석하고, 참여자의 견해를 세밀하게 보고하며, 자연스러운 상황에서 연구를 수행한다.

동성애이론(queer theory) 이것은 질적 연구에서 사용될 수 있는 해석적 렌즈이며, 게이와 레즈비언 또는 동성애적인 성정체성과 그것이 문화적·역사적으로 어떻게 구성되고 담론에 연결되는지, 그리고 젠더와 성적 취향이 중첩되는지 등에 초점을 둔다(Watson, 2005).

호혜성(reciprocity) 좋은 자료수집이라는 측면에서 연구자가 연구 참여에 대한 보상을 제공하여 참여자에게 보답하는 것이다. 보상에는 돈 혹은 선물, 다른 형태의 보수 등이 있다. 이것은 참여자로부터 자료를 받고 답례로 무엇인가를 제공하지 않고 떠나기보다 참여자에게 보답한다는 견해이다.

반영성(reflexivity) 질적 연구를 작성할 때 연구자는 자신의 편견, 가치, 경험을 의식해야 한다. 반영적 구절을 작성할 때, 연구자는 중심 현상과 관련된 자신의 경험, 그리고 이러한 경험이 연구자가 제공하는 해석에 영향을 미쳤을 가능성에 대해 논해야 한다. 이러한 구절은 최종보고서의 별도 부분(예: 방법, 삽화, 연구 전체, 끝부분)에서 작성될 수 있다.

자료 제시(represent the data) 결과(코드, 주제)를 텍스트, 표 혹은 그림의 형태로 제시하는 자료분석 과정의 하나이다.

연구설계(research design) 우리는 이 용어를 단순히 자료수집, 자료분석, 보고서 작성과 같은 방법뿐만 아니라, 문제를 개념화하는 것부터 내러티브 글쓰기까지의 연구 과정 전체를 언급할 때 사용한다(Bogdan & Taylor, 1975).

연구 초점(research focus) 이것은 연구 목표 혹은 목적과 같이 전반적인 연구의 관심 영역을 뜻한다. 일반적으로 연구자는 관심 영역을 통해 연구가 필요한 부분, 특정 연구문제로 초점을 좁혀 나갈 수 있다.

연구문제(research problem) 일반적으로 연구문제에서 질적 연구가 시작된다. 첫 시작 구절에서 저자는 연구의 필요성을 낳은 이슈 혹은 관심사를 제시한다. 우리는 기존 문헌의 부족 혹은 실생활(real-life) 관점에서 형성된 연구문제를 논한다.

수사학적(rhetorical) 이 가정은 질적 연구자가 질적 접근에 독특한 용어들과 내러티브를 사용한다는 것을 의미한다. 내러티브는 개인적이고 문학적이다(Creswell, 1994, 2009). 예를 들면, 연구자는 비인격적인 3인칭의 목소리 대신에 1인칭 대명사 '나'를 사용할 수 있다.

표본 크기(sample size) 질적 연구에서 표본 크기는 소수의 개인 혹은 장소를 연구한다는 지침을 따른다. 그러나 개인 혹은 장소에 대해 광범위하고 상세한 자료를 수집한다.

사회구성주의(social constructivism) 이 해석적 틀에서 질적 연구자는 그들이 살고 있고 일하고 있는 세상을 이해하고자 한다. 그들은 자기 경험의 주관적 의미—특정 대상 혹은 사물을 향한 의미—를 발전시킨다. 이러한 의미는 다양하고 복합적이어서 연구자로 하여금 의미를 소수의 범주 혹은 생각으로 축소하기보다 견해의 복잡성을 추구하도록 이끈다. 그래서 연구의 목적은 상황에 대한 참여자의 견해에 되도록 많이 의지한다. 종종 이러한 주관적 의미는 사회적으로 그리고 역사적으로 협상된다.

사회정의이론(social justice theories) 옹호/참여 이론들은 우리 사회에서의 사회정의 이슈를 다루거나 변화 유발을 추구한다.

사회과학이론(social science theories) 세계를 설명하기 위해 사회과학자들이 사용하는 이론적 설명들이다(Slife & Williams, 1995). 사회과학이론들은 사회학, 심리학, 교육학, 경제학, 도시학, 커뮤니케이션과 같은 사회과학 분야들에서 축적된 경험적 증거에 기반한다. 일련의 상호 관련된 개념, 변수, 명제로서, 사회과학이론들은 세계 속의 현상을 설명·예측하고 일반화한다(Kerlinger, 1979). 사회과학이론들은 폭넓게 적용되거나(거대이론들) 제한적으로 적용된다(작은 작업가설; Flinders & Mills, 1993).

하위질문(subquestions) 하위질문은 질적 연구의 연구질문의 한 형태로, 연구자는 중심 질문을 부분으로 세분하고 이러한 부분을 탐구한다. 하위질문들은 종종 면접 프로토콜과 관찰 프로토콜에서 주요 토픽으로 사용된다.

실질적 기여(substantive contribution) 작품이 사회적 삶에 대한 이해에 기여할 때, 현실에 깊게 기반을 둔 사회과학적 관점을 제시할 때, 그리고 '진실'로 보일 때 실질적 기여를 하는 셈이다.

주제(theme) 질적 연구에서 주제(범주로 불림)는 공통된 아이디어를 형성하기 위해 종합된 여러 개의 코드로 이루어진 정보 단위이다.

이론 혹은 이론적 방향(theories or theoreticl orientation) 문헌 고찰에서 발견된다. 이것은 연구자가 연구를 통해 발견하고자 하는 것에 관한 전반적 설명, 혹은 연구에서 참여자와 지역사회의 욕구를 바라보는 렌즈를 제공한다.

변혁적 틀(transformative framework) 이러한 해석적 틀을 사용하는 연구자는 중립적이지 않고 사회 내의 권력과 사회적 관계를 반영하는 지식을 옹호하며, 그래서 지식의 목적은 사회를 개선하도록 사람들을 돕는 것이다(Mertens, 2003). 이러한 사람들에는 레즈비언, 게이, 양성애자, 트랜스젠더, 동성애자와 같이 주변화된 집단, 그리고 긍정적 · 희망적인 심리학과 회복탄력성을 필요로 하는 단체들이 포함된다(Mertens, 2009).

다원화(triangulation) 연구자는 연구의 정확성을 입증할 보강 증거를 제시하기 위해 다양하고 상이한 자료원, 방법, 연구자, 이론을 사용한다.

진실성(verisimilitude) 이는 글을 '사실적인' 및 '살아 있는' 것으로 보이게 하는, 즉 독자들을 연구하는 세계 속으로 직접 이끄는 것으로, 훌륭한 문학적 연구를 판단하는 기준이다(Richardson, 1994).

부록 B

내러티브 연구

내러티브 연구자로서 참여자와 연구자 사이의 공간에서 살아가기: 갈등하는 이야기들과 살아가는 중국계 캐나다 학생들의 민족 정체성에 대한 고찰[1][2]

Elaine Chan

초록

1세대 캐나다인들의 학교교육 경험은 캐나다인으로서, 또한 민족 공동체의 구성원으로서 민족 정체성을 형성하는 그들의 이민 가구에서 겪은 문화적 경험과 상호작용한다. 이 장기적이고 학교에 기반한 내러티브 탐구는 학교에서는 교사와 친구들, 가정에서는 이민 부모들에 의한 학업수행과 행동에 대한 기대를 가지고 살아가야 할 갈등하는 이야기들로서 중국계 이민 학생의 민족 정체성을 형성하는 데 기여하는 방식들

---

1) 저자 주: Elaine Chan의 연락처. Department of Teaching, Learning, and Teacher Education, College of Education and Human Sciences, University of Nebraska-Lincoln, 24 Henzlik Hall, Lincoln, NE 68588-0355. (E-mail: echan2@uni.edu)

2) 출처: 부록에 실린 이 논문은 *The Journal of Educational Research, 103,* 133-122 (2010)에 게재되어 있다. Taylor & Francis Ltd(http://www.tandfonline.com)의 허가를 받아 재발간하였다.

을 검토한다. 내러티브 접근은 북미 학교에서 이민 학생들을 지원하는 데 고려해야 할 사항들을 드러내고, 다문화 교육의 미묘한 특성을 이해하는 데 기여하였다.

주제어

내러티브 탐구, 민족 정체성, 교과과정, 다문화 교육, 학생 경험

아동들에게 학교는 사회와 가족, 민족 공동체의 일원이라는 정체감을 부여하는 커다란 함의를 가지고 있다. 각 개인들은 그들이 캐나다에 있든 출신국에 있든, 긍정적이든 부정적이든, 자랑스럽든 부끄러워하든, 학교 맥락에 자신이 학교생활을 하면서 형성된 경험을 가지고 온다. 이민 부모의 자녀들에게 가정과 학교 간의 긴장, 학교에서 부모와 교사 경험의 상호작용 그리고 학교에 대한 그들 자신의 경험들은 더불어 살아가야 할 갈등하는 이야기들로서 경험된다는 점에서 특별히 강렬하게 느껴질 수 있다(Connelly & Clandinin, 1999). 이 학생들은 그들의 학교 맥락에서 어떻게 지내야 하는지에 대한 자신의 생각을 가지고 있는데, 이는 또래들과의 상호작용, 대중문화와 미디어에 대한 노출, 학교생활과 학교, 교사들에 대한 이전 경험에 의해 형성된다. 이와 동시에 그들은 교사들에 의해 평가되고 부모들에 의해 지지를 받게 되는데, 학교생활에 대한 그들의 경험은 그들 자신이 어렸을 때 다녔던 학교가 그 일부분이 되는 사회의 사적인 환경뿐 아니라 사회적, 정치적 영향의 특성에 따라 상당히 달라질 수 있다.

이 연구에서 나는 Ai Mei Zhang이라는 중국인 이민 학생의 경험을 검토하였다. 나는 서로 얽힌 생활의 이야기인 학생과 교사, 부모의 내러티브 간 상호작용으로서 캐나다 중학교 교과과정에 대한 그녀의 참여를 탐색하였다(Clandinin et al., 2006). 나는 그녀의 민족 정체성이 학교와 가정에서 그녀의 학업수행과 행동에 대한 기대에 의해 형성되는 방식을 검토하였다. 나는 특히 그녀가 도시의 다문화 학교 현장에 참여하는 것이 그녀의 가족 구성원과 민족과 학교 공동체의 구성원들에 대한 유대감을 형성하는 데 기여하는 방식과 그녀의 모국어 발달과 유지에 기여하는 방식에 초점을 맞추었다. 또한 나는 그녀가 정책결정자들이나 교육자들에 의해 기대되는 방식이 아니라 그녀의 학업수행을 지원하기 위해 설계된 잘 의도된 학교 실천과 교과과정 활동을 경험한 방식을 검토하였다. 나는 이러한 영향들을 살아가야 할 갈등

하는 이야기들로 탐색하였다(Connelly & Clandinin, 1999).

나는 장기간의 학교 기반 내러티브 연구자로서 한 중학생의 관점에서 학교와 가정의 영향 간 교차점을 경험적으로 검토하였다. 나는 이러한 다양한 학교 맥락에서 다문화 교육의 미묘한 이해에 기여하는 연구 맥락 중에서 연구자-참여자 관계의 비판적 역할과 시간과 공간 요인들(Clandinin & Connelly, 2000)의 역할과 같은 내러티브 연구의 특성들을 탐색하였다. 이 연구는 총체적인 것으로서, 나는 서로 연결된 방식으로 복합적인 요인들의 영향을 검토하였는데, 그것은 하나의 이슈나 주제가 동일한 민족집단의 상이한 구성원들에 의해 경험될 수 있는 방식의 예라기보다는 한 학생의 인생에서 서로 교차하는 방식인 것이다.

북미 지역 학교들(Chan & Ross, 2002; He, Phillion, Chan, & Xu, 2007)에 반영되는 북미 인구(Statistics Canada, 2008; U.S. Census Bureau, 2002)의 다양성이 증가하고 있음을 고려할 때, 소수민족 배경을 가진 학생들의 교과목에 대한 욕구를 언급하는 것과 그들과 함께 일하는 교사들의 전문성 개발을 지지하는 것은 필수적이다. 이 연구는 다문화 교육 그리고 특히 다양한 학생 집단을 위한 교과목 개발, 다문화 교육에 대한 학생들의 경험 영역에서 이루어진 선행 연구들에 기여한다.

지금까지 문화와 교과과정의 상호작용을 다룬 연구들은 학교 교과과정 내에 문화를 포함시키기 위한 논쟁거리나 교과과정에 문화를 포함하는 것이 성공적이었던 방식들을 다룬 문헌으로 종종 제시되었다(Ada, 1988; Cummins et al., 2005). 문화적으로 관련성이 있고 반응적인 교수법(Gay, 2000; Ladson-Billings, 1995, 2001; Villegas, 1991)과 이민자와 소수민족 학생들의 경험과 지식을 구축하는 문화적으로 민감한 교과과정(Ada; Cummins, 2001; Igoa, 1995; Nieto & Bode, 2008)의 중요성을 강조하는 연구들이 풍부하게 이루어졌다.

교실에서 소수민족 학생들의 문화적 지식을 인정하는 것은 학교 밖에서 이루어지는 그들의 복지에 중요한 함의를 가지는 것으로 밝혀져 왔다. 예를 들어, Banks(1995)는 학생들의 긍정적인 인종적 태도를 발전시키는 수단으로서 교과과정에 문화 요소를 포함할 것을 강조했다. Rodriguez(1982), Wong-Fillmore(1991), Kouritzin(1999)은 소수민족 배경을 가진 학생들이 모국어 유창성을 유지하고 개발하도록 지원하지 못할 경우, 그들이 가진 가족과 민족 공동체 내의 민족 정체성과 소속감에 끔찍한 결과를 초래하는 방식을 설득력 있게 풀어냈다. McCaleb(1994),

Cummins(2001), Wong-Fillmore(1991)는 이민과 소수민족 청소년들이 갱 조직에 관여할 가능성이 높아질 뿐만 아니라 학교중퇴율이 증가하는 것, 학생들이 나온 문화 공동체를 인정하는 데 실패하는 것과 같은 일부 위험성을 구체적으로 살펴보았다.

선행 연구들은 교과목을 개발하고 점차 다양해지는 학생 집단을 가르칠 때, 이민 학생들과 소수민족 학생들이 학교 맥락에 가져온 문화적 지식과 교육자들의 업무를 인정하는 것의 중요성을 강조한다는 점에서 가치가 있다(Banks, 1995; Cummins, 2001; Moodley, 1995). 또한 이들 연구는 다양한 배경을 가진 학생들을 위한 교과목 개발과 정책 결정에 대한 정보를 제공하기 위해 학생들의 민족, 언어, 종교 배경들에 대해 학습하는 방식들을 개발할 필요성이 있음을 역설해 왔다. Cochran-Smith(1995), Ladson-Billings(1995, 2001), Conle(2000)은 교사들이 문화적 다양성을 가진 교실에서 가르치도록 준비시키기 위한 자원으로서 예비교사의 문화적 지식을 검토해 보는 실천방법을 탐색하였다. 흥미롭게도, 소수민족 배경을 가진 학생들에게 가정에서 학교로 이동하는 것의 잠재적인 어려움과 소수민족 학생들이 그들의 가족 문화가 갖고 있는 기대와는 다른 학교와 사회의 기대에 동화해 왔을 때 학교로부터 가정으로 돌아가기 힘든 어려움을 인정해 온 연구들이 있음에도 불구하고, 소수민족과 이민 학생들이 가정에서 학교로 그리고 다시 가정으로 돌아가는 매일의 전환은 간과되어 온 것으로 보인다. 이 연구에서 나는 한 학생이 하루 일과를 단위로 이러한 전환을 이루는 생활의 미묘한 차이를 검토하고자 한다.

이러한 작업은 학생들 자신의 관점에서 특히 가정과 학교의 영향 간 교류를 탐색하는 데 초점을 두는 경험적 연구의 필요성을 제기하게 된다. 현재 상태에서는 일반 학생(Cook-Sather, 2002), 그리고 구체적으로는 이민 학생과 소수민족 학생들이 사적으로 그들의 학교 교과과정과 학교 맥락(He et al., 2007)을 경험하는 방식을 검토한 연구들이 놀라울 정도로 부족하다. 미국 학교에서 교과과정과 동료 상호작용에 대한 무슬림 학생들의 반응을 검토한 Bullough(2007)는 소수민족 배경을 가진 학생들의 관점에서 학교 교과과정 활동들을 검토한 소수의 연구 중 하나이다. 이스라엘-팔레스타인 학교에서 이스라엘과 팔레스타인 청소년들의 경험에서 나타나는 긴장을 탐색한 Feuerverger(2001)의 문화기술지 연구는 학교생활 경험에 대한 학생들의 관점을 기록하고 탐색한 소수의 연구 중 하나이다. 미국과 캐나다 학교에 재학 중인 무슬림 학생들의 이야기를 다룬 Sarroub(2005)과 Zine(2001)은 가정 내 가치가 의미 있는 수준으로 다를 때 학교 맥락에 있는 또래들 간의 정체성을 협상하는 복잡성을 반성적으로 예시하고 있다.

학교생활과 교과과정에 대한 학생들의 경험을 다룬 선행 연구들이 상대적으로 제한되어 있는 상태에서, 나는 개별 학생의 경험 형성에 바로 상호작용하는 다양한 측면과 긴장을 인정하는 방식보다는 구체적인 이슈와 화제, 논쟁들을 다루기 위해 학생의 경험에 대한 예를 주제별로 제시하고자 한다. Smith-Hefner(1993)는 크메르족 여자 고등학생들에 대한 문화기술지 연구에서 그들의 제한된 학업 성공이 민족 공동체 내의 문화와 사회역사적 영향에 의해 형성된 푸에르토리코 여학생들의 사례를 제시하였다. Rolon-Dow(2004)는 가정과 민족 공동체에 의해 지지된 가치가 학교에서 지지되는 가치들과 갈등하는 것처럼 보일 때 푸에르토리코 학생들과 그들의 교사들이 경험하는 긴장을 검토하였다. Lee(1994, 1996)의 문화기술지 연구는 아시아계 고등학생들의 정체감과 학업 성취가 자기동일시된 낙인과 특정 또래집단의 구성원들에 의해 영향을 받는 방식에 초점을 두었다. 다중적인 영향의 상호작용과 관련성의 이슈가 이민이나 소수민족 학생들에게 영향을 미칠 수 있는 방식을 예시하기 위해 이야기를 제시하는 방식으로 북미 지역 학교의 맥락에서 한 학생의 경험을 검토하는 연구는 많지 않다.

이 내러티브 탐구는 한 이민 학생의 생활을 형성하는 복잡한 영향 요인들의 상호작용을 한눈에 볼 수 있도록 하고자 하였다. 나는 이 연구에 대한 정보를 제공하기 위해 북미 학교에 출석하는 이민 학생과 소수민족 학생들에 대한 기존 내러티브 연구와 문화기술지 연구들을 제시했다. 소수의 라틴계와 멕시코계 미국인 가족들의 학교와 지역사회 경험을 기록한 Valdes(1996)의 연구와 자녀들에게 문해 발달을 지원하는 중국인 가족들에 대한 Li(2002)의 문화기술지 연구는 학교 교과과정과 교사들의 일에 대한 기대의 차이에 따라서 가정과 학교 사이의 전환이 도전이 되면서 압도되기도 하는 방식들을 간략하게 보여 주었다. 멕시코계 미국인 가족들의 경험에 대한 Carger(1996)의 장기 내러티브 연구는 최근 연구들을 위한 조직적인 구조를 제공해 주는데, 이는 학교에서 그들의 자녀를 지원하는 한 가족의 경험에 대한 심층기술을 포함하고 있으며, 아동의 교육을 형성하는 복합적인 영향 요인들의 상호작용을 검토하고 있다. 이민 학생인 Raj와 그 가족의 학업, 재정, 가족 관계의 어려움을 다룬 Ross와 Chan(2008)의 내러티브 연구는 자녀들이 캐나다 학교와 지역사회에 적응하도록 지원하는 과정에서 가족이 맞닥뜨리게 되는 많은 도전을 강조하였다. Ai Mei의 경험에 대한 이러한 검토는, 점차 증가하고 있지만 여전히 제한되어 있는 북미 학교 내 중국인 학생들에 대한 연구 분야에 기여할 수 있을 것이다(Chan, 2004; Kao, 1995; Kim & Chun, 1994; Lee, 1994, 1996, 2001; Li, 2002, 2005).

이론적 틀

Ai Mei의 민족 정체성에 영향을 미치는 경험에 초점을 두면서, 나는 이 연구를 위한 이론적 기반으로서 경험과 교육 간의 상호연결성에 대한 Dewey의 철학을 사용하였다. 특히 나는 가족 구성원과 또래, 교사, 행정가, 학교 교과과정의 행사들과 관련된 그녀의 가정과 학교, 이웃과의 생활에 포함된 많은 영향 요인이 캐나다 학교 맥락 내에서 전반적인 경험 또는 이민 학생으로서 민족 정체성의 학습에 기여하는 방식들을 검토하였다. Ai Mei의 이야기는 3차원 내러티브 탐구 공간(Clandinin & Connelly, 2000)의 틀로 구성되었는데, 이는 공간 차원으로서 베이 스트리트 학교(Bay Street School), 시간 차원으로서 2001~2003년 시기, 사회-개인적 차원으로서 Ai Mei와 그 학급 친구들, 교사들, 부모, 베이 스트리트 학교 공동체의 다른 구성원들과 나의 상호작용 등을 포함한다. 그 이야기들은 Ai Mei의 정체감에 기여하는 영향 요인들의 상호작용을 탐색하기 위한 수단이며, 그들은 이러한 내러티브의 상호 교차점이 더불어 살아가야 할 갈등하는 이야기들로서 해석될 수 있는 범위를 강조하고 있다(Connelly & Clandinin, 1999).

연구방법

나는 Ai Mei를 1세대 캐나다 학생들의 민족 정체성을 탐색하는 연구 프로젝트를 위한 교실 기반 참여관찰자로서 7학년 교실에서 관찰을 시작하였을 때 처음 만났다. 중학교 2학년 과정을 넘어서면서 중국계 캐나다 학생들이 경험하게 되는 문화와 교과과정 간의 상호작용을 검토하는 데 초점을 두는 것이 처음부터 신중하게 고려되었다. 학생들의 구체적인 경험들에 대해 배워 감에 따라 Ai Mei의 민족정체감에 기여하는 요인들의 복잡한 상호작용이 점차 분명하고 가치 있는 심화 분석으로 이루어졌다.

Ai Mei의 담임 교사인 William은 내게 그녀가 7세 때 중국 푸젠 지방의 도시 지역으로부터 베이 스트리트 학교로 오게 된 과정에 대해 말해 주었다. 그녀는 처음에 영어로 전혀 말하지 못했지만 그녀가 도착한 지 4년 반이 지나 내가 그녀를 만났을 때는 상대적으로 능숙한 편이었다. 독특한 구문 전환과 일부 단어를 비관습적으로 사용한다는 점에서 그녀의 영어는 원어민 또래들의 것과 달랐지만 그녀가 자신의 경험에 대해 말하는 활발한 방식은 처음부터 내 주의를 끌었다. 나중에 나는 연구 참여자로서의 그녀와 더욱 밀접하게 일하기 시작했을 때 이러한 특성에 대해 더욱 고마워하게 되었다. 머리 가닥 뒤로 부분적으로 숨겨진 그녀의 검은 눈동자는 또래들과 가족 구성원들과의 구체적인 상호작용들을 자세하게 설명할 때, 특히 다른 사람들과 의사소통하는 동안 경험했던 어려움들과 관련된 재미있었거나 골치 아팠던 사건들을 재진술할 때 깜빡거리며 춤을 추는 듯이 보였다. 또한 그녀는 내게 가정과 학교 또는 지역사회에서 발생했던 사건들에 대해 이야기하는 것을 즐거워하는 것처럼 보였다. 내가 Ai Mei의 이민과 정착 이야기에 대해 알아 가는 동안 그녀의 가족 구성원들과 학교의 또래 친구들과 교사들, 민족 공동체의 구성원들에 대해 갈등하는 영향 요인들과 기대들이 더욱 명백해졌으며, 이에 따라 이 연구에서 그녀의 이야기에 초점을 맞추려 했던 나의 결정에도 더 많이 기여하게 되었다.

내러티브 연구자로서 나는 Ai Mei와 그녀의 교사, 학급 친구들, 가족 구성원들의 생활이 서로 얽혀 있는 상황을 탐색하기 위하여 장기적으로 학교에 기반을 둔 참여관찰, 핵심 참여자와의 지속적인 대화 면접의 맥락에서 이루어진 문서 수집, 각 학교 방문 후 폭넓은 현장 노트 기록, 면접, 참여자와의 상호작용 등을 포함한 내러티브 접근의 다양성(Clandinin & Connelly, 1994, 2000; Clandinin et al., 2006)을 활용하여 Ai Mei가 경험한 이야기(Connelly & Clandinin, 1988)에 대해 배웠다. 나는 정규 학급 수업의 맥락에서 그녀를 관찰하고 상호작용을 하였으며, 그때 그녀와 학급 친구들의 숙제를 도와주었고, 현장 여행에 동행하였으며, 그들의 밴드 콘서트와 공연에 참석하였고, '다문화의 밤'이나 '교과과정과 핫도그의 밤', 학교 집회, 축제 등과 같은 학교 활동에 참여했다. 학교 방문은 2001년 가을 중에 시작했는데, 그때 Ai Mei와 학급 친구들은 7학년을 시작하여 2003년 6월까지 지속되었으며, 그때 그들은 베이 스트리트 학교에서 8학년을 마쳤다.

나는 Ai Mei의 홈룸 교실에서 2년 과정 이상의 시간을 보냈으며, 그녀와 지속적인 비공식 대화와 함께 여러 차례 면접을 수행하였다. 또한 나는 학교 공지사항, 지역사회와 학교 행사에 대한 공지, 학교 게시판과 교실 벽에 붙은 알림, 학교위원회 회의에서 나온 의제와 회의록, 학생 활동 표본과 같은 문서들을 수집했다. 학교 방문 뒤에 작성한 기술적 현장 노트, 면접 녹취록, 연구자 일지, 이론적 메모 등은 컴퓨터에 저장하였으며 기존의 연구 프로젝트 문서 체계에 추가하였다. 나는 되풀이되는 주제들을 확인하기 위해 수도 없이 Ai Mei의 경험과 관련된 현장 노트들을 검토하였다. 그녀의 이야기들은 내가 2000년에 학교에서 연구를 시작한 이후로 그녀의 학급 교사, 또래들, 학교 공동체에 대해 작성한 현장 노트의 맥락에 삽입되었다.

연구 결과

Ai Mei의 가정과 학교 이야기: 가지고 살아가야 할 갈등하는 이야기

나는 Ai Mei가 교사와 부모들에 의해 그녀에게 주어진 기대에 부응하는 동시에 그녀의 또래들에 대한 소속감의 균형을 맞추기 위해 시도할 때 그녀가 살아 낸 도전과 복잡성, 조화, 긴장(Clandinin & Connelly, 2002) 등을 탐색하기 위해 Ai Mei의 경험에 대한 이야기의 일부를 이어서 제시할 것이다. 나는 부모와 교사, 또래들의 기대가 그녀의 정체감을 형성하는 데 기여하는 방식을 탐색하고, 그녀의 인생에서 다양한 영향 요인이 교차하는 것의 미묘한 차이를 드러내기 위한 내러티브 방법론의 기여를 검토할 것이다.

베이 스트리트 학교의 맥락

Ai Mei의 이야기들은 베이 스트리트 학교의 맥락에 놓여 있는데, 이 학교는 설립 당시부터 다양한 학생 공동체로 구성되어 있는 것으로 알려져 있으며(Cochrane, 1950; Connelly, He, Phillion, Chan, & Xu, 2004), 토론토 도심의 근린 지역에 위치하고 있는데, 이곳의 거주자들이 갖고 있는 민족 구성은 캐나다 이민과 정착민의 패턴을 반영하는 것으로 알려져 있다(Connelly, Phillion, & He, 2003). 따라서 학교의 학생 인구는 이러한 다양성을 반영한다. 2001~2002학년도 기간에 학생들을 대상으로 하는 모든 서베이(Chan & Ross, 2002)는 학생들의 민족과 언어 다양성을 확인해 왔다. 더 구체적으로 제시하면, 이 학교에는 39개 국가와 31개 언어가 포함되어 있다. 이것이 Ai Mei의 이야기가 작용하는 맥락이다.

학교 언어와 갈등하는 가정 언어

다음으로 베이 스트리트 학교의 학습 프로그램에 대한 Ai Mei의 경험을 검토하기 위한 출발점으로서, "나는 내 정체성을 숨기기 위해 노력해 왔어요."라는 이야기를 제시하고자 한다.

"나는 내 정체성을 숨기기 위해 노력해 왔어요."

Ai Mei: 제가 처음 베이 스트리트 학교에 왔을 때, 저는 국제 언어(International Language: IL)* 교사인 Lim 선생님과 함께 했어요. 저는 일주일 내내 그녀와 함께 했고, 그녀는 제게 영어로 여러 가지 사실들을 가르쳐 줬어요.

Elaine: 그녀가 가르쳐 준 게 뭐였죠?

Ai Mei: 아시다시피, 철자법처럼 쉬운 것들과 "안녕"이라고 말하는 방법이었어요. 그러고 나서 저는 Jenkins 선생님 반으로 갔어요. 저는 낯선 남자아이와 앉게 됐죠.

Elaine: 낯선 남자아이요?

Ai Mei: 그게, 그 아이가 그렇게 낯선 것은 아니었어요. 제 책상이 그 아이의 책상과 붙어 있었고, 그 아이는 이렇게 (Ai Mei는 그 소년이 한 일을 보여 주었다.) 자기 혀를 저한테 내밀었어요. 저는 그게 무슨 뜻인지 알지 못했어요. 그 아이는 지저분한 오렌지색 머리카락을 갖고 있었어요.

Elaine: 다른 친구들도 사귀었나요?

Ai Mei: 아뇨. 오랫동안 그렇지 않았어요. 몇몇 사람이 저한테 말을 걸려고 했지만, 저는 그들이 말하는 걸 알아 듣지 못했어요. 그러다가 Chao가 푸젠어로 제게 대화를 시도했고 저는 그 말을 알아듣지 못하는 체 했어요. 그녀는 여러 번 시도하다가 결국 포기했죠. 그러던 어느 날, 제 여동생이 푸젠성 말로 제게 뭔가 말을 했고 Chao가 그걸 듣게 되었어요. 그녀는 저를 바라봤죠. 그녀는 정말 놀란 것 같았어요. 왜냐하면 그녀가 전에 제게 말을 걸기 위해 시도했고 저는 알아듣지 못하는 척했으니까요. 그녀는 저를 전혀 좋아하지 않았어요.

Elaine: 왜 그랬어요? 왜 그녀의 말을 알아듣지 못하는 척했나요?

Ai Mei: 모르겠어요. 저는 제 정체성을 숨기려고 노력해 왔어요.

Ai Mei: (Chao를 부르며) Chao, 내가 너와 어떻게 말을 하지 않고 네 말을 이해하지 못하는 척 했는지 기억해?

Chao: 그럼, 기억하지. (Chao가 Ai Mei를 노려본다.) 나는 너를 오랫동안 싫어했어.

Ai Mei: 그래, 오랫동안.

(현장 노트, 2003년 4월)

Ai Mei가 베이 스트리트 학교에 도착했을 때, 학교에 새로 온 학생들은 교실로 배치되기 전에 각 언어별 국제 언어(IL) 교사들과 1~2주 정도를 보냈다. 새로 온 학생들에 대한 오리엔테이션은 교사들에게 새로 온 학생들의 영어와 모국어 유창성을 평가하고, 잠재적인 학습의 어려움을 확인하며, 그들이 갖고 있는 이전의 학교 경험에 대해 파악할 수 있는 기회를 제공해 주었다. 또한 이 오리엔테이션은 학생들에게 그들의 연령에 적합한 교실로 점차 진입해 가는 동안 그들의 가정 언어로 학교의 일상을 배울 수 있는 기회를 제공해 주었다.

그러나 신입생 오리엔테이션에 대한 Ai Mei의 반응은 여러 가지 이유로 놀라운 것이었다. 교사들의 관점에서 Chao는 Ai Mei에게 이상적인 친구처럼 보였을 것이다. 두 소녀 모두 중국 남부의 동일한 시골 지방 출신이며, 가정에서는 푸젠어, 학교에서는 표준 중국어를 말하면서 성장했고, Chao는 Ai Mei보다 2년 더 일찍 왔기 때문에 베이 스트리트 학교에 적응하는 것을 도울 수 있기 때문이다. 그러나 Ai Mei는 푸젠어로 Chao와 말할 수 있는 기회를 환영하는 것처럼 보이지 않았다. 그녀의 교사들도 그녀가 '정체성을 숨기기 위해' 노력하는 것에 대해 의문을 가졌는데, 그들의 관점에서 보면, 그들은 긍정적인 방식으로 학생들의 가정 문화를 인정하게 될 프로그램들을 만들기 위해 열심히 일해 왔기 때문이다.

이러한 맥락에서 이민 학생과 소수민족 학생들에 대한 연구(Cummins, 2001; Kouritzin, 1999)에서 제시되는 많은 학생과 유사하게, Ai Mei는 그녀의 가족이 사용하는 가정 언어에 대한 소속감을 영어로 말하는 또래들에 의한 수용을 막는 방해 요인으로 인식하고 있을 가능성이 높다. 그녀는 국제 언어(IL) 교사로부터 영어를 배우는 것에 감사하며, 아마도 자신이 영어로 말하지 못하는 것을 영어로 말하는 또래들과 우정을 형성하는 것을 막는 장애물로 느낀 것으로 보인다. 어느 날, 우리가 미술 수업 후 그녀의 교실로 걸어서 돌아가고 있을 때, 그녀는 내게 쇼핑몰에서 음료수를 주문하려고 했을 때 판매원이 '(그녀의) 영어 액센트가 너무 나쁘다'는 이유로 그녀의 말을 이해하지 못했을 때 당황스러웠던 사건에 대해 말해 주었다. Ai Mei는 그녀가 "(자신의) 정체성을 숨기려고 했어요."라고 말했을 때 영어를 쓰지 않는 것으로 인식되는 사람들과 거리를 두려고 시도한 것으로 보인다. Wong-Fillmore(1991)는 언어에서 소수민족인 아동이 학교에서 또래들이 사용하는 영어와 관련하여 이러한 낮은 언어 지위를 인식했을 때 가정 언어를 포기하게 되는 과정을 구체적으로 기술하였다. 그와 동시에 그녀의 친구가 되기 위해 시도했던, 푸젠어를 하는 학급 친구에 반응하지 않기로 선택하는 과정에서, Ai Mei는 영어를 말하는 또래들과 쉽게 우정을 형성하기 위해 영어가 유창하지 않을 때 1명의 친구를 만들 수 있는 기회를 포기하고 있었던 것이다.

가정 언어와 갈등하는 학교 언어

영어 유창성 수준을 높여야 한다는 부담에 더하여, Ai Mei는 그녀의 표준 중국어 유창함을 유지하고 발전시키기 위해 국제 언어(IL) 표준 중국어 교사 Lim으로부터 부담을 받게 될 것으로 보였다. 그녀는 단계별 표준 중국어 프로그램** 내에서 높은 수준의 언어 능력을 갖고 있고 그 교실에서도 잘하고 있었는데, 이는 그녀가 내게 표준 중국어 교재와 연습장을 보여 주었을 때 내가 본 등급으로 판단한 것이다. 그녀의 교사는 그녀가 과제와 시험을 잘 해냈으며, 표준 중국어에서 탁월한 학생이라고 말했다. 그녀는 Ai Mei가 캐나다에서 태어난 중국인 또래들을 넘어서는 이점을 유지하기 위해 열심히 공부하는 것이 중요하다고 진술했다. Lim 교사는 Ai Mei가 캐나다에 도착하기 전 중국에서 학교를 일찍 다녔기 때문에, 많은 캐나다 태생 중국인 학생들이 갖고 있는 어려움과 달리 문자들을 더 쉽게 배우고 있다고 믿었다. 또한 그녀는 Ai Mei가 중국 태생 또래들을 넘어서는 이점을 가지고 있다고 느꼈는데, 그것은 중국을 떠나기에 앞서 중국 태생 또래들이 경험해 보지 못한 방식으로 정규 학교교육을 받았으며 그것이 중단되지 않았다는 점이다.

그녀가 표준 중국어를 계속 유창하게 사용할 수 있었던 것은 부모의 지지 덕분이기도 하다. 동시에 그들은 그녀가 가족이 사용하는 푸젠 사투리도 유창하게 유지하기를 바랐다. Ai Mei와 그 부모에게 모국어의 유지는 가족 내 의사소통을 위해 매우 중요한 의미를 가지고 있다. Ai Mei는 내게 다음에 제시한 그녀의 어머니와 여동생

Susan이 함께한 식사 중 대화 내용을 말해 주었다.

"Susan은 푸젠어를 쓰지 않아요."

Ai Mei: 우리가 저녁을 먹고 있는데 엄마가 여동생에게 말했어요. "(푸젠어 문구)." 여동생이 저에게 물었어요. "엄마가 뭐래?" 그래서 제가 말했죠. "엄마는 네가 채소를 더 먹고 싶어 하는지 알고 싶어 하셔."

Elaine: 여동생은 푸젠어를 이해하지 못하나요?

Ai Mei: 그렇긴 하지만 다 그런 건 아니에요.

Elaine: 어머니는 뭐라고 하세요? 여동생이 그 말을 이해하지 못한다고 걱정하시나요?

Ai Mei: 엄마는 여동생을 이렇게 바라봤어요. (Ai Mei는 내게 그녀의 어머니가 여동생을 째려보는 모습을 보여 주었다.)

(현장 노트, 2003년 4월)

현장 노트에서 Ai Mei의 부모는 가족 내에서 모국어의 상실이 미치는 영향을 느끼기 시작한 것으로 보인다. 푸젠어는 발전시키거나 유지하기가 쉽지 않다. 푸젠 지방에서 최근에 이민 온 다른 사람들을 통해 방언에 노출되는 예외가 있지만 캐나다에서 그 말을 사용하는 것이 집 밖에서 광범위하게 지지받지 못하기 때문이다. Susan이 집에서 말을 할 때 기본적인 어휘를 이해하지 못하는 것은 그녀와 Ai Mei의 부모를 걱정스럽게 할 것이지만 그것을 지원할 만한 자원이 제한되어 있고 그들 스스로 그녀를 독려할 만한 시간이 제한되어 있어서 그들이 할 수 있는 일이 무엇인지 의문을 가졌을 것이다. Ai Mei는 그녀의 부모가 그녀에게 푸젠어로 여동생이 자주 말하도록 상기시키는 방법에 대해 말해 주었다. 그동안에 그 여동생은 영어로 서로 말하는 습관을 오랫동안 키워 왔고, 그들이 가정에서 사용하는 푸젠어로 의사소통을 하는 것이 Susan의 제한된 어휘뿐만 아니라 그 언어를 사용하는 데에서 둘 다 쉽지 않음을 느끼기 때문에 억눌러 왔다. 딸의 모국어 상실 범위를 알아차리기 시작했을 때 부모들이 그것을 멈추기에는 이미 너무 늦었을 수 있다. 언어 유창성을 발전시키고 유지하기 위한 부담은 Ai Mei의 정체감과 학교와 가정, 민족 공동체에 대한 소속감에 기여하는 다른 요인들과 상호작용을 했다.

또래의 가치와 갈등하는 부모의 가치

학업수행의 성공에 대한 압박에 더하여, Ai Mei는 그녀의 또래들과 교사들, 부모의 기대에 따라 행동하라는 압박도 받고 있었다. 2년간의 전체 학기 과정 전반에 걸쳐서 베이 스트리트 학교에서 Ai Mei와의 상호작용을 통해 그녀가 또래집단에 속하는 것이 그녀에게 매우 중요하다는 사실이 분명해졌다. 또래들과 마찬가지로, Ai Mei는 청소년기로 접어들면서 대중 영화와 음악, 패션으로 더욱 확고하게 빠져들게 되었다. 이러한 영향 요인들은 학교에서의 성공을 비웃고 학업의 중요성을 경시하는 또래들의 압력이 증가하는 것과 관계가 있었다. 2001년 가을, 인기 있고 거침없는 남자 동급생 Felix가 그녀의 외모에 대해 불쾌한 발언을 한 후 그녀를 위로하려는 친구들을 찾기 위해 나는 여러 번 Ai Mei의 교실에 간 적이 있었다. 또한 그녀의 담임교사는 내게 Ai Mei가 학급 친구들이 계획한 방과후 활동에서 배제된 이후 눈물을 흘리며 학교를 떠났던 사건에 대해 말해 주었다. 또 다른 날에 나는 Felix가 Ai Mei의 표준 중국어 국제 언어 교재에 있는 이야기들 중 하나를 흉내 내는 것을 우연히 듣게 되었는데, 그가 영어로 말하기는 했지만 그 어조와 이야기 줄거리는 그 교재에서 발견될 수 있는 줄거리를 따라가고 있었다. Ai Mei는 Felix의 시도를 보고 웃으면서 그가 국제 언어 수업에서 그녀가 하고 있는 것에 대해 조금 알고 있다는 것에 대해 고마워하는 것으로 보였다. 그러나 나는 그녀가 그에게 당황하거나 짜증난 것은 아닌지 궁금했다.

또래들로부터 배제되는 것에 대한 걱정과 학교에서 특정한 방식으로 행동하도록 여러 복합적인 영향을 받는 것 외에도, Ai Mei는 때때로 자신을 바라보는 방식과 또래들의 행동이나 처신과 충돌하는 그녀의 행동과 처신에 대한 부모의 기대와 기준이라는 긴장 속에 사는 것처럼 보였다. 나는 Ai Mei가 가족 나들이를 다녀오는 동안 어머니의 친구들과 관련하여 그녀에 대한 어머니의 언급에 대해 불평하는 대화를 한 이후에 다음과 같은 현장 노트를 작성했다.

"어머니의 친구와 딤섬"

오늘 Ai Mei는 내게 어머니의 친구와 그녀의 가족과 함께 딤섬을 먹으러 갈 계획이라고 말했다. 그녀는 Ai Mei와 연배가 비슷하지만 그녀의 어머니 눈에는 완벽한 딸처럼 보이는 어머니 친구의 딸에게 비교되는 것이 매우 짜증난다고 말했다. Ai Mei는 내게 "엄마는 이렇게 말했어요.

'Ming Ming을 봐라. 얼마나 예쁘고 키가 큰지. 게다가 다소곳하잖니! 그 아이는 집에서 엄마가 요리하는 것과 청소하는 것도 돕는대.' 엄마는 Ming Ming의 엄마에게 말했어요. 'Ai Mei를 봐. 열세 살인데 저렇게 키가 작네. 게다가 집에서 날 도와주지도 않고 요리도 안 해!' 엄마는 계속 우리를 비교하면서 Ming Ming은 얼마나 착하고 저는 얼마나 끔찍한지 말했어요." Ai Mei는 눈을 굴렸다.

(현장 노트, 2003년 4월)

Ai Mei와 어머니 사이의 상호작용은 타인들에 대한 특정한 행동 유형의 가치에 대한 관점의 차이를 표현할 때 긴장감이 발전할 가능성을 부각시켰다. 그것은 마치 어머니가 그 친구의 딸과 비교할 때 Ai Mei가 조용하거나 도움이 되거나 충분히 크다고 생각하지 않는다는 사실에 Ai Mei가 분개하는 것처럼 들린다. 가족에 기여하기 위해 한 일과 관련하여 Ai Mei의 적절한 행동과 목표를 구성하는 것이 무엇인지에 대한 세대 차이가 긴장의 일부를 설명할 수 있지만, 이러한 긴장의 일부는 Ai Mei와 그 어머니가 어린 시절을 보내 온 매우 다른 맥락에 의해 형성된 것일 수도 있다. Ai Mei는 토론토의 도심 상업 구역에 있는 다른 가정에서 생활하면서 어린 시절의 많은 시기를 보냈다. 적절한 행동과 처신에 대한 그녀의 인식은 그녀의 어머니가 자신의 어린 시절을 보낸 중국의 농촌 지역인 푸젠 지방에서 경험한 것과 다른 영향 요인들에 의해 형성된 것으로 보인다.

부모의 기대와 갈등하는 교사의 기대

더욱이 Ai Mei의 부모와 교사들이 공통적으로 그녀의 학업 성취라는 목표를 가지고 있었음에도, 이러한 학교와 가족의 책임을 다하는 데 필요한 시간 할애에 대한 긴장이 표면화되었다. Ai Mei는 가족 사업을 도우라는 압력과 숙제를 완성하고 시험과 과제를 철저히 준비하라는 교사들의 기대 사이에 붙잡혀 있는 것으로 보였다.

Ai Mei의 가족은 그녀가 8학년이었던 가을에 덤플링(만두 요리) 식당을 인수하였으며, 그 이후로 온 가족이 사업 성공을 위해 훨씬 더 많은 시간과 노력을 들여 왔다. 나는 Ai Mei의 가족이 만두 요리 식당을 소유하고 있다는 사실을 알게 되었다. 그녀가 내게 사업을 돕기 위해 했던 일들에 대해 말해 줬기 때문이다.

Ai Mei: 저만 빼고 아무도 닫을 수 없는 문이 하나 있어요.

Elaine: 거기에 무슨 문제가 있나요?

Ai Mei: 꿈쩍도 안 해요. 그래서 그걸 닫으려면 발로 차야 해요. (그녀는 이 이야기를 하면서 그녀가 기대고 있던 한쪽 면을 발로 차는 모습을 보여 주었다.) 그러고 나서 우리는 집에 가요. 저와 엄마, 아빠가 같이.

Elaine: 여동생은요?

Ai Mei: 걔는 할머니, 할아버지와 조금 더 일찍 가요.

(현장 노트, 2002년 10월)

매일 방과후 Ai Mei와 여동생 Susan은 교실이나 학교 주변에서 친구들과 어느 정도 시간을 보낸 뒤에 만두 요리 식당으로 가서 거기에서 부모를 도우며 저녁 시간을 보냈다. Ai Mei의 여동생인 Susan은 내게 그들의 아버지를 어떻게 돕는지 말해 주었는데, 그녀는 식당 바깥에 서서 그 가족이 판매하는 채소와 과일의 값을 지불하지 않고 음식을 가져가려고 하는 사람들을 감시하였다. 그런 일이 자주 일어나는지 그녀에게 물어보자, 그녀는 심각한 표정으로 고개를 끄덕였다.

Ai Mei와 Susan이 가족 사업에 참여하는 것의 중요성이 부인될 수 있지만, Ai Mei의 교사들은 관여되는 시간 활용에 대해 문제를 제기해 왔다. 그 가족이 만두 요리 식당을 인수한 이후인 늦은 가을에 Ai Mei의 교사인 William은 그녀가 숙제도 하지 않은 채로 매우 피곤한 모습으로 학교에 오기 시작했다고 주의를 주었다. 어느 날 그가 그녀의 부모에게 곧 발송될 보고서 카드에 대해 그녀와 상의하기 위해 만나는 동안, 그는 그녀에게 숙제를 모두 제출하고 최근에 본 시험을 더 잘 치렀다면 더 잘 해낼 수 있었을 것이라고 말했다. 이때 Ai Mei가 눈물을 쏟는 바람에 그는 놀랐다. William은 Ai Mei가 저녁 시간과 주말에 식당 일을 돕고 있기 때문에 숙제를 하거나 공부를 할 기회가 거의 없다는 점을 점차 이해하게 되었다. 가족이 식당 문을 닫고 집으로 돌아와서 저녁 식사를 하고 나면 거의 오후 11시를 넘기거나 자정이 되었으며, 그 시간은 William이 12세 아이에게 적합하다고 생각하는 선을 넘은 것이었다. 잠재적인 방임 상황을 교무실에 보고해야 한다는 전문적 책임감과 그의 행동을 안내하는 학교 이사회 정책에 입각해 William은 그 상황에 대해 교장에게 말했다. 그것이 경계선에 해당하는 사례라는 결정과 교장의 지식 모두를 참조하여,

William은 Ai Mei의 가족 건으로 아동지원협회(Children's Aid Society: CAS)와 접촉했다. 나는 William이 CAS에 연락한 것에 대해 내게 말한 날, 다음과 같이 현장 노트를 작성했다.

> "내가 CAS에 연락했어요."
>
> 나는 William이 교과서들을 정돈하고 학생 과제들을 파일로 분류한 뒤 펜과 연필, 분필 등을 교실의 적합한 장소에 정리하는 것을 돕고 있었다. 우리는 학생들이 그날의 마지막 일정인 프랑스어 수업을 위해 떠난 이후 교실을 정리하면서 그날의 사건들에 대해 이야기하는 습관을 가지고 있었다. 오늘 William이 내게 말했다. "Ai Mei의 일로 CAS에 연락했어요. 그 아이는 가족 식당에서 늦게까지 일을 하느라 숙제를 못하거나 공부할 시간이 없어요. 그 아이는 탈진 상태예요."
>
> (현장 노트, 2002년 12월)

만두 요리 식당은 Ai Mei의 가족이 갖고 있는 재정적 성공과 가족의 재통합이라는 꿈과 연결되어 있었다. Ai Mei는 그녀의 부모가 푸젠 지방에서 토론토로 오기 위해 그녀의 외조부모를 어떻게 지원해 왔는지에 대해, 그리고 그와 함께 친조부모를 가족과 만나도록 모셔 오기 위해 노력하는 과정에 있다고 말해 왔다. 그들의 사업과 함께 그녀의 가족을 돕는 일의 중요성은 그녀가 가족을 돕는 방식에 대해 Ai Mei가 말해 왔던 그 부모의 관점에서는 거부될 수 없는 것이며, 그녀 역시 자신의 역할의 중요성을 인식하고 있었던 것으로 가정할 수 있을 것이다.

그와 동시에 가족 사업에서 부모를 돕는 것이 그녀가 학교에서 잘 해내기를 바라는 부모의 열망을 충족시키는 것에서 그녀의 주의를 다른 데로 전환시킬 수 있었다는 사실이 분명해지기 시작했다. 그녀가 가족을 돕기 위해 식당에서 보낸 시간은, 그렇지 않았다면 그녀가 학교 과제에 몰입할 수 있는 시간이었던 것이다. Ai Mei는 부모의 경제적인 사업 성공이라는 꿈, 가족 내에서 큰딸로서 부모가 이러한 성공을 성취할 수 있도록 도와야 한다는 그녀의 책임감, 장래의 경제적 성공을 보장하기 위해 학업을 잘 수행해야 한다는 그녀를 향한 부모의 열망 등과 공공기관에 잠재적인 방임 상황을 보고해야 한다는 교사의 전문적 책임성 사이에 붙잡혀 있었다. 그녀는 학업을 잘 수행해야 할 뿐만 아니라 가족 사업에서 부모를 지원해야 하는 시간을 가장 잘 사용하는 방법을 결정해야 하는 긴장감을 갖고 살고 있었다.

또한 이 상황은 교사의 전문적 긴장과 이러한 긴장들이 Ai Mei의 정체감에 기여해 왔을지 모르는 방식에 관하여 검토될 필요가 있다. 그녀의 교사인 William은 전문적 실천을 이끄는 문화적 · 사회적 내러티브들이 학부모들의 실천을 이끄는 것들과 다를 수 있다는 것을 인식하였으며, 학생들의 다양성을 인정하고 있다고 표현해 왔다. Ai Mei의 저녁과 주말 시간 활용에 관련된 교사와 학생, 부모의 관점들 사이의 갈등이 갖고 있는 잠재성은 William이 아동보호전문기관에 연락하여 저녁에 가족이 운영하는 식당에서 보내는 시간이 그녀에게 부여된 숙제를 완결하지 못하고 아침에 학교에 지각하도록 하는 데 기여하고 있다고 보고했을 때 분명해졌다. 그는 Ai Mei가 학교 과제를 완결하기 위한 적절한 시간과 필요한 조건들을 갖도록 하기 위해 Ai Mei의 시간을 보호하는 것이 중요하다는 신념을 갖고 그렇게 했다.

William이 CAS에 연락한 것은, 좋은 의도를 가지고 있기는 했지만 Ai Mei와 그 자신의 관계에 균열을 일으킬 뿐만 아니라 Ai Mei의 가족에게 어려움을 줄 가능성을 가지고 있었다. 사실 그는 나중에 그가 CAS에 부모에 대해 보고했다는 것을 알게 되면서 Ai Mei가 교실에서 시간을 보내기 위해 방과 후에 오지도 않고 그 시간까지 하던 일에 익숙해져서 그녀의 생활에서 벌어지는 일들에 대해 말하지 않게 되었다고 내게 말했다. 그는 그녀의 신뢰를 잃었다고 느꼈으며 CAS에 연락한 것이 그 원인이 되었다고 믿었다. 이 사례는 William이 아동보호전문기관에 방임 가능성이 있는 상황을 보고해야 한다는 전문적 의무와 그들이 인정할 만한 방식으로 학생들을 지지하는 대변인으로서 교사의 역할에 대한 이상 사이의 균형을 이루려고 시도했을 때 그가 느낀 긴장감의 일부를 두드러지게 보여 준다.

내러티브 연구자로서 Ai Mei의 경험에 대해 배우기

이러한 이야기들은 Ai Mei의 정체감에 영향을 미치는 복합적인 요인들의 상호작용이 가지고 있는 복잡성의 일부를 부각시킨다. 학교와 지역사회에 기반을 둔 사건들의 맥락에서 또래들과 교사들, 부모에 대한 Ai Mei의 경험에 대한 이러한 이야기들의 기저가 되는 것은 내러티브 연구자로서 내가 Ai Mei와 상호작용한 이야기들이다. 이 연구에서 사용된 내러티브 연구접근은 북미 학교 맥락에서 이민 학생으로서 살아가는 것의 많은 미묘한 차이를 확인하도록 했으며, 이러한 복잡성을 숙고하기 위한 얼개를 제공했다. 이를 시작하기 위해 베이 스트리트 학교의 이민 학생으로서 Ai Mei의 경험을 기록하면서 경험에 대한 이야기들을 오랫동안 수집하였는데, 나는 참여관찰자로서 Ai Mei와 그녀의 교사들, 또래들과 함께 그녀의 교실에서 두 학년을 보냈다. 이 시간 동안에 나는 교실의 구성원이 되었으며, 교실에서 현장 여행, 학교의 특별한 이벤트들, 밴드 콘서트, 학교 집회와 같은 활동들에 참여했다. 그러나 더 중요한 것은 내가 특별한 수업 이벤트가 없는 날들과 정규 학교 활동이 진행되는 동안 그들 교실의 일부였다는 점이다. 이 시간 동안 나는 Ai Mei와 그녀의 또래, 교사들과 관계를 형성할 수 있었다. 그들은 점차 나를 과제를 도울 수 있는 교실의 보조교사로, 교내 활동이나 현장 여행이 진행되는 동안 성인 감독자로 활동하며, 친구들이나 교사들과 의견이 일치하지 않을 때 듣는 귀로 보게 되었다.

나는 Ai Mei가 자신의 학급 친구들과 부모, 가족이 운영하는 만두 요리 식당, 자매, 가족 여행 등에 대해 말해 주었을 때 그녀의 삶에 대해 구체적으로 이해할 수 있었다. 나는 그녀가 자신의 또래집단과 민족 공동체, 가족에 적응해 간 과정에 대한 그녀의 생각에 대해 들었는데, 그녀는 내게 그녀의 여동생이 엄마가 푸젠어로 말한 것을 알아듣지 못했던 가족의 저녁 식사와 그녀의 어머니가 친구의 딸과 비교하면서 그녀를 비난했던 것, 또는 중국에서 새로 온 학생으로서 학교로 전학하는 것을 쉽게 해 준 장소였던 신입생 오리엔테이션에 대한 그녀의 인상과 같은 구체적인 상호작용에 대해 말해 주었다.

학생들이 그들의 학교생활에 대해 배우고자 하는 나의 관심을 알아보려고 왔을 때, 그들은 여러 번 방문하는 사이에 내가 놓친 사건들에 대해 새로운 소식들을 알려 주고, 학교에서 '이야깃거리'로 회자되는 일들에 대해 말해 주기 시작했다. 언젠가 Ai Mei의 교실에서 시간을 보낸 지 2년째 되던 해 중간 시점에, 나는 학생들과 면접을 수행하였다. 내가 질문들을 계획하고 William과 논의하고 있을 때, 학생들과 더욱 공식적인 유형의 상호작용으로 변경하는 것이 우리가 형성해 온 관계를 변화시키게 될지 궁금해졌던 것으로 기억된다. 관계에 부정적으로 영향을 미칠지 모른다는 내 걱정은 기우에 불과했던 것으로 나타났다. 사실 나는 Ai Mei가 어느 날 내게 다가와서 가족의 저녁 식사에 대해 말해 주었을 때("Susan은 푸젠어를 쓰지 않아요." 참조), 그 과정이 학생들의 생활에 대해 배울 수 있는 더 나은 기회를 제공해 왔음을 알아차리게 되어 기뻤다. 내가 가정과 지역사회에서 그들이 민족집단의 구성원들과 상호작용하는 것에 대해 듣고 싶어 한다는 것을 알게 된 학생들은 내게 그들에 대해 더욱 많은 것을 말해 주기 시작했다. 우리가 맺은 관계는 내가 학생들과 함께 가족과 민족 공동체의 구성원들에 대한 경험에 관련된 이야기를 나눌 수 있는 토대를 제공해 왔으며, 그러한 면접들은 학생들에게 학교 밖에서 이루어지는 생활의 측면들에 대해 듣고자 하는 나의 관심에 대해 더욱 분명한 방식으로 배울 수 있는 기회를 제공했다. 우리의 관계는 내가 흥미와 존중하는 마음을 가지고 그들의 이야기와 이러한 이야기들에 대한 그들의 인식을 대할 것이라고 믿어도 좋다는 것을 그들이 알게 해 주는 것이었다.

또한 나는 방과 후 시간에 Ai Mei가 친구들과 동네에 있는 것을 보았는데, 그때 그들은 부모들이 근처 식당과 가게에서 일하는 동안 주거생활 프로젝트처럼 서로의 집을 방문하며 옮겨 다니곤 했으며, 주말에는 학교 근처의 상업 지역에 위치한 가게들에서 그녀의 여동생, 그리고 부모와 쇼핑을 하기도 했다. 이러한 단순한 상호작용은 그녀의 생활에서 정체성 형성에 기여하면서 상호작용하는 영향 요인들에 대한 더 깊은 통찰을 제공하고 있는데, 이러한 것들은 공식 면접이나 더욱 구조화된 관찰 등을 통해서는 파악하기가 매우 어려운 것이다. 더욱이 이러한 상호작용들은 Ai Mei의 친구들과 가족으로 하여금 내가 학교에 머물면서 참여하는 것에 점차 익숙해지도록 하는 기회를 제공하였다.

연구참여자들의 경험에 대해 배우는 것에 초점을 두면서 연구자로서 행동해야 하는 긴장감은 연구자로서 내 역할이 점점 덜 분명해지면서 오히려 더욱 분명해졌다. 내가 Ai Mei와 그녀의 가족을 알게 되었을 때, 나는 그녀가 자신의 생활에서 여러 가지 영향 요인의 균형을 맞추고 자신을 옹호하기를 원했을 때 그녀가 경험한 긴장감을 느꼈다. 나는 Ai Mei의 학습을 지원하고 그녀가 가정과 학교 문화에 대한 소속감의 균형을 맞추려고 할 때 경험한 긴장의 일부를 해소하려고 시도해야 한다는 책임감을 느꼈다. 나는 그녀의 부모가 아동보호국에 신고되었을 때 그녀가 느낀 배신감과 그녀의 부모가 느꼈을지 모르는 두려움에 대해 조금밖에 이해하지 못한다. 그녀의 부모가 일을 해야 하기 때문에 8학년 수료식에 참석할 수 없을지 모른다는 사실에 대해 말했을 때, 나는 그녀가 그 행사에 참석하여 여동생과 사진을 찍고 그 행사를 기념하게 될지 분명히 알고 싶었다. 학생 참여자들이 살아온 경험의 미묘한 차이에 대해 이해하도록 하는 데 있어서 연구자와 참여자의 관계 특성은 그 행사가 그녀에게 어떤 의미를 갖게 될지 더 잘 이해할 수 있게 해 주었다.

내러티브 연구의 역할, 그리고 더 구체적으로는 이러한 내러티브 연구에 결정적으로 중요한 이민 학생의 일상적인 학교생활에 대한 장기 참여라는 역할은 내가 Ai Mei와 그녀의 또래들, 교사들과 발전시킬 수 있었던 연구자-참여자 관계에 기여하였다. 교실 내 생활(Jackson, 1990)과 학교 내 생활의 세부사항들에 대해 신중하게 주의를 기울이고, 학교연구 현장에 진입하려는 최초의 협상으로부터 학교 기반 내러티브 연구—Clandinin과 Connelly(2000)의 접근에 기본적인 특성—의 완성을 향한 최종 협상에 이르기까지 연구 관계의 형성에 매우 결정적인 지속적 협상을 존중하는 것이 Ai Mei와 신뢰와 친밀감에 기반을 둔 연구 관계를 발전시키는 데 더욱더 기여하였다. 달리 말하자면, 이러한 신뢰가 Ai Mei의 이야기를 이야기하고 다시 이야기하는 것과, 그러한 것들이 북미 학교의 맥락에서 가정에 대한 결속과 학교 문화 사이의 긴장 간에 균형을 맞춰야 하는 유사한 도전들과 싸워야 할지 모르는 다른 이민 학생들과 소수민족 학생들뿐 아니라 그녀에게 의미할 수 있는 것들에 대한 잠재적인 함의를 주의 깊게 고려하도록 하였다. 또한 Ai Mei가 학교에서 하는 놀이에서 나타나는 시간적 · 공간적 · 사회-개인적 차원들뿐만 아니라 학교 내 타인들의 다양한 관점에서 이러한 긴장을 서사적으로 검토하고자 하는 몰입을 통해서 나는 Ai Mei의 삶에서 충돌하는 영향 요인들의 미묘한 차이와 복잡성의 일부를 볼 수 있었다. Ai Mei의 경험을 서사적으로 검토하는 과정에서 나도 1명의 참여자가 되었는데, 그 안에서 Ai Mei의 이야기에 대한 나의 경험과 해석은 그녀가 말한 이야기들을 더 잘 이해하려는 지속적인 과정에서 Ai Mei와 나의 해석을 공유하면서 지속적으로 검토되고 반영되었다.

다시 말해서, 이러한 관계는 Ai Mei의 복잡한 경험을 내가 이해해 가는 데 결정적인 것이었다. 이러한 방식으로 이 장기간에 걸친 학교 기반 내러티브 연구접근은 내가 연구 현상의 뉘앙스를 직접 검토하는 데 초점을 맞춤에 따라 나의 참여 경험에 대한 지식에 기여했을 뿐만 아니라 참여자들의 인생에서 연구자들의 작업이 가지고 있는 복잡성과 그 영향에 대한 인식을 높여 주는 데 기여한다.

논의

함께 살아가야 할 학생과 교사, 부모의 갈등하는 이야기들: 실천과 연구, 이론에 대한 함의

Ai Mei의 생활에서 가정, 학교, 민족 공동체가 서로 교차하며 미치는 영향을 검토함으로써, 이 연구는 이민 학생이나 소수민족 학생들이 민족 정체성을 협상하려고 할 때 맞닥뜨리게 될 도전들을 보여 주고 있다. 더 구체적으로 말하자면, Ai Mei의 이야기들을 검토함으로써 교사, 또래, 부모의 기대를 가지고 살아가면서 갈등하는 이야기들이 학교 상황에서 교차할 때 경험되는 이러한 영향들로 인해 이민 학생과 소수민족 학생들이 여러 방향으로 이끌려 갈 수 있는 방식들이 드러나게 된다. 이러한 이야기들은 또래와 교사, 북미 학교 공동체의 다른 구성원들과 상호작용하며 형성된 가치뿐 아니라 이민 학생들이 가족과 그들의 민족 공동체 구성원과 상호작용함으로써 형성된 가치를 갖고 있을 때 갈등이 발생할 가능성을 부각시킨다.

Ai Mei가 성장해 감에 따라, 그녀는 자신의 가치 체계에 가정과 학교 공동체의 어떤 측면을 통합해야 할지 결정할 필요가 있다. 자녀들이 성인기를 향해 가면서 그들의 교육과 그들 자신이 보고 있는 인생의 유형에 관련된 결정을 내릴 때 자녀와 부모들 사이의 오래된 긴장은 자녀들이 항해하고 있는 새로운 사회와 그들의 이민 부모들이 모국에서 자녀로서 경험했던 풍경들 사이의 문화 차이에 영향을 받은 관점의 차이에 의해 악화된다. 이러한 긴장은 그들의 부모가 새로운 국가에 정착하는 이민 과정에서 견뎌 온 갈등들에 의해 더욱 복잡해진다. Ai Mei의 이야기는 혁신적인 교과과정을 위한 아이디어와 교사, 행정가, 연구자, 정책결정자의 좋은 의도가 예상하지 못한 방식으로 전개될 수 있는 범위를 드러낸다. Ai Mei가 함께 살아가야 할 갈등하는 이야기들에 대한 이해는 교과과정과 학교의 사건들이 교사와 부모들 그리고 심지어 학생들 스스로가 예상했던 것보다 훨씬 더 복잡한 방식으로 이민 학생과 소수민족 학생들의 민족 정체성을 형성하는 데 기여할 수 있는 방식들을 검토하는 것이 중요하다는 점을 강조한다.

다시 말해, 이러한 지식은 교사들과 행정가들이 점차 증가하는 다양한 학생 집단의 욕구를 충족시키고자 할 때 그들이 수행하는 일에 정보를 제공해 준다. 교사들은 이민 학생들과 소수민족 학생들이 떠나온 문화와 교육 체계에 대해 때때로 거의 아무런 지식도 없는 학교 맥락에서 그들의 학업과 사회적 욕구를 충족시키기 위해 배울 필요가 있다. 이러한 방식으로, 이 연구에서 얻은 지식은 다양한 학교 맥락에서 일하는 교사들, 현직과 예비 교육자들을 위한 전문성 개발, 다문화 학교 맥락을 위한 교과과정 정책의 개발과 관련된 의사결정을 위한 함의를 가지고 있다. 가정과 학교가 미치는 영향의 상호작용에 대한 Ai Mei의 경험들을 검토하는 것은 북미 학교에 재학 중인 이민 학생들의 적응을 촉진하기 위해 설계된 프로그램들의 개발과 수행에 정보를 제공해 준다. Ai Mei가 경험한 이야기들은 생활에 기반한 문학적 내러티브(Phillion & He, 2004)의 한 사례로 언급될 수 있으며, Schubert와 Ayers(1992)가 소개하고, Pinar, Reynolds, Slattery와 Taubman의 저서『교육과정의 이해(Understanding Curriculum)』(1995)에서 Jackson(1992)에 의해 인식된 학생들의 전통 체계에 기여할 수 있다. 학생들과 그 가족들의 내러티브에 대한 관심은 학생 인구집단의 다양성에 대한 시선을 잃지 않도록 상기시켜 주며, 교육에서 사회정의와 공평의 이슈에 주의를 기울일 필요가 있음을 강조한다. 이 연구는 구체적으로 학생들의 관점에서 그들의 경험에 초점을 둔 연구가 부족하다는 점을 언급할 뿐만 아니라 학교 교과과정을 개발하고 수행하는 데 관여하는 교육자들과 정책결정자들이 더 나은 이해를 절박하게 필요로 하는 집단의 경험에 대한 통찰을 제공하는 이민 학생들과 소수민족 학생들의 경험을 이해하도록 하는 데 기여한다.

결론

이 연구를 공유한 교사와 행정가들에게 학생과 수행하게 되는 업무에서 그들이 맞닥뜨리게 되는 도전들에 대한 감사의 마음을 전한다. 초임 교사로서 William은 다양성을 가진 교실들에 맞게 교사들을 준비시키기 위해 더욱 주의를 기울일 필요가 있음을 인정했으며, 이 논문에서 제시된 것들과 같은 이야기들이 교사들이 만날 수도 있는 어려움들을 인식하도록 하는 데 기여한다고 느꼈고, 교사들과 행정가들 사이의 논의를 이끌어 낼 수 있는 토론의 장으로서 그 이야기들의 잠재성을 인정했다. 그의 행정가들은 학생 집단의 욕구를 충족시키는 데 내재되어 있는 도전들에 대해 진술했으며, 학생들과 교사에 대한 정책들의 일부를 수행하는 데서 나타나는 어려움을 경험할 때조차 기존 정책들의 준수를 필요로 하는 긴장에 대해 언급하였다.

학생들의 경험을 파악하기 위해 내러티브 연구접근을 사용하여 학교 교과과정에서 학생들의 참여를 형성하는 다양한 영향 요인을 탐색하는 것도 학교교육과 교사교육의 복잡성(Cochran Smith, 2006)과 소수민족 배경을 가진 학생들의 교과과정과 교수법을 개발하기 위한 최선의 방법을 안내할 필요성, 그리고 다양한 학생 집단과 함께 일하는 것과 연관된 도전들을 인정하는 수단이다. 점차 다양성이 증가하고 있는 북미의 맥락에서 볼 때, 교육자들과 정책결정자들은 교육 실천과 정책 개발의 목표가 된 학생들에 대해 반드시 잘 알고 있어야 할 것이다.

주석

* 베이 스트리트 학교의 학생들은 그들의 정규 수업일에 통합된 광동어나 표준 중국어, 베트남어, 아랍어, 스와힐리/흑인 역사, 스페인어 등의 국제 언어 수업에서 선정하였다.

** 국제 언어 프로그램에서 사용된 표준 중국어 교재는 각 등급이 초급에서 고급까지 난이도에 따라 6단계로 구분된 다중 등급 형식에 기반을 두고 있는데, 이는 같은 등급 수준에 있는 학생들 간의 언어 유창성의 차이에 맞춘 것이다.

참고문헌

Ada, A. F. (1988). The Pajaro Valley experience: Working with Spanish-speaking parentsto develop children's reading and writing skills in the home through the use of children's literature. In T. Skutnabb-Kangas & J. Cummins (Eds.), *Minority education: From shame to struggle* (pp. 223-237). Clevedon, UK: Multilingual Matters.

Banks, J. A. (1995). Multicultural education: Its effects on students' racial and gender role attitudes. In J. A. Banks & C. A. McGee Banks (Eds.), *Handbook of research on multicultural education* (pp. 617-627). Toronto, Canada: Prentice Hall International.

Bullough, R. V., Jr. (2007). Ali: Becoming a student—A life history. In D. Thiessen & A. Cook-Sather (Eds.), *International handbook of student experience in elementary and secondary school* (pp. 493-516). Dordecht, The Netherlands: Springer.

Carger, C. (1996). *Of borders and dreams: Mexican-American experience of urban education*. New York: Teachers College Press.

Chan, E. (2004). *Narratives of ethnic identity: Experiences of first generation Chinese Canadian students*. Unpublished doctoral dissertation, University of Toronto, Ontario,

Canada.

Chan, E., & Ross, V. (2002). *ESL Survey Report. Sponsored by the ESL Work-group in collaboration with the OISE/UT Narrative and Diversity Research Team.* Toronto, Canada: Centre for Teacher Development, Ontario Institute for Studies in Education, University of Toronto, Ontario, Canada.

Clandinin, D. J., & Connelly, F. M. (1994). Personal experience methods. In N. K. Denzin & Y. S. Lincoln (Eds.), *Handbook of qualitative research in the social sciences* (pp. 413-427). Thousand Oaks, CA: Sage.

Clandinin, D. J., & Connelly, F. M. (2000). *Narrative inquiry: Experience and story in qualitative research.* San Francisco: Jossey-Bass.

Clandinin, D. J., & Connelly, F. M. (2002, October). Intersecting narratives: Cultural harmonies and tensions in inner-city urban Canadian schools. Proposal submitted to the Social Sciences and Humanities Research Council of Canada.

Clandinin, D. J., Huber, J., Huber, M., Murphy, M. S., Murray Orr, A., Pearce, M., et al. (2006). *Composing diverse identities: Narrative inquiries into the interwoven lives of children and teachers.* New York: Routledge.

Cochrane, M. (Ed.). (1950). *Centennial story: Board of education for the city of Toronto: 1850-1950.* Toronto, Canada: Thomas Nelson.

Cochran-Smith, M. (1995). Uncertain allies: Understanding the boundaries of race and teaching. *Harvard Educational Review, 65,* 541-570.

Cochran-Smith, M. (2006). Thirty editorials later: Signing off as editor. *Journal of Teacher Education, 57*(2), 95-101.

Conle, C. (2000). The asset of cultural pluralism: an account of cross-cultural learning in preservice teacher education. *Teaching and Teacher Education, 16,* 365-387.

Connelly, F. M., & Clandinin, D. J. (1988). *Teachers as curriculum planners: Narratives of experience.* New York: Teachers College Press.

Connelly, F. M., & Clandinin, D. J. (1999). Stories to live by: Teachers identities on a changing professional knowledge landscape. In F. M. Connelly & D. J. Clandinin (Eds.), *Shaping a professional identity: Stories of educational practice* (pp. 114-132). London, Canada: Althouse Press.

Connelly, F. M., He, M. F., Phillion, J., Chan, E., & Xu, S. (2004). Bay Street Community School: Where you belong. *Orbit, 34*(3), 39-42.

Connelly, F. M., Phillion, J., & He, M. F. (2003). An exploration of narrative inquiry into multiculturalism in education: Reflecting on two decades of research in an inner-city Canadian community school. *Curriculum Inquiry, 33,* 363-384.

Cook-Sather, A. (2002). Authorizing students' perspectives: toward trust, dialogue, and change in education. *Educational Researcher, 31*(4), 3-14.

Cummins, J. (2001). *Negotiating identities: Education for empowerment in a diverse society* (2nd ed.). Ontario, CA: CABE (California Association for Bilingual Education).

Cummins, J., Bismilla, V., Chow, P., Cohen, S., Giampapa, F., Leoni, L., et al. (2005). Affirming identity in multilingual classrooms. *Educational Leadership, 63*(1), 38-43.

Dewey, J. (1938). *Experience and education.* New York: Simon & Schuster.

Feuerverger, G. (2001). *Oasis of dreams: Teaching and learning peace in a Jewish-Palestinian village in Israel.* New York: Routledge.

Gay, G. (2000). *Culturally responsive teaching: Theory, research, & practice.* New York: Teachers College Press.

He, M. F., Phillion, J., Chan, E., & Xu, S. (2007). Chapter 15—Immigrant students' experience of curriculum. In F. M. Connelly, M. F. He, & J. Phillion (Eds.), *Handbook of curriculum and instruction* (pp. 219-239). Thousand Oaks, CA: Sage.

Igoa, C. (1995). *The inner world of the immigrant child.* New York: St. Martin's Press.

Jackson, P. (1990). *Life in classrooms.* New York: Teachers College Press.

Jackson, P. (1992). Conceptions of curriculum specialists. In P. Jackson (Ed.), *Handbook of research on curriculum* (pp. 3-40). New York: Peter Lang.

Kao, G. (1995). Asian Americans as model minorities? A look at their academic performance. *American Journal of Education, 103,* 121-159.

Kim, U., & Chun, M. J. B. (1994). The educational 'success' of Asian Americans: An indigenous perspective. *Journal of Applied Developmental Psychology, 15,* 329-339.

Kouritzin, S. G. (1999). *Face(t)s of first language loss.* Mahwah, NJ: Erlbaum.

Ladson-Billings, G. (1995). Multicultural teacher education: Research, practice, and policy. In J. A. Banks & C. A. McGee Banks (Eds.), *Handbook of research on multicultural education* (pp. 747-759). Toronto, Canada: Prentice Hall International.

Ladson-Billings, G. (2001). *Crossing over to Canaan: The journey of new teachers in diverse classrooms.* San Francisco: Jossey-Bass.

Lee, S. J. (1994). Behind the model-minority stereotype: Voices of high and low-achieving

Asian American students. *Anthropology & Education Quarterly, 25,* 413-429.

Lee, S. J. (1996). *Unravelling the "modelminority" stereotype: Listening to Asian American youth.* New York: Teachers College Press.

Lee, S. J. (2001). More than "model minority" or "delinquents": A look at Hmong American high school students. *Harvard Educational Review, 71,* 505-528.

Li, G. (2002). "East is East, West is West?" Home literacy, culture, and schooling. In J. L. Kincheloe & J. A. Jipson (Eds.), *Rethinking childhood book series* (Vol. 28). New York: Peter Lang.

Li, G. (2005). *Culturally contested pedagogy: Battles of literacy and schooling between mainstream teachers and Asian immigrant parents.* Albany, NY: SUNY Press.

McCaleb, S. P. (1994). *Building communities of learners: A collaboration among teachers, students, families and community.* New York: St. Martin's Press.

Moodley, K. A. (1995). Multicultural education in Canada: Historical development and current status. In J. A. Banks & C. A. McGee Banks (Eds.), *Handbook of research on multicultural education* (pp. 801-820). Toronto, Canada: Prentice Hall International.

Nieto, S., & Bode, P. (2008). *Affirming diversity: The sociopolitical context of multicultural education* (5th ed.). New York: Longman.

Phillion, J., & He, M. F. (2004). Using life based literary narratives in multicultural teacher education. *Multicultural Perspectives, 6*(2), 3-9.

Pinar, W. F., Reynolds, W. M., Slattery, P., & Taubman, P. M. (1995). *Understanding curriculum: An introduction to the study of historical and contemporary curriculum discourses.* New York: Peter Lang.

Rodriguez, R. (1982). *Hunger of memory: The education of Richard Rodriguez.* Boston: David R. Godine.

Rolon-Dow, R. (2004). Seduced by images: Identity and schooling in the lives of Puerto Rican girls. *Anthropology & Education Quarterly, 35,* 8-29.

Ross, V., & Chan, E. (2008). Multicultural education: Raj's story using a curricular conceptual lens of the particular. *Teaching and Teacher Education, 24,* 1705-1716.

Sarroub, L. K. (2005). *All-American Yemeni girls: Being Muslim in a public school.* Philadelphia: University of Pennsylvania Press.

Schubert, W., & Ayers, W. (Eds.). *Teacher lore: Learning from our own experience.* New York: Longman.

Smith-Hefner, N. (1993). Education, gender, and generational conflict among Khmer refugees. *Anthropology & Education Quarterly, 24,* 135-158.

Statistics Canada. (2008). *Canada's ethnocultural mosaic, 2006* census. Retrieved July 1, 2008, from http://www12.statcan.ca/english/census06/analysis/ethnicorigin/ pdf/97-562-XIE2006001.pdf

U.S. Census Bureau. (2002). *United States Census 2000.* Washington, D.C: U.S. Government Printing Office.

Valdes, G. (1996). *Con respeto: Bridging the distances between culturally diverse families and schools. An ethnographic portrait.* New York: Teachers College Press.

Villegas, A. M. (1991). *Culturally responsive pedagogy for the 1990's and beyond.* Princeton, NJ: Educational Testing Service.

Wong-Fillmore, L. (1991). When learning a second language means losing the first. *Early Childhood Research Quarterly, 6,* 323-346.

Zine, J. (2001). Muslim youth in Canadian schools: Education and the politics of religious identity. *Anthropology & Education Quarterly, 32,* 399-423.

저자 약력

Elaine Chan은 네브래스카 대학교 교육인문대학의 교수, 학습, 교사교육 학과에서 다양성과 교과과정 연구를 전공하는 조교수이다. 그녀의 연구와 교육에 대한 관심 분야는 내러티브 연구, 문화와 교과과정, 다문화 교육, 1세대 북미인들의 민족 정체성, 학교교육에 대한 학생들의 경험, 교육평등 정책 등이다. 그녀는 캐나다와 일본, 미국 학교들에서 장기간의 교실 기반 연구들을 가르치고 수행해 왔다. 그녀는 현재 Margaret Macintyre Latta와 예술교육을 받고 있는 예비 ELL 학생들에 대한 저서에 공저자로 참여하고 있다.

부록 C

현상학적 연구

AIDS에 대한 인지적 표상[1) 2) 3)]

Elizabeth H. Anderson
Margaret Hull Spencer

질병에 대한 인지적 표상이 행동을 결정한다. AIDS에 걸린 사람들이 자신의 질병을 이미지화하는 방식은 약물 순응(medication adherence)과 다른 건강 행동을 이해하는 열쇠가 될 수 있다. 저자의 목적은 AIDS 환자의 질병에 대한 인지적 표상을 기술하는 것이다. 남녀 58명을 의도적으로 표집하고 면접하였다. Colaizzi(1978)의 현상학적 방법을 사용하였고 검증(verification), 타당성(validation), 타당도(validity) 적용을 통해 엄격성을 확인하였다. 175개의 의미 있는 진술로부터 11개의 주제가 드

1) 저자 주: 이 연구는 University fo Connecticut Intramural Faculty Small Grants and School of Nursing Dean's Fund의 지원을 받았다. 초고를 읽어 준 Cheryl Beck, D.N.Sc., Deborah McDonald 박사에게 고마움을 전한다. 특히 연구 조교 Stephanie Lennon도 고맙다.

2) 교신저자: Elizabeth H. Anderson, Ph.D., A.P. R.N., Assistant Professor, University of Connecticut School of Nursing, 231 Glenbrook Road, U-2026, Storrs, CT 06269-2026, USA.

3) 출처: 부록에 실린 이 논문은 *Qualitative Health Research, 12*(10), 1338-1352에 게재되어 있다. Copyright 2002, Sage Publications, Inc.

러났다. 인지적 표상은 AIDS를 죽음, 신체적인 파괴, 단순히 질병으로 여기며 마음으로부터 AIDS를 지우는 데 초점을 둔 대처, 좋은 약에 대한 희망, 자신을 돌보기 등으로 형상화하는 것을 포함한다. AIDS에 대한 환자의 이미지 연구는 대처 과정을 평가하고 간호사-환자 관계를 향상시키는 데 도움을 줄 수 있다.

정맥 약물 사용, 수감, 쉼터, 헤로인 중독 치료제 복용 등의 이력을 가진 53세 남자는 AIDS를 다음과 같이 묘사했다.

> 이 바이러스에 대한 나의 이미지는 완전한 파멸입니다. 그것은 내 삶으로부터 모든 것을 앗아 갔기 때문에 나를 죽인 것이나 다름없습니다. 그것은 나를 교도소에 가두는 것만큼 나쁜 것입니다. 당신은 모든 것을 가졌습니다. 내가 할 수 있는 유일한 일은 죽음을 기다리는 것입니다. 나는 두려워 미칠 지경입니다. 거의 대부분, 나는 더 이상 나 자신을 돌볼 수 없었습니다. 나는 병에 대해 생각하기 시작했고 이 약들이 나에게 정말 좋은 것인가를 의심하기 시작했습니다.

현재까지 전 세계적으로 3,600만 명[Centers for Disease Control and Prevention (CDC), 2001b]이 말기에 AIDS로 진행되는 HIV에 감염되었다. 미국에서 44만 8,060명이 AIDS 관련 질병으로 사망했으며, 이제까지 보고된 수치로 최고인 32만 2,000명 이상은 AIDS에 걸렸다(CDC, 2001a). 바이러스의 완전한 억제와 돌연변이 변종의 예방을 위해 항레트로 바이러스(ART) 처방을 95% 이행해야 하는데(Bartlett & Gallant, 2001), ART 처방을 따르는 것은 병의 진행을 더디게 할 수는 있지만 HIV나 AIDS를 치료하는 것은 아니다. AIDS에 걸린 사람은 약 먹는 것을 잊거나 심각한 체중 감소, 삶의 질 악화와 같이 ART와 관련된 수많은 부작용을 경험한다(Douaihy & Singh, 2001). HIV/AIDS의 발병률은 고위험 약물과 성행위 감소를 위한 오랜 노력에 따른 예방을 통해 감소하였다. 최대한의 개인적 · 대중적 보건 혜택을 위해 질병에 대한 자기규제의 모델 안에서 AIDS 환자의 체험을 탐구하는 것이 도움이 될 수 있다.

질병 표상에 대한 자기규제 모델(Self-Regulation Model of Illness Representation)에서 환자는 적극적인 문제해결자이고 이들의 행동은 자신의 건강 위협에 대한 인지적 · 정서적 반응의 산물이다(Leventhal, Leventhal, & Cameron, 2001). 사람들은 내적(예: 증상) 혹은 외적(예: 실험 결과) 자극을 자신들이 이해하고 통제하려는 정서적 반응으로, 위협에 대한 인지적 표상으로 계속 전환한다. 자극(내적 혹은 외적)에 부여한 의미는 환자가 한 가지 이상의 대처 절차를 선택하고 수행하는 데에 영향을 미칠 것이다(Leventhal, Idler, & Leventhal, 1999). 정서는 질병 표상의 형성에 영향을 미치고 질병에 굴복하거나 대처하도록 동기화할 수 있다. 대처 노력의 결과를 평가하는 것이 이 모델의 최종 단계이며, 이것은 더 나은 정보 처리에 대한 피드백을 제공한다.

매우 개인적임에도 불구하고 질병 표상은 대처와 결과 평가를 이끄는 핵심적인 인지적 구성체이다. 질병에 대한 환자의 이론은 신체 경험, 과거 질병, 외부 정보와 같은 많은 요인에 기초한다. 질병 표상은 ① 정체(즉, 이름, 증상), ② 스케줄(즉, 발병, 지속기간), ③ 파악된 원인(즉, 세균 스트레스, 유전적 특징), ④ 결과(즉, 사망, 장애, 사회적 손실), ⑤ 통제 가능성(즉, 치료, 조절)의 다섯 가지 특징을 갖는다(Leventhal, Idler, et al., 1999; Leventhal, Leventhal, et al., 2001).

이러한 특징들은 추상적 · 구체적 형태를 모두 지닌다. 예를 들어, '정체(identity)'라는 특성은 추상적인 질병 이름(예: AIDS)이고 구체적인 신체 증상(예: 메스꺼움과 구토)을 갖는다. 증상은 그 경험을 정확하게 혹은 부정확하게 해석하도록 돕고 질병 표상을 형성하도록 하는 편리하고도 유용한 단서 혹은 암시이다. 비록 증상이 고혈압과 의학적으로 관련이 없더라도 약물치료가 자신의 증상을 감소시킨다고 믿는 환자는 더 높은 순응을 보이고 혈압 조절을 더 잘하는 것으로 알려져 있다(Leventhal, Leventhal, et al., 2001).

개인이 AIDS를 어떻게 인지적으로 표상하는가와 이들의 정서적 반응을 이해하는 것은 치료 처방 계획을 따르도록 촉진하고 고위험 행동을 감소시키며 삶의 질을 높일 수 있다. 현상학은 풍부한 그리고 가장 기술적인 자료를 제공한다(Streubert & Carpenter, 1999). 그리고 현상학은 인지적 표상을 끌어내는 데 이상적인 연구 과정이다. 결론적으로 이 연구의 목적은 현상학의 맥락 안에서 AIDS에 대한 인지적 표상과 환자의 경험을 탐구하는 것이다.

문헌 검토

Vogl 등(1999)은 프로테아제 억제(PI) 약물을 사용하지 않는 504명의 보행 가능한

AIDS 환자를 대상으로 한 연구에서, 가장 일반적인 증상은 근심, 피로, 슬픔, 고통임을 발견했다. 증상의 수와 증상 디스트레스 수준은 심리적 디스트레스, 열악한 삶의 질과 관련이 있었다. 정맥 약물 사용의 이력이 있는 사람은 더 많은 증상과 더 심한 증상 디스트레스를 보고했다. 대조적으로 HIV/AIDS를 가진 45명의 남녀에 대한 전화 조사 및 환자용 차트 관찰에서는 프로테아제 억제 치료가 체중 감소, CD4의 증가, HIV RNA 바이러스 양의 감소, 면역 체계가 약해졌을 때만 발생하는 감염 감소 그리고 삶의 질 제고와 관련이 있었다(Echeverria, Jonnalagadda, Hopkins, & Rosenbloom, 1999).

환자의 관점에서 고통을 보고한 Holzemer, Henry와 Reilly(1998)의 연구에서는 249명의 AIDS 환자가 보통 수준의 고통을 경험하고 오히려 80%는 효과적으로 고통을 조절하는 것으로 나타났다. 높은 수준의 고통은 낮은 삶의 질과 관련되었다. 고통에 초점을 맞춘 현상학적 연구에서 HIV/AIDS를 가진 환자들은 고통을 단지 신체적인 것뿐만 아니라 상실 경험, 무지, 사회적인 것으로 바라보았다(Laschinger & Fothergill-Bourbonnais, 1999).

Turner(2000)는 HIV에 감염된 남녀에 대한 해석학 연구에서 AIDS와 관련한 복합적인 상실은 격렬하고 반복적인 슬픔임을 발견했다. 2개의 구조적 패턴이 발견되었는데, 그것은 '상실과 함께 살아가기'와 '상실을 넘어 살아가기'이다. 비슷하게, Brauhn(1999)은 남자 12명, 여자 5명에 대한 현상학적 연구에서 HIV/AIDS를 가진 사람들이 자신의 질병을 만성적인 것으로 경험함에도 불구하고 질병이 이들의 정체성에 심각하게 보편적인 영향을 미침을 발견했다. 참가자들은 자신의 미래를 조심스럽게 낙관적으로 설계했고 질병의 긍정적인 부분도 인정했다.

McCain과 Gramling(1992)은 HIV 질병 대처에 관한 현상학적 연구에서 죽어 가면서 살아가기, 병과 싸우기, 기진맥진해짐 등의 세 가지 과정을 보고했다. Koopman 등(2000)은 147명의 HIV 양성 환자 가운데 일상생활에서 더 높은 스트레스를 가진 사람들은 소득이 낮고 질병을 대처하는 데 행동적 · 정서적으로 관여하지 않으며, 덜 안전하거나 더 불안한 방식의 대인관계를 갖는 것으로 나타났다. 이와 유사한 결과로, Farber, Schwartz, Schaper, Moonen과 McDaniel(2000)은 HIV/AIDS 적응은 더 낮은 심리적 디스트레스, 더 높은 삶의 질 그리고 세상, 사람과 자기가치에 대한 더욱 긍정적인 신념과 관련된다고 보고했다. Fryback과 Reinert(1999)는 남자 HIV/

AIDS 환자와 여자 암 환자에 대한 질적 연구에서 영성이 건강과 복지에 본질적인 요소임을 발견했다. 자신의 질병에서 의미를 발견한 사람은 진단받기 이전보다 더 나아진 삶의 질을 보고했다.

Dominguez(1996)는 멕시코계 HIV/AIDS 여성의 삶의 본질적 구조는 여성의 자아, 존재를 위협하는 치명적이고 전염성이 있고 사회적으로 낙인찍힌 질병을 인내하기 위해 절망 속에서 투쟁하는 것으로 요약했다. 여성은 수치, 비난 그리고 자녀에 대한 걱정을 경험하면서 침묵 속에서 고통받고 있었다. HIV에 감염된 5명의 아프리카계 미국인 여성에 대한 현상학적 연구에서는 폭력, 충격, 불확실성에 대한 부정, 생존 등과 같은 12개의 주제가 드러났다(Russell & Smith, 1999). 연구자들은 여성의 경우 효과적인 건강 보호 계획을 마련하기에 앞서, 이해가 필요한 복합적인 경험을 한다고 결론지었다.

AIDS 환자의 인지적 표상이나 AIDS에 대한 이미지 관련 연구는 없다. 결론적으로 이 연구는 AIDS 환자가 자신의 질병을 인지적으로 어떻게 표현하고 이미지화하는가에 초점을 두었다.

연구방법

표본

AIDS 진단을 받은 남자 41명과 여자 17명으로 구성된 유의 표본이 현상학 연구에 참여하였다. 참여자들은 흑인이 40%로 가장 많았고 다음은 백인 29%, 히스패닉 28%였다. 평균 연령은 42세(표준편차 8.2세)였다. 대부분은 고등학교 미만의 학력이었고(52%), 대부분 성관계 경험이 있음에도 불구하고 미혼이었다(53%). CD4 평균 수치는 153.4(표준편차 162.8)이고 평균 바이러스 양은 138,113(표준편차 270,564.9)이었다. HIV 진단을 받은 지 평균 106.4개월(표준편차 64.2)이 되었다(면접 시점 기준). 참여자 선정 기준은 ① AIDS 진단, ② 18세 이상, ③ 영어로 의사소통 가능, ④ 간이 정신상태검사(Mini-Mental Status Exam: MMSE)에서 22점을 넘을 것 등이었다.

연구설계

현상학에서 연구자는 현상을 깊은 수준에서 이해하기 위해 이전 지식과 경험을 유보하거나 초월한다(Merleau-Ponty, 1956). 현상학은 풍부하고 기술적인 자료를 도출하기 위해 '생소함(newness)'을 갖고 체험에 접근하고자 한다. 괄호치기는 연구자의 신념, 감정을 제쳐 놓아 지각이 현상에 더욱 개방적이고 충실할 수 있도록 하는 과정이다(Colaizzi, 1978; Streubert & Carpenter, 1999). HIV/AIDS 환자에 대한 건강 보호 제공자이면서 연구자로서 면접자가 자신의 경험을 인정하고 괄호치기하는 것은 필수적이다. 어떤 참여자도 면접자의 환자여서는 안 된다.

Colaizzi(1978)는 현상학적 연구질문의 성공은 질문이 이론적 설명과는 별개로 체험에 접근하는 정도에 달려 있다고 했다. 개인의 경험 속으로 들어가 AIDS에 대한 환자의 이미지를 탐구하는 것은 이전에 연구된 적도 없고 건강 보호 제공자들과 임상적으로 공유된 바도 없다.

연구 절차

대학의 기관윤리위원회(Institutional Review Board)와 시 병원 인간대상 연구심의위원회(Human Subject Review Committee)의 승인을 받은 후에 참여자 선정 기준을 충족시키는 환자들을 접촉하여 참여를 요청했다. 면접은 HIV/AIDS 환자들이 주로 지내는 병원 기반 클리닉, 장기보호시설, 주거시설의 세 곳에서 18개월에 걸쳐 이루어졌다. 모든 면접은 녹음되었고 축어록으로 옮겨졌다. 참여자들은 다양한 상황에 처해 있었고 개인적 계획, 퇴원, 거리의 삶으로 되돌아가기 혹은 병의 악화 등 때문에 면접을 거듭하기 어려웠다. 한 참여자는 면접 후 4주 만에 사망했다. 각 면접은 10~40분 동안 이루어졌고 새로운 주제가 드러나지 않을 때까지 진행되었다. AIDS에 대한 생각이 없다고 보고한 경우 가장 짧게 면접이 이루어졌다. 결론적으로 풍부한 자료와 다양한 이미지를 얻기 위해 58명의 참여자와 면접을 실시했다(Morse, 2000). 제1저자가 58명 모두를 면접했다.

고지된 동의를 얻은 후에 각 참여자들에게 다음과 같은 질문을 했다. 'AIDS 경험은 어떠한가?' 'HIV/AIDS에 대한 심적 이미지를 갖고 있는가? 혹은 당신은 HIV/AIDS를 어떻게 묘사하겠는가?' '어떤 마음이 들었는가?' 'AIDS는 당신 인생에서 어떤 의미인가?' 인지적 표상이 풍부하게 드러나면서, 참여자에게 AIDS에 대한 자신의 이미지를 그림으로 그리게 하고 이에 대한 설명을 요구함으로써 깊이가 더 깊어질 수 있음이 명확해졌다. 8명의 참여자가 AIDS에 대한 자신의 이미지를 그림으로 묘사했다.

개인 신상 정보는 문서화된 설문지를 통해 얻었다. 가장 최근의 CD4와 바이러스 양은 환자 진료 기록으로부터 확보했다. 학회 규정에 따라 장기보호시설과 주거시설의 참여자에게는 5달러 상당의 영화 입장권을 제공했다. 임상 참여자들에게는 20달러를 제공했다.

자료분석

Colaizzi(1978)의 현상학적 방법을 사용하여 참여자들의 축어록을 분석하였다. 이 방법에서는 전반적인 느낌을 얻을 때까지 서면화된 모든 축어록을 여러 차례 읽는다. 개별 축어록으로부터 AIDS에 대한 체험과 직접적으로 관련된 의미 있는 구절 혹은 문장을 확인한다. 그리고 의미 있는 진술과 어구로부터 의미를 명확히 한다. 이렇게 만들어진 의미는 모든 참여자의 축어록에서 공통적으로 나타나는 주제로 묶어 낸다. 그러고 난 후, 결과는 현상에 대한 심층적이고 철저한 기술로 통합된다. 일단 기술과 주제가 형성된 후, 최종 단계에서 연구자는 결과물의 정당성을 입증하기 위해 참여자를 다시 접촉한다. 관련 자료가 새롭게 나타날 경우 이것들도 최종적 기술에 포함한다.

방법론적 엄격성은 검증, 타당성, 타당도를 통해 달성한다(Meadows & Morse, 2001). 검증은 연구설계의 타당성을 입증하기 위한 첫 번째 조치이다. 이 기준은 문헌 검색, 현상학적 방법의 준수, 과거 경험 괄호치기, 현장 노트 기록, 충분한 표본 활용, 반대 사례(negative case)의 발견, 자료가 포화될 때까지 면접하기 등을 통해 충족된다(Frankel, 1999; Meadows & Morse, 2001). 프로젝트 평가의 범위에서 타당성은 다양한 자료수집 방법(관찰, 면접, 그림), 숙련된 연구자에 의한 자료수집과 코딩, 참여자와 주요 정보제공자의 검토, 감사 자료 남기기(audit trail)를 통해 달성된다.

타당도는 연구의 결과 목표로서, 진실성(trustworthiness)과 외부 평가에 바탕을 둔다. 감정이입과 대처 상태 평가를 통해 임상적 적용을 제안하였다(Kearney, 2001).

연구 결과

58개의 축어록으로부터 175개의 의미 있는 진술이 도출되었다. 〈표 1〉은 명확히 나타난 의미(formulated meaning)를 갖는 의미 있는 진술의 예이다. 이들 의미를 몇 개 묶음으로 정리한 결과, 11개의 주제가 나타났다. 〈표 2〉는 관련된 의미로부터 드러난 두 가지 주제군의 예이다.

표 1 AIDS 환자의 의미 있는 진술과 이와 관련하여 명확히 나타난 의미들의 몇 가지 예

의미 있는 진술	명확히 나타난 의미
처음에는 그것이 나를 힘들게 해도 예상하지 못할 정도는 아니라고 생각했다. 그것이 매우 충격적일 정도로 심한 병임을 알았다.	AIDS는 매우 충격적인 사실로 'AIDS'라는 말로 표현하기 어렵다.
[AIDS는] 치료가 안 되는 병이다. 두려움과 최후의 심판이라는 의미이며, 할 수 있는 최선의 방법은 그것과 싸우는 것이다. 할 수 있는 모든 방법으로 싸워야 한다.	AIDS는 살기 위해 싸워야 하고 싸우기 위해 가능한 한 모든 정신력이 요구되는 위험한 질병이다.
나는 실제 건강했던 사람이 아무것도 남지 않는—피골이 상접할 정도로 마르고 악화되는—것을 보았다. 나는 그런 식으로 많은 친구를 잃었다. 이것은 아무것도 아니다. 나는 디젤 차 수리공이었다. 나는 더 이상 식료품조차 계단 위로 올릴 수 없다.	신체 변화를 경험하면서 AIDS의 파괴적인 이미지가 사고를 지배한다.
처음 이미지는 죽음, 곧바로 죽음과 공포였다. 이것은 내가 잘 몰랐기 때문이다. 이제 그것은 파괴의 이미지이다. 팩맨(역자 주: 일본에서 만든 비디오 게임)이 면역 체계를 먹어 치우고 싸울 수조차 없다.	AIDS에 대한 압도적인 이미지는 승리의 희망이 없는 죽음과 파괴 중 하나이다.

표 2 명확히 나타난 의미와 관련된 두 가지 주제군의 예

무서운 신체 파괴	삶을 먹어 치움
• 신체 변화는 입마름, 체중 감소, 심적 변화를 포함 • 당연히 피곤하고 시력을 잃고 몸 전체에 자국이 생김 • 홀로코스트 희생자 • 전체가 상처투성이인 채로 침대에서만 지냄 • 매우 심한 체중 감소 • 죽을 때까지의 무서운 시간 • 정말 건강한 상태에서 피골이 상접할 정도로 변화 • 신체 악화	• 변해 버린 삶에 대한 전체적인 조망 • 가족을 가질 기회가 전혀 없음 • 삶이 멈춤 • 더 이상 일할 수 없음 • 여성과 절대로 정상적인 관계를 가질 수 없음 • 하루하루 무슨 일이 일어날지 알 수 없음 • 열심히 일했는데 모든 것을 잃음

주제 1: 피할 수 없는 죽음 많은 AIDS 환자에게 퍼져 있는 이미지는 AIDS의 부정적인 결과에 초점을 맞추고 있다. AIDS에 대한 빠르고 자동적인 반응으로, AIDS를 '죽음, 단지 죽음' '문둥병' '악몽' '저주' '먹구름' 그리고 '당신에게 앙갚음하는 악의 힘'으로 기술했다. 탈출을 위해 아무것도 할 수 없다는 생각은 '둥그스름한 작은 덩이, 그것은 당신에게 다가와 당신을 먹어 삼키는 큰 젤리다.' 그리고 '빠져나올 수 없는 구멍 속에 빠진 것과 같다.'와 같은 표현에서 명확히 드러난다. 'AIDS, 그것은 살인자이고 언제든지 하느님께로 데려갈 것이다.' 등도 마찬가지이다.

AIDS를 '가망 없는 것'으로 설명한 히스패닉 남자의 경우에 패배감이 드러난다. 'HIV 때는 여전히 싸울 기회가 있는 것이지만, 일단 AIDS라는 단어가 기록 속에 나타나게 되면 죽음으로 가는 표를 구입한 것이다.'

면접 전에 HIV/AIDS 9개월로 진단받은 29세 여성은 빨간색, 노란색 꽃으로 장식된 무덤을 그렸다. 그리고 묘비에는 '망나니 여성형제'라고 썼다. 묘지 너머, 먹구름을 그렸고 먹구름 가장자리에 살짝 해를 그렸다. 이것은 자신의 죽음에 대한 가족의 슬픔을 상징한 것이라고 설명했다.

주제 2: 무서운 신체 파괴 이 주제군에서 참여자들은 질병과 관련된 신체 변화에 초점을 두었다. 빼쩍 말라 피골이 상접하고, 극도로 약해지며, 아프고, 실성하여 최후를 기다리며 침대에 누워 있는 사람으로 AIDS를 상상했다. 이러한 기술은 실제적으로 일관적이며 다양한 경험, 예를 들어 가족이나 친구가 AIDS로 죽는 것을 보

거나 홀로코스트 희생자의 그림을 보는 것과 같은 경험으로부터 도출되었다. 이것은 두려운 최후이고 심한 고통을 일으키는 생각이다. 신체 이미지는 죽음에 근접했음 혹은 건강 호조의 수준을 나타내는 표시이다.

어떤 여성은 AIDS에 대한 이미지를 울고 있는 해골로 표현했다. 44세 생일 저녁에 후두절개를 기다리고 있는 매우 크고 마른 남자는 "나를 보세요."라고 말하면서 AIDS에 대한 자신의 이미지를 표현했다. 다른 사람은 영화 〈필라델피아(Philadelphia)〉의 톰 행크스(Tom Hanks)를 떠올렸다(Saxon & Demme, 1993). "병원에 있던 그 남자, 얼마나 늙고 말랐던지. 걱정되기 시작한다. 그렇게 끝내고 싶지 않다. AIDS를 보고 내가 이해했던 그 이미지가 싫다." HIV/AIDS 10년 병력을 가진 53세 남자는 AIDS의 이미지를 여러 개의 뿔이 있고 충혈된 눈과 뾰족하고 날카로운 이빨을 가진 악마로 그려 냈다. 그는 입을 "피가 뚝뚝 떨어지고 당신을 남김없이 빨아 버릴 이빨"로 묘사했다. 다른 남자는 AIDS를 붉은 이빨을 가진 성난 새빨간 동물로 그렸다. 그는 새빨간 색은 '마음의 상처'를, 붉은 이빨은 '파괴'를 상징한다고 말했다. AIDS로 인해 신체적 · 정서적으로 광범위하게 이루어진 황폐화는 36세 흑인 여성의 그림에서 명확히 드러난다. 그녀는 남편과 아이들에 둘러싸여 침대에 누워 있는 자신을 그렸다. 그녀는 "머리에서 발끝까지의 고통, 머리카락 없음, 체중 75파운드, 움직일 수 없음, 먹을 수 없음, 외롭고 두려움, 당신을 사랑하는 가족, 당신은 그들을 다시 사랑할 수 없음."이라고 썼다.

주제 3: 삶을 먹어 치움 사람들은 지난 과거의 삶에 대해 몹시 슬퍼했다. 41세 남자는 AIDS를 다음과 같이 말했다. "그것이 삶을 먹어 치웠기 때문에 친구와 춤을 추거나 산책할 수 없어요." 다른 남자는 "내 삶이 멈췄습니다."라고 말했다. 48세 여자는 "내 삶은 없는 것 같아요. 그것은 내 삶의 전체적인 전망을 바꿔 놓았습니다."라고 진술했다.

AIDS 진단과 함께, 결혼의 꿈, 자녀를 갖는 꿈, 노동의 꿈은 더 이상 가능하지 않음을 알게 되었다. AIDS가 각 개인의 삶에 미치는 영향은 노동의 상실로부터 자녀, 가족, 재산의 상실, 자아 상실에 이르기까지 다양하다. 자녀, 가족, 친구와 이별한다는 생각은 매우 힘들지만 현실로 받아들인다. 8~12세까지 4명의 자녀를 가진 여성은 다음과 같이 말했다.

AIDS는 정말 몹쓸 병이기 때문에 아무도 원하지 않죠. 나는 그 병에 걸렸다는 것에 가끔 당황해요. 죽어 가고 있고 나는 아이들이 있어요. 나는 정말 아이들과 헤어지고 싶지 않아요. 나는 아이들이 자라는 것, 모든 것을 보고 싶어요. 그렇지만 그런 일은 일어나지 않을 것이라는 것도 알아요.

다음의 표현에서 설명되는 바와 같이, 참여자들은 일관되게 삶에서의 깊은 단절을 느꼈다. "그것이 내 삶 전체를 앗아 갔고 뒤집어 놓았습니다. 내가 해 왔던 일의 많은 부분을 할 수 없어요. 나는 그것 때문에 집을 잃었어요. 모든 것을 잃었어요." 남자아이 둘을 둔 44세 히스패닉계 여성은 슬퍼하며 말했다.

그것이 내 삶에 영향을 주었어요. 나는 아이들을 돌볼 수 없기 때문에 아이들을 잃었어요. 그것은 제 자유와 관계를 바꾸어 놓았죠. 매 순간 아프기 때문에 나는 내 어린 아들도 돌볼 수 없어요. 그래서 그 아이를 데려갔죠.

한 흑인 여성은 AIDS가 자신의 삶에 깊숙이 영향을 미쳤다면서 다음과 같이 말했다.

내 외모, 내가 말하는 방식, 내가 걷는 방식, 내가 일상에서 느끼는 방식 등 모든 것이 달라졌어요. 나는 예전의 삶을 잃었고 실제로 그래요. 나는 과거가 매우 그리워요. 그것이 나를 슬프게 하기 때문에 생각하고 싶지 않아요.

주제 4: 좋은 약에 대한 희망 이 주제에서 사람들은 AIDS에 대한 약물치료에 관심을 집중했다. 최근에 시작된 약물치료가 도움이 되고 자신들이 살아 있는 동안 치료법이 발견될 것이라는 기대를 보일 때 참여자에게서 희망을 발견했다. 어떤 사람은 "신약 혹은 어떤 것이 질병에 도움이 되리라는 것과 같은 좋은 소식이 있기를 간절히 바라고 바랍니다."라고 말했다. AIDS 진단을 받은 지 3년 된 사람은 "모든 새로운 의료적 조치가 정상적인 삶을 살게 하며 오래 살게 할 거예요. 때가 되면 알게 될 거예요. 나는 그렇게 생각해요."라고 말하였다.

어떤 참여자들은 그들이 이용할 수 있는 약은 없다는 얘기를 들어 왔다. AIDS 진단을 받은 지 16년 된 31세 여성은 "고통으로부터 나를 구해 줄 수 있는 약은 없어요. 그래서 나는 어떤 HIV 치료도 받지 않아요."라고 했다. 어떤 사람은 자신의 몸이 새로 처방된 ART 약물에 어떻게 반응할지 기다리고 있다고 말했다. 히스패닉계 남자는 다음과 같이 말했다.

> 바이러스 양과 모든 것이 지금 낮은 상태이기 때문에 나는 걱정하지 않으려고요. 의학치료는 나에게 맞지 않아요. 우리(건강보호 제공자와 환자)는 적절한 치료를 찾기 위해 계속 노력할 거예요. 내가 여전히 살아 있다면 그게 다행인 거죠.

모든 사람은 마음속에 치료법 발견에 대한 희망을 갖고 있었다. AIDS 진단을 받은 지 10년 된 53세 남자는 "나는 지금 여기 있다는 것만으로도 행복하고 무언가가 발견될 때까지 살아 있기를 바라요."라고 말했다. 다른 사람들도 "(치료에 대한) 희망을 붙잡고 있어요."라고 말했다. 이와 대조적으로 9년 전에 진단을 받았던 41세 남자는 "치료법은 없고 어쨌든 상황이 나아질 것 같지 않아요."라고 말했다. 13년째 HIV/AIDS를 앓고 있는 56세 남자도 비슷한 의견을 표현했다. "내가 살아 있는 동안, 치료법이 있을 것 같지 않아요. 아무리 해도 원래대로 돌아갈 수 없다고 생각해요."

주제 5: 자신을 돌봄 AIDS 진단을 받은 사람은 자신을 돌보면서 병의 진행을 통제하고자 한다. 이것은 다음의 반응에서 분명히 드러난다. "내가 나 자신을 돌보지 않는다면 나는 AIDS로 죽을 수도 있다는 것을 압니다." "자신을 돌보지 않을 경우 AIDS는 치명적인 병이에요." 히스패닉계 남자는 "얼마나 오래 살지 몰라요. 내가 몇 년 더 살기를 원한다면 스스로를 돌봐야 해요."라고 말했다. 한 여성은 두려움에 대처하기 위한 노력에 대해 다음과 같이 말했다.

> 나는 살이 빠지고 마음이 약해져 이것저것 다 두려워요. 나는 두려워요. 그러나 나는 낙담하지 않아요. 어쨌거나 뭔가 안 좋은 일이 일어나겠죠. 내가 막을 수는 없어요. 그래도 나는 계속해서 나 자신을 돌볼 거예요.

자신을 돌보는 방법이 항상 명확한 것은 아니다. 식사, 처방된 약 복용이 주요 관심인 것 같다. "일어난 후 내가 가장 먼저 해야 할 일은 식사를 하고 약을 먹는 것이다.” 이것의 유일한 목적은 다음에서 잘 설명된다. “내가 좀 더 오래 살기 위해 건강을 지키는 것보다 중요한 것은 없다. 좀 더 오래 살기 위해 약을 먹는다.”

주제 6: 단지 질병일 뿐 이런 이미지 주제군에서 사람들은 인지적으로 AIDS의 원인을 ‘보이지 않는 바이러스’ ‘감염의 일종’ ‘일반적인 감기’ ‘아주 작은 병원균’ 등으로 묘사했다. 외부 원인을 최소화하면서 한 참여자는 AIDS를 ‘불편함’으로 보았고, 어떤 사람은 ‘나쁜 카드 패’를 받은 것으로 보았다.

어떤 사람은 AIDS를 만성질환으로 그리면서 AIDS를 정상화하였다. 암 혹은 당뇨병을 가진 사람들과 같이, AIDS를 가진 사람도 자신의 병에 초점을 맞추지 않고 잘 지내고 싶은 욕구를 느꼈다. 약을 먹고 치료를 잘 받으면 암 혹은 당뇨병을 가진 사람들과 마찬가지로 AIDS를 통제할 수 있다고 추측하였다. 다른 만성질환에서 발생하는 신체적 혹은 심리적 결과는 언급되지 않았다. 다음 2개의 인용문은 AIDS의 이미지를 보여 준다.

> AIDS는 단지 질병이죠. 나는 지지집단에 가고 그 밖에 이것저것을 하죠. 그들은 나에게 암 혹은 당뇨병과 같은 것으로 AIDS를 보라고 하고 무엇을 해야 할지를 알려 줘요. 약을 먹고 약만 멀리하지 않으면 오래 살 수 있다고요.

> AIDS는 저주받은 재앙이 아니라 통제할 수 있는 질병이죠. 인생의 남은 기간 동안 AIDS를 통제할 거예요. 나는 행운아예요. 나빠진 것은 아무것도 없죠. 나는 계속해서 그런 식으로 보려고 해요. 그것이 잘못된 것일 수도 있지만 나를 기분 좋게 해요.

때때로 AIDS에 대한 설명이 과학적으로 부정확하지만, 대처 수단을 제시하기도 한다. 한 남자는 AIDS를 “그것은 단지 질병이다. 암의 한 종류이다. 그리고 거의 몇 년 동안 계속되고 있고, 이제 막 진단이 내려질 것이다.”라고 묘사했다.

주제 7: 저돌적인 투사로 살기 이 주제에서 사람들은 병마와 싸우는 동안 극도의 경계 상태에 집중했다. 계속되는 포위공격에서 ‘인생을 바꿔 버린 병’에 맞서 온몸으로 싸워 왔다. 면접 6개월 전에 AIDS 진단을 받은 48세 남자는 "나는 AIDS에 집중해야 해요. 그게 나를 실직하게 할 정도로 충분히 심각합니다."라고 말했다. 6년 전에 진단을 받은 다른 남자는 결의가 확고했다. "나는 싸움꾼이에요. 나는 AIDS가 치료될 때까지 절대 포기하지 않을 겁니다." AIDS는 살쾡이가 낸 상처로서 '최고로 심각한 것'은 아니라는 기술에서 보듯이, 이러한 이미지는 본질적으로 긍정적이다.

> 나에게 HIV는 눈앞에서 나를 바라보다가 덥석 깨물고 으르렁거리는 살쾡이를 갖고 있는 것과 같아요. 주의만 기울이면 가까이 오지 못하도록 할 수도 있죠. 통제력을 잃거나 계속해서 주의를 기울이지 않을 경우 살쾡이가 달려들어 할퀴겠죠. 그렇지만 대부분의 경우 그건 아주 많이 심각한 것은 아니에요. 병원에 가거나 이와 유사한 뭔가를 해야 하는 정도의 일이죠. 꽤 획일적인 규칙을 따르고 움직이지 마세요. 움직이지 않으면 달려들지 않아요.

경계는 병이 진행되는 것을 통제할 뿐만 아니라 다른 사람을 보호하는 데도 사용된다. 진단받은 지 3년 된 여성은 다음과 같이 말했다.

> 아이나 함께 살고 있는 가족에게 갈 때는 매우 주의해야 하죠. 매 순간 분명히 깨달아야 해요. 나는 AIDS에 걸렸고 다른 사람과 그것을 나누고 싶어 하지 않는다는 것을 반드시 명심해야 한답니다. 아이의 머리카락을 자를 때도 주의해야 하죠.

주제 8: 생각하지 않기가 지닌 마력 어떤 사람은 자신의 병, 때로는 치료의 필요성까지 잊기 위해 노력한다. 몇 사람은 AIDS에 대한 이미지가 없다고 말했다. AIDS에 대한 생각은 분노, 불안, 슬픔, 우울을 가져온다. AIDS를 생각하지 않는 것은 신기하게도 현실을 잊게 하고 감정과 질병을 통제하는 수단을 제공한다. 10년째 AIDS를 앓고 있는 41세 남자는 AIDS를 다음과 같이 기술했다.

> 그건 병이죠. 그러나 나는 속으로 내가 AIDS에 걸렸다고 생각하지 않아요. 내가 HIV에 걸렸다고 생각하면 그것이 갑자기 나를 엄습하죠. 심리 게임인 것 같아요. 살기 위해서는 생각하지 말아야 해요. 생각하면 안 돼요.

어떤 참여자가 AIDS에 대해 생각하지 않으려고 얼마나 노력하는가는 AIDS라는 단어를 사용하지 않고 '그것'이라고 한 것에서 알 수 있다. 44세 히스패닉계 여성은 "그것은 고통스러운 일입니다. 그것은 슬픈 일입니다. 그것은 화나는 일입니다. 나는 그것에 대해 생각하지 않습니다. 나는 그것을 잊으려고 합니다."라고 진술했다. 어떤 여성은 "그것은 끔찍한 경험이에요. 그것은 매우 잘못된 것이고 나는 그것을 설명할 수조차 없어요. 나는 절대 그것에 대해 생각하지 않아요. 나는 그것에 대해 생각하지 않으려고 노력해요. 단지 그것을 생각하지 않아요. 그것은 그것이고 그것을 마음에서 없애요."라고 하였다.

주제 9: AIDS를 수용함 이 주제에서 인지적 표상은 AIDS 진단을 전체적으로 수용하는 것이다. AIDS에 걸렸다는 사실을 수용하는 것은 대처를 잘하는 데 있어 매우 중요한 것으로 보인다. AIDS에 걸린 사람은 쉽게 자신의 대처 노력을 평가했다.

히스패닉계 여성은 "나는 더 이상 부인하지 않습니다."라고 말했다. 8년째 병과 살고 있는 39세 히스패닉계 남성은 "좋아하든 좋아하지 않든 간에, 그 병에 대처해야 해요."라고 말했다. 어떤 사람은 "병과 함께 살아야 하고 그것에 대처해야 해요. 그것이 내가 노력해야 하는 이유예요."라고 했다. 13년 동안 병을 앓아 온 56세 남자는 자신의 대처를 다음과 같이 요약했다.

> 당신이 적응을 하든 적응하지 않든 간에 뭘 하겠소? 그것이 삶이오. 당신에게 달려 있지. 나는 행복하오. 잘 먹고 스스로를 잘 돌보고 있어요. 외출도 하지요. 병이 나를 가둬 둘 수 없어요. 때론 나도 그게 싫소. 그러나 그것을 정말로 고칠 수 없기 때문에 그것을 수용해야 한다오.

비교적 최근에 진단받은 사람들은 그 병을 수용하기 위해 몸부림치고 있었다. 진단받은 지 2년 된 흑인 남자는 병을 받아들이는 데 있어 동요하고 있다. "나는 그 단어가 싫습니다. 그래도 받아들이기 위해 노력하고 있습니다. 그래요. 나는 그것을 받아들이기 위해 노력하고 있습니다." 그러나 그는 HIV/AIDS에 대한 대화를 피하고 가족에게 알리지 않았다고 말했다. 3년 전에 진단을 받은 한 남자는 다음과 같이 말했다.

> 내가 병에 걸렸고 그것을 파악하고 대처하는 데 모든 시간을 써야 하는 것이 여전히 믿기지 않아요. 나는 여전히 그것을 파악하지 못했지만 노력 중이죠. 내가 병에 걸렸으니 결국에는 위독한 상태가 되겠죠. 나는 그것을 혐오하기 시작했어요.

이 마지막 참여자들은 'HIV'나 'AIDS'라는 단어를 말하지 않았다.

주제 10: 더 높은 힘에 의지함 이 주제에서 AIDS에 대한 인지적 표상은 '신' '기도' '교회' '영성'과 관련된다. 어떤 사람은 AIDS에 대해 자기 삶을 변화시켜 신을 향하게 한 동기로 보았다. 6년째 HIV/AIDS를 앓고 있는 히스패닉계 남자는 "내가 AIDS에 걸리지 않았다면 나는 아마 여전히 술을 마시고 마약을 하며 사람을 해치고 있었을 거예요. 그게 내 인생을 되돌렸어요. 하나님과 예수 그리스도께 나를 바쳤어요."라고 말했다. 어떤 남자는 "AIDS가 나를 괴롭혔다. 내가 할 수 있는 것은 많이 기도하는 것이었다. 정말로 AIDS는 나를 신께 인도했다."라고 기록했다.

다른 사람들은 종교를 AIDS에 대처하도록 돕는 수단으로 보았다. 어떤 사람은 "나는 하나님의 은혜로 회복될 수 있어요. 나의 주 예수 그리스도는 구세주이며 그것이 매일매일을 버티게 해 줍니다."라고 했다. 한 남자는 자신의 영성은 대처를 도울 뿐만 아니라 자신을 더 나은 사람으로 만들었다고 말했다.

> 그때 나는 포기하고 싶었어요. 예수님의 사랑을 알지 못했다면 나는 살아갈 힘을 얻지 못했을 거예요. 요즘 나는 영적으로 더 좋은 사람이라고 느낍니다. 건강이 유지된 것은 아니지만 병에 대해 더 잘 알게 되었죠.

이와 대조적으로, 교도소에서 진단을 받은 남자는 AIDS를 신의 처벌이라고 했다. "내가 아내에게 말했던 것처럼 때론 신이 처벌하시죠. 나는 내 행동을 깨끗이 씻어내야 합니다."

주제 11: 시간이 흘러 활력을 회복함 초기의 공포와 충격에 압도되었음에도 불구하고 시간이 치료자가 되어 이미지, 감정, 대처 과정이 변화했다. 최후의 심판이

임박했다는 느낌은 사람들을 질병, 낙담에 지속적으로 사로잡히게 했고 마약 중독을 증가시켰다. HIV/AIDS와 함께한 삶은 변화를 낳았다. 한 여성은 "처음 알았을 때, 자살해서 그것을 끝장내고 싶었습니다. 그러나 지금은 다릅니다. 나는 살고 싶고 나머지 인생에서도 살아남고 싶습니다."라고 말했다. 어떤 사람은 자신의 변화를 다음과 같이 기술했다. "처음에 나는 모든 것이 엉망이 되고 모든 것이 고갈되며 뭔가에 묶여서 처박힐 것이라 생각했지만, 더 이상은 그렇게 생각하지 않는다. 나는 틀림없이 삶을 계속 살고 있다."

시간이 흐름에 따라 부정적인 행동은 자신의 병에 대한 이해, 치료 순응을 위한 노력, 그들을 믿어 주는 사람들에 의해 촉진된 자기계발의 여정으로 대체되었다. 한 남자는 자신의 이미지가 코 밖으로 나온 튜브를 끼고 온몸이 다발성 출혈성 육종으로 뒤덮인 채 침대에 누워 있는 이미지로부터 이제는 일을 할 수 없는 것을 제외하면 정상적인 생활을 하는 이미지로 변했다고 말했다.

변화는 AIDS를 시간의 선으로 형상화한 남자에게서 분명히 나타난다. 그는 첫 단계, 진단이라고 쓴 수직의 넓은 선을 빨간색으로 색칠했다. "기계에 빨간 불이 들어오는 것처럼 상황이 좋지 않음을 의미하기 때문에 빨간색입니다." 다음 단계는 입원환자 침대에서 볼 수 있는 하늘을 나타내기 위해 파란색 계열로 칠했다. 그리고 '치료, 교육, 수용'이라고 명명했다. 마지막 단계는 밝은 노란색으로 칠했다. 그리고 '희망'이라고 이름을 붙였다.

40세의 히스패닉계 남자는 알코올로 시작해서 헤로인 주사까지 5개의 중독 물질로 자신의 인생 일대기를 그렸다. 그리고 질병의 말기를 보여 주는 4개의 그림을 그렸다. 그것은 얼굴, 머리, 옷, 신발도 없이 해골로 서 있는 것, 머리카락 없이 병원 침대에 누워 있는 슬픈 표정의 사람, 꽃이 놓인 무덤이었다. 그리고 마지막으로 그린 그림은 웃는 얼굴에 머리카락이 있고 신발을 신고 셔츠를 입었으며 키가 작지만 건강한 몸을 가진, 마약을 하지 않는 사람이었다. 이것은 플로리다로 휴가 갈 준비를 하는 것을 상징한다. 이와 대조적으로, 53세 남자는 14년 동안 '먹구름'으로 AIDS를 형상화하는 데 변화가 없었다고 말했다.

이러한 결과들은 AIDS에 대한 본질적인 도식(schema)으로 통합되었다. AIDS에 대한 체험은 처음에는 쇠약해지는 몸과 개인적인 상실의 두려움을 지닌 놀라움이었다.

AIDS에 대한 인지적 표상은 피할 수 없는 죽음, 신체 파괴, 한바탕 싸움 그리고 만성적인 질병과 같은 것을 포함한다. 대처방법에는 '좋은 약'을 찾는 것, 자신을 돌보는 것, 진단을 수용하는 것, AIDS에 대한 생각을 지우는 것, 신에게 의지하는 것, 경계하는 것 등이 포함되었다. 시간의 흐름과 함께 대부분의 사람은 AIDS와 살아가는 데 적응했다. 감정은 '파괴적인' '슬픔'과 '분노'로부터 '평화로움' '속 태우지 않음'의 범위까지 이른다.

논의

이 연구에서 AIDS를 가진 사람은 고통스럽고 무섭고 피할 수 없는 결과로서 질병 말기의 소모, 약함, 정신적 무능력에 주의를 집중했다. 초기 반응은 질병을 무시하는 것이다. 그러나 증상이 현실로 다가오면서 의료 서비스를 받을 수밖에 없었다. 희망은 효과가 있는 특별한 약을 기다리는 가운데서 명확히 드러나며 치료법이 발견될 때까지 희망을 붙잡는다. 많은 참여자는 자신을 돌보는 것과 자신의 여생 사이에 관계가 있다고 보았다.

어떤 참여자는 죽음이라는 최종 결과에 주의를 집중했고 반면에 어떤 사람은 자신의 삶에서 AIDS의 정서적 · 사회적 결과에 대해 말했다. 생각을 통제하며 병을 수용하고 영성에 의지하면서 더욱 세심하게 질병과 기분을 조절하려고 노력했다. 어떤 사람은 AIDS를 암 혹은 당뇨병과 같은 만성질환으로 여기는 방법으로 대처했다.

앞서 언급한 McCain과 Gramling(1992)은 HIV에 대처하는 세 가지 방식을 확인했다. 죽어 가면서 살아가기, 병과 싸우기, 기진맥진해짐이 그것이다. 죽어 가는 것과 싸우기의 이미지는 주제 1(피할 수 없는 죽음)과 주제 7(저돌적인 투사로 살기)에서 확실히 드러난다. 이 연구의 참여자들은 자신들이 대처하고 있는 것에 대해 잘 알고 있었다. 많은 사람이 AIDS를 인정하고 대처하고 있다고 말했지만 몇몇 사람은 AIDS를 생각에서 지워 버리려고 애쓰면서 혹은 AIDS를 '그것'이라고 부르면서 AIDS라는 단어를 견딜 수 없어 했다.

Fryback과 Reinert의 연구(1999)에서와 같이, 더 높은 힘에 의지함이라는 주제 10은 죽음을 면할 수 없는 운명에 처한 참여자들의 대처 수단으로 등장했다.

Turner(2000)의 표본 집단과 마찬가지로, 이 연구의 참여자들은 자신의 삶에서 많은 변화/상실을 경험하고 죽음과 죽어 가는 것에 대해 숙고했다. 배운 교훈이라는 Turner의 주제와 유사하게, 몇몇 참여자는 AIDS를 인생의 전환점으로 보았다.

Brauhn(1999)의 연구와 비슷하게, 만성질환은 하나의 이미지로 나타났다. Brauhn의 표본과 달리, 참여자들은 AIDS의 부정적인 측면을 최소화하기 위해 만성질환이라는 전문용어를 사용했다. 전체 표본이 AIDS를 갖기 때문에, 참여자의 미래 설계에서 신중한 낙관주의가 많이 발견되었다고 지적할 수 있다.

이론적 요소

Diefenbach와 Leventhal(1996)이 언급한 바와 같이, 인지적 표상은 매우 개인적이며 의료적 사실과 항상 일치하는 것은 아니다. 다른 질병에 관한 연구들과 마찬가지로 AIDS를 앓고 있는 사람들도 결과 귀인, 원인, 질병 스케줄, 통제 가능성을 반영하는 인지적 표상을 갖는다(Leventhal, Leventhal, et al., 2001). 특히 우리는 AIDS와 관련하여 예견하거나 경험했던 결과의 중심에 있는 세 가지 주제를 발견했다. 피할 수 없는 죽음, 무서운 신체 파괴는 치료법이 알려지지 않은 질병의 말기에 경험할 수 있는 부정적인 신체 결과를 수반했다. 삶을 먹어 치움이라는 주제는 참여자들이 경험하는 정서적 · 사회적 · 경제적 측면의 폭넓은 결과에 초점을 맞춘다. 단지 질병일 뿐이라는 주제는 AIDS의 원인에 대한 인지적 표상을 반영하고 시간이 흘러 활력을 회복함은 진단부터 죽을 때까지라는 질병 스케줄 요소를 갖는다.

여섯 가지 주제(좋은 약에 대한 희망, 자신을 돌봄, 저돌적인 투사로 살기, 생각하지 않기가 지닌 마력, AIDS를 수용함, 더 높은 힘에 의지함)는 질병 표상에 대한 통제 가능성 귀인과 유사하다. 이전 연구들은 약을 복용하거나 수술을 받는 것과 같은 개인적 혹은 전문적 개입을 통해 질병이나 상태를 통제할 수 있다는 것에 주목했다(Leventhal, Leventhal, et al., 2001). 이러한 결과는 좋은 약에 대한 희망, 자신을 돌봄과 같은 주제에서 입증되었다. 이 연구에서는 독특하게 AIDS에 걸린 사람들이 자신의 감정을 통제하고자 할 뿐만 아니라 경계, 회피, 수용 그리고 영적인 대처방법을 통해 질병을 통제하고자 시도했다. 이것은 다음 진술에서 명확히 드러난다. "살고자 하고 살아 있다는 것은 당신들이 생각할 수도 없는 것입니다." 이 연구는 질병 표상에 관한 기존 연구를 AIDS에 걸린 사람들에게까지 확장시켰고 AIDS에 대한 대처방법이 귀인 통제 가능성(attribute controllability)과 같은 기능을 한다는 것을 제시함으로써 자기규제 이론에 기여했다. 8명의 참여자가 AIDS와 관련하여 주요한 이미지를 그림으로 그리고 기술했다는 점이 주목할 만하다. 그림은 참여자들의 관심과 두려움, 신념을 아주 잘 드러냈다. AIDS에 대한 이미지를 그림으로 그려 보게 한 것은 주요한 질병 표상을 사정하는 새로운 방법을 제공했다.

간호에 대한 함의

환자가 AIDS에 대해 가진 이미지를 탐구하는 것은 간호사-환자 관계를 향상시킬 뿐 아니라 환자의 질병 표상과 대처 과정을 사정하는 데도 유효하고 비용 면에 있어서도 효과적인 방법이다. AIDS에 대해 '죽음' 혹은 '생각에서 지워 버린다.'와 같이 반응한 환자는 더 많은 심리적 지지가 필요할 수 있다.

많은 응답자는 자신의 질병 경험을 공유하기 위한 출발점으로 AIDS에 대한 이미지를 사용했다. AIDS에 걸린 사람들은 죽음을 피할 수 없는 운명에 있기 때문에, 자신만의 이야기를 간직한 사람들과 대화하는 것은 매우 귀중한 일일 수 있다. 환자에게 AIDS에 대한 이미지를 물어보는 것은 예전에는 공유되지 못했던 감정을 건드리고 환자의 자기노출과 질병에 대한 수용을 촉진할 수도 있다.

후속 연구

AIDS에 대한 인지적 표상이 확인되었다. 이 연구로부터 사람들이 AIDS를 형상화하는 방식이 약물 순응, 고위험 행동, 삶의 질에 영향을 줄 수 있다는 것을 가정할 수 있다. 희망이 없다고 믿는 AIDS 환자가 힘들고 유해한 부작용이 있는 약물치료 계획을 따르겠는가? AIDS로 인한 정서적 · 사회적 결과를 경험한 사람이 다른 사람들이 그 병에 걸리는 것을 더 막으려 할 것 같은가? AIDS에 맞서 싸우거나 자신을 돌보는 사람들이 약물치료 계획을 더 잘 따를 것이라고 기대할 수 있는가? 더 높은 힘에 의지하고 진단을 수용하며 질병을 최소화하는 사람들은 삶의 질이 더 높은가? AIDS에 대한 이미지와 약물 순응, 고위험 행동, 삶의 질 등의 객관적 측정치를 결합한 후속 연구가 특정한 질병 표상과 순응, 고위험 행동, 삶의 질 간에 관계가 있는지를 확인하기 위해 필요하다.

참고문헌

Bartlett, J. G., & Gallant, J. E. (2001). *Medical management of HIV infection, 2001-2002.* Baltimore: Johns Hopkins University, Division of Infectious Diseases.

Brauhn, N. E. H. (1999). Phenomenology of having HIV/AIDS at a time when medical advances are improving prognosis. Unpublished doctoral dissertation, University of Iowa.

Centers for Disease Control and Prevention. (2001a). HIV and AIDS-United States, 1981-2000. *MMWR 2001, 50*(21), 430-434.

Centers for Disease Control and Prevention. (2001b). The global HIV and AIDS epidemic, 2001. *MMWR 2001, 50*(21), 434-439.

Colaizzi, P. F. (1978). Psychological research as phenomenologist views it. In R. Valle & M. King (Eds.), *Existential phenomenological alternatives in psychology* (pp. 48-71). New York: Oxford University Press.

Diefenbach, M. A., & Leventhal, H. (1996). The common-sense model of illness representation: Theoretical and practical considerations. *Journal of Social Distress and the Homeless, 5*(1), 11-38.

Dominguez, L. M. (1996). *The lived experience of women of Mexican heritage with HIV/AIDS.* Unpublished doctoral dissertation, University of Arizona.

Douaihy, A., & Singh, N. (2001). Factors affecting quality of life in patients with HIV infection. *AIDS Reader, 11*(9), 450-454, 460-461.

Echeverria, P. S., Johnnalagadda, S. S., Hopkins, B. L., & Rosenbloom, C. A. (1999). Perception of quality of life of persons with HIV/AIDS and maintenance of nutritional parameters while on protease inhibitors. *AIDS Patient Care and STDs, 13*(7), 427-433.

Farber, E. W., Schwartz, J. A., Schaper, P. E., Moonen, D. J., & McDaniel, J. S. (2000). Resilience factors associated with adaptation to HIV disease. *Psychosomatics, 41*(2), 140-146.

Frankel, R. M. (1999). Standards of qualitative research. In B. F. Crabtree & W. L. Miller (Eds.), *Doing qualitative research* (2nd ed., pp. 333-346). Thousand Oaks, CA: Sage.

Fryback, P. B., & Reinert, B. R. (1999). Spirituality and people with potentially fatal diagnoses. *Nursing Forum, 34*(1), 13-22.

Holzemer, W. L., Henry, S. B., & Reilly, C. A. (1998). Assessing and managing pain in AIDS care: The patient perspective. *Journal of the Association of Nurses in AIDS Care, 9*(1), 22-30.

Kearney, M. H. (2001). Focus on research methods: Levels and applications of qualitative research evidence. *Research in Nursing & Health, 24,* 145-153.

Koopman, C., Gore, F. C., Marouf, F., Butler, L. D., Field, N., Gill, M., Chen, X., Israelski, D., & Spiegel, D. (2000). Relationships of perceived stress to coping, attachment and social support among HIV positive persons. *AIDS Care, 12*(5), 663-672.

Laschinger, S. J., & Fothergill-Bourbonnais, F. (1999). The experience of pain in persons with HIV/AIDS. *Journal of the Association of Nurses in AIDS Care, 10*(5), 59-67.

Leventhal, H., Idler, E. L., & Leventhal, E. A. (1999). The impact of chronic illness on the self system. In R. J. Contrada & R. D. Ashmore (Eds.), *Self, social identity, and physical health* (pp. 185-208). New York: Oxford University Press.

Leventhal, H., Leventhal, E. A., & Cameron, L. (2001). Representations, procedures, and affect in illness self-regulation: A perceptural-cognitive model. In A. Baum, T. A. Revenson, & J. E. Singer (Eds.), *Handbook of health psychology* (pp. 19-47). Mahwah, NJ: Lawrence Erlbaum.

McCain, N. L., & Gramling, L. F. (1992). Living with dying: Coping with HIV disease. *Issues in Mental Health Nursing, 13*(3), 271-284.

Meadows, L. M., & Morse, J. M. (2001). Constructing evidence within the qualitative project. In J. M. Morse, J. M. Swansen, & A. Kuzel (Eds.), *Nature of qualitative evidence* (pp. 187-200). Thousand Oaks, CA: Sage.

Merleau-Pontry, M. (1956). What is phenomenology? *Cross Currents, 6,* 59-70.

Morse, J. M. (2000). Determining sample size. *Qualitative Health Research, 10*(1), 3-5.

Russell, J. M., & Smith, K. V. (1999). A holistic life view of human immunodeficiency virus-infected African American women. *Journal of Holistic Nursing, 17*(4), 331-345.

Saxon, E. (Producer), & Demme, J. (Producer/Director). (1993). *Philadelphia* [motion picture]. Burbank, CA: Columbia Tristar Home Video.

Streubert, H. J., & Carpenter, D. R. (1999). *Qualitative research in nursing: Advancing the humanistic imperative* (2nd ed.). New York: Lippincott.

Turner, J. A. (2000). The experience of multiple AIDS-related loss in persons with HIV disease: A Heideggerian hermeneutic analysis. Unpublished doctoral dissertation, Georgia State University.

Vogl, D., Rosenfeld, B., Breitbart, W., Thaler, H., Passik, S., McDonald, M., et al. (1999). Symptom prevalence, characteristics, and distress in AIDS outpatients. *Journal of Pain and Symptom Management, 18*(4), 253-262.

부록 D

근거이론 연구

장기적인 신체 활동 참여의 발달: 아프리카계 미국인 여성에 대한 근거이론 연구[1) 2) 3)]

Amy E. Harley

Janet Buckworth

Mira L. Katz

Sharla K. Willis

Angela Odoms-Young

Catherine A. Heaney

---

1) Amy E. Harley, Harvard School of Public Health, Boston. Janet Buckworth, The Ohio State University School of Physical Activity and Educational Services, Columbus. Mira L. Katz and Sharla K. Willis, The Ohio State University College of Public Health, Columbus. Angela Odoms-Young, Northern Illinois University College of Health and Human Sciences, DeKalb, Illinois. Catherine A. Heaney, Stanford University Psychology Department, California.

2) 교신저자: Amy E. Harley, Harvard School of Public Health, 677 Huntington Avenue, 7th Floor, Boston, MA 02115; phone: (617) 582-8292; e-mail: amy_harley@dfci.harvard.edu.

3) 출처: *Health Education & Behavior, Vol. 36*(1): 97-112 (February 2009). doi:10.1177/1090198107306434

초록

정기적인 신체 활동은 비만과 만성질환을 감소시키는 것과 연관되어 있다. 아프리카계 미국인 여성들은 이런 조건과는 어울리지 않는다는 부담을 견뎌야 하며, 많은 사람이 일정한 신체 활동에 대한 제안을 받아들이지 않는다. 아프리카계 여성들에게 신체적으로 활동적인 생활양식을 받아들이게 하고 유지시키는 개입이 장기적으로 성공하기란 현실적으로 어려운 일이다. 신체 활동의 적용과 유지 과정을 명확히 설명하는 것은, 고치기 힘든 조건들로 인한 아프리카계 미국인 여성들의 부담을 감소시키기 위한 효과적인 프로그램의 도구가 될 수 있을 것이다. 신체 활동이 활발한 아프리카계 미국인 여성들을 대상으로 심층면접을 수행하였다. 드러난 행동을 통해 수집된 자료를 기반으로 인간 행동에 대한 이론적 설명을 개발하고, 자료수집과 분석 과정을 이끌어 주는 엄격한 질적 연구방법인 근거이론을 사용하였다. 면접과 초점집단으로부터 귀납적으로 얻어진 자료는 신체 활동의 전개 과정을 설명하는 행동적 구조를 발전시킬 수 있었다.

주제어

신체 활동, 아프리카계 미국인, 여성의 건강, 질적 연구

신체 활동과 건강 사이의 관련성은 이미 입증되었다. 신체 활동 참여가 저조한 것은 미국 내 비만율을 높일 뿐 아니라 여러 가지 만성질환 위험에 직접적으로 연관되어 있고, 심장질환, 고혈압, 성인형 당뇨와 특정 암 등 미국 내 사망의 원인이 되고 있다[Friedenreich & Orenstein, 2002; U.S. Department of Health and Human Services (USDHHS), 1996]. 더불어 정기적인 신체 활동은 일반적으로 조기 사망의 위험을 낮추고 심리적 안녕감을 증진시킨다(USDHHS, 1996). 질병통제예방센터(CDC)와 미국 스포츠의약 대학(ACSM)은 일주일에 5일 이상 보통 강도 이상의 활동을 적어도 30분 이상 실시하라고 권고하고 있고(Pate et al., 1995), 〈건강한 사람들 2010(Healthy People 2010)〉은 일주일에 3일 이상 강도 높은 활동을 최소 20분 이상 실시하는 것을 목표로 한다(USDHHS, 1996). 그러나 2003년 미국 성인의 47.2%만이 행동 위험 요인 감시 체계(Behavioral Risk Factor Surveillance System)에 의한 신체 활동에 참여하고 있다(CDC, 2003). 게다가 성인의 약 23%는 신체 활동을 전혀 하지 않고 있다(CDC, 2003).

신체 활동의 부족은 전체 미국 인구에 대해서도 우려되지만, 아프리카계 미국인 여성을 포함하여 앉아서 일하는 특정 하위집단이 특히 더 우려된다(CDC, 2003; National Center for Health Statistics, 2004). 4개의 인종과 민족으로 구성된 여성들을 비교한 대규모 연구(아프리카계 미국인, 백인, 라틴계, 동양인; Brownson et al., 2000)에서 아프리카계 미국인 여성이 권고된 수준의 정기적인 신체 활동을 한다고 보고한 비율은 8.4%로 네 집단 가운데 가장 낮은 비율이었다. 아프리카계 미국인의 많은 수(37.2%)가 백인(31.7%)이나 라틴계(32.5%)에 비해 신체 활동을 하는 여가 시간이 없다고 보고하고 있다. 인종적으로 다양한 여성들을 대상으로 한 다른 연구에서도 아프리카계 미국인 여성은 집안일과 직업적인 신체 활동을 포함하여 다양한 활동에 대한 참여도가 낮은 것으로 나타났다(Ainworth, Irwin, Addy, Whitt, & Stolarcyzk, 1999; Sternfeld, Ainsworth, & Quesenberry, 1999). 다른 여성 집단보다 높은 심혈관계 질병으로 인한 사망률(Malarcher et al., 2001), 높은 비만율(USDHHS, 2001) 그리고 높은 성인형 당뇨의 발병률(CDC, 2002)과 짝을 지어, 아프리카계 미국인 여성들의 신체 활동 부족은 중요한 문제로 다루어져야 하는 공공보건 이슈이다.

아프리카계 미국인 여성의 신체 활동 참여를 향상시키는 요인들에 대한 연구도 점차 증가해 왔다. 선행 연구에서 확인된 중요한 요인들은 사회적 · 물리적 환경, 돌봄/가족에 대한 책임성과 역할, 헤어 스타일, 시간, 비용, 즐거움 그리고 장애 요인이다(Carter-Nolan, Adams-Campbell, & Williams, 1996; Fleury & Lee, 2006). 또한 연구들은 이런 요인들이 인종과 민족 집단에 따라 다양함을 밝혔다(Henderson & Ainsworth, 2000; King et al., 2002). 그러나 이러한 보고서들의 대부분은 아프리카계 미국인 여성들이 왜 신체 활동에 참여하지 않는지에 대한 통찰을 제공하지만, 어떻게 아프리카계 미국인 여성들이 신체 활동을 시작하고 유지하는지에 대한 전반적인 이해가 가능하도록 이러한 요인들을 모두 엮어 내지는 않는다.

연구자들은 또한 아프리카계 미국인 여성들의 신체 활동 참여를 증가시키기 위한 개입 프로그램에 대한 행동이론 적용 그리고 참여와 관련된 최근 지식을 받아들였다(Banks-Wallace & Conn, 2002; Wilbur, Miller, Chandler, & McDevitt, 2003). 이러한 많은 연구는 체중이나 혈압의 감소에 두루 적당한 성공을 가져왔거나, 단기적으로 신체 활동을 증가시켰으며 신체 활동 행동과 그와 관련된 건강 효과는 개입 활동을 통해 영향받을 수 있다고 지적하였다. 그러나 잠재적인 신체 활동 참여를 가져오는 행동 과정의 핵심 요인과 단계가 연결된 경로를 명료하게 설명하지는 못한다.

많은 연구는 신체 활동 영역에 존재하는 행동적 구조를 적용함으로써 이러한 경로를 다양하게 시도한 것들이다. 연구들의 대부분은 신체 활동 수준의 다양함을 설명하는 데 초점을 두고 있고 아주 작은 변화율을 설명하고 있다(King, Stokols, Talen, Brassington, & Killingsworth, 2002). 심지어 범이론적 모형(Transtheoretical Model: TTM; Prochaska & DiClemente, 1983)의 연구를 포함하여 기존의 행동이론을 지지하는 연구들도 신체 활동 참여를 증진하는 데 가장 효과적인 신체 활동 선택과 유지라는 행동 과정을 설명하는 데 주목하지 않았다.

이러한 과정을 완전히 이해하기 위해서 행동이론을 지속적으로 정교화하여 중요한 요인과 그들의 상호관계가 명확하게 설명되어야 한다. 신체 활동 영역에서 행동에 대한 이론적 설명은 자기효능감(self-dfficacy)과 자기규제(self-regulation)와 같은 어떤 구성체로 제시되어 왔다. 그러나 행동 이론이나 구조는 이 영역에서 행동을 받아들이고 유지하는 전체 과정을 설명하기에는 일반적으로 유용하지 않다. 이 연구의 목적은 신체 활동이 생활양식으로 통합되는 결과를 가져오는 핵심 요인들이 모두 연결되는 경로를 설명하는 이론적 구조를 개발함으로써 아프리카계 미국인 여성들 사이의 이 행동 과정을 이해하는 것이다.

연구방법

신체 활동의 행동 전개 과정을 포함하는 구체적인 요인이나 요인들의 관계에 대한 지식이 부족하기 때문에 근거이론 접근방법(Strauss & Corbin, 1998)을 선택하였다. 드러난 행동으로부터 수집된 자료에 토대를 두고 인간 행동에 대한 이론적 설명을 개발하기 위해 자료수집과 분석 과정은 반복되곤 한다. 이 연구에서는 아프리카계 미국인 여성들이 신체 활동을 받아들이고 지속하는 과정에 대한 구조를 개발하기 위해 근거이론 접근방법이 사용되었다. 이 연구는 오하이오 주립대학교의 연구윤리심의위원회(IRB)의 승인을 받았다.

표본추출

의도적 표본추출 방법(Patton, 1990)은 정보가 풍부한 사례들, 기본적으로 기준 표본추출을 실시하는 것이다. 기준 표본추출은 미리 구체화된 어떤 기준을 충족한다고 생각되는 사례를 선택하는 것이다. 이 연구를 위해 포함된 기준은 25~45세까지의 아프리카계 미국인 여성으로 고등학교 이상의 학력, 즉 최소한 단과대학이나 기술학교를 졸업하고 신체 활동에 참여하는 사람들이다. 이 연구의 초점에 기초하여, 신체적으로 활동적인 여성을 포함시키는 것이 가장 결정적이었다. 여성들은 최소한 1년 동안 권고된 수준(CDC, 2001)으로 최근까지 활동하고 있어야 했다. 걷거나 움직이는 데 어려움이 있거나, 최근 섭식장애를 진단받았거나, 말기의 질병을 진단받았거나, 대학이나 전문적인 운동팀에 선수로 참여하는 경우는 제외되었다. 또한 이 연구에 참여하는 여성들이 풍부한 기술을 제공할 수 있을 만큼 현상을 충분히 경험하였는지 보증하기 위해 이론적 표본추출(Strauss & Corbin, 1998)이 사용되었다.

참여자들은 일차적으로 2개 지역의 아프리카계 미국인 여성클럽 협회를 통해 모집되었다. 연구자는 각 클럽과 확인된 모임, 또 다른 행사에서 연구에 대한 정보를 소개하고 접촉하여 만났다. 각 행사에서 관심 있는 여성이 이름과 연락처를 적도록 유인물을 배포하였다. 포함과 배제 기준의 각 요인을 명시한 포괄적인 선별도구를 사용한 이벤트를 거친 뒤에 전화로 연락했다.

자료수집

자료는 면대면, 심층면접을 통해 수집되었다. 이 면접은 연구질문에 따라 진행되었지만 새로운 아이디어나 주제가 나타날 수 있도록 비구조화하였다. 의도된 정보를 이끌어 내지 못하는 질문을 재정의하고 더 발전되어야 하는 범주와 개념(Spradley, 1979; Strauss & Corbin, 1998)을 반영하기 위해 자료수집을 진행하면서 지침은 수정되었다.

면접과 기초적인 자료분석이 끝났을 때, 연구참여자들로 구성된 2개의 초점집단을 모이게 했다. 이 집단의 목적은 연구의 일차적 발견에 대해 알리고, 신체 활동에 대한 그들의 경험을 반영하는 발견인지를 확인하기 위해 참여자들로부터 피드백을 받기 위한 것이었다. 초점집단에서 나온 자료는 구조를 더 정밀하게 분석하기 위해 통합하였다.

모든 면접과 초점집단은 참여자들의 동의하에 녹음되었고, 축어록으로 필사되었다. 필사된 면접과 현장 노트는 분석을 위해 질적 자료분석 프로그램인 ATLAS.ti에 입력되었다(Muhr, 1994). 책임연구자가 모든 자료분석 과업을 수행하였으며, 정기적인 자문과 공동연구자들의 피드백을 받았다.

표본 크기

근거이론에서 최종 표본 크기를 결정하는 궁극적인 기준은 이론적 포화이다(Strauss & Corbin, 1998). 이론적 포화는 이론이 구축될 때 자료는 각 범주(혹은 주제)가 포화될 때까지 수집되어야 한다는 일반적인 규칙을 따랐다. 여성 15명의 표본 크기는 기초선으로 사용되었고(Lincoln & Guba, 1985; Strauss & Corbin, 1998), 이론적 포화로 최종 표본 크기를 결정하였다.

연구를 위해 선별된 30명의 여성 중 17명의 여성이 적합하였고, 17명의 여성 중 15명이 면접에 참여하였다. 연구자가 전화했을 때 회신하지 않은 2명은 면접에 포함시키지 않았다.

바람직한 기준으로서 이론적 포화를 사용하면서, 면접은 추가적인 표본추출을 할 필요가 있는지 아닌지 분석되었다. 15명의 여성이 상세한 자료를 제공하였고, 마지막 두 면접에서는 새로운 정보가 부족하였으며, 매우 구체적인 과정의 구조를 찾아내기 위해 연구에 참여한 여성들의 풍부한 경험을 아주 상세하고 깊이 있게 분석하는 것이 중요하다고 생각하여, 면접을 위한 표본추출은 15명으로 마쳤다. 참여자들의 특성은 〈표 1〉에 제시하였다. 면접에 참여한 여성 중 9명은 초점집단에도 참여하였다.

표 1 참여자 특성

나이(세)	신체질량 지수(BMI)[a]	주요 활동	%활동[b]	활동 기간	수행 점수[c]
41	29.4	웨이트/런닝머신	435	1년	53
35	30.9	집단 피트니스	465	8개월	
			230	4개월	44
45	21.0	런닝머신	590	10년 이상	48
31	26.0	집단 피트니스	650	2개월	
			280	1년 이상	46
42	39.7	웨이트/워킹	350	3개월	
			158	1년 이상	48
26	20.4	웨이트/다양한 유산소 운동[d]	1,280	5년 이상	43
26	19.4	웨이트/다양한 유산소 운동	150	1년	40
33	25.8	댄스/배구/짐(gym)	370	15년	41
42	23.0	집단 피트니스	1,305	1년	49
33	24.8	태보/생활양식	165	4년	41
33	21.1	운동 비디오	575	20년 이상	55
31	22.1	웨이트/다양한 유산소 운동	120	20년 이상	41
30	27.7	웨이트/다양한 유산소 운동	580	3년	45
45	23.4	집단 피트니스/달리기	280	3년	52
25	21.9	집단 피트니스/달리기	490	15년 이상	48

a. 신체질량지수(BMI)는 자기보고에 따른 신장과 체중으로 계산되었다.

b. 최소한의 신체 활동 참여 기준의 비율은 Godin 여가시간 질문지(Godin & Shephard, 1985)를 사용하여 계산하였다.

c. 신체 활동 척도의 수행(Corbin, Nielsen, Bordsdorf, & Laurie, 1987)에 대한 점수(가능한 범위 11~55)를 나타낸다.

d. 런닝머신, 스텝퍼, 헬스사이클, 일립티컬 머신을 포함한 다방면의 유산소 운동 도구를 사용하는 것을 의미한다.

자료분석

이 연구는 근거이론 자료분석의 가장 기본적인 원리(Strauss & Corbin, 1998)를 따랐다. 모든 면접은 중요한 아이디어나 구성체가 간과되지 않도록 세밀하게 분석되었다. 하나의 개념으로 함께 묶일 수 있는 의미로 관련되어 있거나, 유사한 개념으로 확인된 각각의 새로운 아이디어나 주제에는 코드를 붙였다. 이러한 개념들은 이론적 틀을 형성하도록 통합된 가장 적절한 개념과 지속적 비교를 통해 발전되었다. 연구의 최종 산물인 이 구조는 변이(variation)를 설명할 뿐 아니라 자료의 중심 주제를 밝힌다.

연구 결과

신체 활동 전개 모형

여성들의 풍부하고 묘사적인 기술은 신체 활동을 받아들이고 유지하는 과정을 설명하는 틀의 기초를 제공하였다. 구조 혹은 모형으로서 신체 활동 전개는 적절한 신체 활동 과정을 통해 아프리카계 미국인 여성이 경험한 심리적이고 행동적인 변화를 보여 준다([그림 1] 참조). 이 모형은 여성들이 선택할 수 있는 두 가지의 고리 중 어떤 것을 진행하는지 주요 흐름을 가리킨다. 그 과정의 흐름은 세 가지 단계, 즉 착수 단계, 전환 단계 그리고 통합 단계로 특징지을 수 있다. 선택할 수 있는 고리는 수정 고리(Modification Loop)와 휴지 고리(Cessation Loop)이다. 각각의 심리 혹은 행동의 중요한 변화는 이 과정의 단계에 따라 나타난다. 이 과정의 중요한 특성은 여성의 생활 맥락—이 경우, 아프리카계 미국인의 사회적 · 문화적 맥락과 같은—안에 존재한다는 것이다. 더 나아가 계획 방법과 신체 활동을 함께 하는 동료, 경험하는 이득의 유형을 포함하는 신체 활동 전개 과정을 통해 여성들의 진척을 도와주는 중요한 어떤 조건들이 나타난다.

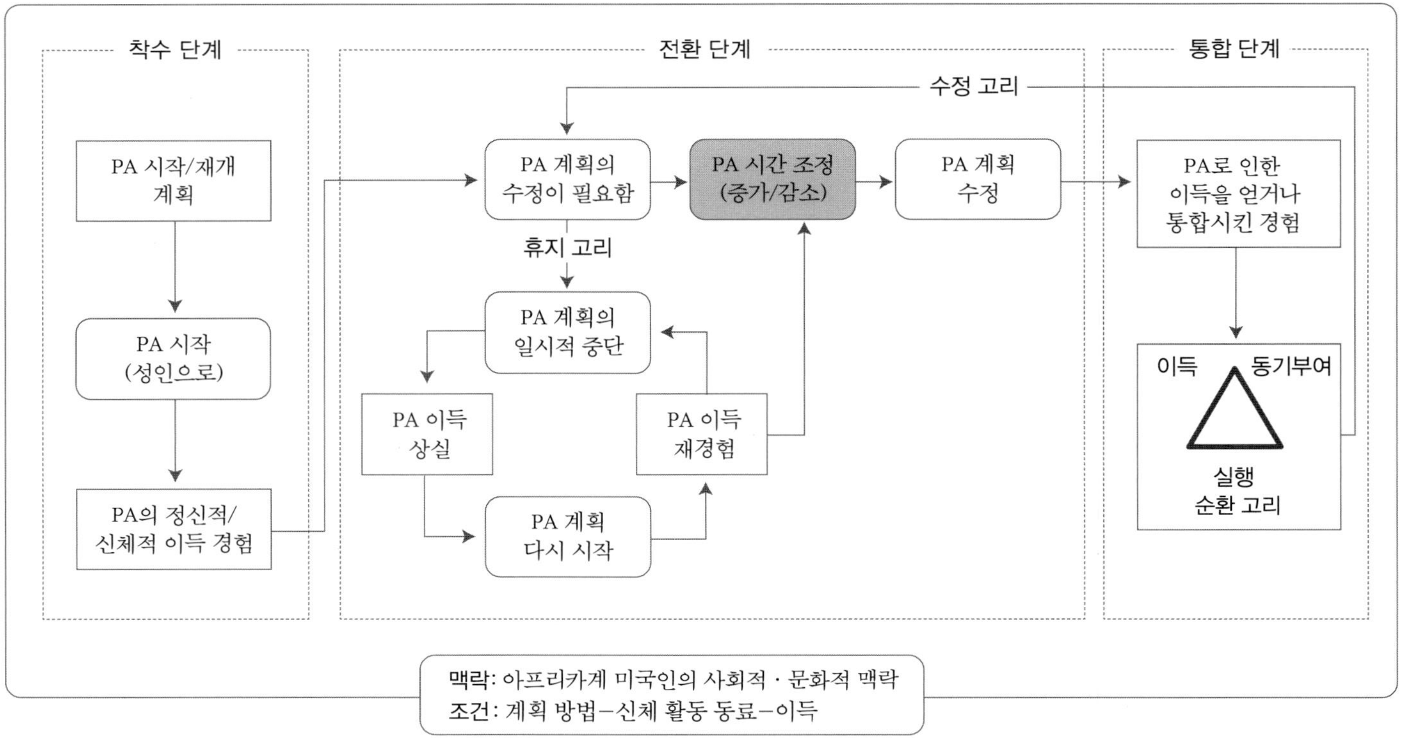
착수 단계
PA 시작/재개 계획
PA 시작 (성인으로)
PA의 정신적/신체적 이득 경험
전환 단계
수정 고리
PA 계획의 수정이 필요함
PA 시간 조정 (증가/감소)
PA 계획 수정
휴지 고리
PA 계획의 일시적 중단
PA 이득 상실
PA 이득 재경험
PA 계획 다시 시작
통합 단계
PA로 인한 이득을 얻거나 통합시킨 경험
이득
동기부여
실행
순환 고리
맥락: 아프리카계 미국인의 사회적 · 문화적 맥락
조건: 계획 방법–신체 활동 동료–이득

[그림 1] 신체 활동 전개틀

착수 단계

이 과정의 첫 번째 단계인 착수 단계는 여성들의 초기 의사결정과 시작 행동에 의해 특징지어진다. 여성들은 신체 활동을 심사숙고하여 시작하거나 재시작함으로써 이 과정에 발을 들여놓는다. 오직 한 가지의 이유는 아니지만, 많은 여성은 프로그램을 시작하기 위한 추진력으로서 체중을 언급하였다. 이 단계에서 여성들은 신체 활동을 경험하고 신체 활동 참여와 관련된 이득을 경험하기 시작한다. 여성들이 자신이 즐기는 활동이 무엇인지, 어떻게 여러 가지 활동을 자신의 스케줄에 적합하게 할 수 있는지 그리고 신체 활동 참여를 격려하는 욕구에 부합하는 것이 무엇인지(예: 체중 관리) 등을 알게 되는 것은 바로 착수 단계에서이다. 한 여성은 자신의 신체 활동 프로그램 시작에 대해 다음과 같이 말했다.

> 임신 · 출산으로 인한 체중이 줄지 않았기 때문에 시작했어요. 그리고 첫 아기 출산 후 나는 10파운드가 남았어요. 내가 실제로 운동하기 시작한 때는 첫 번째 출산 이후였기 때문에 그 10파운드가 나에게는 이슈였죠.

여성들은 어떤 형식이건 신체 활동에 참여한 지 얼마 안 되서 이득을 경험하기 시작했다. 여성들은 좋은 느낌, 스트레스 감소, 더 민첩해진 느낌 그리고 그들이 자신을 위한 시간을 보내거나 자신을 돌보는 듯한 느낌과 같은 정신적 이득에 대해 서로 이야기하였다. 또 다른 이득은 그들을 즐겁게 하고, 그들이 운동하는 동안 할 수 있는 독서나 기도와 같은 다른 활동도 발견하게 되었다는 것이다. 초기의 운동 경험에 대해 이야기할 때 정신적 이득이 우세하였지만, 몇몇 여성은 신체 활동 경험에 있어 초기에도 체중 감소와 같은 신체적 이득을 경험하기도 하였다. 그렇지만 이런 이득의 대부분은 나중에 발생하는 것이다. 착수 단계 동안에 경험하는 또 다른 중요한 이득은 더 많은 에너지를 얻고 잠을 잘 자게 되었다는 것이다. 한 여성은 그녀가 경험한 이득에 대해 이렇게 이야기하였다.

> 이것은 좋은 느낌을 갖게 하고 스트레스를 줄여 주기 때문에 내게 필요한 일이었어요. ……심지어 열이 나고, 땀이 나고, 냄새가 났지만, 나는 정신적으로는 더

민첩해지고…… 내 몸도 더 민첩해진 것 같고…… 나는 더 힘이 넘치게 된 것 같아요.

많은 여성이 일과 가족 사이에서 곡예를 하고 있어서 그들을 위한 휴식이 되는 것도 운동의 중요한 이익이다. 한 여성은 "나는 나를 위해 쓸 시간이 별로 없어요. 나는 그걸 즐기기 시작했어요. 나는 그걸 좋아하기 시작했어요."라고 설명했다.

전환 단계

착수 단계를 경험한 이후, 여성들은 전환 단계로 들어선다. 이 단계의 과정에 걸리는 시간은 다양하다. 여성들은 전환 단계에 들어섬에 따라 자신들이 식사습관을 바꿔야 할 필요가 있음을 알게 된다. 이러한 필요는 시간표를 작성하는 문제, 기대했던 이득을 보지 못하는 것, 선택한 정기적인 운동을 즐기지 못하는 것 혹은 운동을 증가시키게 되는 것, 더 도전적인 활동을 필요로 하는 운동이나 기술을 증가시켜야 함을 경험하는 것 등을 포함한 다수의 상황으로 인해 발생한다. 여성들은 신체 활동을 시작했고, 착수 단계 동안 경험과 지식을 구축하려고 시도했다. 전환 단계 동안에는 그들의 생활양식이나 기대하는 이득에 적합한 식사습관을 다시 들이려고 노력했다.

여성들이 자신들의 식사습관을 변화시켜야 한다는 것을 알았을 때, 그들은 운동하는 생활양식을 추구해야 했고, 필수적인 변화를 만들어야 했다. 어떤 여성들에게는 이 수행이 운동의 우선순위를 재조정하는 일이거나, 운동하는 생활에 더 많이 자신을 할애하는 일이었다. 또 다른 사람들에게는 앞서 수행했던 것을 변화시켜야 하는 것이었다. 이것은 이 과정이 중요한 지점이라는 것을 표시하는 것이고, 전환 단계를 잇는 다리가 된다. 이 모델의 핵심 단계는 과정의 중요성을 강조하기 위하여 진하게 표시되었다. 여성들은 신체 활동에 대한 이러한 의식적인 수행 없이 신체 활동을 더 많이 경험하고 시간을 보내면서 이 과정을 더 진행할 수는 없었을 것이다. 어떤 여성들은 이러한 점에 대해 '돌파구' 혹은 '빛이 깜박거림'과 같은 단어를 사용해 이야기한다. 예를 들면, 한 여성은 "그래서 내가 변화할 필요가 있다는 점에서 그 빛이 깜박거린 거예요. 그것은 생활양식의 변화죠."라고 말했다. 수행의 변화에 있어 가장 중요한 것으로, "아시다시피, 연습을 더 해야 하고…… 변화해야 하고 늘려야 하고 다시 시간을 바쳐야 해요. 끝이 없는 거죠."라고 한 여성은 설명한다.

여성들은 그들의 남은 일생 동안 운동을 해야만 한다는 것을 깨달았다고 말했다. 마침내 그들은 단기 목표에 도달하고 나서 바로 그만두면 운동의 성공이 유지되길 기대할 수 없다는 것을 깨달았다. 과거에 체중 조절 목표를 위해 산발적인 운동을 해 온 한 여성은 깨달았다.

> 나는 기억해야만 했어요. 이런 모든 변화가 많은 시간과 노력이 드는 생활양식의 변화라는 걸. ……내 목표 체중을 성취했다고 운동을 다한 게 아니었어요. 나는 운동을 계속해야만 하고 때때로 내 나머지 인생 동안 매일 아침 일어나는 것처럼 마법에 걸렸다는 것을 알지만, 때로 나는 이걸 즐겨요. 아이들도 없고 남편도 없이 운동센터의 런닝머신 위에 나 혼자 있는 시간이 좋아요. 그래서 때때로 운동은 자유와 같아요.

이 인용은 초점집단 동안에 나온 이야기이고, 한 여성은 이 이야기가 다른 참여자의 이야기였지만 "내 이야기잖아!"라고 말했다. 명확하게, 신체 활동은 다른 의무로부터 자유를 주거나 개인적인 시간의 근원이라는 생각은 이 바쁜 여성들에게 중요한 이득이었다.

통합 단계

통합 단계는 운동을 하게 되는 과정에 있어 주된 흐름의 마지막 단계로 나타났다. 전체 과정에서 이 지점은 여성들이 자신의 노력으로 결과가 더 좋아지고, 그 결과가 나타나기까지 오래 걸렸다는 것을 알기 시작하는 때이다. 이 결과들의 많은 것은 여성들이 신체 활동을 시작함으로써 성취한 것으로 체중 감소, 체중 유지 혹은 근육 만들기와 같은 것을 포함하는 신체적 이득이다. 더 나은 이득은 혈압이나 당뇨 조절과 같은 건강 이득을 포함한다. 이러한 이득은 생활이나 운동 경험을 초월하여, 예를 들면 새로운 사회적 네트워크를 형성한다거나 신체 활동을 열심히 하려고 하는 다른 여성들에게 역할 모델이 될 기회와 같은 것으로 통합된다.

이득이 커지고 통합되고 나면 신체 활동을 지속하려는 동기가 강화된다. 여성들은 그들이 성취한 변화를 유지하기를 원했다. 한 여성은 다음과 같이 이야기했다.

> 그러나 당신이 한 번만 실제로 배우고 그걸로 인한 이득을 얻으려고 노력해 보면 그게 당신을 더 좋아지게 할 거예요. 다른 건강에 대한 이득 말고라도 아시다시피 운동은 놀 수 있는 것이잖아요. 그저 그걸 하고 싶은 것이죠. 다른 사람들이 쇼핑하고 싶어 하는 것처럼요. 곧 운동하고 싶어질 거예요.

신체 활동 참여 과정의 이 지점은 여성들이 이득–동기–실행이라는 순환 고리에 들어가는 지점이다. 이 순환 고리는 일단 적절하고(예: 빈도나 강도) 성공적인(예: 지속적인) 신체 활동 프로그램이 계획되고 실행되면, 그래서 얻어진 이득이 많아지면 이 이득이 지속할 동기를 제공하여 순환 고리가 만들어진다는 것을 가리킨다. 이 과정의 마지막에 이러한 순환 고리가 발생하는 이유는 신체 활동의 장기적이고 의미 있는 이득은 시간과 활동 에너지를 필요로 한다는 것이다. 이러한 이득을 얻는 데에 시간이 걸렸기 때문에 이득–동기–실행의 순환 고리를 경험하는 데에도 시간이 걸렸다.

여성들은 이 순환 고리의 경험으로 신체 활동을 그들의 삶에 통합된 것으로 느꼈다. 그들은 여전히 행동을 유지하기 위해 노력해야 했지만, 신체 활동이 그들의 통상적이고 일상적인 일의 일부가 되었기 때문에 처음 노력보다는 일정 정도 완화될 수 있었다. 여성들은 여러 가지 방식으로 통합된 느낌을 설명한다. "나는 가지 않을 수 없다고 생각했어요. 무엇인가 잃어버린 것 같았어요. 나는 딱 그랬어요." "그것은 아침에 일어나고 양치하는 것처럼 일상적인 일이에요."

수정 고리

이득–동기–실행의 순환 고리는 과정의 마지막 상자로 나타나지만, 여기에는 가장 성공적인 운동 양식과 관련한 중요하고 역동적인 요소가 있다(각 여성의 생활 맥락 속의 면접에서). 여성들의 신체 활동 양식의 역동적이고 유동적인 특성이 드러났다. 수정 고리로 명명된 주요 흐름의 상단에 화살표로 표시된 피드백이 그려진 것처럼, 순환과 통합을 경험한 후에 여성들은 시간이 흐르면서 생활양식과 목표의 변화에 적합하도록 자신들의 양식을 수정하고 있음을 발견했다.

이런 경험으로, 여성들은 직업이나 학교 일정, 해야 할 일 등에서의 변화, 건강문제나 다치는 것에 대처하는 것, 자녀 돌봄의 변화 등의 이유 때문에 필요한 자신의 관리 양식을 바꿀 줄도 알게 되었다. 수정 고리는 운동 처방을 바꾸길 원하고 필요하다는 자각으로 시작되었고, 운동을 계속하기로 한 결정에 의해 명확해졌고, 필요한 변화를 가져왔다. 자신들의 프로그램을 수정하고 성실하게 운동하는 것을 결정함으로써, 그 결과를 볼 수 있었고 삶의 변화를 계속 성공적으로 이끌어 낼 수 있었다. 이러한 가운데 그녀들은 자신의 경험을 이득–동기–실행이라는 순환 고리로 확대할 수 있었다. 예를 들면, 한 여성은 자신의 업무 관련 변화를 다음과 같이 묘사한다.

> 지난주까지 나는 대략 10시 30분에 일을 시작하면 되었어요. 그러나 지금은 [내 동료가] 출산휴가를 가서 내가 연말까지는 그녀를 대신해야 해요. 아침에 나는 딸아이를 버스정류장까지 데려다주고 Y에서 운동을 하곤 했어요. 그러나 지금은 6시 30분에는 일어나야 하고, (운동) 연습을 하고 딸아이를 버스정류장에 데려다주고, 바로 [일을] 시작해요. 그건 곡예를 하는 거예요. 우리는 1층에 헬스장이 있고, 그래서 나는 1층에서 운동을 해 왔어요. 딸아이는 스스로 일어나야 해요. 나는 딸의 알람을 맞춰 놓고 운동을 하죠. 7시 45분까지는 집을 나서야 합니다. 그리고 일을 하는 거죠.

대신에 여성들은 필요한 변화를 만들 수 없거나, 만들 의지가 없을 때도 있었다. 그 결과로 일시적인 휴지 고리를 거치게 된다.

휴지 고리

신체 활동 요법의 역동적인 특성이 갖는 중요한 양상은 휴지(休止) 고리였다. 분석 결과, 여성들이 일시적으로 운동 처방을 유지할 수 없는 시기가 있다는 것이 나타났다. 화살표가 가리키는 것처럼, 그 과정을 처음 통과하거나 이득–동기–실행

주기(수정 고리를 통해)에 도달한 후에 혹은 둘 다에서 휴지 고리를 경험할 수 있다는 것이다.

이 고리는 다양한 이유로 정기적인 신체 활동이 일시적으로 중단되는 모든 여성들의 생활에서 드러난 상황을 조절한다. 더 나아가 여성들이 신체 활동에 대한 경험 초기에 휴지 고리에 봉착하는 것은 때로 그들이 목표에 도달했기 때문이기도 했다. 그들은 자신들의 할 일을 다 했다고 생각했으며, 정기적인 참여를 그만두었다. 신체 활동을 재개하는 데에 중요한 것은 이전 단계에서 얻은 이득을 잃어버리는 것이었다. 여성들은 무엇을 성취할 수 있는지를 알았고, 그들이 잃어버린 것과 그것을 다시 찾기 바란다는 것을 깨닫게 되었다. 또한 그들이 전체 과정 중 이 시점에서 정기적인 운동을 하지 않았다 하더라도 그들은 처음 운동에 적응할 때와는 달랐다. 그들은 신체 활동을 통해 무엇을 얻을 수 있는지 참조할 것들이 생겼다. 이러한 상실은 신체 활동을 재개하도록 하고 다시 성취될 수 있다는 것을 깨닫도록 동기를 부여한다.

한 여성은 다음과 같이 설명했다.

> 그러니까 그건 어느 날 아침에 당신이 어디서 일어났는데 청바지가 맞지 않는다는 거죠. 당신이 너무 커서. 그게 실제로 나한테 일어났어요. 나는 그게 싫었고, 그것이 내 일상에 운동을 다시 정기적으로 포함시키는 좋은 자극제가 되었어요.

성공적으로 운동 계획을 실행하는 것과 운동으로 얻은 이득을 다시 경험하는 것은 여성들을 신체 활동에 대해 마음을 쏟아 주된 흐름으로 되돌아가도록 한다.

각각 기간은 다양하지만, 여성들은 휴지 고리를 여러 번 경험한다. 그러나 정기적인 신체 활동을 일시적으로 중단하는 것은 신체 활동을 일상적인 생활로 통합시키는 정상적인 부분이며, 잠재적인 방해물을 조종하는 것이 필요하다는 것은 분명하다. 게다가 그러한 도전을 극복하는 경험은 여성들로 하여금 이후의 어려움에 대해 휴지 고리 없이 극복할 수 있다는 신념을 갖도록 한다.

맥락과 조건

신체 활동 전개 과정은 여성들이 사회적 네트워크, 인종/문화적 배경 그리고 신체 활동에 대한 개인적 경험 요소(계획과 이득의 실현을 포함)와 같은 생활의 맥락과 조건 안에서 생성된다. 신체 활동을 위한 사회적 네트워크의 역할과 아프리카계 미국인 여성들의 사회적이고 문화적인 맥락은 이 연구의 중요한 측면이지만 신체 활동에 대한 개인적 경험과 틀에 초점을 둔 이 논문의 범위를 벗어나기 때문에 다른 논문에서 제시될 것이다.

계획방법

이 과정 모델이 전개되고 여성들의 경험에 녹아들도록 하는 필수 조건 중의 하나는 신체 활동에 대한 계획을 실천하는 것이다. 여기에는 두 가지의 주요 주제가 있을 수 있는데, 하나는 신체 활동 일정을 계획하는 것이고 다른 하나는 운동을 못했을 경우의 대안을 계획하는 것이다. 융통성 있는 계획이라는 개념은 이 주제를 초월하고 이 연구에 참여한 모든 여성의 실천을 묘사해 준다. 그들이 어떻게 자신들의 운동 일정을 계획하는지와 관계없이, 신체 활동 회기의 전반적인 계획은 융통성이 있어야 하고 일상생활에서 방해받을 때 반응도 역동적이어야 했다. 핵심 개념을 분류하는 것은 [그림 2]에 제시된 계획방법과 관련되어 있다. 〈표 2〉에는 이 조건들에 대한 인용이 제시되어 있다.

이러한 조건으로부터 분명해지는 흥미로운 개념 중 하나는 '최소한 이만큼-최대한 할 수 있는 만큼' 기준을 사용하는 신체 활동 계획 기법이다. 이 기준은 일주일에 최대로 가장 이상적인 운동 횟수를 계획한 여성들의 다수가 성공한 방법일 뿐 아니라 반드시 해야만 하는 최소한의 운동 횟수를 정하는 것이기도 하다. 이 '최소한 이만큼-최대한 할 수 있는 만큼'이라는 개념은 여성들로 하여금 자신들이 사전에 정한 최소한의 기준에 못 미치는 일이 없도록 하는 반면에, 높은 목표를 지향하도록 만든다. 이 계획방법은 운동을 못했을 경우에 대처하는 방법도 생각하게 해 준다. 이 기준을 사용하면, 운동을 못했을 경우에는 시간이 허락할 때 보충할 수도 있고, 전체 운동 횟수가 최소한의 기준에 못 미치는 것이 아니면 그냥 넘길 수도 있다.

신체 활동을 일상생활에 접목하도록 통합하는 운동 계획은 매우 간단한 조건으로 보이지만, 융통성이라는 전반적인 조건이 매우 중요하며, 운동 계획의 두 가지 주된 주제를 관통하여 얽혀 있다. 더 나아가 어떤 여성들이 그들의 일상에 운동을

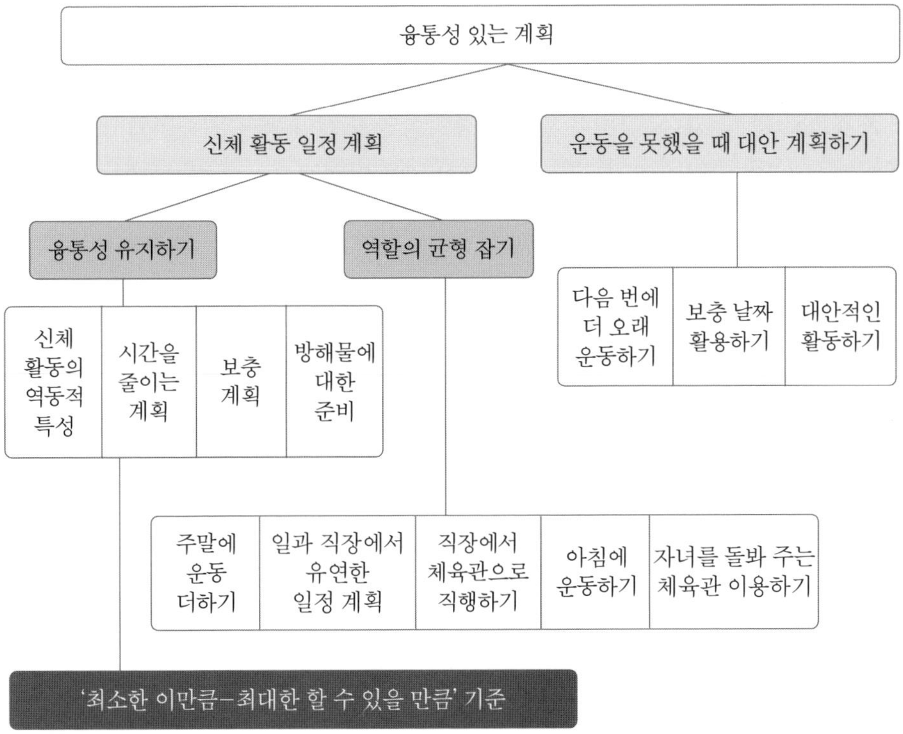

[그림 2] 계획방법의 분류 체계

표 2 선택 조건에 대한 인용의 예

조건	인용
계획방법	"……일주일 동안 한두 번 운동을 빠지게 되면 체중이 되돌아가요. 약간 융통적으로 다시 훈련되어야 하죠. 나는 우울해지지도 않을 것이고 오레오 과자 한 봉지를 먹으러 갈 거라는 걸 말하는 거예요. 괜찮아, 나는 운동을 빼먹었지만 계속하면 되지. 아마 내가 할 수 있는 다른 것이 있을 거예요. 이 근방을 산책한다거나 그것을 대신할 수 있는 다른 것 혹은 계단 오르기 같은 것이요. ……최소한 나는 뭔가를 할 거예요."
	(초점집단에서) "음, 내가 좋아하는 많은 것은 움직이는 것이기 때문에 운동이라고 생각할 수 있을 것 같아요. 나는 그게 중요하다고 생각하고요. 일상에 운동을 포함시키려는 사람들은 융통성 있게 시간을 낼 수 있다고 생각해요. 아무리 운동에 적극적이라고 하더라도 일상 상황은 변하기 때문에 유연한 방법으로 관리해야 하죠. 그게 좋아요."

통합하는 방법을 정의하고, 그들의 일상 경험의 맥락에서 신체 활동의 역할을 바라보도록 한다. 신체 활동이 우선순위에 놓였지만, 그것이 고정되었거나 관행으로 굳어진 것으로 볼 수 없다. 그것은 일상과 장기적인 도전이라는 양 측면에서 역동적이어야 했고, 계속 변화하며, 끊임없이 일상의 기복을 받아들여야 했다.

논의

여성들이 제공한 자료는 아프리카계 미국인 여성들에게 신체 활동이 받아들여지고 유지되는 것에 대해 설명할 수 있는 신체 활동 실행의 행동적 틀을 만들어 가는 구조를 설명해 준다. 장기간에 걸친 신체 활동적 생활양식 개발 과정에서의 심리적 · 행동적 단계를 확인했던 이론적 틀은 기존 연구의 간극을 메웠고 효과적인 신체 활동 개입의 개발 · 실행을 뒷받침할 과학 발전에 기여했다.

과정으로서의 신체 활동을 조사해야 하는 요구가 있었지만(Dishman, 1987), 그것들이 대부분 가능하지 않기 때문에 신체 활동 전개 틀과 다른 행동 과정 틀을 전반적으로 비교하는 것은 어려운 일이다. TTM(Prochaska & DiClemente, 1983)은 몇 개 안 되는 과정모형 중의 하나로 운동 행동에 적용되었고, 유일하게 광범위한 도구가 되었다. 어떤 운동 행동을 연구하든지 과정모형을 선택하지 않은 상태에서는 신체 활동에 독특한 실질적 모형이나 구조들이 개발되었지만 크게 주목받지 못했다(Laverie, 1998; Medina, 1996). 그처럼, 이 구조의 유용성을 지지하는 기초 연구 외의 경험적인 증거는 없다.

이런 연구들과 가장 관련 있는 것은 운동하지 않는 사람부터 운동하는 사람까지의 행로에 대한 근거이론 연구를 착수한 논문이었다(Medina, 1996). 결과적으로 얻은 틀은 신체 활동 실행 단계에 따라 같이 발전한 정체성 발달의 세 가지 단계를 확인하였다. Medina의 틀은 신체 활동 전개 모형의 네 가지 중요한 요소를 확인하였다. 그것은 신체 활동 요법에 대한 개인적인 적합성, 과정 자체의 역동적인 본질, 행동을 강화하는 신체 활동, 신체 활동을 생활양식에 접목하는 것이다. 2개의 독자적인 연구에서 공통적인 것은 과정을 고려하고 맥락적인 방법을 사용하여 연구했을 때 신체 활동 행동을 이해하기 위한 가능성을 예증하는 것이다. 다른 인구집단에게 적용되었고 각 연구에서 결과적으로 얻은 모델이 다른 관점을 반영하기는 하지만, 과정에 포함된 여러 가지 중요한 특성은 두 연구에서 분명해졌다.

이 연구에서 밝혀진 것처럼 신체 활동에 대한 참여를 분리되고 역동적인 단계를 거쳐 전개되는 것으로 개념화하고자 할 때, TTM과 명백하게 비교된다. 신체 활동 전개틀은 여성들이 신체 활동 프로그램을 심사숙고하고, 시작해야겠다는 욕구나 열망이 계속해서 생기는 단계를 확실한 초기 단계로 상정하였다. 이 단계에서 여성들은 (운동에 필요한) 행동, 기술 습득, 자신들의 목표나 생활양식과 관련하여 자신이 해야 할 것들의 특성을 알게 된다. 이러한 결과는 80개의 연구를 표본으로 TTM의 구성체를 하나 이상 측정하여 연구한 메타분석을 통해서도 뒷받침된다(Marshall & Biddle, 2001). 준비부터 실행까지의 움직임에 대한 최대의 효과 크기(Cohen's d=0.85)는 기대한 대로였다. 기대하지 않았던 결과는 미리 계획한 것보다 실제 계획에서 신체 활동이 약간 늘어났다는 것이다(Cohen's d=0.34). 이러한 결과는 본 연구에서 보여 준 행동 실험을 뒷받침하는 것이다. 사람들이 활동적인 생활양식으로 받아들이려고 전적으로 노력할 때, 그들은 그 노력을 변경하는 것을 미리 준비함으로써 다양한 행동 양상을 시험해 보았다. 받아들이는 과정인 이 단계에서 얻어지는 지식이나 기술 없이, 운동 계획에 대한 적응력과 적합한 운동 재개는 가능하지 않았다.

이 연구의 또 다른 중요한 결과는 행동적 획득이나 실행, 행동적 통합이나 유지는 분명히 차이가 있다는 것이다. 더 나아가 이 연구에서 행동적 통합은 역동적 상태로서 설명되었고, 수정 고리를 통해 정기적으로 발전되고 적응되어야 할 필요가 있는 것이었다. TTM을 사용한 두 연구는 행동 변화를 유지하는 기술과 기법을 지속적으로 사용해야 하는 독특한 특성을 가진 역동적 유지 단계라는 개념을 지지한다(Bocks Marcus, Pinto, & Forsyth, 2001; Buckworth & Wallace, 2002). 장기적인 행동 변화는 운동으로 인한 건강 이득이 실현될 수 있는 기본 메커니즘이기 때문에, 행동적 틀의 이러한 측면은 어떻게 이 행동을 유지하는지 이해하는 영역에서 사용할 수 있는 제한된 작업에 중요한 기여를 한다.

신체 활동 전개 과정에서 휴지 고리는 또 하나의 중요한 요소이다. 퇴보(relapse)의 경험은 여성들 사이에서 보편적인 것이었고, 일상적인 생활의 신체 활동을 통합하는 과정과 뗄 수 없는 것이었다. 퇴보는 그녀들이 더 이상 운동을 하지 않는다는 의미가 아니었다. 더 정확하게는 여성들이 뚜렷하게 생활양식으로 통합하는 단계에 있다는 것을 의미했다. 긍정적으로 조정할 수 있을 때, 이 연구에 참여한 각 여성들의 경험이 보여 주는 것처럼 퇴보를 막는 기술을 발전시키고 행동적으로 준비하는 결과가 되었다. 여성들은 그들이 퇴보를 극복해 낼 때 새롭게 시작된 노력(전환 단계)을 통해 신체 활동 과정에 재진입한 시점이 아니라 그들이 (운동을) 시작한 시점이 달랐기 때문에 그 과정을 거슬러 처음으로 되돌아가지는 않았다. 신체 활동 과정이 시작된 시점에 차이가 있는 반면, 단계를 통해 역순환되는 개념은 Medina 연구(1996)의 결과에도 반영되어 있다. 이러한 TTM의 나선형 개념(Prochaska, DiClemente, & Norcross, 1992)은 또한 그 단계를 통해 퇴보와 재순환이 되도록 한다. 퇴보의 개념을 사용하는 신체 활동 영역의 TTM 적용에는 증거가 제한적이다. 그러나 행동 과정의 이 단계를 지지하는 한 연구(Bock et al., 2001)가 있다. 더 나아가 신체 활동의 시작과 유지라는 자연적 단계로 퇴보를 개념화하는 것, 즉 퇴보의 과정을 통해 앞으로 나아가는 것이 중요하다는 것을 지지하는 연구는 신체 활동 영역에서 퇴보예방 모델(Relapse Prevention Model: RPM; Marlatt & Gordon, 1985)을 적용한 것에서 발견된다(Belisle, Roskies, & Levesque, 1987; King & Frederiksen, 1984).

대체로 신체 활동을 받아들이고 유지하게 되는 전체 과정을 밝히려는 연구는 현재 이론에 가장 좋은 비교대상이 된다. 이 영역의 연구가 제한적이라는 것은 명확하다. 신체 활동 영역에 행동이 통합되는 실제 과정은 아직 많이 알려지지 않은 상태로 남아 있다. Medina(1996)의 연구와 TTM과 RPM을 사용한 몇몇 연구 작업은 최근 연구들의 신체 활동에 대한 개념화를 지지한다. 수행되어야 할 일이 여전히 많다. 행동적 통합의 전체 과정을 더 이해할 때, 구성체는 조작화될 수 있고 경로가 자명해지고 양적인 측정이 가능할 것이다. 그때까지는 지금 유용한 과정모형을 다듬고 몇몇 사례를 통합하는 데 주의를 기울여야 한다.

실천적 함의

비록 이 연구에서 제시된 과정모형은 아프리카계 미국인 여성들의 신체 활동 전개를 이해하는 새로운 틀이라고 할 수 있지만, 앞으로 프로그램을 설계하고자 할 때 다음과 같은 중요한 시사점을 생각할 수 있다. ① 일상생활에 적합한 운동 처방을 수정하기 위한 기법, 미래의 변화에 대처하기 위한 계획, 다른 목표와 선호에 대한 다양한 활동 선택을 익히는 것을 포함하여 통합 단계 이후의 생활 변화와 잠재적 장애물을 어떻게 탐색할 수 있는지 알기 위해 주의를 기울여야 한다. ② 초기 단계에서 프로그램은 선택된 활동이 여성의 일상생활과 여성들에게 중요한 결과에 적합한지를 확실하게 하면서, 여성들이 원하는 목표에 대한 처방방법이 적합한지에 초점을 두어야 한다. ③ 프로그램은 그들이 신체 활동 요법을 '최소한 이만큼-최대한 할 수 있는 만큼' 기준을 사용하는 것처럼 유연하고 역동적인 수준으로 계획할 수 있도록 도와야 한다.

연구의 한계

이 연구의 한계는 두 가지 주요 부분과 관련된다. 선택된 방법론과 연구대상이다. 근거이론은 연구자와 연구참여자에 의해 구성된 환경에서 자료수집을 해야 한다. 측정이 최대한 신뢰성과 독립성을 보장하여 이루어졌지만, 다른 집단의 참여자에게 다른 연구자는 다른 결론을 가져올 가능성도 있다. 고려해야 할 또 다른 요인은 선택의 편향이다. 참여하기를 원한 여성들은 선택되지 않은 여성이나 선별 후 참여하지 않기로 결정한 여성들과 다소 차이가 있을 수 있다.

이러한 각각의 한계가 고려되어야 함에도 불구하고, 이 연구설계의 많은 요소는 이러한 이슈로 인해 설득력이 약해지지 않는다. 예를 들면, 자료에 근거한 연구자의 결론을 확인하기 위해 동료 검토하기(debriefing)와 참여자 확인이라는 두 가지 방법을 사용했다. 필사본은 적절한 면접 형식과 풍부한 자료의 질을 점검하기 위해 책임연구자와 공동연구자에 의해 검토되었다. 각 자료수집과 분석 단계는 주의 깊게 문서화되었다. 이 방법은 수집된 자료가 좋은 자료라는 것과 그 자료로부터 추론된 결론은 여성들의 경험에 근거한 것이라는 것을 확실하게 하기 위해 사용된 기법을 예증하는 것이다.

결론

이 연구는 아프리카계 미국인 여성들의 신체 활동의 발달에 기초적인 지식을 제공하는 데에 중요한 기여를 하고 있다. 후속 연구들은 이 지식을 신체 활동 영역에 대한 진전된 이론을 발전시키는 데에 사용하고, 다른 배경과 상황 속의 여성들에 대한 이론을 발전시키도록 확대할 수 있을 것이다. 또한 이러한 결과는 개입을 발전시키는 데 정보를 제공할 수 있으며 중요한 실천적 함의를 찾아내도록 박차를 가할 것이다. 더 나아가 이러한 행동을 그들의 일상생활 속에 성공적으로 편입시킨 사람들 사이의 건강 행동을 조사하는 개념이 연구조사에서 사용되어야 할 것이다. 성공적으로 이 행동을 받아들인 여성들을 연구함으로써 알려진 장벽을 뛰어넘을 수 있는 전략을 설명할 수 있고, 다른 여성들을 위한 개입 계획에도 적용할 수 있을 것이다.

참고문헌

Ainsworth, B. E., Irwin, M., Addy, C., Whitt, M., & Stolarcyzk, L. (1999). Moderate physical activity patterns of minority women: The cross-cultural activity participation study. *Journal of Women's Health and Gender-Based Medicine, 8*(6), 805-813.

Banks-Wallace, J., & Conn, V. (2002). Intervention to promote physical activity among African American women. *Public Health Nursing, 19*(5), 321-335.

Belisle, M., Roskies, E., & Levesque, J. M. (1987). Improving adherence to physical activity. *Health Psychology, 6*(2), 159-172.

Bock, B. C., Marcus, B. H., Pinto, B. M., & Forsyth, L. H. (2001). Maintenance of physical activity following an individualized motivationally tailored international. *Annals of Behavioral Medicine, 23*(2), 79-87.

Brownso, R., Eyler, A., King, A. C., Brown, D., Shyu, Y.-L., & Sallis, J. (2000). Patterns and correlates of physical activity among U.S. women 40 years and older. *American Journal of Public Health, 90*(2), 264-270.

Buckworth, J., & Wallace, L. S. (2002). Application of the Transtheoretical Model to physically active adults. *Journal of Sports Medicine and Physical Fitness, 42*(3), 360-367.

Carter-Nolan, P. L., Adams-Campbell, L. L., & Williams, J. (1996, September). Recruitment strategies for Black women at risk for non-insulin-dependent diabetes mellitus into exercise protocols: A qualitative assessment. *Journal of the National Medical Association, 88,* 558-562.

Centers for Disease Control and Prevention. (2001). Physical activity trends: United States, 1990-1998. *MMWR Weekly, 50*(9), 166-169.

Centers for Disease Control and Prevention. (2002). *Chronic disease overview: U.S. Department of Health and Human Services.* Washington, DC: Author.

Centers for Disease Control and Prevention. (2003). *Behavioral risk factor surveillance system survey data.* Atlanta, GA: Author.

Corbin, C., Nielsen, A., Bordsdorf, L., & Laurie, D. (1987). Commitment to physical activity. *International Journalof Sport Psychology, 18,* 215-222.

Dishman, R. (1987). Exercise adherence and habitual physical activity. In W. P. Morgan & S. G. Goldstein (Eds.), *Exercise and mental health* (pp. 57-83). Washington, DC: Hemisphere.

Fleury, J., & Lee, S. M. (2006). The Social Ecological Model and physical activity in African American women. *American Journal of Community Psychology, 37,* 129-140.

Friedenreich, C., & Orenstein, M. (2002). Physical activity and cancer prevention: Etiologic evidence and biological mechanisms. *Journal of Nutrition, 132,* 3456S-3465S.

Godin, G., & Shephard, R. (1985). A simple method to assess exercise behavior in the community. *Canadian Journal of Applied Sports Science, 10,* 141-146.

Henderson, K., & Ainsworth, B. (2000). Sociocultural perspectives on physical activity in the lives of older African American and American Indian women: A cross-cultural activity participation study. *Women and Health, 31*(1), 1-20.

King, A. C., Castro, C., Wilcox, S., Eyler, A., Sallis, J., & Brownson, R. (2000). Personal and environmental factors associated with physical inactivity among different racial-ethnic groups of U.S. middle-aged and older-aged women. *Health Psychology, 19*(4), 354-364.

King, A. C., & Frederiksen, L. W. (1984). Low-cost strategies for increasing exercise behavior: Relapse preparation training and social support. *Behavior Modification, 8*(1), 3-21.

King, A. C., Stokols, D., Talen, E., Brassington, G. S., & Killingsworth, R. (2002).

Theoretical approaches to the promotion of physical activity: Forging a trans-disciplinary paradigm. *American Journal of Preventive Medicine, 23*(2S), 15-25.

Laverie, D. A. (1998). Motivations for ongoing participation in a fitness activity. *Leisure Sciences, 20*(4), 277-302.

Lincoln, Y. S., & Guba, E. G. (1985). *Naturalistic inquiry.* Beverly Hills, CA: Sage.

Malarcher, A., Casper, M., Matson-Koffman, D., Brownstein, J., Croft, J., & Mensah, G. (2001). Women and cardiovascular disease: Addressing disparities through prevention research and a national comprehension state-based program. *Journal of Women's Health and Gender-Based Medicine, 10*(8), 717-724.

Marlatt, G. A., & Gordon, J. R. (1985). *Relapse prevention: Maintenance strategies in the treatment of addictive behaviors.* New York: Guilford.

Marshall, S., & Biddle, S. (2001). The transtheoretical model of behavior change: A metaanalysis of applications to physical activity and exercise. *Annals of Behavioral Medicine, 23*(4), 229-246.

Medina, K. (1996). *The journey from nonexerciser to exerciser: A grounded theory study.* San Diego, CA: University of San Diego Press.

Muhr, T. (1994). *ATLAS.ti* (Version 4.2) [Computer software]. Thousand Oaks, CA: Sage.

National Center for Health Statistics. (2004). *Health United States 2004 with chart-book on trends in the health of Americans with special feature on drugs.* Hyattsville, MD: U.S. Department of Health and Human Services, Centers for Disease Control and Prevention.

Pate, R. R., Pratt, M., Blair, S. N., Haskell, W. L., Macera, C. A., Bouchard, C., et al. (1995). Physical activity and public health: A recommendation from the Centers for Disease Control and Prevention and the American College of Sports Medicine. *JAMA, 273*(5), 402-407.

Patton, M. (1990). *Qualitative evaluation and research methods* (2nd ed.). Newbury Park, CA: Sage.

Prochaska, J., & DiClemente, C. C. (1983). Stages and processes of self-change of smoking: Toward an integrative model of change. *Journal of Consulting and Clinical Psychology, 51,* 390-395.

Prochaska, J., DiClemente, C., & Norcross, J. (1992). In search of how people change: Applications to addictive behaviors. *American Psychologist, 47*(9), 1102-1114.

Spradley, J. P. (1979). The ethnographic interview. Orlando. FL: Harcourt Brace.

Sternfeld, B., Ainswroth, B. E., & Quesenberry, C. (1999). Physical activity patterns in a diverse population of women. *Preventive Medicine, 28*, 313-323.

Strauss, A., & Corbin, J. (1998). *Basics of qualitative research: Techniques and procedures for developing grounded theory*. Thousand Oaks, CA: Sage.

U.S. Department of Health and Human Services. (1996). *Physical activity and health: A report of the Surgeon General*. Atlanta, GA: Author.

U.S. Department of Health and Human Services. (2000). *Healthy People 2010: Volume II* (2nd ed.). Washington, DC: Government Printing Office.

U.S. Department of Health and Human Services. (2001). *The Surgeon General's call to action to prevent and decrease overweight and obesity*. Rockville, MD: Author.

Wilbur, J., Miller, A. M., Chandler, P., & McDevitt, J. (2003). Determinants of physical activity and adherence to a 24-week home-based walking program in African American and Caucasian women. *Research in Nursing and Health, 26*(3), 213-224.

부록 E

문화기술지 연구

영국 태생 파키스탄과 방글라데시 청년 남성: 무슬림, 이슬람 혐오, 인종화의 불안정한 개념들에 대한 탐색[1)]

Mairtin Mac an Ghaill(영국의 뉴먼 대학교)
Chris Haywood(영국의 뉴캐슬 대학교)

초록

영국의 무슬림 공동체에 대한 대중의 이해가 변화하고 있다는 최근의 많은 학술 작업은 민족성에서 지역으로의 전환과 그에 동반되는 인종차별주의에서 이슬람 혐오로의 전환을 가정하는 설명적 분석틀 내에서 수행되고 있다. 이러한 작업들의 중요한 한계는 종종 미디어의 표현에 근거하고 있으며, 동시대를 살아가는 사회적 관계로부터 단절되는 경향을 갖는다는 점이다. 그에 반하여 이 논문에서는 영국 태생의 노동자 계층 파키스탄인과 방글라데시인 청년 남성들이 살아가는 변화무쌍한 문화적 조건을 탐색하는 질적 연구를 제시함으로써 이러한 논쟁들을 비판적으로 다루고자 한다. 새

1) 출처: 이 논문은 *Critical Sociology*, *41*, 97-114에 게재되어 있다. Copyright 2015, SAGE Publications, Inc.

로운 문화적 조건이 다양한, 심화되고 양면적으로 급하게 전환되는 지역과 국가, 국제 단위의 지리-정치적 과정들 내에 자리 잡고 있는 청년들의 문화적 조건의 윤곽들로서 종교의 단일한 범주 내에 개념적으로 포함될 수 있다는 주장이 있다. 따라서 무슬림 공동체와 정체성에 대한 최근의 이론화나 연구들과 대조적으로, 이 연구에 참여한 청년 남성들은 복합적인 남성적 주관성을 보장하기 위한 무슬림, 이슬람 혐오, 인종화의 맥락에 기반한 국지적 의미들과 관련되어 있다. 이와 함께 이 논문은 청년들에게 사회적 · 문화적 배제의 중심 요소라고 할 수 있는, 사회경제적으로 궁핍한 조건 내에서 사회 계층의 현재적 영향이 보이지 않기 때문에, 청년들이 인종화라는 개념을 대체하는 이슬람 혐오가 그들의 지역사회에 위협이 된다는 점을 인식하고 있음을 강조한다.

주제어

영국, 젠더, 이슬람 혐오, 무슬림, 인종화, 계층

서론

파키스탄과 방글라데시 계열이면서 영국에서 태어난 노동자 계층 청년들에 대하여, 무슬림에 대한 영국의 많은 정치, 미디어, 학술적 비평들은 그들을 주요한 사회문제로 다시 새겨 넣고 있다(Richardson, 2004; Hussain, 2008). 이는 새로운 영국 정체성의 구축과 국가 주도 다문화주의에 대한 유럽 단위의 정치적 의제를 포함하는, 적극적인 영국 국가주의가 등장하는 때에 발생하고 있다(Fekete, 2004; Ibrahim, 2005; Townsend, 2011). 다문화주의의 실패와 동반되는 공동체, 자기차별 등에 대한 다양한 담론이 정부와 미디어, 대중 문화에 의해 제기되어 왔다(Phillips, 2006; Nagle, 2009; Kundnani, 2009). McGhee(2008: 145)는 다음과 같이 말했다.

> 국가 수준의 논쟁에서…… 영국은 다중 정체성, 충성심들이 모두 문제가 되고, 모든 것을 넘어서 영국의 가치들을 수용해야만 하는 영국 시민들로서 '우리의' 일차적인 정체감을 촉진시키기 위하여 효율적으로 사용되는 권위주의와 '반다문화주의' 시기에 접어들었다.

이에 대응하여, 이 논문은 이슬람과 무슬림 공동체, 무슬림 청년 남성이 되는 것의 환원주의적인 재현에 초점을 맞추는 파키스탄과 방글라데시 청년 남성들의 내러티브를 가지고 논의한다. 그와 동시에 그들이 자신에게 부과되었다고 주장하는, 예정되는 사회적 분리와 문화적 고착, 종교적·민족적·국가적 차이에 따른 범주들의 경계성을 비판적으로 검토할 긴급한 필요가 있다. 이러한 범주들을 포함하는 제도적 규제 양산의 맥락 내에서, 정체성 형성이 공동체의 불경스러운 역사에 대한 임시적이고 공간적인 구체성에 내포되어 있다는 것과 국적, 민족성, 종교, 문화, 전통 등의 다양한 원천을 통하여 함께 형성되는 정체성 소속을 강조하는 것이 중요하다(Bauman, 1996; Zaretsky, 1996).

그 결과로, 이러한 자원들은 후기근대주의의 조건들 내에서 고도로 분류되고, 성에 의해 구별되며, 세대별로 그리고 지역별로 구체화된다(Brah et al., 2000). 그러나 우리는 이러한 지위들을 구성하는 과정들에 대해 아직 아는 바가 거의 없다. 따라서 유물론자와 후기식민주의 이론적 틀의 조합과 청년들의 이야기는 종교의 인종화와 종교가 인종화 과정에서 수행하는 중심 역할, 무슬림이 인종화되는 현대적 형식으로서 이슬람 혐오에 대한 논쟁을 비판적으로 탐색하는 대안적인 재현 공간을 제공한다. 이 논문은 우리의 방법론적 위치에 대한 개요를 제시하는 것으로 시작하여, 제도와 구체적인 지역 맥락, 더 넓은 사회적·경제적 과정들 내에 있는 살아 있는 관계들로부터 단절되어 온 무슬림 재현과 정체성 형성, 그리고 주관성에 대한 더 최근의 사회적·문화적 이론화에 대한 대응을 위한 대안적인 재현 공간을 탐색한다. 이어서 무슬림 청년 남성들의 인종화된 재현의 전환에 대해 논의하고, 그들의 삶을 탐색할 때 종교의 단일한 범주를 넘어서야 할 필요성에 대해 언급할 것이다. 이 논문의 주요 초점은 무슬림과 이슬람 혐오, 인종화와 같은 개념들의 불안정성에 대한 그들의 논의에 대한 탐색에 있다. 마지막으로, 우리는 분류된 대상으로서 파키스탄과 방글라데시 청년 남성들의 비가시적인 계층화를 강조하는, 인종화에 대한 학생들의 미묘한 이해의 차이를 다룰 것이다.

연구방법: 청년 남성들의 내러티브

학술 분야와 정부, 미디어 내에서는 유럽과 북미에 거주하는 무슬림 디아스포라에 대해 과잉일반화하는 경향이 있다. 예를 들어, 북미 맥락에서 무슬림에 대한 대중적인 표현은 종종 아랍인으로 묘사되며, 영국의 맥락에서 대중적인 표현은 종종 남아시아인으로 언급된다(Haddad, 2004). 실제로는 국제적인 무슬림 디아스포라는 국가와 민족이라는 측면에서 매우 다양한 인구집단이다. 페미니스트들과 후기식민주의 이론가들은 근대후기 영국 무슬림 청년 여성들의 지적인 지도를 제공해 왔다(Shain, 2003; Brah and Phoenix, 2004). 이 논문은 탐색이 충분히 이루어지지 않은 분야로 남아 있는 세대 차원에서 구체적이고 성별로 분화된 범주로서 무슬림 청년 남성에 초점을 맞추고자 하였다.

앞서 언급한 바와 같이, 이 연구는 파키스탄과 방글라데시 혈통이며 버밍엄에서 태어난 청년 남성들에 기반하고 있다. 무슬림은 영국 인구의 4.8%를 차지하는 반면에[Office for National Statistics (ONS), 2012], 버밍엄 지역에서는 21%(대략 23만 2,000명)를 차지하는 것으로 발표되었다(Birmingham City Council, 2013). 이는 영국의 지방정부들 중에서 무슬림의 수가 가장 많은 수치이다. 더욱이 민족이라는 차원에서 버밍엄 선거구는 이들 지역사회 내에 14만 4,627명(13.5%)의 파키스탄인과 3만 2,532명(3%)의 방글라데시인이 등록되었다. 이러한 맥락에서 그러한 지역사회들은 다양성 수준이 매우 높으며, 질적 연구이자 탐색 연구로서 이 논문은 참여자들이 그 지역의 광범위한 무슬림 남성 인구집단이나 일반적인 인구집단의 경험을 대표한다고 주장하는 귀납적 타당성을 추구하지 않는다. 그 대신에 Crouch와 McKenzie(2006: 493)는 다음과 같이 주장했다.

> 태도와 반응이라는 구체적인 범주들의 체계적으로 선택된 사례들이 되기보다, 여기에서 응답자들은 의미 있는 경험-구조 연결을 체화하고 대표하는 것이다. 달리 말하면, 우리의 응답자들은 (그저) 특정한, 지정된 속성들(또는 '변수들')을 보유하고 있는 개인들이라기보다 '사례들' 또는 어떤 상태들의 예시인 것이다.

뉴캐슬과 런던, 버밍엄에서 파키스탄과 방글라데시 청년 남성 세대와 함께 한 우리의 작업은 급변하는 영국에서 성장해 온 그들의 지리적으로 특화된 지역 경험을 명확하게 만들어 준다(Popoviciu and Mac an Ghaill, 2004; Mac an Ghaill and Haywood, 2005). 달리 말하자면, 버밍엄에 기반한 이 연구에 참여한 청년 남성들은 영국 내에서 변화 중인 무슬림 디아스포라들 사이에서 다양한 사회적 궤적의 부분적인 맥락 내에서 독특한 생활방식으로 살아왔다. 따라서 무슬림 청년 남성들의 의미 있는 경험들을 탐색하는 것이 연구설계의 중요한 목표였다고 할 수 있겠다.

우리 자신의 문화기술지 연구 작업에 의존하여, 우리는 연구참여자들이 공적 공간과 사적 공간을 가로지르는 주체적 지위들을 살아가는 것의 복잡성에 대한 통찰력 있는 내러티브를 제공하는 대안적 재현 공간에 살아갈 수 있도록 설정하였다. 2008년부터 2011년까지 3년 동안, 우리는 16~21세 사이 노동자 계층에 해당되는 파키스탄인 30명과 방글라데시인 18명, 총 48명의 경험을 기록하였다. 이 청년 남성들 중에서 25명 분량의 내러티브가 이 논문에 보고되었다. 청년 남성들 중 다수인 38명(이 논문에는 20명)은 지역의 중등학교와 6년제 대학(sixth-form college), 고등교육 대학을 다녔다. 그러나 선행 연구들에 제시된 바와 같이, 방글라데시와 파키스탄 청년들의 교육 참여율은 고도로 분열되어 있으며 비선형적이다(Bradley and Devadason, 2008). 예를 들어, 청년 남성들은 종종 가정과 직장의 책임을 이행하기 위해 여러 해에 걸친 시간제 교과과정상의 과제들을 잘 해내지 못한다.

면접 집단들에는 방글라데시와 파키스탄 청년 남성들이 섞여 있었는데, 그들의 이름이 가리키는 것처럼, 그들은 친밀한 우정을 나누고 있었을 뿐 아니라 동일한 청년 조직과 지역사회 조직, 대학들에 출석하고 있었고, 동일한 고용인을 공유하고 있었으며, 레저 활동에 함께 참여하는 것을 포함하여 광범위한 사교적 커뮤니티의 일부이기도 했다. 더욱이 그들이 비록 다양성을 가진 개인들이기는 했지만, 교육과 직장/훈련 또는 실업 등 상이한 현재 경험을 포함하여 민족성과 연령, 과거 경험, 사회적 지위라는 차원에서 볼 때, 그들은 무슬림 정체성이라는 민족 주류의 가정에 대해 자신들이 공유하는 비판적 성찰을 유지하고 있었다. 후자의 경우 이슬람 혐오와 무슬림의 인종화에 대한 이 논문의 주요 주제들에 핵심이 되는 중요성을 갖고 있는 것으로 나타났다.

청년 남성들과 실증적 작업을 수행하는 동안, 우리는 그 지역에 정치적으로 관여하고 있는 2명의 청년 남성을 소개받았다. 이어서 그들은 우리를 다른 청년 남성들에게 소개하였으며, 나중에 그 청년 남성들은 다른 친구들과 가족, 커뮤니티 대표자들에게 소개하는 식으로 더 큰 눈덩이를 굴려갔다(Patton, 1990). 지역의 공동체에 소속된 가족들과 작업하면서 지역에 대한 우리의 사회적 기여가 알려짐에 따라 접근이 매우 잘 이루어졌다. 집단 면접과 생애사 면접은 이러한 청년 남성들이 경험한 다양하고 중요한 사건들을 탐색하는 과정에서 분석틀을 제공해 주었다.

집단 면접은 지역 커뮤니티 센터에서 수행되었으며, 생애사 면접은 청소년 커뮤니티 조직들과 해당 지역의 카페를 포함한 다양한 장소에서 수행되었다. 면접은 대략 45~90분 지속되었으며, 성장과 가족, 학교생활, 사회생활과 지역 커뮤니티에 대한 통찰을 제공해 주었다. 또한 이러한 면접들은 관찰과 비공식적 대화, 부모나 지역 커뮤니티 대표들과의 면접 등을 포함하여 광범위한 다른 연구 전략들에 의해 보완되었는데(Alvesson and Skoldberg, 2000), 디아스포라 청년 남성들의 주관성과 정체성이 지역적으로 형성되는 것에 대한 국제적으로 굴절된 변화의 영향에 대해 더 폭넓은 비판적 문화기술지의 일부라고 할 수 있다(Appadurai, 1991; Harvey, 2003; Ansari, 2004).

각각의 방법들로부터 나온 자료들은 주제 분석(Braun and Clarke, 2006)에 적용되었으며, 이는 우리가 '자료의 의미론적인 내용을 형성하거나 영향을 미치는 근본적인 생각들과 구성체들 그리고 담론들'을 탐색할 수 있도록 하였다(Ussher et al., 2013: 902). 이어지는 분석은 단순히 '액면 타당도'의 형태가 아니라 결과물의 실천적 · 정치적 함의를 탐색하는 방법으로서 청년 남성들 자신에게 돌아갔다. 이 연구 전체의 모든 면접은 익명 처리되었으며, 연구참여자들의 비밀을 보장하기 위해 가명을 붙였다(Wetherell, 1998).

무슬림 청년 남성들의 인종화된 표상을 전환하기: '인종에서 종교로'-종교라는 단일 범주를 넘어

후기식민주의의 대상으로서 청년 남성들은 버밍엄에서 살아갈 때 동시대의 사회적 · 공간적 관계를 이해하지 못하는 조부모와 부모 세대가 이전에 가지고 있던 인종화된 표현들에 대한 암묵적 또는 명시적 이해를 가지고 있다(Gilroy, 2004). 중요한 것은 그들이 국가나 공공의 제도적 기구들이 그들의 커뮤니티와 세대 간 변화, 그리고 아마도 가장 의미 있는 것으로서, 다수에게나 소수에게나 이러한 새로운 정체성이 형성되는, 버밍엄과 같은 서구 도시의 변화하는 형태학 등에 대해 거의 이해하지 못하고 있다는 점을 주목한다는 것이다(Bhattacharyya, 2008). 다음에 제시된 집단 면접에서, Abdul은 그들이 갖고 있는 민족성의 인종화와 관련하여 청년 남성들의 구체적인 세대 경험에 대한 토론을 시작한다.

Abdul: 많은 사람이 조부모/부모들이 파키스탄에서 여기로 왔을 때 얼마나 부당한 대우를 받았는지 들어 봤을 겁니다. 하지만 그건 우리 젊은 사람들에겐 달라요. 우리 부모들이 갖고 있던 일종의 고정관념은 소말리아와 예멘, 심지어 극지방에서 온 사람들이 갖고 있던 것과 더 비슷한 거죠. 왜냐면 그들은 다른 언어와 그런 모든 것을 가지고 막 도착했으니까요.

M.M(연구자): 그래서 당신의 세대는 어떤데요?

Abdul: 우리는 여기에서 태어났기 때문에 다르죠. 우리는 영국인이고 파키스탄의 유산을 가지고 있죠. 그리고 어쨌든 아마도 모든 것이 이 주변에서 변했고, 9 · 11 테러 이후에는 모든 곳에서 변화가 있었죠.

Azam: 변한 것도 있고 변하지 않은 것도 있죠. 백인 아이들은 여전히 어떤 영역에서 당신을 '파키(Paki)'라고 부르고, 우리는 테러리스트나 근본주의자로 인식되죠. 그런 식의 단어로, 그리고 그런 고정관념으로.

Majid: 당신이 그것에 대해 생각하기 시작했을 때 모든 것이 뒤섞여 버려요. 아시아인, 파키스탄인, 민족, 그 밖의 것, 그리고 모든 유색소수민족과 나머지 사람들의 최악이라는 것처럼. 난 모르겠어요. 그것들은 정말 우리에 대한 것이 아니겠죠? 구세대에 대해 말하는 걸 거예요.

Shabbir: 그들에 대한 것은 아닐 거예요. 그저 백인들이 우리에게 부여하는 딱지인 거죠.

Wasim: 무슬림 청년 남성들에 대한 직접적이고 직설적인 고정관념은 없다고 생각해요. 왜냐하면 당신은 테러리스트 조직에 가담하지 않는다는 모든 선전 도구들을 갖고 있으니까요. 몇몇 테러 사건이 발생한 뒤에 TV에서 정부 사람들이 말하는 것처럼, 그들은 우리가 최대한의 원조를 필요로 하고, 그래서 아프가니스탄으로 가서 테러리스트가 되는 훈련을 받도록 설득되어서는 안 된다고 말하는 거죠. 하지만 우리에 대한 가장 중요한 고정관념은 우리가 테러리스트라는 겁니다.

Yusuf: 정부와 경찰, 심지어 아마도 많은 교사도 아는 게 없어요. 그들은 우리에 대해 정말 몰라요. 이 근방에 사는 사람들에 대해서 말이죠. 심지어 그들은 여기에서 살고 있는 우리의 백인 친구들에 대해서도, 그리고 그들이 백인이라는 것도 알지 못해요. 그들은 마치 우리가 이 나라에 이제 막 도착한 것처럼 이야기해요. 하지만 나는 몇 년 이내에 이 도시가 정말로 변해 왔다는 것을 볼 수 있고, 우리 부모들도 정말 변했다고 말씀하시죠. 그것은 단지 우리에 대한 것이 아니라 도시 전체가 변했어요. 백인 아이들과 그들의 부모들에게 가서 얘기해 보세요. 그러면 그들이 당신에게 얘기할 거예요. 하지만 정부와 책임자들은 이런 것에 대해 몰라요. 그들은 여기에 살지 않거든요. [집단 면접]

이들 청년 남성의 내러티브에 포함된 경험들 중 하나는 이용 가능한 표현과 언어를 가지고 신분 확인이 잘 안 된다는 것이다(Sandhu, 2011). 현재 그들을 단일한 종교 범주에 포함시키려는 국가 제도의 시도는 책임감을 갖고 있고, 가족 지향적으로 열심히 일하며, 사회적으로는 수동적인 무슬림 아버지들의 모습과 그들을 잠재적인 테러리스트인 동시에 테러리스트 모집에 매우 취약한 지위를 모순적으로 부여하는 인종화된 모습의 전환 사이를 오간다. 현대 무슬림 청년 남성들의 경험을 탐색하면서, 우리는 거의 알지 못하는 고도로 가시적인 디아스포라 집단의 복잡한 정체성과 결속력, 투자, 위치화를 발견했다. 더 구체적으로 말하자면, 우리는 주관성의 복잡한 과정과 주관화에 수반되는 과정, 간주관성과 사회적 전기, 복합적인 투자/제휴, 다중적이고 다양한 동일시의 점유 등에 대해 아는 것이 거의 없다. 이러한 사회적 지식의 결핍은 '다양한 민족(미르푸리, 방글라데시, 파키스탄) 집단들을 종교 집단(무슬림)으로 재범주화하는 것'을 포함하여 사회과학 문헌들에서 무슬림이라는 용어를 사용할 때 느끼는 개념적 모호성, 그리고 혼란과 함께 시작된다(Shain, 2011: 15). 이 청년 남성들은 그들의 대중적(인종적) 정체성에 대한 일차적인 공식적 표식을 민족성에서 종교로 전환하자는 제안에 대해 논의했다. 예를 들어, Anthias와 Yuval-Davis(1993: 55)는 다음과 같이 주장해 왔다.

'루시디 사건(Rushdie Affair)' 이후로, 국가적 집합체로부터 소수종교의 배제는 특히 무슬림과 관련된 인종화 과정을 시작해 왔다. 그것은 기원한 장소로 또는 '유색인'으로 알려진 적이 있는 사람들이 그들에게 가정된 종교에 의해 동일시되어 왔다. '파키'라는 인종차별주의 고정관념은 '무슬림 근본주의자'라는 인종차별주의의 고정관념이 되어 왔다.

청년 남성들에게 그들의 사회생활은 집중적인 국제적 감시와 문화적 병리화 그리고 사회적 · 인종적 배제라는 특징을 가지며, 이것은 계층 이동보다 복잡한 것이다(Said, 1978). 가장 중요한 것은, 다음 토론에서 제시되는 것처럼 민족성과 종교, 문화적 소속감이라는 개념이 분명한 경계를 가지고 있지 않으며, 이러한 범주들의 분리가 모순적으로 경험된다는 것이다.

Amir: 당신은…… 나는 도무지 이해가 안 가요. 말도 안 돼요.

M.M: 뭐가요?

Amir: 당신은 자신이 늘 감시당해 왔다고 느끼잖아요. 여기에 무슬림으로 와서 말이죠. 하지만 당신은 준비할 수도 없고 그런 일이 생겼을 때 뭔가를 할 수도 없어요. 아니면 어떻게 대처해야 할지도 모르죠. 왜냐하면 그건 다르니까. 다른 방식으로 발생하는 거죠.

M.M: 그러니까 어떻게요?

Amir: 전에 Yusuf이 말했던 것처럼 교사나 경찰이 당신을 다르게 쳐다볼 수 있죠. 그리고 다시 다른 교사들이 다르게 행동할 수도 있고요.

Kashif: 당신은 이런 일들을 그런 식으로 분리할 수 없어요. 사람들을 그렇게 나눌 수는 없죠. 그런 식으로 되는 게 아니에요. 우리 부모들이 민족적이거나 아시아인이거나 방글라데시 또는 벵갈인이든 무엇이든 그런 게 아니라 지금 젊은 사람들이 그저 종교적이라는 거죠. 이러한 일들이 모든 사람에게 모두 뒤섞여 버렸어요.

Abdul: 내가 전에 말한 것처럼, 기도하기 위해 왜 모스크에 가는지 말했을 때, 당신은 어디서든 기도할 수 있어요. 그게 바로 진실이죠. 하지만 진짜 무슬림이 되는 건 이웃을 돌보는 거예요. 그래서 사람들을 만나서 그들이 괜찮은지 살펴보는 것이 중요하죠.

Kashif: 그래서 당신은 우리를 민족이나 종교로 부르는 것 사이에서 선택할 수가 없어요. 그건 바보 같은 일이고, 말도 안 되는 거죠. [집단 면접]

무슬림 남성이 되는 세대별로 다른 방법들을 향한 청년 남성들의 양가감정과 함께, 문화적으로 혼란스러운 종교적 정체성과 폭력에 의해 뒷받침되는 남성성에 대한 거부에 기반하여, 그들의 동일시는 무슬림의 의미에 대한 재구조화를 포함해 왔다. 앞선 논의에서 본 바와 같이, 이 청년 남성들은 단 하나의 동질적인 무슬림 정체성이라는 관념을 경험하지 않았다. 더욱이 경찰이나 교사들에 의해 투사되는 것과 같은 대표적 공간들은 종종 특정한 종교적 · 정치적 차이에 기반하기도 하는데, 그것이 그들의 생활 경험과는 연결되지 않는 것으로 나타났다.

Farhad: 이해가 돼요? 예전에는 '파키'라는 단어가 고정관념이었어요. 이제 사람들은 무슬림이 테러리스트로 불린다고 하지만, 지금 실제 고정관념은 무슬림으로 불린다는 점이죠.

Kashif: 그게 바로 변화된 점이죠. 옛날에 우리 부모들은 백인들에 의해 종교적으로 선한 사람으로 여겨졌죠. 교사와 경찰들처럼요. 심지어 정부까지 포함해서. 이제 우리는 종교 때문에 악한 사람들로 여겨지죠. 마치 우리 모두가 극단주의자 같은 사람들인 것처럼 말이죠.

Sajid: 정말 그래요. 이런 사람들에게는, 그들에게 종교는 커다란 새장과 같은데, 거기에 우리를 가두려고 하죠. [집단 면접]

이러한 제도적 표상들은 그러한 차이에 대한 예시화에 의존하는데, 그것은 논쟁의 여지가 있지만 무슬림 정체성을 공고하게 할 수 있다. 예를 들어, Qureshi(2004)는 자신의 연구에 참여한 일군의 파키스탄인 청년 남성들이 백인 청년 남성들에 대한 타자화를 통해 남성성을 형성한다는 사실을 발견하였다. 우리 연구에 참여한 청년 남성들의 특성들 중 하나는 백인을 타자화하는 과정이 무슬림 정체성의 오래된 형식이 갖는 특성—이 청년 남성들이 점점 더 많은 양가감정을 느끼는 동일시—으로 여겨진다는 점이다. 그 결과로 남자다운 주관성을 지키는 것이 세대별로 더 복잡하게 여겨진다. 여기에서 우리는 무슬림 청년 남성이 된다는 것과 이슬람 혐오 그리고 인종화라는 불안정한 개념들을 통해 그들의 남자다운 주관성을 지키고 있는 청년 남성들에 초점을 맞추고자 한다.

개념의 불안정성: 무슬림, 이슬람 혐오, 인종화

2000년대 초반, 방글라데시인 남녀 청년들 사이의 민족적 · 국가적 정체성 구축을 탐색한 결과, 우리는 그들에게 가정된 민족-종교적 동일시와 사회적 실천과 관련하여 남성성 형성의 다양성이 증가하고 있음을 발견하였다(Mac an Ghaill and Haywood, 2005). 우리는 현대의 파편화된 남성 주관성, 사회적 궤적, 문화적 소속감의 범위와 지역 공간 내에서 무슬림, 이슬람 혐오, 인종화 개념의 경쟁하는 의미들을 추적하기 위하여 사회적-역사적 관점들을 유지할 필요가 있다. 앞서 제안한 바와 같이, 파키스탄과 방글라데시 청년 남성들은 종교라는 단일한 정체성 범주 내에 개념적으로 포함될 수 없는 구체적인 문화적 조건들을 경험하고 있다. 그들의 내러티브는 학교교육과 치안과 같은 제도적 현장들을 포함하여 국가가 그들에게 부여한 지배적인 문화주의자의 설명에 대해 비평한다(Faas, 2010). 청년 남성들이 가진 문화적 조건의 윤곽은 심화되고 빠르게 전환되는 양면적인 지정학적 과정들에 내포되어 있으며, 여기에는 세계 경제의 재구조화에서 발생하는 개발과 지역 및 국제 노동시장에 대한 그 영향, 진보된 기술 체계와 증가하는 문화적 교류, 무슬림 사회에서 서방 세계가 주도하는 일련의 전쟁, 이민의 패턴 전환, 새로운 형태의 인종적 배제, 새로운 세계 질서의 재구조화와 인종/종교적 정체성의 명백한 변화 등이 포함된다.

그와 동시에 이 연구에 참여한 청년 남성들은 그들의 과거에 대한 기억과 현재의 생활과 활동 그리고 그들이 상상하는 미래를 (재)구성하는 역동적 불협화음이라는 측면에서 그러한 변화를 주관적으로 경험하고 있다. 이러한 과정은 무슬림이라는 명칭에 붙여진 의미들의 협상을 통해 입증된다.

> Asif: 무슬림의 관점과 무슬림 공동체 그리고 무슬림 청년 남성과 여성들이 이렇게 저렇게 행동한다는 식으로 말하는 것은 잘못된 겁니다. 그런 것은 없어요. 만약 당신이 이 근처에서 젊은 사람들을 본다면 그들은, 그들은 정말 다른 스타일, 서로 다른 방식으로 그렇게 할 겁니다. 그리고 분명히 당신은 친구를 사귀겠죠. 왜냐하면 당신은 다른 집단과는 정말 상이하지만 이 안에서는 공통적인 무언가를 가지고 있기 때문이죠.

M.M: 이를테면 어떤 거요?

Asif: 어떤 거냐고요? 모든 것이죠. 분명한 일들, 그러니까 당신이 전문대에 갈지 혹은 4년제 대학에 갈지나 당신이 일을 하지 않고 갱에 들어가든가, 상이한 관심들, 음악, 옷을 어떻게 입을지, 당신 친구와 함께 가는 곳 등 모든 것.

Wasim: 당신이 북쪽으로 가거나 런던으로 내려가는 것, 그건 정말 다르죠. 우리는 항상 결혼식에서 그런 얘기를 해요. 이 사람들은 우리와 같지 않다.

Yasin: 당신이 무슬림 청년들의 미래에 대해 질문했을 때, 예, 모든 것이 뒤섞여 있죠. 사람들이 미래에 대해 계획할 때 그건 아주 다른 미래들이죠. 대학에 다닌다고 하더라도 미래에 대해 생각하는 건 과거에 대해 어떻게 생각할 것인가, 그것으로부터 도망가기를 원하는가, 이 나라와 파키스탄의 과거 그리고 무슬림에 대한 모든 말에 대해 이제 일어나는 모든 일에 대해 얼마나 알고 있는가와 연결되는 거죠. 하지만 다른 청년들과 마찬가지로 대부분은 당신이 어떻게 미래를 밝게 만들어 갈 것인지에 대한 거죠. [집단 면접]

청년 남성들과 논의하는 과정에서, 그들은 연구 문헌에서 자신들의 자기인식 변화라는 측면에서 매우 의미 있는 것으로 보이는 집단적인 자기준거로서 무슬림이라는 용어가 점차 많이 사용되고 있다는 것이 파키스탄과 방글라데시의 젊은 세대가 더 종교적인 사람들이 되어 가고 있다는 것을 의미하지는 않는다고 설명한다(Samad, 1998). 또한 그들은 무슬림이라는 용어의 현대적인 용례가 역사적으로 차이를 표시하기 위해 사용되어 온 아시아인과 파키스탄/방글라데시인이라는 용어를 대체하지 않으며, 오히려 서로 다른 여러 현장에 걸쳐서 맥락적으로 사용된다고 지적하였다. 중요한 것은 '의심스러운 공동체'에서 권력과 통제의 구속력이 있는 기제들은 제도적으로 구체적인 맥락들 내에서 상이하게 경험된다는 점이다(Pentazis and Pemberton, 2009). 흥미롭게도, 그 청년 남성들은 세대별로 특정된 문화정치학 내에 내포되어 있는 무슬림이라는 그들의 자기인식과 '백인들'이 그 용어를 인종화하여 사용하는 것 사이의 차이를 다음과 같이 구별한다(Pilkington and Johnson, 2003; Said, 1993).

Wasim: 당신이 우리에게 우리가 진정한 무슬림이었는지 물었을 때 우리 모두 웃으면서 말했죠, 아니라고. 그러니까 기도, 단식, 모스크(이슬람 사원)에 가는 것과 같은 일들은, 아니요,

우리 대부분, 젊은 사람들에게는 진짜 무슬림이 아닌 거죠.

Imran: 집단은 그들 스스로에게 이름을 붙일 수 있어요. 우리가 우리 자신에게 무슬림이라는 이름을 붙이는 것처럼. 하지만 백인이 그 이름을 사용할 때와 같지는 않죠.

M.M: 그게 무슨 의미죠?

Imran: 설명하기는 힘든데, 우리 두 집단은 모두 같은 단어를 쓰고 있어요. 하지만 그들은 무슬림이라는 말을 사용하면서도 우리를 알지도 못하죠. 아니면 그들은 뭔가 나쁜 것을 의미하는 거죠. 우리에게 그것은 확실히 좋은 것이거나 그저 평범한 것이죠.

M.M: 그리고 당신은 그게 무엇을 의미하는지 아는 건가요?

Imran: 좋은 질문이네요. 내 생각에 만약 내가 정직하다면 답은 아니라는 거예요. 내가 생각하기에는, 오랜 시간 동안 우리는 무슬림이 어떤 것을 의미하는지 몰랐어요. 마치 우리가 여기에서 말하고 있는 것처럼 그것은 많은 것을 의미할 수 있죠. [집단 면접]

그 학생들이 연구 기간에 걸쳐 되찾아 온 주요 주제는 그 도시 내에서 그들이 급격한 변화의 시기에 경험한 사회적 · 문화적 배제의 범위를 어떻게 이해할 것인가 하는 것이다. 역사적으로 인종 및 사회적 변화의 개념과 사회적 · 문화적 배제를 동반한다는 것이 문헌에서 문제로 다루어져 온 주요한 방법 중 하나는 인종화라는 용어의 사용을 통한 것이다. Banton(1977)은 인종화라는 개념을 사용하여 다양한 인구집단에 대한 사람들의 지각을 구조화하기 위해 인종이라는 아이디어를 사용할 것을 제안했다. 1980년대와 1990년대에 그 관념은 담론의 범위에서 인종적 의미들에 대한 핵심 기표로 사용되었다(Reeves, 1983; Miles, 1993; Troyna, 1993). Small(1994: 32-3)은 '인종화된 관계들'이라는 표현을 본떠서 여러 요인(경제학, 정치학, 인구통계학, 문화, 이념과 신화)의 상대적 영향을 풀어내기 위해 '인종화' 문제를 채택하고 있다. Solomos(1993: 1)가 논의한 바와 같이, 여기에서 주요 초점은 "중요한 정치적 상징으로서 인종에 초점을 맞추어 온 이념의 성장과 반인종주의자들과 흑인들의 정치적 동원의 역할, 그리고 영국 사회에서 인종적 · 국가적 정체성에 대한 사회적 · 경제적 재구조화의 영향"에 있다. 인종화의 변화 과정은 인종차별 철폐 과정뿐만 아니라 제도적 환경의 범위 안에서 변화하는 인종에 대한 형상화의 영향을 통해 조작할 수 있게 된다(Husband, 1982; Miles, 1989).

개념의 유용성은 그것이 신마르크스주의자와 후기구조주의자의 입장뿐만 아니라 인종-관계 문제로부터 오는 것들을 포함하여 광범위한 관점을 가진 이론가들에 의해 채택되어 왔다는 사실에 의해 드러난다(Banton, 1977; Reeves, 1983; Miles, 1989; Smith, 1989; Solomos, 1993; Small, 1994; Holdaway, 1996). 이론가들은 인종과 인종차별주의에 대한 관습적인 이야기들의 한계를 다루기 위해 상이한 방식들로 그 개념을 사용해 왔다. 유물론자들의 관점에서 이론가들은 생물학적으로 주어진 것으로서 뚜렷한 인종들이라는 관념에 도전해 왔으며, 구체적인 인종화 과정이 차별적 결과를 초래하는 조건들을 탐색할 필요가 있음을 지적해 왔다. 이러한 작업은 특히 남아시아와 아프리카-카리브해 지역의 소수집단에 구체화된 의미들을 부여하는 누적적인 제도적 효과를 검토하는 데 특히 성공적이었다. Green과 Carter(1988: 23)가 논의한 바와 같이, 전후 영국에서 인종화 과정들은 "지배와 종속의 관계 내에서 구조적으로 결정되고, 정치적으로 조직화되었으며, 이념적으로 굴절되었다." Miles(1982)는 전후 영국으로의 노동이민을 준거로 이에 대해 일찌감치 논의하였다. Keith(1993: 239)는 지배와 종속의 관계에 대한 시선을 놓치지 않으면서 인종과 인종화에 대한 후기구조주의자들의 이해를 설득력 있게 포착하였다. 인종에 대한 논쟁은 본질적인 것이 아니다. 그는 다음과 같이 제안한다.

> 그러나 인종차별주의에 대해 만연되어 있는 실천과 시간과 공간에 걸쳐 있는 인종 형성의 진화는…… 사람들 사이의 인종적 구분에 대한 이념적 허구와 사회에 존재하는 구체적인 집단들의 경험적 경계 사이에 있는 일상 세계의 냉혹한 현실과 어느 정도 관련성이 있음을 보증한다. 사회 내에서 인종을 구분하는 세대는 인종화라는 관념의 사용에 의해 가장 쉽게 파악되는데, 이 관념은 그렇게 형성된 인종적 · 집합적 정체성 사이의 차이에 대한 사회적 구성뿐만 아니라 집단 형성 과정의 실제도 강조한다. 또한 인종화 과정은 특별한 의미를 가지고 있는데, 이는 그것이 부당한 사회에서 종속이 생산되고 재생산되도록 하는 중요한 수단 중 하나이기 때문이다.

더 최근의 이론가들은 인종화 개념이 영국에서 현대의 구조적 위치 설정과 주관적 경험을 포착하는 데 생산적이라고 주장해 왔다(Brah and Phoenix, 2004; Mac an Ghaill and Haywood, 2005). 그러나 지난 10년 동안 이슬람 혐오라는 용어가 무슬림의 사회적 · 문화적 배제에 대한 지배적 설명으로 등장해 왔다.

학생들 사이에는 인종화와 이슬람 혐오의 확산에 대한 상이한 이해와 관련하여 다양한 입장이 취해졌다. 일부 학생에게 이슬람 혐오라는 용어는 그들이 일찍이 인종차별주의라는 관념에 대해 느꼈고 인종화 개념이 포착하지 못한 문화적 · 종교적 차별의 의문들을 강조하는 데 중요한 전략적 중요성을 가지고 있었다(Halliday, 1999; Kundnani, 2002). 역사적으로 볼 때, 이는 영국에 있는 무슬림 공동체들의 부류들 사이에서 핵심적인 논쟁거리였는데, 두 가지 중요한 쟁점들이 강조되어 왔다. 그것은 무슬림 학교들에 대한 정부의 인식과 재정 지원을 위한 캠페인과 Salman Rushdie의 책 『악마의 시(The Satanic Verses)』의 출판에 저항하는 운동이었다(Asad, 1990; Al-Azmeh, 1993). 다르게 말하자면, 이슬람 혐오에 저항하는 운동은 인종화 개념이 덜 이론화된 데 대한 반응이었다. 최근 반인종주의자 정치의 맥락 안에서 후기의 용어들은 종교와 문화, 이민을 포함하여 남아시아인들과 흑인들의 삶에서 중요한 요소들을 덜 중요해 보이게 만드는 환원주의자들의 흑/백 색깔 패러다임에 갇힌 채로 머물러 있다. 더 구체적으로, 이들 젊은 세대는 '신앙 혐오'의 시대에 인종화 과정에서 종교적 정체성과 정체성 형성이 수행하는 역할을 강조한다(McGhee, 2005: 92-117).

> Tahir: 과거에는 사람들이 인종차별에 대해 얘기할 때 흑인들을 의미했죠, 우리 무슬림이 아니고요.
>
> Raqib: 만약에 당신이 우리가 학교에서 인종차별을 당했다고 말한다면 모든 사람이 피부색을 떠올릴 거예요. 하지만 종교는 어떻죠? 그리고 이슬람 혐오는 우리에게 특별한 거예요. 그건 무슬림 그리고 우리 문화에 벌어지는 나쁜 일들에 대해 설명해 주죠.
>
> Iftikhar: 만약에 당신이 오늘 인종화 같은 것에 대해 얘기하고 싶다면, 우리에게 실제로 중요한 것 그리고 우리의 종교에 대한 것을 포함해야 해요. [집단 면접]

다른 학생들은 이슬람 혐오 개념의 침투성이 갖는 한계의 일부로 고려해야 할 것들에 대해 언급했다. 핵심 쟁점은 그 개념이 광범위한 반인종차별주의 운동과 더 광범위한 인종화에 대한 이해가 주는 역사적 혜택으로부터 무슬림 공동체를 단절시키는 데 기여하는 범위였다. 예를 들어, 그들은 재분배의 정치학으로부터 인식의 정치학으로 옮겨 가는 전환의 효과와 함께 사회경제적 내핍이라는 조건 내에서 인종화의 과정에 대한 이해가 제한됨을 확인하였다(Fraser, 1998; 이하에서 더 심층적으로 탐색됨). 다른 이들에게는 이슬람 혐오의 의미에 대해 더 많은 혼란이 있는데, 일부는 그것이 인종화의 동시대적인 형태라고 주장하였다(Commission in British Muslims and Islamophobia, 1997). 특히 생애사 인터뷰에서 이슬람 혐오와 연관된 상이한 개인적 (비)동일시 표현들이 제기되었다.

Tamim: 아버지와 그 형제들은 모두 예전에 반인종차별주의 운동에 관여했어요. 그 당시에 그들은 실업과 주거 불량, 열악한 교육 환경과 같은 것들에 대한 대규모 캠페인과 데모를 했겠죠. 모두 인종차별과 관련된 것이기도 하고요. 상당히 많은 다양한 공동체가 함께 했죠. 하지만 이제 우리 공동체의 지도자들은 한 사람도 동원할 수 없고, 사람들이 모여서 불황과 그게 여기 있는 모든 사람에게 어떤 영향을 미치는지에 대해 증명하는 것을 원하지도 않을 거예요. [생애사 면접]

Yasin: 맞아요. 그들이 지금 증명해야 할 유일한 일은 그들이 생각하기에 매우 종교적이거나 우리 종교를 위협하는 그런 것이죠. [생애사 면접]

Asif: 모든 사람이 실제로 이슬람 혐오에 대한 이야기를 혼동해요. 마치 당신이 인종차별 집단의 이야기를 들을 때 그들이 이슬람은 영국에 대한 위협이라고 말하는 것처럼요. 하지만 그들은 혼동하는 것처럼 보여요. 어떤 때는 종교에 대해 이야기하다가 나중에는 국적과 영연방 국가에 대해 말하죠. [생애사 면접]

Shoaib: 내 생각에는 이슬람 혐오를 무슬림에 대한 인종차별주의자가 되는 새로운 방식으로 보는 게 가장 적절한 것 같아요. [생애사 면접]

이슬람 혐오라는 개념에 제기된 한계에 대한 반응으로, 많은 청년에게는 이슬람 혐오의 확산이 갖는 그 이상의 한계가 있었는데, 그들은 그것이 배제라는 보편적이고 동질적인 범주의 형식으로 순환된다고 인식하였다. 그와는 대조적으로, 그들은 국제적인 다양한 변화가 지역(국가와 그보다 작은 지역) 수준에서 어떻게 중재되는지 이해하는 것이 중요하다는 점을 강조했다. 더 구체적으로 말하자면, 그 청년 남성들은 무슬림 신앙 내에서 인구통계학적 다양성을 예시하면서, 차별에 대한 무슬림들의 차별화된 경험과 그들이 세대와 계층, 성별 등 상호 연결된 범주들에 걸쳐서 역사적 · 지리적으로 어떻게 다른지에 초점을 맞출 필요가 있음을 강조한다[예: 현대 미국의 무슬림들에 대해서는 Tehranian(2008); 유럽 전반의 무슬림에 대한 국가 단위의 반응들에 대해서는 Mandeville(2009) 참조]. 그들의 논쟁은 학술 문헌에서 '타자성'이라는 추상 개념의 주요 한계에 반향을 불러일으키는데, 그것은 가족생활이나 학교교육, 직장과 같은 '오래된' 제도적 현장에서 이루어지는 실증적 작업으로부터 단절되어 왔으며, 결과적으로는 무슬림 남성들의 이미지가 과잉일반화된 인종적 '타자'로서 재현되도록 만들었다(Said, 1978; Mac an Ghaill and Haywood, 2007).

Naqeeb: 그게 일반적으로 사용될 때 사람들, 서구 사람들이 무슬림을 증오한다는, 그리고 항상 그들을 증오해 왔다는 것을 의미한다는 거죠. 하지만 그게 사실은 아니죠, 그렇죠? [생애사 면접]

Tamim: 당신은 사람들이 이것이 이슬람 혐오다, 저것이 이슬람 혐오다 하는 식으로 모든 것에 대해 말하는 것을 듣게 되겠죠. 그것은 무의미해져요. 하나의 단어가 모든 무슬림 국가들과 모든 곳에서 벌어지는 모든 일을 의미할 수는 없죠.

Ali: 많은 무슬림 국가가 수많은 변화를 거쳐 가고 있어요. 그리고 TV와 신문에서 사람들은 아프가니스탄과 시리아, 파키스탄 등에 대해 나쁘게 정형화된 방식으로 말하죠. 하지만 그들은 그 국가들에 대해 상이한 방식으로 나쁜 점들을 말해요. [집단 면접]

많은 청년 남성이 현대 무슬림의 자리매김 효과를 인정하는, 인종화에 대한 복잡하고 미묘한 이해에 대해 논쟁하였으며, 그 과정에서 그들은 국제적으로 굴절되는 변화의 시대에 있는 광범위한 사회의 불안들에 대해 전하고 있다. 이러한 불안들은 버밍엄에서 무슬림들이 경험한 지금의 특별한 사회적 · 문화적 배제를 양산하는 것으로 보인다. 그들은 사회적 분리와 문화적 불변 그리고 종교적 정체성의 경계성 등의 특성을 가진, 버밍엄 기반 파키스탄인과 방글라데시인들에게 투사하기라는 공통적인 주제를 가진 일련의 쟁점을 확인해 주었다. 간단히 말해서, 그들은 근대 후기 도시 공간에서 '반근대성'이라는 형상으로 투사되어 있다.

앵글로 계열의 민족성과 국가 정체성 그리고 문화적 소속감 등 지배적인 공공 형식이 위기를 맞던 시대에, 인종 소수집단들이 국가적 · 민족적 다수집단들이 갖고 있는 도덕적 장애에 대한 부담감을 짊어지도록 강요받던 긴 역사가 있다(Weeks,

1990; Mercer, 1992; McGhee, 2005). 무슬림 청년 남성들은 고도로 모순적인 그들의 남성 정체성의 특수성을 맥락화하였는데, 이는 앞서 잠재적인 테러리스트이면서 테러리스트 모집에 매우 취약하기도 한 것으로 제시한 바와 같이, 영국의 지배적인 반응들이 그들에게 투사된 내부적인 의심과 외부적인 불안감을 어떻게 결합하는지 강조한다. 그들은 종교적인 정체성의 쟁점들을 언급하기 위한 출발점이 그들의 공동체에 초점을 맞추기보다는 더 광범위한 영국 사회가 종교, 신앙, 세속주의에 대해 갖고 있는 의미의 전환과 근대의 국가 정체성을 형성하는 과정에서 기독교가 수행한 역할의 가정된 위기에 대해 언급하는 것이었어야 한다고 제안하였다(Woodhead, 2012). 그들은 이 쟁점에 대한 지금의 논쟁이 국제적인 이슬람 정체성의 등장에 대해 투사된 위협의 중요성과 기독교에 대해 사라져 가고 있는 지역적 충성 사이의 높은 환원주의적 이원론을 가정한다고 생각하였다. 『더 가디언(The Guardian)』 최신판(2012: 34)에서는 최근 인구 총조사 결과에 대해 논평하면서, 우리가 다음과 같은 사회라고 진술하였다.

> ……매우 빠르게 변화하는, 심오하고 흥미로운 방식으로, 어떠한 분명하고 전반적인 방향도 없이…… 이러한 변화의 가장 명백한 징후는 관념적인 기독교의 쇠퇴와 '종교 없음' 또는 '무응답' 범주의 증가라고 할 수 있다. 비교리적인 세속적 인본주의의 일종인 '종교 없음'은 제도적으로 수립된 종교가 아니라 옛 제도를 대체해 온 사람들을 위한 가치의 원천이다.

흥미롭게도, 다수 인종에 의해 점유된 종교적 범주의 불안정성이 무슬림 청년 남성들에 의해 인식되었다.

Parvez: 내 생각에 사람들은 이슬람 혐오에 대해 얘기할 때 이슬람과 무슬림에 대해 너무 많이 집중하는 것 같아요. 정말 모르겠어요. 하지만 아마도 무슬림이라는 것이 실제로 그렇게 많이 문제인 것 같지는 않아요.

Waqar: 하지만 아마도 영국인들, 백인인 영국인들에게 진짜 문제는 종교 그 자체인 것 같아요. 내 생각에 만약 당신이 그것에 대해 연구하게 된다면 알게 될 거예요. 내 조부모님 같은 경우에 그분들이 여기에 왔을 때 영국은 여전히 기독교 국가였고, 더 많은 기독교인이 있었지만, 당신이 백인 친구들 중 1명에게 물어본다면, 그는 아마도 종교나 기독교인이 된다는 것에 대해 알지 못할 거예요. 성탄절마저도 그들에게는 쇼핑과 음주를 하는 날에 불과하죠.

Imtiaz: 당신 말이 맞아요. 그들이 아기 예수에 대해 생각하고 있지는 않은 것 같아요. 그리고 더 나이 많은 백인들에 대해 말하자면, 당신은 그들에게 유감을 느껴야 해요. 왜냐하면 그들은 자신의 교회가 비어 있고 어린 사람들이 없다는 사실을 알고 있기 때문이죠. 그리고 그들은 모든 모스크가 사람으로 가득 차 있고, 모든 사람 그리고 어린애들이 모두 기도하러 가는 걸 보게 되죠. 그들은 이렇게 생각하게 되겠죠. 도대체 무슨 일이 벌어지고 있는 거야?

Furooq: 그들이 하지 않는 것은 단지 교회에 가는 차원만은 아니죠. 더 규모가 큰 일이에요. 전체 문화가 바뀌고 있어요. 당신은 그 무신론자들의 이야기를 들을 수 있어요. 내 생각에 그들은 만약 당신이 오늘 영국에서 살기를 원한다면, 당신은 현대적인 사람이 되는 편이 낫고 또 그렇게 되어야 하고, 시대에 맞게 움직여야 한다고 말하고 있는 듯해요.

Yusuf: 생각해 보면 그게 사실이에요. 그래서 모든 어린 무슬림 아이가 종교적인 행동을 하는 것을 볼 때, 그들은, 이 사람들은 현대적인 사람들이 아냐, 이 사람들은 영국인이 아냐라고 생각하는 거죠.

Ali: 그리고 이 근처에 있는 많은 사람이 Mir라는 이름을 가지고 있고, 그들 중 많은 사람이 종교적이죠. 그래서 아마도 그들이 이슬람 혐오가 증가하고 있다고 말한다면, 진짜 이유, 더 깊은 이유는 그저 우리가 무슬림이기 때문에 우리를 증오하는 것이 아니라 우리는 종교적이고 그들은 더 이상 종교를 믿지 않기 때문인 것 같아요.

Shoaib: 너무 헷갈리긴 한데요. 이 근처에 사는 나이 많은 백인들은 아마도 젊은 무슬림들이 자신이 어렸을 때 갖고 있던 모습과 같고, 그들에게 영국은 이런 모습을 잃고 있는데, 그게 나쁜 일이라고 생각하기 때문인 것 같습니다. [집단 면접]

앞서 논증한 바와 같이, 무슬림에 대한 최근의 이론화와 선행 연구들과는 대조적으로, 이 연구에 참여한 청년 남성들은 무슬림, 이슬람 혐오, 인종화를 포함한 주요 불안정한 개념들의 맥락에 기반한 지역적 의미들을 비판적으로 다루었으며, 이를 통해 그들은 '후기 세속 사회'에서 복합적인 남성적 주관성을 지켜 가고 있다(McGhee, 2013). 여기에서 떠오르는 한 가지 중요한 주제는, 다음 절에서 강조하겠지만 인종화 개념을 대체하는 이슬람 혐오가 그들의 공동체에 위험 요소가 되고 있다는 점인데, 이는 사회경제적 금욕의 조건들 내에서 사회적 계층의 현재적 영향에 수반되는 비가시성 때문이다. 그들에게 계층은 그들이 경험하는 사회적 · 문화적 배제의 중심 요소이다.

분류된 대상으로서 파키스탄과 방글라데시 청년 남성들의 계층화의 비가시성

일찍이 사회학에서는 계층이 소수인종 청년들의 경험을 연구하는 데 중심이 되는 분석적 개념이었다. 예를 들어, Anthias와 Yuval-Davis(1993: 65)는 1970년대와 1980년대 사회학 저술들을 비판적으로 다시 읽고 나서 계층에 인종을 연결하는 일정한 유물론적 입장들, 즉 '하층계급 논제, 이민노동이론, 이념으로서 인종차별주의 등은 계층으로부터 상대적으로 자율성을 갖고 있다는 Rex의 주장, 계층에 대한 정보가 인종 그리고 이중 노동시장 접근에 연결되어 있다는 Gilroy의 시각'을 확인하고 있다. 이 저작은 아시아인들과 아프리카계 카리브해 주민들 사이에 존재하는 인종차별주의의 공통성을 형성하는 데 정치적으로 중요했으며, 다중인종차별주의자들의 산업에 기반한 영국 내에서 여러 제도적 현장에 걸쳐 상이하게 제도화된 지위를 조사했다. 그것은 특히 인종적 속성에 초점을 두면서 지배적인 문화주의자 접근을 비판하는 데 중요한 의미를 갖고 있었다. Mercer와 Prescott(1982: 102)은 "소수인종들의 경험에서 가장 중요한 특징은 그들의 민족성이 아니라 계층 구조 내에서의 그들의 위치이다. 그들의 상대적인 무기력은 그들이 정치적 · 문화적으로 종속적인 지위에 머물러 있음을 확인해 준다."라고 논의하였다. 이러한 계층에 기반한 분석적 작업은 인종에 의해 구조화된 사회들의 사회적 · 문화적 재생산을 이해할 수 있는 설명적 분석틀을 제공하였다. 더 구체적으로 말하자면, 그것은 편만하게 구조화된 소수인종 청년들의 사회적 세계인 인종차별주의가 (백인) 노동자 계층 청년들을 차별화하는 지금의 제도적 틀을 통해, 그리고 아시아인과 아프리카계 카리브해 출신 학생들의 성에 의해 굴절된 인종차별주의 고정관념과 같은 인종에 특화된 기제의 작동을 통해 어떻게 중재되는지를 강조하는 데서 계층 분석 사용의 생산성을 보여 주었다(Mac an Ghaill, 1988; Mirza, 1992; Bourdieu and Passeron, 1977).

지금은 파키스탄과 방글라데시 출신 노동자 계층 남성들에 대한 계층에 기반한 구조적 제약의 역사적 연속성에 대해 충분한 증거가 있다. 그 집합적인 명세 목록에는 가장 높은 수준의 실업과 저숙련 고용의 과잉, 수감자의 과잉, 불량 주거의 과잉, 높은 수준의 허약한 건강 상태, 최저 수준의 사회적 이동성 등이 포함된다(Eade and Garbin, 2002; ONS, 2006; Garner and Bhatttacharyya, 2011; Barnard and Turner, 2011; Laird et al., 2007; Ahmad et al., 2003). 더 구체적으로 살펴보면, 연구 문헌들을 근거로 볼 때, 파키스탄과 방글라데시 학생들에 대한 정부와 학술 영역의 주요 이미지는 민족성, 신앙 집단, 계층과 성이라는 면에서 파키스탄과 방글라데시 남학생들이 학교 학업수행 성취도 평가표에서 바닥에 놓여 있는 저성취 수준이라는 것이다(DfES, 2007). 이는 동질적일 것이라고 가정되는 아시아계 공동체의 '높은 성취 수준을 보이는 학생들'에 대한 이전의 표상으로부터 중요한 전환이라고 할 수 있다. 그러나 몇몇 연구자는 이러한 논의에 반론을 제기하고 있는데, 그들은 계층과 성, 출신 국가 등을 근거로 할 때 아시아계 학생들의 학교 성취 수준에 복잡성과 가변성이 있음을 강조한다. 예를 들어, 가장 중요한 것으로서 중산층 인도계 학생들의 학업 성공은 노동자 계층 파키스탄과 방글라데시 남학생들의 상대적으로 낮은 시험 성취 수준을 상쇄한다(Rattansi, 1992; Mac an Ghaill, 1994). 더 최근의 연구로, Archer(2003)는 무슬림 남학생들의 교육에 대한 사회경제적 불평등의 지속적인 영향에 대해 논쟁해 왔다.

우리 연구에 참여한 남성 청년들은 버밍엄시에 거주하는 노동자 계층과 중산층 사람들이 살아가는 상이한 사회적 논리에 대한 의식을 분명하게 보여 준다. 더 구체적으로 말하자면, 그들은 지역의 백인 노동자 계층 청년들과의 세대별로 특화된 동일시와 집단적인 사회생활을 제한하는 사회경제적 분열이 증가하는 상황에서 (지역적) 장소-제휴를 제안하고 있다. 그들이 제안하는 바와 같이, 모든 청년이 그들이 사는 도시의 가장 박탈된 영역 내에서 경험하는 문화적 악마화와 양극화에 대해 느끼는 강렬한 분노를 포착하기는 어렵다. 가장 중요한 것은 귀인된 인종적 경계 내에서, 그리고 그것들을 가로질러 (역)동일시에 기여하는 사회적 소수집단 내의 분류된 구분이다.

Farooq: 많은 사람이 종교와 분리 정책, 긴장감 그리고 모든 이슈를 가지고 우리와 그들에 대해 말하죠. 하지만 이 도시에서처럼 누구도 이 근처에 사는 사람들에 대해, 심지어 우리들의 백인 친구들에게도 말하지 않아요. 우리는 결코 상류층 지역으로 가지 않을 거예요. 그들은 우리가 외국인이라고 생각하겠죠.

Shoaib: 그리고 상류층 지역들은 점점 더 화려해지고 있고, 가난한 지역들은 정말 매일 더 가난해지고 있어요. 더 많은 사람이 실직하고 있고, 아이들은 학교를 떠나는 데다 일자리도 못 잡고 있죠.

Javed: 제 삼촌은, 그는 아시아인들, 방글라데시인들이 그가 여기에 왔던 예전보다 지금 더 가난하다는 이유로 멸시당하고 있다고 생각해요. 그리고 그것이 아시아계 중산층 사람들이 하고 있는 행동이죠. 그들도 그렇게 하고 있어요.

Parvez: TV든 신문이든 어디든 가난한 사람들은 정말 증오의 대상이 되고 있어요. 내 생각에 가난한 백인들에게는 더 나쁜 일이죠. 그들은 그 가난한 백인들에게 특별한 별칭을 붙여요. 부자들이 그들을 chav[2](하류층 젊은이)라고 부르는 것처럼 말이죠. 그들은 그들을 위한 단어, 특별한 단어를 만들었어요. 이 근처에 사는 백인 아이들에게는 안 된 일이라고 생각해요. 누구도 그들에게 관심을 갖지 않아요. 내가 하는 말이 무슨 뜻인지 알겠어요?
[집단 면접]

이러한 진술들은 Farzana Shain(2011)의 연구를 떠올리게 한다. 지배적인 정부와 학술적인 재현에 대한 반응으로, 그는 현대 영국에서 무슬림 소년들의 경험에 대한 가장 생명력이 있는 비판적 설명 중 하나를 제공하고 있으며, 사회경제적 차원의 개발을 포함하는 더욱 이론적으로 정교한 접근을 지지한다. 그는 지배와 종속의 사회경제적 · 정치적 관계와 함께 인종, 성 그리고 계층 등으로 구성되는 다차원 구조의 표현을 강조하는 Gramsci 방식의 분석을 적용하고 있다(Gramsci, 1970). Shain은 다음과 같은 입장을 견지한다.

Gramsci의 틀은 청년들이 기관과 행동을 위한 가능성들의 구조를 구성하고

2) 역자 주: 영국에서 맹목적인 유행 추종자(특히 교육 수준이 낮은 젊은이), 하류층 젊은이, 싸구려 문화를 즐기는 세대 등을 일컫는 속어이다.

> 제한하는 물질적 맥락 내에 놓여 있음을 인정한다. 이는 경기 하락으로부터 가장 많은 고통을 받아 온 영국 지역에서 무슬림 공동체의 계층 지위와 정착을 이루어 가는 과정에서 역사적인 세력들—이 경우에는 식민지주의와 제국주의—의 역할에 대한 인식을 수반하게 된다. 이러한 정착 패턴들은 학교교육의 유형과 이용 가능한 교육 기회와 고용 기회라는 측면에서 계속 전해 내려오는 유산을 가지고 있다. 파키스탄과 방글라데시 공동체들은 그 나라의 가장 물질적으로 박탈된 구역들에 자리를 잡고 있다(2011: 50).

그러나 청년 남성들이 지적한 것처럼, 정부와 매체, 교육, 대중 문화 등을 통틀어 파키스탄과 방글라데시 청년 남성들의 계층을 대표하는 것은 존재하지 않는다. 그보다는 상이한 현장들을 가로질러 순환하고 있는 사회적 실패의 투사된 재현이 갖는 누적 효과가, 앞서 논의한 바와 같이 그들을 단일한 지역 범주, 즉 다른 정체성을 전달하는 자보다는 오직 무슬림으로만 지위를 부여한다. 정치적 스펙트럼을 가로질러 분류된 대상으로서 파키스탄인과 방글라데시인들의 비가시성은 두 가지 주요 설명적 분석틀을 통해 종잡을 수 없이 달성되었는데, 그것은 최하층 계급(정치적 우파)과 이슬람 혐오(정치적 좌파)에 대한 것이다. Shain(2011: 7)은 최하층 계급의 개념을 재검토하면서 어떤 것이 상징적 순간이 되어 왔는지 확인하고 있다. 그는 다음과 같이 썼다. "1991년 걸프전, 1995년 브래드포드 폭동, [2011년] 여름 소동, 9·11 테러, 2005년 런던 폭탄 테러와 수없이 실패한 폭탄 테러 사건들이 모두 무슬림 극단주의자들에 대한 공포를 지속적으로 가중시켜 왔으며, 그러한 담론이 폭력적인 아시아인들과 무슬림 갱들에 대한 이슈를 융합하고 있다." 더 구체적으로, 그녀는 유럽과 영국의 정치적 논평가들이 "무슬림 최하층 계급이라는 관념을 통해 낮은 수준의 학업 성취, 범죄 관련성, 유럽의 이슬람화를 어떻게 융합하고 있는지" 기술한다. "이러한 세 가지 이슈는 무슬림 최하층계급이 그들 자신의 주변성에 책임을 가지고 있다는 지배적인 문화적 내러티브를 형성한다(Shain, 2011: 9)." 우리 연구에 참여한 청년 남성들은 이러한 문화적 내러티브의 중요한 영향은 계급 불평등이 문화적 결핍의 구체적 형태로 귀인되는 노동자 계층의 상이한 영역들로 대체되고 있으며, 이는 정부와 미디어의 담론이 사회적·문화적 배제의 구조적 원인을 언급하기보다 개별 대상자들을 비난하기 때문이라고 하는 Shain의 분석에 공감한다(Munt, 2000; Bourdieu, 1986).

Parvez: 이 근방과 같은 가난한 지역에서 그들은 왜 우리에게 일자리와 양질의 교육을 제공하지 않을까요? 하지만 그런다고 하더라도 만약 당신이 이 지역 출신이고 일자리를 구한다면, 그들은 당신에게 길을 잃게 될 거라고 말할 거예요.

Abdul: 어쨌거나 지배층 사람들은 세계를 뒤집어왔어요. 무슬림 아이들이 비난을 받고 있는 거의 모든 것, 나빠지는 사람들은, 만약 당신이 그들에게 적절한 교육과 직업을 주고 그들을 향한 모든 차별을 제거한다면 모두 해결될 수도 있겠죠.

Asif: 내 생각에, 지금 안 좋은 일은 이 커다란 이미지가 있고 당신은 그것을 움직일 수 없다는 거죠. 모든 당국자는 무슬림들을 세계를 폭발시키거나 여기에서 큰 문제를 불러일으킬 수 있는 거대한 골칫거리로만 보고 있어요.

M.M: 이게 그 지역의 사람들에게 어떤 영향을 미칠까요?

Asif: 대부분은 그냥 평범한 사람들이에요. 수많은 가난과 실업, 그런 일들이 있고, 아이들이 할 수 있는 일은 없고, 그들은 그저 지루해하죠. 그들은 급진주의자가 되고 그와 관련된 모든 것에 대한 인종차별적 고정관념들과 아무 상관이 없어요. 그들은 그게 무슨 뜻인지도 모를 거예요. 하지만 우리 시대에 나온 모든 애와 같죠. 그들 중 얼마나 많은 아이가 일자리를 얻거나 대학에 가거나 그럴까요? 우리 엄마는 우리 세대에게 훨씬 기회가 적을 거라고 생각하세요. [집단 면접]

두 번째 설명적 분석틀은 움마(umma),[3] 히잡(hijab), 질밥(jilbab),[4] 테러와의 전쟁 등을 포함한 제한된 범위의 기표들을 선택적으로 이용함으로써 분류된 대상으로서 파키스탄과 방글라데시 청년 남성들의 문화적 비가시성을 되새기는, 학교 내에서 이루어진 최근의 실증적 문헌들에서 발견할 수 있다. 종교적인 현상으로서 배타적으로 이해되는 이 기표들은 이슬람 혐오의 설명적 분석틀 내에 자리를 잡고 있는데, 이 분석틀은 청년 남성들의 사회적 실천이 단순히 종교적 생존을 위한 방어 전략으로 읽힐 수 있다고 가정하는 속박 기제로서 기획되었다.

이슬람 혐오라는 관념을 사용하여 작업할 때, 주관성은 이론화가 덜 되어 있으며, 흑백 이원론의 초기 반인종주의에 대한 설명을 연상시킨다. 이것의 한 가지 결과

3) 역자 주: 무슬림 공동체나 사람을 의미한다.
4) 역자 주: 히잡과 질밥은 모두 이슬람 여성의 머리 두건으로 모양에 약간 차이가 있다.

는 국가 제도가, 가지고 나가서 살 수 있는 가능한 정체성들의 반영으로 개념화되었다는 것이다. 이러한 지위의 심화된 한계는 인종, 계층, 성, 성적 취향, 장애 등과 같은 일정 범위의 불평등을 수용할 수 있는 이론적 분석틀을 생성하는 새로운 사회운동의 중요한 도전들을 알아챌 수 없다는 것이다(Mac an Ghaill and Haywood, 2012). 요컨대, 이러한 위치는 다양한 형태의 사회적 권력들에 대한 포괄적 설명들을 분명하게 표현하는 것을 어렵게 만든다(Anthias, 2008). 청년 남성들의 내러티브가 개인들의 가정된 반응들(무슬림-'비무슬림'으로 나누는 이원론)로부터 읽어 낼 수 있는, 한 덩어리로 뭉쳐져 있는 힘으로서 이슬람 혐오에 대한 관점에 도전하는 이해를 가능하게 할 수 있다고 주장할 수도 있을 것이다. 그러나 그보다는 특정한 제도 현장 안에서 종속적 지위에 대상을 갖다놓을 수 있는 일정한 범위의 맥락 기반 (인종차별주의) 이념들과 담론들이 있다고 볼 수도 있을 것이다. 이러한 인종화된 과정들은 일시적으로 그리고 공간적으로 구체화된 것이며, 계층을 포함하여 사회적 차이와 관련된 다른 범주들을 가지고 복잡한 방식들을 명료하게 설명해 준다.

결론

현대 영국에 존재하는 사회적 · 문화적 불확실성은 인종/민족성을 둘러싼 국가적 불안과 조짐들이 투사되는 일련의 상징적 공간들을 생성하고 있다. Miller(2006)는 국가적 타자에 대한 통치 가능성의 중요한 특성으로서 공포의 등장에 대해 논의해 왔다. 무슬림 청년 남성들의 맥락에서 그러한 두려움의 역동성 중 하나는 성공적이지 않았던 포용 정책과 '영국성'에 대한 동일시를 향한 국가의 요구이다. 이전의 역사적 순간들을 돌이켜 보면, 청년들의 문화는 부모들의 문화와 반대편에 있었던 것으로 인식되어 왔다. 지금은 급진화와 근본주의 성향을 가진 청년들의 제도적 융합이 청년들에 의해 부모들의 가치로 귀인된 잠재적인 쌍곡선의 회복을 호소하고 있다. 이 논문에 보고된 내러티브들은 더 복잡한 상황을 제시하고 있으며, 거기에서 무슬림이 된다는 것의 오랜 종교적 · 정치적 명명이 다시 작동되었다. 그와 동시에 무슬림 청년 남성들은 문화적 차이가 읽히는 과정을 통해 그들이 서 있는 사회적 · 경제적 위치의 물질적 기반에 관심을 갖고 있었다. 이들 청년 남성과 함께 수행한 현장조사는 하나의 과정으로 이해될 수 있을 것이며, 이 과정에서 그들은 그들의 동일시와 주관성을 전달하고자 하는 시도를 통해 순환하고 있는 모순과 긴장에 대해 탐색하고 논의할 수 있는 기회를 가지게 되었다. 그들의 내러티브를 경청할 때 어려웠던 점 중의 하나는 기존의 유명하고 학술적인 설명들이 있음에도 불구하고 그들의 정체성이 재현되지 않도록 했어야 한다는 것이다. 그보다 더 중요한 것으로서, 여기에서 초점은 그들이 무슬림, 인종화, 이슬람 혐오라는 아이디어의 생산에 어떻게 참여하고 있는지를 이해하는 방식을 촉진하는 것이다.

연구 기금

이 연구는 공공, 영리, 비영리 부문의 어떠한 재정지원기관으로부터도 특정한 지원금을 받지 않았다.

참고문헌

Ahmad F, Modood T and Lissenburgh S (2003) *South Asian Women and Employment in Britain: The Interaction of Gender and Ethnicity*. London: Policy Studies Institute.

Al-Azmeh A (1993) *Islams and Modernities*. London: Verso.

Alvesson M and Skoldberg K (2000) *Reflexive Methodology: New Vistas for Qualitative Research*. London: SAGE.

Ansari H (2004) *'The Infidel Within': Muslims in Britain since 1800*. London: C. Hurst and Co.

Anthias F (2008) Thinking through the lens of translocational positionality: An intersectionality frame for understanding identity and belonging. *Translocations: Migration and Social Change* 4(1): 5-20.

Anthias F and Yuval-Davies N (1993) *Racialized Boundaries: Race, Nation, Gender, Colour and Class and the Anti-racist Struggle*. London: Routledge.

Appadurai A (1991) Global ethnoscapes: Notes and queries for a transnational anthropology. In Fox RG (ed.) *Recapturing Anthropology: Working in the Present*. Santa Fe, CA: School of American Research.

Archer L (2003) *'Race', Masculinity and Schooling: Muslim Boys and Education*. Berkshire:

Open University Press.

Asad T (1990) Multiculturalism in the wake of the Rushdie affair. *Politics and Society* 18(4): 455-80.

Banton M (1977) *The Idea of Race*. London: Tavistock.

Bauman Z (1996) From pilgrim to tourist: A short story of identity. In: Hall S and du gay P (eds) *Questions of Cultural Identity*. London: SAGE.

Barnard H and Turner C (2011) *Poverty and Ethnicity: A Review of Evidence*. York: Joseph Rowntree Foundation.

Bhattacharyya G (2008) State racism and Muslim men as a racialised threat. In: Bhattacharyya G, *Dangerous Brown Men: Exploiting Sex, Violence and Feminism in the War on Terror*. London: Zed Books.

Birmingham City Council (2013) Ethnic groups: Population and census. Available (accessed 7 February 2014) at: http://www.birmingham.gov.uk/cs/Satellite?c=Page&childpagename=Planning-and-Regeneration%2FPageLayout&cid=1223096353923&pagename=BCC%2FCommon%2FWrapper%2FWrapper

Blackmore J (2000) Warning signals or dangerous opportunities? Globalization, gender, and educational policy shifts. *Education Theory* 50: 467-486.

Bourdieu P (1986) *Distinction: A Social Critique of Judgement*. London: Routledge.

Bourdieu P and Passeron JC (1977) *Reproduction*. London: SAGE.

Bradley H and Devadason R (2008) Fractured transitions: Young adults' pathways into contemporary labour markets. *Sociology* 42(1): 119-135.

Brah A, Hickman MJ and Mac an Ghaill M (eds) (2000) *Global Futures: Migration, Environment and Globalization*. London: Macmillan.

Brah A and Phoenix A (2004) Ain't I a woman? Revisiting intersectionality. *Journal of International Women's Studies* 5(3): 75-86.

Braun V and Clarke V (2006) Using thematic analysis in psychology. *Qualitative Research in Psychology* 3(2): 77-101.

Cainkar L (2009) *Homeland Insecurity: The Arab American and Muslim American Experience after 9/11*. New York, NY: Russell Sage Foundation Publications.

Choudhurry T (2007) The role of Muslim identity politics in radicalisation (a study in progress). London: Department of Communities and Local Government.

Commission on British Muslims and Islamophobia (1997) *Islamophobia: A Challenge for Us*

All. London: Runnymede Trust.

Crouch M and McKenzie H (2006) The logic of small samples in interview-based qualitative research. *Social Science Information* 45(4): 483-499.

Department for Education and Skills (2007) *Gender and Education: The Evidence on Pupils in England Research Information*. London: Department for Education and Skills.

Eade J and Garbin D (2002) Changing narratives of violence, struggle and resistance: Bangladeshis and the competition for scarce resources, *Oxford Development Studies* 30(2): 127-44.

Faas D (2010) *Negotiating Political Identities: Multi-ethnic Schools and Youth in Europe*. Farnham: Ashgate.

Fekete L (2004) Anti-Muslim racism and the European security state. *Race and Class* 43: 95-103.

Fraser N (1998) From redistribution to recognition? Dilemmas of justice in a post-socialist age. In: Phillips A (ed.) *Feminism and Politics*. Oxford: Oxford University Press.

Garner S and Bhattacharyya G (2011) *Poverty, Ethnicity and Place*. York: Joseph Rowntree Foundation.

Gilroy P (2004) *After Empire: Melancholia or Convivial Culture*. London: Routledge.

Gramsci A (1970) *Selections from the Prison Notebooks*. London: Lawrence and Wishart.

Green M and Carter B (1988) 'Races' and 'race-makers': The politics of racialization. *Sage Race Relations Abstracts* 13: 4-30.

Haddad YY (2004) *Not Quite American? The Shaping of Arab and American Identity in the United States*. Waco, TX: Baylor University Press.

Hall S (1992) The question of cultural identity. In: Hall S, Held D and McGrew T (eds) *Modernity and Its Futures*. Cambridge: Polity.

Halliday F (1999) 'Islamophobia' reconsidered. *Ethnic and Racial Studies* 22(5): 892-902.

Harvey D (2003) *The New Imperialism*. Oxford: Oxford University Press.

Holdaway S (1996) *The Racialization of British Policing*. London: Macmillan.

Husband C (1982) *'Race' in Britain: Community and Change*. London: Hutchinson.

Hussain S (2008) *Muslims on the Map*. London: Tauris Academic Studies.

Ibrahim M (2005) The securitization of migration: A racial discourse. *International Migration* 43: 163-87.

Jamal A (2008) Civil liberties and the otherization of Arab and Muslim Americans. In: Jamal

A and Naber N (eds) *Race and Arab Americans Before and After 9/11: From Invisible Citizens to Visible Subjects*. Syracuse, NY: Syracuse University Press.

Keith M (1993) *Race, Riots and Policing: Lore and Disorder in a Multi-racist Society*. London: UCL Press.

Kundnani A (2002) An unholy alliance? Racism, religion and communalism. *Race and Class* 44: 71-80.

Kundnani A (2009) *Spooked! How Not to Prevent Violent Extremism*. London: Institute of Race Relations.

Laird LD, Amer MM, Barnett ED and Barnes LL (2007) Muslim patients and health disparities in the UK and the US. *Archives of Disease in Childhood* 92(10): 922-26.

Mac an Ghaill M (1988) *Young, Gifted and Black: Teacher-Student Relations in the Schooling of Black Youth*. Milton Keynes: Open University Press.

Mac an Ghaill M (1994) *The Making of Men: Masculinities, Sexualities and Schooling*. Buckingham: Open University Press.

Mac an Ghaill M and Haywood C (2005) *Young Bangladeshi People's Experience of Transition to Adulthood*. York: Joseph Rowntree Foundation.

Mac an Ghaill M and Haywood C (2007) *Gender, Culture and Society: Contemporary Femininities and Masculinities*. London: Palgrave Macmillan.

Mac an Ghaill M and Haywood C (2012) Schooling, masculinity and class analysis: Towards an aesthetics of subjectivity. *British Journal of Sociology of Education* 32(5): 729-44.

Mandeville P (2009) Muslim transnational identity and state responses in Europe and the UK after 9/11: Political community, ideology and authority. *Journal of Ethnic and Migration Studies* 35(3): 491-506.

McGhee D (2005) *Intolerant Britain? Hate, Citizenship and Difference*. Berkshire: Open University Press.

McGhee D (2008) *The End of Multi-culturalism: Terrorism, Integration and Human Rights*. Berkshire: Open University Press.

McGhee D (2013) Responding to the post 9/11 challenges facing 'post-secular societies': Critical reflections on Habermas's dialogic solutions. *Ethnicities* 13(1): 68-85.

Mercer K (1992) Just looking for trouble: Robert Mapplethorpe and fantasies. In: Segal L and McIntosh M (eds) *Sex Exposed: Sexuality and the Pornography Debate*. London: Virago.

Mercer N and Prescott W (1982) Perspectives on minority experience. In: *Minority Experience* (Open University Studies, Course E254, Block 3, Units 8 and 9).

Milton Keynes: Open University Press.

Miles R (1982) *Racism and Labour Migration*. London: Routledge and Kegan Paul.

Miles R (1989) *Racism*. London: Routledge.

Miles R (1993) *Racism after Race Relations*. London: Routledge.

Miller B (2006) The globalization of fear. In: Conway D and Heynen N (eds) *Globalization's Dimensions: Forces of Discipline, Destruction and Resistance*. New York, NY: Routledge, 161-177.

Mills M and Keddie A (2010) Cultural reductionism and the media: polarising discourses around schools, violence and masculinity in an age of terror. *Oxford Review of Education* 36(4): 427-44.

Mirza HS (1992) *Young, Female and Black*. London: Routledge.

Munt SR (ed.) (2000) *Cultural Studies and the Working Class: Subject to Change*. London: Cassell.

Nagle J (2009) *Multiculturalism's Double Bind: Creating Inclusivity, Cosmopolitanism and Difference*. Farnham: Ashgate.

Office for National Statistics (2006) *Religion-Labour Market*. London: Office for National Statistics.

Office for National Statistics (2012) 2011 Census: Religion (detailed), local authorities in England and Wales, Table QS210EW. Available (accessed 1 October 2013) at: http://www.ons.gov.uk

Patton M (1990) *Qualitative Evaluation and Research Methods*. Newbury Park, CA: SAGE.

Pentazis C and Pemberton S (2009) From the 'old' to the 'new' suspect community: Examining the impacts of recent UK counter-terrorist legislation. *British Journal of Criminology* 49: 464-66.

Phillips D (2006) Parallel lives? Challenging discourses of British Muslim self-segregation. *Environment and Planning D: Society and Space* 24: 25-40.

Phoenix A (2004) Neoliberalism and masculinity: Racialization and the contradictions of schooling for 11- to 14-year-olds. *Youth & Society* 36(2): 227-246.

Pilkington HA and Johnson R (2003) Peripheral youth: Relations of identity and power in global/local context. *European Journal of Cultural Studies* 6(3): 259-283.

Popoviciu L and Mac an Ghaill M (2004) Racisms, ethnicities and British nation-making. In: Devine F and Walters MC (eds) *Social Identities in Comparative Perspective*. London: Blackwell.

Qureshi K (2004) Respected and respectable: The centrality of 'performance' and 'audiences' in the (re) production and potential revision of gendered ethnicities. *Particip@tions* 1(2).

Rattansi A (1992) Changing the subject: Racism, culture and education. In: Donald J and Rattansi A (eds) *Race, Culture and Difference*. London: SAGE.

Reeves F (1983) *British Racial Discourse: A Study of Political Discourse about Race and Race-Related Matters*. Cambridge: Cambridge University Press.

Richardson JE (2004) *(Mis)representing Islam: The Racism and Rhetoric of British Broadcast Newspapers*. Amsterdam: John Benjamins.

Said EW (1978) *Orientalism*. London: Routledge & Kegan Paul. Said EW (1993) *Culture and Imperialism*. London: Vintage.

Samad Y (1998) Media and Muslim identity: Intersections of generation and gender. *Innovation. European Journal of Social Studies* 11(4): 425-38.

Sandhu S (2011) Stretch out and wait. *The Guardian, Saturday Review* 24 December, p. 15.

Shain F (2003) *The Schooling and Identity of Asian Girls*. Stoke on Trent: Trentham Books.

Shain F (2011) *The New Folk Devils: Muslim Boys and Education in England*. Stoke on Trent: Trentham Books.

Small S (1994) *Racialised Boundaries: The Black Experience in the U.S. and England in the 1980s*. London: Routledge.

Smith SJ (1989) *The Politics of 'Race' and Residence*. Cambridge: Policy Press.

Solomos J (1993) *Race and Racism in Britain*. 2nd Edition. Basingstoke: Macmillan.

Tehranian J (2008) *Whitewashed: America's Invisible Middle Eastern Minority*. New York, NY: New York University Press.

The Guardian (2012) Diverging into diversity [editorial], 12 December, p. 34.

Townsend M (2011) Poll reveals surge of sympathy for far right. *The Observer*, 27 February, p. 1.

Troyna B (1993) *Racism and Education: Research Perspectives*. Buckingham: Open University Press.

UK Government (2009) *The United Kingdom's Strategy for Countering International*

Terrorism. London: The Stationery Office.

Ussher JM, Sandoval M, Perz J, Wong WKT and Butow P (2013) The gendered construction and experience of difficulties and rewards in cancer care. *Qualitative Health Research* 23(7): 900–15.

Weeks G (1990) The value of difference. In: Rutherford J (ed.) *Identity: Community, Culture and Difference*. London: Lawrence and Wishart.

Wetherell M (1998) Positioning and interpretative repertoires: Conversation analysis and poststructuralism in dialogue. *Discourse and Society* 9(3): 387–412.

Woodhead L (2012) A British Christmas has lost faith in rituals, but not religion. *The Observer*, 23 December, p. 32.

Zaretsky E (1996) Identity theory, identity politics: Psychoanalysis, Marxism, poststructuralism. In: Calhoun C (ed.) *Social Theory and the Politics of Identity*. Oxford: Blackwell.

부록 F

사례연구

관계의 기반과 전문성: 학교 실패를 경험한 학생에게 개입하는 교사의 실천 사례연구[1)]

Anneli Frelin(스웨덴의 예블레 대학교)

초록

긍정적인 교사–학생 관계와 같은 교육 환경의 관계 특성은 학생들의 학업 성취에 중요하다. 이 사례연구는 학교 실패 이력이 있는 학생과 교육적 관계를 조율하는 교사의 관계적 실천을 탐색한다. 스웨덴의 '입문 프로그램(전국 고등학교 프로그램에 합격하지 못한 학생을 대상으로 함)'에서 일하고 있으며, 학업에 실패한 학생들을 위한 성공적인 강사로 확인된 중등교사 'Gunilla'가 이 연구를 위해 선택되었다. 연구참여자의 실천에 대한 이야기와 연구자의 상황적 관찰을 끌어낸 두 번의 반구조화된 면접을 통해 자료가 구성되었다. 그 결과, 관계적 실천이 어떻게 정서적으로 안전한 학교 분위기를 조성하는지 보여 주었다. 교사와 학생 관계형성 초기에, 이 활동의 주된 목

1) 출처: 이 부록 자료는 *School Psychology International*, *36*, 589-604에 게재되어 있다. Copyright 2015, Sage Publications, Inc.

적은 학생들이 자신을 성공적인 학습자로 볼 수 있도록 신뢰를 구축하고 학생들의 자아상을 회복하는 것이다. 이것은 인간적인 느낌과 공감을 보여 주는 전문적인 친밀감을 필요로 하는 것으로, 전형적인 교사 역할과는 거리가 있다. 이 연구의 발견들은 일상적인 학교 맥락에서 관계적 특성들이 어떻게 학생들의 학습에 도움을 주고, 학교 심리학자들이 어떻게 이러한 노력에 참여할 수 있는지 이해하도록 한다.

핵심어

위기 학생, 전문성, 학교 실패, 교사–학생 관계, 가르치기

학교 실패 이력이 있는 학생들을 마주한 교사들은 종종 어려운 도전에 직면한다. 어떤 교사들은 다른 교사들보다 그런 학생들에게 잘 대처한다. 긍정적인 교사–학생 관계는 학교 실패 위험이 있는 학생들에게 특히 중요하기 때문에(예: Pianta, 2006), 그런 관계가 발전되는 과정을 지원하는 것은 교사와 학생 모두에게 도움이 된다. 이 논문의 목적은 학생들이 장애물을 극복하고 학교에서 더 성공할 수 있도록 돕는 교사 및 다른 교직원들의 관계적이고 전문적인 실천을 보여 주고 따라가 보기 위한 것이다. 질적인 사례연구접근을 통해 학교 실패를 경험한 고등학생들과 교육적 관계를 구축하고 유지하는 복잡성을 설명한다. 사례연구는 교사와 학생의 상호작용이 성공적인 학업 및 사회적 결과에 기여하는 측면을 구체적으로 조명할 수 있다. 그리고 해당 학년 동안 학교 환경에서 확립되고 유지되는 교사–학생 관계의 특정 시점의 특성에 일상의 상호작용이 어떻게 기여하는지를 보고할 수 있다.

비록 이 논문은 교육학적 관점을 따르지만, 교사, 학교 심리학자들 그리고 교육 환경에서 일하는 다른 사람들에게도 심리학적 관점이 중요한 방식이 될 수 있을 것이다. 심리학적 관점은 교사들의 업무, 그들이 직면하는 도전의 종류 그리고 그들을 지원하는 전문성에 대한 통찰력을 제공한다. 그러한 통찰력은 학교 실패를 경험한 학생들과의 관계에서 어려움을 겪는 교사들에게 자문을 제공하는 학교 심리학자들에게 중요한 것이다. 문헌 고찰은 교사의 전문성, 교사–학생 관계, 특히 학교 실패를 경험한 학생과의 관계, 학교 심리학자들의 자문 역할에 대해 살펴볼 것이다.

관계적 전문성

전문성을 구성하는 요소에 대해서는 다양한 정의가 있지만, 전문적이라고 간주되기 위해서는 실천이 특정한 기준을 충족시켜야 한다. 또한 광범위한 훈련 및 자율적 판단(Bridges, 2001; Freidson, 1994; Hoyle, 1995)과 같은 사항을 포함한다. 전문가주의(professionlism)는 동일한 목적을 위해 함께 노력하는 전문가 집단의 집단적 성취의 결과로 볼 수 있으며, 전문성은 한 개인에 의해 이러한 집단적 노력이 일례로 나타난 것이라고 할 수 있다(Evans, 2008). 이 글에서 교사의 관계적 전문성은 교사가 학습 및 성장을 돕기 위해 학생과 교육적 관계를 구축하고 유지하기 위해 사용하는 전문성의 차원을 말한다(Frelin, 2010, 2013).

교사-학생의 관계

긍정적인 교사-학생 관계를 특징으로 하는 좋은 가르침은 학교 안팎의 상황적 요소와 함께 학생의 학습에 중요한 부분을 구성한다(Darling-Hammond, 2014). 교사-학생 간의 관계의 질과 협력의 친밀함은 학생들의 행복(well-being), 자기 확신, 동기와 학업 성과에 특히 유익한 것으로 입증되었다(Backman et al., 2011; den Brok, Brekelmans, & Wubbels, 2004; Jennings & Greenberg, 2009; Roorda et al., 2011; Wentzel, Battle, Russell, & Looney, 2010; Wu, Hughes, & Kwok, 2010; Wubbels et al. 2015; Zimmer-Gembeck & Locke, 2007). 비공식적인 환경과 상황은 교사-학생 관계의 조율에 더 중요할 수 있다(Frelin & Granna, 2010, 2014; Hansen, 1998; van Tartwijk, den Brok, Veldman, & Wubbels, 2009). 한 가지 두드러진 요인은 관계의 친밀감인 것으로 보인다. 그것은 다양한 연구에서 보이듯이, 교사와 학생의 역할을 뛰어넘는 개인적 관계를 형성할 수 있는 능력이다(Baker, Grant, & Morlock, 2008: Cornelius-White, 2009; Hattie, 2009; Pianta, 2006; Rudasill, Reio Jr, Stipanovic, & Tayo, 2010). 따라서 전문적인 거리를 유지해야 할 필요 외에도, 전문적인 친밀감을 조성할 필요가 있다(Frelin, 2008). 따뜻하고 지지적인 교사-학생 관계는 학생들을 학교와 연결하는 더 넓은 학교 분위기의 일부이기도 하다(Raufelder, Sahabandu, Martínez, & Escobar, 2013; Solomon, Watson, Battistich, Schaps, & Delucchi, 1996; Watson & Battistich, 2006;

Woolfolk Hoy & Weinstein, 2006).

관계와 학교 실패

교사–학생 관계의 도전적인 상황을 다루는 것은 많은 교사가 직면하는 힘든 일이다. 학교에 대해 부정적인 경험을 가진 학생들에게, 긍정적이고 가까운 교사–학생 관계는 또래 학생들보다 훨씬 더 중요하다(Baker et al., 2008; Hamre & Pianta, 2001; Johnson, 2008; Pianta, 2006; Pomeroy, 1999; Rudasill et al., 2010). '위기' 학생들의 교사에 대한 관점을 연구한 논문에서, Johnson(2008)은 미시적인 수준에서 학생들과 관계를 맺고 연결하기 위해 작고 반복적인 행동에 적극적으로 집중함으로써, 교사들은 학생들의 삶에 변화를 줄 수 있다고 주장한다. 소수민족 학생들을 대상으로 한 연구에서 Erickson(1987)은 긍정적인 관계를 만들기 위해서는 교사에 대한 학생의 신뢰가 중요하다고 강조한다(Bliding, Holm, & Hägglund, 2002; Raider-Roth, 2005 참조). Studsrød와 Bru(2012)는 학업 지원과 같은 교사의 사회화 실천을 고등학생들의 학교 적응과 연결시키는 반면, Davidson(1999)은 학생들의 수행이 부진하더라도 학생이 가진 능력에 대한 확신을 표현해 주는 것이 교사의 광범위한 행동에 대한 학생들의 수용을 이끌어 낼 수 있다고 주장한다. 학대를 받거나 방임된 청소년들과의 인터뷰에서, Benjaminson(2008)은 정서적인 지원의 장소로서 학교의 중요성을 지적한다.

학교 심리학자의 자문 역할

교사가 학생들과 교육적 관계를 형성하는 것과 같은 방식으로 심리학자들은 내담자와 치료적 동맹을 맺는다(Grossman & McDonald, 2008). 그러나 학교 심리학자들은 학교 실패를 경험한 학생들을 가르치는 교사들에게 학교에서 자문 역할을 한다. 자문은 학교 심리학에 대한 효율적인 접근법으로 확인되었으며(Guiney, Harris, Zusho, & Cancelli, 2014), 그 중요성은 미국 학교심리학자협회(National Association of School Psychologists: NASP)에 의해 강조되었다. 그들의 업무에서 교사들은 도덕적

스트레스를 초래할 수 있는 내부, 관계적 그리고 외부의 요구들 사이의 긴장 속에 갇히게 된다(Colnerud, 2015). 학교 심리학자가 학생들을 도울 수 있는 다른 도구를 세트로 가지고 있더라도(Knoff, 2013) 자문 역할은 교사의 도전과 저항을 가져올 수 있다(Thuen & Bru, 2000 참조).

요약

교사들은 학생들과의 교육적 관계, 특히 어려움을 겪는 학생들과 중요한 관계를 구축하기 위해 그들의 관계적 전문성에 의지한다. 이 사례연구는 학교 실패의 이력이 있는 학생들과 교육적 관계를 형성하는 교사의 관계적 실천을 탐구한다. 자문 역할을 하는 학교 심리학자에게, 교사들이 학생들과 관계를 쌓는 일상적인 실천과 그들이 끌어내는 논쟁에 대한 깊은 통찰력은 교사들의 저항을 극복하는 데 도움을 줄 수 있다.

연구방법

사례연구는 자연주의적인 접근을 하며, 특정 맥락의 복잡함과 상호작용에 민감하다(Stake, 1995). 그들은 종종 관계와 과정과 주어진 상황의 복잡성을 해소하는 방법에 깊이 초점을 맞춘다(Denscombe, 1998). 이 글에 제시된 사례연구는 교사의 관계적 전문성에 대한 질적 연구(Frelin, 2010)에서 도출한 것이다.

연구 절차

교사를 양성하는 경험 많은 교육자들은 다른 학교 맥락에 있는 11명의 교사가 그들의 학생들과 긍정적인 관계를 맺고 있는 것으로 파악했다. 그들은 대개 학교의 작은 회의실에서 각각 두 번의 인터뷰를 했다. 인터뷰는 비교적 구조화되어 있지는 않았지만, 의도적으로 개방된 네 가지 주제로 안내되었다. Charmaz(2006)는 몇 가지 광범위하고, 개방적이며, 비심판적인 질문들이 내러티브가 나타나도록 촉진할 수 있다고 주장한다. 주제들은 일상적인 실천의 다양한 특성과 이야기들을 포착하기 위한 출발점으로 고려되어야 했다. ① 정보제공자들의 배경, 교육, 가족 그리고 개인으로서의 중요한 영향들, ② 그들의 경력, ③ 중요한 직업적 영향들, 그리고 ④ 민주주의 시민들을 육성하는 실천이 그 주제이다. 마지막 주제를 포함한 이유는 그것이 스웨덴에서 교육의 가장 중요한 목적이기 때문이며, 한 대상과 특별히 관련되어 있지는 않다.

이 인터뷰에서는 많은 후속 질문을 통해 정보제공자들이 인터뷰 당시 그들의 업무에 있어 중요하고 시급한 것으로 여긴 이슈들을 이야기할 수 있게 하였다. 공통적인 후속 질문은 '선생님 교육 활동의 일상적인 예를 들어 주세요.'였다. 해당 예시가 끝난 후에는 '왜 이것이 중요하다고 생각하세요?' 또는 '이것을 하시는 이유가 뭘까요?'를 더 질문했다. 인터뷰는 약 한 시간 동안 진행되었다. 첫 번째 인터뷰가 끝난 후 수업이 진행되는 동안 맥락적 관찰을 수행하였다. 이러한 관찰은 구조화되지 않았으며 인터뷰를 확인한다기보다는 기술적인(description) 대화를 촉진하려고 하였다(Eraut, 2007). 두 번째 인터뷰는 첫 번째 인터뷰와 관찰에서 제기된 문제들에 대한 후속 작업이었다. 정보제공자들은 그들의 일상적인 상황에서 취해진 다양한 행동의 이유와 실천을 설명하도록 반복해서 요청받았다.

자료분석

교육에 대한 연구에서는 이야기라는 개념이 핵심적이다. 내러티브 표현형식은 교사의 지식과 실천을 보고하기 위해 종종 사용되어 왔다(Rosier & Atkinson, 2007). 인터뷰는 실천의 이야기(Goodson & Sikes, 2001), 실천적 논쟁(Fenstemacher & Richardson, 1993)에 초점이 맞추어졌지만, 관찰은 교사가 일하는 맥락을 강조하고 새로운 질문을 이끌어 내는 역할을 했다(Kvale, 1997). 주요한 연구(Frelin, 2010)에서 신뢰할 수 있는 교사-학생 관계를 달성하기 위한 관계적 실천의 세 가지 측면 또는 주제가 사례 분석과 지속적인 비교를 통해 확인되었다(Charmaz, 2006). 자료분석은 ATLAS.ti 소프트웨어를 사용했다. 주제는 긍정적인 교사와 학생 관계를 달성하기 위한 정보제공자의 행위에 대한 질적 분석으로 구성되었다. 그들은 협상을 포함했다. ① 신뢰 관계, ② 인간적인 관계, ③ 학생들 자신의 자아상(정보제공자의 자신감과 자존감의 조합)이 그것이다.

이 논문에서는 의도적 표집(Stake, 1995)을 사용하여, 교사를 가르치는 교육자들에 의해 학생들과 긍정적인 관계를 형성할 수 있을 뿐만 아니라 앞서 학업을 실패한 학생들을 가르친 경험이 많은 것으로 확인된 한 정보제공자(여기서는 Gunilla라고 지칭)에 대한 사례연구가 제시 사례로 선택되었다. 인터뷰는 또한 그러한 학생들과의 관계적인 실천에 대해 풍부한 기술(description)을 제공했다. 이 연구는 개별적이고 구체적인 것이며, 그 목적은 일반화를 하는 것이 아니라 독자가 그 용도를 판단할 수 있는 사례를 예증하는 것이다. 이 연구는 다른 사람들이 당면한 문제에 대해 더 많은 통찰력을 얻을 수 있다는 데에 의의가 있다. 이 논문에서 결과에 서술된 내용은 증거 기반 방법(Biesta, 2007 참조)을 적용했다기보다는 전문적 판단 기반의 유추를 용이하게 하기 위한 것이다.

사례의 맥락

Gunilla는 사회 과목을 가르치는 스웨덴의 고등학교 교사로 10년 정도의 교사 경력이 있는 40대 초반의 여성이다. Lasse라는 동료와 함께, 그녀는 작은 시립학교를 운영하고 있다. 이 학교는 '입문 프로그램(Introduction Programme)'을 운영하는데, 이는 9년 동안 의무교육을 받은 후 16세에 전국 고등학교 프로그램, 고등교육 준비 프로그램 또는 직업 준비 프로그램을 받을 자격이 안 되는 학생들에게 개별적인 해결책을 제공하는 1년짜리 고등학교 프로그램이다.* 그 이유는 다양하다. 예를 들어, 학생들은 특별한 욕구가 있거나, 어려운 사회 환경에 처해 있거나, 최근에 그 나라로 이주하여 진급에 필요한 점수를 받지 못했다. 그들은 개인적인 상황이 어떠하든지 간에 모두 일종의 낙인의 위험이 있어 교사들이 유연하고도 전문적인 접근을 해야 한다(Nilholm & Alm, 2010 참조).

Gunilla의 학교는 최대 20명까지 학생들이 한 그룹으로 구성되어 있으며 주택가에 위치해 있다. 교육과정은 스웨덴어, 영어, 수학의 핵심 과목에 특별히 초점을 맞춰 합격 점수를 받는 것을 목표로 한다. 학생들은 3일간 정규 학교 수업을 하고 나머지 이틀은 상담지도사의 도움을 받아 학생이 선택한 '직장'에서 보낸다. 일반적으로, 학생들은 1년 동안 이 프로그램에 참여한다. 그들이 합격점을 받으면 국가 고등학교 프로그램에 지원할 자격이 된다. 고등학교는 의무교육 체계에 속해 있지 않으며, 학생들은 참여하거나 자퇴를 선택할 수 있다. 이것은 학생의 참여가 가능하게 된다는 점에서 교사-학생 관계에 영향을 미친다.

연구 결과

Gunilla는 자신의 업무에서 학교에 의해 실패했다고 여겨지거나 학교 실패의 이력이 있는 학생들과 매일 접촉하고 있으며, 그들의 부정적인 경험을 더 긍정적인 것으로 바꾸는 것을 자신의 과제로 여긴다. 교사 전문성에는 학생들이 배우도록 돕는 긍정적인 교사-학생 관계 조율(negotiation)이 포함된다(Frelin, 2013). 그러한 조율은 매우 미묘할 수 있지만, Gunilla의 업무에서 특히 초기에는 상당한 시간과 에너지가 소요된다. Gunilla의 이야기는 다른 상황과 직업의 판단에도 도움이 되는 성찰과 유추의 근거가 될 수 있는 상이한 조율 장면들을 잘 보여 주고 있다. 첫 번째 부분에서는 조율이 시작되는 관계 수립 단계를 다루었고, 그다음으로 본 연구에서 확인된 세 가지 주제가 각각 제시된다. ① 신뢰 관계 맺기, ② 인간적 관계 맺기, ③ 학생의 자아상 형성이 그 주제이다.

교육적 관계 맺기

학생들이 가을 학기에 도착했을 때 Gunilla와 Lasse는 그들이 아직 통과하지 못한 학교 과목들을 모두 알고 있다. 이는 그들이 학생들에게 다음과 같이 말하게 한다.

> 환영한다! 지금부터 우리는 미래를 바라볼 거야. 우리는 뒤돌아보지 않아. 이건 너희의 두 번째 기회야, 너희가 원한다면 받아. 만약 너희가 앞으로 나아가고 싶다면, 그리고 만약 너희가 도움을 원한다면, 우리는 우리가 할 수 있는 모든 도움을 제공할 수 있도록 최선을 다할게.

이 이야기는 학생들에게 또 다른 기회를 주는 것과 무단결석생, 다툼을 일으키거나 조용하다는 꼬리표를 버리는 것이 중요함을 전달한다.

학생들은 먼저 진로지도 상담자를 만나 진로 선택에 대해 이야기하고 나서 교사들과 심도 있는 인터뷰를 한다. Gunilla는 그들이 동기부여가 되었는지를 물어본다. 놀랍게도, 많은 학생이 정직하게 그 질문에 아니라고 대답한다. 그들의 동기는 합격 점수를 받고 특정 전국 프로그램 합격과 같은 외적인 목표와 관련되는 경우도 있지만, 매일 학교에 출석하는 정도의 제한된 목표인 경우도 많다. 모든 학생은 인터뷰 중에 나타나는 내용을 바탕으로 장단기 목표를 설정하도록 도움을 받는다. 잠재된 갈등이 있는지 알아보기 위해, Gunilla는 다른 학생들과 문제가 있는지 물어본다. 마지막으로, 그녀는 교사들이 알아야 할 다른 것이 있는지 묻는다. 이 모든 질문에 대한 대답은 비밀을 유지한다.

이런 식으로 교사들은 민감한 문제들에 대해 알게 된다. 이러한 종류의 정보는 학생들에게 긍정적이고 배려하는 방식으로 다가가기 위해 중요하다.

> 부모가 이혼 절차를 밟거나 집에서 많이 다투면, 학생이 잠을 제대로 못 잤는지, 무슨 일이 있었는지 알 수 있어요. 그럼 간단히 물어볼 수 있어요. "어젯밤 집에서 힘들었니?" 그들은 "네."라고 말하죠. 네, 그럼 그날은 그 학생을 좀 더 주의하면 돼요.

물리적인 학교 환경은 관계 구축 과정을 용이하게 한다. Gunilla의 학교는 교실 하나, 작은 탈의실 하나, 교사들을 위한 사무실 하나, 그리고 학생들과 교사들이 커피를 마시며 휴식을 취하는 부엌으로 구성되어 있다. 교무실의 문은 항상 열려 있고 교사들은 신뢰 관계를 구축하는 방법으로서 학생들에게 항상 이용 가능하다는 점을 강조하고 있다. 교육적 관계의 협상적 측면이 실천되는 것은 다음 절에 설명되어 있다.

신뢰 관계 맺기

신뢰는 교사와 학생 관계의 중요한 특성이다(Brookfield, 1991; Jones, 1996). 이 절에서는 관계 전문성의 한 측면인 신뢰를 구축하는 관계적 실천을 설명한다. Gunilla의 견해는 배려가 있는 교사-학생 관계가 학생들에게 중요하고, 학생들이 학교에 오고 싶어 하도록 만든다는 것이다. 그녀는 학생에 대한 자신의 신뢰가 차이를 만든다고 말한다. 만약 학생들이 교사로부터 신뢰받는다고 느낀다면, 학교를 빠지면 교사를 실망시켰다고 느끼게 되고, 그들이 신뢰받는다면 학교에 올 가능성이 더 높다. 교사들이 학생들에게 부탁하는 유일한 것은 아프면 알려 달라는 것이다. 만약 학생들이 이유 없이 결석한다면, 교사들은 무엇이 잘못되었는지 알아보기 위해 학생들에게 연락한다. 이렇게 하면 때로 학생이 학교에 온다.

Gunilla는 종종 성인, 특히 교사들에 대한 신뢰가 거의 없는 학생들을 만난다. 그녀의 첫 번째 과제는 이것을 바꾸려고 노력하는 것인데, 그녀는 교사와 학생이 물리적으로 가깝고, 차나 커피를 마시며 비공식적으로 만나는 학교의 규모와 가정적인 분위기가 교사와 학생 간 신뢰 관계 맺기를 용이하게 한다고 하였다. Gunilla는 쉬는 시간에 커피를 마시며 만나는 것이 교실이 달라져서 받는 상처를 덜 하도록 한다고 말한다. 따라서 학생들과 교사들은 교실 밖에서 만나 그들 성격의 다른 면을 보여 줄 수 있다.

Gunilla에 따르면, 교사들에게 쉽게 다가가고 학생들 사이에 편안한 분위기를 조성하는 것은 의도적인 것이고 매우 중요하다. 교사들은 학생들이 직업 훈련을 하는 날을 활용해 수업을 계획하고 밀린 행정이나 다른 업무를 만회하여 학생들이 학교에 있을 때는 항상 가까이에 있는다.

때때로 교사들은 학생들에게 전달된 메시지를 어떻게 받게 되는지에 대해 매우 솔직할 필요가 있다. 하지만 Gunilla는 이러한 솔직함은 교사와 학생 간의 관계가 단단해지고 서로를 잘 알 때까지 기다려야 한다고 말한다. 가을 학기 초에 Gunilla는 학생들과 책을 읽고 상대적으로 자유롭게 진행되는 수업 토론을 유도하는 데 많은 시간을 보낸다. 이러한 토론의 목적은 직접적인 지시를 가능하게 하는 따뜻하고 수용적인 분위기를 조성하는 것이다. Gunilla는 다음과 같이 설명한다.

> 어떤 학생들에게는 1월까지 가야 할 수도 있어요. 왜냐하면 이들은 그들이 정말 잘하는 유일한 일…… 그들이 할 수 있다고 생각하는 유일한 일이 실패인 학생들이기 때문이죠. 그 애들은 그걸 징그럽게 잘 하죠. 그리고 그 애들은 성인들의 세계와 학교에 대해 대단히 실망했어요. 그래서 그들에게 보여 주는 거예요. 어른들도 인간이고, 특히 교사들도 그렇다는 것을 보여 주는 것입니다.

그 목적 중 하나는 어른들의 세계에 대한 학생들의 믿음을 재확립하고 조율하는 것이다. Gunilla에 따르면, 학생들이 그녀가 자신들을 신경 쓰고 있다는 것을 아는 신호 중 하나는 학생들이 그녀가 부탁한 것을 매우 열심히 하려고 하고 그녀를 공정한 사람으로 본다는 것이다. Gunilla는 처음부터 그녀의 행동을 설명하고 학교 규칙에 대해 논쟁하는 습관을 만들어 학생들이 그들의 환경을 이해할 수 있도록 하고 있다.

인간적 관계 맺기

교육 분야의 여러 학자(Noddings, 1988; O'Connor, 2008)에 의해 배려적인 교육 관계가 어려움이 있는 학생들에게 특히 중요한 것으로 부각되었다(Davidson, 1999; Pianta, 2006). 이런 맥락에서 Gunilla는 정말로 학생들의 말을 듣고 그들이 말하는 것을 기억하려고 의식적으로 노력하고 있다. 예를 들면 다음과 같다.

> 좋은 아침이구나. 안녕, Adam. 오늘 새 모자네? 와, 오래 잤나 보구나. 정신이 맑아 보인다. 오늘 수고했어. 잘 가. 좋은 하루 보내. 이 모든 것이 중요해요. 그리고 고양이가 괜찮은지, 그리고 그들의 여동생이 좋은 시간을 보냈는지 물어보는 것도요.

이러한 실천은 그녀가 그들을 스스로에 대해 (실패한) 학생으로 동일시하는 데 익숙한 학생으로서가 아니라 사람들로 인식하는 방법이다. 그것은 또한 누군가가 그들의 말을 듣고 있고, 그들이 말하는 것을 중요하게 여긴다는 것을 보여 준다. Gunilla는 학생들이 거짓된 관심을 꿰뚫어 볼 수 있고, 그녀가 진심이 아니라면 이를 관계의 배신으로 본다는 것을 경험했다. 인간관계를 조율하는 것은 실수를 받아들이는 것을 의미한다. Gunilla는 그것이 또한 우리 자신의 인간적 속성과 불완전성을 보여 주는 것을 의미한다고 말한다. 게다가 그녀는 학생들의 학습을 돕기 위해 상황에 따라 요구되는 바를 협상할 준비가 되어 있어야 했다. 학생이 소회의실에 앉아 있도록 허락하는 것 같은 규칙을 약간 풀어 주는 것은 그녀를 인간적으로 보이게 하고 그 학생에 대한 관심으로 보이기 때문에 장기적으로는 더 많은 것을 의미할 수 있다. Gunilla는 농담을 많이 하고 자신을 웃음거리로 만드는데, 그러면 학생들이 긴장을 풀게 된다. 그녀에게 있어서 유머로 분위기를 띄우는 것은 학생들의 학습 여건이라는 퍼즐의 중요한 한 부분이다. 하지만 유머 또한 상처를 줄 수 있어서 그녀는 누군가와 함께 웃는 것과 누군가를 웃음거리로 삼는 것은 분명히 구별한다.

학생의 자아상 형성하기

Hattie(2009)의 연구와 같은 메타분석은 학습에 대해 학생이 가진 자신감의 역할을 강조한다. 이 마지막 절에서는 Gunilla가 학생들의 자아상에 집중하는 관계적 실천을 보여 준다. Gunilla에 따르면, 그녀의 학교에 다니는 학생들은 자신감과 자존감(여기서 자아상 개념에 결합됨; 연구방법을 설명한 절 참조)이 거의 없다고 한다. 그래서 그녀는 이러한 부정적인 이미지를 개선하기 위해 자신이 할 수 있는 일을 하는 것이 중요하다고 생각하는 것이다. Gunilla는 학생들의 자아상이 과거에 학교 교사들에 의해 손상되었기 때문에 이러한 상처를 치유하기 위해 이와 같은 실천을 시도하는 것이라고 한다.

Gunilla가 이렇게 하는 방법 중 하나는 물리적 환경과 접근 방식 모두 완전히 다른 환경과 분위기를 만드는 것이다. 예를 들어, 그녀는 학생들이 문학작품을 읽기 원하지만, 학생들은 학교에서 매일 소설 읽기를 원하기 때문에, 그녀는 "여기서는 책을 많이 읽겠지만, 꼭 독후감을 쓰라고 하지는 않을 거야."라는 말로 그 해를 시작했다. 이렇게 한 것은 학생들이 독서를 하면 꼭 그것에 대해 써야만 하는 것으로 연관시키는 경향이 있기 때문이다. 대신에 학생들은 자신들이 읽은 책에 대해 격식을 갖추지 않고 이야기한다. 그녀는 또한 학생들의 학습을 즐겁고 즉각적으로 만들어 학습한 지식을 학교 밖에서도 실용적으로 활용할 수 있도록 노력한다. 또 다른 전제 조건은 학생들이 학교가 안전하고 공정한 곳이라고 느끼게 하는 것이다. Gunilla는 그러한 측면들이 없다면 다음과 같은 상황이 되기 때문에, 이 두 가지 측면이 필수적인 것이라고 본다.

> 솔직히 말하면, 그 애들은 여기 오지 않을 거고요. 걔들은 신경도 쓰지 않을 거예요. 네. 제 생각에는 그 애들이 실제로 그런 말을 할 것 같지도 않아요. 왜냐하면 이 아이들은 귀 기울여 듣지 않는 것에 너무 익숙하거든요. 그건 상관없어요,

> 아이들은 의무적인 학교를 다니는 내내 학생복지 회의에 참석하고 또 학생복지 회의에 참석하고 또 학생복지 회의에 참석했어요. 그리고 모든 사람이 그들에게 맞섰죠.

Gunilla에 따르면, Gunilla와 Lasse의 학교는 진로 전환 학생과의 오랜 역사를 가지고 있으면서, 특히 같은 지방자치단체 내의 비슷한 학교와 비교했을 때 Gunilla의 학교 학생들이 더 많은 합격 점수를 받았기 때문에 지방자치단체로부터 그들의 방침과 경제적 자원을 지켜 낼 수 있었다. 그녀는 시간을 교실에서 그냥 보내기만 할 수 없으며, 교실 밖에서 학생들과 시간을 보낼 필요가 있다고 이야기한다. 이것이 중간적 공간에서의 시간이 중요한 이유이다. 그렇게 해서 그녀는 학생들에게 다가갈 수 있고, 필요할 때 그들에게 좋은 시간을 줄 수 있다.

> 학생들과 항상 시간을 보낼 수 있고, 뭔가 잘못된 것을 보면 앉아서 이야기할 수 있어요. 항상 학생과 제대로 대화를 할 수 있어요. 항상. 환상적이죠. 하지만 의무적인 학교에서는 한 반에 30명이고, 다음 수업으로 서둘러 가야 할 때는 그렇게 할 수 없어요.

Gunilla에게는 교사–학생 관계가 친밀해지는 것이 중요하다. 그래야 학생들이 공부하고 싶지 않은 이유를 알 수 있고, 그 상황을 해결하고 학생들의 학업 경험을 향상시킬 수 있다.

요약

연구 결과는 실패자로 꼬리표가 붙은 학생들과 교육적 관계 맺기를 목표로 하는 관계적 실천을 보여 준다. Gunilla가 어떻게 관계를 조율하고, 신뢰, 인간성, 학생들의 자아상의 수준을 높였는지 상세한 예시를 제공함으로써, 교육적 관계를 만들어 내려는 교사의 일이 가진 복잡성과 시간적 속성이 부각되었다.

논의

연구 결과는 학생과 교육적인 관계를 구축하고 유지하려는 교사의 일상적인 관계 실천과 의도를 보여 준다. Gunilla가 자신의 실천에서 성공했다는 명성과 기록을 가지고 있지만, 그 결과는 '무엇이 효과적이었는가'에 대한 증거를 제공하는 것이 아니라, 특별한 상황에서 전문가의 판단을 알고, 복잡한 교육적 실천(Biesta, 2007 참조)에 대해 우리가 깊게 이해하는 것이 목적이라는 것을 명심하는 것이 중요하다.

긍정적인 관계는 학교 경험이 부정적이었던 학생들에게 특히 중요하다(Baker et al., 2008; Hamre & Pianta, 2001; Johnson, 2008; Pianta, 2006; Pomeroy, 1999; Rudasill et al., 2010). 이는 관계적인 관점에서 간략히 논의하고, 그러고 나서 학교 심리학자들에 대한 시사점을 제시할 것이다.

학교 실패 경험이 있는 학생들과의 연결

학교에서의 관계는 기본적으로 교육적이지 않다. 때때로 교사와 학생의 관계는 그 반대로 학생이 교사를 비인간적이고 불공평하다고 보고, 그 교사로부터 배우기를 거부할 수도 있다. 학습으로 이어지기 위해서, 학생들에게는 더 넓은 범위에서 학교 분위기의 중요한 특징(예: Raufelder et al., 2013)인 관계적 맥락이나 교육적 커뮤니티가 필요할 수 있다(Frelin, 2013; Solomon et al., 1996).

학교에 대한 부정적인 경험들도 학습 진전을 방해하는 부정적인 학생들의 자아상을 만들어 낸다. Raider-Roth(2005)는 학생들의 학업에 대한 자신감과 그들이 존경하는 사람에 대한 신뢰 사이의 연관성을 강조한다. Gunilla는 학생들의 자아상을 고치는 것도 관계적 전문성이 필요한 섬세한 균형적 행위라고 보았고, 특히 학생들이 취약성에 대해 스스로를 보호하는 경향이 있다고 보았다(Raider-Roth, 2005).

성인을 불신해 온 학생들을 대하면서, Gunilla는 특히 학년 초에 학생을 보살핌으로써 인간적인 모습을 보이는 등, 신뢰를 맺기 위해 여러 가지 전략을 사용한다. 교육 관계가 형성되는 단계는 유지관리 단계와 다른 실천방법이 필요할 수 있다. Gunilla에게 있어 학생들의 신뢰를 얻는 것은 교육의 관계적 기초를 강조하는 것으로, 가르침이 가능하도록 하는 필수조건이다.

어른과의 신뢰 관계는, 예를 들어 학생들의 복지나 건강과 같은 다른 상태에 대해서도 중요하다(Backman et al., 2011). Raider Roth(2005)는 학생들이 학교에서의 관계에 대한 이해를 바탕으로 지식을 공유하고 억제하며, 그들 자신의 취약함의 결과를 고려한다고 하였다. 즉, 민감한 정보를 성인에게 털어놓으려면 그 사람과의 행동이 초래할 결과에 대해 신뢰할 수 있어야 한다(Bliding et al., 2002).

학교 심리학자에 대한 시사점

심리학자와 내담자 또는 교사와 학생 사이의 전문적인 관계의 확립은 성공을 위해 매우 중요하다. 수업 환경에서 교사의 전문적인 목표는 학생의 학습이다. 여기서 Gunilla의 이야기는 교육이 이루어질 수 있도록 하는 관계 맺기 실천을 설명하는 데 도움이 된다(Frelin, 2013 참조). 그녀가 하는 일은 예를 들어 정신 건강이라는 전문적인 목표를 달성하는 데 도움이 되는 심리학자들의 치료적 동맹 맺기 실천과 비교될 수 있다(Grossmittn & McDonald, 2008 참조). 학교에서 실패를 경험하고 성인을 불신하는 경향이 있는 학생들에게 있어 이러한 실천은 특히 까다롭고 높은 수준의 관계적 전문성이 요구될 수 있다(Frelin, 2013 참조). 치료적 동맹을 맺는 학교 심리학자들의 전문 지식과 경험을 고려할 때, 그들은 동맹과 관계형성에 있어 많은 것을 제공한다. 지지적인 환경을 만들기 위한 도구도 제공할 수 있다(Thuen & Bru, 2000 참조). 하지만 교사의 업무 상황과 때때로 상충되는 요구를 염두에 두는 것은 자문 역할에 도움이 될 수 있다(Knoff, 2013 참조).

Gunilla와 같은 교사는 교육적 관계를 통해, 어떤 경우에는 학생이 신뢰 관계를 유지하는 유일한 성인이기 때문에, 학교 심리학자와 같은 다른 전문가의 개입이 필요한 학생으로부터 정보를 얻을 수 있다. 신뢰할 수 있는 교사와 학생의 관계는 학생이 도움을 받을 수 있도록 가교 역할을 할 수 있다. 게다가 교사들은 학생들과 그런 대화를 할 수 있도록 심리학자와 같은 훈련된 전문가들로부터 자문이 필요할 수도 있다.

따라서 교사의 업무는 내적 · 관계적 및 외적 요구 사이의 긴장에 대처하는 것을 포함한다. 다른 말로 하자면, 그들은 학생들의 자아상을 개선하는 동시에 그 반대의 결과를 초래할 수 있는 제도적 틀 안에서 일을 해야 한다. 이러한 긴장 속에서, 이러한 긴장을 가지고 사는 것은 도덕적 스트레스를 야기할 수 있다(Colnerud, 2015). 따라서 교사들은 그러한 스트레스에 대처하기 위한 도구를 좀 더 잘 제공할 수 있는 학교 심리학자들에게 의지할 필요가 있을 것이다.

이 논문은 학교 실패 학생들을 도와준 경험이 있는 한 교사의 관계적 실천을 보여주고 있다. 또한 교사들과 학교 심리학자들 사이의 연결점을 제안했는데, 이는 모든 학생, 특히 학교 실패를 경험한 학생들을 위한 개선되고 더 포용적인 교육에 기여할 수 있을 것이다.

주석

* 스웨덴의 학교 체계에 대한 더 포괄적인 설명을 보려면 다음을 참조하길 바란다. http://www.skolverket.se/om-skolverket/andra-sprak-och-lattlast/in-english/the-swedish-education-system [Availalble 2015-06-11]

참고문헌

Backman, Y., Alerby, E., Bergmark, U., Gardelli, Å., Hertting, K., Kostenius, C., …… Öhrling, K. (2011). Learning within and beyond the classroom: Compulsory school students voicing their positive experiences of school. *Scandinavian Journal of Educational Research,* 1-16. doi:10.1080/00313831.2011.621138.

Baker, J. A., Grant, S., & Morlock, L. (2008). The teacher-student relationship as a developmental context for children with internalizing or externalizing behavior problems. *School Psychology Quarterly, 23*(1), 3-15. doi:10.1037/1045-3830.23.1.3.

Benjaminson, C. (2008). *Ungdomars erfarenheter av emotionell utsatthet under uppväxten* [*Young people's experiences of emotional exposure during their childhood and adolescence*]. Diss. Stockholm: Stockholms universitet. Retrieved from http://urn.kb.se/resolve?urn¼urn:nbn:se:su:diva-7313

Biesta, G. (2007). Why 'What works' won't work: Evidence-based practice and the democratic deficit in educational research. *Educational Theory, 57*(1), 1-22. doi: 10.1111/j.1741-5446.2006.00241.x.

Bliding, M., Holm, A.-S., & Hägglund, S. (2002). Kränkande handlingar och informella miljöer. Elevperspektiv påskolans miljöer och sociala klimat [*Offending actions and informal environments. A student perspective on the environments and social climate of school*]. Stockholm: Statens skolverk.

Bridges, D. (2001). Professionalism, authenticity and action research. *Educational Action Research, 9*(3), 451-464. doi:10.1080/09650790100200160.

Brookfield, S. (1991). *The skillful teacher: On technique, trust, and responsiveness in the classroom* (1st ed.). San Francisco, CA: Jossey-Bass.

Charmaz, K. (2006). *Constructing grounded theory. A practical guide through qualitative analysis*. London: Sage.

Colnerud, G. (2015). Moral stress in teaching practice. *Teachers and Teaching, 21*(3), 346-360. doi:10.1080/13540602.2014.953820.

Cornelius-White, J. (2007). Learner-centered teacher-student relationships are effective: A metaanalysis. *Review of Educational Research, 77*(1), 113-143. doi:10.3102/003465430298563.

Darling-Hammond, L. (2014). One piece of the whole: Teacher evaluation as part of a comprehensive system for teaching and learning. *American Educator, 38*(1), 4-13.

Davidson, A. L. (1999). Negotiating social differences: Youths' assessments of educators' strategies. *Urban Education, 34*(3), 338-369. doi:10.1177/0042085999343004.

den Brok, P., Brekelmans, M., & Wubbels, T. (2004). Interpersonal teacher behaviour and student outcomes. *School Effectiveness and School Improvement, 15*(3-4), 407-442. doi:10.1080/09243450512331383262.

Denscombe, M. (1998). *The good research guide: For small-scale social research projects*. Buckingham, Philadelphia, PA: Open University Press.

Eraut, M. (2007). Learning from other people in the workplace. *Oxford Review of Education, 33*(4), 403-422. doi:10.1080/03054980701425706.

Erickson, F. (1987). Transformation and school success: The politics and culture of educational achievement. *Anthropology and Education Quarterly, 18*(4), 335-356.

Evans, L. (2008). Professionalism, professionality and the development of education professionals. *British Journal of Educational Studies, 56*(1), 20-38. doi:10.1111/j.1467-8527.2007.00392.x.

Fenstermacher, G. D., & Richardson, V. (1993). The elicitation and reconstruction of practical arguments in teaching. *Journal of Curriculum Studies, 25*(2), 101-114.

doi:10.1080/0022027930250201.

Freidson, E. (1994). Professionalism reborn: Theory, prophecy and policy. Oxford, Chicago, IL: Polity Press; University of Chicago Press.

Frelin, A. (2008). Professionell närhet och distans-en dimension av lärares arbete ur ett genusperspektiv [Professional closeness and distance. A dimension of teachers' work from a gender perspective]. In C. Aili, U. Blossing, & U. Tornberg (Eds.), *Läraren i blickpunkten. Olika perspektiv pålärares liv och arbete [Focal point teacher. Theoretical perspectives on teacher education]* (pp. 177-188). Stockholm: Lärarförbundets förlag.

Frelin, A. (2010). *Teachers' relational practices and professionality.* Uppsala: Department of Curriculum Studies, Uppsala University.

Frelin, A. (2013). *Exploring teachers' relational professionalism in schools.* Rotterdam: Sense Publishers.

Frelin, A., & Grannäs, J. (2010). Negotiations left behind: In-between spaces of teacherstudent negotiation and their significance for education. *Journal of Curriculum Studies, 42*(3), 353-369. doi:10.1080/00220272.2010.485650.

Frelin, A., & Grannäs, J. (2014). Studying relational spaces in secondary school: Applying a spatial framework for the study of borderlands and relational work in school improvement processes. *Improving Schools, 17*(2), 135-147. doi:10.1177/1365480214534540.

Goodson, I. F., & Sikes, P. J. (2001). *Life history research in educational settings: Learning from lives.* Buckingham: Open University Press.

Grossman, P., & McDonald, M. (2008). Back to the future: Directions for research in teaching and teacher education. *American Educational Research Journal, 45*(1), 184-205. doi:10.3102/0002831207312906.

Guiney, M. C., Harris, A., Zusho, A., & Cancelli, A. (2014). School psychologists' sense of selfefficacy for consultation. *Journal of Educational and Psychological Consultation, 24*(1), 28-54. doi:10.1080/10474412.2014.870486.

Hamre, B. K., & Pianta, R. C. (2001). Early teacher-child relationships and the trajectory of children's school outcomes through eighth grade. *Child Development, 72*(2), 625. doi:10.1111/1467-8624.00301.

Hansen, D. T. (1998). The moral is in the practice. *Teaching and Teacher Education, 14*(6), 643-655. doi:10.1016/S0742-051X(98)00014-6.

Hattie, J. (2009). *Visible learning: A synthesis of over 800 meta-analyses relating to achievement*. London: Routledge.

Hoyle, E. (1995). Teachers as professionals. In L. W. Anderson (Ed.), *International encyclopedia of teaching and teacher education* (2nd ed., pp. 11-15). Oxford: Pergamon.

Jennings, P. A., & Greenberg, M. T. (2009). The prosocial classroom: Teacher social and emotional competence in relation to student and classroom outcomes. *Review of Educational Research, 79*(1), 491-525. doi:10.3102/0034654308325693.

Johnson, B. (2008). Teacher-student relationships which promote resilience at school: A microlevel analysis of students' views. *British Journal of Guidance and Counselling, 36*(4), 385-398. doi:10.1080/03069880802364528.

Jones, K. (1996). Trust as an affective attitude. *Ethics, 107*(1), 4-25.

Knoff, H. M. (2013). Changing resistant consultees: Functional assessment leading to strategic intervention. *Journal of Educational and Psychological Consultation, 23*(4), 307-317. doi:10.1080/10474412.2013.845496.

Kvale, S. (1997). *Den kvalitativa forskningsintervjun* [InterViews]. Lund: Studentlitteratur.

Nilholm, C., & Alm, B. (2010). An inclusive classroom? A case study of inclusiveness, teacher strategies, and children's experiences. *European Journal of Special Needs Education, 25*(3), 239-252. doi:10.1080/08856257.2010.492933.

Noddings, N. (1988). An ethic of caring and its implications for instructional arrangements. *American Journal of Education, 96*(2), 215-230.

O'Connor, K. E. (2008). 'You choose to care': Teachers, emotions and professional identity. *Teaching and Teacher Education, 24*(1), 117-126. doi:http://dx.doi.org/10.1016/j.tate.2006.11.008.

Pianta, R. C. (2006). Classroom management and relationships between children and teachers: Implications for research and practice. In C. M. Evertson, & C. S. Weinstein (Eds.), *Handbook of classroom management: Research, practice, and contemporary issues* (pp. 685-710). Mahwah, NJ: Lawrence Erlbaum Associates.

Pomeroy, E. (1999). The teacher-student relationship in secondary school: Insights from excluded students. *British Journal of Sociology of Education, 20*(4), 465-482. doi:10.1080/01425699995218.

Raider-Roth, M. B. (2005). Trusting what you know: Negotiating the relational context of classroom life. *Teachers College Record, 107*(4), 587-628. doi:10.1111/j.1467-9620.2005.00488.

Raufelder, D., Sahabandu, D., Martínez, G. S., & Escobar, V. (2013). The mediating role of social relationships in the association of adolescents' individual school self-concept and their school engagement, belonging and helplessness in school. *Educational Psychology, 35*(2), 1-21. doi:10.1080/01443410.2013.849327.

Roorda, D. L., Koomen, Helma, M. Y., Spilt, Jantine, L., Oort, Frans, J. (2011). The influence of affective teacher-student relationships on students' school engagement and achievement: A metaanalytic approach. *Review of Educational Research, 81*(4), 493-529. doi:10.3102/0034654311421793.

Rosiek, J., & Atkinson, B. (2007). The inevitability and importance of genres in narrative research on teaching practice. *Qualitative Inquiry, 13*(4), 499-521. doi:10.1177/1077800406297669.

Rudasill, K. M., Reio, T. G. Jr, Stipanovic, N., & Taylor, J. E. (2010). A longitudinal study of student-teacher relationship quality, difficult temperament, and risky behavior from childhood to early adolescence. *Journal of School Psychology, 48*(5), 389-412. doi:http://dx.doi.org/10.1016/j.jsp.2010.05.001.

Solomon, D., Watson, M., Battistich, V., Schaps, E., & Delucchi, K. (1996). Creating classrooms that students experience as communities. *American Journal of Community Psychology, 24*(6), 719-748. doi:10.1007/BF02511032.

Stake, R. E. (1995). *The art of case study research.* Thousand Oaks, CA: Sage.

Studsrød, I., & Bru, E. (2012). Upper secondary school students' perceptions of teacher socialization practices and reports of school adjustment. *School Psychology International, 33*(3), 308-324. doi:10.1177/0143034311412841.

Thuen, E., & Bru, E. (2000). Learning environment, meaningfulness of schoolwork and on-task orientation among norwegian 9th grade students. *School Psychology International, 21*(4), 393-413. doi:10.1177/0143034300214004.

van Tartwijk, J., den Brok, P., Veldman, I., & Wubbels, T. (2009). Teachers' practical knowledge about classroom management in multicultural classrooms. *Teaching and Teacher Education, 25*(3), 453-460. doi:10.1016/j.tate.2008.09.005.

Watson, M., & Battistich, V. (2006). Building and sustaining caring communities. In C. M. Evertson, & C. S. Weinstein (Eds.), *Handbook of classroom management: Research, practice, and contemporary issues* (pp. 253-279). Mahwah, NJ: Lawrence Erlbaum Associates.

Wentzel, K. R., Battle, A., Russell, S. L., & Looney, L. B. (2010). Social supports from teachers and peers as predictors of academic and social motivation. *Contemporary Educational Psychology, 35*(3), 193-202. doi:10.1016/j.cedpsych.2010.03.002.

Woolfolk Hoy, A., & Weinstein, C. S. (2006). Student and teacher perspectives on classroom management. In C. M. Evertson, & C. S. Weinstein (Eds.), *Handbook of classroom management: Research, practice, and contemporary issues* (pp. 181-219). Mahwah, NJ: Lawrence Erlbaum Associates.

Wu, J.-Y., Hughes, J. N., & Kwok, O.-M. (2010). Teacher-student relationship quality type in elementary grades: Effects on trajectories for achievement and engagement. *Journal of School Psychology, 48*(5), 357-387. doi:http://dx.doi.org/10.1016/j.jsp.2010.06.004.

Wubbels, T., Brekelmans, M., den Brok, P., Wijsman, L., Mainhard, T., van Tartwijk, J. (2015). Teacher-student relationships and classroom management. In E. Emmer, & E. Sabornie (Eds.), *Handbook of classroom management* (2nd ed.), Abingdon: Routledge.

Zimmer-Gembeck, M. J., & Locke, E. M. (2007). The socialization of adolescent coping behaviours: Relationships with families and teachers. *Journal of Adolescence, 30*(1), 1-16. doi:http://dx.doi.org/10.1016/j.adolescence.2005.03.001.

저자 약력

Anneli Frelin은 스웨덴 예블레 대학교의 교육과정 전공 조교수이다. 그녀의 연구는 교육 환경(학교 분위기 포함)에서 관계 맺기에 초점이 있는데, 특히 교육적인 교사-학생 관계가 어떻게 잘 형성될 수 있는지에 관심이 있다. Frelin 박사는 국립연구위원회(National Reseach Council)와 AFA 보험사에 의한 3개의 연구 프로젝트를 수행했고, 그중에 하나는 연구책임자로 참여했다. 공간 안과 사이(Space In-Between) 프로젝트는 다양한 범주의 교직원들이 학생들을 위한 안전한 환경을 만들기 위해 협업하는 중학교를 조사했다. Frelin의 최근 저서는『학교에서의 관계적 전문성 탐구(Exploring Relational Professionalism in Schools)』(Sense Publisher)이다.

역자 부록

역자들의 질적 연구 경력은 이 책과 함께했다고 봐도 과언이 아닐 것이다. 이 책의 초판을 번역할 때 3명의 역자는 초임 교수였는데, 4판을 번역하는 지금은 모두 정교수 신분이 되었다. 그리고 모두 20년 안팎의 질적 연구 경력을 갖게 되었다. 이 기간에 한국의 질적 연구 지형도 많이 바뀌었으며, 특히 사회복지학의 지형은 급격하게 변동되어 왔다. 결코 짧지 않은 역사라고 봐도 될 것이며, 비주류의 그늘에서도 벗어나 양적 연구접근에 비견할 만한 또 하나의 기둥으로 자리를 잡았다고 봐도 무방할 것이다.

초판 번역본이 발간될 때 역자들이 추가한 역자 부록은 다소 빈약했지만, 이제는 상당히 풍부한 목록을 보유하게 되었다. 그 목록을 여기에 모두 자랑스럽게 내놓고 싶지만, 그럴 수는 없으므로 역자들이 확보한 목록을 제시하고자 한다. 이 목록은 국외 단행본들의 번역서와 국내 학자들이 저작한 질적 연구 단행본으로 구성된다. 오래된 책들 중에는 품절되거나 절판된 것이 있는데, 필요한 경우 도서관에서 찾을 수도 있으므로 그대로 두었다. 그리고 이미 번역되어 발간된 책의 개정판이 나온 경우들도 많았는데, 국내 발간 여부를 기준으로 한 것이기 때문에 번역한 원서의 버전을 그대로 병기하였다.

1. 질적 연구 개관

1) 국내 저서(일반)

신경림 외(2003). 질적연구 용어사전. 서울: 현문사.

신경림, 조명옥, 양진향 외(2004). 질적 연구 방법론. 서울: 이화여자대학교출판부.

유기웅, 정종원, 김영석, 김한별(2018). 질적 연구방법의 이해(2판). 서울: 박영스토리.

전가일(2021). 질적연구, 계획에서 글쓰기까지. 서울: 학이시습.

조용환(1999). 질적 연구: 방법과 사례. 서울: 교육과학사.

천정웅(2019). 질적연구방법 총론. 경기: 양서원.

한유리(2018). 초보연구자를 위한 질적 자료 분석 가이드. 서울: 박영스토리.

한유리(2020). 질적 연구 입문(2판). 서울: 박영스토리.

2) 국내 저서(사회복지)

질적 연구는 기초학문인 심리학과 사회학, 인류학, 응용학문 중 휴먼 서비스 분야인 교육학, 간호학, 사회복지학, 그리고 인간을 대상으로 하는 다양한 학문 분야에서 개발되고 응용되고 발전되고 있다. 그리고 각 학문 분야별로 질적 연구를 응용하는 과정과 방법을 소개한 책들이 발간되어 있다. 그러나 각 학문 고유의 질적 접근을 소개하는 책은 각 전공자들의 몫으로 남겨 두고, 여기에서는 역자들의 전공 분야인 사회복지학에서 발간된 책들만 소개한다.

김인숙(2016). 사회복지연구에서 질적방법과 분석. 서울: 집문당.

이효선(2005). 사회복지실천을 위한 질적 연구: 이론과 실제. 경기: 학현사.

최옥채(2008). 사회복지사를 위한 질적연구. 서울: 신정.

홍현미라, 권지성, 장혜경, 이민영, 우아영(2008). 사회복지 질적 연구방법론의 실제. 서울: 학지사.

그럼에도 교육학 전공자인 김영천의 저작은 매우 방대하고 체계적으로 저술되어 있어서 여기에 따로 정리한다.

김영천(2016). 질적연구방법론 1: Bricoleur(3판). 서울: 아카데미프레스.

김영천(2013). 질적연구방법론 2: Methods. 서울: 아카데미프레스.

김영천(2013). 질적연구방법론 3: Writing(2판). 서울: 아카데미프레스.

김영천(2013). 질적연구방법론 4: Case Studies. 서울: 아카데미프레스.

김영천, 정상원(2017). 질적연구방법론 5: Data Analysis. 서울: 아카데미프레스.

김영천, 이현철 편저(2017). 질적연구: 열다섯 가지 접근. 서울: 아카데미프레스.

김영천, 정상원, 조재성(2019). 질적연구 아틀라스: 열다섯 가지 성공전략. 서울: 아카데미프레스.

3) 번역서

김두섭 역(2010). 질적 연구방법론(제2판). 서울: 나남. Jennifer., M. (1996). *Qualitative Researching.*

신경림 역(2003). 질적 간호 연구방법. 서울: 이화여자대학교출판부. Morse, J. M., & Peggy, A. F. (1995). *Qualitative Research Methods for Health Professionals.*

안혜준 역(2017). 질적 연구자 되기(5판). 서울: 아카데미프레스. Glesne, C. (2016). *Becoming qualitative researchers: An introduction* (5th ed.).

유태균, 이선혜, 서진환 역(2003). 사회복지 질적 연구방법의 이론과 활용. 서울: 나남. Edmund, S., & Reid, W. J. (1994). *Qualitative Research in Social Work.*

이명선, 김춘미, 고문희 역(2004). 질적연구설계: 상호 작용적 접근. 서울: 군자출판사. Maxwell, J. A. (1996). *Qualitative Research Design: An Interactive Approach.*

최욱 외 역(2014). 질적연구 핸드북(4판). 서울: 아카데미프레스. Denzin, N. K., & Lincoln, Y. S. (2011). *The SAGE handbook of qualitative research* (4th ed.).

한유리 역(2017). 질적 연구의 30가지 노하우. 서울: 박영스토리. Creswell, J. W. (2016). *30 essential skills for the qualitative researcher.*

유태균 역(2005). 사회복지 질적 연구방법론. 서울: 나남. Padgett, D. K. (1998). *Qualitative*

Methods in Social Work Research: Challenges and Rewards. (절판)

2. 다양한 질적 연구접근

1) 근거이론

김미영 외 7인 역(2019). 근거이론(4판). 서울: 현문사. Corbin, J., & Strauss, A. (2015). *Basics of qualitative research: Techniques and procedures for developing grounded theory* (4th ed.).

김인숙, 장혜경 역(2014). 근거이론 분석의 기초: 글레이저의 방법. 서울: 학지사. Glaser, B. G. (1992). *Basics of grounded theory analysis.*

박현선, 이상균, 이채원 역(2013). 근거이론의 구성: 질적 분석의 실천 지침. 서울: 학지사. Charmaz, K. (2006). *Construction grounded theory: A practical guide through qualitative analysis.*

변기용(2020). 근거이론적 방법. 서울: 학지사.

신경림, 김미영 역(2003). 근거이론 연구방법론. 서울: 현문사. Schreiber, R. S., & Stern, P. N. (2001). *Using Grounded Theory in Nursing.*

신경림, 김미영, 신수진 역(2011). 근거이론의 발전: 제2세대. 서울: 하누리. Morse, J. M. Stern, P. N., Corbin, J., Bowers, B., Charmaz, K., & Clarke, A. E. (2009). *Developing grounded theory: The second generation.*

이병식, 박상욱, 김사훈 역(2011). 근거이론의 발견: 질적 연구 전략. 서울: 학지사. Glaser, B. G., & Strauss, A. L. (1967). *The discovery of grounded theory.*

신경림 역(2001). 근거이론의 단계. 서울: 현문사. Strauss, A., & Corbin, J. (1990). *Basics of Qualitative Research: Grounded Theory Procedures and Techniques.* (절판)

2) 현상학

이남인(2014). 현상학과 질적 연구: 응용현상학의 한 지평. 경기: 한길사.

신경림, 공병혜 역(2001). 현상학적 연구. 서울: 현문사. Crotty, M. (2000). *Phenomenology and nursing research.* (절판)

신경림, 안규남 역(1994). 체험연구. 서울: 동녘. van Manen, M. (1990). *Researching Lived Experience: Human Science for an Action Sensitive Pedagogy.* (절판)

3) 문화기술지

(1) 문화기술지에 대한 소개

윤택림(2013). 문화와 역사 연구를 위한 질적연구방법론(개정판). 강원: 아르케.

이용숙, 김영천(1998). 교육에서의 질적 연구. 서울: 교육과학사.

한경구, 김성례 역(1996). 문화인류학 현지조사 방법. 서울: 일조각. Crane, J. G., & Angrosino, M. V. (1992). *Field Projects in Anthropology: A Student Handbook* .

박종흡 역(2003). 문화기술적 면접법. 서울: 시그마프레스. Spradley, J. P. (1979). *The ethnographic interview.* (절판)

이희봉 역(2000). 문화탐구를 위한 참여관찰방법. 서울: 대한교과서주식회사. Spradley, J. P. (1980). *Participant observation.* (절판)

(2) 문화기술지로 접근한 연구의 단행본

김찬호, 김영훈 역(2007). 학교와 계급재생산: 반학교문화, 일상, 저항. 서울: 이매진. Willis, P. (1978). *Learning to Labour.*

엄신자 역(2003). 우리를 세상에 알려주세요. 서울: 인간과복지. Elliot, L. (1993). *Tell them who I am: The lives of homeless women.*

이종인 역(2008). 문화의 패턴. 경기: 연암서가. Benedict, R. (2006). *Patterns of Culture.*

엄신자, 이준우 역(2001). **길모퉁이 남자들**. 서울: 인간과복지. Elliot, L. (1967). *Tally's Corner*. (절판)

4) 사례연구

강윤수 외 8인 역(2010). **정성연구방법론과 사례연구**. 서울: 교우사. Merriam, S. B. (1998). *Qualitative research and case study applications in education*.

고미영(2009). **질적사례연구**. 서울: 청목출판사.

신경식, 송민채, 신현섭, 조수현, 서이안 역(2021). **사례연구방법(6판)**. 서울: 한경사. Yin, R. K. (2017). *Case study research: Design and method*.

이지훈(2000). **사례연구방법**. 대전: 대경. (절판)

허미화(1994). **질적 사례연구법: 교육학에서의**. 서울: 양서원. (절판)

홍용희, 노경주, 심종희 역(2000). **질적 사례 연구**. 서울: 창지사. Stake, R. E. (1995). *The art of case study research*. (절판)

5) 내러티브 연구

강현석, 소경희, 박민정 역(2011). **내러티브 탐구를 위한 연구방법론**. 경기: 교육과학사. Clandinin, D. J. (Ed.). (2007). *Handbook of narrative inquiry: Mapping a methodology*.

김원옥, 강현숙, 조결자, 은영 역(2005). **내러티브 분석**. 서울: 군자출판사. Riessman, C. K. (1993). *Narrative Analysis*.

박성희(2016). **질적인 생애사 연구방법론**. 서울: 박영스토리.

박순용 역(2017). **내러티브 탐구**. 서울: 학지사. Webster, L., & Mertova, P. (2007). *Using narrative inquiry as a research method: An introduction to using critical event narrative analysis in research on learning and teaching*.

소경희, 강현석, 조덕주 역(2007). **내러티브 탐구: 교육에서의 질적 연구의 경험과 사례**. 경기: 교육과학사. Clandinin, D. J., & Connelly, F. M. (2000). *Narrative Inquiry: Experience and Story in Qualitative Research*.

이동성(2015). **생애사 연구**. 서울: 아카데미프레스.

이효선 역(2005). **사회복지실천에서의 구술사: 조사 사정 그리고 개입**. 경기: 양서원. Martin, R. R. (1995). *Oral History in Social Work*.

6) 질적 연구접근의 확장

(1) 참여행동(실행) 연구

박창민, 조재성(2016). **실행연구: 이론과 방법**. 서울: 아카데미프레스.

이용숙 외 5인(2005). **실행연구방법**. 서울: 학지사.

(2) 제도적 문화기술지

김인숙(2020). **제도적 문화기술지: 이론적 토대와 실행**. 서울: 학지사.

김인숙, 강지나, 우아영, 조혜련, 하지선, 한상미 역(2014). **제도적 문화기술지: 사람을 위한 사회학**. 서울: 나남. Smith, D. E. (2005). *Institutional Ethnography: A Sociology of the People*.

(3) 맥락-패턴 접근

권지성(2018). **사회복지 질적 연구 방법론으로서 맥락-패턴 분석 방법**. 서울: 학지사.

(4) 합의적 질적 연구

주은선 역(2016). **합의적 질적 연구**. 서울: 학지사. Hill, C. E. (2012). *Consensual qualitative research*.

(5) 혼합연구

강윤수 외 역(2010). **연구설계: 정성연구, 정량연구 및 혼합연구에 대한 실제적인 접근**. 서울: 교우사. Creswell, J. W. (2003). *Research Design: Qualitative, Quantitative, and Mixed Methods Approaches*.

김동렬 역(2017). **알기 쉬운 혼합연구방법**. 서울: 학지사. Creswell. J. W. (2014). *A Concise Introduction to Mixed Methods Research*.

이진희, 이병호, 윤은주 역(2011). **사회과학 혼합연구방법의 이론과 실제**. 서울: 시그마프레스. Greene, J. C. (2007). *Mixed Methods in Social Inquiry*.

정종진 외 9인 역(2017). **연구방법: 질적 · 양적 및 혼합적 연구의 설계(4판)**. 서울: 시그마프레스. Creswell, J. W. (2014). *Research design: Qualitative, quantitative, and mixed methods approaches* (4th ed.).

(6) 질적 평가

권지성, 염태산(2019). **사회복지 실천가와 연구자를 위한 사회복지실천 질적 평가방법론**. 경기: 공동체.

김진호 외 10인 역(2017). **질적연구 및 평가 방법론: Patton과 함께하는 행복한 여행**. 경기: 교육과학사. Patton, M. Q. (2015). *Qualitative research and evaluation methods* (4th ed.).

최종혁(2002). **사회복지실천프로그램의 질적평가방법론**. 서울: 청목출판사.

최종혁(2009). **질적 연구방법론: 현상학적 자기평가론**. 경기: 양서원.

(7) 초점집단 면접

강종구 외 3인 역(2018). **포커스 그룹 연구 방법론: 이론과 실제**. 서울: 학지사. Stewart, D. W., & Shamdasani, P. N. (2014). *Focus groups: Theory and practice*. (3rd ed.).

민병오, 조대현 역(2014). **포커스그룹: 응용조사 실행방법**. 서울: 명인문화사. Krueger, R. A., & Casey, M. A. (2008). *Focus groups: A practical guided for applied research* (4th ed.).

신경림 외 7인 역(2004). **포커스 그룹: 질적 연구방법**. 서울: 현문사. Morgan, D. L., Krueger, R. A., & King, J. A. (1998). *The Focus Group Kit*.

이광숙 역(2001). **포커스그룹 리서치**. 서울: 커뮤니케이션 북스. Greenbaum, T. L. (1997). *Handbook for focus group research*.

김성재 외(2000). **포커스 그룹 연구방법**. 서울: 현문사. (절판)

(8) 자료수집 방법

김동렬 역(2017). **질적연구에서 아동 · 청소년 면담 조사방법**. 서울: 학지사. O'Reilly, M., &

Dogra, N. (2016). *Interviewing Children and Young People for Research.*

박혜준, 이승연 역(2009). **질적 연구 방법으로서의 면담: 교육학과 사회과학 분야의 연구자들을 위한 안내서(3판)**. 서울: 학지사. Seidman. I. (2005). *Interviewing as Qualitative Research* (3rd ed.).

신경림 역(1998). **인터뷰: 내면을 보는 눈**. 서울: 하나의학사. Kvale, S. (1996). *Interviews.*

이명선 외 5인 역(2005). **장시간 면담**. 서울: 군자출판사. McCracken, G. (1988). *The Long Interview.*

이명선 외 3인 역(2005). **적극 면담**. 서울: 군자출판사. Holstein, J. A., & Gubrium, J. F. (1995). *The Active Interview.*

전영국(2019). **심층 면담을 활용한 질적 연구의 수행**. 서울: 아카데미프레스.

정승은 외 7인 역(2019). **인터뷰: 질적연구 인터뷰 기법 배우기(3판)**. 서울: 하나의학사. Brinkmann, S., & Kvale, S. (2014). *InterView: Learning the craft of qualitative research interviewing* (3rd ed.).

(9) 포토보이스

김동렬 역(2018). **포토보이스 연구방법: 참여적 행동 연구**. 서울: 학지사. Latz, A. O. (2017). *Photovoice Research in Education and Beyond: A Practical Guide from Theory to Exhibition.*

(10) 대화 분석

대한질적 연구간호학회 역(2005). **대화 분석: 상호작용 내 대화 연구**. 서울: 군자출판사. Psathas, G. (1993). *Conversation Analysis: The Study of Talk-in-Interaction.*

3. 질적 연구 전문 학술지

- [교육인류학연구]. 한국교육인류학회. 1998~
- [질적 연구]. 한국질적연구센터. 2000~
- [한국사회복지질적연구]. 한국사회복지질적연구학회. 2007~

참고문헌

Aanstoos, C. M. (1985). The structure of thinking in chess. In A. Giorgi (Ed.), *Phenomenology and psychological research* (pp. 86-117). Pittsburgh, PA: Duquesne University Press.

Adams, J., Braun, V., & McCreanor, T. (2014). "Aren't labels for pickle jars, not people?" Negotiating identify and community in talk about "being gay." *American Journal of Men's Health, 8*(6), 457-469. doi:0.1177/1557988313518800.

Adolph, S., Kruchten, P., & Hall, W. (2012). Reconciling perspectives: A grounded theory of how people manage the process of software development. *Journal of Systems and Software, 86,* 1269-1286. doi:10.1016/j.jss.2012.01.059

Agar, M. H. (1980). *The professional stranger: An informal introduction to ethnography.* San Diego, CA: Academic Press.

Agar, M. H. (1986). *Speaking of ethnography.* Beverly Hills, CA: Sage.

Agger, B. (1991). Critical theory, poststructuralism, postmodernism: Their sociological relevance. In W. R. Scott & J. Blake (Eds.), *Annual review of sociology* (Vol. 17, pp. 105-131). Palo Alto, CA: Annual Reviews.

American Psychological Association. (2010). *Publication manual of the American Psychological Association* (6th ed.). Washington, DC: Author.

Anderson, E. H., & Spencer, M. H. (2002). Cognitive representations of AIDS: A phenomenological study. *Qualitative Health Research, 12,* 1338-1352. doi:10.1177/1049732302238747

Anderson, R. A., Toles, M. P., Corazzini, K., McDaniel, R. R., & Colón-Emeric, C. (2014). Local interaction strategies and capacity for better care in nursing homes: a multiple case study. *BMC Health Services Research, 14,* 244-261 doi:10.1186/1472-6963-14-244

Angen, M. J. (2000). Evaluating interpretive inquiry: Reviewing the validity debate and opening the dialogue. *Qualitative Health Research, 10,* 378-395. doi:10.1177/104973230001000308

Angrosino, M. V. (1989). *Documents of interaction: Biography, autobiography, and life history in social science perspective.* Gainesville: University of Florida Press.

Angrosino, M. V. (1994). On the bus with Vonnie Lee. *Journal of Contemporary Ethnography, 23,* 14-28. doi:10.1177/089124194023001002.

Angrosino, M. V. (2007). *Doing ethnographic and observational research.* Thousand Oaks, CA: Sage.

Armstrong, D., Gosling, A., Weinman, J., & Marteau, T. (1997). The place of inter-rater reliability in qualitative research: An empirical study. *Sociology, 31,* 597-606. doi:10.1177/0038038597031003015

Asgeirsdottir, G. H., Sigurbjörnsson, E., Traustaddottir, R., Sigurdartottir, V., Gunnardottir, S., & Kelly, E. (2013). "To cherish each day as it comes": A qualitative study of spirituality among persons receiving palliative care. *Support Cancer Care, 21,* 1445-1451. doi:10.1007/s00520-012-1690-6

Asmussen, K. J., & Creswell, J. W. (1995). Campus response to a student gunman. *Journal of Higher Education, 66*(5), 575-591. doi:10.2307/2943937

Atkinson, P., Coffey, A., & Delamont, S. (2003). *Key themes in qualitative research: Continuities and changes.* Walnut Creek, CA: AltaMira Press.

Atkinson, P., & Hammersley, M. (1994). Ethnography and participant observation. In N. K. Denzin & Y. S. Lincoln (Eds.), *Handbook of qualitative research* (pp. 248-261). Thousand Oaks, CA: Sage.

Atkinson, P. A. (2015). *For ethnography.* Thousand Oaks, CA: Sage.

Banks, M. (2014). Analysing images. In U. Flick (Ed.), *The SAGE handbook of qualitative data analysis* (pp. 394-408). Thousand Oaks, CA: Sage.

Barbour, R. S. (2000). The role of qualitative research in broadening the "evidence base" for clinical practice. *Journal of Evaluation in Clinical Practice, 6*(2), 155-163. doi:10.1046/j.1365-2753.2000.00213.x

Barnes, C., Oliver, M., & Barton, L. (Eds.). (2002). *Disabilities studies today.* Cambridge, England: Polity.

Barritt, L. S. (1986). Human sciences and the human image. *Phenomenology + Pedagogy, 4*(3), 14-22.

Bauer, W. M., & Gaskell, G. (Eds.). (2007). *Qualitative research with text, image and sound: A practical andbook.* Thousand Oaks, CA: Sage.

Baxter, P., & Jack, S. (2008). Qualitative case study methodology: Study design and implementation for novice researchers. *The Qualitative Report, 13*(2), 544-559.

Bazeley, P. (2002). The evolution of a project involving an integrated analysis of structured qualitative and quantitative data: From N3 to NVivo. *International Journal of Social Research Methodology, 5,* 229-243. doi:10.1080/13645570210146285

Bazeley, P. (2013). *Qualitative data analysis: Practical strategies.* Thousand Oaks, CA: Sage.

Bazeley, P., & Jackson, K. (2013). *Qualitative data analysis with NVivo* (2nd ed.) Thousand Oaks, CA: Sage.

Berger, R. (2015). Now I see it, now I don't: Researcher's position and reflexivity in qualitative research. *Qualitative Research, 15*(2), 219-234. doi:10.1177/1468794112468475

Bernard, H. R. (2011). Research *methods in anthropology: Qualitative and quantitative approaches* (5th ed.). Walnut Creek, CA: AltaMira Press.

Bernard, H. R., & Ryan, G. W. (2009). *Analyzing qualitative data: Systemic approaches.* Thousand Oaks, CA: Sage.

Beverly, J. (2005). Testimonio, subalternity, and narrative authority. In N. K. Denzin & Y. S. Lincoln (Eds.), *The SAGE handbook of qualitative research* (3rd ed., pp. 547-558). Thousand Oaks, CA: Sage.

Birks, M., & Mills, J. (2015). *Grounded theory: A practical guide* (2nd ed.). Thousand Oaks, CA: Sage.

Bloland, H. G. (1995). Postmodernism and higher education. *Journal of Higher Education, 66,* 521-559. doi:10.2307/2943935

Bogdan, R. C., & Biklen, S. K. (1992). Qualitative research for education: *An introduction to theory and methods.* Boston, MA: Allyn & Bacon.

Bogdan, R., & Biklen, S. K. (2006). *Qualitative research for education: an introduction to theories and methods* (5th ed.). Boston, MA: Pearson.

Bogdan, R., & Taylor, S. (1975). *Introduction to qualitative research methods.* New York, NY: John Wiley.

Bogdewic, S. P. (1992). Participant observation. In B. F. Crabtree & W. L. Miller (Eds.), *Doing qualitative research* (pp45-69). Newbury Park, CA: Sage.

Bogdewic, S. P. (1999). Participant observation. In B. F. Crabtree & W. Miller (Eds.), *Doing qualitative research* (2nd ed., pp. 47-70). Thousand Oaks, CA: Sage.

Borgatta, E. F., & Borgatta, M. L. (Eds.). (1992). *Encyclopedia of sociology* (Vol. 4). New

York, NY: Macmillan.

Braun, V., & Clarke, V. (2006).Using thematic analysis in psychology. *Qualitative Research in Psychology, 3*(2), 77-101.

Brickhouse, N., & Bodner, G. M. (1992). The beginning science teacher: Classroom narratives of convictions and constraints. *Journal of Research in Science Teaching, 29,* 471-485. doi:10.1002/tea.3660290504

Brimhall, A. C., & Engblom-Deglmann, M. L. (2011). Starting over: A tentative theory exploring the effects of past relationships on postbereavement remarried couples. *Family Process, 50*(1), 47-62. doi:10.1111/j.1545-5300.2010.01345.x

Brinkmann, S., & Kvale, S. (2015). *InterViews: Learning the craft of qualitative research interviewing* (3rd ed.). Thousand Oaks, CA: Sage.

Brisolara, S., Seigart, D., & SenGupta, S. (2014). *Feminist evaluation and research: Theory and practice*. New York, NY: Guilford Press.

Brown, J., Sorrell, J. H., McClaren, J., & Creswell, J. W. (2006). Waiting for a liver transplant. *Qualitative Health Research, 16*(1), 119-136. doi:10.1177/1049732305284011

Bryant, A., & Charmaz, K. (2007). Grounded theory in historical perspective: An epistemological account. In A. Bryant & K. Charmaz (Eds.), *The SAGE handbook of grounded theory* (pp. 31-57). Thousand Oaks, CA: Sage.

Burr, V. (2015). *Social constructionism* (3rd ed.). New York, NY: Routledge.

Campbell, J. L., Quincy, C., Osserman, J., & Pederson, O. K. (2013). Coding in-depth semistructured interviews: Problems of unitization and intercoder reliability and agreement. *Sociological Methods & Research, 42,* 294-320. doi:10.1177/0049124113500475

Carspecken, P. F., & Apple, M. (1992). Critical qualitative research: Theory, methodology, and practice. In M. L. LeCompte, W. L. Millroy, & J. Preissle (Eds.), *The handbook of qualitative research in education* (pp. 507-553). San Diego, CA: Academic Press.

Carter, K. (1993). The place of a story in the study of teaching and teacher education. *Educational Researcher, 22,* 5-12, 18. Retrieved from http://www.jstor.org/stable/1177300

Casey, K. (1995/1996). The new narrative research in education. *Review of Research in Education, 21,* 211-253. Retrieved from http://www.jstor.org/stable/1167282

Chan, E. (2010). Living in the space between participant and researcher as a narrative inquirer: Examining ethnic identity of Chinese Canadian students as conflicting stories to live by.

The Journal of Educational Research, 103, 113-122. doi:10.1080/00220670903323792

Charmaz, K. (2003). Grounded theory. In M. S. Lewisbeck, A. E. Bryman, & T. F. Liao (Eds.), *The SAGE encyclopedia of social science research methods*. Thousand Oaks, CA: Sage.

Charmaz, K. (2005). Grounded theory in the 21st century: Applications for advancing social justice studies. In N. K. Denzin & Y. S. Lincoln (Eds.), *The SAGE handbook of qualitative research* (3rd ed., pp. 507-536). Thousand Oaks, CA: Sage.

Charmaz, K. (2006). *Constructing grounded theory.* Thousand Oaks, CA: Sage.

Charmaz, K. (2014). *Constructing grounded theory* (2nd ed.). Thousand Oaks, CA: Sage.

Chase, S. (2005). Narrative inquiry: Multiple lenses, approaches, voices. In N. K. Denzin & Y. S. Lincoln (Eds.), *The SAGE handbook of qualitative research* (3rd ed., pp. 651-680). Thousand Oaks, CA: Sage.

Cheek, J. (2004). At the margins? Discourse analysis and *qualitative research. Qualitative Health Research,* 14, 1140-1150. doi:10.1177/1049732304266820.

Chepp, V. (2015). Black feminist theory and the politics of irreverence: The case of women's rap. *Feminist Theory, 16*(2), 207-226. doi:10.1177/1464700115585705

Chenitz, W. C., & Swanson, J. M. (1986). *From practice to grounded theory: Qualitative research in nursing.* Menlo Park, CA: Addison-Wesley.

Cherryholmes, C. H. (1992). Notes on pragmatism and scientific realism. *Educational Researcher, 14,* 13-17.

Chilisa, B. (2012). *Indigenous research methodologies.* Thousand Oaks, CA: Sage.

Chirgwin, S. K. (2015). Burdens too difficult to carry? A case study of three academically able Indigenous Australian Masters students who had to withdraw. *International Journal of Qualitative Studies in Education, 28,* 594-609. doi:10.1080/09518398.2014.916014

Churchill, S. L., Plano Clark, V. L., Prochaska-Cue, M. K., Creswell, J. W., & Onta-Grzebik, L. (2007). How rural low-income families have fun: A grounded theory study. *Journal of Leisure Research, 39*(2), 271-294.

Clandinin, D. J. (Ed.). (2007). *Handbook of narrative inquiry: Mapping a methodology.* Thousand Oaks, CA: Sage.

Clandinin, D. J. (2013). *Engaging in narrative inquiry.* Walnut Creek, CA: Left Coast Press.

Clandinin, D. J., & Caine, V. (2013). Narrative inquiry. In A. Trainor & E. Graue (Eds.), *Reviewing qualitative research in the social sciences* (pp. 188-202). New York, NY: Taylor and Francis/Routledge.

Clandinin, D. J., & Connelly, F. M. (2000). *Narrative inquiry: Experience and story in qualitative research. San Francisco,* CA: Jossey-Bass.

Clandinin, D. J., Huber, J., Huber, M., Murphy, M. S., Murray Orr, A., Pearce, M., & Steeves, P. (2006). *Composing diverse identities: Narrative inquiries into the interwoven lives of children and teachers*. New York, NY: Routledge.

Clarke, A. E. (2005). *Situational analysis: Grounded theory after the postmodern turn.* Thousand Oaks, CA: Sage.

Clarke, A. E., Friese, C., & Washburn, R. (Eds.). (2015). *Situational analysis practice: Mapping research with grounded theory.* London, England: Routledge.

Clifford, J., & Marcus, G. E. (Eds.). (1986). *Writing culture: The poetics and politics of ethnography.* Berkeley: University of California Press.

Colaizzi, P. F. (1978). Psychological research as the phenomenologist views it. In R. Vaile & M. King (Eds.), *Existential phenomenological alternatives for psychology* (pp. 48-71). New York, NY: Oxford University Press.

Connelly, F. M., & Clandinin, D. J. (1990). Stories of experience and narrative inquiry. *Educational Researcher, 19*(5), 2-14. doi:10.3102/0013189X019005002

Conrad, C. F. (1978). A grounded theory of academic change. *Sociology of Education, 51,* 101-112. doi:10.2307/2112242

Corbin, J., & Morse, J. M. (2003). The unstructured interactive interview: Issues of reciprocity and risks when dealing with sensitive topics. *Qualitative Inquiry, 9,* 335-354. doi:10.1177/1077800403009003001

Corbin, J., & Strauss, A. (1990). Grounded theory research: Procedures, canons, and evaluative criteria. *Qualitative Sociology, 13*(1), 3-21. doi:10.1007/BF00988593

Corbin, J., & Strauss, A. (2007). *Basics of qualitative research: Techniques and procedures for developing grounded theory* (3rd ed.). Thousand Oaks, CA: Sage.

Corbin, J., & Strauss, A. (2015). *Basics of qualitative research: Techniques and procedures for developing grounded theory* (4th ed.). Thousand Oaks, CA: Sage.

Cordes, M. (2014). *A transcendental phenomenological study of developmental math students' experiences and perceptions* (Unpublished doctoral dissertation). Liberty University, Lynchburg, Virginia.

Cortazzi, M. (1993). *Narrative analysis.* London, England: Falmer Press.

Crabtree, B. F., & Miller, W. L. 1992). *Doing qualitative research.* Newbury Park, CA: Sage.

Creswell, J. W. (1994). *Research design: Qualitative and quantitative approaches.* Thousand Oaks, CA: Sage.

Creswell, J. W. (2009). *Research design: Qualitative, quantitative, and mixed methods approaches* (3rd ed.). Thousand Oaks, CA: Sage.

Creswell, J. W. (2012). *Educational research: Planning, conducting, and evaluating quantitative and qualitative research* (4th ed.). Upper Saddle River, NJ: Pearson.

Creswell, J. W. (2013). *Qualitative inquiry & research design: Choosing among the five approaches* (3rd ed.). Thousand Oaks, CA: Sage.

Creswell, J. W. (2014). *Research design: Qualitative, quantitative, and mixed methods approaches* (4th ed.). Thousand Oaks, CA: Sage.

Creswell, J. W. (2016). *30 essential skills for the qualitative researcher.* Thousand Oaks, CA: Sage.

Creswell, J. W., & Brown, M. L. (1992). How chairpersons enhance faculty research: A grounded theory study. *Review of Higher Education, 16*(1), 41-62. Retrieved from https://www.press.jhu.edu/journals/review_ of_higher_education

Creswell, J. W., & Maietta, R. C. (2002). Qualitative research. In D. C. Miller & N. J. Salkind (Eds.), *Handbook of Research Design and Social Measurement* (pp. 167-168). Thousand Oaks, CA: Sage.

Creswell, J. W., & Miller, D. L. (2000). Determining validity in qualitative inquiry. *Theory Into Practice, 39,* 124-130. doi:10.1207/s15430421tip3903_2

Creswell, J. W., & Plano Clark, V. L. (2011). *Designing and conducting mixed methods research* (2nd ed.). Thousand Oaks, CA: Sage.

Crotty, M. (1998). *The foundations of social research: Meaning and perspective in the research process.* Thousand Oaks, CA: Sage.

Czarniawska, B. (2004). *Narratives in social science research.* Thousand Oaks, CA: Sage.

Daiute, C. (2014). *Narrative inquiry: A dynamic approach.* Thousand Oaks, CA: Sage.

Daiute, C., & Lightfoot, C. (Eds.). (2004). *Narrative analysis: Studying the development of individuals in society.* Thousand Oaks, CA: Sage.

Davidson, F. (1996). *Principles of statistical data handling.* Thousand Oaks, CA: Sage.

Davidson, J., & di Gregorio, S. (2011). Qualitative research and technology: In the midst of a revolution. In N. K. Denzin & Y. S. Lincoln (Eds.), *The SAGE handbook of qualitative research* (4th ed., pp. 627-644). Thousand Oaks, CA: Sage.

Deem, R. (2002). Talking to manager-academics: Methodological dilemmas and feminist research strategies. *Sociology, 36*(4), 835-855. doi:10.1177/003803850203600403.

Delgado, R., & Stefancic, J. (2012). *Critical race theory: An introduction.* New York: New York University Press.

Denzin, N. K. (1989). *Interpretive biography.* Newbury Park, CA: Sage.

Denzin, N. K. (2001). *Interpretive interactionism* (2nd ed.). Thousand Oaks, CA: Sage.

Denzin, N. K., & Lincoln, Y. S. (1994). *The SAGE handbook of qualitative research.* Thousand Oaks, CA: Sage.

Denzin, N. K., & Lincoln, Y. S. (2000). *The SAGE handbook of qualitative research* (2nd ed.). Thousand Oaks, CA: Sage.

Denzin, N. K., & Lincoln, Y. S. (2005). *The SAGE handbook of qualitative research* (3rd ed.). Thousand Oaks, CA: Sage.

Denzin, N. K., & Lincoln, Y. S. (2011). Introduction: The discipline and practice of qualitative research. *The SAGE handbook of qualitative research* (4th ed., pp. 1-19). Thousand Oaks, CA: Sage.

Denzin, N. K., & Lincoln, Y. S. (2013). *Strategies of qualitative inquiry.* Thousand Oaks, CA: Sage.

Dewey, J. (1938). *Experience and education.* New York, NY: Simon & Schuster.

Dey, I. (1993). *Qualitative data analysis: A user-friendly guide for social scientists.* London, England: Routledge.

Dey, I. (1995). Reducing fragmentation in qualitative research. In U. Keele (Ed.), *Computer-aided qualitative data analysis* (pp. 69-79). Thousand Oaks, CA: Sage.

Doyle, J., Pooley, J. A., & Breen, L. (2012). A phenomenological exploration of the childfree choice in a sample of Australian women. *Journal of Health Psychology, 18,* 397-407. doi:10.1177/1359105312444647

Dukes, S. (1984). Phenomenological methodology in the human sciences. *Journal of Religion and Health, 23*(3), 197-203. doi:10.1007/BF00990785

Edel, L. (1984). *Writing lives: Principia biographica.* New York, NY: Norton.

Edwards, L. V. (2006). Perceived social support and HIV/AIDS medication adherence among African American women. *Qualitative Health Research, 16,* 679-691. doi:10.1177/1049732305281597

Eisner, E. W. (1991). *The enlightened eye: Qualitative inquiry and the enhancement of educational practice*. New York, NY: Macmillan.

Elliott, J. (2005). *Using narrative in social research: Qualitative and quantitative approaches*. London, England: Sage.

Ellis, C. (1993). "There are survivors": Telling a story of sudden death. *The Sociological Quarterly, 34,* 711-730. doi:10.1111/j.1533-8525.1993.tb00114.x

Ellis, C. (2004). *The ethnographic it: A methodological novel about autoethnography*. Walnut Creek, CA: AltaMira Press.

Ely, M. (2007). In-forming re-presentations. In D. J. Clandinin (Ed.), *Handbook of narrative inquiry: Mapping a methodology* (pp. 567-598). Thousand Oaks, CA: Sage.

Ely, M., Anzul, M., Friedman, T., Garner, D., & Steinmetz, A. C. (1991). *Doing qualitative research: Circles* within circles. New York, NY: Falmer Press.

Emerson, R. M., Fretz, R. I., & Shaw, L. L. (2011). *Writing ethnographic fieldnotes* (2nd ed.). Chicago, IL: University of Chicago Press.

Erlandson, D. A., Harris, E. L., Skipper, B. L., & Allen, S. D. (1993). *Doing naturalistic inquiry: A guide to methods*. Newbury Park, CA: Sage.

Ezeh, P. J. (2003). Participant observation. *Qualitative Research, 3,* 191-205. doi:10.1177/14687941030032003

Fabricius, A. H. (2014). The transnational and the individual: A life-history narrative in a Danish university context. *Journal of Education for Teaching: International Research and Pedagogy, 40,* 284-299. doi:10.10 80/02607476.2014.903027

Fay, B. (1987). *Critical social science*. Ithaca, NY: Cornell University Press.

Ferguson, M., & Wicke, J. (1994). *Feminism and postmodernism*. Durham, NC: Duke University Press.

Fetterman, D. M. (2010). *Ethnography: Step-by-step* (3rd ed.). Thousand Oaks, CA: Sage.

Fischer, C. T., & Wertz, F. J. (1979). An empirical phenomenology study of being criminally victimized. In A. Giorgi, R. Knowles, & D. Smith (Eds.), *Duquesne studies in phenomenological psychology* (Vol. 3, pp. 135-158). Pittsburgh, PA: Duquesne University Press.

Flick, U. (Ed.). (2014). *The SAGE handbook of qualitative analysis*. Thousand Oaks, CA: Sage.

Flinders, D. J., & Mills, G. E (1993). *Theory and concepts in qualitative research*. New York, NY: Teachers College Press.

Flyvbjerg, B. (2006). Five misunderstandings about case-study research. *Qualitative Inquiry, 12*(2), 219-245. doi:10.1177/1077800405284363

Foucault, M. (1972). *The archeology of knowledge and the discourse on language* (A. M. Sheridan Smith, Trans.). New York, NY: Harper.

Fox-Keller, E. (1985). *Reflections on gender and science.* New Haven, CT: Yale University Press.

Frelin, A. (2015). Relational underpinnings and professionality—A case study of a teacher's practices involving students with experiences of school failure. *School Psychology International, 36,* 589-604. doi:10.1177/0143034315607412

Friese, S. (2014). *Qualitative data analysis with ATLAS.ti* (2nd ed.). Thousand Oaks, CA: Sage.

Gamson, J. (2000). Sexualities, queer theory and qualitative research. In N. K. Denzin & Y. S. Lincoln (Eds.), *The SAGE handbook of qualitative research* (2nd ed., pp. 347-365). Thousand Oaks, CA: Sage.

Garcia, A. C., Standlee, A. I., Bechkoff, J., & Cui, Y. (2009). Ethnographic approaches to the Internet and computermediated communication. *Journal of Contemporary Ethnography, 38*(1), 52-84. doi:10.1177/0891241607310839

Gee, J. P. (1991). A linguistic approach to narrative. *Journal of Narrative and Life History/ Narrative Inquiry, 1,* 15-39 Retrieved from http://www2 .clarku.edu/~mbamberg/Pages_Journals/journal-narrative.html

Geiger, S. N. G. (1986). Women's life histories: Method and content. *Signs: Journal of Women in Culture and Society, 11,* 334-351. Retrieved from http://www.jstor.org/stable/3174056

Gergen, K. (1994). *Realities and relationships: Soundings in social construction.* Cambridge, MA: Harvard University Press.

Gibbs, G. R. (2014). Using software in qualitative analysis. In U. Flick (Ed.), *The SAGE handbook of qualitative analysis* (pp. 277-294). Thousand Oaks, CA: Sage.

Gilbert, L. S., Jackson, K., & di Gregorio, S. (2014). Tools for analyzing qualitative data: The history and relevance of qualitative data analysis software. In J. M. Spector, M. D. Merrill, J. Elen, & M. J. Bishop (Eds.), *Handbook of research on educational communications and technology* (4th ed., pp. 221-236). New York, NY: Springer Science+Business Media.

Gilchrist, V. J. (1992). Key informant interviews. In B. F. Crabtree & W. L. Miller (Eds.), *Doing qualitative research* (pp. 70-89). Newbury Park, CA: Sage.

Gilgun, J. F. (2005). "Grab" and good science: Writing up the results of qualitative research.

Qualitative Health Research, 15, 256-262. doi:10.1177/1049732304268796

Giorgi, A. (Ed.). (1985). *Phenomenology and psychological research.* Pittsburgh, PA: Duquesne University Press.

Giorgi, A. (1994). A phenomenological perspective on certain qualitative research methods. *Journal of Phenomenological Psychology, 25,* 190-220. doi:10.1163/156916294X00034.

Giorgi, A. (2009). *The descriptive phenomenological method in psychology: A modified Husserlian approach.* Pittsburgh, PA: Duquesne University Press.

Given, L. (Ed.). (2008). *The SAGE encyclopedia of qualitative research methods.* Thousand Oaks, CA: Sage

Glaser, B., & Strauss, A. (1965). *Awareness of dying.* Chicago, IL: Aldine.

Glaser, B., & Strauss, A. (1967). *The discovery of grounded theory.* Chicago, IL: Aldine.

Glaser, B., & Strauss, A. (1968). *Time for dying.* Chicago, IL: Aldine.

Glaser, B. G. (1978). *Theoretical sensitivity.* Mill Valley, CA: Sociology Press.

Glaser, B. G. (1992). *Basics of grounded theory analysis.* Mill Valley, CA: Sociology Press.

Glesne, C. (2016). *Becoming qualitative researchers: An introduction* (5th ed.). Boston, MA: Pearson.

Glesne, C., & Peshkin, A. (1992). *Becoming qualitative researchers: An introduction.* White Plains, NY: Longman.

Goffman, A. (2014). *On the run: Fugitive life in an American city (fieldwork encounters and discoveries).* Chicago IL: Chicago University Press.

Goffman. E. (1989). On fieldwork. *Journal of Contemporary Ethnography, 18,* 123-132.

Grbich, C. (2013). *Qualitative data analysis: An introduction* (2nd ed.). Thousand Oaks, CA: Sage.

Grigsby, K. A., & Megel, M. E. (1995). Caring experiences of nurse educators. *Journal of Nursing Research, 34,* 411-418. doi:10.1177/089124189018002001

Guba, E. G. (1990). The alternative paradigm dialog. In E. G. Guba (Ed.), *The paradigm dialog* (pp. 17-30). Newbury Park, CA: Sage.

Guba, E. G., & Lincoln, Y. S. (1988). Do inquiry paradigms imply inquiry methodologies? In D. M. Fetterman (Ed.), *Qualitative approaches to evaluation in education* (pp. 89-115). New York, NY: Praeger.

Guba, E. G., & Lincoln, Y. S. (1989). *Fourth generation evaluation.* Newbury Park, CA: Sage.

Guell, C., & Ogilvie, D. (2015). Picturing commuting: Photovoice and seeking well-being in everyday travel, *Qualitative Research, 15,* 201-218. doi:10.1177/1468794112468472.

Guest, G., Namey, E. E., & Mitchell, M. L. (2013). *Collecting qualitative data: A field manual for applied research.* Thousand Oaks, CA: Sage.

Hacker, K. (2013). *Community-based participatory research.* Thousand Oaks, CA: Sage.

Haenfler, R. (2004). Rethinking subcultural resistance: Core values of the straight edge movement. *Journal of Contemporary Ethnography, 33,* 406-436. doi:10.1177/0891241603259809

Halfpenny, P., & Procter, R. (2015). *Innovations in digital research methods.* Thousand Oaks, CA: Sage.

Hamel, J., Dufour, S., & Fortin, D. (1993). *Case study methods.* Newbury Park, CA: Sage.

Hammersley, M., & Atkinson, P. (1995). *Ethnography: Principles in practice* (2nd ed.). New York NY: Routledge.

Hammersley, M., & Atkinson, P. (2007). *Ethnography: Principles in practice* (3rd ed.). New York, NY: Routledge.

Harding, P. (2009). *Tinkers.* New York, NY: Bellevue Literary Press.

Harley, A. E., Buckworth, J., Katz, M. L., Willis, S. K., Odoms-Young, A., & Heaney, C. A. (2009). Developing long-term physical activity participation: A grounded theory study with African American women. *Health Education & Behavior, 36*(1), 97-112. doi:10.1177/1090198107306434

Harper, W. (1981). The experience of leisure. *Leisure Sciences, 4,* 113-126. doi:10.1080/01490408109512955

Harris, C. (1993). Whiteness as property. *Harvard Law Review, 106,* 1701-1791. doi:10.2307/1341787

Harris, M. (1968). *The rise of anthropological theory: A history of theories of culture.* New York, NY: T. Y. Crowell.

Hatch, J. A. (2002). *Doing qualitative research in education settings.* Albany: State University of New York Press.

Hays, D. G., & Singh, A. A. (2012). *Qualitative inquiry in clinical and educational settings.* New York, NY: Guilford Press.

Healey, G. K. (2014). Inuit family understandings of sexual health and relationships in Nunavut. *Canadian Journal of Public Health, 105*(2), e133-e137. doi:10.17269/cjph.105.4189

Heilbrun, C. G. (1988). *Writing a woman's life.* New York, NY: Ballantine.

Henderson, K. A. (2011). Postpositivism and the pragmatics of leisure research. *Leisure Sciences, 33*(4), 341-346. doi:10.1 080/01490400.2011.583166

Heron, J., & Reason, P. (1997). A participatory inquiry paradigm. *Qualitative Inquiry, 3,* 274-294. doi:10.1177/ 107780049700300302

Hesse-Biber, S. N. (2012). *Handbook of feminist research: Theory and praxis* (2nd ed.). Thousand Oaks, CA: Sage

Hesse-Biber, S. N., & Leavy, P. (2010). The practice of qualitative research (2nd ed.). Thousand Oaks, CA: Sage.

Holloway, I., & Brown, L. (2012). *Essentials of a qualitative doctorate.* Walnut Creek, CA: Left Coast Press.

Howe, K., & Eisenhardt, M. (1990). Standards for qualitative (and quantitative) research: A prolegomenon. *Educational Researcher, 19*(4), 2-9. doi:10.3102/0013189X019004002

Hruschka, D., Schwartz, D., Cobb St. John, D., Picone-Decaro, E., Jenkins, R., & Carey, J. (2004). Reliability in coding openended data: Lessons learned from HIV behavioral research. *Field Methods, 16,* 307-331. doi:10.1177/1525822X04266540

Huber, J., & Whelan, K. (1999). A marginal story as a place of possibility: Negotiating self on the professional knowledge landscape. *Teaching and Teacher Education, 15,* 381-396. doi:10.1016/S0742-051X(98)00048-1

Huberman, A. M., & Miles, M. B. (1994). Data management and analysis methods. In N. K. Denzin & Y. S. Lincoln (Eds.), *Handbook of qualitative research* (pp. 428-444). Thousand Oaks, CA: Sage.

Huff, A. S. (2009). *Designing research for publication.* Thousand Oaks, CA: Sage.

Husserl, E. (1970). *The crisis of European sciences and transcendental phenomenology* (D. Carr, Trans.). Evanston, IL: Northwestern University Press.

Israel, M., & Hay, I. (2006). *Research ethics for social scientists.* Thousand Oaks, CA: Sage.

Jachyra, P., Atkinson, M., & Washiya, Y. (2015). "Who are you, and what are you doing here": Methodological considerations in ethnographic health and education research. *Ethnography and Education, 10*(2), 242-261. doi:10.1080/17457823.2015.1018290

Jacob, E. (1987). Qualitative research traditions: A review. *Review of Educational Research, 57,* 1 -50. doi:10.3102/00346543057001001

James, N., & Busher, H. (2009). *Online interviewing.* Thousand Oaks, CA: Sage.

Janesick, V. J. (2011). *"Stretching" exercises for qualitative researchers* (3rd ed.). Thousand Oaks, CA: Sage.

Janesick, V. J. (2013). Oral history, life history, and biography. In A. A. Trainor & E. Graue (Eds.), *Reviewing qualitative research in the social sciences* (pp. 151-165). New York, NY: Routledge.

Job, J., Poth, C., Pei, J., Carter-Pasula, B., Brandell, D., & MacNab, J. (2013). Toward better collaboration in the education of students with fetal alcohol spectrum disorders: Voices of teachers, administrators, caregivers, and allied professionals. *Qualitative Research in Education, 2,* 38-64. doi:10.4471/qre.2013.15

Jorgensen, D. L. (1989). *Participant observation: A methodology for human studies.* Newbury Park, CA: Sage.

Josselson, R., & Lieblich, A. (Eds.). (1993). *The narrative study of lives* (Vol. 1). Newbury Park, CA: Sage.

Jungnickel, K. (2014). Getting there . . . and back: How ethnographic commuting (by bicycle) shaped a study of Australian backyard technologists. *Qualitative Research, 14*(6), 640-655. doi:10.1177/1468794113481792

Kelle, E. (Ed.). (1995). *Computer-aided qualitative data analysis.* Thousand Oaks, CA: Sage.

Kemmis, S., & Wilkinson, M. (1998). Participatory action research and the study of practice. In B. Atweh, S. Kemmis, & P. Weeks (Eds.), *Action research in practice: Partnerships for social justice in education* (pp. 21-36). New York, NY: Routledge.

Kenny, M., & Fourie, R. (2014). Tracing the history of grounded theory methodology: From formation to fragmentation. *The Qualitative Report, 19,* 1-9. Retrieved from http://www.nova.edu/ssss/QR/QR19/kenny103.pdf

Kerlinger, F. N. (1979). *Behavioral research: A conceptual approach.* New York, NY: Holt, Rinehart & Winston.

Kidder, L. (1982). Face validity from multiple perspectives. In D. Brinberg & L. Kidder (Eds.), *New directions for methodology of social and behavioral science: Forms of validity in research* (pp. 41-57). San Francisco, CA: Jossey-Bass.

Kincheloe, J. L. (1991). Teachers as researchers: *Qualitative inquiry as a path of empowerment.* London, England: Falmer Press.

Knoblauch, H., Tuma, R., & Schnettler, B. (2014). Video analysis and videography. In U. Flick (Ed.), *The SAGE handbook of qualitative data analysis* (pp. 435-449). Thousand

Oaks, CA: Sage.

Komives, S. R., Owen, J. E., Longerbeam, S. D., Mainella, F. C., & Osteen, L. (2005). Developing a leadership identity: A grounded theory. *Journal of College Student Development, 46*(6), 593-611. doi:10.1353/csd.2005.0061

Kroll, T., Barbour, R., & Harris, J. (2007). Using focus groups in disability research. *Qualitative Health Research, 17,* 690-698. doi:10.1177/1049732307301488

Krueger, R. A., & Casey, M. A. (2014). *Focus groups: A practical guide for applied research* (5th ed.). Thousand Oaks, CA: Sage.

Kuckartz, U. (2014). *Qualitative text analysis: A guide to methods, practice and using software.* Thousand Oaks, CA: Sage.

Kus, R. J. (1986). From grounded theory to clinical practice: Cases from gay studies research. In W. C. Chenitz & J. M. Swanson (Eds.), *From practice to grounded theory* (pp. 227-240). Menlo Park, CA: Addison-Wesley.

Labaree, R. V. (2002). The risk of "going observationalist": Negotiating the hidden dilemmas of being an insider participant observer. *Qualitative Research, 2,* 97-122. doi:10.1177/1468794102002001641

Ladson-Billings, G., & Donnor, J. (2005). The moral activist role in critical race theory scholarship. In N. K. Denzin & Y. S. Lincoln (Eds.), *The SAGE handbook of qualitative research* (3rd ed., pp. 279-201). Thousand Oaks, CA: Sage.

LaFrance, J., & Crazy Bull, C. (2009). Researching ourselves back to life: Taking control of the research agenda in Indian Country. In D. M. Mertens & P. E. Ginsburg (Eds.), *The handbook of social research ethics* (pp. 135-149). Thousand Oaks, CA: Sage.

Lambert, P. S. (2015). Advances in data management for social survey research. In P. Halfpenny & R. Proctor (Eds.), *Innovations in digital research methods* (pp. 123-142). Thousand Oaks, CA: Sage.

Lancy, D. F. (1993). *Qualitative research in education: An introduction to the major traditions.* New York, NY: Longman.

Lather, P. (1991). *Getting smart: Feminist research and pedagogy with/in the postmodern.* New York, NY: Routledge.

Lather, P. (1993). Fertile obsession: Validity after poststructuralism. *Sociological Quarterly, 34,* 673-693. doi:10.1111/j.1533-8525.1993.tb00112.x

Lauterbach, S. S. (1993). In another world: A phenomenological perspective and discovery of meaning in mothers' experience with death of a wished-for baby: Doing phenomenology. In P. L. Munhall & C. O. Boyd (Eds.), *Nursing research: A qualitative perspective* (pp. 133-179). New York, NY: National League for Nursing Press.

LeCompte, M. D., & Goetz, J. P. (1982). Problems of reliability and validity in ethnographic research. *Review of Educational Research, 51,* 31-60. doi:10.3102/00346543052001031

LeCompte, M. D., Millroy, W. L., & Preissle, J. (1992). *The handbook of qualitative research in education.* San Diego, CA: Academic Press.

LeCompte, M. D., & Schensul, J. J. (1999). *Designing and conducting ethnographic research* (Ethnographer's toolkit, Vol. 1). Walnut Creek, CA: AltaMira Press.

Leipert, B. D., & Reutter, L. (2005). Developing resilience: How women maintain their health in northern geographically isolated settings. *Qualitative Health Research, 15,* 49-65. doi:10.1177/1049732304269671

Lemay, C. A., Cashman, S. B., Elfenbein, D. S., & Felice, M. E. (2010). A qualitative study of the meaning of fatherhood among young urban fathers. *Public Health Nursing, 27*(3), 221-231. doi:10.1111/j.1525-1446.2010.00847.x

Lempert, L. B. (2007). Asking questions of the data: Memo writing in the grounded theory tradition. In A. Bryant & K. Charmaz (Eds.), *The SAGE handbook of grounded theory* (pp. 245-264). Thousand Oaks, CA: Sage.

LeVasseur, J. J. (2003). The problem of bracketing in phenomenology. *Qualitative Health Research, 13*(3), 408-420. doi:10.1177/1049732302250337

Lieberson, S. (2000). Small N's and big conclusions: An examination of the reasoning in comparative studies based on a small number of cases. In R. Gomm, M. Hammersley, & P. Foster (Eds.), *Case study method* (pp. 208-222). Thousand Oaks, CA: Sage.

Lieblich, A., Tuval-Mashiach, R., & Zilber, T. (1998). *Narrative research: Reading, analysis, and interpretation.* Thousand Oaks, CA: Sage.

Lincoln, Y. S. (1995). Emerging criteria for quality in qualitative and interpretive research. *Qualitative Inquiry, 1,* 275-289. doi:10.1177/107780049500100301

Lincoln, Y. S. (2009). Ethical practices in qualitative research. In D. M. Mertens & P. E. Ginsberg (Ed.), *The handbook of social research ethics* (pp. 150-169). Thousand Oaks, CA: Sage.

Lincoln, Y. S., & Guba, E. G. (1985). *Naturalistic inquiry.* Beverly Hills, CA: Sage.

Lincoln, Y. S., & Guba, E. G. (2000). Paradigmatic controversies, contradictions, and emerging confluences. In N. K. Denzin & Y. S. Lincoln (Eds.), *The SAGE handbook of qualitative research* (2nd ed., pp. 163–188). Thousand Oaks, CA: Sage.

Lincoln, Y. S., Lynham, S. A., & Guba, E. G. (2011). Paradigmatic controversies, contradictions, and emerging confluences. In N. K. Denzin & Y. S. Lincoln (Eds.), *The SAGE handbook of qualitative research* (4th ed., pp. 97–128). Thousand Oaks, CA: Sage.

Lofland, J. (1974). Styles of reporting qualitative field research. *American Sociologist, 9,* 101–111. Retrieved from http://www.jstor.org/stable/27702128

Lofland, J., & Lofland, L. H. (1995). *Analyzing social settings: A guide to qualitative observation and analysis* (3rd ed.). Belmont, CA: Wadsworth.

Lomask, M. (1986). *The biographer's craft.* New York, NY: Harper & Row.

Lovern, L. L. & Locust, C. (2013). *Native American communities on health and disability: Borderland dialogues.* New York, NY: Palgrave Macmillan.

Luck, L., Jackson, D., & Usher, K. (2006). Case study: A bridge across the paradigms. *Nursing Inquiry, 13,* 103–109. doi:10.1111/ j.1440-1800.2006.00309.x

Mac an Ghaill, M., & Haywood, C. (2015). British-born Pakistani and Bangladeshi young men: Exploring unstable concepts of Muslim, Islamophobia and racialization. *Critical Sociology, 41,* 97–114. doi:10.1177/0896920513518947

MacKenzie, C. A., Christensen, J., & Turner, S. (2015). Advocating beyond the academy: Dilemmas of communicating relevant research results. *Qualitative Research, 15,* 105–121. doi:10.1177/1049732304268796

Madison, D. S. (2005). *Critical ethnography: Methods, ethics, and performance.* Thousand Oaks, CA: Sage.

Madison, D. S. (2011). *Critical ethnography: Methods, ethics, and performance* (2nd ed.). Thousand Oaks, CA: Sage.

Maeder, C. (2014). Analysing sounds. In U. Flick (Ed.), *The SAGE handbook of qualitative data analysis* (pp. 424–434). Thousand Oaks, CA: Sage.

Marion, J. S., & Crowder, J. W. (2013). *Visual research: A concise introduction to thinking visually.* London, England: Bloomsbury.

Markham, A. N., & Baym, N. K. (2009). *Internet inquiry.* Thousand Oaks, CA: Sage

Marotzki, W., Holze, J., & Vertständig, D. (2014). Analysing virtual data. In U. Flick (Ed.), *The SAGE handbook of qualitative data analysis* (pp. 450–464). Thousand Oaks, CA: Sage.

Marshall, C., & Rossman, G. B. (2015). *Designing qualitative research* (6th ed.). Thousand

Oaks, CA: Sage.

Martin, J. (1990). Deconstructing organizational taboos: The suppression of gender conflict in organizations. *Organization Science, 1,* 339-359. Retrieved from http://dx.doi.org/10.1287/orsc.1.4.339

Maxwell, J. A. (2012). *A realist approach for qualitative research.* Thousand Oaks, CA: Sage.

Maxwell, J. A. (2013). *Qualitative research design: An interactive approach* (3rd ed.). Thousand Oaks, CA: Sage.

May, K. A. (1986). Writing and evaluating the grounded theory research report. In W. C. Chenitz & J. M. Swanson (Eds.), *From practice to grounded theory* (pp. 146-154). Menlo Park, CA: Addison-Wesley.

McCracken, G. (1988). *The long interview.* Newbury Park, CA: Sage.

McVea, K., Harter, L., McEntarffer, R., & Creswell, J. W. (1999). Phenomenological study of student experiences with tobacco use at City High School. *High School Journal, 82*(4), 209-222.

Merleau-Ponty, M. (1962). *Phenomenology of perception* (C. Smith, Trans.). London, England: Routledge & Kegan Paul.

Merriam, S. (1988). *Case study research in education: A qualitative approach.* San Francisco, CA: Jossey-Bass.

Merriam, S. B. (1998). *Qualitative research and case study applications in education.* San Francisco, CA: Jossey-Bass.

Merriam, S. B., & Tisdell, E. J. (2015). *Qualitative research: A guide to design and implementation* (4th ed.). San Francisco, CA: Jossey-Bass.

Mertens, D. M. (2003). Mixed methods and the politics of human research: The transformative-emancipatory perspective. In A. Tashakkori & C. Teddlie (Eds.), *Handbook of mixed methods in social & behavioral research* (pp. 135-164). Thousand Oaks, CA: Sage.

Mertens, D. M. (2009). *Transformative research and evaluation.* New York, NY: Guilford Press.

Mertens, D. M. (2015). *Research and evaluation in education and psychology: Integrating diversity with quantitative, qualitative, and mixed methods* (4th ed.). Thousand Oaks, CA: Sage.

Mertens, D. M., Cram, F., & Chilisa, B. (Eds.). (2013). *Indigenous pathways into social research.* Walnut Creek, CA: Left Coast Press.

Mertens, D. M., & Ginsberg, P. E. (2009). *The handbook of social research ethics.* Thousand Oaks, CA: Sage.

Mertens, D. M., Sullivan, M., & Stace, H. (2011). Disability communities: Transformative research and social justice. In N. K. Denzin & Y. S. Lincoln (Eds.), *The SAGE handbook of qualitative research* (4th ed., pp. 227–242). Thousand Oaks, CA: Sage.

Mikos, L. (2014). Analysis of film. In U. Flick (Ed.), *The SAGE handbook of qualitative data analysis* (pp. 409–423). Thousand Oaks, CA: Sage.

Miles, M. B., & Huberman, A. M. (1994). *Qualitative data analysis: A sourcebook of new methods* (2nd ed.). Thousand Oaks, CA: Sage.

Miles, M. B., Huberman, A. M., & Saldaña, J. (2014). *Qualitative data analysis: A sourcebook of new methods* (3rd ed.). Thousand Oaks, CA: Sage.

Miller, D. W., Creswell, J. W., & Olander, L. S. (1998). Writing and retelling multiple ethnographic tales of a soup kitchen for the homeless. *Qualitative Inquiry, 4*(4), 469–491. doi:10.1177/107780049800400404

Miller, W. L., & Crabtree, B. F. (1992). Primary care research: A multimethod typology and qualitative road map. In B. F. Crabtree & W. L. Miller (Eds.), *Doing qualitative research* (pp. 3–28). Newbury Park, CA: Sage.

Millhauser, S. (2008). *Dangerous laughter.* New York, NY: Knopf.

Mills, A. J., Durepos, G., & Wiebe, E. (Eds.). (2010). *Encyclopedia of case study research.* Thousand Oaks, CA: Sage.

Mitchell, C. (2011). *Doing visual research.* Thousand Oaks, CA: Sage.

Morgan, D. L. (1997). *Focus groups as qualitative research* (2nd ed.). Thousand Oaks, CA: Sage.

Morrow, R. A., & Brown, D. D. (1994). *Critical theory and methodology.* Thousand Oaks, CA: Sage.

Morrow, S. L., & Smith, M. L. (1995). Constructions of survival and coping by women who have survived childhood sexual abuse. *Journal of Counseling Psychology, 42,* 24–33. doi:10.1037/0022-0167.42.1.24

Morse, J. M. (1994). Designing funded qualitative research. In N. K. Denzin & Y. S. Lincoln (Eds.), *Handbook of qualitative research* (pp. 220–235). Thousand Oaks, CA: Sage.

Morse, J. M., & Field, P. A. (1995). *Qualitative research methods for health professionals* (2nd ed.). Thousand Oaks, CA: Sage.

Morse, J. M., & Richards, L. (2002). *README FIRST for a user's guide to qualitative methods.* Thousand Oaks, CA: Sage.

Moss, P. (2007). Emergent methods in feminist research. In S. N. Hesse-Biber (Ed.), *Handbook of feminist research methods* (pp. 371-389). Thousand Oaks, CA: Sage.

Moustakas, C. (1994). *Phenomenological research methods.* Thousand Oaks, CA: Sage.

Muncey, T. (2010). *Creating autoethnographies.* Thousand Oaks, CA: Sage.

Munhall, P. L., & Oiler, C. J. (Eds.). (1986). *Nursing research: A qualitative perspective.* Norwalk, CT: Appleton-Century-Crofts.

Murphy, J. P. (with Rorty, R.). (1990). *Pragmatism: From Peirce to Davidson.* Boulder, CO: Westview Press.

Natanson, M. (Ed.). (1973). *Phenomenology and the social sciences.* Evanston, IL: Northwestern University Press.

Nelson, L. W. (1990). Code-switching in the oral life narratives of African-American women: Challenges to linguistic hegemony. *Journal of Education, 172,* 142-155. Retrieved from http://www.jstor.org/stable/42742191

Neuman, W. L. (2000). *Social research methods: Qualitative and quantitative approaches* (4th ed.). Boston, MA: Allyn & Bacon.

Nicholas, D. B., Lach, L., King, G., Scott, M., Boydell, K., Sawatzky, B., . . . Young, N. L. (2010). Contrasting internet and face-to-face focus groups for children with chronic health conditions: Outcomes and participant experiences. *International Journal of Qualitative Methods,* 9(1), 105-121. doi:10.1177/160940691000900102.

Nieswiadomy, R. M. (1993). *Foundations of nursing research* (2nd ed.). Norwalk, CT: Appleton & Lange.

Nunkoosing, K. (2005). The problems with interviews. *Qualitative Health Research, 15,* 698-706. doi:10.1177/1049732304273903

Oiler, C. J. (1986). Phenomenology: The method. In P. L. Munhall & C. J. Oiler (Eds.), *Nursing research: A qualitative perspective* (pp. 69-82). Norwalk, CT: Appleton-Century-Crofts.

Olesen, V. (2011). Feminist qualitative research in the Millennium's first decade: Developments, challenges, prospects. In N. K. Denzin & Y. S. Lincoln (Eds.), *The SAGE handbook of qualitative research* (4th ed., pp. 129-146). Thousand Oaks, CA: Sage.

Ollerenshaw, J. A., & Creswell, J. W. (2002). Narrative research: A comparison of two restorying data analysis approaches. *Qualitative Inquiry, 8,* 329-347. doi:10.1177/10778004008003008

Orkin, A., & Newbery, S. (2014). Penny Armitage: "I'm the 85th baby born in Marathon," *Canadian Family Physician, 60,* e49-e52. Retrieved from www.cfp.ca/content/60/1/58.full

Padilla, R. (2003). Clara: A phenomenology of disability. *The American Journal of Occupational Therapy, 57*(4), 413-423. doi:10.5014/ajot.57.4.413

Parker, L., & Lynn, M. (2002). What race got to do with it? Critical race theory's conflicts with and connections to qualitative research methodology and epistemology. *Qualitative Inquiry, 8*(1), 7-22. doi:10.1177/107780040200800102

Patton, M. Q. (1980). *Qualitative evaluation methods.* Beverly Hills, CA: Sage.

Patton, M. Q. (1990). *Qualitative evaluation and research methods.* Newbury Park, CA: Sage.

Patton, M. Q. (2011). *Essential of utilization-focused evaluation.* Thousand Oaks, CA: Sage.

Patton, M. Q. (2015). *Qualitative evaluation and research methods* (4th ed.). Thousand Oaks, CA: Sage.

Pelias, R. J., (2011). Writing into position: Strategies for composition and evaluation. In N. K. Denzin & Y. S. Lincoln (Eds.), *The SAGE handbook of qualitative research* (4th ed., pp. 659-668). Thousand Oaks, CA: Sage.

Pereira, H. (2012). Rigour in phenomenological research: Reflections of a novice nurse researcher. *Nurse Researcher, 19*(3), 16-19.

Personal Narratives Group. (1989). *Interpreting women's lives.* Bloomington: Indiana University Press.

Phillips, D. C., & Burbules, N. C. (2000). *Postpositivism and educational research.* Lanham, MD: Rowman & Littlefield.

Pink, S. (2001). *Doing visual ethnography.* Thousand Oaks, CA: Sage.

Pinnegar, S., & Daynes, J. G. (2007). Locating narrative inquiry historically: Thematics in the turn to narrative. In D. J. Clandinin (Ed.), *Handbook of narrative inquiry: Mapping a methodology* (pp. 3-34). Thousand Oaks, CA: Sage.

Plummer, K. (1983). *Documents of life: An introduction to the problems and literature of a humanistic method.* London, England: George Allen & Unwin.

Plummer, K. (2011a). Critical humanism and queer theory: Living with the tensions. In N. K.

Denzin & Y. S. Lincoln (Eds.), *The SAGE handbook of qualitative research* (4th ed., pp. 195–207). Thousand Oaks, CA: Sage.

Plummer, K. (2011b). Postscript 2011 to living with the contradictions: Moving on: Generations, cultures and methodological cosmopolitanism. In N. K. Denzin & Y. S. Lincoln (Eds.), *The SAGE handbook of qualitative research* (4th ed., pp. 208–211). Thousand Oaks, CA: Sage.

Polkinghorne, D. E. (1989). Phenomenological research methods. In R. S. Valle & S. Halling (Eds.), *Existential-phenomenological perspectives in psychology* (pp. 41–60). New York, NY: Plenum Press.

Polkinghorne, D. E. (1995). Narrative configuration in qualitative analysis. *Qualitative Studies in Education, 8,* 5–23. doi:10.1080/0951839950080103

Poth, C. (2008). *Promoting evaluation use within dynamic organizations: A case study examining evaluator behavior* (Unpublished dissertation). Queen's University, Kingston, Ontario.

Prior, L. (2003). *Using documents in social research.* Thousand Oaks, CA: Sage.

Ravitch, S. M., & Mittenfelner Carl, C. N. (2016). *Qualitative research: Bridging the conceptual, theoretical, and methodological.* Thousand Oaks, CA: Sage.

Ravitch, S. M., & Riggan, M. (2012). *Reason & rigor: How conceptual frameworks guide research.* Thousand Oaks, CA: Sage.

Reinharz, S. (1992). *Feminist methods in social research.* New York, NY: Oxford University Press.

Rhoads, R. A. (1995). Whales tales, dog piles, and beer goggles: An ethnographic case study of fraternity life. *Anthropology and Education Quarterly, 26,* 306–323. Retrieved from http://www.jstor.org/stable/3195675

Richards, L. (2015). *Handling qualitative data: A practical guide* (3rd ed.). Thousand Oaks, CA: Sage.

Richards, L., & Morse, J. M. (2012). *README FIRST for a users guide to qualitative methods* (3rd ed.). Thousand Oaks, CA: Sage.

Richardson, L. (1990). *Writing strategies: Reaching diverse audiences.* Newbury Park, CA: Sage.

Richardson, L. (1994). Writing: A method of inquiry. In N. K. Denzin & Y. S. Lincoln (Eds.), *Handbook of qualitative research* (pp. 516–529). Thousand Oaks, CA: Sage.

Richardson, L. (2000). Evaluating ethnography. *Qualitative Inquiry, 6,* 253-255. doi:10.1177/107780040000600207

Richardson, L., & St. Pierre, E. A. (2005). Writing: A method of inquiry. In N. K. Denzin & Y. S. Lincoln (Eds.), *The SAGE handbook of qualitative research* (3rd ed., pp. 959-978). Thousand Oaks, CA: Sage.

Riemen, D. J. (1986). The essential structure of a caring interaction: Doing phenomenology. In P. M. Munhall & C. J. Oiler (Eds.), *Nursing research: A qualitative perspective* (pp. 85-105). Norwalk, CT: Appleton-Century-Crofts.

Riessman, C. K. (1993). *Narrative analysis.* Newbury Park, CA: Sage.

Riessman, C. K. (2008). *Narrative methods for the human sciences.* Thousand Oaks, CA: Sage.

Rorty, R. (1983). *Consequences of pragmatism.* Minneapolis: University of Minnesota Press.

Rorty, R. (1990). Pragmatism as anti-representationalism. In J. P. Murphy (Ed.), *Pragmatism: From Peirce to Davidson* (pp. 1-6). Boulder, CO: Westview Press.

Rose, G. (2012). *Visual methodologies: An introduction to research with visual materials* (3rd ed). Thousand Oaks, CA: Sage.

Rossman, G. B., & Wilson, B. L. (1985). Numbers and words: Combining quantitative and qualitative methods in a single large-scale evaluation study. *Evaluation Review, 9*(5), 627-643. doi:10.1177/ 0193841X8500900505

Roulston, K., deMarrais, K., & Lewis, J. B. (2003). Learning to interview in the social sciences. *Qualitative Inquiry, 9,* 643-668. doi:10.1177/1077800403252736

Rubin, H. J., & Rubin, I. S. (2012). *Qualitative interviewing: The art of hearing data* (3rd ed.). Thousand Oaks, CA: Sage.

Ruohotie-Lyhty, M. (2013). Struggling for a professional identity: Two newly qualified language teachers' identity narratives during the first years at work. *Teaching and Teacher Education, 30,* 120-129. doi:10.1016/j.tate.2012.11.002

Saldaña, J. (2011). *Fundamentals of qualitative research.* Oxford, England: Oxford University Press.

Saldaña, J. (2013). *The coding manual for qualitative researchers* (2nd ed.). Thousand Oaks, CA: Sage.

Sampson, H. (2004). Navigating the waves: The usefulness of a pilot in qualitative research. *Qualitative Research, 4,* 383-402. doi:10.1177/1468794104047236

Sanjek, R. (1990). *Fieldnotes: The makings of anthropology.* Ithaca, NY: Cornell University Press.

Schwandt, T. A. (2007). *The SAGE dictionary of qualitative inquiry* (3rd ed.). Thousand Oaks, CA: Sage.

Sieber, J. E., & Tolich, M. B. (2013). *Planning ethically responsible research* (2nd ed.). Thousand Oaks, CA: Sage.

Silver, C., & Lewins, A. (2014). *Using software in qualitative research: A step-by-step guide* (2nd ed.). Thousand Oaks, CA: Sage.

Silverman, D. (2013). *Doing qualitative research: A practical handbook* (4th ed.). Thousand Oaks, CA: Sage.

Simmonds, S., Roux, C., & ter Avest, I. (2015). Blurring the boundaries between photovoice and narrative inquiry: A narrative-photovoice methodology for gender-based research. *International Journal of Qualitative Methods, 14,* 33-49. doi:10.1177/160940691501400303

Slife, B. D., & Williams, R. N. (1995). *What's behind the research? Discovering hidden assumptions in the behavioral sciences.* Thousand Oaks, CA: Sage.

Smith, J. A., Flowers, P., & Larkin, M. (2009). *Interpretative phenomenological analysis: Theory, method and research.* Thousand Oaks, CA: Sage.

Smith, L. M. (1994). Biographical method. In N. K. Denzin & Y. S. Lincoln (Eds.), *Handbook of qualitative research* (pp. 286-305). Thousand Oaks, CA: Sage.

Solorzano, D. G., & Yosso, T. J. (2002). Critical race methodology: Counterstorytelling as an analytical framework for education research. *Qualitative Inquiry, 8*(1), 23-44. doi:10.1177/107780040200800103

Spiegelberg, H. (1982). *The phenomenological movement* (3rd ed.). The Hague, Netherlands: Martinus Nijhoff.

Spindler, G., & Spindler, L. (1987). Teaching and learning how to do the ethnography of education. In G. Spindler & L. Spindler (Eds.), *Interpretive ethnography of education: At home and abroad* (pp. 17-33). Hillsdale, NJ: Lawrence Erlbaum.

Spradley, J. P. (1979). *The ethnographic interview.* New York, NY: Holt, Rinehart & Winston.

Spradley, J. P. (1980). *Participant observation.* New York, NY: Holt, Rinehart & Winston.

Stake, R. (1995). *The art of case study research.* Thousand Oaks, CA: Sage.

Stake, R. E. (2005). Qualitative case studies. In N. K. Denzin & Y. S. Lincoln (Eds.), *The SAGE handbook of qualitative research* (3rd ed., pp. 443-466). Thousand Oaks, CA: Sage.

Stake, R. E. (2006). *Multiple case study analysis.* New York, NY: Guilford Press.

Stake, R. E. (2010). *Qualitative research: Studying how things work.* New York, NY: Guilford Press.

Stanfield, J. H., II (Ed.). (2011). *Rethinking race and ethnicity in research methods.* Walnut Creek, CA: Left Coast Press.

Staples, A., Pugach, M. C., & Himes, D. J. (2005). Rethinking the technology integration challenge: Cases from three urban elementary schools. *Journal of Research on Technology in Education, 37*(3), 285–311. doi:10.1080/15391523.2005.10782438

Stewart, A. J. (1994). Toward a feminist strategy for studying women's lives. In C. E. Franz & A. J. Stewart (Eds.), *Women creating lives: Identities, resilience and resistance* (pp. 11–35). Boulder, CO: Westview Press.

Stewart, D., & Mickunas, A. (1990). *Exploring phenomenology: A guide to the field and its literature* (2nd ed.). Athens: Ohio University Press.

Stewart, D. W., & Shamdasani, P. N. (1990). *Focus groups: Theory and practice.* Newbury Park, CA: Sage.

Stewart, K., & Williams, M. (2005). Researching online populations: The use of online focus groups for social research. Qualitative Research, 5, 395–416. doi:10.1177/1468794105056916

Strauss, A. (1987). *Qualitative analysis for social scientists.* New York, NY: Cambridge University Press.

Strauss, A., & Corbin, J. (1990). *Basics of qualitative research: Grounded theory procedures and techniques.* Newbury Park, CA: Sage.

Strauss, A., & Corbin, J. (1998). *Basics of qualitative research: Techniques and procedures for developing grounded theory* (2nd ed.). Thousand Oaks, CA: Sage.

Stringer, E. T. (1993). Socially responsive educational research: Linking theory and practice. In D. J. Flinders & G. E. Mills (Eds.), *Theory and concept in qualitative research: Perspectives from the field* (pp. 141–162). New York, NY: Teachers College Press.

Strunk, W., & White, E. B. (2000). *The elements of style* (4th ed.). Upper Saddle River, NJ: Pearson.

Sudnow, D. (1978). *Ways of the hand.* New York, NY: Knopf.

Suoninen, E., & Jokinen, A. (2005). Persuasion in social work interviewing. *Qualitative Social Work, 4,* 469–487. doi:10.1177/1473325005058647

Swingewood, A. (1991). *A short history of sociological thought.* New York, NY: St. Martin's Press.

Sword, H. (2012). *Stylish academic writing.* Cambridge, MA: Harvard University Press.

Tashakkori, A., & Teddlie, C. (Eds.). (2003). *SAGE handbook of mixed methods in the social and behavioral sciences.* Thousand Oaks, CA: Sage.

Taylor, S. J., & Bogdan, R. (1998). *Introduction to qualitative research methods: A guidebook and resource* (3rd ed.). New York, NY: John Wiley.

Tesch, R. (1988). *The contribution of a qualitative method: Phenomenological research.* Unpublished manuscript, Qualitative Research Management, Santa Barbara, CA.

Tesch, R. (1990). *Qualitative research: Analysis types and software tools.* Bristol, PA: Falmer Press.

Therberge, N. (1997). "It's part of the game": Physicality and the production of gender in women's hockey. *Gender & Society, 11*(1), 69-87. doi:10.1177/089124397011001005

Thomas, G. (2015). *How to do your case study* (2nd ed.). Thousand Oaks, CA: Sage.

Thomas, J. (1993). *Doing critical ethnography.* Newbury Park, CA: Sage.

Thomas, W. I., & Znaniecki, F. (1958). *The Polish peasant in Europe and America.* New York: Dover. (Original work published 1918-1920)

Tierney, W. G. (1995). (Re)presentation and voice. *Qualitative Inquiry, 1,* 379-390. doi:10.1177/107780049500100401.

Tierney, W. G. (1997). *Academic outlaws: Queer theory and cultural studies in the academy.* Thousand Oaks, CA: Sage.

Thornton Dill, B., & Kohlman, M. H. (2012). Intersectionality: A transformative paradigm in feminist theory and social justice. In S. Nagy Hesse-Biber (Ed.), *Handbook of feminist research: Theory and praxis* (2nd ed., pp. 154-174). Thousand Oaks, CA: Sage.

Trujillo, N. (1992). Interpreting (the work and the talk of) baseball. *Western Journal of Communication, 56,* 350-371. doi:10.1353/csd.2005.0061

Turner, W. (2000). *A genealogy of queer theory.* Philadelphia, PA: Temple University Press.

van der Hoorn, B. (2015). Playing projects: Identifying flow in the 'lived experience.' *International Journal of Project Management, 33,* 1008-1021. doi:10.1016/j.ijproman.2015.01.009

Van Hout, M. C., & Bingham, T. (2013). "Silk Road," the virtual drug marketplace: A single case study of user experiences. *International Journal of Drug Policy, 23,* 385-391.

doi:org/10.1016/j. drugpo.2013.01.005

Van Kaam, A. (1966). *Existential foundations of psychology*. Pittsburgh, PA: Duquesne University Press.

Van Maanen, J. (1988). *Tales of the field: On writing ethnography*. Chicago, IL: University of Chicago Press.

Van Maanen, J. (2011). *Tales of the field: On writing ethnography* (2nd ed.). Chicago, IL: University of Chicago Press.

van Manen, M. (1990). Researching lived experience: *Human science for an action sensitive pedagogy*. Albany: State University of New York Press.

van Manen, M. (2006). Writing qualitatively, or the demands of writing. *Qualitative Health Research, 16,* 713-722.

van Manen, M. (2014). *Phenomenology of practice: Meaning-giving methods in phenomenological research and writing*. Walnut Creek, CA: Left Coast Press.

Wallace, A. F. C. (1970). *Culture and personality* (2nd ed.). New York, NY: Random House.

Warren, C. A., & Xavia Karner, T. (2015). *Discovering qualitative methods: Ethnography, interviews, documents, and images* (3rd ed.). New York, NY: Oxford University Press.

Watson, K. (2005). *Queer theory. Group Analysis, 38*(1), 67-81. doi:10.1177/053331640 5049369

Watts, I. E., & Erevelles, N. (2004). These deadly times: Reconceptualizing school violence by using critical race theory and disability studies. *American Journal of Educational Research, 41,* 271-299. doi:10.3102/00028312041002271.

Weiner-Levey, N., & Popper-Giveon, A. (2013). The absent the hidden and the obscured: reflections on "dark matter" in qualitative research. *Quality & Quantity, 47,* 2177-2190. doi:10.1007/s11135-011-9650-7

Weis, L., & Fine, M. (2000). *Speed bumps: A student-friendly guide to qualitative research*. New York, NY: Teachers College Press.

Weitzman, E. A. (2000). Software and qualitative research. In N. K. Denzin & Y. S. Lincoln (Eds.), *The SAGE handbook of qualitative research* (2nd ed., pp. 803-820). Thousand Oaks, CA: Sage.

Weitzman, E. A., & Miles, M. B. (1995). *Computer programs for qualitative data analysis*. Thousand Oaks, CA: Sage.

Wertz, F. J. (2005). Phenomenological research methods for counseling psychology. *Journal of Counseling Psychology, 52,* 167-177. doi:10.1037/0022-0167.52.2.167

Whittemore, R., Chase, S. K., & Mandle, C. L. (2001). Validity in qualitative research. *Qualitative Health Research, 11,* 522-537. doi:10.1177/104973201129119299

Willis, P. (1977). *Learning to labour: How working class kids get working class jobs.* Westmead, England: Saxon House.

Winthrop, R. H. (1991). *Dictionary of concepts in cultural anthropology.* Westport, CT: Greenwood Press.

Wolcott, H. F. (1987). On ethnographic intent. In G. Spindler & L. Spindler (Eds.), *Interpretive ethnography of education: At home and abroad* (pp. 37-57). Hillsdale, NJ: Lawrence Erlbaum.

Wolcott, H. F. (1990). On seeking—and rejecting—validity in qualitative research. In E. W. Eisner & A. Peshkin (Eds.), *Qualitative inquiry in education: The continuing debate* (pp. 121-152). New York, NY: Teachers College Press.

Wolcott, H. F. (1992). Posturing in qualitative research. In M. D. LeCompte, W. L. Millroy, & J. Preissle (Eds.), *The handbook of qualitative research in education* (pp. 3-52). San Diego, CA: Academic Press.

Wolcott, H. F. (1994). *Transforming qualitative data: Description, analysis, and interpretation.* Thousand Oaks, CA: Sage.

Wolcott, H. F. (2008a). *Ethnography: A way of seeing* (2nd ed.). Walnut Creek, CA: AltaMira Press.

Wolcott, H. F. (2008b). *Writing up qualitative research* (3rd ed.). Thousand Oaks, CA: Sage.

Wolcott, H. F. (2010). *Ethnography lessons: A primer.* Walnut Creek, CA: Left Coast Press.

Yin, R. K. (2009). *Case study research: Design and method* (4th ed.). Thousand Oaks, CA: Sage.

Yin, R. K. (2014). *Case study research: Design and method* (5th ed.). Thousand Oaks, CA: Sage.

Yussen, S. R., & Ozcan, N. M. (1997). The development of knowledge about narratives. *Issues in Educational Psychology: Contributions From Educational Psychology, 2,* 1-68.

찾아보기

저자 소개

John W. Creswell 박사

미국 미시간 대학교의 가정의학과 겸임교수로 재직 중이다. 그는 많은 논문을 썼고, 혼합연구방법, 질적 조사 및 조사 설계와 관련된 저서를 이 책(신판)을 포함하여 26권 저술하였다. 그는 네브래스카-링컨 대학교 재직 중에 Clifton 석좌교수로도 재직하였는데, 혼합방법연구소 소장, SAGE 출판사의 저널인『혼합방법연구저널(Journal of Mixed Methods Research)』의 창간자, 그리고 미시간 대학교의 가정의학과 겸임교수, 미시간주 앤아버에 있는 퇴역군인 행정부의 보건서비스 연구 분야 자문위원으로 일하였다. 그는 풀브라이트 원로 연구비(Senior Fulbright Scholars)를 받아 2008년에 남아프리카공화국에서, 그리고 2012년에는 태국에서 강연을 하였다. 2011년에는 미국국립보건원(National Institutes of Health)에서 혼합방법연구의 가이드라인을 만드는 전국실무집단(national working group)을 이끌었다. 또한 그는 2013년에 하버드 공공보건대학원 방문교수를 역임하였고, 2014년에는 남아프리카공화국 프리토리아 대학교로부터 명예박사학위를 받았다. 그리고 2014년에 국제혼합방법연구학회(Mixed Methods International Research Association: MMIRA) 초대회장이 되었다. 2015년에는 미시간 대학교의 미시간 혼합방법연구 및 대학원 프로그램의 공동대표가 되었다. 현재도 그는 여러 분야 국가 프로젝트의 자문으로서, 그리고 공동 평가자로서 왕성한 활동을 하고 있다.

Cheryl N. Poth 박사

2008년부터 캐나다 앨버타 대학교 교육학부 교육심리학과 내 응용 측정 및 평가 연구센터의 교수로 재직 중이다. 여기서 그녀의 역할은 주로 질적 · 양적 및 혼합방법연구에 관하여 대학원 수준의 연구방법과 프로그램을 개발하고 가르치는 일뿐만 아니라 학생, 교수진 및 지역사회 구성원들을 지도하고 멘토링해 주는 것이다. 그녀는 의학 및 치과 학부 겸임직을 맡고 있으며, 여러 학제 간 연구팀에서 방법론자로 활동하고 있다. 그녀는 각종 지원 프로젝트 및 보조금 지원, 즉 연방정부 수준(예: 사회과학 및 인문학 연구협의회 및 캐나다 물리치료재단), 주정부 수준(예: 앨버타 교육 및 아동, 가족, 지역사회를 위한 앨버타 센터, 그리고 앨버타 교육연구 자문위원회) 및 지역 수준(예: 앨버타 대학교 및 교육청)에서의 주 평가자로 활동하고 있다. 그녀는 질적 연구방법과 관련된 30개가 넘는 리뷰 저널 논문을 저술했고,『국제질적방법저널(International Journal of Qualitative Methods)』 특별호 2건의 객원 공동편집위원을 역임하였다. 2016년에 그녀는 국제혼합방법연구학회(MMIRA)의 4대 회장으로 선출되었다. 그뿐만 아니라 100회의 콘퍼런스와 25회의 워크숍 프레젠테이션을 통해 2013년에는 AQM(Advances in Qualitative Methods, 고급질적방법) 콘퍼런스의 공동의장을 역임하였다. 그녀는 다양한 청중을 대상으로 한 워크숍, 예를 들어 국제질적방법연구소(International Institute of Qualitative Methods)의 질적 사고 시리즈 등을 통해 다양한 연구방법을 지도하고 있다. 그녀는 현재『혼합방법연구저널(Journal of Mixed Methods Research)』의 부편집장과『국제질적조사저널(International Journal of Qualitative Inquiry)』의 편집위원을 맡고 있다.

역자 소개

조흥식(曺興植, CHO, Heung Seek)

서울대학교 대학원 문학박사

현 서울대학교 사회복지학과 명예교수, 사회복지공동모금회장

〈저 · 역서〉

여성복지학(3판, 공저, 학지사, 2020)

개혁 중국: 변화와 지속(공저, 한울, 2019)

정신의학, 인권과 법률(공역, 학지사, 2018)

한국 현대사와 사회경제(공저, 경인문화사, 2018)

가족복지학(5판, 공저, 학지사, 2017)

산업복지론(개정판, 공저, 나남, 2017) 등 다수

〈학술논문〉

생명문화와 자살예방정책(단독, 생명문화연구, 2015)

韩国社会福利政策现象与任务(단독, 中國 社會福利, 2014)

Time Use and Quality of Life of the Korean Rural Poor(공동, SOCIAL INDICATORS RESEARCH, 2009) 등 다수

〈E-mail〉 chohs@snu.ac.kr

정선욱(鄭善旭, Jung, Sun-Wook)

서울대학교 대학원 사회복지학박사

현 덕성여자대학교 사회복지학 전공 교수

〈학위논문〉

시설보호 청소년의 심리사회적 적응에 영향을 미치는 요인(서울대학교 박사학위논문, 2002)

〈저 · 역서〉

사회복지실천 기법과 지침(공역, 나남출판, 2020)

노년의 문을 열다(공저, 학지사, 2019)

시설보호 청년의 적응: 대학에 진학한 시설보호 청년의 진로발달과 결혼 태도(단독, 집문당, 2014)

〈학술논문〉

고등학생의 지역아동센터 이용 경험에 관한 연구(공동, 한국청소년연구, 2020)

공동생활가정 보호아동의 원가정복귀를 위한 탐색적 연구(공동, 아동과 권리, 2020)

아동양육시설 보호대상아동에 대한 양육상황 점검 계획의 문제 및 개선방안(단독, 학교사회복지, 2018)

시설보호아동의 복지 관점에서 본 소년법상 통고제도(공동, 한국아동복지학, 2016)

〈E-mail〉 swjeong@duksung.ac.kr

김진숙(金鎭淑, Kim, Jin Sook)
서울대학교 대학원 사회복지학박사
현 한양사이버대학교 사회복지학과 교수, 한국아동복지학회 편집위원장
〈학위논문〉
만성질환자 자조집단 형성과정에서의 집단성원과 사회복지사의 관계(서울대학교 박사학위논문, 2003)
〈저서〉
사회복지조사론(단독, 신정, 2011)
〈학술논문〉
Covid 19상황에서 학교와 지역사회 협력에 대한 기대: 아동복지종사자 인식을 중심으로(공동, 학교사회복지, 2020)
공동생활가정 보호아동의 원가정복귀를 위한 탐색적 연구(공동, 아동과 권리, 2020)
교육복지우선지원사업의 전달체계 개편에 관한 연구－교육부와 교육청의 역할을 중심으로(공동, 학교사회복지, 2020)
〈E－mail〉 jskim@hycu.ac.kr

권지성(權志誠, Kwon, Ji-Sung)
서울대학교 대학원 사회복지학박사
현 한국침례신학대학교 사회복지학과 교수, 한국사회복지질적연구학회장(2021년)
〈학위논문〉
공개입양가족의 적응과정에 관한 연구(서울대학교 박사학위논문, 2003)
〈저서〉
사회복지실천 질적 평가방법론(공저, 공동체, 2019)
사회복지 질적 연구 방법론으로서 맥락－패턴 분석 방법(단독, 학지사, 2018)
사회복지 질적 연구방법론의 실제(공저, 학지사, 2008)
〈학술논문〉
성인 입양인의 정체성에 대한 질적 연구: 맥락－패턴 분석방법을 적용하여(제1저자, 한국가족복지학, 2021)
자활사업 실무자들이 경험한 자활사업의 맥락과 패턴(제1저자, 한국콘텐츠학회논문지, 2020)
재활분야 사회서비스 종사자 고용변화에 대한 맥락－패턴 분석: 물리치료사와 작업치료사를 대상으로(제1저자, 한국사회복지행정학, 2020)
한국인들이 경험하는 행복의 맥락과 패턴(제1저자, 한국사회복지질적연구, 2020)
범법정신질환자들이 경험하는 치료감호소 생활의 맥락과 패턴(제1저자, 사회과학연구, 2019)
〈E－mail〉 antier@kbtus.ac.kr

질적 연구방법론
-다섯가지 접근-

Qualitative Inquiry and Research Design:
Choosing Among Five Approaches (4th ed.)

2021년 9월 10일 1판 1쇄 발행
2025년 1월 20일 1판 6쇄 발행

지은이 • John W. Creswell · Cheryl N. Poth
옮긴이 • 조홍식 · 정선욱 · 김진숙 · 권지성
펴낸이 • 김 진 환
펴낸곳 • (주) 학지사
04031 서울특별시 마포구 양화로 15길 20 마인드월드빌딩 5층
대표전화 • 02) 330-5114 팩스 • 02) 324-2345
등록번호 • 제313-2006-000265호
홈페이지 • http://www.hakjisa.co.kr
인스타그램 • https://www.instagram.com/hakjisabook

ISBN 978-89-997-2502-9 93370

정가 26,000원